U0086318

世界哲學家叢書

山 鹿 素 行

劉 梅 琴 著

1990

東 大 圖 書 公 司 印 行

國立中央圖書館出版品預行編目資料

山鹿素行／劉梅琴著－－初版－－
臺北市：東大出版；三民總經銷，民79
　　面；　　　公分－－（世界哲學家叢書）
參考書目　面163-170
含索引
ISBN 957-19-0102-4 （精裝）
ISBN 957-19-0103-2 （平裝）

1.山鹿素行－學識－哲學
　131.61

© 山鹿素行

著　　者　劉梅琴
發行人　劉仲文
出版者　東大圖書股份有限公司
總經銷　三民書局股份有限公司
印刷所　東大圖書股份有限公司
　　　　地址／臺北市重慶南路一段六十一號二樓
　　　　郵撥／〇一〇七一七五－〇號
初　版　中華民國七十九年三月
編　號　E 13004①
基本定價　肆元陸角柒分

行政院新聞局登記證局版臺業字第〇一九七號

山鹿素行
編號 E13004①
東大圖書公司

ISBN 957-19-0102-4

《世界哲學家叢書》總序

　　本叢書的出版計劃原先出於三民書局董事長劉振強先生多年來的構想，　曾先向政通提出，　並希望我們兩人共同負責主編工作。一九八四年二月底，偉勳應邀訪問香港中文大學哲學系，三月中旬順道來臺，即與政通拜訪劉先生，在三民書局二樓辦公室商談有關叢書出版的初步計劃。我們十分贊同劉先生的構想，認為此套叢書（預計百冊以上）如能順利完成，當是學術文化出版事業的一大創舉與突破，也就當場答應劉先生的誠懇邀請，共同擔任叢書主編。兩人私下也為叢書的計劃討論多次，擬定了「撰稿細則」，以求各書可循的統一規格，尤其在內容上特別要求各書必須包括 (1) 原哲學思想家的生平；(2) 時代背景與社會環境；(3) 思想傳承與改造；(4) 思想特徵及其獨創性；(5) 歷史地位；(6) 對後世的影響（包括歷代對他的評價），以及 (7) 思想的現代意義。

　　作為叢書主編，我們都了解到，以目前極有限的財源、人力與時間，要去完成多達三、四百冊的大規模而齊全的叢書，根本是不可能的事。光就人力一點來說，少數教授學者由於個人的某些困難（如筆債太多之類），不克參加；因此我們曾對較有餘力的簽約作者，暗示過繼續邀請他們多撰一兩本書的可能性。遺憾

的是，此刻在政治上整個中國仍然處於「一分為二」的艱苦狀態，加上馬列教條的種種限制，我們不可能邀請大陸學者參與撰寫工作。不過到目前為止，我們已經獲得八十位以上海內外的學者精英全力支持，包括臺灣、香港、新加坡、澳洲、美國、西德與加拿大七個地區；難得的是，更包括了日本與大韓民國好多位名流學者加入叢書作者的陣容，增加不少叢書的國際光彩。韓國的國際退溪學會也在定期月刊《退溪學界消息》鄭重推薦叢書兩次，我們藉此機會表示謝意。

原則上，本叢書應該包括古今中外所有著名的哲學思想家，但是除了財源問題之外也有人才不足的實際困難。就西方哲學來說，一大半作者的專長與興趣都集中在現代哲學部門，反映著我們在近代哲學的專門人才不太充足。再就東方哲學而言，印度哲學部門很難找到適當的專家與作者；至於貫穿整個亞洲思想文化的佛教部門，在中、韓兩國的佛教思想家方面雖有十位左右的作者參加，日本佛教與印度佛教方面卻仍近乎空白。人才與作者最多的是在儒家思想家這個部門，包括中、韓、日三國的儒學發展在內，最能令人滿意。總之，我們尋找叢書作者所遭遇到的這些困難，對於我們有一學術研究的重要啟示（或不如說是警號）：我們在印度思想、日本佛教以及西方哲學方面至今仍無高度的研究成果，我們必須早日設法彌補這些方面的人才缺失，以便提高我們的學術水平。相比之下，鄰邦日本一百多年來已造就了東西方哲學幾乎每一部門的專家學者，足資借鏡，有待我們迎頭趕上。

以儒、道、佛三家為主的中國哲學，可以說是傳統中國思想與文化的本有根基，有待我們經過一番批判的繼承與創造的發

展，重新提高它在世界哲學應有的地位。為了解決此一時代課題，我們實有必要重新比較中國哲學與（包括西方與日、韓、印等東方國家在內的）外國哲學的優劣長短，從中設法開闢一條合乎未來中國所需求的哲學理路。我們衷心盼望，本叢書將有助於讀者對此時代課題的深切關注與反思，且有助於中外哲學之間更進一步的交流與會通。

　　最後，我們應該強調，中國目前雖仍處於「一分為二」的政治局面，但是海峽兩岸的每一知識份子都應具有「文化中國」的共識共認，為了祖國傳統思想與文化的繼往開來承擔一份責任，這也是我們主編《世界哲學家叢書》的一大旨趣。

傅偉勳　韋政通

一九八六年五月四日

序

　　筆者於研究生時，曾與外子王祥齡先生合作發表〈儒家對德川時代的功能影響及其功能〉（《鵝湖月刊》第98號）。由此漸進，開始對日本江戶時代之歷史思潮之動盪與人物思想家之興起產生莫大的好奇與不懈的求知欲。

　　試觀一八四二年中國鴉片戰爭之後，以及一八八六年日本「大政奉還」，中、日在被迫接受西潮的百年來，兩國情勢之逆轉有如轉倒之倒覆、日月之交位。而山鹿素行在其《中朝事實》一書中所倡導之「日本中華主義」，筆者以爲，此雖爲對「華夷論」之反動與翻版，及其對日本文化本土自覺意識之表現。然而在歷史思潮「下剋上」之風潮下，其影響與結果顯示，又不得不以「華」自居之中國人感到汗顏。試想中國二千年來以種族、地域、文化差異來劃分之華夷思想，如今是否已面臨了實質上崩潰之危機與瓦解之命運呢？

　　筆者不才，誠然不敢爲中日關係與未來發展之方向與結果驟下斷語。然深信「鑑古觀今」爲明瞭其間深妙變化之途。又以爲，明治維新以來日本之成就實奠基於德川時代二、三百年間文化思想敎育之變革與推廣。故試擇《山鹿素行》爲探究之先端。

　　憶及《山鹿素行》一書之寫作，實脫胎於三年前之碩士論文

——〈山鹿素行の日本中朝主義について〉。而當時全憑外子王祥齡先生之指導與鼓勵，而此書之成，全仰仗傅偉勳教授之提攜與引薦。感激之心，無以言盡。

民國78年12月25日

記於外雙溪故宮

山鹿素行
——「日本中華主義」與「華夷論」

目　次

《世界哲學家叢書》總序

序

前　言

第一章　德川時代儒教之勃興與思想界潮
　　　　流概述 ………………………………… 5

　第一節　時代之課題 ……………………… 5
　第二節　近世儒教之興起與影響 ………… 9
　第三節　近世儒教之變貌 ………………… 17

第二章　素行之求學過程與思想變革 ……… 25

　第一節　素行武士之身分與其思想內容 … 25
　第二節　素行的求學時代 ………………… 34
　第三節　三教一致思想 …………………… 48
　第四節　朱子中心思想 …………………… 58
　第五節　中華聖學思想 …………………… 73
　第六節　日本聖學思想 …………………… 84
　第七節　原源發機 ………………………… 108

第三章　「日本中華主義」在日本思想史
　　　　上之代表意義 ……………………… 123

　　第一節　佛家神道 ………………………………… 128
　　第二節　儒家神道 ………………………………… 134
　　第三節　國學神道 ………………………………… 141

第四章　結論──「日本中華主義」與「華夷論」………149

參考書目 …………………………………………… 163

人名索引 …………………………………………… 171

書名索引 …………………………………………… 173

術語索引 …………………………………………… 177

前　言

　　山鹿素行爲德川時代開創武士道學派，山鹿流兵學以及古學、日本中華主義之始祖。《聖教要錄》爲其復古精神之先聲，其中提倡恢復中華聖人——周公、孔子之道，並言孔子歿，聖人之統盡絕，極力駁斥宋學爲異端，因此與幕府之官學（朱子學）相牴觸而獲罪，遭受流放赤穗之命運，並言「夫罪我者，罪周公孔子之道也，我可罪而道不可罪，罪聖人之道者，時世之誤也」，自比周公、孔子。卻在赤穗流謫中完成了其一生最有名，並改變日本思想史之著作《中朝事實》，以形式上而言，《中朝事實》爲研究日本古典歷史之著作，全以漢文書寫，不過與《聖教要錄》比較，其旨趣卻大相逕庭，兩者雖同是復古精神之表現，但崇拜的對象卻由對中華聖人之崇拜，轉向爲對日本神聖之崇拜。故而提倡誇耀日本精神之「日本中華主義」，認爲「中華（指日本）之文物，與天地參，非萬邦可並比」，所以日本當稱爲「中華」、「中朝」、「中國」而非「夷人之東夷」，故寫《中朝事實》而證明其「日本中華主義」，而此一主義，可說是與「華夷論」相對抗之思想，亦卽日本主義與中華主義之對抗。因此之故，日本思想史上長久以來之中華崇拜就此改觀了。以至後世，排斥中華思想者亦不乏其人，甚有以日本爲世界之中心，欲征服

世界必先征服中華之主張，因此，我們可說「日本中華主義」為
日本脫離中華思想束縛之先端，因此一改以往之中華崇拜而為崇
拜日本之日本迷了，戴季陶《日本論》頁四末云：

> 日本人迷信他們的國家，是世界無比的國家，他們的皇
> 室，是世界無比的統治者，他們的民族，是世界優秀的
> 「神選民族」，這種思想，都從神教的信仰產生出來的，
> 其實也不過是宗法社會裏面崇敬祖宗的道理。（中略）德
> 川氏承續豐臣氏的霸權以後，政治文物，燦然大備。傳入
> 日本千餘年的印度中國的思想，已經和日本人的生活，融
> 成一片。於是日本民族自尊的思想，遂勃然發生。有一
> 個有名的學者，叫做山鹿素行，在這民族自尊心的鼓盪裏
> 面，創起一個日本古學派。這一個日本古學派之學術的內
> 容，完全是中國的學問，並且標榜他的學問，是直承孔
> 子，對於中國儒家的學說，連曾子以下，都不認為滿意。
> 對於漢唐宋諸家，尤其對於宋儒，更抨擊無遺，以為宋儒
> 的思想，是破壞孔子之道的異端。但是他卻借了中國的學
> 問來造成日本民族的中心思想，我們看他的著作，就曉得
> 在方法上、理論上，都沒有一點不從中國學問得來，沒有
> 一處不推崇孔子之道，而精神卻絕對兩樣。他是鼓吹「神
> 造國家」、「君主神權」。山鹿氏所著《中朝事實》一本
> 書裏面，把他的思想根據，也就發揮盡致了。

由上所述可知，日本迷是由日本宗教信仰神道之中而來，而其自
尊心之興起則於德川三百年間成立，山鹿素行便是有名之代表，

而筆者以爲之所以如此，除了受儒家影響以及華夷思想之刺激外，一方面也是神道思想之鼓動所激盪而成。無疑的，此一「日本中華主義」爲日本思想史開創了獨立之新機運，而原本居日本思想界之領導地位之中華思想，從此也就一落千丈而爲日本思想所支配了。

了解乎此，不難想像今日「日本第一」之原動力竟源乎於此「日本中華主義」，雖其不過爲「華夷論」之另一種翻版，但觀乎今日中、日兩國地位之逆轉，自忖對於將來關係之演變將該有所惕勵了。

若回顧中日兩千年來之交流，不難發現在文化上之交流多屬「一方通行」（單行道）之傾向。日本不斷之輸入，學習中華文化，而中國人卻對日本缺乏具體之體驗，依戴氏之說則爲中國人「自大思想」所導致，以及因「思想上閉關自守」、「智識上的義和團」所誤而不願認識日本，想其唯東夷之小島國耳，要不就是因「同祖同源論」，一廂情願的認爲日本與中國乃「同文同種」之兄弟之邦，殊不知此華夷思想中天下一家以華爲祖宗，夷狄爲末枝之說法早在德川時代便被質疑並否定之。試想，何以此說會被推翻，除了前述因德川時代受儒學影響、華夷論刺激、民族自覺以及神道思想與國學思想興盛外，特別的是此「同祖同源論」僅爲華夷思想中之一理論觀念，從未如其他南蠻、西戎、北狄一樣，與中國大陸連接，長期進行文化交流外，亦同時進行種族間之融合同化作用，是以依華夷思想中三種基本要件種族、文化、地域之別的情況下，日本在種族、地域上始終是獨立的，而文化方面則在千年薰陶下模倣「華」，而欲如「華」而取代之。是以從中華思想與日本思想之關係發展上看來，一方面可知華夷

思想為始作俑者，而日本思想「崇佛而斥佛」、「尊儒而排儒」，也就是繼所謂南北朝以來下層階級凌越上層階級的「下剋上」風潮之後，日本文化思想對中華思想「下剋上」之表現，以心態言之則又為強烈自卑感所引發超強的自尊心。

　　是以，本書論述之宗旨便以山鹿素行《中朝事實》之「日本中華主義」為出發點，試圖說明其思想之本質與中日思想之關連與影響。

第一章　德川時代儒教之勃興與思想界潮流概述

第一節　時代之課題

　　德川家康於 1603 年（慶長三年）任命為征夷大將軍，繼承了織田信長、豐臣秀吉之偉業，而於江戶開創幕府，直到 1867 年「大政奉還」止，凡二百六十餘年，而此德川氏封建政權之二百餘年便為日本史上所謂的德川時代或是江戶時代，而依歷史時代之區分則屬於近世時期。此一時期結束了自 1192 年以來所引發的「武」之爭伐，結束了百年戰國的黑暗時代而為「文藝復興」時期，中世武家連年的殺伐，以及「應仁之亂」❶ 所導致的天下大亂、社會秩序崩潰，政治權威喪失殆盡、人心渙散。原本慰撫人心、安定人們精神力量之宗教——佛教亦在此「黑暗時代」面臨了戰國時代新興武士對佛教思想及佛教之指導地位提出了反面之質疑。和辻哲郎氏在其《日本倫理思想史》下卷中便做了以下之說明：

---

❶ 「應仁之亂」自西元 1467–1568 年信長入京，或 1573 年室町滅亡。

此空之哲學，（中略）六道輪廻、淨土往生之思想，在戰國時代，其影響力薄弱，甚且對其產生出反動之立場，新興之武士們已不同鎌倉時代之武士們怖畏地獄之責苦。因而醸成對來世報應「大笑」置之之態度。此則反應了新興武士們之間排除迷信之態度之表現❷。

而新興武士之代表織田信長更針對佛教僧侶之墮落加以攻擊❸，是以佛教地位之轉落，除了「空的思想」、「六道輪廻」、「往生淨土」等思想之不合實際現實社會需要外，僧侶們之墮落亦是使佛教地位一蹶不振之原因。隨著「武」的爭伐所帶來的社會秩序瓦解，政治權威崩潰與信仰之低迷等因素導致了日本文化史上「下剋上」❹之風潮。即使家康貴爲天下之霸主，仍然不可免於陷於「下剋上」的危機之中。因此如何斷絕「下剋上」之風潮，如何轉換戰國殺伐之人心就成了德川家康所面臨之時代的課題。對家康自身來說也是確保其支配者之地位，完成治國平天下之大業前所最需首先解決之題。關於「下剋上」之終結，在《日本思想史概論》中便有一段簡潔之描述，其云：

如何終結下剋上亦是戰國武將掌握的政治要訣。（中略）

---

❷ 和辻哲郎著，《日本倫理思想史》下卷，頁 350。

❸ 同❷，頁 345：「信長首先語及佛教僧侶之墮落」，以及頁 352：「只要關於道義，信長不斷的攻擊佛僧之墮落……」

❹ 相良亨等編著，《日本思想史の基礎知識》，頁 217：「『下剋上』一詞出自陰陽，鎌倉末期始頻出於文獻中，（中略）事實上欲追求實利，接近權利之人們之行動，不僅威脅到支配者，時而反叛集團一致之行動。」

家康靠主從情誼的結合之力，終於收天下之霸權於掌中。

（中略）穩固二百五十年來德川氏的支配基礎，下剋上使
自將軍始鎌倉以來之名家沒落，但因秀吉大受阻止，因三
河武士情誼的結合之力打下了終止符。再建的武士社會、
統一的日本，再盡然而為上下的身分秩序的社會❺。

以上說明了至家康，下剋上便做了一終結，重新建立武士社會、
統一的日本以及上下身分秩序的社會。至於家康是如何轉換戰國
以來的殺伐之氣、終止下剋上之風潮，應歸功於其採取「偃武修
文」之治。這一點似乎是避了元朝以馬上取天下以馬上治天下之
後塵，而以宋朝的文治為本，然而不同的是，趙匡胤取得天下之
後便杯酒釋兵權，解除武將之兵權而產生重文輕武之後遺症，而
德川時代的武士們卻在「偃武修文」的政策下，一方面肯定其武
士之職位，一方面使其接受文治教育，如此一來非但改變了武士
殺伐之氣習，也為德川政權奠定了穩定之基礎。而德川時代之武
士教育便成為後世主導日本歷史發展最大之原動力，其影響不可
不謂深遠。

　　而關於德川家康以馬上取天下而不以馬上治天下之事，　據
《德川實紀》記載：

　　　　雖全以馬上得天下，然生來神聖之質，久知不可以馬上治
　　　　之之理。常尊聖賢之道，斷言凡治天下國家，惟行人所以
　　　　為人之道。此外別無他途，治世之始，屢助文道，因之世

---

❺ 石田一良編，《日本思想史概論》，頁 162-163。

上誤以為好文之主，耽於文雅風流者，頗不乏人❻。

此外，賴山陽在其《日本外史》〈以修禮文為志〉中說明了家康
獎勵學術之文教政策，其云：

> 家康素留意學術。捷於關原之年。卽取經籍未刊行者。盡
> 上之木。以修禮文為志。自讓職以來。益令天下購求遺
> 書。引廷臣諳典故者。與林信勝等講究於前。日夕不倦。
> 又招文學之士。無緇素皆禮重之。是歲親試以為政以德
> 頌。將軍亦試草尚之風必偃賦❼。

依以上敍述，無疑的描述了家康在文事方面的獎勵，而在此文教
政策下，能提供給德川家康治國平天下最完備的政治理論就非儒
教學說莫屬了，而儒教之「君臣之義」、「上下尊卑之差」、
「長幼之序」等理論自然成了安定家康封建政權、實施家康文教政
策之基本原則，而朱子學之尊信者林羅山也就成了家康之御用學
者。而儒教教說如何與封建政權緊密的結合在一起，堀勇雄氏解
釋道：

> 封建的主從關係與士、農、工、商的身分制度與父子、夫
> 婦、兄弟的關係同樣的被認為是天理，是聖人教之道，上
> 下尊卑的社會秩序被說為是神聖的不可侵的。德川氏為首
> 的封建社會的階級組織基於太極之理、天之道，故是永遠

---

❻ 九山眞男著，徐白、包滄瀾譯，《日本政治思想史研究》，頁9。
❼ 賴山陽著，岡本優太郎解釋，《日本外史》，頁 314-315。

不滅的❽。

又云：

> 羅山之教說使道德規範與自然法則連絡貫通的合理主義的
> 形而上，在德川政權的社會倫理，政治思想上可得見之
> 點❾。

以上說明了儒教之人倫道德與德川時代社會倫理與政治思想是密
不可分的。而儒教之所以能取代佛教之地位，其基本原由便是兩
者的關懷不同，儒教是入世的，佛教是出世的，一是現實人間，
一是極樂世界，一是社會倫常，一是諸相無常。而當亂世神秘的
宗教無法再收服人心之時，人們便得面對現實，理性的以一社會
倫常去規範、整治亂世，使其達到合理化，因此儒教之倫理綱常
和名分論，便解決了家康當前所面臨的時代課題，而近世儒教也
就此樹立其根基。

第二節　近世儒教之興起與影響

儒教傳入日本依記載是西元三、四世紀日本應神天皇十六
年，較西元六世紀（西元 538 年）傳入之佛教要早得多，不過隨
著佛教傳入日本之後，逐漸的佛教在政治上、思想上之勢力超
越了早期的儒教思想。而日本學者三浦藤作認爲儒教中所倡導的

---

❽ 堀勇雄著，《林羅山》，頁 251。

❾ 同❽。

「易姓革命」與「禪讓政治」之類的革命思想對當時以氏族爲基礎的日本來說在根本思想上是不相契的，如其在《日本倫理學史》中云：

> 孟子中之易世革命、禪讓放伐思想，在以氏族制的社會組織的我國是沒有的，又此思想明白的與日本國民固有之道德思想不一致⑩。

因此，是否就是因儒教之「易姓革命」、「禪讓政治」、「湯武放伐」之思想理論與當時天皇、貴族們爲中心的氏族制度之政治目的不合，導致佛教勢力後來居上的呢？筆者以爲不盡然，因爲以當時之日本民族制度發展而言，這一類之問題似乎從未被提及，而七世紀初，被譽爲「日本古代一大偉人」之聖德太子，便於西元 604 年依儒、佛二教之理論制定了「十七條憲法」，而爲日本文化發展以及日本固有道德思想之根基。因此佛教勢力後來居上，應該不是儒教之革命說違背了日本固有的氏族制度或是日本固有的道德思想，而是因佛教本身是一種宗教信仰，而盛行於唐朝之佛教其威勢自然遠播日本，非但凌駕於儒教之上，日本根本之原始宗教信仰更是無法相提並論，因爲在上古的日本社會，儒教之理論是無法與佛教之宗教信仰抗衡的，是以儒教之興起就不得不待從宗教信仰的迷思中醒悟而步向一合理社會主義的機緣，而佛教之地位經戰國時代之摧殘已是一蹶不振，因而儒教才得以在此思想真空的情況下興盛茁壯。

---

⑩ 三浦藤作著，《日本倫理學史》，頁 16。

　　再者，儒教之革命說「湯武放伐」之思想亦符合了家康在政治上的欲求，如眾所周知，奈良、平安朝時代爲政者天皇，貴族們政治權威之根據乃訴求於《古事記》、《日本書紀》中神話傳說所創造出來之政治地位。相對的，以武力奪得政權之武家除了武力以外絲毫沒有任何理論依據，而此正是武家政權自 1192 年源賴朝設立鐮倉幕府四百多年來不斷陷於爭伐之原因，也是武家政權出現「下剋上」之原因。

　　而前面所述儒教革命思想「湯武放伐」之所以合於家康現實政治上之欲求，那便是與討伐秀賴有關。一般說來，家康討伐秀賴原本乃屬於「下剋上」之舉動，然透過儒教「湯武放伐」革命說之解釋後，非但開脫了家康「下剋上」之罪名，也爲武家政權找到了存在的理論依據❶。

　　關於儒教「湯武放伐」論之記載，《德川實紀》中便有家康問林羅山之「五項質問」，依《臺德院殿御實記》卷十九云：

　　　　當曰，在大御所召林道春，垂問曾子、子貢之一貫（中略）以及湯武放伐之事，信勝詳論其理❷。

而《林羅山文集》第三十一卷中亦詳載此事，其云：

　　　　曰，中與權皆有善惡，湯武以臣伐君，此雖惡亦善，所謂

---

❶ 相良亨著，《近世日本における儒教運動の系譜》，頁 16：「武家不斷的追求作爲日本政治史支配者的存在根據，而以革命說爲根幹，言治國平天下之道的儒教，正應了武家精神的欲求。」

❷ 堀勇雄著，《林羅山》，頁 159。

取逆守順，故不善不惡者中之極也。曰，春意異此。願得
盡其辭。春以爲，中者善也。（中略）湯武順天應人，未
嘗有些許私欲，爲天下之人除巨惡，豈雖惡亦善乎❸。

如上述，家康如此關注於「湯武放伐」之革命說者，事實上與現
實政治上討伐秀賴有關。因此，儒教之革命說自然成爲家康封建
政權的存在根據。武家政權因此而爲日本政治支配者的同時，儒
教亦爲日本政治乃至思想界主導之地位。因此上古時代儒教之不
顯，筆者以爲並非因儒教之易世革命、禪讓放伐思想不合於氏族
社會的日本國民道德思想。而是上古的日本氏族社會思想發展條
件尙不及此。而儒教傳入甚早，在中日交通史上自然無法與後世
傳入佛教的盛況相比。且佛教藝術、宗派、思想在唐朝之發展亦
爲巔峯時期，此時中日交通亦是最熱絡，加上宗教傳播之力量等
等因素，無疑的兩者會有一盛一衰之差異。而儒教取代衰退之佛
教已是千年後的德川時代了。至於儒教興盛之原因，大致可歸納
爲下述幾點：

一、君臣上下好學。

二、儒教的「上下君臣之義」、「尊卑之差」、「長幼有序」
　　等倫理規範正合於封建秩序之社會秩序。

三、儒教之革命說爲家康武家政權存在之根據。

四、佛教非現實的「空」的理論已無法慰撫人心，而由較現
　　世的理性的儒教取代，教養人民❹。

---

❸ 同❷，頁 160。

❹ 中山久四郎著，《日本文化と儒教》，頁 85-86。

如上所述，雖然說明了儒教興起之理由，然而並非一切毫無阻攔，因為近世興起的新興儒教基本上乃以宋學為基礎，因而遭到傳統朝廷明經博士之抵抗，關於此《德川實紀》中記述如下：

> 一年，道春於京都集諸生，講說新注之《論語》，聽眾由四方來集，門前如市。清原極臈秀賢以奏禁中曰：我朝自古講經學非有勅許不可。而道春於閭巷私設講帷，且不遵漢唐之注疏，而用宋儒之新說，其罪不輕。朝議紛紛不定，乃請武家之旨，君（指家康）聞之曰：「聖人之道，即人非學不行之道也。古注新注，各按所好，應廣行教諭世人。欲加以阻抑者，全係由秀賢由偏狹之心而生猜忌，可謂尤為陋劣。」其評遂不得行而止❺。（〈東照宮御實紀附錄〉卷二十二）

又卷七中云：

> 自此，信勝遂無忌憚，於洛中主張程朱之說，講讀經書。此乃本朝講程朱之學之濫觴也❻。

由上述得知，儒學之興亦得力於家康之獎勵，同時也為公開講學之濫觴，對教學之流傳有極大之影響。

　　以上除了說明近世新興儒教面對與傳統明經學間之間的抗爭外，另一值得注意的問題是，近世儒學乃以宋學為基礎，而宋學

---

❺　丸山眞男著，徐白、包滄瀾譯，《日本政治思想史》，頁 13。
❻　同❺。

之傳入又以「五山文學」爲媒介，因此以下便簡述近世儒學與佛教的「五山文學」之間的關連以及近世儒學在脫離「五山文學」成立近世封建教學後的特質。

「五山文學」原本乃屬佛教的、僧侶的學問，然而中國近世之儒學（宋明理學）在宋明二朝幾百年間，亦多滲入佛學之觀點，是以對佛之僧侶而言，研習宋明理學者亦大有人在，因此透過中日僧侶之往返，宋明理學便蘊孕於五山僧侶之中，而終靠五山僧侶之傳播而興盛。不過五山文學終究是屬於文學的範圍，而無法脫離文藝闡揚近世宋明理學，因而近世儒學之興盛便靠著一些神學家、哲學家、宗教家等將神道與哲學與政治融合後所開展出來的，依今中寬司的說法，他認爲：

> 伊勢的神道和吉田的神道，與宣賢兼良的朱子哲學巧妙的結合，但其思想體系卻未爲藤原惺窩吸收，而經由建仁寺兩足院的林宗二、林海仙等有關宣賢學的系統的人物傳到林羅山，這說明此一系統的人物，不是政治思想家，便是學者或宗教家，而與從事政治性活動有關❼。

以上說明了宋明理學經由僧侶亦傳入神道之後便顯現出兩種趨勢，即是除了宋明理與佛學結合外，亦與神道結合，而其代表人物即是藤原惺窩與林羅山，而藤原惺窩不但被譽爲日本近世儒學之始祖，對近世哲學的引介有不可沒之功勞外，對於神、儒兩者之結合首先提出說明，其在《千代本草》中云：

---

❼ 蘇振申、劉崇稜譯，《日本歷史思想之發展》，頁 147。

> 日本之神道亦正我心，憐萬民，施慈悲為極意，堯舜之道
> 亦以此為極意，在中國謂之儒道，在日本謂之神道，名變
> 而心則一也[18]。

而羅山繼之更加強化神、儒之間的關係，如今中寬司所云：

> 江戶時代初期的哲學，特別是羅山學等在政治哲學上，通
> 常被稱為朱子學派，惟其中大半含有神道哲學的理論[19]。

由上大致可知，近世儒學基本上便與佛、神道間存在著相當微妙
而不可分之關係，不過雖由僧侶傳入，但最終卻靠著神道政治哲
學家而發揚光大，林羅山便是此代表人物，由此可看出，日本近
世儒學之特色，也就是它並非純粹中國近世儒學之翻版，而是將
中國近世儒學根植於它們的神道系統之中，比方說將朱子哲學基
礎的「無極而太極」用來解釋《古事記》、《日本書紀》中「混
沌未分」、「天地未闢」等神話傳說，或是借朱子理氣二元論中
之氣予與神格化而附會為《日本書紀》中最原始之神[20]，因此可
知，近世儒學，尤其是朱子學之興起除了前述有其時代背景之需

---

[18] 同[15]，頁 120。

[19] 同[17]，頁 147。

[20] 同[17]，頁144：「如象所知在十三世紀初，傳入日本的朱子哲學，是
建立在理氣二元論的自然與人生兩大哲學的巨大思想體系。雖然這
一哲學日本人始終無法得到正確的理解，但其哲理在被翻譯成『混
沌未分』、『心性』或『天』的形態才被理解的。（中略）把『無極
而太極』的朱子哲學基礎的先驗性用『混沌未分』、『天地未闢』
等在《古事記》和《日本書紀》的開闢上所用的語彙來表現。」

求外，基於思想理念上更是與神道思想有其密不可分之關聯。而
其影響之深遠亦不僅限於短短三百年之德川時代。

　　而宋學對德川時代之影響，《程朱哲學史論》中云：

> 特別是在我邦，為整個德川時代教育之根本主義。故約三
> 百年間鎔鑄陶冶我國民性格的一大原動力者無非是宋學，
> 試證之維新之際，堀河學派、蘐園學派殆未出勤王之士，
> 而闇齋學派及水戶學派續續出勤王之士。由此觀之宋學主
> 義之教育可謂與維新之大功業有力❷。

由上段可知，儒教一方面為家康樹立了支配體制之理論根據，但
相反的也成了明治維新、大政奉還之原動力。這或許是家康始料
未及之事吧，又值得注意的是，儒教教說雖在德川時代對社會教
化之意義，以及在德川時代日本人的精神歷史上有極其重要之影
響。然而這僅是正面之表現罷了。因為在德川時代末期儒教亦遭
受極大之反動與排擊，而其反動之勢力便來自於國學神道派。也
就是說在早期儒教雖然取代了佛教與神道結合而為掌握思想界霸
權之儒家神道，但在德川後期興起之國學與神道結合而為勢力龐
大的國學神道之後，儒教也就一如佛教命運一樣被排斥了。而
「狡兔死走狗烹」或許正是歷史現實的寫照吧！

---

❷　大江文城著，井上哲次郎序，《程朱哲學史論》，序頁 2。

第三節　近世儒教之變貌

　　由歷史發展觀之，日本思想界之潮流事實上是佛教、儒教、
神道、國學（洋學不論）等彼此之間所相互滲合而有佛教神道、
儒教神道、國學神道之別，而此三者在相互融合以及排斥運作下
而各起興衰。德川時代不但各說各派氣象萬千，且學派間彼此之
對立與思想之抗爭更是顯而易見，而歸納言之，德川時代思想界
之大勢，前期爲儒學；後期則爲國學（佛學、洋學不論），而此
二者，不論是近世儒教之變貌或是國學之發展與神道都有極爲密
切之關係。若能將此三者間之發展與關係做一說明，對於德川時
代思想之發展與變動之方向定能有一概略性的了解。然因題旨有
限，故僅以幾位儒者代表，如藤原惺窩、林羅山、山崎闇齋、山
鹿素行等爲例，簡述近世儒教在佛教、神道間轉變之原因與方
向。

　　藤原惺窩，原爲歌人定家之子孫，後爲五山僧侶，兼習宋
學，開了近世儒學之風氣，關於此《德川實紀》中記云：

　　　抑本邦自上代起，代代之博士，專用漢唐之注疏講說經
　　籍，或以詩賦文章之末技爲專門之徒甚多，至惺窩，始尊
　　信宋之濂洛諸儒之說，以躬行實踐爲主，遍行教導，世人
　　方知宋學之醇正而有禅世道㉒。

肯定了儒學方面的貢獻，此外其在儒學的表現方面兼採濂洛諸儒

　㉒　丸山眞男著，徐白、包滄瀾譯，《日本政治思想史研究》，頁 12。

之說，說明各學派之異同而兼容並蓄，如《惺窩先生文集》卷之十〈答林秀才〉中云：

> 紫陽（朱子）質篤實，而好邃密，後學不免有支離之弊，金
> 谿（象山）質高明，而好簡易，後學不免有怪誕之弊。……
> 人見其異，不見其同。同者何也，同是堯舜，同非桀紂，
> 同尊孔孟，同排釋老。同天理為公，同人欲為私㉓。

以上精要的分析朱子、象山二人之特質及學派之優缺異同外，另一值得注意的是此中所云「同排釋老」，而藤原惺窩原屬五山僧侶，習宋儒之後是否亦主張排佛呢？《先哲叢談》卷之一：

> 釋承兌、靈山，共以才學自負。嘗戒惺窩曰：「吾子，初
> 奉佛，今又歸儒，是棄真歸俗也。吾子何昧此義耶？」
> 惺窩曰：「所謂真俗二諦，乃浮屠之說，而所謂俗，乃自
> 謂也。夫庚天理廢人倫，何以謂之真乎？」二釋默然㉔。

又，林羅山〈惺窩先生行狀〉：

> 先生（惺窩）以為，我久從事釋氏，然心有疑，讀聖賢
> 書，信而不疑，道果在茲，豈人倫之外乎。釋氏既絕仁
> 種，又滅義理，是其所以為異端也㉕。

㉓ 《東洋思想》，頁 141。
㉔ 同㉒，頁 13。
㉕ 同㉔。

由上所述，可知後世對惺窩之看法，共同的是皆視其爲宋儒之始祖，爲歸儒排佛之先驅，然依今中寬司之看法認爲「惺窩學有過多的文學藝術性」，以及「林羅山編的〈惺窩先生行狀〉大書特書惺窩係於天正十九年（1591）離開相國寺作歸儒排佛之宣言」，但根據文祿二年（1593）惺窩的詩有「如翁眞個是心朋，佳句幸哉能及僧……」，仍自言僧外，亦對「老莊、佛之教化有充分之理解和同情」，以及附庸風雅，對宋學濂洛諸說兼容並蓄等等理由看來，提出了惺窩排佛之質疑❷❻。

因此，若依《先哲叢談》中「棄眞歸俗」之論以及林羅山〈惺窩先生行狀〉中「我久從釋氏然有疑」和其〈答林秀才〉中「在中國謂之儒道，在日本謂之神道，名變而心則一也」對儒道之尊重以及對神道之關懷看來，明顯的已忽略了佛教之存在，然眾所周知的是宋學在五山僧侶的手中所抱持的是以佛說爲體，儒學爲用的儒佛不二說，而當儒、佛兩者分歧後，惺窩在宋學外加上國文學之修習便從儒佛不二之立場進而爲儒神調合之說，不過若依其在文學方面之修養，及本著原有佛門之精神和對宋儒兼容並蓄之態度觀之，其思想雖由佛轉儒，但態度上是否主張排佛則仍需有待更多之資料證明。

林羅山爲幕府官學之確立者，幼年時便有神童之名，十八歲時讀《論語集註》深表佩服而云：

> 於後世，能得六經之旨者程朱之學，然因今日異端邪說瀰漫，掩塞眞相，故不得不盡力一排之❷❼。

---

❷❻ 蘇振申、劉崇稜譯，《日本歷史思想之發展》，頁 143。

❷❼ 同❷，頁 143。

由此可知羅山早年非但傾心於朱子學，亦爲力主排佛論者，這一
點可說是前所未見的， 也是一般朱子學之通病， 所謂「攻乎異
端」， 因之井上哲次郎批評爲「 朱子精神之奴隸」。 關於其弊
病，《日本朱子學派之哲學》中云：

> 朱子學派，其中雖有幾多之分派，但泃屬單調，「Homo-
> genize」（均質化）除敷陳述朱子之學說外，無復所爲
> 也。若大膽批評朱子之學說，或在其外開陳自己之創見，
> 出此態度，則早已非朱子學派之人矣。苟欲爲朱子學派之
> 人，則不可不忠實崇奉朱子之學說，換言之，卽不得不爲
> 朱子精神之奴隸。是故，朱子學派之學說，不免有千篇一
> 律之感❷。

而林羅山因受知於家康爲幕府之御用學者「起朝儀，定律令」，
爲幕府奠定了政治理論基礎， 同時也爲朱子學奠定了官學之地
位，而除了其在政治方面的表現外，在思想方面則爲極力排佛，
主張神儒合一者，《林羅山文集》卷六十六〈隨筆〉「神儒一體
論」中云：

> 我朝神國也，神道乃王道也，一自佛法興行後王道神道都
> 擺却去。
> 或問神道與儒道如何別之，曰自我觀之理一而已矣，其爲
> 異耳，（中略）曰《日本紀神代書》與周子《太極圖說》
> 相表裏否，曰我未知，嗚呼王道一變至於神道，神道一變

---

❷ 同❷，頁 25。

　　至於道，道吾所謂儒道也，非所謂外道也，外道也者佛道
也[29]。

　　而羅山有關神道之著述尚有《本朝神社考》、《神道秘訣》、《神
道傳授》等。因此基本上可說他是神道家、政治家以及思想家。
　　因此江戶時代之朱子學先是政治思想上的被利用，後是神道
思想上的被附合，便形成了近世儒學之特質。在江戶前期所造成
之思想之潮勢銳不可當，也蘊孕出無數之學者，然因時順勢，政
治社會無時無刻不在演變，思想更是不斷的演化，因此學者們在
面對「單調」的朱子學之時，亦不得不舖陳己見，而演生出「官
學」、「私學」之分以及朱、王之外的古學派、復古神道派、水戶
學派等，而各說各派之興盛即為近世儒學帶來空前之盛況，以純
朱子學者自居的山崎闇齋為例，其嘗自言：「倘學朱子而謬，則
與朱子共謬，復何憾乎」，充分表現其願為「朱子精神之奴隸」，
事實上其原為出身佛門之僧侶，在「還俗歸儒」樹立闇齋派之朱
子學派後，其晚年更虔心於神道，後為垂加流神道之始祖，即為
所謂復古神道論者，關於其思想之轉換便引為嘲諷之對象，伊藤
仁齋、太宰春台曾評道：

　　　闇齋厭僧歸儒，晚年主張神道，若此人長壽則為伴天連。
　　　（織田時代耶穌教士之稱）[30]

　　至於山鹿素行，其思想之轉換更可分為六期，由儒釋道三者

[29]　兒玉幸多編，《史料による日本の步み》，頁 191。
[30]　《東洋思想》，頁 389。

合一而致力於朱子學，而後又反朱子提倡古學，再進而爲日本聖學主張「日本中華主義」，晚年則爲哲學的象數宇宙觀。而其一生之代表作《中朝事實》之主旨全爲闡明日本國體之自尊（詳後述），其雖非神道學者，然其國體尊崇論發展至最後與日本神道信仰之精神卻是殊途同歸，而其間之差異僅不過是一線之隔罷了。

除上述所舉之例以外，陽明學者熊澤蕃山亦倡日本水土說，後期的水戶學派學者會澤安亦大肆宣揚國體論，是以從起初至後期儒教之變貌愈演愈烈，其中雖有徂徠派打破儒神合習說，認爲「神道雖無其事，但鬼神應加崇敬。況生於我國，敬吾國之神，乃聖人之道之意也」❸，基本上仍以聖人之意爲依歸，對神道仍視爲鬼神之道，而此句話之含意與孔子所謂「怪力亂神」、「敬鬼神而遠之」是一樣的。甚至於繼承徂徠學的太宰春臺更於《辨道書》中視神道爲「巫祝之道」，又云：

> 日本本來無道，近頃神道說者，盛言我國道之高妙，皆後世虛談妄說，日本無道之證據❸。

又言「諸子百家、佛道、神道者不戴堯舜之道則不能立世」，因此發展到最後徂徠學派便演變爲「愚老不信釋迦，信仰聖人」，然而聖人道德之絕對性、純粹性對於當世政治社會道德之淪喪便面臨極大之考驗，以至於後期興起之國學者對當世儒道盛行卻充滿了虛僞矯情，以及儒者之追求名利和崇拜中華貶視日本之儒道

❸ 同❷，頁 121。
❸ 《東洋思想》，頁 173。

產生了反動之思想。而國學神道派便利用此「把外來思想渡日以降當作衰世，主張古神道的復興❸」，同時對於神道之解釋，儒教是以政治思想之立場，而國學古神道卻是以民族固有的信仰、宗教式的情懷做依歸。

　　由是觀之，儒教之變貌除了因政治思想立場之不同而轉變外，與神道信仰之間更是顯現著若卽若離之微妙關係，然最終終因國學神道之興起而沒落。最後終因信仰上的差異導致彼此間之對立，而儒學亦在國學神道後漸趨沒落了。若換另一角度言之，此期日本文化對外來中華文化之排斥應可視為要求文化自主之一表現，而山鹿素行之《中朝事實》便是此中之代表，由是觀之，日本要求文化之自主性愈強，則相對的其排他性也愈強。

---

❸　同❷，頁 207。伊東多三郎在其《江戶時代後期的歷史思想》中云：
　　「儒學系統的復古主義以為歷史是根據倫理道德之隆替而為治亂興亡的過程，與此相反的認為是時局衰替轉而興起革新之氣運的國學復古主義是把外來思想渡日以降當作衰世，主張古神道的復興。古代的盛世必再復現，就歷史過程言，沒有認識中世的意義。此外，儒學系統復古主義的神道思想是基於儒學的政治思想來解釋，相反的，國學的古神道是民族固有的信仰，是宗教式的信奉。」

第二章　素行之求學過程與思想變革

第一節　素行武士之身分與其思想內容

　　如前所述，近世儒學以藤原惺窩爲開山始祖，使宋明理學成爲日本思想界之主導，使原本思想空乏，學問貧乏之日本研究學術風氣盛行，無論各學各派均大放異彩，而在此當代名儒輩出，學說派別眾說紛紜之下，素行依然脫穎而出，若比較其間思想內容之差異，自然突顯出素行學說之特性，最明顯的是，當時學術界「官學」以朱子學爲首，「私學」以陽明學爲主，可謂天下二分，非朱卽王，而素行亦曾入林羅山之門，之後素行卻能在此天下二分且曾以朱子學爲宗之情況下提出古學，公然反對宋明理學，無異是給某些思想霸權者一個極大的震撼，之後又提倡「日本中華主義」，且爲武士道學派、山鹿流兵學之始祖，凡此種種無一不予後世深遠之影響，而最深具意味的便是素行獨特之學風，不受限於當世學派，進而脫卻外來思想之束縛而回歸傳統日本之道。這在當時學術界來說爲日本思想之自覺亦不爲過，是以若能了解素行一生求學之歷程以及其思想之變革，將不難看出日本思想之丕變非一朝一夕。而其求學之過程及思想之轉換與其武

士之身分是密不可分的， 是以在此首先對其武士之身分做一簡
述。

素行在其自傳性《配所殘筆》中云：

> 我等今日生於武士之門❶。

又於《山鹿語類》中云：

> 我生於武士之家，嗣大夫之氏族，非農工商三民，天生我
> 為士，此非天命夫❷。

由上所述卽明言其自身為武士，而武士之身分，對素行來說無異
是一種榮譽與責任之象徵。武士對當時封建社會來說除了為四民
士農工商之首外，肩負著治理與教育社會之重大責任。和辻哲郎
博士在其《日本倫理思想史》下卷中云：

> 武士階級者今以武士確立支配，武士主要之職務移轉為政
> 治方面。武士卽士大夫，不事生產僅統治，然為實現其統
> 治之道，尊貴任務也❸。

由上可知武士之任務便是實現「統治之道」，尤其值得注意的便
是自武士專政幾百年來，強者為王，敗者為寇，全以武力強弱來

---

❶ 《全集》，第十二卷，頁 597。

❷ 《全集》，第七卷，頁 405。

❸ 和辻哲郎著，《日本倫理思想史》下卷，頁 270。

評斷勝負，而今江戶武士已由戰國武士轉爲封建制度下士之階
級，天下太平，已勿須以武力爭取地位，而由武力轉爲文教，此
固然與德川家康主政江戶政權以來實行「偃武修文」政策有關，
亦不得不說是時勢使然，而尤其重要的是此武士之治道，又與儒
家的政治理想相合，自然而然儒家思想便成了江戶時代武士思想
之前導，而武士們精神理想之依歸亦自然的依附於儒家理念之
上。吾人由戴季陶先生《日本論》中對武士之論，便可得知，其
云：

> 武士道這一種主張，要是用今天我們的思想來批評，最初
> 的事實，不用說只是一種奴道，就是封建制度下面的食祿
> 報國主義。至於山鹿素行大道寺友山那些講武士道內容的
> 書，乃是在武士的關係加重，地位增高，已經形成了統治
> 階級的時候，在武士道上面穿了儒家道德的衣服。……我
> 們要注意的，就是由制度論的武士道，一進而爲道德論的
> 武士道，再進而爲信仰論的武士道❹。

江戶時代武士，上有公卿、下有庶民，自然爲整個時代之中堅，
一方面爲穩定封建社會之要因，一方面亦爲推動革新之動力。而
江戶武士之所以能穩定社會，又能推動革新，筆者以爲誠如戴氏
所云，江戶武士已由制度論一變而爲道德論，再變而爲信仰論的
武士道有關。而此時所謂道德論的武士道，無異於以宋明理學說
爲主，而信仰論之武士道，則加入了日本傳統神道信仰而爲之。

---

❹　戴季陶著，《日本論》，頁 10。

事實上, 縱觀整個江戶時代, 不僅顯現出武士道之三變, 在思想學說上亦爲由佛而儒而神, 而相較之下又不難發現此思想之三變, 亦卽武士道三變之源由。

江戶時代由佛而儒而神之思想之變, 與武士道三變, 不僅僅是在江戶幕府至明治維新三百年內便可完成, 仍須上尋其前緣, 下探其後果, 然因題旨所限, 雖能略述其大概, 亦是掛一漏萬, 所幸者, 江戶時代一大思想家山鹿素行之出身及其一生之歷程, 思想學說之流變, 正足以爲表現當代封建社會之特質, 及當代思想之背景, 學說流變之最好註解。因爲素行集武士、儒者、兵學者於一身, 因此素行之學問基本上便是融合儒學與兵學, 而又於其中衍生獨特之思想, 是以下便言歸正傳, 討論其求學及思想之歷程, 而關於素行思想之成長及發展階段, 依堀勇雄氏之言則可分爲六期, 如下:

第一期　訓詁的朱子學（約 6 歲至 21 歲）

第二期　四教一致（約 21 歲至 35 歲）

第三期　朱子學（約 35 歲至 41 歲）

第四期　中華聖學（約 41 歲至 45 歲）

第五期　日本聖學（約 45 歲至 54 歲）

第六期　象數的宇宙觀（約 54 歲至 64 歲）

依上分期可謂相當清晰, 易於了解素行思想之轉換之步驟, 同時堀氏又依此分期列一圖表, 附上素行各期間主要之著作, 及其學派之成立, 如下:

	經　　　學	兵　　　學
第　一　期	訓詁的朱子學 （《四書諺解》）	甲州流的軍法 （《兵法雄備集》）
第　二　期	四　教　一　致 （《修身受用抄》）	北條流的士法 （《兵法奧義集》）
第　三　期	朱　子　學 （《修教要錄》、《治教要錄》）	武教の確立 （《武教全書》、《武教本論》）
第　四　期	古學シナ的聖學 （《山鹿語類》、《聖教要錄》）	山鹿派の獨立
第　五　期	日本的聖學 （《中朝事實》）	山鹿流の發展 （《武家事紀》、《七書疑義》）
第　六　期	象數的宇宙觀 （《原源發機》）	武教主義の完成 （《八規傳》）

❺

　　由上表所列，可知在經學方面，重大的轉捩點在於第四及第五期，而此二期非但樹立素行獨特之學風，亦為其思想之代表時期，其第四期代表著作為《山鹿語類》及《聖教要錄》。第五期代表著作則為《中朝事實》，而在此二期代表著作中所呈顯出素行之主張，可說是全然極端之對立，簡言之即中華聖學與日本聖學之對立，雖說是立場對象截然兩立，但若以其內容言之則屬相同，其間之異同則後述之。大致而言，依圖所示則第一期為其求學過程，及奠定日後思想之基礎。第二期則為素行依第一期所學，融合各派之說，自第三期起便開始對各思想批判之開端，先以朱子學為宗，主張排佛，第四期則以中華聖學為宗，而排朱

---

❺ 堀勇雄著，《山鹿素行》，頁 321。

子，第五期則以日本聖學爲宗而排中華聖學，第六期則爲素行哲學思想宇宙象數觀之源原發機之時期，由此不難看出，素行思想**轉換**之過程，及其對各思想之批判是由基礎開始，一層一層漸進向上推進的，另一方面也看得出是先由外學而後主內的。

總言之，素行一生思想之歷程先是融合儒學、佛學、神學以及老莊思想，而此龐雜思想體系、學說之間所存在思想的差異性與對立性，自然而然的在素行思想中呈現出矛盾與混亂。而爲了解決此差異思想所造成的矛盾與混淆，素行就不得不針對其各派教說之差異作一思想之批判，以化解因其混淆而產生之矛盾，進而做一思想之釐清，同時於前所述，江戶時代思想界的三變與武士道之三變，在素行思想成長歷程與其思想變革轉向之過程中亦可看出端倪。而時代思想之變數如此，素行思想之轉向如此，無怪乎素行能爲江戶時代思想界之代表。是以探究素行個人思想問題之所在，亦是當時代思想問題之所在，亦是日本思想史上問題之所在。

關於素行思想之內容，其根源所在，自然與其自六歲啟蒙以來，承儒、兵、神、國文學之各派師傳有深密之淵源。其在儒學方面師從林羅山，十八歲時便完成《四書諺解》之著作，兵學方面，二十一歲時便領受「兵法印可副狀」，同時完成《兵法神武雄備集》，除此之外又從光宥、坦齋等學習神道、和學之事，可謂系出名師，而又無所不學，將各家各派之思想學說盡悉納取。對於其學思之領域、視野來說頗爲豐富充實，然而各家學、各派思想之差異，與彼此間之對立與矛盾，同時也造成了素行思想從四教一致而否定佛教，又繼而否定朱子，又進而否定中華聖學，最後回歸到日本聖學之一連串坎坷、糾結的思想歷程，而此間之

變革與轉向卻也是當時代思想體系之龐雜與矛盾之一反應。而身為一時代之思想家，素行勢必為其思想本身做一釐清，找尋其精神本源之依歸。

說到思想系統之龐雜與矛盾，從其師說對佛、儒、神三者所採取之態度便可一目了然。先是佛、儒關係之分裂，一般說來，中世思想與近世思想之主流，一為佛教，一為儒教，不過事實上宋明理儒學之傳入與興盛卻不得不歸功於五山僧侶們流傳之功，可惜的是佛教本身卻隨著室町、戰國之紛亂而衰微，而儒教卻因江戶封建制度之確立而大興。幾乎完全取代了佛教原有之政治勢力。不但如此，佛教之所以被排斥，其主因亦為儒者之排佛。而排佛之儒者中又首推素行之師林羅山了，而其排斥佛教之外又進一步的主張儒家神道。《林羅山文集》卷六十六中云：

> 我朝神國也，神道乃王道也，一自佛法興行後，王道神道都擺卻去。
>
> 或問神道與儒道如何別之，曰自我觀之，理一而已矣，其為異耳（中略）曰《日本紀神代書》與周子《太極圖說》相表裏否，曰我未知，嗚呼王道一變至於神道，神道一變至於道，道吾所謂儒道也，非所謂外道也，外道也者佛道也❻。

由上引文，明顯得知林羅山對儒、佛、神三者所採取之立場乃為斥佛為外道，主張儒神合一之理論了。

---

❻ 兒玉幸多主編，《史料による日本の步み》近世編，頁 197。

不過在兵學方面，素行師承景憲，北條二師之甲州流兵學，卻仍深受中世佛教思想之影響，氏長在其武學中多引佛說、禪語外，《士鑑用法》中亦云「空卻之理」❼，卽足以說明兵學與佛學教理之間仍在者某種程度之關連。

除以上儒學與兵學兩者對佛教所採不同之態度以外，神道方面，素行之師光宥、坦齋兩人主張的是神佛合一思想，因此有趣的是，佛、儒、神、兵學四者之中，儒學（宋明理）、神道、兵學三者皆與佛教思想有深遠之影響，不過三者後來都走向排佛之命運，只是時間之先後、派別不同罷了。

而素行思想中，除了儒學、兵學、神學三者之間對佛教所採取不同之觀點外，儒學、兵學二者當中，亦同樣的出現了所謂中華思想與日本思想之分，也就是說，儒學所信奉的是對中華思想之尊崇，以林羅山爲例，其在《神武天皇論》中就支持皇祖泰伯說，也就是說認爲神話中之天孫降臨就是吳王泰伯之化身。然而另一方面，素行在兵學思想承傳方面之氏長的理論則確立兵學爲日本之流傳，如氏長在《乙中甲傳秘訣》中云：

> 此傳非始自甲州，乃神代以來名將所傳。

又於《天星傳口訣》中云：

> 當流日本流之事，應爰知❽。

---

❼　堀勇雄著，《山鹿素行》，頁 79。

❽　同❼，頁 81。

由上可知，北條氏兵學為日本之教學。其兵學根本原理便是對天照大神之信仰之表現。氏長在兵學上雖混入佛教思想，但本質上以兵家神道自稱的日本思想，是以自《大星傳》後，日本兵學便與神道結合而為中國兵學所無者。是以在儒學與兵學思想本質差異之下，無疑的造成了日後素行由中華聖學而至日本聖學之轉變，以及產生所謂國體論與華夷論兩者矛盾與對立之觀點。

由上觀之，造成素行思想之矛盾與對立是有其原因的，而這種矛盾現象之產生，不獨素行個人，亦是整個時代所面臨之現象。在時代劃分上有中世與近世之別，學術界有官學、私學之分，文化上有公家與武家之分，而後又有武士與町人文化之別，宗教上有佛與儒之對立，亦有儒與神道之對立，政治上有天皇制、幕府將軍制之不同，對外又有鎖國與開國，或是尊拜中華以及自國尊崇之差，由此似乎亦反應出德川時代特有之對立性、矛盾以及反動之現象。而中世公家思想與近世的武家思想之差異從素行師承之不同便可得知，素行在神道、和學方面傳自光宥、坦齋，所學的屬於中世的、公家的學問，形式亦屬於秘傳，然而素行之儒學傳自林羅山，卻是近世的、武家的學問，形式上否定了秘傳思想，主張自由的、正確的研究方法。再者就是兵學方面，雖打破了中世軍配術中的陰陽之類的迷信思想企圖走向近世合理學問體系，但仍殘留了中世佛教思想，同時也無法脫離秘傳之弊害，即使是林羅山也以儒道來解釋神話之神道說，主張神儒合一，否定中世神佛合習思想，批評中世神道秘傳傾向，但在其《神道傳授》中仍云：

　　神道者奧儀之秘也，……無冀他人之觀破❾。

由是觀之，林羅山自身亦犯了前後矛盾之癖。

因此，素行所處之時代背景，雖僅是單純的由中世武家邁入近世武家之過渡時期，卻是日本思想佛、儒、神、兵學等彼此間融合、滲雜、分離、清算，由近世而復古，由復古而排外，其間之複雜正如素行之思想歷程，先融合各派之說，而後由四教一致轉爲以朱子學爲中心，之後又排朱子學倡古學，之後又以日本聖學爲主提出日本中華主義。

以下便依堀氏之分期，敍述素行求學過程及思想之轉向。

第二節　素行的求學時代

關於素行幼年之啟蒙時期，依《略年譜》所載：

> 六歲至八歲之頃，四書、五經、七書等大致讀記❿。

又《配所殘筆》中記云：

> 自六歲起，承父命爲學，因不才，漸至八歲，四書、五經、七書詩文之書，大致讀記⓫。

又《山鹿語類》門人序云：

---

❾　同❼，頁 83 。
❿　《山鹿素行全集》卷一，頁5。
⓫　《全集》卷十二，頁 571。

六歲鳴學，十歲詩文殆熟⑫。

由上列引文可知，素行之啟蒙時期自六歲起，而此期所閱讀之書目包涵了經學、兵學、詩文各方面，其於《配所殘筆》中謙稱不才，但依其後來在學問方面之成就以及其思想之變革來看，卽使其未有過人之才華也是下過相當之工夫的。

此後素行九歲時便由稻葉丹後守正勝之介紹而入林羅山之門為入室弟子，《略年譜》寬永七年九歲之條：

依稻葉氏（丹後守）介紹，列羅山林道春之門⑬。

然而當時以素行一介浪人之子之身分要入幕府御用學者、官學之首林羅山之門，若非有小田原城主稻葉丹後守正勝之介紹是無法得其門而入的，是以在《略年譜》寬永七年九歲之條參考事項中便記云：

稻葉丹後守正勝為小田原城主，母春日局，與祖心尼為從兄妹，後為老中，其家中塚田左助與素行之父貞以友好而為素行盡力⑭。

至於祖心尼與正勝之關係如下：

---

⑫ 《全集》卷四，頁7。
⑬ 《全集》卷一，頁5。
⑭ 同⑬。

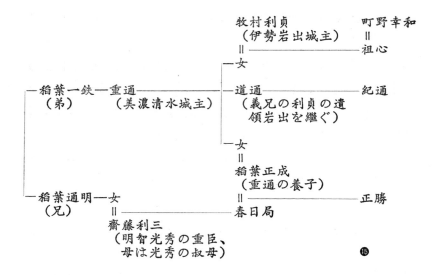

此外因素行之父貞以早年投靠町野家，頗受禮遇，是以素行自出
生至六歲之間依推定當是寄寓町野家。由此關係素行才得以一介
浪子而入學於林羅山之門。

　　而入門之時《配所殘筆》云：

　　　道春，永喜在座，使讀《論語‧序》，及無點唐本，後取
　　　山谷使讀，永喜云年少而能讀此亦屬奇特，然因師事鄉村
　　　學究，故點讀不佳[16]。

由引文中「年少而能讀此亦屬奇特」得知素行在道春永喜認可之
下正式入門。而因點讀有異故十一歲前便將所讀改點，或直接讀

---

　[15]　堀勇雄著，《山鹿素行》，頁 32。

　[16]　同[11]。

無點之書。而跟此段《配所殘筆》記載有關的是素行在其自寫的《大學論語聞書》的〈積德堂書籍目錄〉中云：「《論語聞書》一冊（予十三歲時書之，尤埲莞爾，唯示兒子）」，而原本《論語》封面上記：「《論語》，林子先生誦意，寬永十四星有丁丑。」而寬永十四時則素行十六歲，此外封面原有「□□法花集□溪先生誦意」，故此□溪先生概爲素行鄉村學究師父❶。

　　而因素行早熟之天才，於寬永九年十一歲時便有松江城主堀尾山城守忠晴以二百石之祿欲聘素行，然其父以其神童之質更因勤於學問以便將來有更好出仕之條件而回絕堀尾之招聘。

　　此外素行於詩文上之表現，其在《配所殘筆》中云：

　　　　十四歲左右便精通詩文❶。

而當飛鳥井大納言雅宣、烏丸大納言光廣以勅使、院使之身分來江戶時，素行亦蒙傳召贈答詩文，此外素行在十六、七歲（寬永十四、五）時便已寫有《埃藥集》之詩集，而若依素行在三十五歲時所寫《修教要錄》自序中：

　　　　予少從父命，強讀書，中期好記誦詞章❶。

之引文看來，「中期好記誦詞章」概指此期。

　　除了詩文之外，儒書註解方面有《四書諺解》五十餘册，關

---

❶　同❶，頁 133。

❶　同❶，頁 572。

❶　《全集》卷二，頁 9。

於內容方面，《山鹿語類》門人序中云：

> 先生述《四書諺解》五十餘冊， 大概宗羅山林道春之講
> 意[20]。

由此可推定其內容方面皆以羅山、 永喜口授爲基礎， 之所以說
「推定」， 亦因其草稿皆毀於明曆三年大火之故。

此外在四書講釋方面， 依《年譜》， 十五歲時「始講《大
學》」，《配所殘筆》中亦云：

> 十五歲之時初講釋《大學》， 聽眾甚多[21]。

又《年譜》十九歲之條， 素行因蒔田甫庵之請講《論語》， 又因
黑田源右衛門之請講《孟子》。

由上觀知， 素行在此期求學過程中， 在儒學內容方面僅爲林
門儒學之承傳而已，不過此亦爲素行步向儒者獨立之道之開端。

除了儒學之外， 關於素行和學的學習， 從《配所殘筆》所
記， 可知於十四歲時便與飛鳥井、 烏丸兩位贈答詩文。 之後又
云：

> 同年（十七歲）好歌學，至二十歲內《源氏物語》、《源
> 氏秘訣》、《伊勢物語》、《大和物語》、《枕草子》、《萬
> 葉集》、《百人一首三部抄》，至《三代集》、《廣田坦
> 齋相傳》、《依之源氏私抄》、《萬葉枕草紙三代集》等

---

[20] 同[12]。

[21] 《全集》卷十二， 頁 573。

等私抄注解，大致撰述。詠歌志深，年詠和歌千首。存仔
細有之，其後捨置㉒。

又《山鹿語類》門人序云：

先生志詠歌，歌林良書，無所不學㉓。

由上引文所述，素行十七至二十歲之間好歌學且「詠歌志深，年
詠和歌千首」，由此看來數量相當驚人，唯此時所詠之歌並未存
留，所存者僅四十歲以後所詠之十五首和歌，且皆平淡無奇。至
於爲何斷絕亦無明確之記載，依引文言之概「存仔細有之，其後
捨置」之故吧，然若依其《聖教要錄》〈詩文〉一篇：

後之學作詩，巧言奇趣，其所言皆虛誕也，故詩人者天下
之閑人，俟樂游宴之媒也㉔。

所言觀之，或許因受崇實學效用之立場，而以詩、歌爲玩物喪
志之事而否定之，是以分析其因大致有二，其一或許是素行缺少
藝術方面之才華及文人墨客之情趣，且其以儒學、兵學爲專，詠
歌亦只屬附庸風雅，而非其一生之事業；其二是此時詠歌已非江
戶時代武士藝事之主流，是故詠歌風氣不興，有者，亦多屬陳腔
濫調㉕。

㉒　同㉑，頁 574。
㉓　同⑫。
㉔　《全集》卷十一，頁 40。
㉕　同⑮，頁 39。

而素行之後放棄才藝方面之研究走向儒學、兵學，對其個人而言亦可謂一明智之抉擇。

素行在此段求學過程中與其後流放赤穗，完成《中朝事實》之著作，唱導日本中華主義，轉換中華思想在日本思想史中所居領導地位有關的便是神學了。素行雖非神道學家，然《配所殘筆》中云：

> 十七歲之冬，高野按察院光宥法印傳受神道令，神代之卷者不及述，神道之秘傳令傳受。其後壯年（二十歲）有廣田坦齋，忌部氏之嫡流者有之，根本宗源之神道令相傳，其節忌部氏神道之口訣相傳，起書記錄證文，其中石出帶刀者，我承神書，坦齋死後，神書之事，帶刀事賴拙者❷❻。

由此引文中可知，素行亦隨光宥、廣田習神道，而有趣的是，引文中提及石出帶刀「事賴拙者」，此處拙者，當素行之自謙，是以坦齋死後，帶刀便從素行學習神道，然而與素行同期，晚年創立垂加神道的朱子學者山崎闇齋，便曾從石出帶刀學習忌部流神道之事，由此觀之，闇齋豈不成了素行之徒孫輩了。

素行學習神道之事依《配所殘筆》所記於十七歲之時，從高野按察院光宥法印傳受神道之秘傳，而光宥之神道屬傳高野山之兩部習合神道。光宥本人屬高野山蓮華三昧院之學僧、真言宗之碩學，接著又從坦齋學習神道，而廣田坦齋為天太玉命之嫡流，

---

❷❻ 同❷①，頁 573–574。

自稱本姓忌部，其從齋部廣成之《古語拾遺》、忌部正通之《神代口訣》，自號根本宗源神道，而欲與吉田家之元本宗源神道相對抗。基本上則是融合了神、儒、佛三教之思想，因此素行從光宥、坦齋二人所學之神道，其性質上應屬融合佛、儒、神三教思想之神道觀，不過值得注意的是，素行爲林羅山之入門弟子，因此對於林羅山排斥神佛合習而主張神儒合一的理當心地神道有所認識，同時透過林羅山對當時神道勢力最大之唯一神道（吉田神道）亦當有所認識❷⓻。

因此，在江戶神道思想界，不論是三教習合神道，或是佛家神道，或是儒家神道，或是純粹的唯一神道，對素行來說，其雖非神道家，自立一神道派，然而此時所吸收之神道的觀念，卻是其繼否定佛學、朱子學、中華聖學之最後之歸依。而這也是其由虛無而落實，由主外而主內之轉換過程之一表現吧。

至於素行在兵學方面所學，依《配所殘筆》所記，八歲便已讀七書，之後云：

> 我自幼弱，武藝軍法不怠，十五歲之時，逢尾畑勘兵衞殿、北條安房守殿，令稽古兵學修行，二十歲以內之門弟子中，未如我上座者，是則北條安房守殿頒與尾畑勘兵衞殿印免之狀。二十一歲時被頒與尾畑勘兵衞殿印可，殊更門第中無一人有此印可之副狀，筆者為高野按察院光宥亦在座，又其文中，於文而感其能勤，於武而歎其能修。憶有文事者必有武備，古文云，我亦云❷⓼。

❷⓻　同❶⓹，頁 53。

❷⓼　同❶❶，頁 573。

由此看來，無疑的素行在兵學方面之學習在二十一歲之時，便已
在同門中脫穎而出。另外值得一提的是，〈兵法印可副狀〉之筆
者爲光宥，因此素行與尾畑、光宥之間的關係似乎正足以說明素
行兵學與神道之關係。

　　同時素行於三十五歲之時確立了日本武士道之武教理論，可
以說是承襲了二師之說加以發揮。早期促使兵法獨立化的卽爲尾
畑景憲，其云：

　　　今儒者之輩，依經書之力以明漢字，猥爲兵書之註釋，是
　　　國家之罪人也。兵法者術也。若不多年隨其門而學則不可
　　　得。縱雖孔孟，一旦若爲軍將，必應隨兵家學之，雖併學
　　　兵學，踈經學時，間間違其理，故云文武兩道[29]。

由上可知尾畑強調兵學之獨立，而使兵學能脫離儒學，同時尾畑
將中世軍法、軍配術轉換而爲近世之兵學，北條氏繼之將戰鬥之
術進化或護持國家之大道。其於《士鑑用法》卷首便云：

　　　夫軍法者士法也。

又云：

　　　兵法者國家護持之作法，天下之大道也[30]。

---

[29] 堀勇雄著，《山鹿素行》，頁 67。

[30] 同[29]，頁 70。

由此可知北條之時便使軍法脫離戰術的狹隘範圍，而擴充為士之法，為士維護國家，天下大道之法。而依堀氏所歸納氏長兵學之特徵有六，約略如下：

一、兵學由戰術而為教學，發展為一思想體系。

二、兵學為武士之教學。

三、以天照大神信仰為基礎之兵家神道。

四、兵學為日本之兵學，強調日本精神。

五、兵學為實學，其於《乙中甲傳秘訣》中云：「僅博學之名，實行實事之才稀，墜聖學於塗炭，不應悲夫。」

六、採用西洋之科學❸。

由上可知，素行承二師之影響是相當深遠的，除此之外，素行更使兵學由戰術改為武士階級之政治學、倫理學，強化武士道之理論體系。而兵學與儒學能兩者同時獨立並存發展，同為素行學之代表。有如《史記・孔子世家第十七》所云：「噫！有文章者必有武備」，也是「兵法印可副狀」所讚譽素行「於文而感其能勤，於武而歎其能修」之證明。

　　要言之，兵學之發展與理論之確立是經歷相當長的時期，而中世為一宗教思想之世代，是以兵學者，充其量也僅附屬於神道信仰、佛教思想之中，是以當時所謂之兵法無非是與呪術、祈禱、結印、占星、卜筮等迷信相結合，因此要使兵學獨立，首先便須破除宗教上的迷信，將其從宗教迷信中解放出來。而除此之外，兵學之成立，同時也是提升武士地位之一種表現，而提升武士階級之方法又非與儒家之治道──倫理道德合一不可，是以兵

---

❸ 同❸，頁 73。

學依景憲獨立而爲文武兩道之一，又依氏長而爲「士法」，素行更以此與儒教理論結合而爲「士道」，將武士道理論體系化，強化了文武一致、道法一致、兵儒一致之思想。

而素行師出名門，加上其個人之天賦，因而成名相當的早，亦爲當時各大名佩服而競相邀聘。而當時與林羅山同門，同爲藤原惺窩之弟子而爲藤原惺窩門下四大天王之一的崛杏庵便曾爲素行之《兵法神武雄備集》做序，關於此《山鹿語類》門人序中云：

> 壬午之年二十一歲述《兵法雄備集》五十卷。杏庵正意，爲序冠之，先生之名聲充世間❷。

而堀杏庵在序中讚道：

> 今歷視此書，愈深愈遠，惟厚惟正，一卷益愈一卷。

又云：

> 就義目（素行）請書號，仍題曰《兵法神武雄備集》❸。

由上堀杏庵對素行之讚譽，對於素行之聲望自然相對的提高，是以不乏各大名招聘求教之事，《山鹿語類》門人序記云：

> 紀伊源君亞相卿及管羽林各各以秩祿招之，前越州之牧久

---

❷ 《全集》卷四，頁7。
❸ 堀勇雄著，《山鹿素行》，頁85。

松源定綱拔羣之人傑，遇先生談論每於席前，卒為師資之禮，或行教，或來學，其禮容尤重❸ 。

而松平越中守定綱乃為家康之異父兄弟松平定勝之子，長素行三十歲，被譽為「兵法是尾畑勘兵衞殿印可之弟子、東海道第一御大名、人皆崇敬」之人物，而於五十五歲之年，心服素行之兵學自呈弟子誓狀，拜訪素行，贈答詩文❸ ，是此可見素行在兵學上之地位。當然隨著素行在學界之聲望，因此也就一心一意的希望出仕幕府。一方面由祖心尼內面運動❸ ，一方面由松平定綱安排，然而不幸的是家光於慶安四年去逝，同年松平定綱也相繼去逝，如此一來便使素行出仕幕府之希望破碎。而關於家光之死，素行於《年譜》慶安四年四月二十三日之條中記云：

御遺體移東叡山（上野），亥刻（午後十時）拜觀男女如堵，泣涕滂沱❸ 。

---

❸ 同❸ 。
❸ 同❸ ，頁 89。
❸ 同❸ ，頁 94。
❸ 祖心尼為町野幸和之妻，五十五歲時入大奧，亦為家光愛妾振の局之祖母，因素行與町野家關係良好，是以透過祖心尼之幫忙期待出仕幕府之機會。然却因家光薨而希望落空。堀勇雄《山鹿素行》，頁 93，列表如下：

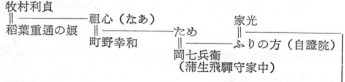

由此亦可想見素行當時之心境。

至於《山鹿語類》門人序中：

> 凡文、武，遊先生之門的列侯諸士稍盛❸。

而於素行三十一歲之前求教的大名們，堀氏列舉如下：

> 久世大和守廣之曾我丹波守古祐　下總關宿城主，五萬
> 石，後為老中幕臣，河內食三千石，後為大坂町奉行。
> 板倉內膳正重矩　下野烏山城主，五萬石，從父重昌出陣
> 島原之亂，後歷任京都所司代、老中。
> 島村十左衛門尉　豐前小倉城主小笠原忠真（十五萬石）
> 之家老。
> 伊丹播磨守（藏人）勝長　勘定頭伊丹康勝之嫡子，一萬
> 二千石。
> 大村因幡守純長　伊丹勝長四子，慶安四年繼肥前大村二
> 萬七千石。
> 稻垣攝津守重種（重綱）　三河刈屋城主，二萬三千石。
> 丹羽左京大夫光重　陸奧二本松城主，十三萬石。
> 淺野內匠頭長直　播磨赤穗城主，五萬三千五百石，長矩
> 之祖父。
> 淺野因幡守長治　備後三次城主，五萬石，長直從兄弟、
> 長矩夫人之父。

---

❸　《全集》卷四，頁8。

淺野內記長澄（長賢）　長直養子，實父為松平玄蕃頭清昌。

戶田伊賀守（主膳）忠昌　當時三河田原城主一萬石，後為下總佐倉城主七萬一千石。

內藤彌三郎（若狹守重賴）　後進大坂城代，京都所司代任大和守，三萬三千石。

管沼主水正定實（定治）　三河新城之地頭，一萬石，後任攝津守。

內藤左京亮義泰　陸奧岩城平城主，七萬石。

板倉市正重太　重昌之弟、重矩之叔父。

松浦肥前守鎮信　肥前平戶城主，六萬一千五百石。

本多修理亮忠將　近江膳所七萬石城主。

本多圖書頭忠良　忠將之弟。

松平志摩守信重　播磨明石城主，七萬石。

岩城左京亮重隆　出羽龜田城主，二萬石，後任伊予守。

稻垣重昭（藤三郎）　稻垣重種之孫，承應三年繼承家業任信濃守[39]。

又《全集》卷十五，頁 20 之〈兵法印可副狀〉全文：

夫軍法者人事之心性、、軍敗者軍法之骨骸，予（景憲）於軍法，修法性院大僧正機山（武田）信玄公之遺法，造顆積其工夫，既其功成，知其正。於軍敗，當時放恣處士

---

[39] 堀勇雄著，《山鹿素行》，頁 90-92。

橫議，作有邪說暴行。知正道者幾希，是誑人充塞正道非
哉。愚老（景憲）嘗從岡本半介，雖方傳寫訓閱集一部，
遂一不究其學。故己眼未到分明時節。然猶足知其邪正、
玆北條正房公（氏長）予於極深其軍法。又別知一首勝
負。予則傳焉徹其理。貴殿（素行）自少年之古迄弱冠之
今，朝鍛暮鍊既究其軍法之餘，亦傳此法（勝負）。兩者
（軍法與勝負）謂勤，於文感於其能勤，於武歎其能修。
故染筆為軍書印可副狀與之。噫！有文章者必有武備，有
武事者必有文備。古人云，吾亦云，珍珍重重。不宣。
寬永拾九壬午曆十月十八　　　小幡勘兵衛尉
　　　　山鹿文三郎殿　　　　景憲在判
右之筆者為高野院按察院先住光宥
初免狀，筆者北條氏長

第三節　三教一致思想

關於素行三教一致之思想，從其《年譜》及《配所殘筆》中
所記便可窺其大概，其於正保三年二十五歲之時「講釋莊子」，
而於慶安四年三十歲之時講《莊子·齊物論》。而於此期思想之
概況《配所殘筆》記云：

我等事自幼年迄壯年，勤朱子之學，依之其時我等述作之
書，皆屬程朱之學，中時好老莊，以玄玄虛無為本，此時
別貴佛法。逢諸五山之名知識，樂參學悟道，迄與隱元禪
師相遇。然我等不器用之故，仕程朱之學而陷於持敬靜坐

之工夫，覺人品沉默，老、莊、禪作略較朱子學活達自
由，性心之作用，天地一枚之妙用高明，何事亦以本心自
性之所用，故無所滯，打破乾坤，萬代不變之理，惺惺洒
落，無所存疑❹。

由上段引文所述，此期素行對訓詁之朱子學與佛禪兩者之態度與
感受是截然不同的。不難看出一者專於「持敬靜坐」、「人品沉
默」，一者「心性高妙」、「活達自由」，而素行對老莊禪發於
本心自性無所存疑。

　　再者，《山鹿語類》門人序記「壬辰三十一歲」之前之事則
云：

　　先生間間涵老莊之書，殆究其理❹。

又於《修教要錄》自序中云：

　　予少從父命，強讀書。中時好記誦詞章，壯而謂嗜口理，
　　好禪、樂老、莊、殆以三教為一致，以六經為糟粕❹。

如上所記，素行自言此期「殆以三教爲一致」，而此期之所以如
此自然是與其求學及師承有關，若此二期合算幾來則有三十年之
久，也可說素行之前半生，及其思想之基礎之奠定即於此。而關

---

❹　《全集》卷十二，頁 593-594。
❹　同上卷四，頁 8。
❹　同上卷二，頁 9-10。

於此期思想之內涵則可從其此期著述觀之，依素行《年譜》，此期著述有：《修身受用抄》（二十七歲）、《牧民忠告諺解》（二十九歲）、《式目家訓》、《兵法神武雄備集自得奧義》（三十歲）、《海道日記》（三十二歲）、《東山道日記》（三十三歲）等。以下則概述其大要。

《修身受用抄》卷首云：

> 凡讀萬卷之文，諳五車之書，不合天理之信實，不覺障明德之外務時，皆是務外也。孔、老、釋三教，記文字以達多聞之事，行其所學，各書物所未見。萬卷之書，僅知自性明德本體之基礎也，得魚則忘浮標，不合信實則學文不足用，然合心之本體之受用，唯依我心之信之深淺，徵品品受用之事，人有樣樣根機故也❹。

由上引文「孔、老、釋三教，記文字，以達多聞之事」，便是明言此期三教一致之立場。一方面講求修身以求學文合乎天理信實，一方面強調受用在於自性明德之本體，明顯的融合了儒家外在修身以及佛老內在本體心性之說。

基本上此書之型式乃在簡易敍述日常修養的修身倫理之綱領。以自我修身為目的，對象自然是與以當時一般武士訓示相呼應。依其跋及《年譜》乃「因友生之求」而著，惟不知此「友生」為何人。而此著述思想雖以三教一致之宗，但因應用武士修身之上，故而為素行武士道思想之出發點。

---

❹ 同上卷一，頁 77。

　《牧民忠告諺解》，乃素行對宋末元初人張養浩《牧民忠告》一書所做之詮釋。此《牧民忠告》流行於德川初期，四代將軍顧問，會津藩主保科正之卽曾自費出版以寄贈各大名。故多爲當時學者們註釋，而素行亦依幕臣曾禰源左衞門吉次之求而註釋之。

　《四庫全書》提要評《牧民忠告》云：

> 切實近理而不涉於迂潤，蓋養浩留心實政，舉所閱歷者著
> 之，非講學家務爲高論，可坐言而不可起行者也❹。

而若從《牧民忠告》條目「省己」、「克性之偏」、「戒貪」、「民職不宜泛授」、「心誠愛民智無不及」等觀之，其內容卽在闡述「牧民之道」，故明金克一跋云：

> 是書修己治民之道，纖悉具備，誠牧民者之龜鑑也❺。

素行亦跋云：

> 張希孟所著牧民一書，牧令之人書紳銘心。今曾禰氏吉次
> 文監國家牧民之事、恤民勤本，公務之暇常翫味經史尤熟
> 此書，且求予諺解，故焉為其抒大要，蓋牧民者，唯在察
> 其本知其要，何俟文字之著述夫，以略訓詁字解，專摘急
> 務❻。

---

❹ 景印文淵閣《四庫全書》第 602 冊，《三事忠告》提要，頁 729。

❺ 《全集》卷一，頁 223。

❻ 同上，頁 224。

再者，素行於慶安四年三十歲之時完成了《式目家訓》，內容爲武士格言百條，爲武士道之綱領，故亦可視後著《武教小學》、《武教本論》、《士道士談》等著作之先驅。而其體裁做《信玄家法》，著述目的則因邵康節之語，如序中云：

> 邵康節云：「上智之人不教而善，中品之人教而後善，下品之人教亦不善」，實此格言，今因邵子之語舉條目到百箇，正本末教先後。古人云：「知所先後則道近。」仍序❹。

內容方面除列舉條目外，亦引古典出處，所引古書有《論語》、《近思錄》、《勸學古文》、《毛詩》、《孫子》、《中庸》、《六韜》、《文章軌範》、《左傳》、《書經》、《孟子》、《老子》、《從政名言》、《禮記》、《小學》、《史記》、《貞觀政要》、《大學》、《荀子》、《吳子》、《孝經》等。

如末條云：

> 就諸事，大丈夫之志不可失事。
> 富貴不能淫，貧賤不能移，威武不能屈，此之謂大丈夫（孟子）❹。

最後素行於跋云：

---

❹ 同上，頁 229。
❹ 同上，頁 246。

式目家訓任筆端之所及示諭，唯為知家業之本末，勵日用之急務。若以一言以定之，僅以修身為本。故跋。

右依東常季 東常緣流 遠藤備前守 所望染筆。時慶安辛卯林鐘（六月）中旬[49]。

說明此乃依遠藤備前守之求而寫，主旨亦在說明武士日用修身之要。

素行於三十歲時完成的《兵法神武雄備集自得奧儀》，乃其繼二十一歲時完成的五十一卷《兵法神武雄備集》再加自序及自得奧儀。自序中云：「其論到兵源篇而後盡云云」，而此所謂「兵源」蓋指奧儀五篇中之第一篇〈陰陽兵源〉。而素行於〈奧義五篇自序〉云：

夫兵之用，黃帝起始傳其風后。本邦之始祖，自神武皇帝東征迄吉備真備，傳八陣九地之法，其用實為國之大事。然不知兵源則或好勇恃眾，或爭論利口入邪路之端，今世談兵之士成技術之說，假權謀之略，故舉之陷凶器不祥，憶、嗟歎夫，予竊取古人之意著論兵源並察機，結要等書凡五篇。務兵之用不知兵之本則深奇巧好利欲。索兵之源不知其流則馳虛遠忘下學，並不知微妙至善之要，故作說待後之君子。

　　　　　時慶安星辛（慶安四年）卯，某月某日

　　　　　　　　後學山鹿義目肅書[50]

---

[49] 同上，頁 247。
[50] 同上，頁 567。

由此可知素行此書之旨乃在務兵之本，求兵之源，並云「竊取古
人之意著」，基本上所謂「古人之意」乃混合老莊、佛、儒之思
想以說明兵源之哲理。其所引古書有《老子》、《莊子》、《論
語》、《孟子》、《孝經》、《大學》之外亦有《楞嚴經》。如
其於〈陰陽兵源〉中云：

> 老子云：「無名者天地之始」，是之，於茲、寂然不動、
> 清淨本然，無來者無去者。乃陰陽未分、天地未判。（中
> 略）清濁相分則五行生動靜相對，水火相對，相分相對
> 是謂兵源，無物之所則無對偶。無對偶則無敵，之謂無
> 為[51]。

說明兵源乃因陰陽天地動靜、水火等相對相分之理而來，而無對
偶則無敵則無為。又云：

> 莊子曰：「日以心鬥」是之，兵法至極之定論，萬代不易
> 之議源[52]。

又云：

> 古今論兵之士，專殺略戰陣，故兵法陷一技之中。天下之
> 間不出士農工商，士司農工商，士之至者帝王公侯，士之
> 業曰兵法。若以兵法不盡修身正心治國平天下之道則兵法

---

[51] 同上，頁 573。
[52] 同上，頁 575。

不足用。古人曰：「內修文德外正武備云云。」今能到兵源
之士，則一心無事而後明白萬般之用所。是聖賢所用之兵
法至極之要論也。夫子曰：「克己歸禮則天下歸仁。」❺❸

說明了士之地位乃治三民，士之至高可爲帝王公侯，而士之業爲
兵法，企圖將士與兵合一即文與武合一之意，而素行所謂「士之
業曰兵法」與其師氏長「夫軍法者云士法也」之說相同，不過素
行更強調武士之道與武士之兵法兩者之重要性，而加強了武士道
之理論。是以其在〈道法兼備事〉一文中云：

> 道者一心之所用，心理之工夫，萬物之根源，不修此道則
> 不知萬物之本，故其用所不自由。法者作法，有本則有
> 法，不勤其法則欲至其極者不成。譬則猶如習藝術。傳得
> 其之妙者道也。術得其之鍊者法也。（中略）云道云法者
> 不可偏廢也。言行內外知行如一之所皆道法兼備之工夫。
> 但道能修則法在其中。道爲本法爲末。應有本末一致之工
> 夫❺❹。

是故由上可知素行「道法兼備」、「本末一致」，即是融合文武
兩道，而其哲理之基礎則不出三教一致之立場，或爲宋學之遺
緒。

　　繼此之後素行於承應元年應淺野家聘於第二年三十二歲之時
離江戶至赤穗，而寫《海道日記》；然部分毀於明曆三年大火，

---

❺❸　同上，頁 576。
❺❹　同上，頁 576–577。

依序文成稿於明曆三年三十六歲之後所作。內容則屬遊記性質。
序文中云:

> 昔癸巳（承應二年）之年秋八月旅，經東海道山陽達播州
> 赤穗郡刘屋， 翌年五月船漂西海逢， 此次經東山道達江
> 都。行來之間目觸心泊之所，任筆記其名所、地粧，但礙
> 於世事捨置不去。過酉春（明曆三年）遭回祿， 過半燒
> 盡。雖重記但年衰，又命漂泊。曳尾堂旁搁筆❺❺。

告知此書之經過。而遊記之中亦有漢詩數首，其中不乏遊覽名勝
之風光以及騷人墨客之感，例舉如下:
〈鈴森〉一首云:

> 林中有石響泠然
> 遊泊遠人題一聯
> 吟蟬暗似送旅客
> 唧唧秋聲常攪眠❺❻

又，〈題熱田宮〉一首云:

> 神日本武尊
> 洋洋乎似存
> 古宮依舊靜

---

❺❺ 同上，頁 265。
❺❻ 同上，頁 271。

華閣映波蜿

聞說蓬萊事

尋問道士言

謫客琵琶曲

對月語殘痕⑰

又〈重陽入京〉一首云：

節到重陽入洛京

路邊黃菊故園情

曾聞帝都名利地

塵上加塵心不平⑱

由上三首「遊泊」、「謫客」、「帝都」等外其他亦不乏「陳迹」、「荒廢」、「辱榮」等字句，令人讀後覺得其傷感之意甚深。此外素行何以接受淺野家之招聘亦發人省思，因為在前述素行自幼便有神童之名以及名望漸重於諸大名之間，當正是意氣揚揚少年得志，何以若干年後出此感傷之作，推測其理蓋與其出仕幕府希望落空。是以繼慶安四年（素行三十歲）家光去逝之後，翌年便破例應淺野家之招聘，而其遊記、詩詞中便自然流露出漂泊不定、失意滿襟之作。

以上概為素行三教一致思想時期之過程，一般而言成名甚早卻又受現實嚴重之打擊。而思想歷程並未停滯，反能更專注於坎坷之思想歷程，而不受現實功名之束縛，這或許是素行日後能不

⑰ 同⑮，頁 315。

⑱ 同⑮，頁 327。

顧名利得失，勇於批判現實、傳統師說之故吧！

第四節　朱子中心思想

　　如前所述，素行從求學、成名以至仕途落空而後漂泊失落之心境。最後便專心於學問之研究，明曆二年三十五歲之時便是其著作量最驚人之一年，此年完成之著作計有《修教要錄》、《武教要錄》、《手鏡要錄》、《治教要錄》、《武教小學》、《武教本論》、《武教全書》、《兵法或問》、《孫子句讀》、《賤嶽並諸戰記》、《日揆》等等，可謂其一生著作最充沛旺盛之一年，以性質而言，《修教要錄》、《治教要錄》爲此期經學之代表，《武教全書》、《武教本論》、《武教小學》則爲此期兵學之代表著作。而理論基本則以朱子學爲中心。

　　是以自素行三十五歲起，思想之轉換便傾向於朱子學，而朱子爲宋明理學之集大成者，以其爲首自是有所原由，然而朱子學除了爲素行樹立了實用道德說、確立了武教理論之基礎外，朱子之排異端之說亦爲引發素行思想不斷轉向之要因，是以以下大致從思想之轉換、異端之論、武教之確立三方面來敍說此期朱子學中心思想之過程。

思想之轉換

　　繼三教一致思想後，素行思想便以朱子學爲宗，朱子爲宋明理學之大成者，而宋明理學自五山僧侶相繼傳入日本，隨著時代之變遷，學術界原以佛爲主者在融入宋明理學之後，便由宋明理學中集大成之朱子以排異端爲號召，而視佛老如同水火禽獸排斥

之。是以原本各派相通相融的學術思想，便產生出極端排斥異己之說，而此尤以朱子學為甚。中國如此日本自然不例外，日本情況如此素行亦不例外，而素行思想之所以如此轉換，除受朱子學影響之外亦可從時代背景看之。素行所處之時代為封建制度嚴明、身分秩序不可混淆之江戶時代，而行封建制度，在理論上所依據的便是儒家君臣上下、倫理道德之說，而素行自身以武士之身分，受與時代所付與之使命與責任，自是無法超脫「士」者，修、齊、治、平之政治理想與抱負，甚而素行更予與強化「士」之政治理想與現實社會配合。然而此政治理想與原則與佛老之說在朱子思想體系中，便已構成極端之對立與排斥，影響所及，素行亦倣效之，然而談及此朱子排佛老之說早有根源可尋，事實上，儒釋道三教之關係與發展，從秦漢以來之融合，到宋明理學之排佛老，其問題之癥結已由學說本質之差異，如佛之「去人欲」、道之「無為」，與儒之「入世」觀引申為道統之爭、異端之辨，而日本思想史上儒釋道三者，其發展路線至江戶時代亦可謂同出一轍，又因江戶時代宋明理學之發達，加上此期朱子學為思想界之主流，因而大凡江戶時代墨守朱子學之思想家們，無一不關佛老，從官學林羅山至山崎闇齋皆是，因而在此時代思想衝激下，素行雖早期承諸師說合三教一致。但轉入朱子學為其思想中心後亦不得不「去意見」、「棄高遠」，亦步亦趨的體認「君臣之間」、「父子之際」之封建思想。而有關素行自三教一致轉為排佛老以朱子學為宗之轉換因由，《山鹿語類》門人序云：

> 先生聖學之志愈進，詩文詠歌之詞章。老莊、釋氏之異說、
> 眾技小術皆非聖人之學，退而述，治教要錄三十一卷，修

　　教要錄十卷，此書專以周、程、張、朱之學為宗❺❾。

由上指出「老莊、釋氏」為「異說、眾技小術皆非聖人之學」，
是以「周程張朱」為宗寫了《治教要錄》三十一卷以及《修教要
錄》十卷。

　　《修教要錄》與《治教要錄》為素行同年完成之姊妹作，乃
依《大學》之修身、齊家、治國、平天下而分。《修教要錄》包
括了修身、齊家並兼理論與實際。基本上以修身即學問為立場。
先論「道源」，而後論「學問」之本質，再以「力行」為終。其
於《修教要錄》自序中云：

　　　　學如何是的，以修身為的。修身之要在學問。學如何而修
　　　　身也，以道體為本。道體者以天地為證，道體如何而至。
　　　　以學問致知，致知如何而至實地乎，以力行為效。故致知
　　　　力行者，學之始終也，道體者學之至善也，不得道源則下
　　　　學而不知上達，其學術泥著形而下者固陋偏倚，塞部不通
　　　　也。唯言道源而不究致知力行之功，則其學馳高遠而求心
　　　　期悟、捉虛寂蹈虛空，而不能實地，故致知、力行、道源
　　　　闕一則非聖學❻⓪。

由上說明了修身與學問之關係，以及聖學者非道源、學問、力行
三者缺一不可。是以又云：

　　　　近來竊思、學是何，僅修身。以此體認身上時，始覺父子

---

❺❾　《全集》卷四，頁8。
❻⓪　《全集》卷二，頁9。

之間、君臣之際，知不致、行不力，於茲去意見、棄高
遠，近思則向所為皆放僻邪異，向所言皆背天惑人之言。
故事物交接之則悖戾天地。是不明道源而知行易處。夫明
道源之術，不在學問則其知不致。欲致其知則力行見其
效。不得其效，則學問求致知，如此，道源遂明，且亦聖
學之始終之所。故今以修身為的，以道源、學問、力行為
三要，表題號修教要錄❻。

一再的強調修身之重要。因此對老莊、佛之說乃悖戾天地事物之
理，故要「去意見」、「棄高遠」，認爲以往所爲所言皆「放僻
邪異」、「背天惑人」，因此致知、力行、明道源才能達聖學之
終。是以此舉乃素行對早期三教一致思想首次提出異議，並加以
清算。究其根本之契機便是緣於道釋主「虛無思想」、朱子則標
榜「格物致知」之「實學」，前者純然以形而上之「道爲主」，
講求「道」之高妙虛無不切實際，忽略了學問之目的在修身，而
後齊家、治國、平天下之實效性。

　　至於修身之後，如何發揮運用呢，其於《治教要錄》便續談
由實學之立場論治國平天下之政治學，體裁乃依宋學者眞西山所
著《大學衍義》及明朝學者丘文莊《大學衍義補》做參考。關於
此門人序云：

　　　《治教要錄》之書，因似真、丘二氏之書。其趣向甚殊。
　　　其所著大概二書之要❼。

---

❻　同❻，頁 10。
❼　《全集》卷一，頁 351。

提及「其所著大概二書之要」，然「趣向甚殊」，是以接下面解釋「趣向甚殊」之因，其云：

> 本朝雖遠隔中華，其人質其風俗尤易教化、往昔律令、歷代格式雖略存、時異勢差、用之不足，況異域之治法乎，凡道因法而行，法因道而成，故先生考本朝之俗、賴中國之風、建法制事，各各舉其綱、提其領，斟酌二氏之書，增減其言，先後其說❸。

又素行在其自序中亦云：

> 宋儒西山之真氏因《大學》衍其義，明儒瓊山丘氏因衍義補其說，皆論治平之要，綱領條目，謂體用全備。（中略）今竊因二儒之書，摘其嘉言善行，述治教要錄若干卷❹。

以上說明了成此書之因，下則要說明號「治教」之因，其云：

> 三代之隆，猶司徒之職，設典樂之官，故治平之良法，皆依教成，應知教之重，是所以為號治教❺。

是以此「治教」一語乃因「治平之良法，皆依教成」而來，至於其體裁如分〈治道〉、〈治法〉二篇，其述如下：

---

❸ 同❷，頁 352。

❹ 同❷，頁 353-354。

❺ 同❷，頁 354。

其篇分〈治道〉、〈治法〉，〈治道〉其四目為正心、修
身、力行、治道。〈治法〉其三目為君道、御下、風俗❻❻。

最後分述其篇目之概要云：

> 治道、治法為體用，各各有本末先後。論體則必有用，謂
> 用則必有體。聖學之始終也。謂體而不知用，知用而不知
> 體者，異端之技術也。論一身之修正而不推天下之大則固
> 陋而不全❻❼。

試圖治道、治法體用合一以達聖學之始終，否則便是異端之術。
至於帝王修身與帝王政治論之關係其又云：

> 古之帝王為治之要，一言應幾，所謂以修身為本，是也。
> 為治之序，有次第節目，有先後緩急。所謂修身、齊家、
> 治國、平天下，凡治有德有知，德為體、知為用、體用合
> 一治始論❻❽。

綜上所述，大概明了素行此期思想之立場與目標乃以大學之修、
齊、治、平為宗，而以格物致知、力行實學為要，以別聖學、異
端。

至於其聖學、異端之辨，其於《修教要錄》卷四〈異端〉篇

---

❻❻　同❻❷。頁 354。

❻❼　同❻❷。頁 354。

❻❽　《全集》卷一，頁 353。

中就以先引中國古典先儒之說做緒說，後論「老莊」、「浮屠」、
「陸學」、「王學」之差。而因其所引皆以中國典籍及儒家之說
爲依歸，因此其排佛老之論謂無異爲朱子排佛之延續，是以以下
就簡述素行此期異端之論。

異端之論

　　至於排異端之說，在素行思想轉換中扮演著相當重要之角
色，因爲基於此素行思想之歷程才會不斷的改變。因爲其所面臨
的除了表示其思想的改變、學說的主張不同外，有一點很特殊的
便是排斥其他的思想，而此種視其他思想爲「異端」之表現，直
接原因便是受朱子學的影響，而間接的則與中華文化「道統之
辨」、「華夷之別」有相當深刻的關連，甚至可以說其根源便是
在「道統之辨」與「華夷之別」，素行在其《修教要錄》〈異端〉
篇中首先引《易》上經〈同人卦象辭〉云：

　　　易象曰，天與火同人，君子以類族辨物❽。

後引各儒家之言，以成其說，如：

　　　朱子曰，天在上而火炎上，其性同也。類族辨物者審異所
　　　以致同也❼。

而後引〈詩序〉曰：

---

❽　《全集》卷二，頁 494。
❼　同❽。

〈詩序〉曰，王道衰、禮義廢、政教失、國異政、家殊俗。

是以有禁異服異言、誅奇技淫巧、百工技藝皆常業、不敢爲習異端，然而異端一詞似乎最早出自《論語・爲政篇》：

子曰：攻乎異端，斯害也已。

之後，異端便引申爲非聖人之道而別爲異端者，是以先秦有孟子闢揚墨、秦漢以後則有韓愈、歐陽修、程、朱闢佛老。孟子曰：

聖王不作、諸侯放恣、處士橫議，楊朱墨翟之言盈天下，天下之言不歸楊則歸墨，楊氏爲我，是無君也，墨氏兼愛，是無父也，無父無君，是禽獸也。

將楊墨比爲無父無君之禽獸，又云：

楊墨之道不熄、孔子之道不著，是邪説誣民，充塞仁義也。仁義充塞，則率獸食人，人將相食，吾爲此懼。閑先聖之道，距楊墨、放淫辭、邪説者不得作，……孔子成春秋而亂臣賊子懼，詩云戎狄是膺、荊舒是懲，則莫我敢承、無父無君，是周公所膺也，我亦欲正人心、息邪説、距詖行、放淫辭，以承三聖者，予豈好辯哉，予不得已也，故曰能言距楊墨者，聖人之徒也❼。

---

❼ 同❻，頁 502-503。另參宋真德秀著《大學衍義》，四庫子部，頁 619。

以上乃《修教要錄》引述自《大學衍義》卷十三〈異端學術之差〉一篇。孟子之言不難看出孟子其護衞道統、排斥異端之心，所謂「聖人之徒必距楊墨」，清清楚楚的劃分了聖學、異端勢不兩立之界限，是以素行亦於《修教要錄》卷四〈異端〉，頁505，引《大學衍義》文讀曰：（景印文淵閣四庫全書第704冊，《大學衍義》卷十三，頁620）

> 蓋所以勉天下學者皆以闢異端扶正道為心，庶幾夫生人不淪胥於禽獸之類，此孟子之功不在禹下之所以也。

而素行排拒異端之勇氣與理論，蓋由此時所孕育，然事隔幾年之後素行便視朱子學為異端，大唱中華孔孟聖人之道，而敢對當時官學，及陽明學派做一嚴厲之批判，雖免一死卻也遭流放之處分，而其立場之堅定有如《朱子語類》，頁232所記：

> 天下無二道，聖人無兩心，所以有我底著他底不得，有他底者我底不得。（《朱子語類》）

而朱子又豈料得到，其於《近思錄》〈辨異端〉，頁315之說：

> 楊墨之害甚於申韓，佛老之害，甚於楊墨。

最後朱子亦被後人視為異端而排之呢！

　　是以在中國儒、道、釋各思想中，以儒學為主流者，便以繼承聖學之道統自居，而非聖學者便為異端，最後將道統侷限於狹

隘的定義上，無論是「老莊」、「浮屠」、「陸學」、「王學」一
一做批判，大體而言，儒釋之別在於華夷，韓愈所謂「佛者夷狄
之一法耳」，而儒道之異在於道德之不同，韓愈所謂「道德云者
合仁與義也，天下之公言也，老子所謂道德云者，去仁與義言之
也，一人之私言也。」此外佛之「怖生死」、「輪廻果報」、「廢
人倫」、「人世起滅皆爲幻妄」，與老子「有生於無」、「去仁
義」、「以無事取天下」、「虛靜無爲」等等諸說，無一不被視
爲異端之說，而陸王因佛老之說，故亦屬異端。

　　然而此種排斥異端之說，卻也造成了學術、學派界限分明，
學者批判有失偏差、尖刻之敝。在此種聖學、異端極端對立，不
斷排除異己的情況下，也就是何以素行之思想歷程不斷翻新轉換
之因由吧！

武教之確立

　　素行此期以朱子學爲中心思想，標榜「實學」，一方面確立
其經學之基礎，同時也運用在武教方面確立了武士道之理論基
礎，將「士法」提升爲「武教」之階段。此時有關武教之著書有
《武教全書》八卷、《武教要錄》六卷、《兵法或問》七卷、《手
鏡要錄》二卷、《兵法要鏡錄》一卷、《武教三等錄》三卷、《孫子
句讀》等等。要言之亦以朱子學爲本，加以組織整理綜合而成。
而其中《武教小學》付於《武教全書》之前，同時與《武教本
論》附於《武教要錄》之後，如素行在《武教本論》終跋云：

　　　　今以門人所輯錄之小學，予所述作之本論爲一冊，繫要錄
　　　　第伍號，別集于茲，武教之始終悉矣。武不因教，則失日

用當然之理，豈扶成天威，爲帝王之師乎，乃跋❼。

如上，說明此兩者繫《要錄》之中外，同時說明「武不因教、則
失日用當然之理」，一再加強「教」之重要，而其涵蓋層面則由
「日用當然之理」至「帝王之師」。此二書影響當時武士社會極
爲深刻，故亦爲武士道入門必讀之書，以下則單就此二者探討一
下與朱子學之關係與其武教之內容。

《武教小學》乃素行三十五歲之時，由門人自講義中整理輯
錄而成，其內容詳述日常生活之規範，雖未言及國體勤皇之事，
但也爲後年《謫居童問》、《中朝事實》、《武家事紀》等名著之
先驅。依其條目有「夙起夜寐」、「燕居」、「言語應對」、「行
住坐臥」、「衣食居」、「財寶器物」、「飲食色欲」、「放鷹
狩獵」、「與受」、「子孫教戒」等。其論說蓋亦以朱子小學爲
宗，依門人序云：

> 有宋晦庵述作小學，而人生自八歲迄十四歲，教以灑掃應
> 對進退之節，愛親敬長親友之倫，且以嘉言善行爲終篇，
> 其功偉哉。盛哉❽。

由此「教以灑掃、應對、進退之節、愛親敬長、親友之倫」便可
見其目的即在規範武士日常生活——無疑的爲武士修身之說，如
其於「夙起夜寐」篇首云：

> 凡爲士之法，先夙起而盥、漱櫛、正衣服，佩用具。

❼ 《全集》卷一，頁 563。
❽ 同❼，頁 500。

> 能養平旦之氣，而體認君父之恩情，思量今日之家業，可
> 觀身體髮膚受之父母，不敢毀傷孝之始也，立身行道揚名
> 於後世，以顯父母，孝之終也❼。

由上例可知其規範教條目之細，然而之所以如此「教」，自然是
因與武士之天職有關，門人序云：

> 大農大工大商，為天下之三寶，士無農工商之業，而所以
> 為三民之長者，無他，能修身正心，而治國平天下也❼。

說明了武士之所以為農工商之首者在於能修身正心，治國平天
下。是以為武士者，不得不教，除此天職外，亦因歎世俗武士素
質差，故不得不教，門人序云：

> 然世遠人亡，鄉無善俗，世乏誠教，故或短衣蓬頭，而以
> 怒臂按劍為俗，或深衣非服，而以記誦詩章為教，其過不
> 及甚可歎息乎❼。

由上「鄉無善俗」、「世乏誠教」，同時「記誦詩章為教其過不
及」，說明素行強調武教之外，同時也認為以「記誦詩章」為教
之不當，也反應素行此期凡事以朱子思想為宗，認為詩詞玩以喪
志之想法。如其在〈子孫教戒〉中云：

---

❼ 同上，頁 503。
❼ 同上，頁 500。
❼ 同上。

……言語皆以武義禮攘之節，使其精氣全、情欲寡、教以
文學，然或陷記誦，或玩詞章，則忘倭俗，而欲漢樣，明
道曰，凡百玩好，皆奪志，至於書札，一向好著，亦自喪
志云云❼。

指出文學、記誦詞章，等皆易奪志、喪志，由此不難看出朱子學
對學問求道嚴肅的限制，也是素行對學問之心態表現。同時素行
對於未出仕一途之看法如下：

士雖仕君、閒暇多、或不幸而未仕君、或父母早沒、及遠
離，而不得朝夕之勤仕，燕居休暇之日多，則其志怠，而
不慎家業，殆類禽獸矣。《大學》曰，小人閒居、而為不
善、無所不至云云，故於閒居之士，不可無教戒❼。（〈燕
居〉）

認為士若閒暇無教戒則類禽獸，由此亦可顯示出教條嚴肅的一
面。基本上自從素行出仕願望落空之後，然從《年譜》中依然多
次夢見出仕之吉兆，亦可見其於理想與現實間之矛盾與悲哀。

　　《武教小學》，綜其所述雖倣朱子小學、強調武教，為此期
思想代表之一，然不可忽視的是其所提出「忘倭俗、而欲漢樣」
之語，素行於此期蓋已意識到「倭俗」與「漢樣」、「本土」與
「外樣」之別。而此自覺意識亦當為其後著《謫居童問》、《中
朝事實》等之先驅。如其門人序云：

---

❼　《全集》卷一，頁 511。
❼　同上，頁 504。

然俗殊時變，倭俗之士所用尤泥著，則居閫國而慕異域之
俗，或學禮義用異風，或為祭禮用異樣，皆是不究理之誤
也，學者為格物致知，而非為欲異國之俗也，況為士之
道，其俗殆足用異俗乎，習之於幼穉之時，欲其習與智
化，與心成之事者，誠先聖之實也，山鹿先生武教之垂
戒，其教甚明也，於先生之門，欲學士之道者，必以此教
為戒，其志何放逸乎，生知之質，上品之士，外樣何足習
乎[79]。（後略）

　　至此「外樣何足習乎」，可知其雖做自中華卻云「外樣何足習
乎」即是爾後本土意識，自覺心態膨脹之發端。

　　至於《武教本論》亦屬同期之作，此書之目的如其自序，以
為以往云武者僅指兵法之技藝，但素行以為武之真意並非此低級
之事，乃為治國平天下之一方法。同時武士之教並兼文教及武
教。是以先論武教之本，後言武力行使之要，再述教養之綱領，
分上中下三篇，上篇為〈大原〉，中篇為〈主要〉，下篇為〈戰
略〉再於各篇分細目述之，關於〈大原〉、〈主要〉之理其於
〈戰略〉中云：

　　凡大原主要者，皆武教之所因也，故主能要其本末，教下
　　養民、詳練內外、糾察事、考其成否、以賞罰明之，則武
　　教茲成，兵始可用[80]。

---

[79] 同上，頁 500。
[80] 同上，頁 556。

至於本論著作之因，其自序云：

> 本論何為而作乎，為後學之嗜其末流也，古今談武、百餘
> 家、其書其辭、或涉博文、或過省略、專論鬪戰詐術，而
> 去神武甚遠，故陷兵家者流，為權謀技藝，噫上刑之説，
> 尤有由乎，本朝國家之治平，近出武門，其為武，並兼文
> 教，故武自有一家之説，噫武之為教可忽乎。夫武者，勇
> 之所因，人未嘗無勇，不從教而學，則于猛于亂，其害是
> 多，于教于學，不論本，則勞而無功，此三篇者，論本
> 而悉用，能學能習，則大小精粗無不盡矣，後來同志之學
> 徒，熟讀玩味，則久而知其有效乎❽。

由上自序，素行言「其為武，並兼文教」，同時說明「本朝國家
之治平，近出武門」，一方面言武於國家治平之要，一方面言文
武兼備，而非鬪戰詐術之流，是以素行亦稱此為「神武」，標榜
其神聖，由上序文末語「知其有效」之「效」字，可知其講究實
效之表現，再者其在兵學歷程上本朱子學而創「武士」立教，即
承前期「士法」而轉進為「武教」，而「其為武，並兼文教」亦
是求文武合一，而「夫武者」當「從教而學」，由此可看出，此
期素行兵學思想，在受朱子日用實學，修身道德之影響下，已脫
離中世兵學之觀念，而將「術」與「道」合一，確立文武一致、
兵儒合一之武教思想理論。

---

❽ 同上，頁 544。

第五節　中華聖學思想

以朱子學爲思想中心之時期，到了山鹿素行四十歲時便做了一了結，而於次年四十一歲時便因讀《近思錄》而對宋學起疑，依《略年譜》寬文二年八月十九日，四十一歲之條云：

> 讀近思錄，自此疑宋學，入古學之兆[82]。

又《配所殘筆》云：

> 寬文之初，我見漢、唐、宋、明學者之書，不審，直見周公、孔子之書，是爲手本，云可正學問之道，自此不用後世之書物，晝夜勤讀聖人之書，初明聖學之道，定聖學之則[83]。

由上引文可知素行自四十一歲起便疑宋學，直到寬文五年四十四歲時《山鹿語類》、《聖教要錄》兩大代表作完成，到四十五歲，寬文六年因《聖教要錄》而獲流放赤穗止，蓋爲素行此聖學思想時期之範圍，雖僅五年之短，卻爲素行否定宋學之說，並對漢唐以來之學亦加以批判，轉爲提倡先秦以前周孔之道，並名之爲聖學之復古思想之表現。是以以下便就排宋學之因及復古聖學之內容做一介紹。

---

[82] 《全集》卷一，頁 28。
[83] 《全集》卷十二，頁 595。

如前所述素行在前期的朱子思想中心時代便對聖學與異端之
間，烙下了勢不兩立，且以繼承道統爲職志之使命，然而何以在
此時又否定朱子學視宋學爲異端呢？除上述《年譜》中提及因讀
《近思錄》之故外，在《山鹿隨筆》寬文二年，「見近思錄」之
條云：

八月十九日在宿，見近思錄，周子曰：「無極而太極」，
予曰，易繫辭出太極生兩儀，無無極之言。周子始出無極
之說，無極理而已，不云無聲無臭。然提携此無極之工夫
則甘釋氏之心。應比邵氏、陽明之學。朱子亦論無極者太
極之上只僅指一理。然云理與云無極又別。愚竊思之，孔
子於易無無極之論。若論無極之道理不可則，周子之無極
應比畫蛇添足。無指云無極之理，太極則天地同一體之
理，此則理之太極。未極之前云有理之心，雖云而極，但
有此理則此事有極，此事顯則有此理，天地之常也。非
天地先立而有理，非理後天地顯。故雖以口云則云但云今
日之上更無用所，例如人無事時爲一重之工夫。此與佛見
等，今夜自發，猶有工夫[84]。

由上引文，素行因發現周子《太極圖說》中「無極」一句，認爲
《易·繫辭傳》中所無，孔子亦未言及，而此「無極」與釋氏之
說類似，而認爲此乃周子之畫蛇添足之舉。事實上「無極」一詞
見於老子《道德經》，而亦見於佛家圭峯宗密《原人論》中，同

時關於「無極」，朱熹、陸象山自鵝湖會爭論以來，至今仍懸而未決，因牽涉甚廣，姑不論，不過可以肯定的是，可見，宋學雖以道統自居而視佛老為異端，事實上卻已融入佛老之見而不自知，是以素行見此，亦斥此為「與佛見等」，如此一來，在道統、異端嚴格劃分之下，宋學即步佛老之後塵，而被素行排於聖學之外，繼而孟子以下漢唐之學亦一一加以批判之。如《山鹿隨筆》〈難朱子之學風〉中云：

> 孔子慕周公，故孔子之道即周公之道。當時之學者雖云學孔子卻不知以周公為本。凡學者皆云心性、高上之工夫，以致靜坐練心為本。（中略）且儒者行五倫以有為本，且以治民正風俗為本，是亦孔子老年行諸國述道，孔門弟子皆治世保國之言，無練心性澄心之事。當時之學者乃儒者之佛者也[85]。

以上引文以孔子言行為例，而認為當視靜坐談心性之學者乃「儒者之佛者」。又其於〈虛遠之學〉中云：

> 今思，古之學者下學而上達，孔子於性心之事不論，曾子述大學其說精，子思於中庸殆論其本原，孟子論性心氣甚異。此時代學術漸衰皆到虛遠，問者答者皆如此，後世之類如斯，周子無極之說，此甚虛遠夫[86]。

---

[85] 同上，頁 396–397。

[86] 同上，頁 422–423。

由上述「孟子論心性氣甚異」以至「周子無極之說，此甚虛遠」，
將異端之說、虛遠之學的範圍追溯至孟子。一反前期，認爲孟子
於排異端有「此孟子之功所以不在禹下」之說，其因蓋與孟子言
「吾善養吾浩然之氣」有關。素行於〈排靜坐〉中云：

> 自孟子平旦之氣、夜氣之論以來人皆好靜，或致靜坐之輩
> 多。甚誤，程子常示靜云靜坐，爲說人之紛擾，未必人人
> 之事❽。

由上《隨筆》中所記大槪可知素行此期對聖學之看法，認爲「學
者欲知聖學之本源異端之因」。
　　以下則就此其代表著作《山鹿語類》、《聖教要錄》分析此
期思想之要。依《山鹿語類》門人序，素行否定程朱之學提倡聖
學乃素行四十歲初。故寬文三年多，素行四十二歲之時，門人等
相議將素行新學說之問答、說話、論文著手輯錄，而於寬文五年
（素行四十四歲）時完成，至於最後之卷四十四、四十五之枕槐
記則成於寬文六年。全書共四十五卷，自君道始，臣道，文子
道、三倫談、士道、士談、聖學，而以〈枕槐記〉爲終。《山鹿
語類》門人序云：

> 癸卯（寬文三年）先生之學日新，直以聖人爲證，故漢唐
> 宋明之諸儒其訓詁事論各各執用，其至聖學之的意，悉乖

---

❽ 同上，頁 434。

戾先生之志⑱。

由上所述大致可知至寬文三年，素行轉向聖學之意大底完成，然因漢唐宋明諸儒之說皆與素行聖學之志乖戾，是以門人輯錄先生之語談，其云：

> 冬十一月門人等輯類，先生語談，其書皆因先儒之言以糾其道。乙巳書成⑲。（寬文五年）

素行轉向聖學之舉，在其門弟子中頗受讚佩，而被捧爲二千載後繼承聖學之人。其云：

> 竊思，　先生垂迹本邦、崇周孔之道嗣不傳之統。所謂君臣、父子、兄弟、夫婦、朋友、修身、聖學之要道，二千載之後唯在先生之學⑳。

而觀此讚譽之文，有如朱子稱揚周子：

> 得千聖以來不傳之秘㉑。

至於此書中對聖學之見解，其於《山鹿語類》〈君道一〉論君德

---

⑱　《全集》卷四，頁 8。
⑲　同上。
⑳　同上，頁 9。
㉑　《周子全書》卷二，頁 33。

之學問中云：

> 人君之學，務何。唯天下國家之治平，達救博眾之學，是
> 也。是云聖學。（中略）然若不究學之淵源、不深志天下
> 之治平則皆陷俗學，好博文誇才藝，其猶玩詩文著述，唯
> 口耳之學，況老莊虛無之見誤，佛者無常寂滅之違，道家
> 神仙不老之說，是陷學者異端之道也❷。

言明聖學俗學之別。同時其於聖學篇中更詳論聖學之要，與異端
之誤，其云〈論異端〉中云：

> 師曰，異端之說夫子述之。孔子之時佛教未入中國，雖有
> 老子其說未著。其所指示異端者所謂雜學也。雜學雖與聖
> 人同師，但其源與聖人不同，是所以異端也❸。

以上說明後世之儒雖師聖人但其源與聖人不同故爲雜學爲異端，
是以其將儒家者流、道家者流、法家者流、兵家者流等皆視爲雜
子。而後門人亦將此聖學篇精簡輯錄爲《聖教要錄》，是以以下
就《聖教要錄》述之。而當此書成之時，其門人請曰：

> 此書可以秘可以崇，不可廣示於人，且排斥漢唐宋明之諸
> 儒，是違天下之學者❹。

---

❷　《全集》卷四，頁 27。
❸　《全集》卷九，頁 86。
❹　《全集》卷十一，頁 33。

而素行答曰：

> 噫，小子不足謀，夫道者天下之道也，不可懷而藏之，可
> 令充於天下行於萬世、一夫亦因此書起其志則贊化育也，
> 君子有殺身以成仁，何秘吾言乎⑮。

表明了其斥異端立聖學堅定之意念。至於如何面對各派學者之反
應，其云：

> 天下之人可以告、可以毀、可以辯，得其告其毀其辯、而
> 改其過、道之大幸也⑯。

果不其然，此書一出非但震驚學界朝幕，同時也爲素行帶來流放
之災。至於其遭人忌恨之言論，從其〈道統〉之中概可見其大
概，其云：

> 伏羲神農黃帝堯舜禹湯文武周公之十聖人，其德其知施天
> 下，而萬世被其澤，及周衰天生仲尼，自生民以來，未有
> 盛於孔子也。孔子沒而聖人之統殆盡，曾子子思孟子亦不
> 可企望，漢唐之間，有欲當其任之徒，又於曾子子思孟子
> 不可同口而談之，及宋周程張邵相續而起，聖人之學、至
> 此大變，學者陽儒陰異端也。道統之傳，至宋竟泯沒，況
> 陸王之徒不足算，唯朱元晦大功聖經，然不得超余流，噫

---

⑮　同上。

⑯　同上，頁 34。

道之託人行世皆在天，其孰强與於此乎。

孟子沒而後，儒士之學至宋三變，戰國法家縱橫家，漢唐
文學訓詁專門名家，宋理學心學也，自夫子沒至今，亂向
二千餘歲三變來，周孔之道陷意見、誣世惑民、口唱聖
教，其所志，顏子之樂處，曾點之氣象也。習來世久，嗚
呼命哉[97]。

如上文，非但云聖學之道統「孔子沒而聖人之統殆盡」，更云世
之儒者皆「陽儒陰異端」，如此批判而招致當世學者之憤慨是理
所當然的，更遑論以朱子學爲官學的當權派了。而其之所以斥朱
子學，蓋因〈易有太極〉中對周子之批判，其云：

周子作太極圖，尤足起後學之惑，是不知聖人之道也，河
出圖洛出書，各有自然之象，何以造設哉，周子以無極而
三字冠太極之上，甚聖人之罪人，後學之異端也，太極之
外別無無極，則其言贅也。太極之前有無極，則異端之説
也，聖人之教唯日用而已，太極乃含蓄先後本末，至矣盡
矣[98]。

如前述周子被朱子譽爲「得千年不傳之秘」而爲宋學之始祖，如
今卻被素行貶爲「聖人之罪人」，斥其「無極」之說爲異端，無
異的等於斥朱子學爲異端，而終因此言論而獲罪。然而此學術之
言論卻引發爲政治彈壓對素行而言似乎是不公平的，因爲素行之

---

[97]　《全集》卷十一，頁 39。

[98]　同上，頁 53。

政治立場皆以武家政權爲出發點，因此根本上還是屬於學術界派系之紛爭，依《略年譜》寬文六年之條：

> 九月二十一日，門人石谷市右衞門來，傳老中板倉內膳正重矩之命。今年聖教要錄流布世，人以誹謗，且保科肥後守正之切怒之。（中略）
>
> 二十五日，本多對馬守忠將來報聖教要錄之罪公儀旣定❾❾。

提及保科正之甚怒，而保科正之從山崎闇齋學朱子學，其受闇齋之影響於寬文三年領邑之內禁異色，異言，爲朱子學之篤信者，同時關於其事蹟，《土津靈神事實》中云：

> 十月三日，誣惑者山鹿甚五左衞門綱播州赤穗、是先、靈神（正之）謂老臣曰，當世造言者，是惑世誣民之賊也。嚴綱之，執政領是❿。

同時，素行於保科正之死後第三年，延寶三年，五十四歲時獲釋，蓋保科正之爲主事者無疑。

　　另爲值得一提的是，《聖教要錄》爲儒學上之著作、批判當世儒者之誤，然而除了闇齋派之朱子學者保科正之採具體行動裁制素行外，其兵學之師北條氏長亦採積極對立之態度。關於此松宮觀山《士鑑用法直旨鈔》中云：

---

❾❾　《全集》卷一，頁 35。

❿　堀勇雄著，《山鹿素行》，頁 217–218。

門下素行子云者，……著《聖教要錄》始破宋學但仁齋、
物徂徠二先生出其後，我國破宋學素行子其嚆矢也。氏長
先生見不務實行，以逞奇智，責之絶交。當時會津侯正之
朝臣信宋學，故憤其說，云以異端惑眾、訴官、有司以其
言問氏長，先生對曰，人人所見不同，彼此各各一得。雖
稱異端然不類天主教之傾國家。以其罪不深，有司依其言
議，附赤穗侯，禁錮其國❿。

是以其師氏長亦是關鍵人之一，何以在儒學的對立外又造成兵學
的對立呢？其因蓋有二，依前述素行兵學師承氏長，然其理論
乃融合佛老神之說而成之士法，單就此點即為素行所貶的異端之
中，又因其在儒學方面提倡聖學外，兵學亦建立了武教理論之系
統而欲脫離師承，同時以當時一個浪人之身分其在儒學、兵學上
之成就卻不下其師。或許在此類似背叛師門自立門戶之罪嫌下，
氏長不但「責之絶交」，亦借此懲罰素行吧！《年譜》寬文六年
之條云：

十月三日，未刻（午後二時），大目付北條安房守氏長以
廣用招喚，即馬上赴北條邸，氏長傳公命，即因《聖教要
錄》著作之罪貶播州赤穗❾。

然而關於招喚將定以何罪，素行事先便抱著必死之決心，而留下
辭世之遺書，載於《配所殘筆》之中，其云：

---

❿ 同上，頁 221-222。

❾ 《全集》卷一，頁 35-36。

蒙當二千歲之今，大明周公孔子之道，猶欲糺吾誤於天下
開板聖教要錄之處，當時俗學腐儒，不修身不勤忠孝，況
天下國家之用，聊不知之，故於吾書無一句之可論、無一
言之可糺，或借權而貪利、或構讒而追蹤，世皆不知之，
專任人口而傳虛不正實否，不詳其書、不究其理，強嘲書
罪我，於茲我始安，我言之大道無疑，天下無辯之，夫罪
我者罪周公孔子之道也，我可罪而道不可罪，罪聖人之道
者，時政之誤也，古今天下之公論不可遁，凡知道之輩必
逢天災，其先蹤尤多，乾坤倒覆、日月失光，唯怨生今世
而殘時世之誤於末代，是臣之罪也，誠惶頓首。
十月三日　　　　　　　　　　　　山鹿甚五左衞門
北條安房守殿❿

而此，無異於若被判死罪則與氏長之遺書。字字句句將其聖學之
志、殺身以成仁悲愴之情表露無疑。更言「夫罪我者，罪周公孔
子之道也」，無異自比周孔之傳人。雖然因此而獲罪，卻也因此
正式脫離北條流自立山鹿流兵學，同時亦倡聖學而爲古學派之始
祖。此對江戶儒學界不但開倡一新局面，亦扭轉了整個日本儒學
史之傳統面貌。然而素行雖能掙脫朱子學之範圍，追溯古代中華
聖人之學，突破現實宋明理學之瓶頸，造成復古之先聲，可是卻
也落入以古典信仰爲依歸之窠臼之中。因爲其教學之態度，對古
典絕對之信仰，較朱子學者、陽明學者有過之而不及。而素行對
異端之說，亦較朱子尤甚，而《非徂徠學》中云：

---

❿ 《全集》卷十二，頁 589。

> 徂徠之教，以信聖為先，其意則美，然其為學，不欲知其
> 信之所以，則何異老婆婆之信彌陀哉⑩。

以上雖是對徂徠古學之批評，卻也是素行學之缺失。

此外復古思想之歷程在素行思想轉換歷程中，因時期先後之
不同，又出現了兩種截然不同之對象，也就是說雖然其復古精神
之性質不變，但是對象上卻由中華聖學轉換到日本聖學。而此日
本聖學乃繼中華聖學否定朱子學後對中華聖學之否定，而為素行
思想轉變之巔峯時期。

第六節　日本聖學思想

如前述，因《聖教要錄》而導致被貶，而此一事件之發生雖
屬不幸，然而對素行而言卻又是不幸中之大幸，因為此次之打
擊非但未減低素行之信念與對學問之渴望，反而因此近十年的謫
居，可以擺脫世俗之紛擾，名利之野心，而有充分時間與無限的
自由專心於學問，努力著作，將其一生之精力投注此，使其思想
之歷練達到巔峯，這與三十歲時因出仕幕府願望落空所導致的落
魄與失意又是截然兩種不同之表現。

寬文六年（四十五歲）至延寶三年（五十四歲）之間為素行近
十年的謫居時代，此期雖屬禁錮，然妻兒均可同住，同時素行與
淺野家關係非淺，雖名為禁錮，實際上卻頗受禮遇，亦可與友來
往書信。非但毫無壓迫與限制，反而生活上有極為愜意的一面。

---

⑩ 堀勇雄著，《山鹿素行》，頁 23。

《年譜》寬文九年三月十四之條云：

> 遊大石氏之茶亭，海棠之花盛開，艤龍船，短棹長歌及
> 夜，酒盃狼藉。（《全集》卷十五，頁109。）

依上文辭所述「短棹長歌」、「酒盃狼藉」，頗似蘇子泛舟赤壁
之情景。素行在此美好的環境下，一方面也努力著作，計有《四
書句讀大全》、《謫居童問》、《中朝事實》、《謫居隨筆》、
《二十一史人名並小傳》、《百結事類》、《武經七書諺義》、
《日本國圖》、《武家事紀》、《武教余談》、《翰墨訓蒙》、
《本朝古今戰略考》、《湖山常清公行實並哀辭》、《配所殘
筆》、《家譜、年譜》、《七書要證》等等作品，大致而言，《四
書句讀大全》，爲其四十六歲，謫居第二年之作品，立場上乃繼
《聖教要錄》之信念，以求千載知亡以正世誤。依《略年譜》寬
文六年十一月之條：

> 十日，自此日起先讀論語，將述句讀，翌年十一月遂成，
> 《四書句讀大全》即此，蓋《聖教要錄》之旨趣更加精細
> 明確論之[105]。

此書依素行自記積德堂書籍目錄乃全漢文二十冊之大著，亦爲素
行經學說最詳盡之著作，然山鹿筆僅存三冊素行自筆。而全書內
容皆以經學爲基礎，同以探討朱子、陽明學之誤，如其在〈大學

---

[105]　《全集》卷一，頁 36。

讀法〉中云:

> 六經皆大學之明證,天下古今之學、天下古今之治,不出
> 此經,不由此則治不善,出此外則為異端,學者之精力,
> 盡在此經❶⓿⑥。

此外主要的便是承前期破宋學之立場。如在《四書句讀》自序中
云:

> 是漢、唐、宋、明諸儒喪志訓詁詞章之末,沈痼性心敬靜
> 之遠,竟不得治人修己之實之所以,唯河南程子表章大學
> 中庸以論孟序之。新安朱子,以章句集註行世,殆向千
> 載,其聖門之功又不大哉,然其所本,起毫釐之差以至千
> 里之謬,故其經解,未不無疑⓿⑦。

雖云朱子有功於聖門,然其所本卻是「起毫釐之差以至千里之
謬」。素行明此是以倡聖學,然而亦因此掀起被流放之風波,至
於素行之心境除了〈辭世之遺書〉外,其於《四書句讀》自序中
亦云:

> 愚生遠東海之濱,幸少得窺其藩籬,杳議中華之諸先輩,
> 句讀聖賢之書,猶以方寸之木,使高出岑樓,不得已而
> 以,無暇計人之非笑,後焉見者,庶幾爾我絕阿黨之意,

---

❶⓿⑥ 《全集》卷十一,頁 69。
⓿⑦ 《全集》卷十一,頁 64。

直證聖人之書❿。

由此可見其意念之堅，與志向之深。同時其亦於〈大學語法〉中云：

> 訓詁字解尤從朱子之章句，至註聖學之大義，悉與程朱牴牾。某平生尊信二氏之說，近年得聖學之大義，亦據此文字言語，而今一旦背馳，心誠有所不忍❿。

說明了訓詁字解雖從朱子，然聖學之大義卻與程朱牴牾。

素行完成《四書句讀大全》後，次年四十七歲時便又完成《謫居童問》，關於此其在卷末跋云：

> 戊申三冬之遙夜，童子在傍，問之難之，或再之或三之，以續秋蟬之餘吟，慰謫居之寥寥，終草焉，如脫藁，埃來日之潤色云。
>
> 　　　　　　　寬文第八臘天日　山鹿子軺叟❿

由上跋所述蓋於歲暮多完成，乃因童子磯谷義言（十二歲）之所問而答。全書共分七卷，一至四卷為「學問」，五至七卷為「治平」。大體而言「學問」中仍本著聖學、俗學、道統、異端之辨，除周孔聖人以下皆非聖學。然而除了論及中華道統、異端之辨外，亦引發了神道是否為異端之問，卷六末〈神道如何〉一篇

---

❿　同上，頁 65-66。

❿　同上，頁 71。

❿　《全集》卷十二，頁 495。

中云：

> 問：本朝自往古以來以神道為貴，是又異聖教乎。
>
> 答：本朝往古之道，天子以之修身、治人，人臣以之輔君
> 政國，乃神代之遺勅，天照大神至誠之神道也。當時
> 所指神道皆事神之道，神職之所知也。上古司神職之
> 人乃知朝廷之政故，云神職者云朝政，非二也。然神
> 人一致更無差別，此故得事神之人乃天地之理不通則
> 不合，故甚重神職，大臣兼是，是知禘之說者於天下
> 也，其如示於斯乎，指其掌者應知此心。禘者則祭天
> 之名，天下之大祭也。易以神道設教而天下服矣，是
> 也⑪。

由上所答，可知其將神道，事神之事引申為天子修身治人，人臣輔君政國之事，二者合而為神人一致。更引《論語‧八佾篇》第十一章「是知禘之說者於天下也，其如示於斯乎」，又引《易‧觀卦象辭》云：「易以神道設教而天下服矣」。企圖以《論語》、《易經》之說解釋神道之合理性，而後引日本古典神話傳說，其云：

> 往古之神勅云者，天照大神高皇產靈尊，崇養皇孫欲降以
> 為豐葦原中國主，即勅曰吾兒視此寶鏡猶當視吾，可與同
> 床共，殿以為齋鏡⑫。

---

⑪　同上，頁 282。
⑫　同上，頁 282。

而後素行又以此「猶當視吾」四字解釋爲「孝子順孫不改文祖之
道之誠」，「乃大學之教在明明德四字，堯舜禹相傳允執厥中四
字無異」，「是聖人之大教也」，明顯的將神道亦視爲「聖人之
大教」。同時又舉例說明「本朝（日本）之制與異朝大聖之立無
異」，其云：

> 以此思之，本朝乃東方君子國，異國聖聖相續不異，順德
> 院御記，禁中作法，先神事後他事云云，立諸官以神祇官
> 爲上，皆重宗廟社稷，是以都宮之制，右社稷左宗廟，君
> 子將營宮室，宗廟爲先，凡家造祭器爲先，云同。周公制
> 官，立春官、大宗伯司禮，禮有五，以吉禮爲先，吉禮者
> 事邦家之鬼神，示者卽此心，卽本朝之制，異朝大聖之立
> 無異⑬。

如此，稱許日本爲「東方君子國」，繼《武教小學》門人序中以
中華爲異域，開始了自我意識中以自我爲「本朝」之表現。同時
以順德院記：「先神事後他事」說明與異朝之「宗廟社稷」祭祠
以「宗廟爲先」相同。
　　最後素行又批評當世神道之怪異，「其不以聖人之道難信用
也」，而素行予以另一種解說，其云：

> （前略）竊按，天孫天降時，二神爲左右之扶翼，是乃同
> 後世左右相故，故神武東征之後天下一統，二神之孫，天

---

⑬ 同上，頁 283。

種子命，天富命又為左右。此時皇居神宮無差別，是如往古神勅，而天種子命專主祭祀之事，是乃朝政之儀。（中略）又按，上古之神道乃國家之朝政也。故執朝政之大臣乃帶之，皇居神宮相異之後，旣立神祇官祭主，則神祇官祭主主神事之職掌，而非知朝政，故彼流所傳是神事祭禮祝詞祓等之祈禱奉幣之義也 ⓗ 。

說明自天孫以來皇居神宮無差別是以祭祀之事即朝政之儀，然而自第十代崇神天皇起，皇居神宮相分後，神職朝政亦相分。是以神祇官雖祭主主神事卻不知朝政。而此即當世神道所傳僅在「神事祭禮祝詞祓等之祈禱奉幣之義」之故也。接著素行本著「上古之神道乃國家之朝政」又云：

上古之神道者順天照大神之神勅安置御靈八咫鏡及草薙劍於大殿而修仁德比之玉之溫潤含蓄，明致其知，比諸鏡之照妍醜，由義權中，比諸劍之制斷宜果。故仁以守之、德以修之、智以致之、義以由之，則天下之大小精粗無不通，是乃上古之神道，而乃聖人之道，易所謂觀天之神道，而四時不忒，聖人以神道聖道而天下服矣也 ⓗ 。

試圖以天照大神所傳之「御靈八咫鏡」、「草薙劍」比爲「智」與「義」，而以玉之德修之、智以致之、義以由之。將「上古之神道」解釋爲「聖人之道」，同時引《易》所謂「觀天之神道，

ⓗ 同上，頁 284。
ⓗ 同上，頁 284–285。

而四時不忒，聖人以神道設教而天下服矣也」，將聖人、神道二者合一。最末其云：

> 愚謂，《易》所謂神道者，天地之妙陰陽不測之神道也。聖人觀之法天地，以立此教，是於觀卦所以言觀神道也。又案，夫如祭祀職掌，神道之事而不可傳庸人民間之道也。若傳諸於民間，則狎而易之，故人人必事奇怪，是索隱行怪，而聖人所不言也。凡正道廢而人不知之，故民間必設淫祠，以鳥獸草木之精為神，以鬼魅罔兩為神，故鱷魚得勢，蛇已得力，祈之則驗、污之則禍，或登高山之上、或入澗壑之深，以崇鬼魅之精，為土地之神，四時時月相會以祭之，人民如此則鬼魅得力乘其虛，是乃上無道揆，下無法守，家家殊俗，邪說暴行之相承也⑯。

如上，以《易》之「天地之妙陰陽不測」解釋神道，因此必得由聖人行祭祀職掌神道之事，若傳云下民則將導致邪說暴行。以上為例，素行此時研究學問之專注，已由對中華聖學之崇敬漸漸注意日本上古之神道，為中華聖學之復古至日本聖學復古之發端。同時以中華聖學來解釋日本聖學。同時承「異端」之論後又出現了「本朝異朝」之異。將研究學問道統派別之「異端」論，擴充之國體立場上的「本朝異朝」之論，最後由自我自覺意識的膨脹引發民族自覺的過度誇大。而後有《中朝事實》之出現，如其於卷五〈本朝異朝政道之相違〉、〈周孔出本朝則政道如何〉、〈異

---

⑯ 同上，頁 284。

國之俗〉、〈本朝異朝人物水土〉等中，無一不表現自我優越，
強調本朝異朝之別，本朝水土之優，如其於〈本朝異朝政道之相
違〉中云：

> 問：異朝之政道，本朝之政事相異乎？
>
> 答：其從水土人物異也，人物異時事之用皆不同，何一論
> 哉，夫子亦襲水土，本朝五畿七道之風俗亦因其水土
> 而異，況夫異國東西三千餘里之隔，不可同論也。王
> 制云： 中國戎夷……聖人之制如此， 異朝有異朝之
> 政，本朝有本朝之政，異朝之政雖好，然於本朝多難
> 用⑰。

如上以水土人物之異說明本朝、 異朝不可同論， 而其理論之根
據又出自於《中庸》第三十章〈夫子亦襲水土〉，以及〈王制〉
云：「中國戎夷狄五方之民，皆有性也，不可推移。」又：「中
國夷蠻戎，皆有安居和味宜服利用備器，五方之民，言語不通，
嗜欲不同。」由此， 似乎可以看出素行此期思想理論之來源便是
源自前期中華聖學思想。如《中庸》所謂：「仲尼祖述堯舜憲章
文武上律天時下襲水土」，而所謂「水土」者乃「因其一定之理
皆兼內外該本末而言也」，又由「水土」說發展至「兼內外」、
「該本末」，之後素行又以「周孔出本朝則政道如何」爲例，做
一說明，其云：

> 問：周孔出本朝則行異朝之禮夫？

---

⑰ 同上，頁 326。

答：若無周公，孔子則云其制法如此難知。然以其殘傳文
　　獻徵之則云：禮，修其教不易其俗、齊其政不易其
　　宜……。孔子於宋無章甫之冠，於魯著逢掖之衣，如
　　此，生乎今之世反古之道。如此者烖及其身者也，居
　　其國故異古今之風俗則烖必及。況夫本朝，異國水土
　　遙異則雖聖人來，未易其俗而立其教不及論也❶❶。

由上引文中素行又引〈王制篇〉「禮，修其教不易其俗、齊其政
不易其宜」爲理論之依據，同時以孔子無章甫之冠，著逢掖之衣
爲例說明日本與中華之異，因水土之遙異，雖聖人至日本也不可
易其俗，立其教。這一點也可說是素行開始脫離中華聖學思想之
證。基於以上思想之轉變，自然開始論及日本之優及異國之劣，
如其在〈本朝異朝人物水土〉中讚日本之優云：

　　本朝海中獨立四時不違、五穀豐饒，往古聖神定此國爲國
　　中柱，稱豐葦原中國❶❶。

說明水土、節候、物產之豐外又引《日本書紀》稱日本爲「豐葦
原中國」，蓋爲日後素行稱日本爲「中國」、「中朝」、「中華」
之前身吧！至於對中國、朝鮮，素行則不以爲然，其評中國之例
如下：

　　自開闢至大明之間，天下易姓三十世。其間君臣無道、男

---

❶❶　同上，頁 327-328。
❶❶　同上，頁 333。

女無禮、財寶利祿之私……雖有大綱大義君臣父子，多子
弒父、臣弒君、剩戎狄奪天下❿。

又，其評朝鮮云：

朝鮮昔武王封箕子之地也，其國，始土地小，人民少，
風俗淳。箕子制八條之教也。其後……號朝鮮。然其王國
二度、易姓四度，其俗甚陋隘，尤信釋氏，王之子弟必為
僧，信鬼神巫史不知聖經⓬。

由上對中國及朝鮮之批判可謂相當尖酸刻薄，失去理性。爲了標
榜日本之優而不顧一切的貶損他國。而在此心態下其又以倭寇爲
日本勇武之表現，其云：

況講武用兵之道，四海之間本朝相並不處，異國尤恐本
朝，邊成之戒防以我（日本）第一，大明洪武帝祖訓末代
垂大明之教戒，有不通日本者，恐勇武也。⓬

由上文明顯的顯示出素行脫出學說異端，正統之立場而落入偏狹
的民族優劣情感之圈圈之中。而在此排斥「異」之偏差下，素行
終於又於次年四十八歲之時，完成此期代表之作，亦爲其一生最
重要、最出名，以及影響後世最深遠之《中朝事實》一書。

---

❿ 同上，頁 331。
⓫ 同上，頁 332。
⓬ 同上，頁 335。

如前所述，素行思想學說之轉換總有其因由，無論是棄佛老崇朱子，亦或是否定宋儒尊周孔，基本上還是中華思想以及學說範圍之內，只不過學說派別不同，古今之異。而今《中朝事實》所倡導的卻是否定中華肯定日本，範圍已由學術轉向民族情結，強調內外之分，水土之異，而此水土說事實上前已述及，其理論依據無疑的也是受中國儒家理論之影響。不過儒家強調的「自覺性」、「異端論」在「上律天時下襲水土」之水土說的理論下，在日本就演變成「日本中華主義」，欲排中華而自居，由此觀之，素行之說只不過是藉彼之矛攻彼之盾以成其說，以暢其日本優異之快罷了。而暢此說的不獨素行一人，同期的就有陽明學者熊澤蕃山的水土說，以及朱子學者山崎闇齋的假想敵說，其云：

> 若彼國以孔子為大將孟子為副將，率騎數萬來攻我國，吾黨學孔孟之道者以如何態度對之。

由上例可知，古學派之山鹿素行如此，陽明派之熊澤蕃山如此，朱子學之山崎闇齋亦如此。更遑論後期的國學者，神道家們強烈排外崇己之反動思想了，而在政治表現方面，此期江戶實施鎖國政治，不能說不含有排外思想的成分在內。由此亦可看出思想與政治的一致性。以下則就《中朝事實》一書做一介紹。

關於《中朝事實》之著述，其在《配所殘筆》中云：

> 我等自以前僅異朝之書物日夜勤讀，故近年新渡書物不知，十幾年前自異朝渡來書物，大致令一讀之，依之不覺異朝之事諸事皆宜，本朝小國故何事皆不及異朝，聖人亦

出自異朝，此期不限我等，古今學者皆如是，慕異朝，近
期初知此誤，信耳而不信目、棄近而取遠事，不及是非，
實學者之痛病，詳中朝事實而記之⑫。

以上素行指出當世古今學者之通病——「慕異朝」，同時也就素
行對其自身思想歷程做一個反省，否定素行前期之思想而企圖加
以修正此誤，因而寫了《中朝事實》一書。

　　《中朝事實》完成於寬文九年冬天，素行四十八歲之時，乃
赤穗謫居中所作，序文則於同年除夕前二天完成，如其所寫「寬
文第九己酉除日之前二，涉筆於播陽之謫所」，此書於十餘年後
便有木刻版本流世，之後乃木將軍亦嘗自費版刻供皇太子殿下、
皇子殿下閱覽，而廣於流傳，其對鼓吹日本民族自覺自大，以及
武士教育方面作用極大。首先，其於自序文中云：

　　恒觀蒼海之無窮者，不知其大；常居原野之無畦者，不識
　　其廣。是久而狃也，豈唯海野乎？愚生　中華文明之土，
　　未知其美，專嗜外朝之經典，嘐嘐慕其人物，何其放心
　　乎？何其喪志乎？抑好奇乎？將尚異乎？夫　中國之水
　　土，卓爾於萬邦，而人物精秀于八紘，故　神明之洋洋，
　　聖治之綿綿，焕乎文物，赫乎武德，以可比天壤也。今歲
　　謹欲紀　皇統武家之實事，奈睡課之煩，繙閱之乏，冬十
　　一月小寒後八日，先編　皇統之小冊，令兒童誦焉，不忘
　　其本，未知武家之實紀，其成在癸日⑬。

⑫　《全集》卷十二，頁 591-592。
⑬　《全集》卷十三，頁 226。

由以上短短的百五十字之短文，便已言出此書主要精神所在。如
前所述，素行幼年即學漢學，熱心研究中國學問，典章文物制度
等等，然此書中所言卻反其道而行，其云：「生中華（指日本）
文明之土，不知其美，專嗜外朝之經典，嘐嘐慕其人物」，自覺
崇拜外國而忽略自國的根本錯誤，指出外國崇拜純屬「放心」、
「喪志」、「好奇尚異」之表態。進而誇耀日本水土優於全世
界，日本人物亦優於全世界，因而日本應稱中國、中華、中朝，
一言以蔽之，日本之水土、人物、又皇統之文治、武德爲世界無以
倫比之優秀國家，因此素行告誡後生，不要陷於崇拜外國文化之
通病，特別提醒「不忘其本」。試思之，何以如此兩種極端截然
不同之態度，一定要強調已優他劣呢？或許就如素行於《配所殘
筆》中所述，因長久以來中華文化輸入日本之後，古今之學者皆
以外國諸事皆宜，日本爲小國故凡事皆不及，偉人亦出自外國。
而此長期以往便引發對自國文化喪失信心，同時在相較之下也連
帶產生自卑之心理。而素行強烈意識到此信心之危機，而在強烈
自卑心態下引發超強的自尊心，而此影響所及不獨素行學說之轉
換，不獨日本儒學史爲之一新，不獨日本思想界出現了異數，也
深遠的影響了中日關係地位之轉換。而此《中朝事實》成書之時
期，對素行一生際遇而言，也是處於失意、困頓、低潮的謫居時
代，而其成就卻又是素行對其自身學問、思想做一總決算，而使
其成名一世，而其透過對外來文化，做一文化上反省功夫外，也
積極的肯定自我文化、探索自身文化之根源。而德川時代的學者
們，對日本自身文化之探求與復歸，已不單是學問上之研究，而
是負著日本人精神依歸的神聖使命。不論是古學派、朱子學派、
陽明學派、復古神道派、水戶學派、國學派無一不存此理念，因

附錄　或疑

由以上所列大綱粗略看來，似爲中國政治禮教之論點，然而其內容中所根據的卻非以中華古籍爲論述，而引用日本古典歷史書爲其特徵。引用的日本古籍有《日本書紀》、《古語拾遺》、《職原鈔》、《神皇正統記》、《本朝神社考》等等。此書之構造大致先例舉引文，隨後加上自己的註解，遣詞用句方面常出現「神」、「聖」、「謹按」等敬詞，每出現「神」、「天皇」、「中國」等字句時必空一格以示虔敬。

如前所述，素行被視爲古學派復古之先驅，然而此書中表現復古的情懷卻是與前期中華聖學不同，而是復古到以日本聖學爲中心。一般說來，復古思想之發生多半是因對當世之不滿。素行之復古思想亦基於對宋儒學說不滿而否定之。然而是否素行也對中華古聖學不滿而欲加以否定呢？我想並非素行不滿周孔之聖學，而是因先秦思想中強調的「水土說」、「自覺性」而產生自我優越感，而欲否定中華以求自立之一表現。是以此書除了以引用日本古典書籍爲依據爲追溯日本古典精神之復古表現外，亦異常的不斷的拿中國與日本來比較，強調日本之優於中華。因此此書中除了狂大的稱揚日本水土人物之優秀外，更從片斷的角度來評斷中華之缺失。以下略舉其文以明其自稱中華，又否定中華之內容。首先其在〈皇統先天章〉中云：

天先成，而後地定，然後神明生其中焉，號國常立尊。一書曰，高天原所生神名，曰天御中主尊❿。

---

❿　《全集》卷十三，頁 229。

此文出自〈先天章〉，即主論天地之生成，以及神名之由來，而其所引乃出自《日本書紀》第一卷，第一段。繼〈先天章〉後素行便以〈中國章〉說明日本之所以應稱為中華、中國、中朝之理由，其云：

> 伊弉諾尊，伊弉冊尊，以磤馭盧嶋為國中之柱，迴生大日本豐秋津洲，始起大八洲國之號焉 ❷⑤。

此段出自《日本書紀》第四段，〈洲起原章〉，說明二神以「磤馭盧島」為「國中之柱」而生「大日本」。而由此可知素行復古之依據乃出自歷史神話傳話，企圖以神話來解釋歷史發展，這也是素行復古論中極不合理、極不科學之缺點。是以此《中朝事實》之本質嚴格說來不是學說，而是神話，是民族意識，是宗教情結的表態。其又云：

> 國中者，　中國也，柱者，建而不拔之稱，恆久而不變也。大者無相對，日者，陽之精，明而不惑之稱，本者，深根固蒂也，豐者，盛大之稱，秋津，者象其形也，大八洲者，其始生八洲也，所謂土者陰之精，八者陰之極數，而統八方之義也，蓋是　本朝生成之初也 ❷⑦。

此文中素行將字顛倒認為「國中」即「中國」解釋其義同，又解釋「大日本」三字之意，「大八洲」之義，而為本朝（指日本）。

---

❷⑤ 同上，頁 233。
❷⑦ 同上，頁 233。

在此讚譽日本的形容詞之後又以本朝（指日本）水土之優以及外
朝（中華）之缺做一敍述，其云：

> 愚竊考，惟四海之間，唯　本朝與外朝共得天地之精秀，
> 神聖一其機，而外朝亦未如　本朝之秀真也。凡外朝其封
> 疆太廣，連續四夷，無封域之要，故藩屛屯戍甚多，不得
> 守其約，失是一也。近迫四夷，故長城要塞之固，世世
> 勞人民，失是二也。守戍之徒，或通狄構難，或奔狄泄其
> 情，失是三也。匈奴、契丹、北虜易窺其釁，數以刼奪，
> 其失四也。終削其國，易其姓，而天下左衽，大失其五
> 也……。獨本朝中天之正道，得地之中國，正南面之位，
> 背北陰之險，上西下東，前擁數洲而利河海，後據絕峭而
> 望大洋，每州悉有運遭之用，故四海之廣猶一家之約。萬
> 國之化育，同天地之正位，竟無長城之勞，無戎狄之脣，
> 況鳥獸之類，林木之材，布縷之巧，金木之工無不備，
> 聖神稱美之嘆，豈虛哉。昔大元世祖奪外朝，乘其勢擊
> 本朝，大兵悉敗，而歸彼地者僅三人，其後元主數窺，而
> 不得侵我藩籬，況高麗新羅百濟皆　本朝之藩臣乎。　聖
> 神翔行太虛而睨是鄉而降之，最宜哉⓬。

由上觀之，素行所一一列舉的「外朝」之缺點就等於「本朝」之
優點。「外朝」封疆太廣，藩屛屯戍，近迫四夷……終至亡國，
故唯「本朝」中天之正道，得地之中國，正南面之位，甚言元世

⓬　同上，頁 236-237。

祖雖襲日本，卻有大敗元兵之意以及視高麗新羅百濟爲日本藩
臣。由上述不難看出素行的「日本迷」之心態，以及舉他人之缺
證自己之優，並竊取他人國號「中國」以爲已美。而關於素行偏
差之優劣說在各章中均可得見，如〈皇統章〉中云：

> 一書云，天祖天照大神高皇產靈尊乃相語曰。夫葦原瑞穗
> 國者，吾子孫之可王之地。卽以八咫鏡及雜草劍二種神
> 寶。援賜皇孫，永無天靈。
> 謹按……三種寶物者，乃 天神之靈器，傳國之表物，其
> 寄甚重矣。天照太神手持寶鏡祝之，神勅至矣盡矣，聖主
> 萬世之嚴鑑也。此時雖未有教學援受之名。謹讀此一章以
> 詳其義。則 帝者爲治之學，唯在用力于此乎。異域堯舜
> 禹受授之說，亦豈外乎此矣❿。

此文中引古書曰二種寶物八咫鏡及草薙劍，而素行卻云三種寶
物，另加一寶鏡，由此可見其僞。又云日本上古「雖未有教學之
名」，卻與意義深遠，涵蓋「異域堯舜禹受授之說」。依素行之
說似乎已無須探求學說爲依據，而任由引申發揮神話中之敍述便
可。接著其又云：

> 而 中國明知三綱之不可遺。故 皇統一立。而億萬世襲
> 之不變。天下皆受正朔，而不貳其時，萬國稟王命，而不
> 異其俗，三綱終不沈淪，德化不陷塗炭，異域之外國豈可

---

❿ 同上，頁 248。

企望焉乎。夫外朝易姓殆三十姓。戎狄入王者數世，春秋
二百四十餘年，臣子弒其國君者二十又五，況其先後之亂
臣賊子不可枚舉也。（中略）唯　中國自開闢至　人皇垂
二百萬歲，自　人皇迄于今日過二千三百歲，而　天神之
皇統竟不違。（中略）三綱既立則條目之著在政治之極致
也，凡八紘之大，外國之汎，無如、中州、皇綱之化文武
之功，其至德，豈不大乎哉❸。

此段引文，主要的即在讚美其皇統之綿延，「自開闢至人皇垂二
百萬歲」，而「自人皇迄於今日過二千三百歲」，因而是「天神
之皇統不違，因此三綱條目、政治極致，八紘之大、皇綱之化、
文武之功德無一不誇。」反觀「外朝」則是易姓三十次、戎狄入
王數世、春秋臣弒君二十又五，亂臣賊子不絕，故素行下「凡中
國之威武，外朝乃諸夷竟不可企望之」之評語。此外其在〈神教
章・致教學之淵源〉中引述日本學習中國經典之始，其云：

有王仁者是秀也，（中略）十六年春二月。王仁來之，則
太子莵道雅郎子師之，習諸典籍於王仁，莫不通達。故所
謂王仁者。是書首等之始祖也❸。

言明王仁攜典籍教太子，關於此，素行又評云：

（前略）中州始知漢字。應神帝聖武而聰達，博欲通外國

---

❸　同上，頁 250-251。

❸　同上，頁 264。

之事，微王仁讀典籍，太子師之。以能通達漢籍也。凡外
朝三皇五帝禹湯文武周公孔子之大聖。亦與 中州往古之
神聖其揆一也。故讀其書，則其義道。無所間隔，其趣
向猶合符節，採挹斟酌。則又以足補助 王化矣⓲。

由上文素行雖認同王仁來「中州始知漢字」，卻刻意改變一授一
受之關係， 而云「 三皇五帝禹湯文武周公孔子 」與日本之「中
州往古之神聖其揆一」，美化日本古上古神聖與周孔之道無異。
一反以往一切皆以中國聖人爲宗，也一反以往一切學說皆源自中
國，而認定日本往古之始便有神聖之教化。此無疑的犯了佛家唯
識論「萬物唯心所造」，不講求實證而以心證，無須任何歷史事
實做依據，一切以主觀心證，若心有偏差、狹隘則又有何學術可
言，其又云:

> 或疑，外朝不通我而文物明。我因外朝而廣其用，則外朝
> 優於我。愚按。否。 自開闢 神聖之德行明教，無不兼
> 備，雖不知漢籍，亦更無一介之闕⓳ 。

以上素行認爲即使沒有漢籍，因神聖之德行，明教全備，毫無所
缺，故否定了「外朝」傳於「本朝」之說。又云:

> 或疑，王仁德高，且善於毛詩，故為難波津之詠，遂成
> 仁德帝之聖。愚按，否。王仁者通漢籍之博士也。此時人

⓲ 同上，頁 265。
⓳ 同上，頁 265-266。

未通漢字，故造端於彼而已。（中略）難波帝者，謙德寬
仁之明主，時無遺賢，朝無謬舉，古今以為　聖帝，王仁
之才德不著于國史，食祿唯為文首則可恥之至也，俗學末
儒蔑　中國（指日本）以信外邦，是貴耳賤目之徒，附益
助長之弊也❿。

以上所述乃針對王仁之功德做一否定，認為「王仁之才德不著於
國史，食祿唯為文首則可恥之至也」。而讚譽王仁者為「俗學末
儒」是「貴耳賤目之徒」。批評儒者稱揚外朝之害。此外素行又
於下卷〈禮儀章〉中云：

竊按，教諭之道，多以外朝之書籍為事，是後世之訛也❿。

認為「教諭之道」多受「外朝」典籍之影響是「後世之訛」而
加以否定。認為日本自古以來文獻上皆有記載事物之制度、人民
之禮儀，關於此，其引隋煬帝與推古朝間交通之一事為例，其
云：

愚按，推古朝，隋煬帝遣文林郎斐世清來聘，天智朝唐客
郭務悰等來聘，其書曰。大唐帝敬問日本國天皇。天武朝
敦務悰又來聘，其後　中國置遣唐使，通信於外朝。然外
朝之書簡，多以諸侯王，世衰人訛，以此為足，其失何在

<hr>

❿　同上，頁 266。
❿　同上，頁 310。

乎。唯造端於記誦文字之俗儒，以至我國之不知為我國，噫輕家鷄愛野雉，何德之衰乎❶❸❻。

　由上引文「大唐帝敬問日本國天皇」，說明日本國之地位，可惜後世又多以諸侯王稱之，此爲後世記誦文字俗儒之大誤以至於「我國之不知爲本國」而忘失了自我。素行形容此乃「輕家鷄愛野雉，何德之衰乎。」

　　由以上所舉《中朝事實》中之數例觀之，素行企圖以史的觀點來說明《中朝事實》之由來與偉大，以形式而言爲一歷史書，以內容而言卻是由神話傳說引申發揮日本之神聖。而無法以信史之論證待對，只能以民族自覺情感之表現視之。而此種表現若依現代心理學分析，素行無非已陷入「自戀情結」之中，而其手段又是藉否定別人來肯定自己，予人由強烈之自卑而引發超強的自尊心之感覺。嚴格說其《中朝事實》一書之名就犯了竊取他人國號以及刻意歪曲事實之罪。而素行此假日本神聖之說卻也促發了日本自覺之先聲。

　　素行此期繼《中期事實》之後重要著作有《武家事紀》依其序文：「往年竊輯中朝實錄、將埃餘年及武家之事，頃歲草此集，題曰武家事紀云云」，由此蓋可知爲《中朝事實》之姊妹作，而主旨在敍述皇統要略之始、武家系統來歷、古今戰史、兵要地理、武家故實等等，基本上是關於武士與武家之關係，以及可窺其武士道根本思想。

---

❶❸❻ 同上，頁 323。

此外另一名著便是《配所殘筆》，此書大約成於延寶三年正
月，素行五十四歲之時，因謫居配所近十年有所感而寫的遺言。
故《配所殘筆》記云：

> 今年至配所十年，凡物十年必變，今年我於配所覺悟朽腐
> 時候到來**⓭**。

由文中可知素行對於近十年來謫居生活（事實上僅滿八年二個多
月），已表露出無限的感傷與哀怨，在此心境之下才以自敍性方
式將其一生自幼年求學過程、思想之歷變、流放之原由一五一十
鉅細無遺的描述下來，故以形式而言為其自傳文。同時將其後
事以及年僅九歲之嫡子萬助（介）託與其弟平馬以及其甥山鹿高
恒，唯此二人當時並未在場故將此遺書暫存於其愛徒礒谷平助之
手。而此書於記述素行自身經歷外亦告誡後世子孫以其為榜樣，
其云：

> 此學相積時知惠日日新，德自高仁自厚勇自立，終無功無
> 名到無為玄妙之地，雖一入功名無功名，唯盡人之道矣。
> 孝經云，立身行道，揚名於後世者，孝之終也**⓮**。

由此可見素行自視甚高，自譽為「知惠日日新，德自高仁自厚勇
自立」同時又能不顧世俗之功名，將此解釋為「唯盡人之道」之
胸懷，最後則以引《孝經》「立身行道，揚名於後世」做為其註

⓭ 《全集》卷十二，頁 598。
⓮ 同上，頁 598。

腳。事實上若由「揚名於後世」觀之則素行並未放棄對「名」之追求與欲望。事實上素行自始自終都未曾放棄求功名、出仕幕府爲官之念頭，這一點在其晚年數十次瑞夢、靈夢之出現❸，當可以感覺素行之野心以及素行在崇高理想與殘酷現實之間的矛盾與掙扎吧！

　　未料當素行此遺書完成之同年六月二十四日便幸而獲赦東歸，同時也爲此日本聖學思想時期之結束。

第七節　原源發機

　　延寶三年（1675）素行五十四歲之時，已是被流放赤穗的第九個年頭了，在這近十年的歲月對素行而言，一是政治欲求之幻滅，一是學術思想轉向另一高峯，但是無論如何也無法彌補時光之消逝，而預感死亡之來臨，寫下遺書《配所殘筆》，而半年後不久同年六月二十四日獲赦，七月三日赦免通知便傳來赤穗，依《略年譜》所記：

　　六月二十四日赦免之告，今日七月三日來。

如前所述，素行之獲罪乃因言論不見容於保科正之、北條氏長二人而起。當此二人相繼去逝後（素行四十九歲時北條氏長逝，素行五十一歲時保科正之逝）的第三年便因各方有力諸侯如松浦鎮信、本多忠將等所發起的哀訴運動之下獲赦。而終於結束近十年

---

❸　參閱堀勇雄著，《山鹿素行》，頁 307。以及《年譜》各條。

的謫居生涯，於延寶三年八月十一日到達江戶，展開晚年的新生，直到貞享二年（六十四歲逝世爲止）。

　　素行在晚年歲月的十年中仍著述不輟，代表著作有《原源發機》、《原源發機諺解》以及《治平要錄》等。除了《治平要錄》成於天和二年素行六十一歲之時外，《原源發機》及《原源發機諺解》之完成年代都不明確，依文獻記載其五十二歲之著作《七書語解》中曾提及「發機者，振作應變其兆」之語外，於延寶六年，五十七歲之時，曾批點《原源發機》與《津輕信政》，如《略年譜》所記如下：

　　　五月，批點《原源發機》與《津輕信政》❿。

依此記載大概成於此時。

　　《原源發機》一書分上、中、下三卷，以其內容而言則大異於以往經學之著述，而以易學中的象數說爲主。似乎是素行在探究經學本源方面更上一層的表現，企圖建立其哲學理念之基礎，至於其說之內容與中國易學之關係爲何？以下試簡述之。

　　中國易學之始，自伏羲氏畫八卦、文王演易、重卦爲六十四卦、作卦爻辭、孔子贊易建立儒門易哲學思想體系，此外老子作五千言書，建立道家易玄學思想體系，而與孔、老同時尚有筮術易，此三者各有不同之特性，然西漢以來儒家易透過董仲舒之《春秋繁露》，道家易透過《淮南子》，筮術易附合雜家陰陽五行占斷災異之學後，三者便漸趨混合❹，而成「非儒、非道、非

---

❿　《全集》卷一，頁 49。

❹　高懷民，《先秦易學史》，頁 367。

筮、亦儒、亦道、亦筮」之現象，至宋易學大興，透過周子《太極圖說》、邵雍先天易圖，易學中的陰陽象數說便廣爲盛行。然而素行早在提出復古論的中華聖學時代於《山鹿語類・聖學三》中早已否定宋學中周子及邵子之說。其否定之理由槪與其於〈聖學二〉中記載其所讀經書有關，而在其所讀所有經書中又以〈讀易〉爲首，此篇中又分別以「原易」、「原卦」、「原圖書」、「原蓍策」四項。是以若推測素行著此《原源發機》之本意，當是以《周易》爲本，而關於此書名之由來其於《諺解》上云：

> 我唯因聖學之實，以源原，發其機，始知，聖人之意在此❶❷。

然而素行卻又標榜其與易之不同，如其於《原源發機》上中云：

> 不識者，必言，吾此象準擬易，天機之妙，不如斯，不互古今，象數大異于易，而其用表裏于易❶❸。

由上述素行自言其「象數大異于易」，那麼其象說又源自於何呢？一般說來易學本身便包涵了道、象、數、術四項基本要素。而素行專以象數說爲主，其理安在？其於《原源發機》上卷云：

> 形象之畫，自然之道也，不然乃道不可建❶❹。

---

❶❷　《全集》卷十四，頁 448。
❶❸　《全集》卷十四，頁 398。
❶❹　同上，頁 398。

強調「形象之畫」乃「自然之道」，道亦因此「象」而建立。接
著又云：

> 外國聖人，畫卦圖象，著其端倪，所謂伏羲之畫也、文王
> 之卦也、周公之爻也、孔子之繫辭也，八卦相因，而萬變
> 盡，善通之則治天下國家，如示其掌，故夫子之聖，亦有
> 假數年之嘆，今人唯見文字解之，豈夫然乎❹。

由上述引伏羲畫八卦始至孔子之聖皆以「畫卦圖象」為重，「八
卦相因，而萬變盡」、「善通之則治天下國家，如示其掌」，是
以素行亦因此「治天下國家如示其掌」的目的下以形象之畫為
主，反對以文字解釋為主。如其於《諺解》上云：

> 形象之畫者自然之道也，不然則乃道不建，古無文字，唯
> 畫形畫象，以示其心。後世文字多成，始天機之妙沒。故
> 示聖人之機察事則專在形象之畫。形象之畫存，其道機可
> 觀可言，形象之畫無造作，唯以自然之道❹。

由上可知素行認為「形象之畫」無如文字乃後人造作，故為自然
之道。同時素行又認為此「形象之畫」，在日本往古聖人中便已
存在，其於《諺解》上云：

> 本朝往古聖人所著神道宗源之妙，皆是形象之畫，久不傳

❹ 同上，頁 398。
❹ 同上，頁 445。

世，故假外國聖人，以證之⑭。

認爲此「形象之畫」在其傳統神道中便已存在，而非源自於中國，進而又以此與易相提並論，其云：

> 聖人之道在天下，天下之外聖人不論焉，今我此象數悉在天下，故其用，與易相表裏，表裏者一致之義也，物有表則有裏，是其致趣爲一，畫象雖不同然其致一，則周易之說在此中矣⑭。

由上述，素行不但言其象數說與易相爲表裏，其言涵蓋周易之說，而此種說法無異於《中朝事實》的「日本中華主義」之表現，在繼說明日本爲中華之理論後亦企圖建立日本思想的原理。以上概爲素行對「形象之畫」的看法，至於數，其云：

> 一生一二，二生三四，而五六七八成，各生八而六十四變有矣，六十四各生八，而五百十有餘成，互相倍蓰，相什佰，而變窮矣，能推其類，則雖古未曾有，今未見之，後世如須必有此等，亦不可蔽⑭。

以上之說法與「道生一，一生二，二生三……」以及「太極生兩儀、兩儀生四象、四象生八卦」這種數目推衍的方法是一致，然

---

⑭ 同上，頁 446。
⑭ 同上，頁 449。
⑭ 同上，頁 398。

而素行卻云「則雖古未曾有、今未見之」。其又云：

> 今夫修齊治平之要，因本末推其變，大有此八，細有此六
> 十四，微有此五百餘區，條理燦然，而天機不可究❺⓪。

試圖將修齊治平與此數字推衍之本末結合在一起。

而《原源發機》上中下三卷，除了上卷總論其象數說的內容
外，中卷便作圖畫象，下卷則例舉六十四繫辭解釋之。形式上與
《周易》相倣然甚簡略，同時其自言「象數大異于易」，若將其
中卷所畫圖象與邵雍先天易圖並列，其間含意筆者雖不清楚，然
單就形式而言，蓋可看出兩者有其類似之處。

兩者相較，即足以證明素行此圖乃倣自邵雍，而根據《山鹿
語類》卷三十五、〈聖學三〉等所記亦證實素行確實讀過邵康節
之《皇極經世書》，而邵子自謂：

> 圖雖無文（先天圖也），吾終日言而未嘗離乎是，蓋天地
> 萬物之理盡在其中矣❺⓵。

至於邵子之《皇極經世書》之內容依提要所述，其云：

> 一本於易，易源於陰陽，是兼儒家、道家、陰陽家之
> 學❺⓶。

---

❺⓪ 同上，頁 398。

❺⓵ 邵雍著，蕭天石主編，《皇極經世書》卷五，頁 348。

❺⓶ 同上，頁 3。

伏羲六十四卦方位

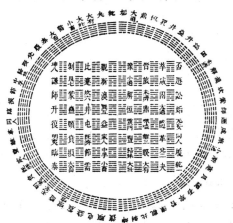

伏羲八卦方位　　伏羲八卦次序

伏羲六十四卦次序

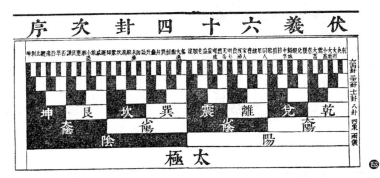

❸　《易經集註》〈周易圖說〉，頁 2-3，第一書店印行。

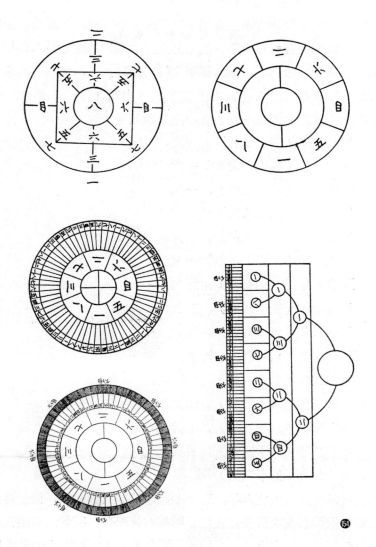

---

⑭　《全集》卷十四，頁 401-405。

至此，大致可知素行雖立意深遠欲「因聖學之實，以源原、發其機」，以及企圖以日本往古以來神聖之大意之名建立日本哲學之原理。卻仍無法開展，而其經學之傳，後繼無人，概其由有自。同時另一有趣的現象是，堀勇雄在其《山鹿素行》一書中，依《年譜》統計出素行瑞夢、靈夢之次數如下：

　　寬文三年（四十二歲），一次。

　　寬文七年（四十六歲），一次。

　　寬文八年（四十七歲），一次。

　　寬文九年（四十八歲），一次。

　　寬文十年（四十九歲），一次。

　　寬文十二年（五十一歲）一次。

　　延寶六年（五十七歲），五次。

　　延寶七年（五十八歲），二次。

　　延寶八年（五十九歲），九次。

　　延寶九年（六十歲），四次。

　　天和二年（六十一歲），十四次。

　　天和三年（六十二歲），四次。

　　天和四年（六十三歲），七次。

　　貞享二年（六十四歲），一次。

　　　　共計（五十二次）⓯

由上統計可知自延寶六年，五十七歲起做夢次數激增，似乎爲迷信或日有所思夜有所夢之表現。而每有此瑞夢、靈夢出現則常至寺社參拜，或大享家僕以示慶祝，而此表示素行對功名的欲求愈

⓯ 堀勇雄著，《山鹿素行》，頁 307。

得患失，或因年老，或因與《易》的筮術有關就不得而知了，因
爲素行於《原源發機》中並未論及象數說以外關於筮術之說。但
其若讀《易》，心態上或多或少有受影響亦未可知？

　　繼《原源發機》與《診解》後之另一代表作便是《治平要
錄》，原名與《正誠舊事》、《齊修舊事》同爲《治平舊事》，
後因以其意見爲主，引舊事之例爲副，故改名爲《治平要錄》，
大概完成於天和二年，六十一歲之時。全書共分五卷，基本上以
《大學》的格物、致知、誠意、正心、修身、齊家、治國、平天
下八項條目中最終之理想，治國平天下爲主要目的，故亦爲政治
學說最終之代表。首先其於卷一〈學問〉中云：

> 人君之學問，其本意不同尋常，以治平天下為本。治平天
> 下之道者，通古今之事迹，考其治亂興亡，紀之以聖人之
> 道也⑮ 。

以上除了說明學問與政治之關係外，接著便討論學問之弊害，而
於此不同於前期之說的是，除了論俗學之弊外亦評實學之弊，其
認爲俗學之弊在於「記誦詞章」，而實學之弊在於「過議論弄
學」、「弄性心騖虛遠」、「專言王道棄霸道」、「言湯武之兵
賤兵法」、「味仁之說陷慈惠」，其於「記誦詞章」中云：

> 「記誦詞章」之學，皆其所勤，乃為人而非君子之儒，記
> 問之學不足人師，語出禮記，廣記憶頓詩文則叢林之禪

---

⑮　《全集》卷十四，頁 568。

> 僧，尫弱之成童亦成口，習熟則易事也。更不足尚之，但
> 若不棄退此，是又學之末流。非利世安民之道，則非人君
> 可學之道，故云此俗學❺⑦。

依此，素行強調的是人君之學，而人君之學在於利世安民之道，
是以記誦詞章則爲學之末流卽俗學之弊也。至於「實學之弊」其
云：

> 實學論道學經書，糺義理味心性，辨王霸談仁義，修己治
> 人， 以治國家天下為本， 然， 是又其所志其所糺而有其
> 弊❺⑧。

以上雖然肯定實學以修己治人、治國家天下爲本，然仍有以下之
弊，其一便是「過議論弄學」，其云：

> 宋明之學者，註釋六經，云此甚過議論。⋯⋯議論雖學問
> 之尤所好，但不詳其道而專事議論，則終不得其實理，而
> 有好辯利口之弊❺⑨。

至於實學「弄心性騖虛遠」之弊，其云：

> 騖虛遠云者，性心之工夫無欲求無事，向虛空求其端，心

---

❺⑦ 同上，頁 583。
❺⑧ 同上，頁 583。
❺⑨ 同上，頁 584。

住無物之地，此虛也。近者不盡日用事物之間，遠者樂無
事之境，日用之作業，合性心之實理則得自由不踰矩也，
專事日用，無非樂天究理之實，此賤近尋遠也。如此心學
也實學也，為高上之工夫時，其學終佛祖之禪，老莊之
虛，高者高而更無其徵，其用不涉治國平天下，尤非人君
之所學⓰。

以上仍本著實學為日用之學為治國平天下之道，否定佛、老莊之
心性虛遠之說。

　　至於其對實學中「專言王道棄霸道」之弊，其云：

衰周，逆秦之弊，天下皆漸染而變俗改民無依憑，於此從
時宜立其政令制度，然亦本仁義先忠孝，以權謀奇功立事
辨用之道終不可已。或先文或先武共隨時代為事，是三代
之所因所損益也，用俗儒之說則無所損益，專守古道不通
時變也⓱。

以上，明顯的素行以為行王道或行霸道，應依時變，通時世，不
知時變專守王道賤霸道者俗儒之說也。是以「聖人之道不正則
王道之名為一不得王道之實，如是聖人者王霸兩相用從時宜損益
之」，如此一來也肯定武家霸權之合理性。肯定了武家霸權，同
時也肯定了自身武士之身分。

　　接著其又言實學「言湯武之兵賤兵法」之弊：其云：

⓰　同上，頁586。
⓱　同上，頁589。

言湯武之兵，賤兵法，是又反古之道，不通時宜也。（中
略）王者談兵，慕湯武之古賤武尊文，則天下讓王朝政道
歸公家，無外尋元弘、建武之古跡，然天下之亂數日可
待……故賤武欲止兵，日談湯武之兵，皆騖虛遠，實乃不
知聖學之弊也⑯。

由上，素行認為行王道或霸道，尚文或尚武一切通依時宜可否而
定，肯定霸道、兵法之合理性外，更可看出其以武為本，而有尚
武輕文，講霸道貶王道之意，是以最後其在實學「味仁之說陷慈
惠」之弊中云：

今之學者，仁用及物，皆小惠姑息之仁，異於聖人之仁，
是全同於佛氏之平等慈悲……赦咎者，不罰罪者，是仁心
得。是不知聖人之仁故也⑯。

於此素行亦對施小仁行小惠之婦人之仁做一否定。以上數弊可謂
除了針對實學外，也是針對當時時政以及思想之流弊做一批評，
而此流弊多生於文治之世，是以素行亦特別強調武治之說以取代
王朝公卿之治，其云卷四〈末代之治〉中云：

竊惟、王朝安富日隆而上荒其業，下奢靡失政……公卿為
詠歌有職之家，不知國家之治政，不致修身正心之道，故

---

⑯ 同上，頁 591–592。

⑯ 同上，頁 595。

武家遂代之以為國家之治也⑭。

說明王朝、公卿不致修身正心之道，失政而由武家代行國家之治，接著便讚美武家之治，其云：

> 竊按，武家之治自賴朝卿始，立柳營一家之格式，不由王朝之治，至貞永潤色之，詳政務之式目，其後相續追加，唯泰時，時賴心措政務，丹誠盡天下之安否，不邇遊敖，不好奇珍奢侈，專儉政布四海，當時之治殆為武治之美談⑮。

由以上所舉數例來看，素行之學說理論是以「武」做根基的，一方面援引經學之理論使「武」脫離「術」之技倆，再與「道」之理論結合而為兵儒一致之「士道」，當然在結合之前必須先將原有「道」中不合武家的一一排除，因此我們可以說素行對俗學之批評是本於道統與異端之別，而對實學之批評則立足點是以不合武家之說為主，如「專言王道棄霸道」、「言湯武之兵賤兵法」等即是。

小　結

素行從求學至晚年，其在思想的轉換，學說之演進上可說是層層更新，而新舊交替之間又存在著極大的矛盾與對立，而素行於面對龐雜學說理論以及彼此間存在的矛盾對立的情況下，能一

---

⑭　同上，頁 664–665。

⑮　同上，頁 666。

一的剝離、抽演、蛻變，自成一理論體系，實有其個人獨到之
處。然而亦有過於偏狹不實之失。以當世言之，其為古學派之
始，為「日本中華主義」理論之先導，亦是「武教理論」之教育
者，是以其影響不可不謂深遠。幕末志士吉田松蔭於其著作《武
教講錄》中便言素行為其先師並讚云：

> 至於國恩之事，先師生於滿世俗儒貴外國賤我邦之中，獨
> 卓然排異說，窮上古神聖之道，撰《中朝事實》應知深
> 意⑯。

而明治時期之陸軍大將乃木希典（1849-1912）亦將《中朝事實》
自費出版呈獻給皇太子及皇子。可知其於明治以來鼓吹日本國粹
主義方面發揮甚大。

　　然而素行學說偏狹不實之處亦在此，其提倡日本復古傳統卻
以神話傳說為理論根據，強調日本自我中心主義，卻又以極端排
外為手段。因此在表現上有失客觀以及做學問之風範。其曾云：
「我可罪而道不可罪」，此其功乎？罪乎？

---

⑯ 《東洋思想》，頁 394。

第三章　「日本中華主義」在日本思想史上之代表意義

　　如前所述，在素行一生龐多的著作之中，《聖教要錄》與《中朝事實》可謂其獨特思想之二大代表著作。《聖教要錄》倡導了儒學復古之先聲，爲日本儒教史打破近世儒學之僵局而開創了復古之新的境地，雖因此而遭到貶謫赤穗之運命，卻又繼《聖教要錄》後的四年完成《中朝事實》，爲其個人成就之頂點，也爲日本精神思想史創造了前所未有的憧景，提倡「日本中華主義」之一觀念，若稍加分析便知《中朝事實》是復古精神與日本中心主義相結而成的。也就是說由四年前《聖教要錄》中所提倡恢復中華古聖人周公、孔子之道的復古精神轉而以四年後《中朝事實》中以日本民族上古文化、思想做爲正統崇拜的對象。而此觀點之改變無異也象徵了日本對中華思想尊崇態度之轉變。其復古理論非但早於古學派之伊藤仁齋❶，其「日本中華主義」思

---

❶ 參見堀勇雄著，《山鹿素行》，頁 186-187。松宮觀山《學論》上卷云：「又有甚五左衞門山鹿子者，自我先師（氏長）之門出自成一家，著《聖教要錄》梓行於世。非陸、非朱。此方，破宋學者素行子其嚆矢也。世人皆以原佐伊藤子爲破理學之魁，素行子在其前而不知也。」

想，更是早於後期國學者提倡的國粹主義百年之久。而關於其內容曾於上章〈日本聖學思想〉一節中論及故不再贅述，總之其所論爭之目的全在於一民族之自尊，民族地位之表現，不惜利用神話傳說甚而歪曲史實牽強附會的把日本幻想、塑造成一個神聖無比之國家，若要評析此表現之心態，當屬於極度崇外與極端卑內的不平衡所在產生超強的、排他的自尊心。說穿了不過是中國人所謂面子的問題， 原本學術理論所探討的只在於「理」一字而已，然而中國聖賢之說，道統異端之論以及華夷之辨等往往除了對「理」之爭辯外，還隱含有尊卑高下的政治性色彩，而受此影響，素行思想意識型態之發展正面的說促發其自尊自主之表現，負面的說則可能是感到受此侮辱，而產生出排他的敵對心態，而產生了以自我爲中心之「日本中華主義」。

而關於此戴季陶便曾於《日本論》中云：

> 我們看到山鹿素行講到中國的學說，只推尊孔子，把漢以後的學說看作異端邪說，我們可以曉得他們復古情緒中所含的創造精神了。此時他的範圍已擴大了許多，從前只是在日本島國裏面，主張神的權力，到得山鹿素行時代，更進一步，居然對於世界主張其日本的神權來了❷。

由上戴氏所述，便是素行《聖教要錄》與《中朝事實》兩個不同階段的思想表現。而此兩個階段之關係我們可說《中朝事實》中之復古精神緣自於《聖教要錄》，然而卻又對《聖教要錄》中對

---

❷ 戴季陶著，《日本論》，頁8。

中華聖人之崇拜做一否定，而欲以「日本中華主義」昭告天下之
學者尊日本卑中華，甚而將日本「東夷」之地位提升爲「中華」、
「中國」、「中朝」，雖然以其內容而言無疑是中華「華夷思
想」之另一翻版，然而卻也提升了日本民族精神之自決與自尊，
非但與華夷論對抗，甚至於欲取而代之，因此造成日後中日關
係之發展不在於思想文化之交流，而陷入國體尊卑之現實爭戰之
中，而關於素行所引發的民族自尊心，戴氏亦於其《日本論》中
做了以下的敍述：

> 德川氏承續豐臣氏的霸業以後，政治文物，燦然大備。傳
> 入日本千餘年的印度、中國的思想，已經和日本人的生活
> 融成一片。於是日本民族自尊的思想，遂勃然發生。有一
> 個有名的學者，叫山鹿素行，在這民族自尊心的鼓盪裏
> 面，創造起一個日本古學派，這一個日本古學派之學術的
> 內容，完成是中國的學問，並且他標榜的學問，是直承孔
> 子，對於中國儒家的學說，連曾子以下，都不認爲滿意，
> 對於漢唐宋諸家，尤其對於宋儒，更抨擊無遺。以爲宋儒
> 的思想，是破壞孔子之道的異端。但是他卻借了中國的學
> 問來造成日本民族的中心思想，我們看他的著作，就曉得
> 在方法上，理論上，都沒有一點不是從中國學問得來，沒
> 有一處不推崇孔子之道，而精神卻絕對兩樣，他是鼓吹
> 「神道國家」「君主神權」，山鹿所著《中朝事實》一本
> 書裏面，把他的思想，也就發揮盡致了❸。

---

❸ 同上，頁 5-6。

由上所述可知，素行雖求知於中華學術思想卻又借「中國的學問
來造成日本民族的中心思想」，因此可知其方法，理論上是如出
一轍，可是精神上卻是絕對的兩樣。而此現象不獨素行一人，
而是整個日本思想一致的表現，素行僅其代表中最明顯的註腳罷
了，同時素行之「日本中朝主義」所代表之意義亦可從多方面觀
之。以華夷論的觀點言之，此一主義無異是中國華夷論翻版之日
本華夷論，若以日本民族精神史之立場而言，此為日本民族精神
自覺之一強烈表現，由尊外卑內轉換至尊內卑外之一反動，若就
日本儒教思想史來看，則是思想之一項革新，也是中華思想之日
本本土化，以及中華思想在日本思想指導權轉落之象徵，亦即日
本文化「下剋上」之表徵。彼此雖代表意義不同，實則是共通的、
一致的。至於素行「日本中華主義」在日本儒教思想史上之意義
如何？以下則大致以神、儒、佛三者關係之演變做一說明，首先
做一簡表，以儒、佛二者代表中華文化，以神道代表日本文化，
則三者關係之轉換如下：

　　神、儒、佛三者關係之轉換
　　（中華思想在日本地位之轉落）
　　（日本文化的「下剋上」）

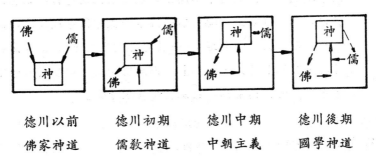

　　德川以前　　　德川初期　　　德川中期　　　德川後期
　　佛家神道　　　儒教神道　　　中朝主義　　　國學神道

　　如上圖依神、儒、佛三者發展順序關係而分列四個階段，圖中神儒佛三者位置之高低，便顯示三者在日本文化思想主導地位之尊卑。若以時代區分則爲中世、近世初、中、晚期四期。若以實質內容而言，德川以前的中世時期爲佛家神道，德川初期則爲儒家神道，中期則產生神、儒對等之理論，爲後國學神道排儒之先導，由此圖表便可看出三者之關係，不過不管是佛家神道、儒家神道、國學神道，其中心全在於神道，只不過神道地位漸次提升，最後排斥了佛教與儒教之主導權取而代之而高高在上，而此時之佛教與儒教喪失了主導權後便落實於中下階層而將佛、儒之理念廣泛的落實發揮於民間日常生活行爲之中。是以若將此三者之關係圖幾何化不難察覺三者關係之變動乃由最初倒三角形轉爲正三角形，如下：

如以上圖示比喻日本文化之獨立自主似乎頗爲恰當，同時可以很清楚的看出，江戶時代之前的日本文化如「倒三角形」爲受中華思想所支配，江戶時代意識此差別，而展開日本文化之自主權、支配權之獨立運動，因此代表外來的中華思想佛教、儒教便相繼的被排斥了。而被神道排斥的佛教、儒教又相繼的由上而下成爲日本文化之基石。而使日本文化結構形成「正三角形」，爲日本文化自主獨立之象徵。而不可思議的是德川三百年間便產生如此

巨大之轉變，成就文化之大功業，是以以下則就此三者關係之轉
變，以及素行之「日本中華主義」於此轉變中所具有之代表意義
做一說明，首先敍述佛教與神道結合成佛家神道之關係。

第一節　佛家神道

　　眾所周知，日本立國之根本為神道，而神道除了為日本文化
精神之代表，信仰之表徵外，與日本歷史政治思想之發展更是
有密不可分之關係。而關於神道之定義不外乎宗教信仰的祭祀儀
式以及國家的政治倫理道德儀式。不過此兩者依發展之順序便有
很明顯之區分，依加藤玄智對神道變遷之看法分為四期：一、神
道單行期，二、神佛並行期，三、排佛奉神期，四、神道獨立
期❹。很明顯的所謂的神道單行期所指的便是佛教未傳入前，日
本原始氏族社會中所保存的原始固有宗教信仰及祭祀儀式。是以
並無任何文獻資料記載，自然也就無所謂「神道」一辭，因此
「神道」一詞之出現便是在佛教傳入後，日本固有原始宗教信仰
針對外來宗教所產生對等的語辭，是以《日本書紀》中便不斷出
現神道與佛法同時出現，如《日本書紀》卷二十一〈用明紀〉中
云：「天皇信佛法，尊神道」，然而事實上神道一詞原本之出處在
《易經・觀卦》，其云：「觀天之神道而四時不忒，聖人以神聖
設教而天下服矣。」❺而日本隨著中華文化之輸入也已漸漸的脫
離原始氏族社會，同時在模倣中國律令制度創立新體制的同時，
佛教亦為日本之國家宗教，這一點便與政治緊密結合，自然的神

---

❹　神田豐穗編，《東洋思想》，加藤玄智〈神道〉，頁 40。
❺　《易經集註》，頁 35。

道便與佛教緊密結合，而爲所謂神佛並行期。然而當宗教與政治
結合後自然會因信仰之不同，或立場之不同而引發爭端，《日本
書紀》卷十九， 欽明天皇十三年（西元 552 年）便記載天皇可
否祭佛之論（大臣蘇我稻目奏云：「西蕃之諸國一皆禮之，豐秋
之日本豈獨背哉」），而大連物部尾輿則奏云：「我國家之王天
下者， 恒以天地社稷百八十神春夏秋多祭拜爲事， 方今改拜蕃
神，恐致國神之怒」，最後欽明天皇云：「朕未曾得聞如是微妙
之法」，是以佛法之盛行後世也就銳不可當了，自然的佛教不但
成爲日本之鎮護國教，亦爲日本思想之主導。至於與之對應而產
生之神道又是如何化解彼此間之矛盾而結合爲佛家神道的呢？基
本上便是利用佛教的方便法門「本地垂迹說」。 鄭學稼《日本
史》中云：

> 依《法華經・壽量品》以久遠實成的（理想的）釋尊爲
> 「本地」（本身），以始成正覺的（現實的）釋尊爲「垂
> 迹」。偉大慈悲的佛陀，爲普渡眾生，到處顯現（垂迹），
> 在日本則垂迹爲神。由之，外來的佛，就成爲日本的神。
> 奈良、平安朝的日本人，用這一思想，說明崇佛與拜神，
> 是和諧的而不是矛盾的❻。

經此「本地垂迹說」非但化解彼此間之對立與矛盾，反而進一步
的將兩者緊密結合， 首先是「以爲日本的神， 是外來佛的保護
者❼。」很快的隨著佛法之傳播， 大佛之建鑄， 佛經之抄寫等

---

❻ 鄭學稼著，《日本史》㈡，頁 168。
❼ 同上㈣，頁 349。

等，倒使神由保護者之地位轉而爲「神皈依佛法」，首先關於神佛合習的是文武天皇二年（689）伊勢「太神宮寺」（《統記》）之「寺」之疑問，接著八世紀前半，關於習合之事例增多❽，而天平寶馬七年（763）多度神宮寺紛紛建立，依《多度神宮寺伽藍緣起資財帳》中記云，多度神宮寺受「永離神身欲歸三寶」之宣託，造小堂及神像，號多度大菩薩❾。同時依《續日本書紀》記載，天平神護元年（765）下宣命以神爲佛之從屬將兩者習合❿，同時稱德天皇的天平神護二年七月有在伊勢大神宮寺建丈六佛像的記載，以及神宮行佛事，以及神冠以菩薩之稱號等等許多事例便可知，神佛並行期在佛教「本地垂迹說」的理論之下，神道已全然爲皈依佛法之附屬者，而此時儒學所扮演的角色則屬於日本對漢字、漢籍、經典文學、典章規範方面之運作，因此此時日本可說是各取所長，是以佛教、儒教、神道三者間結構關係便如圖表（一），而若以此圖表表示此期日本文化之結構形狀，很自然的呈現一種「倒三角形」的文化結構，自然的此所謂「倒三角形」的文化結構是無法獨立自由，而仰賴外來佛教、儒教做其思想之指導，在此情形下日本之崇外卑內之形成也是時勢所造，然而當皈依佛教之奈良、平安的中央政權瓦解之後，隨著政權中心之往下移，「倒三角形」之文化本質也開始產生轉變，要言之，鎌倉以前之佛教，爲少數貴族階級政治的學問的佛教，或是祈禱現實功利的儀式的佛教，缺乏個人信仰、反省、平等之內涵。鎌倉以後，隨著公家的沒落武家的興起，佛教本身也就產生新的變化。

---

❽ 京都國立博物館監行，《神道藝術》，頁 110。
❾ 同上，頁 10。
❿ 同上，頁 10。

隨著《平家物語》之出現，平家由權傾一朝，而又在一夜之間如
風雨中散落之櫻花般沒落，平家所唯一能存活的，也只有靠法然
上人之念佛做爲信仰之依歸，而新的宗教便如此孕蘊展開，法然
在《選擇集》卷首云「往生五業念佛爲本」，以念佛爲主，貶視
捨棄其他一切之理論教說，如此一來便無等差，人人皆可念佛往
生淨土，此外榮西傳臨濟宗，道元傳曹洞宗，親鸞之眞宗，日蓮
之日蓮宗，一遍之時宗，一一如雨後春筍，將佛教之信仰更普遍
的深植日本人生活信仰之中。然而值得注意的是佛教政治主導力
轉落的同時，神道意識也逐漸抬頭，也就是《古事紀》、《日本
書紀》中所謂「神國」思想開始復活，使當代之人漸漸回顧信仰
日本神話傳說中之神，同時喚起尊皇之心，因此政權雖轉移武
門，然矛盾的是敬神尊皇思想反而於武家時代興起。如《平家物
語》中小松重盛教訓清盛云：「此日本神國也」，又禪僧出身的
虎關在其《元亨釋書》中亦云：「我讀國史，邦家之基自然根
植，支那之諸國未曾有，此稱我國之所以。此謂之自然乃三神
器，三器者神鏡、神劍、神璽。此三者皆出自自然天成」[11]，
直至南北朝時期，南朝之忠臣北畠親房《神皇正統記》亦云：
「大日本者神國也，天祖始開基，日神長傳統，僅我國有此事，
異朝無此類。故此云神國也」[12]，要言之，鎌倉時代以來，研究
《日本書紀》之盛，一方面是國家自覺之根柢，一方面也是努力
突破末法無力意識之根源。

　　至於神道方面的表現，鎌倉以後便開始了學說理論之建立，

---

[11] 神田豐穗編，《東洋思想》，井筒節三〈日本思想史〉，頁 24。
[12] 大日本文庫國史篇《神皇正統記·愚管抄》，序論頁 1。

有了伊勢的《神道五部書》，爲日本神道哲學最早之作品，但經考證乃屬僞作，再者這五部書之論說皆離不了儒、釋、道三者之學說理論再加上一點日本神國之精神信仰而已，如《五部書》中第五部〈倭姬命世紀〉中便云：「吾聞，大日本者神國也，依神明之加被，得國家之安全，依國家之尊崇，增神明之靈感。」[13]

　　然而此種佛教神道合習思想之外，亦有円爾辨円於 1268 年著《三教要略》唱導佛、儒、神三教一致說。不過到了鎌倉後期神佛合習思想便產生了相反的變化。如前所述，佛教傳入日本之後能令日本之神皈依於佛，主要靠的就是「本地垂迹說」，然而隨著佛教政權之沒落，便使後世對於此說抱以懷疑之態度，如北畠親房與他同時之僧慈遍，慈遍著《豐葦原神風和記》下卷〈佛神同異事〉中云：

　　　日本是神國，當佛法未傳來之前，天下的善惡，依神明的託宣而定，後來人心流於虛偽，因輕神明，大神就讓跡於佛，停止託宣[14]。

說明人心墮落神讓位於佛，明顯的與「本地垂迹說」立場大異其趣，而後又繼而產生了「反本地垂迹說」，如吉田兼具《唯一神道名法要集》中云：

　　　上宮太子密奏曰：吾之日本生種子，震旦現枝葉，天竺開花實，故佛教爲萬法之花實，儒教爲萬法之枝葉，神道爲

---

[13] 鄭學稼著，《日本史》㈣，頁 362。
[14] 同上，頁 375。

萬法之根本。彼之二教皆是神道之分化，以枝葉、花實顯
其根源。花落歸根，故今以佛法之東漸爲明吾國爲三國之
根本❺。

由上所述便可知「本地垂迹說」至「反本地垂迹說」之演變，自
然的也就意謂著佛爲本神爲末合習之主從關係轉爲神爲本佛爲末
之主從關係。而基本上神道理論之架構與方法，乃採自儒、釋、
道各經典之說法而成，因此要提升神道之地位，推翻佛教之理
論，便有待下一步，因佛教而傳入的儒教，簡單的說就是神道要
脫離佛教之束縛，只有依靠儒教之力，而此時傳入之宋明理學雖
與佛有極深之淵源，但因兩者基本理論上之歧義，自古以來便不
乏排佛之論。唐宋八大家之首的韓愈便上奏〈佛骨論〉主張排
佛，至宋明理學之興，衛道之士更視佛法爲異端，爲禍害之源，
朱子學之始祖朱熹亦極端排佛，因此雖然僧侶們將朱子學傳入日
本，然亦因朱子學之興盛，導致爲神道家們排除佛教理論束縛之
理由與依據，另一方面自然的神道也就附屬在新興儒教之下而由
原先的佛家神道演變爲儒家神道，而佛教勢力由欽明天皇十三年
（525）起至江戶時代儒家取代佛家之政治地位止，長達一千六百
年之久的佛教勢力也就宣告退出政治思想勢力之舞臺，而權力之
喪失、地位之下移，佛教精神則更普遍廣泛的融入民間，成爲民
眾普遍的生活信仰。而儒家神道也就堂而皇之的正式登上德川時
代政治思想之舞臺，主導德川時代思想之演變。

---

❺ 神田豊穗編《東洋思想》，加藤玄智〈神道〉頁 75。

第二節 儒家神道

關於近世儒教之興起與儒教之演變已於第一章中述及，因近
世儒教之傳入與孕育發展原仰賴僧侶之手，因此儒教自佛教而獨
立也就被稱之為「還俗的宗教」，一方面主張排佛，一方面也與神
道合習而為近世初期儒家神道，此時之文化結構則如圖表（二）
所顯示，神儒皆主張排佛，不過兩者之關係則以儒為本、神為末
之主從關係。而近世初期儒家神道之代表則首推林羅山。

林羅山幼年聰慧，習漢文能記憶不忘，二十一歲時便公開講
授《論語集註》，曾遭明經家清原秀賢上奏指其未授勅許。而家
康則評云：「講者可謂奇也訴者其志隘矣」（年譜慶長八年），
二十二歲師事惺窩，此時除儒學外亦隨東山老僧學神祇道，而
此僧則由卜部清原學神道，是以羅山之儒家神道也就漸次開展出
來。終其一生關於神道之著述甚多，最具代表的有《神社考》、
《神道傳授抄》、《神道秘訣》等等。基本上《神社考》為對神
社緣起由來之研究，《神道傳授抄》、《神道秘訣》則為有關神
道思想之研究。而其於《神社考》序文中云：

夫本朝者神國也，神武帝繼天建極已來，相續相承皇緒不
絕，王道惟弘，是我天神之所授道也，中世寖微，佛氏乘
陳移彼西天之法，變吾東域之俗，王道既衰神道漸廢，而
以其異端離我而難立，故設左道之說曰伊弉諾伊奘冊者梵
語也，日神者大日也，大日本國故名曰日本國，或其本地
佛而垂跡神也，大權同塵，故名曰權現，結緣利物故曰菩

薩，時之王公大人、國之侯伯刺史信伏不悟，遂至令神社
佛寺混雜而不疑，巫祝沙門同住而共居，嗚呼神在而如
亡，神如為神其奈何哉，……今我於神社考尋遍訪耆老，
伺緣起而證之《舊事紀》、《古事記》、《日本紀》、
《續日本紀》、《延喜式國土記》、《鈔古語拾遺文粹》、
《神皇正統記》、《公事根源》等諸書以表出之，其間又
有關於浮屠者，則一字低書而附之，以令見者不惑也。
庶幾世人之崇我神而排彼佛也，然則國家復上古之淳直，
民俗致內外之清淨，不亦可乎⑯。

由上序文內容可知羅山對神佛合習、本地垂迹說皆爲佛之左道異
說所至，是以基於王道神國之立場依古典書籍意圖令世人「崇我
國排彼佛」，恢復上古之淳直、民俗之清淨。一方面在排佛之同
時亦崇揚日本神國之思想。而其排佛之理論承自儒者之排佛論，
而崇揚日本神國之思想，則源自於神道理論根本之依據，《古事
記》與《日本書紀》中的神話傳說。

　　如前所述神道之源起乃由原始氏族部落農耕生活之下所衍生
對自然神與祖先祭祀，無文字經典、理論學說，更「神道」一
詞，而其「神道」之創立則是因應東傳之佛教，而爲與佛教教說
對等，記載頌揚遠古開天闢地、天皇誕生的神話傳說，也就成爲
神道理論之根本依據。再者，如吉見幸和《五部書說辨》卷之二
所云：

---

⑯　《近世神道論前期國學》，日本思想大系 25，平重道，〈近世神
　道思想〉，頁 511。

故予常言，神道者王道也，國史者神書也，我國天皇之道
云神道，記其天皇之事實者國史也，故此國史者神書也，
國史之外無有神書⑰。

可知所謂神道卽王道卽天皇之道，而國史卽神書，因此有了記紀
之後，神道所代表者已非原始之宗教信仰，而爲民族國家政治地
位之象徵。是以佛、儒之外來思想不論對神道之影響有多大，基
本上其神道之根本精神是不會變的。

　　而羅山於慶長十七年三十歲時對日本之神美作倭賦讚云：

惟吾邦之靈秀兮，神聖所挺生，環以太洋海兮，耀暘谷之
明明，名玆曰日本兮，固自然之嘉名，或謂君子居之兮，
宜風俗之淳直，泰伯讓而來兮少康之子止而不復⑱。

由此賦中可知羅山對日本之讚美之辭多來自於中國對東方之形
容，「暘谷」便出自《後漢書・東夷傳》：

昔堯命羲仲宅嵎夷，曰暘谷，蓋日之所出也。

而「日本」一詞之由來，依《舊唐書・東夷傳》云：

日本國者，倭國之別種也。以其國在日邊，故以日本為
名。或曰：倭國自惡其名不雅，改為日本。

---

⑰　《新講大日本史》，西田長男，〈神道史之理念〉，頁 41。
⑱　同⑯，頁 512-513。

而所謂「君子國」則語出《淮南子・墜形》：

> 東方有君子之國。

至於泰伯則爲周太王之長子，讓位季歷，而奔荆蠻，文身斷髮，
而後被附會爲「皇祖泰伯說」以日本爲泰伯之後裔。而羅山於神
武天皇論中更云：

> 姬氏孫子本支百世可至萬世爲君，不亦盛乎，彼強大之吳
> 雖見滅於越而我邦之寶祚與天地無窮，於是愈信太伯之爲
> 至德也[19]。（《林羅山文集》卷二十五）

由此可見羅山對神國、神道之頌揚乃本於附屬中華文化意識之立
場，作賦亦自題爲倭賦，如此可說是針對華夷論欲脫離夷狄而認
同中華文化之一表現，其所倡之神道卽王道，基本上就是以儒家
王道做神道理論之歸依。由羅山所謂「神道卽王道」、「三種神
器備王道治，王道神道理一也」，「嗚呼王道一變而爲神道，神道
一變至於道，道吾所謂儒道也」便可知，羅山之神道思想乃脅儒
道之說的儒家神道，兩者之關係就如圖（二）所示，以儒爲本、
神爲末的主從關係，此時神道之地位雖已提升，然三者之間的文
化結構仍不能構成文化立場之穩定。到了山鹿素行之「日本中朝
主義」才開始打破儒神兩者的主從關係，將神道之思想地位與儒
教等而齊之了。同時也是繼「反本地垂迹說」之後針對「華夷

---

[19] 同上，頁 513。

論」所提出的「反華夷論」之聲明。

在此，首先需要說明的是素行本身爲儒者出身，而非神道學家，然而在此所謂之神道並非單指狹義的宗教信仰，而是用以代表日本國體之中心思想，此兩者筆者以爲可以《古事記》、《日本書紀》做爲分界點， 前者所代表的是記紀之前的原始氏族崇拜。而後者所代表的則是記紀之後日本歷史以天皇中心的國體思想， 因此有吉見幸和所謂「國史者神書也」，「天皇之道云神道」， 因此可知神道除了採取佛儒之理論學說，廣受中國文化思想之影響外，最基本也是最重要的特質便是神道與國體思想之結合，同時結合此兩者的理論便是《古事記》與《日本書紀》，自然的國體思想便爲神道之中心信仰，而所謂萬世一系之天皇中心思想又源自於日本原始氏族社會所傳下來的神話傳說，由此雖可看出其缺乏科學論證之合理性，但是宗教與政治結合了的神道卻於江戶時代主宰以及推動了日本民族之自覺與日本文化之獨立。

而神道與國體論之結合，南朝北畠親房的《神皇正統記》：「大日本神國也。天祖始開基，日神長傳統，只我國有此事，在異朝無其類，故稱神國」，便是一個有名的例子，而此意識型態一經形成，不論是朱子學者、陽明學者、古學派、佛教僧侶、神道學家，只要觸及此國體論，一切的一切便全歸納入神道系統之中了。

素行《中朝事實》之「日本中華主義」無形中更進一步強化了國體論之觀念，而國體論觀念之強化，自然的也就無形中提升神道之地位， 此時日本文化之結構便如圖（三）所示， 神道與儒教形成對峙，而兩者對峙之關鍵便在「華夷論」中文化上主從關係之爭。素行所倡「日本中華主義」本質上是「華夷論」之翻

版，亦是「以日本爲華，他國爲夷」的「反華夷論」之主張。關
於此，素行在《中朝事實》附錄〈或疑〉中便有詳盡的批判。其
云：

> 或疑，　中華（指日本）者，吳泰伯之苗裔，故　神廟揭
> 三讓以爲額，嘗東山僧圓月，修日本紀，以爲泰伯之後，
> 朝儀不協，而遂火其書，大概　中華（指日本）之朝儀，
> 多襲外國之制例。否❷。

在此素行以「或疑」爲首，道出自古以來以日本爲泰伯之末裔的
說法，接著便針對此皇祖泰伯說做一否定之批判，其云：

> 愚謂　中華（日本）之始，舊紀所著無可疑。而以吳泰伯
> 爲祖者。因吳越可一葦、吠俗書之虛聲。文字之禪，章句
> 之儒，好奇彫空之所致也。夫　中華（日本）精秀於萬國
> 乎。（中略）　中華（日本）之人多靈武。凡自　人皇逮
> 　崇神帝。十世，年歷七百年。聖主壽算。各向百歲。外
> 朝之王者。此間三十有餘也。若泰伯之苗末，何異外朝之
> 壽。況　帝之聖武雄才，果拱手長視之屬乎。蓋居我土而
> 忘我土，食其國而忘其邦，生其天下而忘其天下者。猶生
> 乎父母而忘父母。豈是人之道乎。惟非未知之而已。以我
> 國爲他國者，亂臣也。賊子也❷。

---

❷ 《全集》卷十三，頁 365-366。
❷ 同上，頁 272-273。

以上所述，素行先肯定舊紀神話傳說無可疑，而後指出吳泰伯後裔之說乃「文字之禪」、「章句之儒」、「好奇彫空」所致，盛讚日本之神聖，同時嚴斥「居我土而忘我土……以我國為他國者」為「亂臣賊子」。

　　如此一來，德川時代御用學者，開創近世朱子學與官學，同時為素行入門之師的林羅山不就成了素行所嚴斥的「亂臣賊子」了嗎？因為如前所述，羅山所倡的儒家神道，兩者之關係是以儒為本神為末。除了以上所引羅山所作倭賊外，神武天皇論對「皇祖泰伯說」羅山亦云：「其牽合附會，雖如此，而似有其理」，何以如此？若探究其原因就是承認「皇祖泰伯說」一方面是對中華文化之認同，另一方面也是將日本包容於中華文化之內，也就脫離「華夷論」中夷狄之地位自認為「華」之一表現[22]。

　　至於此吳王泰伯後裔說之由來，吾人可在《晉書・東夷倭人傳》中可見：

> 倭人在帶方東南大海中，依山島為國，地多山林，無良田，餐海物……男子無大小，悉黥面文身，自謂太伯之後，又言上古使詣中國，皆自稱大夫[23]。

依此段所述，皇祖泰伯說之創始乃因日人「自謂太伯之後」，然而不論是日人自謂或晉史官假託之詞，其意味的就是日本附屬中華文化之一表徵。然而此一附屬的主從關係到了山鹿素行《中朝事實》之出現，不但欲終止此一關係，同時也強烈的表現出喧賓

---

❷　同❶。

❷　唐房玄齡等撰，楊家駱主編，《晉書・東夷倭人傳》，頁 686。

奪主的反動表現。其云：

> 或疑，儒與釋道，共異國之教，而異 中國（指日本）之
> 道乎。愚謂：神聖之大道，唯一而不二。（中略）釋教
> 一通，而人皆歸之，天下終習染，不知其異教，牽合附
> 會，以 神聖為佛之垂迹，猶腐儒以太伯為祖，吁是何謂
> 哉乎❷。

於此，素行非但說明「儒與釋道，共異國之教」，盛言日本「神
聖之大道，唯一而不二」，同時也指出「本地垂迹說」、「皇祖
太伯說」之不當，由此「神聖為佛之垂迹，猶腐儒以太伯為祖」
可知，儒家之思想地位也將如佛教之下場相同了。接下來，神道
如何自儒家神道之中，超脫出來，就得靠江戶後期興起的國學思
想與神道結合成新的思想勢力──國學神道不可了。然而儒學雖
於後期喪失了支配指導，然其地位之下移更將儒學教養廣泛深植
於江戶後期武士、浪人以及町人生活教養之中。

第三節　國學神道

近世國學之興起可說是繼佛教、儒教之後近世新興的另一種
學問（洋學不論），此國學乃在近世學術發達、國家意識興盛之
下所應運而生，因此其基本特質是研究日本古典之學問，是標榜
純日本的以及復古的學問，在其復古思想中先把日本歷史分為三

---

❷ 同❷，頁 280。

個階段，那就是「古代的理想觀」（古代觀）、「中世以降的衰退觀」（中世下降觀）、「當代的新生觀」（當代意識）三個時期的「三時觀」❷，而其復古思想就是先否定當代意識以及中世思想，再回歸古代的理想境界。除此以外在研究日本學問方面除了因復古思想，以研究日本古典《古事記》、《日本書紀》、《萬葉集》為主外，更重要的就是否定儒教、佛教傳來以後的外來學問思想。

再者，以他的內容而言可分為研究訓詁註釋之學，以及經世濟民之學。而開近世研究日本古典之學的便以京都北村季吟、大坂的圓珠庵契沖為始。不過季吟也好，契沖也好，皆是精通佛學的國文學者，是以他們除了主張日本古典文學復古外，尚未具有強烈的國家意識，即否定一切外來思想之影響的排外思想。因此國學之成立，便待國學四大家荷田春滿、賀茂眞淵、本居宣長、平田鷟胤之出現了。而此國學四大家又以荷田春滿為首。

荷田春滿為江戶中期的國學家，伏見稻荷神社的祠官，研究古典、國史，提倡復古神道、教育子弟，關於其教育子弟之理想與精神，吾人可由其《創國學校啟》中看出端倪，其云：

> 今也，洙泗之學隨處而起，瞿曇之教逐日而盛。家講仁義，步卒廝養解言詩。戶事誦經，閭童壼女識空談。民業一改，我道漸衰。在我神皇之教，陵夷一年甚於一年。國家之學，廢墜存十一於千百。格律之書泯滅，復古之學誰問。詠歌之道敗闕，大雅之風何能奮。今之談神道者，是

---

❷　蘇振申、劉崇稜譯，《日本歷史思想之發展》，頁 195。

陰陽五行家之說。世之講詠歌者，大率圓頓回教之解，非唐宋諸儒之糟粕，則昭金兩部之餘瀝。非鑿空鑽穴之妄說，則無證不稽之私言。曰秘曰訣，古賢之真傳何有。或薀或奧，今人之偽照是多。臣，自少無寢無食以排擊異端為念，以學以思不興復古道無止。方今設非振臂張瞻辨百是非，則後必至塗耳塞心混同邪正。欲退則文已漂已晦，欲進則老且病且憊。猶豫無所決，狼狽失所為。伏此諸望，或京師伏陽之中，或東山西邙之間，幸賜一頃之閒地，斯開皇國之學校。然則臣，自少所蓄秘籍奧牒不少，至老所訂古記實錄亦多，盡皆藏於此備他日之考察。僻邑之士為絕而難及者不少。寒鄉之客有志而未果者間多。借之讀之，才通一書，百王之澆醨此知，洞覽千古，萬民之塗炭可拯，幸有命世之才，則敬王之道不委於地，若出琢玉之器，則柿本之教再奮於邦。六國史明，則豈翅官家化民之小補乎。三代格起，則抑亦國祚悠久之大益哉。《萬葉集》者國風純粹，學焉則無面牆之譏。《古今集》者歌詠精選，不知則有無言之誚。夫本邦，設施學校權輿於近江朝廷，主張文道濫觴於嵯峨天皇，菅江家有分彰院，源藤橘和繼起。太宰府有學業院，足利金澤延及。然所藏三史九經，陳俎豆於雍宮。其所講四道六藝，薦蘋蘩於孔廟。悲哉先儒之無識無一及皇國之學，痛矣後學之鹵莽誰能歎古道之漬。是故，異教如彼盛矣，街談巷議無所不至，吾道如此衰矣，邪說暴行乘虛而入。悱臣愚衷，創業於國學，鑑世倒行，垂統於萬世。首創難成功，非經國大業耶。繼續易用力，真不朽盛世哉。臣之至愚何之知，不

敢自讓語釋也。國字之多純繆，後世猶有知之者，典籍猶存。古語之少解釋，振古不聞通之者，文獻不足。國學之不講實六百年矣，言語之有釋僅三四人耳。其爲巨學新奇是競，極無超乘，骨髓何望。古語不通則古義不明焉，古義不明則古學不復焉。先生之風拂迹，前賢之意近荒，一由不講語學。是所以臣終身精力用盡古語也[26]。

以上《創國學校啟》無異爲日本國學之宣言，因此國學的特徵是復古的純日本的學問，其結果是在日本中心主義的鼓吹下，與「古道」對立的外來思想佛教、儒教一一排斥，理由很簡單也很荒謬，那就是認爲「古道之潰」是受儒、佛之害，使「古道」不明。因此要回歸「古道」，首先便要除去外來思想之污染，在此心態下無怪乎荷田云：「臣，自少無寢無食以排擊異端爲念，以學以思不興復古道無止」了。而中華思想之地位則由恩人一轉而爲日本文化之罪人了。

如果說國學之成立於荷田春滿，那麼集國學之大成的就屬賀茂眞淵了。眞淵承襲春滿之說，亦認爲日本國學自中世以來受佛儒之污染而失去其純粹性，故主張復古，而復古之方法亦先從研究古語著手，而後才能體驗古代之精神。如春滿云：「古語不通則古義不明焉，古義不明則古學不復焉。」因此要建立國學之基礎便以研究古語爲先。而《萬葉考》便是其代表之一。其於《萬葉考》六序中云：

由於尊重天皇而聯想到泰平盛世，由於想到泰平盛世而尊

---

[26] 神田豐穗編，《東洋思想》，井箟節三〈日本思想史〉，頁 29-30。

　　崇古代，因尊崇古代而讀古典，想解明古代心詞而唱古
　　歌，為唱古歌而讀《萬葉集》，讀《萬葉集》而知古代心
　　詞，古代人心誠難說，知道雄壯的「雅」，然後了解古代
　　之事❷。

以上，賀茂除了繼承春滿研究日本古典文學的復古思想，另一方
面就是針對現實社會之不滿反對儒佛思想而強調經世濟民之道統
之學，這點可說是自春滿以來與前期國學家季吟、契冲等以研究
古文學訓詁為主絕大不同之點，而其反對儒佛思想又引申為狂信
國粹思想。其在《國意考》中云：

　　唯唐國為心惡之國則教雖深，面雖善樣，終大惡事亂世。
　　此國原乃人正直之國，雖教少亦善守，如天地之行故，不
　　教亦善也❷。

將唐國（中國）比喻為「心惡之國」，教雖深，仍不如日本「本
人正直之國」。而此《國意考》基本上是針對太宰春臺《辨道
書》中所云：

　　日本元來無道，中華聖人之道行此國而天下萬事皆學中
　　華❷。

---

❷　同❷，頁 196。

❷　三枝博音編纂，《日本哲學全書第五卷‧國學篇》，頁 15。

❷　神田豐穗編，《東洋思想》，頁 367。

對中華儒教聖人之崇拜而產生的反動言論。同時更於《國意考》中大罵儒者之迂腐。

　　而此種稱揚日本古代理想盛世，排擊外來儒佛思想之國學隨著時局之混亂與儒教之腐化亦越演越裂，依國學四大家之一的本居宣長，在其著作《玉勝間》中便云：

　　　　爲學問之道，先除盡漢意，不清除漢意則雖讀古書亦難知古意，知古心則道不難知[30]。

而國學家們在主張恢復日本古道，排擊中華思想之同時，宣長進一步的發揮日本之道乃人間自然之道，更痛罵羨慕中國道學恥日本之無道者，其在《直毘靈》中作了一極爲荒誕之比喻，其云：

　　　　比如，猿見人，笑無毛爲人之恥，爲云吾爲有毛之物。強求細毛以見，競如。不識貴在無毛，不異痴人乎[31]。

以上，以「毛」喻「道」，中國道學盛故「毛多」爲「猿」，日本道學不盛故「毛少」爲「人」。是故日本學者崇拜中華者皆屬「癡人」也。如此之比喻眞可謂強詞奪理，牽強附會無出其右者。

　　由以上所述，大致可知儒佛思想在國學者之排擊下，已漸喪失其原有的崇高的支配權與地位，相對的，代之而起的便是日本之神道了。此時佛、儒、神三者地位之關係，很自然的就如圖四所示，神道在上，儒、佛在下。神道已由下向上提昇至中心領導

---

[30]　吉川幸次郎編纂，日本思想 15《本居宣長》，頁 105。

[31]　同上，頁 289。

地位，儒、佛則由上至下廣泛的普及於日本文化之中下層階級，而此時圖表四所顯示出的日本文化便如「正三角形」之結構。而這也就恰好說明日本文化之自主、獨立之完成。

　　以上所述神、儒、佛三者之關係，便是在說明日本文化之意識型態與結構，如何由初期受制於外來文化的不穩定的「倒三角形」結構，轉變爲以神道爲中心思想的「正三角形」的平穩架構，更重要的就是藉以說明山鹿素行之「日本中華主義」在此文化結構中扮演如何轉換之關鍵。

第四章 結　　論

──「日本中華主義」與「華夷論」

　　綜論上述可知，江戶時代非但爲日本思想文化之轉型期，也
是日本文化思想完成獨立自主之一時期，而山鹿素行《中朝事
實》一書中所倡導的「日本中華主義」在日本文化思想蛻變轉換
之過程中更具有相當的代表意義。其意義在隨著思想潮流演變的
佛家神道、儒家神道以至於國學神道的轉換之中，爲繼排佛的
「反本地垂迹說」之後，又排儒的「反華夷論」之思想，最後，
日本文化「下剋上」思想之意識型態就如前所述，由原先受外來
思想所支配的「倒三角型」轉換爲支配運用外來思想的「正三角
型」結構了，如圖所示：

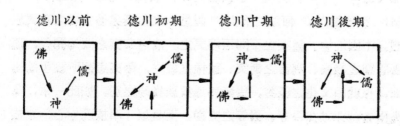

　　至於山鹿素行此「日本中華主義」思想之本質又源自於何處
呢？筆者以爲素行雖於《中朝事實・中國章》中云「伊弉諾尊、

伊弉冉尊，以磤馭盧島爲國中之柱……國中者中國也」，試圖說明日本爲中國之理由，然而其最根本之動機，筆者以爲無非是針對華夷思想反動，所提出的「反華夷說」罷了。是以以下就「華夷論」與「日本中華主義」之關係做一敍述。

關於華夷思想，其由來已久，雖無從考證其確切之年代，成於何時何人之手，然若依形成華夷思想之四項要件：一、獨立優越之文化；二、固定完整之版圖；三、正統統一之政權；四、與夷狄利害之衝突❶而言，大致於商周之際便已具備此條件，同時史料中記載有關華夷思想之概念者如《公羊傳》成公十五年之條：「內諸夏，而外夷狄」以及孔子讚美管仲，「微管仲，吾其被髮左衽矣」（《論語‧憲問》）可知，此期華夷思想之觀念已相當明確，同時，隨著政權之統一，華夷思想無形中成了區分華族與夷狄種族之貴賤、文化之優劣、地域之美瘠之標準。一般說來，中華思想的「華夷之辨」，其間何者爲華、何者爲夷的差別不外乎種族之不同、地域之不同、以及文化之不同三者來評斷。而此三者之不同，一般而言是以文化優劣之立場來區分華夷之別。如《論語‧子罕》所云「子欲居九夷。或曰：陋，如之何？子曰：君子居之，何陋之有」，便是以文化優劣爲立場之華夷思想。不因地域、種族之不同而睥視之。然而華夷之間的關係，隨著版圖之擴張、利害之衝突、政權之確立，華夷思想所論爭的層面，也就由文化之優劣，逐漸轉爲種族貴賤之別。如此一來，華夷兩者就非站在平等、對等之立場，而是以「華族爲中心，華族居於優越之地位，以統治者之態度對待夷狄」❷。先以武力征服

❶ 孫廣德著，《晉南北朝隋唐俗佛道爭論中之政治課題》，頁 103。
❷ 同上，頁 105。

夷狄，而後再以德治慰撫夷狄。引《詩經》歌頌西周宣王伐徐方大功之詞云：

> 王塞猶允，徐方旣來，徐方旣同，天子之功，四方旣平，
> 徐方來庭，徐方不回，王曰還歸❸。

卽是描述周宣王以武力平定之後，徐方亦因慕周天子之德而來朝，如此一來無形中支配者與被征服者之間的對立衝突便予以政治美化成爲道德思想之感化。因此，可以說華夷思想站在政治的層面上始終是對立衝突的，而華族對夷族所採取的態度也就不外武力與慰撫兩者，而基本上歷史記載則明顯的表明華族之優越與夷狄之卑劣的對峙型態，如《史記‧匈奴列傳》中云：

> 匈奴，其先祖夏后氏之苗裔也，曰淳維。唐虞以上有山戎、獫狁、葷粥，居于北蠻，隨畜牧而轉移。……因射獵禽獸爲生業，急則人習戰攻以侵伐，其天性也。其長兵則弓矢，短兵則刀鋋，利則進，不利則退，不羞遁走。苟利所在，不知禮義。自君王以下，咸食畜肉，衣其皮革，被旃裘，壯者食肥美，老者食其餘，貴壯健，賤老弱。父死，妻其後母；兄弟死，皆取其妻妻之。其俗有名不諱而無姓字❹。

如上，司馬遷首先言及匈奴乃夏后氏之苗裔，之後比較匈奴之習

---

❸　《十三經注疏‧詩經》〈大雅‧常武〉，頁 693。

❹　楊家駱主編，《史記‧匈奴列傳》卷一百十，頁 2879。

俗並評道「不利則退，不羞遁走。苟利所在，不知禮義」，由此觀之，所謂華夷之別所牽涉涵蓋的範圍和層面無疑是相當廣泛的。

除了一般華夷思想中所謂以華族爲優，夷族爲劣的等差待遇外，並不是沒有華夷一家之觀念，可是縱有華夷一家之說的出現，那也是站在以華族爲本源，夷族爲末枝的「同祖同源論」爲出發點，而所謂的「同祖同源論」即是華族與夷族之始祖本屬同一血緣關係，而後因爲自中國分往四方邊陲而爲東夷、南蠻、西戎、北狄之說。此一思想之淵源雖無定考，大致上是戰國末期結合夏商周以來的神話傳說，至漢，則加以附會利用而成之思想型態❺，《史記》、《漢書》、《後漢書》中皆可見以地域而分之華夷思想，如《後漢書》中便列有〈東夷傳〉、〈南蠻傳〉、〈西南夷傳〉、〈西羌傳〉、〈西域傳〉等等，至於四方夷狄之始祖之淵源則云吳爲太伯之後裔、楚出自帝顓頊高陽、越爲禹之苗裔出自夏后帝少康之庶子、閩越及越東海王搖爲越王勾踐之後、西南夷之君長爲楚之苗裔等等！此說無異皆以四方夷狄之遠祖爲中國人，無疑也就是希望夷狄認祖歸宗，乖乖的順服於中國之政治手段。因此此一民族同祖同源論便成了華族征服夷族、統治併合夷狄之最佳思想根據❻。

由上所述，華夷思想之表現方式，除了孔子站在人性本質相同，文化有優劣的華夷思想外，絕大部分皆以政治利害爲出發點，藉種族、地域、文化之不同，加以區分，強調華族乃絕對之優，夷族乃絕對之劣，雖後有同祖同源論強調華夷之血緣關係，實則以華族爲本源，爲夷族歸順信仰之中心。

---

❺ 參閱志田不動麿著，《東洋史上の日本》，頁7。
❻ 同❺，頁 6-7。

　　至於日本與華夷思想之淵源如何發展演變，則可由下列文獻
記載中略窺一二，首先《漢書‧地理志》云：

> 然東夷天性柔順，異於三方之外，故孔子悼道不行，設浮
> 於海，欲居九夷，有以也夫，樂浪海中有倭人，分為百餘
> 國，以歲時來獻❼。

《魏志‧倭人傳》云：

> 倭人在帶方東南大海之中，依山島為國邑，舊百餘國，漢
> 時有朝見者，今使譯所通三十國❽。

之後，《後漢書‧東夷傳》云：

> 倭在韓東南大海中，依山島為居，凡百餘國，（中略）男
> 子皆黥面文身。（中略）建武中元二年，倭奴國奉貢朝賀，
> 使人自稱大夫，倭國之極南界也。光武賜以印綬❾。

由上可知，日本此時乃稱做「倭」，雖屬〈東夷傳〉中，奉貢朝
賀之倭國，仍尚未列入同祖同源論中，不過《晉書》中云：

> 倭人在帶方東南大海中……男子無大小，悉黥面文身、自

---

❼　《漢書‧地理志》第八下，頁 1658。

❽　《三國志‧魏書‧倭人傳》，頁 854。

❾　楊家駱主編，《後漢書‧東夷傳》，頁 756。

謂太伯之後，又言上古使詣中國，皆自稱大夫❿。

由此段「自謂太伯之後」，可知，不論是中國史官之誤，抑或是日本人之自謂，明顯的華夷思想之同祖同源說無形中加強了中國與日本之關係。而此以中國為本源，日本為末枝的同祖同源說因由來已久，同時日本學者自古以來仰慕中國文化，亦皆少有針對此說提出反駁之論，是以自東山僧圓月乃至林羅山皆採用此皇祖太伯說，而使日本成為中國文化之附屬國，以免陷於文化低落的夷狄之中。然而隨著江戶時代學問之興隆，民族意識之自覺，便針對此提出日本中心主義，如素行所云：「居閻國而慕異域之俗，或學禮樂用異風，或為祭禮用異樣，皆不究此理之誤也。」對尊崇倣效中國之風做一否定之批評。山鹿素行著《中朝事實》更倡言「日本中華主義」欲取而代之，更不得不令吾人深思，如戴氏於《日本論》中所云：

> 然而就我們中國民族想來，以這樣大的一個國家，這樣古的文化，不能吸收近鄰的小民族，反使四圍的小民族，個個都生出「是可取而代也」的觀念，這是何等的可恥呵❶！

然而事實上，戴氏所慨歎的問題，其癥結不在於文化之優劣或是影響力之有無，因為按理文化優者自然影響文化層次低的，又依史書所記，自中日交通以來，兩者之關係便如宗祖國與藩屬國。關於此雖然本居宣長之《馭戎慨言》云：

❿　（唐）房玄齡等撰，楊家駱主編，《晉書》，頁 686。

❶　戴季陶著，《日本論》，頁 27。

> 自遠飛鳥宮（允恭天皇）至穴穗宮（安康天皇）時有遣使
> 中國事，若謂曾奏明朝廷，朝廷許受中國封號，而自取其
> 辱，恐未必然⑫。

認爲以日本國之自尊對接受中國封號之事持疑，然而不管是是與
否，其臣屬關係如木宮泰彥《日華文化交流史》云：

> 對中國上表稱臣，及受中國爵號，非不認爲辱國，但因
> 當時日本與中國文化程度相差甚遠，日本外交文書之起草
> 者，及爲使臣者，概爲帶方、樂浪地方歸化者之子孫，故
> 仰中國爲上國，而執卑下態度，蓋亦不得已也⑬。

是以，中國文化之優，其對四夷之影響力之大是絕對肯定的。因
此戴氏所歎，其問題不在於影響力之有無，而是影響的是何種文
化模式，因此日本之所以會出現此「問鼎之意」便是受了中國華
夷思想、自我尊大以及「彼可取而代也」或「大丈夫當如是」之
思想模式。

　　而中日關係長期在華夷思想優劣差別待遇下，日本長期處於
「夷」之卑位，自然無形中產生文化自卑心態，而此心態又隨著
江戶民族自覺之興起大力反彈，於是援引上古神話傳說爲理論根
據，強辭奪理的說明日本才是中國之一套說法，企圖表現日本爲
「華」之優越自尊心，如以心理學人格發展來說，當人長期處於
心態不平衡、長期壓抑的情況下，往往強烈的自卑感便會轉變爲

---

⑫ 木宮泰彥著，陳捷譯，《中日交通史》，頁 44。
⑬ 同上，頁 45。

超強的自尊心。至於日本自我尊崇的理由除了根據記紀之說外，那就是所謂「萬世一系」之天皇世襲制，以及擊敗蒙古兵之事了。《宋史・日本國傳》中便記載十世紀末日本圓融天皇時代東大寺僧奝然謁見宋太宗之一事，其云：

> 太宗召見奝然，存撫之甚厚，賜紫衣，舘于太平興國寺。上聞其國王一姓傳繼，臣下皆世官，因歎息謂宰相曰：此島夷耳，乃世祚遐久，其臣亦繼襲不絕，此蓋古之道也❶❹。

由上引文可知，宋太宗鑑於「中國自唐季之亂，宇縣分裂，梁、周五代享歷尤促，大臣世胄、鮮能嗣續」，是以讚歎島夷之國的日本，天皇萬世一系蓋古之道也。雖然此十世紀末的日本天皇政權已早由藤原氏擅權，在繼源平之亂後政權又旁落武家之手，天皇位雖存實亡，然此天皇世襲制卻仍被後世史家所歌頌嚮往。素行更是以「萬世一系」之制度與中國之改朝換代，來比較兩者之優劣，如《中朝事實》所云：

> 夫外朝易姓，殆三十姓，戎狄入王者數世，春秋二百四十餘年，臣子弒其國君者二十又五，況其先後之亂臣賊子、不可枚舉也……不異禽獸之相殘，唯　中國（指日本）自開闢至　人皇，垂二百萬歲，自人皇迄于今日，過二千三百歲，而　天神之皇統竟不違❶❺。

---

❶❹ 楊家駱主編，《宋史》㈣，〈日本國〉，頁 3810。

❶❺ 《全集》卷十三，頁 250-251。

又《配所殘筆》中云：

> 本朝者天照太神之苗裔，自神代迄今日其正統無一代違
> 之。迄藤原氏輔佐之臣，世世不斷。攝錄之臣相續，無亂
> 臣賊子之不義不道之事故，（中略）今以此三德，本朝與
> 異朝一一立印使較量之，則本朝遠勝，誠實應謂為中國之
> 所以分明也。是更非私云，乃天下之公論也❶。

由上所述不難看出素行枉顧藤原氏擅權、武家奪政之史實而一昧
指摘中國之非，更狂論日本之所以為中國，非素行一人之私言
而為天下之公論。此狂妄自大之心態實較夜郎有過之而無不及。
《舊唐書・日本國傳》云：

> 日本國者，倭國之別種也，以其國在日邊，故以日本為
> 名。或曰：倭國自惡其名不雅，改為日本。或云：日本舊
> 小國，併倭國之地。其人入朝者，多自矜大，不以實對，
> 故中國疑焉❶。

評日本「其人入朝者，多自矜大，不以實對」，由此蓋已可見日
本國體自尊之表現吧！
　　至於日本國體之尊崇之代表除素行在《中朝事實》自序所
云：

---

❶　《全集》卷十二，頁592-593。
❶　楊家駱主編，《舊唐書》㈡，〈日本國傳〉，頁 1457。

恒觀蒼海之無窮者，不知其大；常居原野之無哇者，不識
其廣，長久而狃也，豈唯海野乎，愚生中華文明之土，未
知其美，專嗜外朝之經典，嘐嘐慕其人物，何其放心乎、
何其喪志乎？抑好奇乎、將尚異乎？夫中國之水土，卓爾
於萬邦，而人物之精秀于八絃，故神明之洋洋、聖治之緜
緜，煥乎文物、赫乎武德，此可比天壤也❶❽。

其於〈或疑〉云：

二神以磤馭盧島為中國之柱，是乃　本朝為天柱之中也，
天照太神。在於天上日，聞葦原中國有保食神，又高皇產
靈尊欲立天津彥火瓊瓊杵尊以為葦原中國之主。是　天神
皆以此地為中國。自是歷代稱中國，蓋地在天之中，而中
國又得其。是乃中之又中也，土得天地之中，則人物必精
秀而事義又無過不及之差，（中略）故所以其為中國久天
然之勢也❶❾。

又〈中國章〉中云：

國中者，中國也，柱者，建而不拔之稱，恆久而不變也。
大者，無相對，日者，陽之精，明而不惑之稱，本者，深
根固蒂也❷⓿。

---

❶❽　《全集》卷十三，頁 226。

❶❾　《全集》卷十三，頁 372。

❷⓿　同上，頁 8。

等等強調日本之神聖、偉大外，在素行之前尚有南朝忠臣北昌親房所著《神皇正統記》，其云：

> 大日本者神國也，天祖始開基，日神長傳統，僅我國有此
> 事，異朝無其類，此故云神國也[21]。

當然，此自我尊崇之國體觀念更早的可由《日本書紀》得見，依《隋書・倭國傳》日本使者國書曰「日出處天子致書日沒處天子無恙」云云，又《日本書紀》推古天皇十六年之條曰：「東天皇敬白西皇帝」等可窺之一二。

　而江戶時代強調日本國體自尊對等的思想，除素行外，同期的尚有陽明學者熊澤蕃山之日本水土說，以及朱子學者山崎闇齋，引闇齋以中國為假想敵攻日本為題，問其弟子之話，其云：

> 方今彼邦以孔子為大將，孟子為副將，率騎數萬，攻我邦
> 時，吾黨學孔孟之道，如何之。

當時弟子皆無言以對，於是闇齋自答云：

> 不幸若逢此厄，吾黨身披堅，手執銳，一戰之，擒孔孟，
> 以報國恩，此卽孔孟之道也[22]。

　而繼素行之後，德川後期強調日本民族之本質為神國、皇國的思想更是益愈顯著，以水戶學者會澤安《新論》為例，其云：

---

[21] 大日本文庫國史篇《神皇正統記・愚管抄》卷一，頁 10。
[22] 三浦藤作著，《日本倫理學史》，頁 425。

謹按，神州者，太陽之所出，元氣所始，天日之嗣世御宸
極終古不易固大地之元首而萬國之綱紀也，誠宜照臨宇內
皇化所暨無有遠邇矣❷。

云日本爲「天地之元首」、「萬國之綱紀」。又佐藤信淵於1823
年著《混同秘策》，中云：

皇國如欲拓疆他國必先以併吞中國爲始❷。

大概綜上所述可見日本國體自我之尊崇在江戶時代勃蓬發展之盛
況，而素行之「日本中華主義」無疑的即爲欲取「華夷思想」而
代之以「反華夷說」。
　　中日關係在歷史上的發展與演變，固然與華夷思想有著絕大
的關係，然如前所述，「華」、「夷」兩者若無政治上的利害衝
突，以文化的觀點言之，其雖有文化優劣、種族、地域之差，兩
者之本質是一致，地位是平等相待的。此即如孔子所謂：「居處
恭，執事敬，與人忠，雖之夷狄，不可棄也。」❷又云：「言忠
信、行篤敬，雖蠻貊之邦行矣。」❷再者，中國稱四方之國按方
位爲東夷、南蠻、西戎、北狄，而東夷爲中國東方民族之總稱。
而依據《尙書・堯典》：「分命羲仲宅嵎夷曰暘谷」，註「東表
之地稱嵎夷。 暘、 明也， 日出於谷而天下明。」❷以及《後漢

❷ 會澤正志原著，高須芳次郎詳註，《新論講話》，頁1。
❷ 包滄瀾編著，《日本近世百年史》，頁81。
❷ 《論語・子路》第十三，頁118，《十三經注疏・8》。
❷ 《論語・衞靈公》第十五，頁137，《十三經注疏・8》。
❷ 《尙書・堯典》，頁21，《十三經注疏・1》。

書·東夷傳》：

> 王制云：「東方曰夷」。夷者，抵也。言仁而好生，萬物
> 抵地而出。故天性柔順，易以道御，至有君子，不死之國
> 焉。夷有九種，曰畎夷、于夷、黃夷、白夷、赤夷、玄
> 夷、風夷、陽夷，故孔子欲居九夷也。

又云：

> 昔堯命羲仲宅嵎夷，曰暘谷，蓋日之所出也[28]。

由上觀之，對「夷」之解釋並無輕蔑之意，而此卽以雙方平等之
立場爲出發點之華夷思想，與後世政治上之華夷思想有別。如明
末清初王夫之《讀通鑑論》卷十四所云：

> 夷狄之與華夏所生異地，其地異其氣異矣，氣異而習異，
> 習異而所知所行蔑不異焉，乃於其中亦自有其貴賤焉，特
> 地界分天氣殊而不可亂，亂則人極毀華夏之生民亦受其吞
> 噬。而憪悷防之於早，所以定人極而保人之生因乎天也。
> 君子之與小人所生異種，異種者其質異也，質異而習異，
> 習異而所知所行蔑不異焉[29]。

卽是強調以種族、地域之不同來區分華夷之貴賤，由是觀之實可

---

[28]　（南朝）范曄撰，楊家駱主編，《後漢書》，頁 753。

[29]　《船山遺書全集》第十四卷，〈讀通鑑論〉卷十四，頁 779。

分出華夷思想兩種不同的表現方式。中日兩國關係深遠，可說以華夷思想而合，亦因華夷思想而對立。

　　中日兩國關係之深遠，可說以華夷思想而合，亦因華夷思想而對立，誠如「天下之大勢，合久必分，分久必合」，而兩者分合之間，山鹿素行之《中朝事實》又爲其轉捩點之最好註腳，是以今試作此書，雖不能明未來之發展，唯希冀對過往歷史發展之因由做一說明。

參 考 書 目

日文部份

一、史料

1. 廣瀨豐編纂，《山鹿素行全集思想篇》（全十五卷）。
   岩波書店發行（昭和 15-17 年）。
   第一卷　　　《治教要錄》、《武教小學》……等共十一篇。
   第二、三卷　《修教要錄》。
   第四～十卷　《山鹿語類》。
   第十一卷　　《聖教要錄》、《四書句讀大全（抄）》、《山鹿隨
   　　　　　　筆》。
   第十二卷　　《謫居童問》、《謫居隨筆》、《配所殘筆》。
   第十三卷　　《中朝事實》、《武家事紀（抄）》。
   第十四卷　　《孫子諺義》、《原源發機》……等共四篇。
   第十五卷　家譜、年譜、詩文、書簡等共七篇。

2. 塚本哲三編輯，《山鹿素行文集》
   有明堂書店，大正 15 年。

3. 田原嗣郎編集，《山鹿素行》，
   中央公論社，昭和 50 年 3 版。

4. 蘇武利三郎、湯淺溫譯，《中朝事實》，
   光玉館，大正 2 年 3 版。

5. 田原嗣郎、守本順一郎校注，《山鹿素行》，
   岩波書店，昭和 57 年。

6. 四元學堂譯著，《中朝事實》，
   帝國報德會，大正六年 10 版。

7. 文部省社會教育局編，《中朝事實》，
   社會教育會刊行，昭和 8 年。

8. 小林一郎講述，《自警・中朝事實》，
   平凡社，昭和 17 年。

9. 平重道、阿部秋生同校注，《近世神道論・前朝國學》，岩波書
   店，昭和 57 年。

10. 小出哲夫解說，《中江藤樹・熊澤蕃山集》，
    玉川大學出版部，昭和 58 年。

11. 岸本芳雄校註，《本居宣長・平田篤胤集》，
    玉川大學出版部，昭和 54 年 5 版。

12. 玖村敏雄、村上敏治校註，《山鹿素行・吉田松蔭集》，
    玉山大學出版部，昭和 54 年 7 版。

13. 兒玉幸多編著代表，《史料による日本の步み》近世編，
    吉川弘文館，昭和 52 年 22 制。

14. 木代修一編，《日本文化史圖錄》，
    四海書房，昭和 9 年 3 版。

15. 中村啓信、菅野雅雄編著，《日本神話》，
    櫻楓社，昭和 53 年。

16. 飯田季治著，《日本書紀新講》、上下卷，
    明文社、昭和 13 年 6 版。

17. 和田利彥編輯，《神皇正統紀、愚管抄》，
    春陽堂，昭和 10 年。

18. 賴山陽著，岡本優太郎解釋，《日本外史》，
    研究社，昭和 15 年 5 版。

19. 會澤正志原著，高須芳次郎詳註，《新論講話》，

平凡社，昭和 18 年。

20. 三枝博音編纂，《日本哲學全書第五卷》，國學篇，
　　　第一書房，昭和 11 年。

21. 吉川幸次郎編，《本居宣長集》，
　　　筑摩書房，一九七五年 5 刷。

22. 笠原一男編，《日本思想の名著》，12 選，
　　　學陽書房，一九七三年。

二、一般著作

23. 堀勇雄著，《山鹿素行》，
　　　吉川弘文館，昭和 43 年 3 版。

24. 堀勇雄著，《林羅山》，
　　　吉川弘文館，昭和 39 年。

25. 清原貞雄著，《思想的先覺者としての山鹿素行》，
　　　藤井書店，昭和 5 年。

26. 井上哲次郎著，《日本古學派之哲學》，
　　　富山房，大正六年 10 版。

27. 井上哲次郎著，《日本朱子學派之哲學》，
　　　富山房，大正 13 年 14 版。

28. 清原貞雄著，《日本精神概說》，
　　　東洋圖書株式會社合資，昭和 9 年 13 版。

29. 和辻哲郎著，《日本倫理思想史》下卷，
　　　岩波書店，昭和 50 年 16 版。

30. 丸山眞男著，《日本政治思想史研究》，
　　　東京大學出版會，一九七九年 24 刷。

31. 石田一良編，《日本思想史概論》，
　　　吉川弘文館，昭和 51 年 12 刷。

32. 三浦藤作著，《日本倫理學史》，
中興館，昭和 18 年 13 版。

33. 長坂金雄編輯，《新講大日本史・日本思想史（上）第13卷》，
雄山閣，昭和 14 年。

34. 日本史研究會編，《日本文化史》，第四卷，
三一書房，一九七八年 2 刷。

35. 西晉一郎著，《東洋道德研究》，
岩波書店，昭和 17 年 4 刷。

36. 神田豐穗編輯，《大思想アヂベロクイサンエ 9 東洋思想 B》，
春秋社，昭和 3 年。

37. 神田豐穗編輯，《大思想アヂベロクイサンエ28東洋思想辭典》，
春秋社，昭和 4 年。

38. 栗田元次著，《解說日本文化史》，
明治圖書株式會社，昭和 5 年。

39. 相良亨著，《近世の儒教思想》，
塙書房，昭和 52 年 2 刷。

40. 相良亨著，《近世日本における儒教運動の系譜》，
理想社，昭和 50 年 2 刷。

41. 相良亨等編著，《日本思想史の基礎知識》，
有斐閣，昭和 49 年。

42. 武內義雄著，《支那思想史》，
岩波書店，昭和 16 年 9 刷。

43. 大江文城著，《程朱哲學史論》，
東京堂書店，明治 44 年。

44. 栗田元次著，《國史精髓・近世篇》，
四海書房，昭和 11 年。

45. 中山久四郎著，《日本文化と儒教》，

刀江書院，昭和 10 年。

46. 高田眞治著，《日本儒學史》，
地人書館，昭和 18 年 3 版。

47. 田中義能著，《日本思想史概說》，
日本學術研究會，昭和 7 年 2 版。

48. 肥後和男著，《日本國家思想》，
弘文堂，昭和 14 年。

49. 志田不動麿著，《東洋史上の日本》，
四海書房，昭和 17 年 4 版。

50. 高階順治著，《日本精神の哲學的解釋》，
第一書房，昭和 15 年 5 刷。

51. 木宮泰彥著，《日華文化交流史》，
富山房，昭和 30 年。

52. 中村孝也著，《日本文化史要》，
大日本教化圖書株式會社，昭和 18 年 3 版。

53. 菊池寬著，《新日本外史》，
非凡閣，昭和 16 年 145 版。

54. 安井小太郎著，《日本儒學史》，
富山房，昭和 14 年。

55. 宮西一積著，《日本精神史》，
新生閣，昭和 13 年。

56. 白澤清人著，《日本新文化史，江戶時代前期10》，
內外書籍株式會社，昭和 16 年。

57. 岩橋遵成者，《近世日本儒學史》，下卷，
寶文館藏版，昭和 2 年。

58. 尾藤正英著，《日本歷史》13，近世 5 ，
岩波講座，一九七七年。

59. 內藤虎次郎著，《日本文化史研究》，
弘文堂書房，昭和 9 年 3 版。

60. 平重道著，《近世日本思想史研究》，
吉川弘文館，昭和 44 年。

61. 京都國立博物館監行，《神道藝術》，
角川書店，昭和 51 年版。

中文部分

一、史料

1. （漢）司馬遷著，楊家駱主編，《史記》，
鼎文書局，民國 72 年版。

2. （漢）班固著，楊家駱主編，《漢書》。

3. （晉）陳壽撰，楊家駱主編，《三國志》。

4. （南朝、宋）范曄撰，楊家駱主編，《後漢書》。

5. （唐）魏徵等撰，楊家駱主編，《隋書》。

6. （唐）房玄齡等撰，楊家駱主編，《晉書》。

7. （後晉）劉昫等撰，楊家駱主編，《舊唐書》(二)。

8. （元）脫脫撰，楊家駱主編，《宋史》(四)。

9. 《十三經注疏 1・周易・尚書》，藝文書店，民國71年 9 版。

10. 《十三經注疏 2・詩經》。

11. 《十三經注疏 7・公羊傳・穀梁傳》。

12. 《十三經注疏 8・論語・孟子・孝經・爾雅》。

13. （明）胡渭輯著《易圖明辨》，廣文書局，民國 66 年版。

14. 《易經集註》，第一書店，民國 68 年初版。

15. 邵雍著，《皇極經世書》，中國子學名著集成第 (93) 冊。

中國子學名著集成編印基金會印行。

16. 周敦頤著，《周子全書》，
    商務書局，67 年版。

17. 朱熹著，張伯行集解，《近思錄》，
    商務書局，70 年 8 版。

18. 朱熹著，張伯行輯訂，《朱子語類》，
    商務書局，71 年 4 版。

19. （宋）眞德秀撰，《大學衍義》，景印文淵四庫第 704 册，
    商務書局，72 年版。

20. （元）張養浩撰，《三事忠告》，景印文淵四庫第 602 册。

21. （明）王夫之遺著，《船山遺書全集》，全 22 册，
    中國船山學會、自由出版社印行，民國 61 年初版。

二、一般著作

1. 鄭學稼著，《日本史》，全五册，
   黎明文化事業，民國 66 年版。

2. 戴季陶著，《日本論》，
   中央文物供應社，民國 43 年。

3. 包滄瀾編著，《日本近百年史》，
   藝文印書館，民國 66 年 3 版。

4. 高懷民著，《先秦易學史》，
   東吳大學中國學術著作獎勵委員會出版，民國 64 年初版。

5. 孫廣德著，《晉南北朝隋唐俗佛道爭論中之政治課題》，
   中華書局，民國 61 年初版。

6. 木宮泰彥著，陳捷譯，《中日交通史》，
   三人行出版社，民國 67 年初版。

7. 丸山眞男著，徐百、包滄瀾譯，《日本政治思想史研究》，

臺灣商務，民國 69 年初版。

8. 蘇振申、劉崇稜譯，《日本歷史思想之發展》，
　　鷲聲文物出版，民國 63 年，初版。

人名索引
（依書中出現先後順序排列）

山鹿素行　*1, 17, 21, 23, 28,*
　30, 34, 35, 40, 48, 49, 55,
　62, 73, 84, 93, 96, 106,
　137, 140, 149
周公　*1, 79*
孔子　*1, 79, 95*
圭峯宗密　*4*
德川家康　*5, 7, 20, 45*
織田信長　*5*
豐臣秀吉　*5*
趙匡胤　*7*
賴山陽　*8*
林羅山　*8, 14, 17, 18, 19, 20,*
　21, 25, 30, 31, 34, 35,
　41, 134, 136, 140,
應神天皇　*9*
聖德太子　*10*
秀賴　*11*
藤原惺窩　*14, 17, 18*
林宗二　*14*
林海仙　*14*
宣賢兼良　*14*
山崎闇齋　*17, 40, 159*
朱子　*18, 21, 64, 77, 79, 83,*
　86, 133
象山　*18*

承兌　*18*
靈山　*18*
伊藤仁齋　*21, 123*
太宰春台　*21, 22, 145*
會澤安　*22, 159*
光宥　*30, 40*
（廣田）坦齋　*30, 40*
（北條）氏長　*31, 81, 82, 108*
（尾畑）景憲　*32, 42, 45, 47*
祖心尼　*35*
稻葉丹後守正勝　*35*
齋部廣成　*41*
忘部正通　*41*
堀杏庵　*44*
張養浩　*51*
保科正之　*51, 81, 108*
金克一　*51*
邵康節　*52, 110, 113*
眞西山　*61*
丘文莊　*61*
周子　*77, 80*
松宮觀山　*81*
荻生徂徠　*84*
崇神天皇　*90*
熊澤蕃山　*95*
王仁　*103, 104*

董仲舒　*109*

吉田松蔭　*122*

円爾辨円　*132*

欽明天皇　*129*

蘇我稻目　*129*

物部尾輿　*129*

小松重盛　*131*

清盛　*131*

北畠親房　*132, 158*

慈偏　*132*

吉田兼俱　*132*

韓愈　*133*

吉見幸和　*135, 138*

北村季吟　*142, 145*

契冲　*142, 145*

荷田春満　*142, 144, 145*

賀茂眞淵　*142, 144, 145*

本居宣長　*142, 146, 154*

平田鴛胤　*142*

奝然　*156*

佐藤信淵　*160*

王夫之　*161*

書 名 索 引

（依書中出現先後順序排列）

聖教要錄　1, 29, 39, 73, 76,
78, 81, 84, 85, 98, 123, 124

中朝事實　1, 21, 23, 29, 70,
85, 91, 93, 95, 96, 97, 98,
106, 112, 122, 123, 124,
138, 139, 140, 149, 154,
156, 157, 162

德川實紀　7, 11, 13, 17

日本外史　8

古事記　11, 131, 135, 138,
142

日本書紀　11, 93, 99, 100,
128, 131, 135, 138, 142,
159

林羅山文集　11, 20, 31, 137

千代本草　14

惺窩先生文集　18

先哲叢談　19

論語集註　19

本朝神社考　21

神道秘訣　21, 134

神道傳授　21, 33

配所殘筆　26, 34, 35, 36, 37,
40, 41, 48, 73, 82, 95, 97,
107, 108, 157

山鹿語類　26, 29, 34, 37, 39,

44, 46, 59, 73, 76, 77, 110,
113

四書諺解　29, 30, 37

修身受用抄　29, 50

修教要錄　29, 49, 58, 60, 63,
64, 66

治教要錄　29

原源發機　29, 109, 110, 113,
117

兵法雄備集　29, 30, 44

兵法奧義集　29, 53

武教全書　29, 58, 67

武教本論　29, 52, 58, 67, 71

武教事紀　29, 85

七書疑義　29

八規傳　29

士鑑用法　32, 42

神武天皇論　32

乙中甲傳秘訣　32, 43

天星傳口訣　32

大星傳　33

略年譜　34, 35, 109

古語拾遺　41

神道口訣　41

年譜　48, 50, 81, 82, 85, 116

莊子　48, 54

牧民忠告諺解　50,51

式目家訓　50,152

兵法神武雄備集自得奧義　50,53

海道日記　50,55

東山道日記　50

牧民忠告　51

四庫全書　51

武敎小學　52

士道士談　52

信玄家法　52

近思錄　52,66,73,74

孟子　54

老子　54

大學　54

楞嚴經　54

武敎要錄　58,67

手鏡要錄　58,67

武敎小學　58,67,68,70

兵法或問　58,67

孫子句讀　58,67

治敎要錄　58,60,61

大學衍義　61,66

大學衍義補　61

易經　64,88,128

朱子語類　66

謫居童問　70,85,87

山鹿隨筆　74,75,76

太極圖說　74

道德經　74

原人論　74

土津靈神事實　81

士鑑用法直旨鈔　81

非徂徠學　83

謫居隨筆　85

中庸　92

古語拾遺　99

職原鈔　99

神皇正統記　99,131,138,159

本朝神社考　99,134

孝經　107

治平要錄　109,117

原源發機諺解　109,110,111,117

春秋繁露　109

淮南子　109,137

皇極經世書　113

武敎講錄　122

續日本書紀　130

平家物語　131

元亨釋書　131

神道五部書　132

三敎要略　132

豐葦原神風和記　132

唯一神道名法要集　132

神道傳授抄　134

五部書談辨　135

後漢書　136,152,160

舊唐書　136,157

晉書　140,153

萬葉集　142,145

創國學校啟　142,144

萬葉考　144

國意考　145,146

辨道書　*145*

玉勝間　*146*

直毘靈　*146*

公羊傳　*150*

論語　*65, 150*

詩經　*151*

史記　*151, 152*

漢書　*152, 153*

魏志　*153*

馭戎概言　*154*

宋史　*156*

隋書　*159*

新論　*159*

混同秘策　*160*

尙書　*160*

讀通鑑論　*161*

術 語 索 引

（依書中出現先後順序排列）

武士道學派　*1, 25*

山鹿流兵學　*1, 25, 83*

古學（派）　*1, 21, 34, 97, 123,*
138,

日本中華主義　*1, 21, 25, 34,*
40, 95, 98, 112, 122, 123,
124, 126, 128, 137, 138,
147, 149, 150, 154, 160

官學　*1, 21, 25*

朱子學　*1, 15, 20, 25, 30, 58,*
83, 97, 133, 138,

華夷論　*3, 126, 137, 138, 140*

同祖同源論　*3, 152*

下剋上　*4, 11, 126, 149*

崇佛斥佛　*4*

尊儒排儒　*4*

大政奉還　*5*

文藝復興　*5*

應仁之亂　*5*

易姓革命　*10*

禪讓政治　*10*

湯武放伐　*10, 11, 12*

十七條憲法　*10*

五山文學　*14*

伊勢神道　*14*

吉田神道　*14, 41*

堀河學派　*16*

蘐園學派　*16*

闇齋學派　*16*

佛家神道　*17, 126, 127, 128,*
149

儒家神道　*17, 126, 127, 140,*
149

國學神道　*17, 126, 127, 141,*
149

神儒一體論　*20*

私學　*21, 25*

伴天連　*21*

垂加流神道　*21, 40*

水戶學派　*21, 22, 97*

國體論　*22, 138*

水土說　*22, 95, 99, 159*

陽明學　*25, 83, 97, 138*

武士道三變　*28*

兩部習合神道　*40*

理當心地神道　*41*

三教一致　*57, 58*

異端論　*95*

復古神道派　*97, 21*

國學派　*97*

日本文化「倒三角形」型態
127, 147, 130

日本文化「正三角形」型態
　127, 147
本地垂迹說　*129, 130, 133,*
　141
反本地垂迹說　*132, 133, 137*
佛骨論　*133*

還俗宗教　*134*
皇祖泰伯說　*137, 139, 140,*
　141
反華夷論　*138, 139, 149, 150,*
　160
萬世一系　*156*

世界哲學家叢書(四)

書　　　　名	作　者	出　版　狀　況
馬克斯・謝勒	江　日　新	排　印　中
馬　克　思	許　國　賢	撰　稿　中
雅　斯　培	黃　　藿	撰　稿　中
聖奧古斯丁	黃　維　潤	撰　稿　中
聖多瑪斯	黃　美　貞	撰　稿　中
梅露・彭廸	岑　溢　成	撰　稿　中
黑　格　爾	徐　文　瑞	撰　稿　中
盧　卡　契	錢　永　祥	撰　稿　中
亞里斯多德	曾　仰　如	已　出　版
笛　卡　兒	孫　振　青	排　印　中
盧　　梭	江　金　太	撰　稿　中
馬　庫　色	陳　昭　瑛	撰　稿　中
馬　利　丹	楊　世　雄	撰　稿　中
柯　靈　烏	陳　明　福	撰　稿　中
維　根　斯　坦	范　光　棣	撰　稿　中
魯　一　士	黃　秀　璣	撰　稿　中
高　達　美	張　思　明	撰　稿　中
希　　克	劉　若　韶	撰　稿　中
萊布尼兹	錢　志　純	撰　稿　中
祁　克　果	陳　俊　輝	已　出　版
德　希　達	張　正　平	撰　稿　中

世界哲學家叢書 (三)

書　　　　　名	作　　　者	出 版 狀 況
荻　生　徂　徠	劉　梅　琴	撰　稿　中
休　　　　　靜	金　烘　泰	撰　稿　中
知　　　　　訥	韓　基　斗	撰　稿　中
元　　　　　曉	李　箕　永	撰　稿　中
狄　　爾　　泰	張　旺　山	已　　出　　版
哈　伯　馬　斯	李　英　明	已　　出　　版
巴　　克　　萊	蔡　信　安	撰　稿　中
呂　　格　　爾	沈　清　松	撰　稿　中
柏　　拉　　圖	傅　佩　榮	撰　稿　中
休　　　　　謨	李　瑞　全	撰　稿　中
胡　　塞　　爾	蔡　美　麗	已　　出　　版
康　　　　　德	關　子　尹	撰　稿　中
海　　德　　格	項　退　結	已　　出　　版
洛　　爾　　斯	石　元　康	已　　出　　版
史　　陶　　生	謝　仲　明	撰　稿　中
卡　　納　　普	林　正　弘	撰　稿　中
奧　　斯　　汀	劉　福　增	撰　稿　中
洛　　　　　克	謝　啟　武	撰　稿　中
馬　　塞　　爾	陸　達　誠	撰　稿　中
約　翰　彌　爾	張　明　貴	已　　出　　版
卡　爾　巴　柏	莊　文　瑞	撰　稿　中
赫　　　　　爾	馮　耀　明	撰　稿　中
漢　娜　鄂　蘭	蔡　英　文	撰　稿　中
韋　　　　　伯	陳　忠　信	撰　稿　中
奎　　　　　英	成　中　英	撰　稿　中

世界哲學家叢書 (二)

書　　　　　名	作　　者	出　版　狀　況
揚　　　　　雄	陳　福　濱	撰　稿　中
劉　　　　　勰	劉　綱　紀	已　出　版
淮　　南　　子	李　　增	撰　稿　中
株　　　　　宏	于　君　方	撰　稿　中
永　明　延　壽	舟　雲　華	撰　稿　中
宗　　　　　密	舟　雲　華	已　出　版
方　　以　　智	劉　君　燦	已　出　版
吉　　　　　藏	楊　惠　南	已　出　版
惠　　　　　能	楊　惠　南	撰　稿　中
玄　　　　　奘	馬　少　雄	撰　稿　中
龍　　　　　樹	萬　金　川	撰　稿　中
智　　　　　顗	霍　韜　晦	撰　稿　中
竺　　道　　生	陳　沛　然	已　出　版
慧　　　　　遠	區　結　成	已　出　版
僧　　　　　肇	李　潤　生	已　出　版
知　　　　　禮	釋　慧　嶽	撰　稿　中
道　　　　　元	傅　偉　勳	撰　稿　中
大　慧　宗　杲	林　義　正	撰　稿　中
西　田　幾　多　郎	廖　仁　義	撰　稿　中
伊　藤　仁　齋	田　原　剛	撰　稿　中
貝　原　益　軒	岡　田　武　彥	已　出　版
山　崎　闇　齋	岡　田　武　彥	已　出　版
楠　本　端　山	岡　田　武　彥	撰　稿　中
山　鹿　素　行	劉　梅　琴	已　出　版
吉　田　松　陰	山　口　宗　之	撰　稿　中

世界哲學家叢書 (一)

書　　　　　名	作　　者	出　版　狀　況
董　　仲　　舒	韋　政　通	已　　出　　版
程　顥、程　頤	李　日　章	已　　出　　版
王　　陽　　明	秦　家　懿	已　　出　　版
王　　　　　弼	林　麗　真	已　　出　　版
陸　　象　　山	曾　春　海	已　　出　　版
陳　　白　　沙	姜　允　明	撰　　稿　　中
劉　　蕺　　山	張　永　儁	撰　　稿　　中
黃　　宗　　羲	盧　建　榮	撰　　稿　　中
周　　敦　　頤	陳　郁　夫	排　　印　　中
王　　　　　充	林　麗　雪	撰　　稿　　中
莊　　　　　子	吳　光　明	已　　出　　版
老　　　　　子	范　光　棣	撰　　稿　　中
張　　　　　載	黃　秀　璣	已　　出　　版
王　　船　　山	戴　景　賢	撰　　稿　　中
眞　　德　　秀	朱　榮　貴	撰　　稿　　中
顏　　　　　元	楊　慧　傑	撰　　稿　　中
墨　　　　　子	王　讚　源	撰　　稿　　中
邵　　　　　雍	趙　玲　玲	撰　　稿　　中
李　　退　　溪	尹　絲　淳	撰　　稿　　中
賈　　　　　誼	沈　秋　雄	撰　　稿　　中
李　　栗　　谷	宋　錫　球	撰　　稿　　中
孔　　　　　子	秦　家　懿	撰　　稿　　中
孟　　　　　子	黃　俊　傑	撰　　稿　　中
朱　　　　　熹	陳　榮　捷	已　　出　　版
王　　安　　石	王　明　蓀	撰　　稿　　中

修訂版

經濟學（上）

黃柏農 著

三民書局

國家圖書館出版品預行編目資料

經濟學／黃柏農著. -- 初版. -- 臺北市
：三民，民87
　　　面；　　公分
ISBN 957-14-2891-4（上冊：平裝）
ISBN 957-14-2892-2（下冊：平裝）

1. 經濟

550　　　　　　　　　　　87006865

網際網路位址　　http://www.sanmin.com.tw

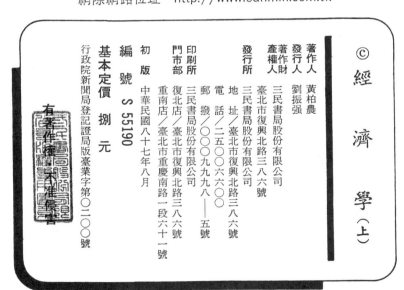

ⓒ 經　濟　學（上）

著作人　黃柏農
發行人　劉振強
著作財
產權人　三民書局股份有限公司
發行所　三民書局股份有限公司
　　　　地址／臺北市復興北路三八六號
　　　　電話／二五○○六六○○
　　　　郵撥／○○○九九九八──五號
印刷所　三民書局股份有限公司
門市部　復北店／臺北市復興北路三八六號
　　　　重南店／臺北市重慶南路一段六十一號
初　版　中華民國八十七年八月
編　號　S 55190
基本定價　捌　元
行政院新聞局登記證局版臺業字第○二○○號

ISBN 957-14-2891-4（上冊：平裝）

自 序

　　大約在近二年以前，三民書局邀請我撰寫一本經濟學原理的教科書，當時我第一個反應就是：以前在當學生時，也曾讀過由三民書局出版之經濟學原理，且獲益良多。因此，在當時就毫不猶豫的答應了。然而在這近二年的撰寫過程當中，才發現要寫出一本完整的經濟學教科書是多麼的不容易，而縱使已經完成了大部份的內容，也才發現仍有許多值得再補充的地方。

　　一本入門型的教科書，首重的是要如何以易懂的文字來敘述一些深奧的理論，以及如何使用實際的例子或資料來闡述經濟學的原理，如此才能使得剛要開始接觸本學門的同學或人士，能藉由簡易的文字說明及實際資料的應用當中來體會到經濟學門的奧妙。雖然坊間已有多本寫得非常不錯的中文經濟學教科書，然由我多年教授入門經濟學原理的經驗得知，對一位初次接觸經濟學領域的同學而言，有些教科書的內容似乎略為深奧了一點。因而在我心中一直期待撰寫一本較為淺顯易懂的經濟學原理教科書。此外，由於常年使用原文教科書，深知使用國外資料來解釋國內現象的困難，故而體會到撰寫一本使用自己國家資料的經濟學教科書的必要性。因此在整本書的撰寫過程當中，我嘗試朝這二個方向進行。

　　經濟學是一門非常唯美的社會科學，包含了許多推理與演繹的過程，而所討論的問題又多與日常生活息息相關。舉凡財政、金融、環境保護、醫療資源、社會福利、年金、景氣循環、產業競爭、國際貿易、犯罪及所得分配等等無一不是經濟學領域所能探討的範圍。由於經濟學所涉及的範圍非常廣博，因此經濟學領域應該是值得每一個人花一點時間去瞭解的，而本書採深入淺出的撰寫方式，亦是希望除了學經濟的同學可以來閱讀之外，一些非經濟相關科系的人士亦能藉由本書而瞭解經濟學之美。

　　除了在文字上著重以簡易的方式來撰寫外，本書的另一特色在於使用大量的統計圖表來說明國內的一些相關經濟現象。傳統經濟學教科書的內容由於大致沿襲美國的資料，因此造成同學對經濟學

1

之認同感不夠。而在本書當中，所有資料或例子均盡可能以國內的情形來討論。特別是在下冊有關於總體經濟學的部份，均採用主計處所公佈的資料來製成相關圖表。

近幾年來，經濟學領域在某一些部門的理論有了長足的進步，而為了適當表示這些相關領域進步的情形，本書也適時的加入了這些新領域的訊息，例如個體經濟中的賽局理論 (game theory)，資訊經濟學 (economics of information)，及總體經濟學當中的景氣循環理論 (theory of business cycle)。

本書內容除了以淺顯的文字來撰寫之外，在每一章的後面均將該章當中的一些重點予以彙整，期望有助於同學對該章做一快速回顧，而在書中的每一個圖形中亦以文字對該圖形所要解釋的經濟現象做一說明，期望同學可很快由該說明來瞭解圖形所要解釋的現象。另外，在每冊最後，我們亦分別製作了中文及英文的索引，當同學需要迅速查詢某一經濟名詞的內容或說明時，可藉由索引很快的找到相關之標題與內容。而每章的練習題亦有助於同學對該章內容之掌握，希望能藉由以上種種系統性的編排來協助同學熟悉經濟學原理。

一本書在撰寫的過程難免出現一些錯誤，雖然本書費時近二年，而且在撰寫完成之後歷經了三次的校稿過程，但錯誤仍在所難免。祈望讀者、同好及先進隨時來函匡正與指教。

最後這本書的撰寫完成要特別感謝一些人：首先要特別感謝我的家人全力的支持，在這二年當中，為了順利完成這本書的內容，不得不利用許多週末時間，因而減少了與家人相聚的時間，在此特別感到抱歉。亦要特別感謝我的研究助理林秋娟小姐在稿子的打字及編排上的全力協助，若沒有林小姐的全力支持，本書要如期完成的機會可能非常渺小。而另外要感謝是三民書局在編印上的全力配合。最後要感謝曾經教過我的師長，特別是引導我進入經濟學領域的林昇平教授，以及我的博士論文指導教授——已逝的Dr. C. K. Liew。

黃　柏　農

總目次

上 冊

第 1 章　什麼是經濟學

第 2 章　經濟組織、循環周流與所得分配

第 3 章　需求與供給

第 4 章　價格彈性

第 5 章　生產、經濟成長及交換

第 6 章　需求曲線與消費理論

第 7 章　供給與成本架構

第 8 章　利潤最大化與市場類型

第 9 章　完全競爭市場

第10章　獨占市場

第11章　獨占競爭及寡占

第12章　要素市場簡介

第13章　勞動市場

第14章　工資差別

第15章　資本、土地及企業才能

第16章　市場失靈與環境政策

第17章　貿易理論與政策

第18章　經濟資訊

下　冊

第 19 章　簡介總體經濟學與國內總體環境

第 20 章　國民所得帳

第 21 章　總合需求與總合供給模型

第 22 章　總合支出

第 23 章　所得及支出均衡

第 24 章　貨幣與銀行

第 25 章　貨幣的需求與供給及貨幣市場均衡

第 26 章　均衡所得的決定 ── *IS-LM* 模型

第 27 章　景氣循環、通貨膨脹與失業

第 28 章　經濟政策

第 29 章　經濟成長

第 30 章　經濟發展

第 31 章　國際金融與匯率

目　次

自序

1　什麼是經濟學

前言 /1

第一節　經濟學的意義 /3

第二節　經濟學範圍 /4

第三節　經濟學的方法 /9

重點彙整 /12

練習題 /13

附錄　如何解讀經濟學所使用之圖形 /15

2　經濟組織、循環周流與所得分配

前言 /31

第一節　什麼是經濟體系 /33

第二節　經濟活動之周流 /35

第三節　市場經濟 /38

第四節　完全管制之社會主義經濟體 /41

第五節　真實經濟體是一種混合式經濟組織 /44

第六節　所得分配 /45

重點彙整 /52

練習題 /53

3　需求與供給

前言 /55

第一節　需求 (Demand) 模型 /56
第二節　供給 (Supply) 模型 /62
第三節　市場均衡與價格的決定 /68
第四節　使用供給與需求來推測價格與數量之變化 /71
重點彙整 /80
練習題 /81

4　價格彈性

前言 /83
第一節　需求的價格彈性 (The Price Elasticity of Demand) /84
第二節　需求價格彈性之定義與計算 /88
第三節　供給彈性 (Elasticity of Supply) /99
重點彙整 /103
練習題 /104

5　生產、經濟成長及交換

前言 /105
第一節　生產可能曲線 /106
第二節　機會成本 /110
第三節　經濟成長 (Economic Growth) /112
第四節　交換 (Exchange) /115
重點彙整 /119
練習題 /119

6　需求曲線與消費理論

前言 /121
第一節　決策 (Decisions) /122
第二節　效用與選擇 /126
第三節　需求曲線與消費選擇之關係 /130
第四節　無異曲線分析法 (indifference curve analysis) /137

重點彙整 /147

練習題 /148

7　供給與成本架構

前言 /151

第一節　企業與生產 /154

第二節　由生產到成本 /160

第三節　成本表與成本曲線 /163

第四節　長期關係 /166

重點彙整 /173

練習題 /174

8　利潤最大化與市場類型

前言 /177

第一節　利潤最大化 (profit maximization) /179

第二節　邊際收益 (marginal revenue, MR) 與邊際成本 (marginal cost, MC) /185

第三節　銷貨環境與市場結構 /190

重點彙整 /198

練習題 /199

9　完全競爭市場

前言 /201

第一節　完全競爭廠商的短期行為 /203

第二節　完全競爭廠商的長期行為 /210

重點彙整 /219

練習題 /220

10　獨占市場

前言 /223

第一節　獨占的市場結構 /224

第二節　獨占廠商所面對的需求曲線 /227

第三節　利潤最大化 /231

第四節　差別取價 (price discrimination) /233

第五節　完全競爭市場與獨占市場之異同 /236

重點彙整 /244

練習題 /246

11　獨占競爭及寡占

前言 /249

第一節　獨占競爭市場模型 /251

第二節　寡占市場 /257

重點彙整 /267

練習題 /269

12　要素市場簡介

前言 /271

第一節　要素市場的買方 (buyers) 及賣方 (sellers) /273

第二節　要素市場之需求與供給 /274

第三節　廠商如何決定要素僱用數量 /281

重點彙整 /290

練習題 /291

13　勞動市場

前言 /293

第一節　勞動供給 /294

第二節　工資差別 (wage differentials) /297

重點彙整 /304

練習題 /304

14 工資差別

前言 /305
第一節　歧視 /306
第二節　工會與工資差異 /313
第三節　勞動市場法律: 最低工資水準 (minimum wages) /319
重點彙整 /322
練習題 /323

15 資本、土地及企業才能

前言 /325
第一節　資本 /326
第二節　土地與自然資源 /331
第三節　企業才能 /338
重點彙整 /341
練習題 /341

16 市場失靈與環境政策

前言 /343
第一節　市場與效率性 /344
第二節　外部性 (externalities) 及公共財(public goods): 市場
　　　　失靈 /346
第三節　公共政策 (public policies) /352
重點彙整 /359
練習題 /360

17 貿易理論與政策

前言 /363
第一節　國際貿易 /365
第二節　國際貿易均衡 /366

第三節　比較利益的來源 /373
第四節　支持貿易保護政策的理由 /376
第五節　貿易政策的工具 /380
第六節　優惠的貿易協議 (preferential trade agreements) /384
重點彙整 /388
練習題 /390

18　經濟資訊

前言 /393
第一節　預期值 (expected values) /394
第二節　對於價格的有限資訊 /394
第三節　風險 (risk) /397
第四節　道德障礙 (moral hazard) /399
第五節　逆向選擇 (adverse selection) /401
重點彙整 /405
練習題 /406

中文索引 /407
英文索引 /416

圖表目次

1　什麼是經濟學

圖 1.1　經濟研究方法之流程圖 /10

附　錄

圖 1A.1　臺灣地區股價指數歷年變化情形 /17

圖 1A.2　臺灣地區股價指數 1967～1986 年間變化情形 /18

圖 1A.3　臺灣地區股價指數 1987～1994 年間變化情形 /19

圖 1A.4　臺灣地區股價指數 1987～1994 年間變化情形 /20

圖 1A.5　臺灣地區股價指數 1987～1994 年間變化情形 /21

圖 1A.6　臺灣地區股價指數 1967～1986 年間變化情形 /21

圖 1A.7　歷年臺灣地區匯率與股價指數走勢圖 /22

圖 1A.8　正向關係 /24

圖 1A.9　負向關係 /24

圖 1A.10　最小值與最大值 /25

圖 1A.11　變數之間並不存在任何關係 /26

圖 1A.12　直線之斜率 /27

圖 1A.13　曲線之斜率 /28

2　經濟組織、循環周流與所得分配

圖 2.1　經濟組織之循環周流圖 /34

圖 2.2　管制經濟體之金字塔圖 /42

圖 2.3　羅倫茲曲線 /46

圖 2.4　所得分配歷年趨勢 /47

圖 2.5　我國 1980 年及 1994 年的羅倫茲曲線 /49

圖 2.6　1994 年人口特性之平均所得與總平均所得之關係 /50

表 2.1　一些國家之經濟組織特性 /44

表 2.2　歷年五分位組所得分配份額及分配比及吉尼係數 /48

表 2.3　世界各國所得分配狀況/51

3　需求與供給

圖 3.1　需求曲線/57

圖 3.2　整條需求曲線之移動與在需求曲線上之移動/62

圖 3.3　供給曲線/64

圖 3.4　供給改變與供給量改變/67

圖 3.5　汽車市場均衡關係/69

圖 3.6　需求改變之影響/72

圖 3.7　供給改變的影響/74

圖 3.8　需求與供給同時改變的影響/76

圖 3.9　農產品價格的上下波動/77

圖 3.10　紙漿及紙製品的價格狂飆/78

圖 3.11　電器及電機用品之價格下降/79

表 3.1　對汽車之需求表（每年仟臺）/56

表 3.2　對汽車之需求/60

表 3.3　對汽車之供給量/63

表 3.4　對汽車之供給/66

4　價格彈性

圖 4.1　比較不同的需求價格彈性/86

圖 4.2　需求價格彈性之重要性/87

圖 4.3　直線需求曲線上之彈性/91

圖 4.4　固定彈性之需求曲線/92

圖 4.5　需求所得彈性/96

圖 4.6　交叉彈性：替代商品與互補商品/99

圖 4.7　瞬間供給、短期供給與長期供給/101

表 4.1　一些商品的價格彈性/93

表 4.2　臺灣地區一些商品消費佔所得的百分比及所得彈性的關係 /98

5　生產、經濟成長及交換

圖 5.1　王子的生產可能曲線/108

圖 5.2　王子的稻米與布的機會成本/111

圖 5.3　歷年臺灣地區經濟成長率與儲蓄率之間的關係/113

圖 5.4　王子島上的經濟成長/114

圖 5.5　交換及專業化生產之下的經濟利得/116

表 5.1　王子的生產可能/107

6　需求曲線與消費理論

圖 6.1　總效用及邊際效用/125

圖 6.2　老李對電影的需求曲線/132

圖 6.3　對電影之需求與消費者剩餘/134

圖 6.4　劍湖山世界遊樂設施乘坐次數需求與消費者剩餘/136

圖 6.5　無異曲線/138

圖 6.6　一些無異曲線不太可能之形狀/139

圖 6.7　凸向原點之無異曲線/140

圖 6.8　無異曲線不能相交/141

圖 6.9　無異曲線圖/142

圖 6.10　預算線/143

圖 6.11　消費均衡/144

圖 6.12　需求曲線與無異曲線分析法的關係/145

表 6.1　老李每日玩電動遊戲之效用表/123

表 6.2　消費者選擇之邏輯過程/128

表 6.3　價格下降後的消費者選擇行為/131

表 6.4　電影價格改變前後，老李消費數量變化情形/132

表 6.5　劍湖山遊樂世界遊樂設施之效用表/135

表 6.6　價格策略/137

7 供給與成本架構

圖 7.1　盛田的收音機成本曲線/152

圖 7.2　經濟組織之循環周流圖/154

圖 7.3　總產出、平均產出與邊際產出/158

圖 7.4　邊際產出與平均產出的關係/159

圖 7.5　總成本表與總成本曲線/161

圖 7.6　平均成本及邊際成本/162

圖 7.7　邊際成本曲線與平均成本曲線/164

圖 7.8　短期及長期的平均成本曲線/168

圖 7.9　長期經濟規模與短期成本曲線之關係/170

圖 7.10　盛田先生的問題/172

表 7.1　三益公司投入產出關係表/155

表 7.2　長期生產關係/166

8 利潤最大化與市場類型

圖 8.1　需求曲線與總收入之關係/182

圖 8.2　總成本曲線/183

圖 8.3　總利潤/184

圖 8.4　收入、成本及利潤/186

圖 8.5　當 $MR = MC$ 時，利潤最大/189

圖 8.6　個別廠商所面對的需求曲線/194

表 8.1　利潤最大化/187

表 8.2　四種不同市場結構之特性及其行為/192

9 完全競爭市場

圖 9.1　玉米市場的供給與需求關係/204

圖 9.2　天碁電腦公司利潤最大化行為/206

圖 9.3　損失最小化/207

圖 9.4　關廠價格/209

圖 9.5　長期經濟利潤/212

圖 9.6　成本固定、成本遞增及成本遞減產業/215

圖 9.7　生產者與消費者剩餘/217

圖 9.8　房租管制與市場效率/217

10　獨占市場

圖 10.1　經濟規模/226

圖 10.2　獨占廠商之需求曲線/228

圖 10.3　需求曲線、邊際收入曲線與總收入曲線之關係/230

圖 10.4　傑利公司利潤最大化/232

圖 10.5　差別取價/235

圖 10.6　比較完全競爭與獨占市場/237

圖 10.7　競租/240

圖 10.8　自然獨占與管制/242

11　獨占競爭及寡占

圖 11.1　獨占競爭廠商/253

圖 11.2　進入與正常利潤/254

圖 11.3　完全競爭與獨占競爭廠商之比較/255

圖 11.4　廣告、價格及利潤/256

圖 11.5　拗折的需求曲線/259

圖 11.6　支配策略之賽局/261

圖 11.7　非支配性策略賽局/262

圖 11.8　連續性的賽局/263

表 11.1　完全競爭、獨占與獨占競爭之異同/251

12　要素市場簡介

圖 12.1　要素市場/274

圖 12.2　要素市場之供給與需求/275

圖 12.3　價格上限與價格下限/281

5

圖 12.4　邊際產出曲線/283

圖 12.5　邊際產出收入曲線/284

圖 12.6　完全競爭要素市場及個別廠商 /285

圖 12.7　要素之僱用/286

圖 12.8　獨買者/287

13　勞動市場

圖 13.1　個人勞動供給曲線/295

圖 13.2　勞動市場供給曲線/296

圖 13.3　勞動市場均衡/297

圖 13.4　補償性工資差別/298

圖 13.5　人力資本/300

圖 13.6　教育水準與所得之關係/301

14　工資差別

圖 14.1　歧視/307

圖 14.2　同等價值/312

圖 14.3　雙邊獨占的勞動市場/314

圖 14.4　勞動市場之工會效果/316

圖 14.5　工會的經濟效果/318

圖 14.6　最低工資效果/320

表 14.1　歷年基本工資之水準及占製造業平均工資之比例 /320

15　資本、土地及企業才能

圖 15.1　資本的市場需求曲線/329

圖 15.2　資本的市場均衡/330

圖 15.3　經濟租/332

圖 15.4　土地在不同用途上的分配/333

圖 15.5　無法再更新要素的市場/335

圖 15.6　今日與未來的價格/336

16 市場失靈與環境政策

圖 16.1 市場經濟的效率性/345

圖 16.2 外部性/348

圖 16.3 外部性/349

圖 16.4 空氣污染的最適量/353

圖 16.5 廢物處理費的效果/355

圖 16.6 財產所有權的指定/356

表 16.1 對公共財的需求/351

17 貿易理論與政策

圖 17.1 進口需求與出口供給曲線/371

圖 17.2 國際貿易的均衡價格與均衡貿易量/373

圖 17.3 關稅的效果/381

圖 17.4 配額之效果/383

圖 17.5 自由貿易區的貿易創造與貿易移轉之效果/386

表 17.1 貿易方向（十億美元，1993年資料）/365

表 17.2 我國主要貿易伙伴（占總出口或總進口之比例）/366

表 17.3 比較利益/367

18 經濟資訊

表 18.1 搜尋的例子/395

第 1 章

什麼是經濟學

前　言

　　如果你是一位學生，而且在財務上完全仰仗父母的支援，你是否曾有過捉襟見肘，到了月底要吃泡麵、土司度日的情形呢？如果常有這種狀況出現，那表示你須要一個建全的財務規劃，在每個月固定零用金額的限制下，如何有效的分配運用，諸如購買文具、衣服、看電影、欣賞職業球賽、飲食等支出，便成為一個非常重要之課題。如果您所消費之商品 (goods) 及勞務 (service) 的價格在這個月及上個月之間，有明顯的下降（上升），雖然這二個月的零用金額相同，你是否會覺得錢突然變得較為有用（沒用）呢？因為錢雖然一樣多，但是這個月可以購買更多（更少）的商品。您有沒有想過為什麼商品及勞務的價格會上升（下降）呢？商品及勞務的價格若持續改變，對我們又將會有什麼影響呢？再想像，學校畢業以後是要選擇繼續就學深造或投入社會就業呢？如果選擇繼續深造，那麼所投入的教育成本是否在日後工作中可以賺得回來？如果選擇就業，那麼究竟該選擇那個行業呢？你心目中是否有先預設理想的薪資，有沒有考慮可能找不到工作？諸如此類林林總總的問題，在我們的日常生活當中，無論是個人所親身接觸到的，或間接吸收到的訊息，雖然表面上看起來似乎不相關，其實或多或少都非常類

似，而且若仔細加以觀察，不難發現其中的共同點：(1)這些例子均包括了如何從許多種用途之中去選擇(choice) 的問題——到底該如何有效的運用我每個月有限的零用金？到底我應該選擇就業或繼續深造？在物價上漲（下降）時期我應該如何消費？當然選擇了其中一項就必需放棄其他事項，因此在這些例子中亦存在著所謂(2)取捨(trade-off) 之關係。其實無論是取捨或選擇之過程，主要均係源自於資源有限。在資源有限或資源匱乏(scarcity) 之現實下，如何來滿足無限之慾望(wants) 便成為經濟學(economics) 所要探討的主題。

　　在本章當中，我們將定義什麼是經濟學？討論經濟學所涵蓋的範圍，說明經濟學的方法以及解釋在研究經濟學問題時所面對到的一些相關辭彙。

第一節　經濟學的意義

　　前言提及，如何運用有限的資源，來滿足人們無窮之慾望？是為經濟學探討的主題。然而從經濟學的角度來看，慾望的滿足亦必需是要有效的(efficiency) 運用生產 (production) 與分配 (distribution) 方能達成。因此，我們可以定義**經濟學**如下：

　　　經濟學在於探討社會 (society) 如何運用有限的資源 (scare resources) 來生產具有價值的商品，以及討論如何將所生產出來的產品有效的分配到社會上的每個人的手中。

　　由定義當中，我們發現在經濟學理論當中所討論的二大重點：⑴資源有限，及⑵有效性。毫無疑問的是因為整個社會的資源有限，才使得經濟這一學門變得非常重要。因為如果資源是無限的，那麼產品就可以無限制的生產來滿足人類無窮盡的慾望，個人亦可以毫無忌憚的消費，而不必考慮是否有足夠所得來花費，公司在生產過程中亦不需考慮成本或福利支出，而政府更無需去為如何支出、如何增稅等問題來大傷腦筋。因為當資源是無限時，由於所有的慾望均能得到無限度的滿足，因此，沒有人會去注意上述的問題，而且也沒有人會去注意在社會當中，各個不同階層之所得差異及貧富差距，生產是否最有效率或分配是否最公平等問題。如果社會的資源是無限的，那麼社會就不會存在經濟財 (econmic goods) 而祇有公共財 (public goods)；亦即，沒有任何商品的供應量是有限量的 (limited in supply)。如果商品可以無限量的供應，那麼商品將可以是免費的，宛如砂或空氣。商品如果是免費的，那麼價格 (prices) 與市場 (markets) 將變得不重要，因而連帶使得經濟學門也失去存在的價值了。

　　然而在有限的地球面積之下，資源是有限的，雖然人們的慾望是無極限，但由於資源是有限，因此，如何**有效率**的運用有限的資源來滿足無限的慾望便成為經濟學中最重要之課題。**有效率性**可以定義為不浪費，或是儘可能以最有效率的方式運用經濟資源來滿足人們的慾望。換言之，有效性可定義為：

在經濟體系內的生產過程中，若出現「除非改變既有產品之生產方式，否則無法再去增加額外商品之生產量」 (it can't produce more of one good without producing less of something else) 的現象時，稱之為有效率的生產 (effective production)。

由此可知經濟學最基本的貢獻，就在於認清資源有限之事實，從而以最有效的方式運用資源來從事生產與分配。

第二節　經濟學範圍

正如同自然科學或其它的人文科學，經濟科學 (economic science) 的目的在於嘗試從日常生活當中發現一些法則 (laws)，而利用這些法則來描述人類社會的經濟行為。就科學而言，一般應包括以下二個基本要素：

1.完整及系統性的觀察 (observation) 與衡量 (measurement)。
2.發展出一套理論，用來直接描述觀察的事實。

所有的科學亦會小心的區分二類的敘述 (statement)，即關於什麼是 (what is) 以及應該是什麼 (what ought to be) 的敘述。有關於什麼是的敘述稱為實證敘述(positive statement)，而關於應該是什麼的敘述稱為規範敘述(normative statement)。實證敘述與規範敘述二者之最大差異在於：前者是對於事實的描述，而後者通常會加入政策涵義在內。例如「高速公路在春節期間都會塞車」為簡單對事實的描述，因此是一種實證敘述，但是如果是「由於高速公路在春節期間會塞車，因此應該實施高乘載及匝道管制措施」之敘述，則屬於規範敘述之範疇。

一、經濟學理論 (Economic Theory)

經濟現象可以透過觀察與衡量來瞭解，然而對經濟學而言，僅針對真實現象做觀察與衡量是不夠的，因此瞭解經濟現象是如何的運作便成為經濟學家所要探討的首要工作。換言之，經濟學家的主要目標，在於發現一些規範經濟行為 (economic behavior) 之法則 (law)。例如，對經濟學家而言，僅觀察到景氣好的時候，物價持續上升，而景氣低迷的時候物價反而下降的經濟現象是不夠的，因此經濟學家必需要能去發現出一套法則，用來規範以上的經濟現象，如此未來在遇到相同現象出現時，經濟學家才能

夠對經濟事實做一陳述。而被經濟學家所發現的這一套法則，稱之為**經濟學理論**。因此，**經濟學理論**可定義為：

> **一套可以讓我們用來預測**(predict) **及瞭解人們所做的經濟選擇** (economic choice) **之原理** (principle) **稱之為經濟學理論。**

一般而言，經濟學理論可以透過建構 (building) 及檢定(testing) 經濟學模型 (economic model) 來完成。然而，到底什麼是經濟學模型呢？

二、經濟學模型 (economic model)

一般而言，模型通常會比其所代表之真實事物來得小（但未必全然小於真實事物，如一些生物模型就可能大於真實事物），此外，模型通常亦會比真實事物來得簡單。對於僅嘗試要瞭解真實經濟行為運作過程的經濟理論而言，只需要在模型當中具有某些重要特性 (key features)，而這些特性足以用來解釋真實經濟行為的過程即可。例如，對一些專門收藏玩具車模型的人而言，一部寶馬 M3 跑車之模型，祇要在外觀、顏色及車上之標誌與真車相似即可。這些收藏者並不必在乎模型車內是否具有安全氣囊或完全相同之儀表，因為從簡單模型的外型，就足以代表一部寶馬 M3 汽車之特性了。同樣的，就經濟模型而言，僅要在模型當中，包括了真實經濟行為的某些重要特性，經濟學家便能夠運用這個模型來解釋一些經濟行為的運作過程。一般而言，經濟模型包括了二個要素 (components)：

1. 假設 (Assumptions)，及
2. 含意 (Implications)

假設通常為模型建構的基礎 (foundation)，到底那些假設是重要的？那些是可以忽略的？在模型的假設條件當中均會陳述清楚。**含意**則是用來指模型之結果。而模型從假設到含意的中間過程則是屬於一些邏輯性演繹 (logical deduction) 的過程。

模型的假設條件通常取決於 (depend on) 模型之研究目的。**經濟學模型之研究目的，在於嘗試瞭解在資源有限的條件下，家計單位 (households)、廠商 (firms) 及政府 (government) 如何來做選擇。** 因此，經濟學家在建立模型的過程當中，就儘量避免探討人類如何生活？以及人際互動關係行為等問題，而集中討論於人們在面對到資源有限時之一些可能的行為。亦即經

濟學家僅集中精神在人類的一種行為上：當人們的慾望 (wants) 超過他們所擁有的資源時，人們如何去做一個最佳的選擇？

三、經濟模型之假設

一般而言，經濟模型具有以下四個重要的假設：

1.人有偏好 (people have preference)。經濟學家用來代表人們對一件事情的喜歡與不喜歡的感覺稱為偏好 (preference)。人們有能力比較對一些事物之感覺，例如，對個人而言，應該有能力去區別二碗飯加上二道菜之組合，或一碗飯加上四道菜的組合，那種飯菜的組合具有較佳（或相同）的滿足感？

2.人天生即擁有固定數量之資源及某些技術 (technology)。透過技術的使用可以將資源轉換成商品 (goods) 及勞務 (services)。**經濟學家用天生稟賦 (endowment) 來代表人們所擁有之資源，而用技術來描述將天生稟賦轉變成 (converting) 商品及勞務之過程。**

3.最佳的選擇。**人們以選擇最適當方式來使用他們的資源及技術的組合，以得到最佳報酬的過程稱之為理性選擇 (rational choice)。**因此，理性選擇為人們眾多的選擇當中，能夠完成目標的**最佳**(best) 選擇。在任何一個經濟模型內所隱含的選擇均為理性選擇。

4.人們的選擇過程是經過協調 (coordinated) 的。例如，當一個人選擇購買某種物品時，必需也要同時有另一個人願意賣出同一物品時，交易才能夠達成。同樣的，一個人如果有意願去從事某項工作時，必需也要有另外一個人亦有意願僱人來從事該項工作時，交易才算完成。而透過市場機能 (market mechanism) 或管制機能 (command mechanism) 的作用，人們的選擇過程才能得到協調。

四、經濟模型之含意

經濟模型之含意，所代表的是許多在不同價格及數量之下的均衡 (equilibrium) 值。**在經濟學當中均衡所代表的是，當每個人都做了最佳選擇**（即在固定之資源、技術及偏好之下，個人所能做的最好選擇），**而且在做出這一個選擇以前，也曾經與別人互相協調，且此一選擇與他人之選擇亦是相容 (compatible) 的狀態。**均衡為經濟模型之結果 (outcome) 或模型之答案 (solution)。

經濟均衡代表一種穩定的狀態 (steady state)，表示在考慮了個人偏好、天生稟賦及技術等條件下，人們所可以做出的最佳選擇，此時，並沒有任何有利的條件再來改變個人的選擇行為。因此，經濟均衡並不代表經濟繁榮 (economic prosperity)，其所代表的僅是在現階段技術、資源及偏好的條件之下的一種穩定的狀態。

經濟模型可以來討論一些經濟行為，但依據探討對象之不同，經濟行為可以再區分成個體經濟學 (Microeconomics) 及總體經濟學 (Macroeconomics) 二大領域。個體經濟學以探討個別家計單位以及廠商之決策行為為主，此外，個體經濟學亦著重於探討個別市場 (individual market) 之運作，以及如何以管制 (regulation) 和稅 (taxes) 來影響勞動力 (labor)、商品及勞務之分配 (allocation)。亞當‧史密斯 (Adam Smith) 被認為是個體經濟學之始祖，在他所著作的《國富論》(The Wealth of Nation) 當中，史密斯討論單一商品價格如何來決定？研究土地 (land)、勞動力及資本 (capital) 價格之決定過程，以及探討市場機能之優缺點。

另一方面，總體經濟學則是以討論整體經濟體系 (economy) 之行為為主。總體經濟學嘗試了解整個大環境而非個別單位之經濟行為，更明確一點，諸如失業 (unemployment)、國民所得 (national income) 及通貨膨脹 (inflation) 等全體經濟活動所產生的結果，皆屬於總體經濟學所探討之範圍。一直到 1936 年，約翰‧凱因斯 (John Maynard Keynes) 出版他的傲世巨著，《就業、利率及貨幣之一般原理》(General Theory of Employment, Interest and Money)，總體經濟學才正式成為經濟學之另一支流 (branch)。在凱因斯巨著出現時期，美國及英國仍處在大蕭條 (Great Depression) 之陰影下，當時美國的失業率達到全體就業人口之 $\frac{1}{4}$。為了早日脫離大蕭條之陰影，凱因斯認為市場經濟運作不當 (malfunction) 為景氣不佳之主因，因此，在他的書當中，凱因斯發展出一套形成景氣下降及失業之理論，並討論投資 (investment) 及消費 (consumption) 行為如何形成？中央銀行 (central bank) 應該如何來管理貨幣 (money) 及利率 (interest rate)？以及為何有些國家的經濟繁榮，而有些國家的經濟則是處於衰退？凱因斯並且強調政府在面對緩和景氣循環 (business cycle) 的上升與下降時，均應該要扮演著重要的角色。雖然，今天有許多經濟學家不再接受凱因斯的理論與政策，但在凱因斯書中所提出的一些問題，仍舊是今日總體經濟學當中所要探討的主題。

現代經濟學 (modern economics) 雖然包括了個體經濟學與總體經濟學二大部份，在早期雖然個體與總體理論所探討的問題是壁壘分明的，然而

隨著時代的演變，個體與總體之間的差異愈來愈不明顯了。今日從許多研究上可以發現，有許多利用個體理論之模型，來探討一些有關於總體的問題（如失業、通貨膨脹等）。

五、經濟政策

經濟學科的目的，在於嘗試了解經濟世界，另一方面經濟政策則是嘗試用來改善經濟世界。**透過政府的一些行動或設計一些機構等方式來改善經濟的表現稱為經濟政策**。在經濟政策實行的過程當中，經濟學家扮演二種不同角色。

首先，經濟學家嘗試推測不同經濟政策之可能結果。例如，在探討環境保護的問題時，經濟學家就會嘗試以模型的方式來討論，若政府通過新的排放標準之後，都市的空氣品質是否將會有顯著的改善？

其次，經濟學家以最好到最壞等級的方式，來評估政策的效果。為了進行評估工作，經濟學家必需確立政策**目標**。一般而言，政策的目標有4種：

1.效率性 (efficiency)

當生產的成本最低而且消費對所生產出來之商品與勞務的消費組合，感到最為滿足時，稱之為**經濟效率**。當有效率的生產、有效率的消費及有效率的交換三種條件存在時，我們就說經濟效率存在。

當每一個廠商均在最低的成本之下來生產，稱之為**有效率的生產**。而當消費者所購買的商品及勞務的組合，能夠使得他們的滿足感最大時，稱之為**有效率的消費**。而當每個人皆專精 (specialize) 在能夠使得他們產生最大經濟利益的工作上以賺取足夠生活的所得時，稱為**有效率之交換**。

2.公平性 (equity)

公平性為經濟正義。具有效率的經濟體系未必是公平的。經濟效率可能祇給予少數人帶來許多的財富，而給予多數人卻帶來少許的財富。經濟學家在對經濟效率之定義上已有共識，但對於如何來衡量社會公平性上，卻仍舊未達成共識。

3.成長 (growth)

經濟成長代表所得及產出的不斷上升。經濟成長肇因於技術不斷的進步，資本設備之不斷的累積與教育品質的不斷提高。貧窮國家在持續的經濟發展之後，可以成為富有的國家。然而經濟成長是必需支付代價的，過度的成長，通常代表快速的耗用自然資源。在某些時候，過度的經濟成長

祇會給地球帶來生態環境的破壞。對生態環境的破壞雖然是在經濟成長過程當中不可避免之缺點，但若政府能夠將一部份的資源用於進行保護環境的工作上，那麼經濟成長與環境保護亦是可以同時兼顧到的。

4.穩定性 (stability)

經濟穩定表示在一個國家的經濟體系之內，經濟成長率、就業水準及平均價格水準具有較小的波動。幾乎所有已經發展出來的總體經濟學的理論，均是被用來對造成一些經濟變數不穩定的現象進行了解，而許多經濟政策的目的，亦是在於控制經濟的不安定性。

第三節　經濟學的方法

在前面一節當中我們定義了經濟模型。一般而言，模型為真實社會之簡化或縮小版本，模型當中包括了一連串的假設以及含意。經濟模型可以是用文字 (words)、表 (tables)、圖形 (figures) 或數學公式來表示。而經濟學的研究就在於建立經濟模型來描述真實社會的一些經濟行為。**透過經濟理論之建立，使得人們對一些選擇行為有所瞭解，進而能夠對未來行為加以預測。**

經濟學理論包括了建構及檢定經濟模型之過程。為了檢定一個經濟模型含意是否符合真實世界之現象，模型通常會被用來對真實社會現象進行預測，而預測的結果有可能符合真實狀況，也有可能與真實現象不合。然而就是透過比較模型的預測結果，使得我們能更進一步來檢定經濟模型是否能夠有效的描述真實社會的現象。圖 1.1 歸納了整個經濟學研究方法之流程。由假設開始建立經濟模型，透過經濟模型之含意來對真實經濟行為進行預測及檢定。預測與檢定組成了理論之基礎，當預測的結果與真實社會現象之間有所衝突時，可以拋棄 (discard) 既有理論而改用其他替代理論或者是回到模型建構之階段，經過重新更改假設條件之後，再建立一個新的模型。而經濟學 (Economics) 本身便是能夠提供建構一個更佳經濟模型的理論基礎。

為了利用模型來進行預測，經濟學家通常會應用**其他條件不變** (*ceteris paribus*) 之假設來簡化模型。然而在真實社會當中，由於有許多條件是經常在變動的，因而使得經濟模型之預測能力普遍不佳。另外，由於經濟學為一門社會科學 (social science)，與自然科學 (natural science) 最大不同之

處在於，社會科學無法透過控制一些變數的實驗過程 (experiment)，來瞭解一整個事件的發生過程，僅能透過已發生事件之資料來判定事件發生的可能原因。由於社會現象的變化，將會隨著時間不同，而產生許多不同的不確定因子，而這些因子將會影響當時的事件，因此，即使利用歷史資料對

圖 1.1　經濟研究方法之流程圖

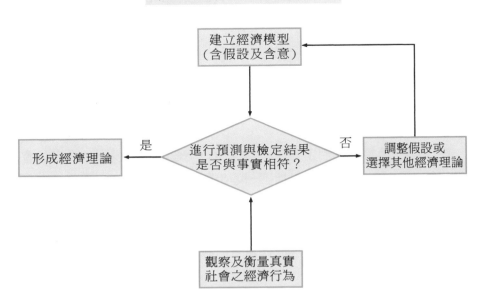

經濟研究方法的步驟為：首先建立經濟模型，透過模型來對真實經濟行為進行檢定與預測，當模型之預測能力或檢定結果不佳時，經濟學家必需透過調整假設，或選擇其他經濟理論來修正模型，並重新予以預測與檢定，當模型預測及檢定能力已逐漸與真實情況相符時，則形成經濟理論。

歷史事件有了充份的瞭解，也不能保證利用既有的模型能夠對未來的經濟行為進行充份的預測與瞭解，由此我們可以想像研究經濟學之困難。

此外，經濟學家亦儘量避免由於一些錯誤 (errors) 的推理過程 (reasoning)，所導致的錯誤之結論——謬誤 (fallacies) 之可能性。以下有二種謬誤在研習經濟學的過程當中是非常普遍的，因此必需要非常小心，這些謬誤分別是：

1.合成謬誤 (Fallacy of composition)

當整件事情當中有一部份是事實，因而就認為整體事件就是事實；或是，當整件事情皆是事實，因而就認定其中的一部份事件應該會是事實的

行為，皆可稱之為**合成謬誤**。例如，如果因為在一群漁船當中，有一條漁船使用大型的網，因而捕獲較多的魚，就推論，使用大型的網可以捕獲較多的魚的推論，就犯了**合成謬誤**。由於過多的漁船(整體)均使用大型網來捕魚，因而可能因為過度的捕撈，而使得大家都捕到較少的魚或捕不到魚。

合成謬誤大部份出現在總體經濟學中，它起因於當在經濟體當中的一部份與其他部份產生交互作用之後的結果，可能與在經濟體當中某一部份自行作用以後的結果不同的事實。例如，一家公司解僱了一些工人以降低生產成本，或增加利潤。但是如果在經濟體當中所有公司均解僱工人時，全體經濟的所得及支出就會下降，此時反而使得公司銷貨減少利潤下降。

2.因果謬誤 (Post hoc fallacy)

因果謬誤為當看到二件事情先後發生，就推理這二件事之間存在某種因果的關係。例如，通常我們是先看到閃電之後，再聽到打雷。但事實上，閃電與打雷是同時發生，而並非是閃電造成打雷的。例如，當股市開始繁榮之後，經濟亦跟著好轉了，是否是因為股市的繁榮而導致了經濟的成長呢？有可能，但亦有可能是因為公司發現了能夠使得生產成本大幅下降的生產技術，而投資人由於預期公司獲利將會上升，因而紛紛購買股票而使得股價上揚。

重 點 彙 整

1. 經濟學在於探討社會如何運用有限的資源來生產具有價值的商品，以及討論如何將所生產出來的產品有效的分配到社會上的每個人的手中。

2. 在經濟體系內的生產過程中，若出現「除非改變既有產品之生產方式，否則無法再去增加額外商品之生產量」的現象時，稱之為有效率的生產。

3. 有關於什麼是的敘述稱為實證敘述，而關於應該是什麼的敘述稱為規範敘述。

4. 一套可以讓我們用來預測及瞭解人們所做的經濟選擇之原理稱之為經濟學理論。

5. 經濟學模型之研究目的，在於嘗試瞭解在資源有限的條件下，家計單位、廠商及政府如何來做選擇。

6. 經濟學家用天生稟賦來代表人們所擁有之資源，而用技術來描述將天生稟賦轉變成商品及勞務之過程。

7. 人們以選擇最適當方式來使用他們的資源及技術的組合，以得到最佳報酬的過程稱之為理性選擇。

8. 在經濟學當中均衡所代表的是，當每個人都做了最佳選擇（即在固定之資源、技術及偏好之下，個人所能做的最好選擇），而且在做出這一個選擇以前，也曾經與別人互相協調，且此一選擇與他人之選擇亦是相容的狀態。

9. 經濟均衡代表一種穩定的狀態，表示在考慮了個人偏好、天生稟賦及技術等條件下，人們所可以做出的最佳選擇，此時，並沒有任何有利的條件再來改變個人的選擇行為。

10. 個體經濟學以探討個別家計單位以及廠商之決策行為為主，此外，個體經濟學亦著重於探討個別市場之運作，以及如何以管制和稅來影響勞動力、商品及勞務之分配。

11. 總體經濟學嘗試了解整個大環境而非個別單位之經濟行為，更明確一點，諸如失業、國民所得及通貨膨脹等全體經濟活動所產生的結果，皆屬於總體經濟學所探討之範圍。

12. 透過政府的一些行動或設計一些機構等方式來改善經濟的表現稱為經濟政策。

13.透過經濟理論之建立，使得人們對一些選擇行為有所瞭解，進而能夠對未來行為加以預測。

14.當整件事情當中有一部份是事實，因而就認為整體事件就是事實；或是，當整件事情皆是事實，因而就認定其中的一部份事件應該會是事實的行為，皆可稱之為合成謬誤。

15.因果謬誤為當看到二件事情先後發生，就推理這二件事之間存在某種因果的關係。

練 習 題

1.試比較「資源匱乏」與「貧窮」之不同？

2.為什麼「資源匱乏」為形成人們選擇的主要原因？

3.機會成本定義為何？

4.試區分總體經濟學與個體經濟學之不同？

5.什麼是其他條件不變？

6.什麼是經濟模型？建立經濟模型的目的何在？

7.說明經濟研究的方法？

8.說明經濟理論與政策之不同？

9.經濟研究過程經常會出現那二種謬誤，試舉例說明之。

第1章附錄
如何解讀經濟學
所使用之圖形

　　在第1章當中，我們瞭解經濟學家以建立經濟模型的方式來描述社會的經濟行為，而圖形則是經濟學家經常使用的一種模型工具。因此，要瞭解經濟學，首先便必需清楚如何來解讀在經濟學上所經常使用之圖形？如果您不是很清楚如何來解讀圖形，在正式進入本書探討經濟學領域以前，請先閱讀本附錄。

　　什麼是圖形呢？圖形經常被用來表示二個變數(variables)或二個以上變數之間的交互關係。在經濟學上，圖形經常被用來瞭解一些經濟觀念及用來瞭解一些經濟行為的歷史趨勢(historical trends)。

　　在經濟學分析過程當中，我們使用了許多不同種類的圖形，包括討論一些與時間有關係的經濟變數圖形及討論二個變數之間相互關係的圖形。因此，在本附錄當中，我們首先介紹時間序列圖形，之後，我們再討論有關於二個變數之間相互關係的圖形。

第一節　時間序列 (Time-Series) 圖形

一、單一變數時間序列圖形

在許多情形之下，我們想要瞭解某一個變數隨著時間變化的過程。如在圖 1A.1 所表示的為臺灣地區上市公司股價指數自 1967 年至 1994 年之間變化的情形。 在一個時間序列圖形當中，X 軸所表示的為時間的座標，而將我們所要瞭解的變數置於 Y 座標。從時間序列圖形當中，可以觀察到一些非常有用的訊息:

1.圖 1A.1 告訴我們歷年股價指數水準值 (level) 變化的情形──包括歷年股價指數最高及最低的時期。

2.圖 1A.1 亦告訴我們歷年股價指數改變情形──股價指數是上升或下降。當圖形內的曲線往上，代表股價為上升之時期，如 1986～1990 年之間。而當曲線是往下時，代表股價下跌，如 1990 年以後的股價指數。

3.圖 1A.1 告訴我們股價變動的速度 (speed)──亦即代表變數上升或下降速度是很快或很慢的關係。當圖形內曲線是非常陡峭時,代表股價指數以很快的速度在上升或下降。如 1986～1990 年之間的股價指數資料; 當時的臺灣股市可以說是屬於一種狂飆之階段。而在 1970 年之間,臺北股價指數則是以非常緩慢的速度上升,因而使得圖形在這一段期間看起來較為平坦。

時間序列圖形亦可以用來觀察一個變數的趨勢 (trend)。**趨勢所代表的是變數上升或下降的一般傾向** (tendency)。一般而言，一個變數如果有向上的趨勢 (upward trend)時，可由時間序列圖形看出。當變數隨著時間的改變，有愈來愈往圖形上方移動的傾向時，稱變數具有向上的趨勢。反之，當一個變數具有向下趨勢 (downward trend)時，由變數的時間序列圖形當中，可以觀察到變數會隨著時間的變化有愈來愈接近 X 軸的傾向。在圖 1A.1 當中，我們發現股價指數在 1976～1990 年之間有向上的趨勢，但在 1990 年之後則出現一種向下的趨勢。

透過觀察時間序列圖形，亦可以很快的用來比較在不同時段時，同一變數變動情形。例如，由圖 1A.1 可以明顯看出，臺灣股市在 1967～1985 年以及 1986～1994 年之間的變化是有明顯的不同。在 1967～1985 年之間，臺灣股市的波動較小，但到了 1986 年以後，臺灣股市的波動情形則是變得較

圖 1A.1　臺灣地區股價指數歷年變化情形

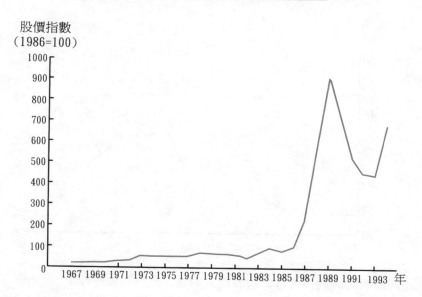

股價指數
（1986=100）

時間序列圖形可以用來表示經濟變數之歷年走勢。通常圖形之 X 座標是用來表示時間，如年、月、週、日等，而以 Y 軸來表示變數之單位。本圖表示 1967～1994年間臺灣地區年平均股價指數之變動情形。

資料來源：《中華民國臺灣地區國民所得按季統計》，行政院主計處編印。

為劇烈。

易引起誤解的一些時間序列圖形：

　　雖然時間序列圖形是一種非常有用的工具，它提供了我們對一個變數歷史走勢充份了解的訊息。然而不正確的使用時間序列圖形，有可能扭曲 (distort) 了真實資料而造成誤解。經常被用來扭曲圖形而形成誤解的方式有三種，分別為：⑴透過選擇不同的時段來代表不同的趨勢。⑵故意忽略原點來減少圖形之波動現象。⑶以改變 Y 座標的單位來故意擠壓 (squeezing) 或伸張 (stretching) 圖形。以下對這三種扭曲的方式分別說明：

　　1.避免以不同時段來表示不同的時間趨勢

　　圖 1A.2 所表示的為自 1967 年至 1986 年之間股價指數變動情形。很明顯由圖 1A.2 可以發現在這段期間的股價呈現一種向上的趨勢。而如果我們改變觀察的時段為 1987～1989年如圖 1A.3 所示時，就很難看出歷年股價指數之走勢具有明顯的向上或向下趨勢。事實上，如果把臺灣股市歷年股價指數繪製成圖（圖 1A.1），就可以發現歷年股價指數呈現一種向上的趨

圖 1A.2　臺灣地區股價指數 1967～1986 年間變化情形

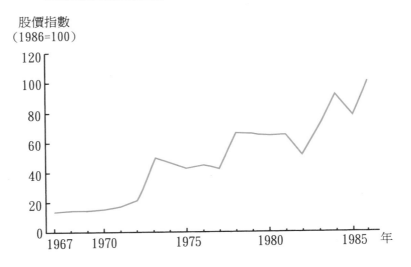

股價指數
（1986=100）

資料來源：同圖
1A.1。

以不同時段的時間序列資料繪製而成的圖，易形成某種程度的誤解。例如，如果我們祇採用 1967～1987 年之股價資料，恐易形成歷年股價指數呈現一種向上趨勢的印象。

勢。顯然的，選擇一段較長時間的資料或較不具有偏誤 (less-biased) 的時段來分析某一個變數的走勢，可給予讀者對於一個變數歷年的變動情形有較明確的瞭解。雖然沒有一定的法則可以用來避免產生扭曲的圖形，但有一些事前應該注意的事項，可以用來防範產生不明確的圖形：

(1)在繪製時間序列圖形時，應該儘量避免選用的變數正處在不正常的高或不正常低的時段的資料為圖形之起始點。例如，就我們所使用的股價資料而言，臺灣股市在 1990 年達到歷史最高點 12500 左右，隨後股價指數就開始急速下降，如果我們的圖形以 1990 年為起始點時，恐將形成讀者認為臺灣股價指數有向下趨勢的一種印象。

(2)同樣的理由，時間序列圖形之終止日亦應該儘量避免選擇變數正處於不正常的高或不正常的低之時點。

(3)應儘量避免使用時間序列圖形來表示非常短時間內的訊息。在非常短時間內的資料可能祇是一種特殊的例子，並不宜用來代表一個變數長期的走勢。因此，在資料許可的條件之下，圖形應該儘量包括較長的時間，以便於讀者能瞭解變數歷年走勢變動之情形。

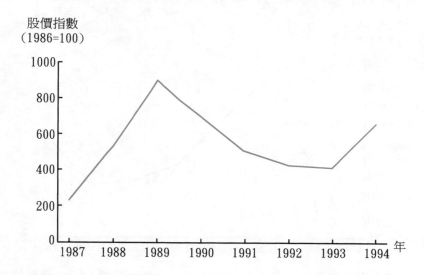

圖 1A.3　臺灣地區股價指數 1987～1994 年間變化情形

以不同時段的資料繪製而成的圖形，易形成某種程度的誤解。例如，如果我們祇採用 1987～1994 年之股價資料，似乎很難發現歷年股價指數存在任何的趨勢。

資料來源：同圖 1A.1。

2.忽略原點之危險性

　　圖 1A.4 與圖 1A.3 基本上是相同的圖形，二個圖形唯一不同點是：在圖 1A.4 當中，我們故意忽略了原點，而從股價指數為 200 的時候開始繪製圖形。在經濟變數當中，有些變數永遠不可能存在數值等於零的機會，因而有些時候，圖形並沒有包括原點，這是一種正確的做法，因為，此時圖形仍可以明確表示變數的訊息。然而在多數的時候，圖形若未包括原點，就很容易造成讀者對圖形的一些誤解，特別是忽略了原點，通常除了會造成讀者對變數水準 (level) 的不瞭解之外，亦會過度強調資料的波動情形。例如在圖 1A.4 當中，我們可清楚看到股價指數在 1987～1994 年之間的上升或下降情形，但由於忽略了原點，使得讀者並無法感覺到在這段期間之內股價水準的大小（到底 900、500 是相對多大?）。此外，由於忽略了原點，使得股價波動的情形，感覺上，會較包含原點時之圖形的波動來得較大（見圖 1A.4 與圖 1A.3）。

圖 1A.4　臺灣地區股價指數 1987～1994 年間變化情形

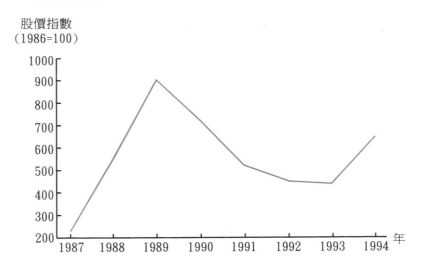

忽略原點可能使得讀者對變數大小形成誤解。本圖係採圖 1A.3 之資料繪製而成，而唯一差別的地方在於，本圖的 Y 座標以指數 200 而非以原點開始。雖然由本圖可以看出 1987～1994 年之間股市變化情形，但是卻無法掌握 Y 座標的變數水準大小。

資料來源：同圖 1A.1。

　　在有些時候，包含原點有可能會形成過度浪費圖形的空間，而在有些時候，由於資料的變動並不大，因此，在繪製圖形時，若包含了原點，有可能使得資料之波動情形更不容易被看出來。若圖形的目的在於強調資料的波動性，而且又要表現資料的相對大小時，可在圖形當中，以斷列線的方式，來表達圖形是從原點開始如圖 1A.5 所示。

3.以改變座標 Y 軸的衡量單位，來改變圖形之波動性

　　我們在閱讀圖形時，必需要注意 Y 軸的單位，因為透過 Y 座標的大小，很容易來扭曲圖形，而形成閱讀者視覺上的誤解。例如，故意縮小 Y 座標的單位，可以用來故意顯現變數的波動性，或是以故意放大 Y 座標的衡量單位來隱藏圖形的波動性。在圖 1A.6 中所顯示的，即是在放大 Y 座標單位後的圖形。若將圖 1A.6 與圖 1A.2 相互比較，放大座標後的圖形（圖 1A.6），感覺上較圖 1A.2 的波動來得小。因之，在閱讀圖形時，必需要特別注意 Y 座標的單位，以避免形成對變數具有某種誤解。

圖 1A.5　臺灣地區股價指數 1987～1994 年間變化情形

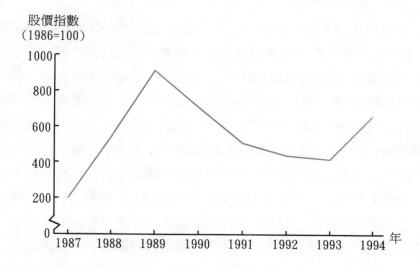

忽略原點可能造成讀者對變數之大小形成誤解。如果變數的單位很大時，可以採用斷列線的方式來表示圖形，讓讀者瞭解變數原始水準的大小。

資料來源：同圖 1A.1。

圖 1A.6　臺灣地區股價指數 1967～1986 年間變化情形

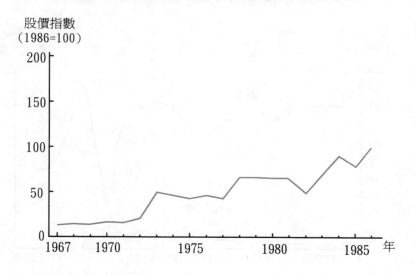

資料來源：同圖 1A.1。

故意壓縮或伸張 Y 軸座標的單位，可能使得圖形波動性變得較小或較大，因而形成讀者的誤解。在本圖當中，我們故意壓縮 Y 軸之座標，使 1967～1986 年股價之波動看起來較圖 1A.2 為小。

二、二個變數的時間序列圖形

　　有時候我們認為二個變數之間的歷史走勢會有某種程度的關聯，因此，將二個變數的歷史資料重疊之後所繪製而成的時間序列圖形，便可以用來表示這二個變數之間的歷年關係。例如，當國內匯率開始升值時，亦正逢國內股票價格開始大漲的時期，因此，將國內歷年匯率與股價指數二個變數資料放在一起的時間序列圖形，是否就可以用來顯現二者之間歷年的關係呢？圖 1A.7 表示了股價指數與匯率之間的歷年關係。由於股價指數與匯率二個變數的衡量單位不同，因此在圖形上，我們分別利用圖形左右二方的 Y 座標來表示股價指數與匯率的單位。由圖形可以看出來，股價與匯率之間似乎存在一種相反的關係；在 1967～1972 年之間，當匯率大致維持在 1 美元兌換 40 元臺幣時，股價指數亦大致維持在 15～20 之間。而在 1972～1977 年之間，當匯率升值至 1 比 38 左右時，股價指數亦上升至 50 左右。在 1977～1985 年之間，當匯率由 1 比 38 升值至 1 比 36 左右後再回貶至 1 比 40 時，股價指數亦由 40 上升至 60 再下降至 40 左右。而在 1985 年以

圖 1A.7　歷年臺灣地區匯率與股價指數走勢圖

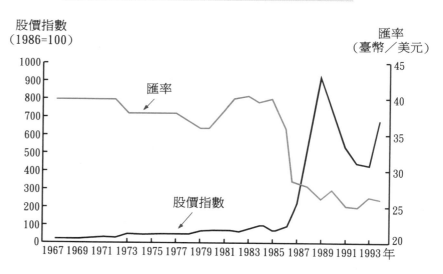

資料來源：同圖 1A.1。

時間序列圖形可以用來表示二個變數之間的歷年走勢關係。在本圖當中，我們繪製了在 1967～1994 年之間股價指數與匯率之間的關係。在圖形當中，以 X 軸來表示時間，左邊的 Y 軸表示股價指數，右邊 Y 軸為 1 美元兌換臺幣金額之座標。由圖形當中似乎可以觀察到匯率與股價指數之間存在一種相反的關係。

後，臺幣開始大幅升值至 1990 年達 1 比 26，而股價指數在此段時期亦達到歷史最高點 912.01 (12500左右)。而 1990年以後，當股價指數下降至 500點左右之後，而在 500點附近振盪時，匯率亦大致在 1 比 26 左右附近振盪。

第二節　二個變數間相互關係之圖形

　　在前面一節當中，我們已經介紹了在經濟學當中經常被使用到的圖形之一，時間序列圖形，這類的圖形經常出現在總體經濟學的討論上。而另一類經常被應用在經濟學上，特別是在個體經濟學討論上的圖形，就是二個變數間相互關係的圖形。二個變數之間的相互關係可能包括(1)二者之間具有同時上升或同時下降之關係，(2)二者之間具有相反的關係，(3)二者之間存在最大值 (maximum) 或最小值(minimum) 的關係，及(4)二者之間並不存在任何關係等四種情形。以下分別就這幾種關係來探討：

　　1.二個變數之間，具有同時上升或同時下降的關係時，稱為二個變數間具有正向關係(positive relationship)，如圖 1A.8 所表示。在圖 1A.8(a)當中所表示的是二個變數之間，具有一種線性 (linear) 的正向關係，線性正向關係代表 X 與 Y 之間上升的比例是維持不變，因此斜率是固定 (constant) 的。

　　在圖 1A.8(b)當中所顯示的是一種斜率上升之曲線關係 (curve relationship)。當 X 與 Y 之關係，隨著 X 之上升而 Y 增加的比例愈快時，就會出現此種形態之圖形。因此在(b)圖形當中，我們發現當 X 靠近原點時的斜率較為平坦，但隨著 X 上升，曲線就變得較為陡峭。而在圖 1A.8(c)所表示的正好與 1A.8(b)圖所表示的關係相反，當 X 較接近原點時，曲線之斜率較為陡峭，但隨著 X 之上升，曲線之斜率則變得愈來愈平坦。

　　2.二個變數之間若存在相反的關係時，則稱二個變數之間具有負向的關係 (negative relationship)，如圖 1A.9 所示。如同在正向關係時所表示的，當 X 與 Y 之間維持等比例的關係時，代表一種具有固定的線性斜率之關係如圖 1A.9(a)。而當 X 與 Y 之間的關係會隨著 X 之變化而改變時，代表 X 與 Y 之間出現一種曲線的負向關係如 1A.9(b)及(c)圖形所表示的關係。在圖1A.9(b)當中，所表示的是一種隨著 X 增加而 Y 變化減少斜率下降的過程，亦即當 X 愈大時，曲線變得愈平坦。而圖 1A.9(c)所表示的是一種斜率上升之過程，代表當 X 變得愈大時，Y 變得愈小；換言之，當 X 變大時，曲線會變得較為陡峭。

圖 1A.8　正向關係

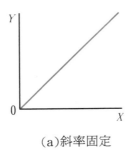  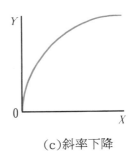

(a)斜率固定　　　　　　(b)斜率上升　　　　　　(c)斜率下降

(a)、(b)及(c)表示 X 與 Y 之間存在一種正向關係，亦即當 X 增加時， Y 亦增加，但(a)、(b)及(c)所代表之 X 與 Y 之關係不盡然相同。(a)代表 X 與 Y 之間具有等比例之關係，所以斜率是固定（亦稱直線關係）。(b)及(c)則代表 X 與 Y 之間的關係並不是固定（稱曲線關係）。在(b)當中，隨著 X 之上升， Y 上升之部份愈大，因此在圖形右方，曲線呈現較陡的形狀。而在(c)當中，隨著 X 上升， Y 上升之部份逐漸變小，因此在圖形右方，曲線呈現較平坦之形狀。

圖 1A.9　負向關係

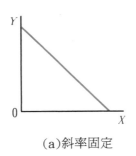 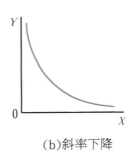 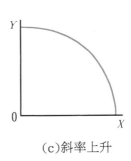

(a)斜率固定　　　　　　(b)斜率下降　　　　　　(c)斜率上升

(a)、(b)及(c)表示 X 與 Y 之間存在負向關係。然而三個圖形所表示的是不同的 X 與 Y 之間具有負向的關係。在(a)圖形當中， X 與 Y 之間具有一種線性的負向關係。在(b)圖形當中，隨著 X 上升， Y 減少的速度會愈來愈小，因此當 X 離開原點愈遠時，曲線之斜率愈平坦。而在(c)圖形當中， X 與 Y 之關係，隨著 X 之增加， Y 減少的速度愈來愈快。亦即，當 X 離原點愈遠時，曲線變得愈陡峭。

3.二個變數之間存在最大或最小關係。經濟學所要探討的是，在有限資源之下如何充份運用資源來達到最大效益，或如何以最小成本來從事生產而使得公司的利潤最大。經濟問題亦可說是一種求取最佳值的問題，因此在經濟模型當中，經常必需去尋找最大值或最小值。由於圖形亦為經濟模型經常使用的工具之一，因此，在圖 1A.10 所表示的，即是最小值與最大值的關係。

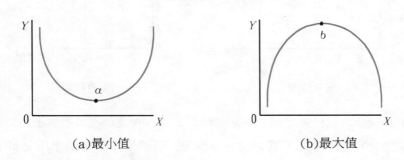

圖 1A.10　最小值與最大值

(a)最小值　　　　　　　　　(b)最大值

圖(a)表示最小值的關係，在 a 點左邊的曲線斜率為負，但隨著 X 的增加，斜率逐漸變得平坦，到 a 點時斜率等於零，過了 a 點以後，斜率變成正的，而且隨著 X 增加，曲線的斜率變得愈來愈陡峭。圖(b)表示最大值的關係，b 點為最大值。曲線在 b 點左邊具有正斜率，但隨著 X 增加，斜率開始變得平坦，在 b 點時，斜率為零，而在 b 點右邊，曲線斜率變成負的，而且隨著 X 之增加，曲線變得愈來愈陡峭。

　　在圖 1A.10(a)當中，a 點所表示的為曲線的最小值。在 a 點左邊曲線具有負斜率，隨著 X 逐漸接近於 a 點，曲線的斜率變得愈來愈平坦，在最小值 a 時，斜率等於零。在 a 點右方之曲線，則具有正斜率，且曲線的斜率將會隨著 X 之增加而逐漸變得愈來愈陡峭。

　　圖 1A.10(b)所表示的是最大值之關係。b 點為曲線之最大值，在 b 點左邊的曲線具有正斜率，但此一正斜率會隨著 X 之增加，而逐漸變得愈來愈平坦，在最大值 b 時，斜率等於零。而在 b 點右方之曲線，則具有負向斜率，且隨著 X 之增加曲線斜率將會變得愈來愈陡峭。

　　4.二個變數之間並不存在任何關係。在許多情況之下，一個變數的變動與另一個變數的變動之間並沒有任何關聯，如果將這二個變數以圖形方

式表達出來，則是出現一條垂直直線或是水平直線的關係，如圖 1A.11 所示。至於是水平線或垂直線，端視 X 座標與 Y 座標所選擇之變數而定。

圖 1A.11　變數之間並不存在任何關係

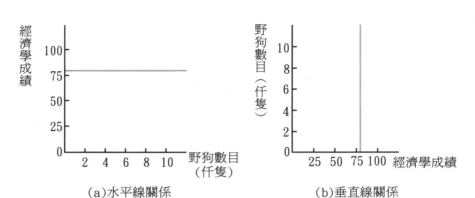

(a)水平線關係　　　　　　　　　(b)垂直線關係

圖(a)與(b)表示二個變數之間並不存在任何關係。(a)表示經濟學成績與野狗數目之間是完全獨立；亦即不管野狗有多少隻，經濟學的成績都維持在80分，因此，二者之間具有水平線關係。(b)所表示的是二個變數之間，呈現一種垂直獨立的關係，圖(b)僅是將圖(a)之 X 座標移轉至 Y 座標，而 Y 座標移往 X 座標。顯然的，無論是垂直線或水平線所代表的均是二個變數之間具有獨立的關係。水平線與垂直線之差異，則是決定於所選擇解釋的變數是放在 X 座標或 Y 座標。

　　由圖 1A.11(a)及(b)得知，無論圖形所顯示的是一條水平直線或一條垂直直線，都可以代表二個變數之間是完全不相關的（獨立）。由我們所用的例子來看，經濟學的成績與野狗數目之間是完全獨立的。絕對不會因為野狗數目之多寡而改變經濟學的學期成績，因為這二個變數之間是完全不相關的。此外，由圖 1A.11(a)與(b)又得知，改變變數所在的座標就能改變圖形是水平線或垂直線的關係，因此，凡是水平線或垂直線所代表的均是二個變數之間並不存在任何關係，至於是水平或垂直線，則是取決於 X 座標所選擇的變數。

第三節　斜率

　　在前面一節當中，我們介紹了二個變數之間所可能存在的幾種關係，

而二個變數之間的相關程度可以透過曲線或直線的斜率來表示。什麼是斜率 (slope) 呢？**斜率代表 Y 軸變數之變動與 X 軸變數之變動間的一種比率關係。**以數學式來表示時，斜率可以定義如下：

$$斜率 = \frac{\Delta Y}{\Delta X} \tag{1A.1}$$

Δ (delta) 為希臘字，表示變動的意思，$\Delta X = X_1 - X_0$ 表示由 X_0 到 X_1 之間的變動量，同理 ΔY 表示由 Y_0 到 Y_1 之間的變動量。如果 Y 的變動量較 X 的變動量為大時，斜率會較大，代表直線（曲線）較為陡峭 (steep)。反之，X 的變動量若大於 Y 的變動量時，斜率會較小，意謂著直線（曲線）較為平坦 (flat)。

一、直線斜率的計算

由於直線的斜率是固定的，因此，在直線上任何位置所計算的斜率應該會相同。圖 1A.12(a)及(b)分別代表了具有正向斜率及負向斜率之直線，利用式 (1A.1)，計算圖 1A.12(a)及(b)的斜率。

圖 1A.12　直線之斜率

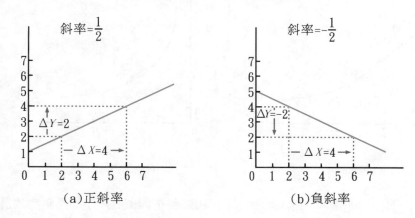

(a)正斜率　　　　　　　　(b)負斜率

計算直線之斜率，必需計算 Y 之變動量與 X 之變動量。圖(a)表示具有正斜率之直線（X 上升，Y 亦上升），Y 由 2 上升至 4，因此 $\Delta Y = 2$，而 X 由 2 上升至 6，因此 $\Delta X = 4$，所以斜率 $= \frac{1}{2}$。而圖(b)表示具有負斜率之直線（X 上升，Y 下降），X 由 2 上升至 6，因此 $\Delta X = 4$，Y 由 4 下降至 2，因此 $\Delta Y = -2$，所以斜率為 $-\frac{1}{2}$。

　　圖 1A.12(a)為正斜率之直線，為了計算直線之斜率，我們在直線上任取二點之後計算 X 與 Y 之變動。由圖 1A.12(a)計算出 $\Delta X = 4$，$\Delta Y = 2$，因此圖 1A.12(a)之直線斜率為 $\frac{\Delta Y}{\Delta X} = \frac{2}{4} = \frac{1}{2}$。

　　圖 1A.12(b)為具有負斜率之直線，斜率之計算方式如同圖 1A.12(a)，在直線上任取二點之後，計算其 X 與 Y 之變動量，分別為 $\Delta X = 4$，$\Delta Y = -2$，因此其斜率為 $\frac{\Delta Y}{\Delta X} = -\frac{2}{4} = -\frac{1}{2}$。

　　圖 1A.12(a)及圖 1A.12(b)均具有相同之斜率，而唯一不同的是圖 1A.12(a)之斜率是正值，而圖 1A.12(b)之斜率則是負的，因為圖 1A.12(a)所表示是 X 與 Y 之間具有正向關係（X 上升，Y 亦上升），而圖 1A.12(b)所表示是一種負向關係（X 上升，而 Y 下降）。

二、曲線斜率的計算

　　由於曲線之斜率不是固定的，因此在計算曲線斜率時，會因為所選點

圖 1A.13　曲線之斜率

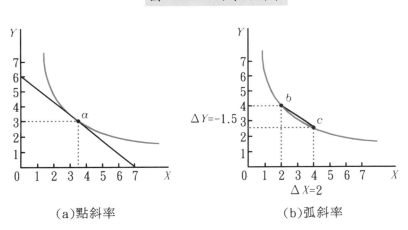

（a）點斜率　　　　　　　　　　（b）弧斜率

曲線斜率可以用點斜率如圖(a)所示，或採用弧斜率如圖(b)所示。點斜率的計算方式，採用與曲線相切的直線斜率來表示該點之點斜率。例如在圖(a)當中，通過 a 點之直線斜率為 $-\frac{6}{7}$，表示曲線在 a 點之斜率為 $-\frac{6}{7}$。而計算弧彈性的方式，則是在曲線上任取兩點，以直線連接該二點之後，計算該直線之斜率如圖(b)所示。在圖(b)中，bc 為曲線上任意二點，而 bc 為連接此二點之直線。由 b 到 c，Y 之變動為 -1.5，而 X 之變動為 2，因此弧斜率為 $-\frac{1.5}{2}$ 或 $-\frac{3}{4}$。

的位置不同而有不同之斜率。計算曲線之斜率亦可分成二種方式; 點斜率與弧斜率 (slope across an arc)。圖 1A.13(a)及(b)分別描述了點斜率及弧斜率之計算方式。

　　由於曲線斜率不是固定的, **因此要討論曲線斜率必需以探討曲線上某一特定點之斜率為主, 而此一特定斜率稱之為點斜率**。計算點斜率時, 必需在曲線上的某一特定點上, 劃一切線通過該點, 而後以計算通過該點之切線的斜率來表示該點之點斜率。在圖 1A.13(a)中, 曲線上 a 點之斜率為通過 a 點切線之直線斜率, 亦即 $\Delta Y = -6$, $\Delta X = 7$ 因此 a 之點斜率為 $\dfrac{\Delta Y}{\Delta X} = -\dfrac{6}{7}$。

　　計算弧彈性有點類似於計算平均斜率。在圖 1A.13(b)中的曲線與圖 1A.13(a)中的曲線為完全相同的曲線。在圖 1A.13(a)中, 我們計算 a 點之斜率, 但在 1A.13(b)中, 我們計算 b、c 點之平均斜率, 由 b 點到 c 點, $\Delta X = 2$ 而 $\Delta Y = -1.5$, 因此 bc 間之直線的斜率為 $\dfrac{\Delta Y}{\Delta X} = -\dfrac{3}{4}$。

重 點 彙 整

1.在一個時間序列圖形當中，X軸所表示的為時間的座標，而將我們所要瞭解的變數置於Y座標。

2.趨勢所代表的是變數上升或下降的一般傾向。

3.二個變數之間，具有同時上升或同時下降的關係時，稱為二個變數間具有正向關係。

4.二個變數之間若存在相反的關係時，則稱二個變數之間具有負向的關係。

5.斜率代表Y軸變數之變動與X軸變數之變動間的一種比率關係。

6.由於曲線斜率不是固定的，因此要討論曲線斜率必需以探討曲線上某一特定點之斜率為主，而此一特定斜率稱之為點斜率。

練 習 題

1.根據以下資料繪圖

(1)令價格資料為Y軸，數量為X軸，利用表內第1～2欄資料關係繪製。

(2)指出當價格為$550元時，數量有多少。

(3)再令數量為水平軸，收入為垂直軸，利用表2～3欄資料繪圖。

(4)當價格為$550元時，總收入為多少？當價格下降時總收入是上升或下降？

價　　格	銷貨數量	總　收　入
$1,000	200	200,000
900	400	360,000
800	600	480,000
700	800	560,000
600	1,000	600,000
500	1,200	600,000
400	1,400	560,000
300	1,600	480,000
200	1,800	360,000
100	2,000	200,000

2.試繪出臺灣地區歷年失業率與經濟成長率的關係？

第 2 章

經濟組織、循環周流與所得分配

前　言

　　由於在經濟體系 (economy) 內的生產過程，會受到本身的資源及技術水準所限制，所以無論是非常富有或非常貧窮的經濟體均必需做一些選擇；例如，是要增加社會福利的支出或是要增加國防的預算？是要興建高速公路或是增加教育經費的預算？是要使產品價格上升，或是增加產品產量？選擇意謂著社會必需決定生產那些 (what?) 商品？如何 (how?) 來生產這些商品？以及為誰 (for whom?) 去生產這些商品？而這三個問題——那些、如何及為誰——正為經濟組織 (economic organization) 內所要探討的主題。現更詳細說明如下：

■ 生產那些商品及應該生產多少數量？在眾多的商品與勞務當中，經濟組織必需決定要生產多少產量之商品及勞務？以及何時去生產這些商品及勞務？例如，到底應該運用有限的資源去生產投資財 (investment goods)，或生產消費財 (consumption goods)？是要生產高品質之電視或品質較低之電視呢？

■ 如何來生產商品？經濟組織必需決定誰來從事生產？用什麼資源來生產？以及使用何種技術來從事生產？例如，到底那些人應該從事農業，而那些人該從事教書？到底應該用水力、燃煤、天然氣或核能來發電？我們的社會應該選擇成本較高之低污染工業來從事生產，或選擇成本較低之高污染工業來從事生產呢？以上這些問題，均是討論如何來生產時應該要探討的課題。

■ 為誰去生產這些商品？在經濟體系當中最重要的目標之一，就是在於到底誰該來享受社會努力的成果？換言之，應該如何將國民生產 (national product) 合理的分配到所有家計單位中？為什麼在一個社會當中，僅有少數的有錢人，而卻有多數的窮人？為什麼經理、房東、律師的所得高於一般人呢？在社會當中老人或病人是否有足夠的食物可吃呢？諸如此類的問題，均是在探討到底在經濟組織當中，應該為誰去生產這些商品呢？

　　研究經濟學主要目的之一，就在於研究及瞭解在不同經濟體系之下如何去回答什麼、如何、及為誰等三個問題。由於不同的經濟系統 (economic system) 形成不同的經濟體系，而經濟學正是用來研究在不同的經濟體系之下，經濟體如何使用有限資源做最佳的分配的一門學問？因此要瞭解經濟學以前就必需對不同的經濟體系有所瞭解，現在就讓我們先來看看什麼是經濟體系？此外，由於不同經濟體系對所得分配的能力亦有所不同，然而什麼是所得分配？如何來衡量所得分配，在本章中亦將逐一說明。

第一節　什麼是經濟體系

　　經濟體系 (economy) 為一個在考慮了所有可能的一些使用情況(competing uses) 之後，而來從事分配有限資源的機構。在經濟體系內，我們將討論前述的三個目標，即什麼？如何？及為誰？為了瞭解在經濟體系當中如何來完成以上的目標？首先我們必需先明白經濟體系之組成成份 (components) 有那些？以及各成份之間互動的關係如何？一般而言，經濟體系包括二個組成成份；第一個組成成份為**決策單位**(Decision makers)，而第二個組成成份為**市場** (Markets)。

一、決策單位

　　決策單位是經濟體系當中的主要演員，在經濟舞臺（市場）當中，決策單位必需做出最佳化的選擇。一般而言，經濟體系當中包括有三種主要的決策單位 (見圖 2.1)：

　　　　1.家計單位 (Households)，

　　　　2.企業單位 (Firms)，及

　　　　3.政府單位 (Governments)。

　　家計單位本身為一種同時具有生命單位 (living unit) 及經濟單位 (economic unit) 特性的部門。家計單位可以由一個人或無數多人所組成，而且無論具有多少成員，家計單位均會具有所得收入 (income)，**因此也就必定會花費部份的所得**。而整個經濟體之家計部門 (household sector)，則是定義由經濟體內全體家計單位所組合而成。由於家計部門擁有企業部門在生產過程中所需要之土地、勞動力、資本及企業才能等要素，所以本部門便成為市場經濟體系 (market economy) 當中，經濟資源（要素）之主要來源。
❶ 此外，由於家計部門亦會消費由企業部門所生產出來的商品與勞務，因此家計部門因為消費商品及勞務所支出的費用便是企業部門的主要收入來源（見圖 2.1）。

　　企業單位定義為一種在經濟體系當中，使用資源去生產商品及勞務的組織。 所有生產者 (producer)不論其產量有多大或多小，皆稱為企業單位或廠商（在本書當中，公司、企業或廠商，均是用來代表企業單位），企業部門代表在經濟體系當中所有企業單位之總合。在經濟體系當中，企業部

❶ 在市場經濟體系之下，私人被允許擁有資源的所有權。而在另一種經濟體系 —— 管制經濟體之下，私人則不能擁有資源所有權。詳細有關於二種經濟體系之介紹，將分別於第三節與第四節中討論。

圖 2.1 經濟組織之循環周流圖

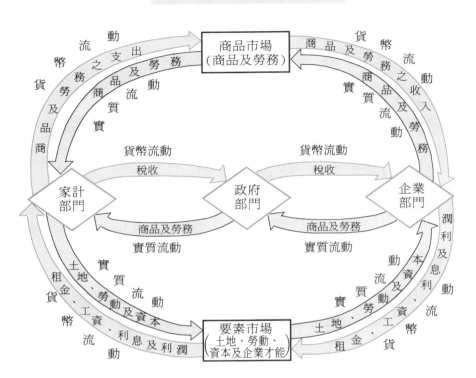

家計單位、企業單位及政府單位為經濟決策的基本單位。家計單位決定提供多少實質的土地、勞動力、資本及企業才能以用來交換租金、工資、利率及利潤的金錢收入。而透過這些金錢的收入，家計單位得以在商品市場上購買由廠商所生產出來之商品及勞務。透過要素市場之存在，廠商得以決定投資多少土地及資本，以生產實質商品及勞務。而政府單位則用來決定要提供家計單位與企業單位那些商品與勞務？而家計與企業單位則是以繳稅方式來支付政府所提供的商品及勞務。由此可知，在經濟體系內的所有決策單位均需透過商品市場與要素市場來進行協調與買賣的行為。

門向家計部門購買所需之資源（透過要素市場），而將資源透過技術過程轉成商品及勞務之後，再轉賣給家計部門（透過商品市場），詳細流程請參考圖 2.1。

　　政府單位則是由經濟體系當中各級政府單位所組成。政府單位之基本作用為(1)在於提供必需之商品及勞務（如國防、教育及交通），(2)對所得及財富 (wealth) 予以重新分配 (redistribute)，以避免社會中貧富差距過大，(3)在政府單位所提供的勞務當中，以立法及公權力的執行為最重要的工作

之一，⑷規範企業部門之行為（如不實廣告及聯合漲價）及⑸以稅收來做為政府所提供勞務的資金。

二、市場

在經濟體系當中，除了具有三個決策單位以外，亦包括了二個市場，即商品市場 (product markets) 及要素市場(factor markets)。 **市場 (market) 為經濟體系當中演員（決策單位）的主要舞臺。一般而言，市場可定義為人們進行物品買 (buy) 與賣(sell) 行為的地方 (place)。在經濟學當中的市場具有更一般性的定義，因此凡是進行買賣行為之安排的地方皆屬於市場的定義。**在經濟學的定義當中，市場不一定是一個具有實體的地方，凡是具有買賣行為的安排者皆可稱之為市場。例如，世界石油市場並非指某一個特定的地點，而是指一個具有多種角色（含石油使用者、大盤商、掮客）之競爭場所，在這些場所當中祇需透過電話、傳真及網路連線便可以進行相互之間的買賣行為。

在商品市場當中，主要是用來進行商品及勞務的買賣行為，而商品及勞務的價格 (prices)，則是完全取決於買方(buyers) 與賣方 (sellers) 之間的互動行為。

要素市場為生產所需要使用的要素之買與賣的場所。同樣的，透過買方與賣方之間相互協商的行為可以決定要素之價格。生產要素通常是指在經濟體系內的生產資源 (productive resources)，包括了土地 (land)、勞動 (labor)、資本 (capital) 及企業才能 (entrepreneurial ability)。勞動力代表人力及腦力，而資本則包括在生產過程當中所需要使用之設備、建築物及工具，或其他用於生產過程之製造財 (manufacturing goods)。企業才能則是泛指用來安排在生產過程中使用其他三種要素之一種特殊才能。工資 (wage) 為使用勞動力的代價，租金 (rent) 是指使用土地的代價，利息 (interest rate) 表示使用資本之代價，而企業才能的報酬則是利潤 (profit)。

第二節　經濟活動之周流

圖 2.1 代表在市場經濟體系之下，經濟體系內經濟活動之周流 (circular flow) 圖。在經濟活動周流之內，我們又必需區分二種不同之流動 (flow)。在圖 2.1 之外環，有**貨幣流動**(money flow)（包括租金、工資、利息及公司

利潤），**貨幣流動由企業部門流向家計部門，主要是在償付因為使用家計部門所提供資源之代價**。而由家計部門流向企業部門之貨幣流動，則代表家計單位因為消費由企業部門所生產出來之商品及勞務的貨幣價值。圖 2.1 之內環則是用來代表**實質流動**(real flow) 的過程。**實質流動表示經濟體系當中有形 (physical) 商品及無形的勞務之流動**（例如，車輛之購買，會計事務之諮詢服務等等）過程。透過商品市場的實質流動，企業部門將已生產完成之商品及勞務賣給家計部門，而家計部門則是透過要素市場，提供實質之勞動力、資本及土地給企業單位用以投入商品及勞務的生產過程當中。政府部門則是扮演提供給家計及企業部門一些商品及勞務實質流動的工作，家計及企業部門則是以繳稅的方式來償付由政府部門對家計及企業部門所提供之(1)國防、交通及教育之服務，(2)重新分配社會中的財產與所得之服務，(3)立法與公權力執行之服務，與(4)規範企業行為之服務。

而不論是實質流動或貨幣流動，在經濟體系當中均是生生不息反覆循環流動著，因此在圖 2.1 中也就未能發現在這一個周流過程當中，有任何中斷之處。

一、協調機能(Coordinate Mechanism) 的重要性

在以上討論經濟活動循環周流之過程中，我們發現，無論是家計部門、企業部門或政府部門在做選擇時，難免都會出現彼此之間互相衝突的情形。例如，家計部門選擇決定要提供那一種生產要素以及要素的數量，而企業部門則是要決定僱用那種要素以及僱用的數量。換言之，在要素市場當中，家計單位決定要素之供給 (supply) 量，而企業部門則是決定要素之需求 (demand) 量。同樣的，在商品市場當中，企業部門所要決定的是商品及勞務的供給量，而家計部門則是所要決定是商品及勞務之需求量。因此，供需之間要如何來求取平衡呢？如果再把政府部門的角色也包括進來，亦可以發現決策單位之間亦將出現因供給與需求之不同而產生相互對立的現象。例如，政府稅收的多寡將會影響到企業與家計部門實際可以用於支配的所得。而企業部門對商品及勞務之生產量，以及家計部門要提供多少的生產要素，亦會受到政府所能提供商品及勞務大小的影響。例如，政府如果能夠提供良好的教育環境，那麼投入於生產的人力要素的素質將會較高，如此使得企業有可能多從事於高科技商品之生產，或者是使得企業單位的生產量提高（因為勞動力具有較高的生產力）。

而如何才能使得家計、企業及政府部門之數以千計個決策之間，不至

於互相衝突呢？如何才能使得家計單位所願意提供之要素數量，正好可以滿足企業部門對要素之需求呢？此外，要如何才能使得企業部門所生產出來之商品及勞務的數量，正好能滿足家計單位對商品及勞務之需求量呢？當市場當中的企業部門與家計部門之間的供需不能平衡時，市場如何來調整？換言之，市場當中之協調機能為何？

二、市場的協調機能

在市場經濟體系 (market economy) 之下，透過價格的調整 (price adjustment) 機能，來協調不同單位之間的決策衝突。例如，當奔騰 (pentimum) 晶片剛問世時，消費者對奔騰晶片之需求量遠大於市場的供給量，因而，使得一些想要購買奔騰晶片之消費者的需求無法得到滿足；為了讓市場上的消費者對奔騰晶片之需求能與生產者之供給數量相等，賣方（供給者）就必需要能夠提高供給量，或買方（消費者）也要能同步減少使用奔騰晶片數量，而改用 486 晶片時，供需才有可能相等。為了使得供需相等，市場上唯有透過提高奔騰晶片的價格，才可以同時達到以上所希望的效果，因為，更高的晶片價格可以刺激廠商提高晶片供給量的意願，另一方面提高晶片的價格卻可以減少買方對奔騰晶片之需求，而改用 486 晶片。最後，由於價格的上升終將使得經濟體系內，生產單位與消費單位之決策不再衝突而歸於一致。

同樣的，在奔騰晶片問世一段時間之後，市場的供給量可能會大於需求量（即市場會存在過多的奔騰晶片），此時，奔騰晶片將會以降價的方式來調整生產與消費單位對商品數量不同看法的現象。❷ 價格下降將會使得製造廠商對晶片數量之供給意願減少，另一方面，價格下降卻將會使得買方對晶片之需求數量上升。當晶片價格一直下降到生產者所願意供給的數量與消費者所願意需求的數量相等時才會停止。因此，在生產與購買之間，無論是生產多於需求，或是需求多於生產時，只要透過商品價格之調整，就可以使得生產者與消費者決策趨於一致。因此在市場經濟體系之內，**價格**扮演了一個非常重要的協調機能的角色。

但在某些情況之下，價格並不是可以隨時調整的，如果價格無法反應市場不同的供需狀況而隨時調整時，我們稱為價格具有僵固性 (fixed or stuck)。當這種情況出現時，必需透過其他的調整機能才能使得決策單位之間的選擇趨於一致。當價格出現僵固性時，人們可能必需透過排隊的方

❷ 在 1996 年 1 月 31 日，聯合報資訊版提到，「國內 586 個人電腦將在春節過後有一波降價行動，金額從 1000 元至 10000 元不等」。此段新聞正說明了，當商品過度供給時，透過調整商品市場價格，可以來調整不同決策單位之間失衡的現象。

式才能購買得到商品，或是廠商的存貨 (inventories) 將會上升。當買方購買商品及勞務的意願，大於賣方所願意供給之數量且價格無法調整時，排隊購物之情形將會出現。而且，只有排在前面的顧客才有可能買到所想要的商品及勞務數量，排在後面的顧客將有可能買不到所想要的商品及勞務數量，結果使得市場決策單位之間出現衝突的現象。

第三節　市場經濟 (Market Economy)

前面第一節及第二節所討論的是一種稱為市場經濟的經濟體系，**市場經濟**可定義如下：

> **市場經濟是一種由個人或私人企業來自行決定有關於生產與消費決策的經濟體系。**

市場經濟又稱為資本主義 (capitalism)，**為一種有關於價格、市場、利潤與損失** (profits & losses)，**及獎勵** (incentives) **與報酬** (rewards) **之系統**，而透過這一個系統可以來決定生產什麼商品？如何生產？及為誰生產？透過使用成本最低之生產技術（如何？），廠商得以自由選擇能取得最大利潤之商品（什麼？）的生產行為，而個人則可以根據自己的所得水準來選擇最佳的消費行為（為誰？）。

一、市場經濟的特性

1.私人財產與選擇之自由 (private property and freedom of choice)

市場經濟的主要特性之一，在於允許私人財產之存在。在市場經濟之下，個人或團體可自由擁有生產所必需使用之資源，如勞動力及資本。企業可自行來決定要生產那些商品以及生產產品之數量，而消費者則可以自由選擇如何來消費。

2.自我利益 (self-interest)

自我利益為資本市場之驅動力 (driving force)。亞當史密斯 (Adam Smith) 曾描述資本主義為：在資本主義的經濟體系內，每個人（包括生產者、消費者）均在追求自我的財富。

3.市場與價格 (markets and prices)

　　資本主義通常亦稱之為市場經濟，主要是因為在資本主義之內，包含了數個交互作用之市場，而在各個市場之間則是透過價格的調整機能來達到均衡（見第二節之討論）。在市場經濟之內的價格則是透過在市場內買方與賣方之間的交互作用來決定。價格本身具有三種重要的功能：(1)對潛在之買方與賣方而言，價格提供了一種表示訊息 (signal) 之功能，亦即價格可提供買方，有關於不同商品之相對成本，以及提供賣方，在生產某一產品之後，將會有多少收益之訊息。(2)價格可以刺激企業家多去生產某一商品（價格高的商品），而減少其他商品（價格低的商品）之生產。(3)價格可協助經濟體系對有限商品及勞務產出的管制。換言之，祇有願意付出某一價格之消費者才能購買到該商品。

4.競爭 (competition)

　　競爭可以確保商品及勞務的價格達到合理的水準。**完全 (pure) 資本主義為一種完全競爭 (perfect competition) 之狀態。**[3] 當市場當中有許多企業單位時，商品及勞務的價格並無法由個別企業來決定，此時，價格必需透過市場的力量來決定。

5.政府有限度的干預 (limited government intervention)

　　極端的市場經濟體系稱之為**完全資本主義**，或稱為**自由放任的經濟體** (laissez-faire economy)。自由放任 (Laissez-faire) 為法文，它代表著「讓老百姓選擇他們所要做的」(let the people do as they choose)。因此在完全自由放任的經濟體系下，政府在整個經濟決策的過程當中並不扮演任何角色。透過價格的機能讓市場充份自主去決定生產與分配之決策（什麼？如何？及為誰？），以及透過競爭來確保消費者面對一個合理的商品價格。在自由放任經濟體系之下，政府僅需要扮演著維護個人擁有及使用財產權力的功用即可。

二、市場經濟之優點與缺點

　　完全資本主義制度具有不少的優點，例如，**完全資本主義第一個優點為經濟效率**(economic efficiency)。在市場經濟之下，企業能以最低成本的方式來從事於生產消費者最想要的商品與勞務，因此在市場經濟能夠確保整個社會在有限資源之下得到最大的收益。

　　完全資本主義的第二個優點是經濟自由(economic freedom)。在完全資本主義之下，消費者與生產者依據自我利益做出自由的決策。對許多人而言，資本市場最大的特點便是經濟自由。

[3]　有關完全競爭市場之架構，於第 9 章將會有詳細的討論。

❹ 見 Milton Fried-man, *Capitalism & Freedom* 一書 (芝加哥: 芝加哥大學出版社, 1962 年) 第 9 頁。

完全資本主義之第三個優點是政治自由(political freedom)。政治自由為著名經濟學家密爾頓‧傅利德曼 (Milton Friedman) 所提出的。❹ 傅利德曼認為經濟力量與政治力量應該分開。換句話說, 在市場經濟體系之下, 對生產要素所具有的私人擁有權不應該被侵犯, 意謂著, 當個人的政治立場與政府政治立場之間相互衝突時, 應該仍能繼續保有個人的工作權或擁有商品及勞務的權力。

然而完全資本主義並非是完美無缺的, 完全資本主義仍具有一些缺點, 一般而言, 其缺點如下, 第一, 財富分配不均。人天生便不具有同等的能力, 有些人天生能力傑出, 而有些人則與生俱來擁有龐大的財富。在完全資本主義之下, 由於私人財產權的關係, 產出與所得之間的分配將會顯得更為不平均。例如, 對一個出生於富有家庭的小孩子而言, 由於他（她）已預見可擁有來自於父母部份之財產, 以及較佳的受教育機會, 因此, 在可預見的未來, 他（她）的所得會明顯的多於出生於一般家庭的小孩。如此一來, 將會使得在完全資本主義之下的貧富差距更加擴大。上述有關於在資本主義之下貧富不平均的事實, 大大的削弱了資本主義贊成者, 有關於「在資本主義之下, 所生產出來之商品與勞務為社會最需要的聲明」。倒不如說是:「在資本主義之下, 所生產出來之商品與勞務, 為有錢的消費者所最需要的商品及勞務」較為貼切。

資本主義的第二個缺點則是由阿瑟‧歐肯 (Arthur Okun) 所提出的。根據歐肯的觀察, 在資本主義之下錢是萬能的, 因此, 有錢可以購買許多東西, 甚至是一些本來應該是不賣的東西（或金錢無法購買到的東西）。

❺ Arthur M. Okun, *Equality and Efficiency: The Big Tradeoff*, 華盛頓首府: 布魯克林機構出版 (1977) 第 22 頁。

例如, 錢可以買到一些特權、錢可以用來買票、錢可以使得一個人的說話更具有份量, ……有時, 縱使錢無法直接買到額外的特權, 但卻可買到用來增加特權之一些服務等等。❺

第三, 在完全資本主義之下, 對環境的保護是非常缺乏的。在完全資本主義之下, 空氣、河川及湖泊等, 是一種屬於共有財產之資源 (common-property resources), 所以這些財產的財產權應該是屬於大眾所持有而且是免費的。因此, 在資本主義為了求取最大自我利益的前提之下, 企業可能會選擇將一些在生產過程當中所產生出來之廢棄物倒入河川或湖泊, 以減少對廢棄物的處理成本。農人在選擇噴灑農藥過程當中, 僅注重農藥對農作物產出最為有利的一面, 而忽略了農藥對河川或野生動物可能有不利影

響的另一面。因此，在資本主義一昧追求自我利益的目標之下，環境將逐漸遭到破壞。

第四節　完全管制之社會主義經濟體

在管制的經濟體系 (command economy) 之下，政府囊括了所有有關於生產與分配之決策。政府不但擁有大部份有關於生產之原料（如土地與資本），亦擁有及經營大部份產業 (industries) 的權力。政府亦為大部份勞工之雇主，並告知勞工們應該如何來做他們的工作？此外，在管制經濟體系之下，政府亦決定應該如何去分配所生產出來之商品及勞務。簡言之，在管制經濟下，政府以擁有多數生產資源及強大的執行決策能力來解答了所有經濟問題。管制經濟體系或社會主義 (socialism) 經濟體系具有以下幾項特性：

1.公共所有權 (public ownership)

管制經濟體系最大的特性在於持有對生產用原料之所有權。在一個完全的社會主義之下，政府擁有用於生產過程當中所使用原料之所有權。工廠、農場、礦場、醫院以及其他形態之資本均屬於政府所持有。表面上，勞動力並不屬於政府，但在完全社會主義之下，經理人員或工人均是由政府來指定，因此，個人毫無選擇自由工作之權利。

2.中央集權的決策過程 (centralized decision making)

社會主義經濟體系之另一項特色為，所有經濟選擇之決策過程均由中央 (central authority) 一手來包辦。而中央在做經濟選擇之決策過程，可以參考老百姓之意見來做（稱之為民主的社會主義），或是完全不參考百姓的意見來做（稱之為集權式社會主義）。無論是採用那一種的決策方式，在社會主義之下中央做最基本的生產與分配之決策，並採取其他相關措施以確保地方單位能徹底的完成這些決策過程。

3.經濟計劃 (economic planning)

在管制經濟體下，經濟決策之協調係透過經濟計劃而非由市場來決定。中央或中央計劃局 (central planning board)，蒐集有關於既有生產的容量、原料之供應及勞動力數量的訊息，而根據這些資料，中央計劃局規劃出有關於全體經濟體系內各產業生產目標的主計劃 (master plan)，而後將整個主計劃之目標再轉成給各工廠、農場、礦場及其他生產單位適用之生

產目標。中央計劃局必需確保由經濟體系內各生產單位所生產出來的產品目標是一致的。例如，若汽車製造業生產目標訂為一百萬輛汽車時，絕對不允許輪胎製造廠僅生產二百萬個輪胎做為生產的目標。

4.命令式分配 (allocation by command)

在管制經濟體系之下，資源與產出是透過指定 (directive) 或命令的方式來分配。亦即，中央運用其管制的權力來執行分配的決策，一旦決定了生產及分配的目標之後，中央計劃局便命令各生產單位生產所需要的數量與種類，以及應該使用的資源組合。此外，中央計劃局亦指定原料供應商，供應一定數量的原料給某一特定生產單位。在資本主義體之下，是以透過市場機能來決定分配之功能，但在管制之社會主義之下，則是以透過計劃與指定方式來完成分配之機能。

一、管制經濟體之循環周流

在中央集權的決策過程之下的組織架構可採用金字塔(pyramid) 圖形來表示，如圖 2.2。在圖 2.2 當中，我們看到中央計劃局在金字塔最上端，而生產單位與消費單位則分別在金字塔之中間與底部。以金字塔圖形來代表

圖 2.2　管制經濟體之金字塔圖

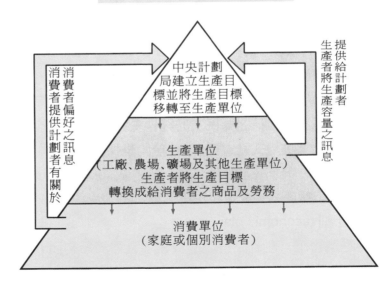

中央計劃局蒐集有關既有生產容量、原料供應、勞動力數量以及消費者偏好之訊息。根據這些訊息中央訂定生產目標之主計劃，並將生產目標交由各生產單位去從事生產給消費者使用之商品及勞務。

管制經濟體的目的，主要在強調中央集權之決策過程。

　　圖 2.2 右邊之周流顯示，在中層之生產者向中央反應有關於產能及勞動力之訊息。而在圖左邊之周流則用來表示，當中央對消費者之訊息有所需求時，在金字塔最底部之消費單位便會向中央反應由生產者所生產出來之商品及勞務的訊息，而在金字塔最上層之中央計劃局，就是根據這些訊息來訂定生產目標。各生產單位根據中央之生產目標來從事指定的產品數量與種類之生產，並根據中央之計劃將商品及勞務分配到各消費者手上。

二、管制經濟體之優缺點

　　不同經濟體各有其優缺點，管制經濟體亦不例外。**管制經濟體最大的優點在於：在管制經濟體之下，對於產出與所得之分配較市場經濟體之下來得平均。** 由於在管制經濟體之下，中央掌握了所有有關於產出與所得分配決策的權力，因此有關於產出之分配必須完全依照中央所認定最公平及最適當的方式來做。理論上，在社會主義之下產出與所得之分配應可以較在資本主義之下的分配來得更平均。

　　管制經濟體之另一優點在於，在相對較短 (short period of time) 的時間之內達成經濟目標的可能性遠大於市場經濟體。例如，倘若在中央集權制之下快速的經濟成長為主要的經濟目標，為了達成此一目標時，社會必需要多去生產資本財 (capital goods)，而減少消費財 (consumer goods)的生產來達到資本快速累積以完成經濟快速成長的目標。換言之，社會上必需減少對消費財之需求以使得多餘之資源能被用於資本財之生產上，來換取日後經濟的成長。在管制經濟體之下，中央有權來決定整個社會資源分配的比率，因此透過指定的方式，整個社會的資源可多分配用到資本財之生產上，因而加速了經濟之成長而達成既定的經濟目標。然而在市場經濟之下，政府並沒有指定生產之力量，因之，在市場經濟下要達成經濟成長目標的時效上，就會較管制經濟下來得更長了。

　　管制經濟體之第一個缺點在於：由於採用中央集權的關係，因此中央計劃局所決定之生產目標未必符合社會大眾之需要。第二個缺點則是：在管制經濟體之下，訊息網路 (information network) 是效率不彰 (inefficiency)的。 由圖 2.2 得知，在管制經濟體下中央計劃局要建立生產目標之藍圖時，必需要瞭解整個經濟之生產容量及消費者偏好的訊息。此外，在目標完成之後，又必需將目標傳遞到各生產單位去。由於整個經濟體系之內，有數以萬計個生產與消費單位，資訊如何透過訊息網路充份傳達？為一個重大

43

的問題。此外，中央計劃局如何從無數個訊息當中，整理出一個頭緒來也是相當困難。由於訊息網路之複雜與其巨大的特性，因此，在中央集權制之下，決策系統通常無法有效率的完成作業。

第五節　真實經濟體是一種混合式經濟組織

在真實社會當中，沒有任何一個經濟體系會採用嚴格的社會主義或完全的資本主義。**所有真實社會的經濟體系是屬於一種混合式經濟體** (mixed economy)，**一種管制經濟體與市場經濟體之混合的體制**。如果討論現今世界上不同國家到底採用了那種經濟體系？倒不如說是「到底採用較屬於市場經濟或較屬於管制經濟之混合經濟體系？」可能較為恰當。表 2.1 列舉出現今世界上一些國家經濟體之特性，我們可由圖中所表示的關係來判斷這些國家到底較屬於一種市場經濟之組織，或較屬於一種管制經濟之組織？

表 2.1　一些國家之經濟組織特性

國　　家	公共所有權程度	中央集權程度	命令履行程度
巴西	適度	適度	很小
中國大陸	很多	很高	很高
法國	適度	適度	很小
德國	適度	很小	很小
英國	適度	很小	很小
日本	很少	適度	很小
瑞典	適度	適度	適度
前蘇聯	很多	很高	很高
美國	很少	很小	很小
臺灣	適度	適度	適度

資料來源: Rohlf, W.D. Jr., (1995) *Introduction to Economic Reasoning* (3rd Edition), New York: Addision-Wesley Pub. Company.

由表 2.1 可以看出世界上一些國家經濟組織之特性。在座標上的二個極端值分別為美國與前蘇聯共和國或中國大陸，這些國家分別代表著接近完全市場經濟或完全管制經濟之奉行者。即使如此，美國或中國大陸之經濟體系仍不能稱得上是完全市場的經濟體或完全管制的經濟體，因為在表列的三個特性之下，這些國家所顯示的特性祇是程度上較為極端而已，而不是百分之百完全具有某一特性，因此，美國或中國大陸仍不能稱為完全市場經濟體或管制經濟體，而是屬於一種混合之經濟體。另外，由表 2.1 關

係亦可看出，世界上多數國家所採行之經濟體系，仍是以適當之管制某些特性之混合經濟體為主。亦即，多數國家會依據其需要而採行適當的市場經濟與管制經濟之混合體，而唯一的差異祇是在某些特性上的管制程度略有所不同而已。

第六節　所得分配

　　在前面比較不同經濟體制時曾經提到，由於在市場經濟體制之下，所得分配主要是根據對要素資源之所有權而來，因此，一些擁有較多資源的人相對上將會有較高的所得收入，因而使得在市場經濟體制之下的所得分配較為不平均；但在管制經濟體系之下，由於政府為要素擁有者，而且政府可以透過以指定的方式來重新分配所得，因此，所得分配較為平均。到底所得分配是平均或是不平均應該如何來衡量呢？透過使用羅倫茲 (Lorenz) 曲線或吉尼 (Gini) 係數，便可以用來衡量一個國家的所得分配是否平均。

一、羅倫茲曲線與吉尼係數

　　在世界上任何國家之內，一定會存在有錢的人與貧窮的人，如果一個社會當中沒有窮人或富人之分，那麼該社會的所得分配就是非常的平均了。由於所得分配的不平均，加上各國的所得分配又不盡然相同，為了能夠衡量所得分配的不平均度，於是經濟學家使用了羅倫茲曲線來衡量。羅倫茲曲線提供了一種用來描述在一個國家的人口當中所得如何被分配的分析工具。

　　圖 2.3 的關係當中，橫軸代表一個國家總人口的累積百分比，而 Y 軸代表所得累積的百分比。在 X 軸與 Y 軸 100%之處，所代表正是所有人口擁有了全部所得的關係。當一個國家內人民的所得分配是完全平均的時候，20% 的人民應該擁有 20% 的總所得，或 80% 的人民要擁有 80% 之所得。換言之，在 X 軸與 Y 軸之間的一條 45° 線所代表的就是所得分配完全平均的關係。當由真實資料所繪製而成之曲線關係離開 45° 線愈遠時，代表所得分配愈不平均，例如，在圖 2.3中 A 及 B 曲線所表示的關係。當曲線離開45° 線愈遠，代表該國之所得分配就愈不平均，例如 B 國的所得分配就較 A 國的所得分配更不平均，因為 B 國的羅倫茲曲線較 A 國的羅倫茲曲線更遠離 45° 線。一般在繪製羅倫茲曲線時，習慣以五分位 (quintiles) 方

圖 2.3　羅倫茲曲線

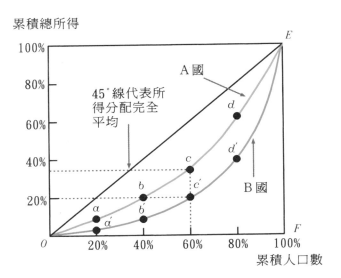

累積總所得

100%　E

80%　A 國

45°線代表所得分配完全平均

60%　d

40%　c　d'

20%　b　c'

a
a'　b'

O　20%　40%　60%　80%　100%　F

累積人口數

在圖中，X 軸所表示的為累積的人口數，而 Y 軸所表示的為累積的總所得；當一個國家的所得分配愈平均時，代表同樣份額的人口應該擁有同等份額的所得，因而 45° 線所代表的關係為所得分配完全平均的情況。當一個國家之羅倫茲曲線離開 45° 線愈遠，代表該國的所得分配愈不平均，如圖中 B 國之所得分配較 A 國所得分配更不平均。例如，在 c 及 c' 點所表示的關係中，60%人口所擁有的所得，在 A 國有近 40%，但在 B 國祇僅約有 20%左右。

式來繪製，亦即，將總人口及總所得各分成五等分而來繪製羅倫茲曲線，如圖 2.3 中所表示的關係。

　　除了透過羅倫茲曲線的關係可以用來衡量所得分配的平均度以外，經濟學家通常亦會以計算吉尼係數的方式來衡量所得分配。吉尼係數的計算方式亦必需參考羅倫茲曲線。假設在圖 2.3中，要計算 A 國之吉尼係數，**吉尼係數的計算方式為以 A 國羅倫茲曲線距離45° 線之面積，除以 45° 線以下到 X 及 Y 座標面積所得到的比率來表示。** 換言之，如果一個國家之所得分配完全不平均時，其羅倫茲曲線為 OFE 形狀，而完全平均時，羅倫茲曲線將成為一直線 OE，一般情況則是介於這二個極端情形之間。根據定義，A 國的吉尼係數為：

$$A \text{ 國吉尼係數} = \frac{45° \text{ 線與} OabcdE \text{之面積}}{OFE \text{ 面積}}$$

而 B 國吉尼係數為：

$$B \text{ 國吉尼係數} = \frac{45° \text{ 線與} Oa'b'c'd'E \text{之面積}}{OFE \text{ 面積}}$$

由此可見，**當一個國家的所得分配愈不平均時，吉尼係數就會愈大。一般而言，吉尼係數應該介於 0 到 1 之間，0 表示所得分配完全平均，1 表示所得分配完全不平均。**

二、臺灣的所得分配

行政院主計處每一年均會進行家戶調查統計，而根據每一年調查結果編印了《中華民國臺灣地區個人所得分配調查報告》。現有調查資料自1976年起，所有原始資料均可購自主計處。歷年我國五分位所得份額及最富有所得組與最窮所得組之比率，以及吉尼係數關係，詳見表 2.2。而歷年五分位份額隨時間變化的關係，則詳見圖 2.4。

圖 2.4　所得分配歷年趨勢

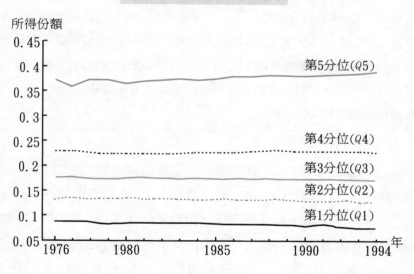

資料來源：根據表 2.2的關係，由作者自行繪製而成。

由表 2.2及圖 2.4的關係，可觀察到一個非常有趣的事實。歷年臺灣地區國民所得的分配，隨著經濟快速成長似乎已有逐漸惡化趨勢。從吉尼係數，$\frac{Q5}{Q1}$ 比率，或時間序列圖形之關係，均可明顯觀察到我國所得分配有

表 2.2　歷年五分位組所得分配份額及分配比及吉尼係數

	Q1	Q2	Q3	Q4	Q5	Q5/Q1	Q5/Q1 (a)	Gini (b)
1976	8.90%	13.64%	17.47%	22.71%	37.28%	4.19	4.18	0.280
1977	8.93%	13.92%	17.86%	23.20%	36.11%	4.04	4.21	0.284
1978	8.73%	13.66%	17.49%	22.68%	37.44%	4.29	4.18	0.287
1979	8.66%	13.71%	17.51%	22.70%	37.44%	4.32	4.34	0.285
1980	8.81%	13.89%	17.71%	22.79%	36.80%	4.18	4.17	0.277
1981	8.80%	13.76%	17.62%	22.78%	37.04%	4.21	4.21	0.281
1982	8.68%	13.80%	17.56%	22.70%	37.27%	4.29	4.29	0.283
1983	8.61%	13.63%	17.47%	22.72%	37.57%	4.36	4.36	0.287
1984	8.49%	13.68%	17.61%	22.82%	37.40%	4.41	4.40	0.287
1985	8.36%	13.58%	17.52%	22.88%	37.67%	4.51	4.50	0.290
1986	8.29%	13.51%	17.38%	22.64%	38.19%	4.61	4.60	0.296
1987	8.03%	13.45%	17.49%	22.80%	38.21%	4.76	4.69	0.299
1988	7.81%	13.38%	17.54%	22.89%	38.38%	4.91	4.85	0.303
1989	7.61%	13.44%	17.71%	23.09%	38.16%	5.01	4.94	0.303
1990	7.36%	13.16%	17.49%	23.23%	38.78%	5.26	5.18	0.312
1991	7.68%	13.20%	17.38%	22.96%	38.78%	5.05	4.97	0.308
1992	7.28%	13.19%	17.52%	23.22%	38.79%	5.33	5.24	0.312
1993	7.04%	13.07%	17.65%	23.47%	38.78%	5.51	5.42	0.316
1994	7.21%	12.93%	17.39%	23.18%	39.30%	5.45	5.38	0.318

註：　$Q1 \sim Q5$，代表五分位組。$\dfrac{Q5}{Q1}$ 表最富有組所占百分比與最窮一組占有所得百分比的比率，比率愈大代表所得分配愈不平均。(a)及(b)欄資料取自於主計處編印，《中華民國臺灣地區 83 年度個人所得分配調查報告》，其餘資料則由作者自行計算而得，參考黃柏農 (1995)《臺灣地區所得分配變動之研究》，行政院國科會專題報告表 5.1。

逐年惡化的傾向。所得分配惡化的最主要原因可能是，最富有的一組之所得份額有逐年上升（除了在 1977 年下降以外），但最低所得之二組（$Q1$及$Q2$）之歷年所得份額卻有逐漸下降之趨勢（見圖 2.4）。特別是在 1987 年當新臺幣大幅升值與股價大幅上升之後，似乎已形成了我國國內另一波的財富重分配現象。而在圖 2.5 中，將臺灣地區 1980 年及 1994 年的羅倫茲曲線繪出。由圖 2.5 中亦可明顯看出，我國歷年羅倫茲曲線已經有逐漸遠離45° 線之現象。

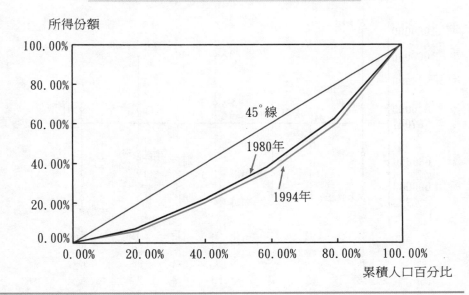

圖 2.5　我國 1980 年及 1994 年的羅倫茲曲線

資料來源：根據
表 2.2，由作者
自行繪製。

三、到底誰窮，誰有錢？

　　一些富有的家庭或貧窮的家庭是否具有什麼樣的特徵呢？根據作者在 1995 年的研究中發現，一些人口特性，如教育程度、年齡、行業、家戶當中所得人口、工作地點等因素，均會造成所得收入有明顯之不同。在圖 2.6 中，由作者根據一些人口特性所繪製而成的 1994 年平均所得的關係中可以看出，在所有人口特性當中以教育程度影響平均所得最大，其次為家戶當中工作的人口數。當家戶中的工作人口數（例如夫妻）為 2 人以上時之平均所得，遠高於祇有 1 人之家戶的平均所得。此外，由婚姻狀況亦可以明顯看出有配偶之家戶的所得是明顯高於未婚或其他婚姻狀況之所得。而其他一些特性如工作地點，亦為決定所得收入高低的另一重要因素。當工作地點在都會地區或北部地區時，家戶的年平均收入會大於在其他地區工作之家戶單位。而從就業行業當中亦可看出行業別對所得之影響，在我國以從事製造業及服務業之年平均所得高於從事農林漁牧業者。從年齡層上來看，老年人（大於 65 歲）或年輕人的所得遠低於全體的平均值。另外，初入社會就業的一群年輕人 (26～34 歲之間) 的年平均所得亦低於全體家戶之平均所得。

圖 2.6　1994年人口特性之平均所得與總平均所得之關係

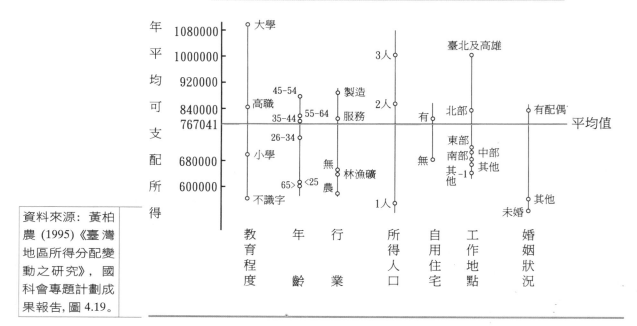

資料來源: 黃柏農 (1995)《臺灣地區所得分配變動之研究》, 國科會專題計劃成果報告, 圖 4.19。

　　根據黃柏農 (1995)之實證研究發現, 我國的所得分配自 1980 年以來, 已經開始惡化了, 當中又以所得最低一組的惡化情形最為明顯。形成我國所得分配年年惡化的主要原因, 根據黃文的研究發現, 近年來, 隨著經濟成長, 製造業及服務業成為產業中的主流, 而自八〇年代以來, 由於製造業及服務業的實質工資的上升, 遠大於其他產業, 因而成為拉大了貧富之間差距的主要原因之一。

　　雖然, 我國近年來所得分配有逐漸惡化的傾向, 但與世界上一些其他國家相比較, 分配惡化情形還算不太嚴重。在表 2.3 中列出了世界一些其他國家之所得分配狀況。由表 2.3 的關係看來, 我國的所得分配在一些市場經濟國家當中仍屬平均。

表 2.3　世界各國所得分配狀況

國　名	年　別	所得按戶數五等分位組之所得分配比 (%)		第五分位組為第一分位組之倍數	吉尼係數
		最低所得組 (20%)	最高所得組 (20%)		
一、低收入國家					
1.斯里蘭卡	1985～86*	4.90	56.20	11.47	0.4492
2.中國大陸	1990*	6.40	41.80	6.53	0.3368
二、中收入國家					
1.中華民國	1980	8.82	36.80	4.17	0.2771
	1985	8.37	37.64	4.50	0.2902
	1993	7.13	38.66	5.42	0.3155
2.南斯拉夫	1989	5.30	44.20	8.34	0.3628
3.韓國	1988	7.39	42.24	5.72	0.3355
4.菲律賓	1988	6.50	47.80	7.35	0.3748
5.哥斯達黎加	1989	4.00	50.80	12.70	0.4252
6.委內瑞拉	1989	4.80	49.50	10.31	0.4068
7.馬來西亞	1989	4.60	53.70	11.67	0.4412
8.巴西	1989*	2.10	67.50	32.14	0.5697
9.哥倫比亞	1988*	4.00	53.00	13.25	0.4404
10.波蘭	1989*	9.20	36.10	3.92	0.2520
11.匈牙利	1989*	10.90	34.40	3.16	0.2166
三、高收入國家					
1.日本	1989	8.31	37.82	4.55	0.2879
2.香港	1980	5.40	47.00	8.70	0.3760
3.瑞典	1981	8.00	36.90	4.61	0.2764
4.瑞士	1982	5.20	44.60	8.58	0.3568
5.荷蘭	1983	6.90	38.30	5.55	0.2932
6.澳大利亞	1985	4.40	42.20	9.59	0.3572
7.英國	1979	5.80	39.50	6.81	0.3236
8.加拿大	1987	5.70	40.20	7.05	0.3272
9.美國	1985	4.70	41.90	8.91	0.3536
10.德國	1984	6.80	38.70	5.69	0.3005
11.義大利	1986	6.80	41.00	6.03	0.3196
12.西班牙	1980～81	6.90	40.00	5.80	0.3079
13.以色列	1979	6.00	39.60	6.60	0.3184
14.法國	1979	6.30	40.80	6.48	0.3219
15.新加坡	1982～83	5.10	48.90	9.59	0.3968

資料來源：《中華民國臺灣地區82年個人所得分配調查報告》，行政院主計處。

註：表中星號 (*) 為平均每人所得資料。　吉尼係數除我國採未分組資料計算外，其餘各國均採五等分位資料計算。

重點彙整

1. 選擇意謂著社會必需決定生產那些商品？如何來生產這些商品？以及為誰去生產這些商品？

2. 經濟體系為一個在考慮了所有可能的一些使用情況之後，而來從事分配有限資源的機構。

3. 決策單位是經濟體系當中的主要演員，在經濟舞臺（市場）當中，決策單位必需做出最佳化的選擇。

4. 家計單位本身為一種同時具有生命單位及經濟單位特性的部門。家計單位可以由一個人或無數多人所組成，而且無論具有多少成員，家計單位均會具有所得收入，因此也就必定會花費部份的所得。

5. 企業單位定義為一種在經濟體系當中，使用資源去生產商品及勞務的組織。

6. 政府單位則是由經濟體系當中各級政府單位所組成。政府單位之基本作用為(1)在於提供必需之商品及勞務（如國防、教育及交通），(2)對所得及財富予以重新分配，以避免社會中貧富差距過大，(3)在政府單位所提供的勞務當中，以立法及公權力的執行為最重要的工作之一，(4)規範企業部門之行為（如不實廣告及聯合漲價）及(5)以稅收來做為政府所提供勞務的資金。

7. 市場為經濟體系當中演員（決策單位）的主要舞臺。一般而言，市場可定義為人們進行物品買與賣行為的地方。在經濟學當中的市場具有更一般性的定義，因此凡是進行買賣行為之安排的地方皆屬於市場的定義。

8. 要素市場為生產所需要使用的要素之買與賣的場所。

9. 貨幣流動由企業部門流向家計部門，主要是在償付因為使用家計部門所提供資源之代價。而由家計部門流向企業部門之貨幣流動，則代表家計單位因為消費由企業部門所生產出來之商品及勞務的貨幣價值。

10. 實質流動表示經濟體系當中有形商品及無形的勞務之流動。

11. 市場經濟是一種由個人或私人企業來自行決定有關於生產與消費決策的經濟體系。

12. 市場經濟又稱為資本主義，為一種有關於價格、市場、利潤與損失，及獎勵與報酬之系統。

13.完全資本主義為一種完全競爭之狀態。

14.完全資本主義第一個優點為經濟效率；第二個優點是經濟自由；第三個優點是政治自由。

15.完全資本主義並非是完美無缺的，完全資本仍具有一些缺點，一般而言，其缺點如下，第一，財富分配不均；第二個缺點則是在資本主義之下錢是萬能的；第三，在完全資本主義之下，對環境的保護是非常缺乏的。

16.在管制的經濟體系之下，政府囊括了所有有關於生產與分配之決策。

17.管制經濟體最大的優點在於：在管制經濟體之下，對於產出與所得之分配較市場經濟體之下來得平均。

18.管制經濟體之另一優點在於，在相對較短的時間之內達成經濟目標的可能性遠大於市場經濟體。

19.管制經濟體之第一個缺點在於：由於採用中央集權的關係，因此中央計劃局所決定之生產目標未必符合社會大眾之需要。第二個缺點則是；在管制經濟體之下，訊息網路是效率不彰的。

20.所有真實社會的經濟體系是屬於一種混合式經濟體，一種管制經濟體與市場經濟體之混合的體制。

21.由於所得分配的不平均，加上各國的所得分配又不盡然相同，為了能夠衡量所得分配的不平均度，於是經濟學家使用了羅倫茲曲線來衡量。羅倫茲曲線提供了一種用來描述在一個國家的人口當中所得如何被分配的分析工具。

22.吉尼係數的計算方式為以一國羅倫茲曲線距離 $45°$ 線之面積，除以 $45°$ 線以下到 X 及 Y 座標面積所得到的比率來表示。

23.當一個國家的所得分配愈不平均時，吉尼係數就會愈大。一般而言，吉尼係數應該介於 0 到 1 之間， 0 表示所得分配完全平均， 1 表示所得分配完全不平均。

練 習 題

1.試討論在經濟組織之內，所要討論主題有那些？並舉例說明之。

2.討論研習經濟學的目的？

3.試討論經濟體系之內的組成成份有那些？而這些組成成份之間彼此如何
　來運作？

4.政府單位的主要工作有那些，試敘之。

5.定義經濟學中的市場，並舉例說明之。

6.試討論當某類市場當中出現供需不平衡的現象時，在市場經濟體系下有
　何種機能來調整呢？

7.討論市場經濟體的特性及管制經濟體的特性，比較二種體系之異同？

8.討論如何來衡量所得分配是否平均？

第 3 章
需求與供給

前　言

　　在第2章我們介紹經濟活動之周流時，曾經提到在市場經濟體系之下，無論是家計部門、企業部門或政府部門均需要做一些選擇。然而這些部門在做選擇時，難免會出現無法互相配合的現象。決策單位所做的選擇，即所謂的需求與供給：從商品市場的角度來看，家計部門為商品之需求者，而企業部門則為商品之供給者；從要素市場的角度來看，家計部門為要素的供給者，而企業部門則為對要素之需求者。經濟學家經常使用需求與供給的模型來描述某種商品（如電腦、醫療）市場是如何來運作。　供需模型包含了三個基本要素：(1)需求 (demand)——用來描述市場當中消費者 (consumer) 之行為，(2)供給 (supply)——用來描述市場中廠商之行為，(3)市場均衡 (market equilibrium)——用來連結供給與需求，並用來說明在市場中消費者與廠商之間是如何相互運作？

　　在本章中，首先要介紹的是需求與需求法則，接下來介紹供給與供給法則，最後則討論在市場均衡時，價格與數量如何來決定與變動。

第一節　需求 (Demand) 模型

　　對一位經濟學家而言，需求具有特別的定義。**需求代表二個經濟變數之間的一種關係**，這二個變數分別為(1)某一特別商品之價格(price)及(2)當其他條件不變時，在某一特定時間之內消費者在某一價格之下，所願意去**購買的數量** (quantity)。簡言之，這二個經濟變數分別是**價格**及**需求數量**。由於消費者所願意購買商品的數量，除了取決於商品的價格之外，亦取決於許多其他的因素，例如，個人所得及消費習慣等。為了簡化分析起見，通常我們會在其他條件不變的假設 (ceteris paribus) 之下來進行分析。

　　在市場經濟體系當中，人們購買商品數量的多寡完全決定於商品的價格，因此，**需求法則告訴我們：在其他條件不變的情況之下，當商品價格愈高時，消費者所願意購買商品的數量就愈少，反之，當商品價格愈低時，消費者所願意購買的商品數量就愈多。**因此，當其他條件維持不變時，商品價格與需求商品的數量之間，將會呈現一種確定的負向關係。通常我們使用需求表 (demand schedule) 及需求曲線 (demand curve) 來表示商品價格與購買的商品數量之間的關係。

一、需求表

　　表 3.1 所表示的為臺灣消費者對不同汽車價格與數量之間的需求關係。第一欄所列出的是不同價格之汽車，從 30 萬元以下到 100 萬元以上代表不同價格等級之汽車，第二欄所列出的是臺灣每年對不同等級汽車之需求數

表 3.1　對汽車之需求表（每年仟臺）

價格	數量需求
30 萬以下	20
40 萬	17
50 萬	14
60 萬	12
70 萬	10
80 萬	8
90 萬	6
100 萬以上	4

量（仟臺）。

觀察表 3.1 得知，當汽車價格上升時，消費者對汽車需求的數量將會下降。例如，當每輛汽車價格由 60 萬元上升到 70 萬元時，消費數量將會由 1 萬 2 仟臺下降到 1 萬臺。反過來，當每輛汽車價格由 60 萬元下降至 50 萬元時，對汽車需求之數量將會由 1萬 2仟臺上升至 1萬 4仟臺。

在表 3.1 中所列舉的汽車價格與需求數量間的關係稱之為需求表 (demand schedule)。這一種價格與數量間的關係為需求法則 (law of demand) 之例子。**需求法則敘述以下之事實：在市場當中，當商品價格上升時，對商品的需求量將會減少，而當商品價格下降時，對商品的需求數量將會上升。**換言之，在其他條件不變之下，需求法則所描述的是價格與數量之間存在一種負向的關係。

圖 3.1 所代表的是對汽車之需求曲線。在圖 3.1 中，水平軸代表對汽車數量的需求，而垂直軸則代表汽車的價格。圖 3.1 所表示的圖形是根據表 3.1的資料繪製而成。在表 3.1 中 8 列數量與價格之關係，正好如圖 3.1 中 8

圖 3.1　需求曲線

價格（每輛萬元）

需求曲線代表價格與數量之間的一種負向關係；亦即當價格上升時，消費者對商品數量之需求將會下降。反之，當商品價格下降時，消費者對商品數量之需求將會上升。圖 3.1 需求曲線上各點為表 3.1 當中各列所表示之價格與數量之間的關係。

點所代表的關係。例如，在圖 3.1 最左邊的一點所表示的為汽車價格在 100 萬以上時，所對應的需求 4 仟臺汽車數量之關係。而最右邊一點所表示的為當汽車價格為 30 萬元以下時，需求數量為 2 萬臺的關係。

在圖 3.1 曲線上面各點，代表消費者在不同價格之下所願意需求商品之數量，因此，這條曲線稱之為**需求曲線 (Demand Curve)。需求曲線具有負斜率，其由左上方向右下方延伸的原因為：從消費者角度來看，價格與數量之間具有一種負向關係。**當汽車價格下降時，先前認為汽車價格過高的一部份消費者，開始決定購買汽車，另外，當汽車價格降低以後，這一群消費者認為，此時購買汽車將會較購買其他商品有利。為了便於分析起見，經濟學家在探討需求關係時，通常亦會假設其他商品價格維持不變，因此，當汽車價格下降而其他類似商品的價格維持不變時，將會使得汽車具有更大的吸引力。所以，當汽車價格下降以後，對汽車之需求數量就會上升。同理，當汽車價格上升時，由於其他類似商品的價格維持不變，因而使得汽車價格相對上變得較貴，使得消費者減少對汽車之需求數量。

需求曲線除了代表消費者對商品價格與數量之間所存在的一種負向關係以外，亦可以解釋為消費者對購買最後一個單位商品所願意付出的最高價格。例如，當汽車數量為 1 萬 2 仟臺時，消費者所願意付出之最高價格為每輛 60 萬元。如果商品數量很多時，消費者所願意付出購買商品的價格勢必較低。反之，當商品數量很少時，消費者所願意付出用來購買商品的價格可能較高，俗話說「物以稀為貴」就是這個道理。

二、需求之改變 (A Change in Demand)

在討論需求表或需求曲線之關係時，我們一再強調在其他條件不變的假設之下來討論價格變化與需求數量之間的關係。能夠影響到消費者對商品數量需求變化的因素很多，並非只有價格而已，一些如氣候、環保、道路狀況及大眾運輸工具之方便性等等因素，均有可能改變民眾對於汽車之需求。例如，空污稅之徵收、嚴格汽車排氣規定、自備停車位的嚴格規定等，均有可能影響到消費者對汽車之需求。除了價格以外到底有那些因素亦會使得需求改變呢？以下列出幾種常見之因素：

1.所得

在其他條件不變之下，當人們的所得改變時，人們購買商品與勞務的行為亦將會有所變化。**一般而言，當所得上升需求亦會跟著增加，而當所得下降需求亦會跟著減少。**例如，高所得的人會增加對汽車、看電影及外

食等商品的需求。

　　雖然所得上升將會導致人們對多數商品的需求數量上升，然而對某一些商品而言，所得的增加並不會導致對這些商品之需求數量同時增加。**當人們的所得增加但對於某些商品之需求數量反而減少時，這些商品稱之為劣等財** (inferior goods)，例如，米或馬鈴薯。米或馬鈴薯為人們的主食，當所得較低時，人們必需要食用這些主食，當所得逐漸上升時，人們將會改變飲食習慣，而增加對一些副食（如菜、肉）之需求，因而逐漸減少對主食之需求，使得在所得增加以後，對米及馬鈴薯之需求反而減少。**隨著所得增加，而增加對某些商品之需求時，這些商品可稱之為正常財** (normal goods)。例如，電影、金飾等商品。當個人所得增加以後，對電影或金飾之需求亦會增加。

2.相關商品的價格

　　消費者對汽車數量之需求，除了受到汽車價格的影響以外，亦會受到與汽車相關商品價格之影響。這些相關商品通常可以分成二類：替代品 (substitutes) 及互補品 (complements)。

　　替代品定義為一種可以用來代替原來商品所能提供之用途或與使用原來商品時，可以得到相同滿足感的商品。例如，大眾運輸與汽車具有某種程度的替代關係，牛油與人工奶油、漢堡與熱狗，或蘋果與梨均為可以互相替代之商品。一般而言，當替代品的價格上升時，將會使得消費者對原來商品的需求數量上升。例如，當牛肉價格上升，而假設雞肉的價格維持不變時，消費者將會增加對雞肉之需求，而減少對牛肉之需求。同樣的，在其他條件不變時，當計程車車資上漲或大眾運輸費率上升時，消費者對私有汽車之需求量就會上升。

　　互補品定義為一種必需與其他商品一起使用（或消費）之商品。例如，汽油與汽車之間屬於一種互補之關係，左邊鞋子與右邊鞋子、薯條與番茄醬，或咖啡與糖之間亦為一種互補關係。顯然的，互補商品之間存在一種可以共同使用之關係，因此，當互補品價格上升時，將會使得消費者對原來商品之需求數量減少。反之，當互補品的價格下降時，消費者對原商品之需求數量會增加。例如，當汽油價格上升時，由於使用汽車的成本跟著上升，因而使得消費者對私人汽車之需求數量亦會跟著下降。當咖啡價格下降時，由於對咖啡之需求數量將會上升，連帶使得與咖啡一起使用的糖及奶精的使用量亦會上升，因此消費者對糖及奶精的需求量便跟著上升。

3.對未來價格之預期

如果預期某一個商品的價格在未來將會上升時，消費者最佳的消費策略便是在商品價格尚未上漲以前，多增加對該商品的消費。同樣的，若是預期某一商品的未來價格將會下降時，消費者很可能會有預期等待的心理因而暫緩對此商品的消費。例如，百貨公司每年均有換季折扣的慣例，由於多數人會等到折扣較大時再去購買衣服，因此，在非折扣期間對商品之需求會較少。同樣的，每當颱風來襲以前，因為預期颱風過後蔬菜價格將會上漲，因此，在颱風來襲以前，對蔬菜之需求數量將會上升。

4.消費人口數

需求所代表的是在市場之內所有消費者對商品的價格與數量需求之間的一種關係。因此，當市場內消費人口增加時，在價格不變的條件之下，對商品之需求數量就會上升。反之，當消費人口減少時，對商品需求數量就會下降。例如，臺灣在未來將會邁入高齡的社會，由於人口呈現老化現象，使得老人人口增加，因此在未來對醫療的需求，或對看護的需求將會上升。

5.消費資訊 (information)

有關於商品資訊之改變，亦可能使得消費者對商品的需求數量產生

表 3.2　對汽車之需求

需求法則

對汽車數量之需求

甲、需求量改變

需求量減少，如果：	需求量增加，如果：
・汽車價格上升	・汽車價格下降

乙、需求改變

需求減少，如果：	需求增加，如果：
・替代品價格下降（大眾運輸價格下降）	・替代品價格上升（大眾運輸價格上升）
・互補品價格上升（汽油價格上升）	・互補品價格下降（汽油價格下降）
・所得下降	・所得上升
・汽車未來價格將下降（如關稅下降）	・汽車未來價格將上升（如空污費之開徵、自備停車位等）
・消費人口下降（新生嬰兒減少）	・消費人口上升
・有關汽車不安全資訊出現	・有關汽車安全資訊出現

變化。例如，隨著吸煙對人體危害之訊息愈來愈清楚時，對於香煙之需求將會愈來愈少。同樣的，對於膽固醇與心臟血管疾病之相關報導愈來愈多時，消費者對含高膽固醇的食品（如牛油、牛肉）之需求也會愈來愈少。

6.偏好 (preference)

需求亦取決於消費者之偏好或品味 (taste)。偏好所代表的是個人對商品或勞務之態度。例如，一位車癡對汽車之偏好遠高於一般人，因此，即使在同樣所得水準之下，車癡對汽車之需求與一般人之間會有明顯之不同。然而與前面所提到的一些因素不同的地方是，由於偏好是一種無形的感覺，因此無法直接予以觀察。也正因為這樣，通常經濟學家會假設偏好之改變過程是非常緩慢，因此對改變需求之影響並不大。

綜合上述，可歸納出一些影響汽車需求的因素，如表 3.2 所示。

三、整條需求曲線之移動或在需求曲線上移動 (Shift in the Demand Curve versus Movement along the Demand Curve)

如果改變一些影響買方計劃之因素，將會使得整條需求曲線移動，或是僅在原來需求曲線作點的移動呢？在前面一段中，我們已經探討了使得需求曲線整條移動的一些因素，如所得、消費人口等。然而在某些情形之下，需求曲線並沒有整條移動，例如，當商品的價格改變。因此，在使用需求曲線時，我們必需要能區分什麼是整條需求曲線的移動（需求的改變）？以及什麼是沿需求曲線上的移動（需求量的改變）？圖 3.2 說明了需求量的改變與需求的改變之間的不同。

當其他條件不變而祇有價格改變時，稱為需求量之改變。此時，價格與數量之關係祇沿著原來的需求曲線上下做變動。例如，在圖 3.2 當中，汽車價格由 $A \to B$ 點時，代表著因為汽車的價格上升，而導致汽車的數量做了對應之變動，亦即對汽車的需求數量因為汽車的價格上升而下降了。反之，當價格由 $A \to C$ 時，代表由於汽車價格下降使得對汽車之需求量增加的關係。無論是由 $A \to B$ 或 $A \to C$ 均代表價格改變所引起的需求量之變動。需求量的改變並不會影響到需求曲線的位置，也因此由圖形當中，我們觀察到需求曲線仍停留在原來位置 D_0 上。

另一個值得討論的情形則是需求之改變。與需求量改變不同的是，**需求改變為當假設商品價格維持不變而其他條件改變時，整條需求曲線移動之情形**。例如在圖 3.2 當中，需求曲線由 D_0 移到 D_2 之情形稱為需求增加 (Change in Demand)。造成需求增加的因素很多，例如在表 3.2 的右半部

圖3.2 整條需求曲線之移動與在需求曲線上之移動

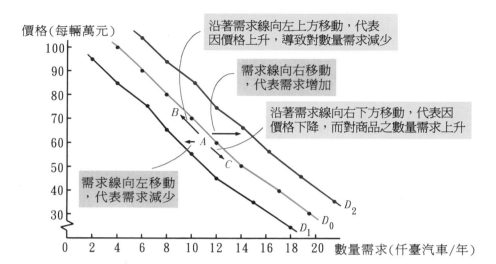

當商品價格改變時，稱為沿需求曲線上的移動，此時價格改變所改變的祇是需求的數量。例如，在需求曲線 D_0 上，由 A 點移到 B 點，表示當價格上升時，需求數量減少之情形。而由 A 點到 C 點則表示當價格下降時，需求數量增加之情形。而當商品價格維持不變，而其他條件改變時，稱為整條需求曲線之移動。當需求曲線向右移動時 $(D_0 \rightarrow D_2)$，表示需求之增加，而當需求曲線向左移動時 $(D_0 \rightarrow D_1)$，表示需求減少。

中，列出在價格不變的假設之下，一些造成需求曲線往右方移動出去的可能原因。當需求減少時，需求曲線將會由 D_0 移到 D_1，表 3.2 的左半部也列出一些形成需求減少的可能原因。

第二節　供給 (Supply) 模型

　　從經濟體系之循環周流圖得知，在商品市場當中，消費者為商品與勞務之需求者 (demander)，而廠商單位則是商品與勞務之供應者 (suppliers)。供給為一種存在於下列二個經濟變數之間的某種關係：(1)某一特別商品之**價格**及(2)在其他條件不變時，供應者在某一價格之下所願意供給的**數量**。換言之，決定供給的二個經濟變數分別是**價格**與**供給量**。由於供應者所願意供給之商品數量除了取決於商品的價格以外，亦取決於其他許多因素，

如技術、廠商數目及對未來價格的預期等。為了簡化討論起見，我們首先以在其他因素不變的假設之下來探討供給模型。

在市場經濟體系下，廠商所願意提供商品數量之多寡完全取決於商品的市場價格。因此，**供給法則告訴我們：在其他條件不變之下，當商品價格愈高時，廠商所願意供給之商品數量就愈多；反之，當商品價格愈低時，廠商所願意供給之商品數量就愈少。**因此，當其他條件不變時，商品價格與供給數量之間將呈現一種明確的正向關係。而供給表 (Supply Schedule) 及供給曲線 (Supply Curve) 則可用來表示商品價格與供給數量之間的此種明確的關係。

一、供給表

表 3.3 列出在臺灣的汽車價格與供給量間的關係。第一欄列出不同汽車之價格，由 30 萬元到 100 萬元不等，而第二欄則列出在不同價格之下，廠商所願意供給之數量（仟臺）。

表 3.3　對汽車之供給量

價格	數量
30 萬以下	2
40 萬	6
50 萬	9
60 萬	12
70 萬	14
80 萬	16
90 萬	18
100 萬以上	20

由表 3.3 當中我們觀察到一個現象，就是，隨著商品價格的上升，廠商所願意供給的數量也就愈多，而價格與數量之間所存在的正向關係正代表供給法則所描述的行為。

二、供給曲線

表 3.3 之價格與數量關係，亦可以採用圖形的方式來表示。圖 3.3 所表示的即是供給曲線的關係，在圖 3.3 當中，水平座標所代表的是供給數量，

而垂直座標所表示的是價格。在圖3.3當中的曲線所代表的是在不同價格之下，廠商所願意提供汽車數量的關係。圖3.3當中的8點，正對應了在表3.3中8列價格與數量間的關係。例如，在圖3.3中最左邊一點，代表當汽車價格在30萬以下時，廠商願意提供2仟臺汽車的關係。而最右邊一點，所代表的為當車價在100萬以上時，廠商願意供給2萬臺汽車之關係。供給曲線由左下方到右上方具有一種正向斜率關係的主要原因為：從廠商（供應商）的角度來看，唯有當商品的價格愈高時，廠商才有更高的意願來提供其所生產的商品，因此，價格與供給量之間應該存在一種正向的關係。

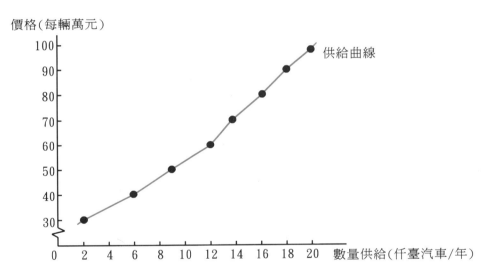

圖 3.3　供給曲線

供給曲線代表價格與數量之間的一種正向關係；亦即，當價格上升時，廠商對數量之供給會上升。反之，當商品價格下降時，廠商對數量之供給會下降。圖3.3供給曲線上之各點，代表表3.3當中各種價格與數量之間的關係。

供給曲線除了用來表示廠商對商品價格與供給數量之間所存在的一種正向關係以外，**供給曲線亦可解釋成廠商所願意提供最後一個單位產品之最低價格**。例如，由圖3.3當中我們可以看出，如果要求廠商供給每年1萬臺汽車時，廠商所願意提供1萬臺汽車之最低價格為每輛50萬元，而若產量要求到每年提供1萬2仟臺時，廠商願意提供1萬2仟臺汽車的最低供給價格將會上升到每輛60萬元。

三、供給的改變 (Shift in Supply)

如同在討論需求的關係時，我們做了有關於其他條件不變之假設。在進行供給關係之討論時，我們亦可以假設其他條件不變。**當其他條件不變而僅有價格改變時，代表供給量的改變。倘若價格不變而其他條件改變時，則代表供給之改變**。供給改變將會使得整條供給曲線往右方或往左方移動，至於曲線是往右（供給增加）或往左（供給減少）移動，端視影響的因素為何。以下我們將逐一討論除價格以外的影響供給之因素。

1.技術 (technology)

任何不必增加既有生產要素投入 (inputs) 的數量，但卻能使得產出 (outputs) 增加的過程均可稱為技術進步。例如，電腦輔助設計、數值控制工具機之應用及機器人的使用，均可使得汽車的製造量大幅上升。因此，技術進步通常會使得生產成本下降及增加產量，而使得廠商之供給曲線往右方移動。

2.生產要素的價格 (Prices of Factors of Production)

生產要素的價格對於供給有很大的影響。例如，在生產過程當中所使用的原料、勞動力或資本價格若上升時，將使得生產成本跟著上升。假若商品價格維持不變時，廠商將會因為成本的上升，而使得利潤下降，如此使得廠商所願意提供之商品數量下降，此時，供給曲線將會往左方移動，代表供給減少。

3.供給廠商的數目

由於供給曲線所代表的是整體市場內廠商的供給關係，因此，市場內供給廠商數目愈多時，供給也就愈多；反之，供給就愈少。例如，近年來臺灣製造電腦相關商品之廠商增加頗多，因此電腦商品之供給曲線將會向右方移動，代表供給增加。

4.對將來價格之預期

如果預期商品的價格在未來將會上升時，對廠商最有利的做法是減少今天的供給而將商品留到未來當價格上漲以後再供給。反之，當預期未來價格會下降時，廠商則可在今天多供給一些商品。

5.相關商品之價格

一種商品的供應量亦有可能因為受到其他相關商品之價格改變而有所改變。例如，在汽車生產線上若有可能同時生產轎車與跑車時，轎車的產

量亦將會受到跑車價格的影響，而轎車之價格亦有可能影響到跑車生產的數量。由於轎車與跑車之間具有**替代**的關係，當所生產的商品之間具有互相替代關係時，替代品（跑車）之價格上升將會使得原來商品（轎車）之產量下降。由於跑車價格上升使得廠商增加跑車產量，因而減少了轎車之產量。同理，生產的商品之間亦有可能存在**互補**的關係。互補商品之產生可能是由於在生產過程當中二種商品可以同時被生產出來。例如，在石油煉製的過程當中，可以同時生產出來許多的副產品(by-product)，如瀝青及尼龍等。當這些副產品價格上升時，廠商會增加石油煉製之能量，因而使得其他副產品之產量亦同時上升。**所以當商品之間具有替代關係時，原商品價格上升將導致替代品供給減少。而當商品之間具有互補關係時，若原商品價格上升，將會使得互補品之供給增加。**

6.政府的稅 (Taxes)、補貼 (Subsidies) 及管制 (Regulations) 等措施

政府可以透過課稅、補貼或管制等方式，來調整某些廠商之供給行為。以透過課稅的方式，來增加廠商的生產成本以達到減少供給之目的，或採行補貼的措施來使得廠商供給增加，以調整市場之供給狀況。

此外，政府亦可透過立法的方式來管制某些廠商，透過這些管制措施來改變廠商之生產成本進而達到影響供給之目的。例如，政府為了達到環

表 3.4　對汽車之供給

供給法則

對汽車數量之供給

甲、供給量改變

供給量減少，如果：	供給量增加，如果：
・汽車價格下降	・汽車價格上升

乙、供給改變

供給減少，如果：	供給增加，如果：
	・生產技術進步
・生產要素價格上升	・生產要素價格下降
・供應廠商數目減少	・供應廠商數目增加
・預期未來價格上升	・預期未來價格下降
・替代商品價格上升	・替代商品價格下降
・互補商品價格下降	・互補商品價格上升
・政府課稅或管制	・政府補貼或解除管制

保標準，通常會要求廠商排放的污水要符合一定的標準，而廠商為了達到污水排放的標準時，就必需加裝許多污水處理設備，因此，在商品價格維持不變之下，由於生產成本上升將使得廠商的供給減少。

以上這些影響汽車供給的因素可歸納如表 3.4 所示。

四、供給量的改變與供給的改變

如同在討論需求模型時，我們必需區分需求之改變與需求量改變的不同，在討論供給模型時，我們亦必需區別供給之改變與供給量改變的不同。當其他條件不變時，因價格改變而使得數量在原來的供給曲線上下變動的情形稱為供給量之改變，如圖 3.4 中 $A \to B$ 或 $A \to C$ 的關係所示。當價格不變而其他條件改變（如表 3.4 所列之因素改變）時，整條供給曲線可能移往右邊（代表供給增加）或移往左邊（代表供給減少），如在圖 3.4 中，供給曲線 $S_0 \to S_1$ 或 $S_0 \to S_2$ 所表示的即為供給增加或供給減少的關係，而整體供給曲線移動的情形稱為供給之改變。

圖 3.4 供給改變與供給量改變

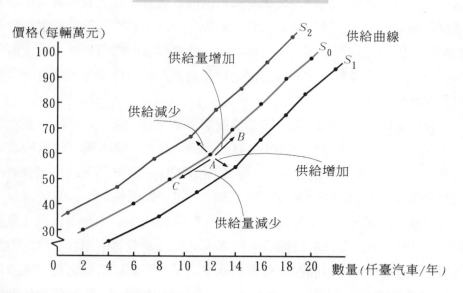

當價格改變而其他條件不變時，供給量沿著原來供給曲線上下移動以調整因為價格改變所對應之供給量的改變，如由 $A \to B$ 或 $A \to C$。當價格維持不變而其他影響供給之因素改變時，整條供給曲線將會往右移出，代表供給增加；或往左移入，代表供給減少。

第三節　市場均衡與價格的決定

　　市場是由供應者與需求者雙方面所組成的，然而截至目前為止，我們所討論到的祇是市場單方面的價格與數量之間的關係。如果將供給與需求雙方均納入模型一起討論時，市場的均衡價格與均衡產量便可以決定了。由討論需求模型時得知，當商品的價格愈高時，消費者對商品需求數量便愈少，然而在討論供給模型時又得知，當商品價格愈高時，廠商卻願意增加對商品之供給。顯然的，在市場當中的二個決策者對於價格的反應正好相反，那麼在市場當中到底該如何來達成均衡呢？透過價格的調整機能來協調市場上供給與需求數量之間的差異而達到平衡，是市場經濟當中的一個重要課題。現在讓我們來看一看價格如何具有這項功能？

一、價格調整機能

　　商品的價格規範了廠商對商品之供給量，亦規範了消費者對商品之需求量。當商品價格太高時，廠商所願意供給之數量將會大於消費者所願意購買之數量。反之，當價格太低時，消費者所願意需求的數量將會大於廠商所願意供給之數量。因此，在市場中，僅會存在一個價格，在這一個價格之下，將會使得廠商所願意提供之商品數量正好可以滿足消費者所願意購買之商品數量。

　　將圖 3.1 的需求關係與圖 3.3 的供給關係結合在一起，便可用來表示汽車市場之均衡價格與數量的決定過程，圖 3.5 表示汽車市場之供給與需求的關係。由圖 3.5 中的關係得知，當車輛價格為每輛 50 萬元時，消費者所願意購買之數量為每年 1 萬 4 仟臺，同樣在這一個價格之下，廠商每年所願意供給之數量僅有 9 仟臺汽車，市場上不足 (shortage) 5 仟臺汽車（見圖 3.5）。另一方面，當汽車每輛價格為 70 萬元時，消費者所願意購買之數量為每年 1 萬臺，另一方面在這個價格水準之下，廠商卻祇願意提供到每年 1 萬 4 仟臺的車輛，市場上多餘 (surplus) 了近 4 仟臺汽車。汽車的市場價格若等於 50 萬元時，對汽車的需求遠大於供給，因而使得市場呈現不足之現象。當汽車價格等於 70 萬元時，則市場上出現一種供給大於需求之剩餘現象。因此，在汽車市場當中，僅有在某一個價格水準之下，才會使得廠商所願意供給的汽車數量與消費者所願意購買之汽車數量正好相等。當汽車

價格為60萬元時，消費者願意購買1萬2仟臺汽車，而廠商也願意供給1萬
2仟臺汽車，因而此時市場上並未呈現供應不足或供應剩餘之現象，而這
一個可以使得市場中供給數量與需求數量正好相等的價格，稱之為均衡價
格 (equilibrium price)。

圖 3.5　汽車市場均衡關係

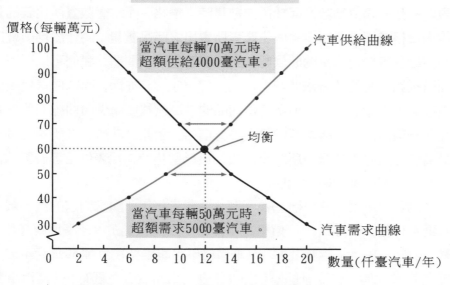

表中列出在不同的汽車價格水準時，消費者之需求數量與廠商所願意供給數量
之關係。假設汽車價格在50萬元時，每年有1萬4仟臺汽車之需求，但卻祇有
9仟臺汽車之供給，短缺了近5仟臺汽車。而如果車輛價格為每臺70萬元時，
每年消費者對汽車有1萬臺之需求，但廠商卻願意供給1萬4仟臺，多餘了約
有4仟臺汽車。當汽車價格為60萬元時，消費者有1萬2仟臺之需求，廠商方
面也願意供給1萬2仟臺汽車，此時，供需正好相等，既沒有不足亦沒有剩餘，
而且無論是買方或賣方均沒有改變價格之意圖，因此此一價格即為均衡價格。
均衡價格代表商品數量需求正好等於商品數量供給時之價格。

二、均衡

在第 1 章當中，我們曾經定義經濟均衡為一種穩定狀態。在經濟均衡的狀態之下，各種反對力量之間彼此勢均力敵；系統內的個人，在有限的資源及考慮了對手所有可能採取的行動之後，無法再做更佳選擇的一種狀態。在均衡時，價格正代表了這些完全勢均力敵的反對力量。**均衡價格所表示的是一種供給數量等於需求數量時之價格**。而均衡數量所代表的是在均衡價格時消費者所購買與生產者所賣出之商品數量。為什麼均衡會出現在供給量等於需求量的時候呢？為了解答這一個問題，我們可以引用在前面所提到的有關於需求曲線與供給曲線之定義；亦即，需求曲線代表消費者在某一數量之下，所願意購買商品的最高價格。而供給曲線則代表廠商在某一數量之下，所願意供給之最低價格。因此，當消費者所願意付出的最高價格正好等於廠商所願意供給的最低價格時，代表供給等於需求，於是市場達到一種均衡的狀態。

倘若汽車價格為每輛 50 萬元時，消費者每年所願意需求的汽車數量為 1 萬 4 仟臺，較在這一個價格之下，廠商所能供給的 9 仟臺還要多出 5 仟臺。因此，在這個情況之下，汽車價格不可能維持在每輛 50 萬元不變。由於在 50 萬元時，廠商祇願意供應 9 仟臺汽車，然而在祇有 9 仟臺汽車數量時，消費者所願意付出的價格約為 75 萬元。如果廠商供給僅維持在 9 仟臺時，汽車價格將上漲至 75 萬元。事實上，汽車的價格可以不必上漲到 75 萬元，因為當價格開始上漲時，廠商的供給量亦會同時上升。當價格上漲到 60 萬元時，汽車供給量上升到每年 1 萬 2 仟臺。在 1 萬 2 仟臺的數量之下，消費者所願意付出的最高價格為每輛 60 萬元。因此，在每輛汽車 60 萬元時，消費者將會願意完成他的購買計劃，而生產者亦會去完成他的生產計劃。此時，供給與需求雙方達成平衡，沒有任何一方會有興趣再去改變市場的價格。

當汽車價格為每輛 70 萬元時，消費者每年對汽車之需求量為 1 萬臺。然而在每年供給 1 萬臺汽車時，廠商所願意供給的最低價格為 53 萬元。當汽車價格在 70 萬元時，廠商將會願意供給到 1 萬 4 仟臺汽車，而消費者卻祇願意購買 1 萬輛汽車，因此，當汽車每輛為 70 萬元時，廠商願意供給多於 1 萬輛的汽車。由於供給數量遠大於需求的數量，廠商祇好以降價的方式來減少存貨，增加消費大眾對汽車之需求。到底廠商的價格要下降到什麼程度供給才會等於需求呢？當汽車的價格在每輛 53 萬元時，廠商將會供

應 1 萬臺汽車，而 1 萬輛汽車正好是車價在每輛 70 萬元時消費者之需求。最後均衡的車價當然可以不必下降到 53 萬元，因為在廠商降價的同時，消費者對汽車之需求量亦會同時上升。最後當車價降到 60 萬元時，需求的數量正好與供給的數量相等，市場再度達到一種均衡狀態。

第四節　使用供給與需求來推測價格與數量之變化

前面所討論的供給與需求模型是分析價格與數量變動的一種良好工具。根據供給與需求模型的推測，當商品的價格改變時，可能是來自於對商品的需求改變，或是來自於對商品的供給改變。以下就分別從需求改變、供給改變及供給與需求同時改變等三種情形來討論價格與數量的變動。

一、需求改變

如果對汽車的需求改變時，汽車的價格與數量之間將會呈現何種變化呢？圖 3.6 說明了這之間的關係。

假設供給維持不變，而需求曲線是假設在當年平均國民所得為 1 萬美元時，消費者對汽車的需求關係。此時，汽車市場的均衡價格為每輛汽車 60 萬元，而均衡的汽車供給量與需求量均為每年 1 萬 2 仟臺。再假設由於經濟的成長使得年平均國民所得由原來的 1 萬美元上升至 1 萬 2 仟美元，根據前面的分析得知，所得上升將會使得需求增加。而從圖形的關係來看，所得上升表示需求曲線將會向右方移動出去，從圖 3.6 可以看出來，此時，需求曲線將向右方移動出去（如 D_1），而均衡關係將由 A 移到 B。在新的均衡關係之下，均衡價格由原來的每輛 60 萬元上升至每輛 70 萬元，而均衡數量，由原先的每年 1 萬 2 仟臺上升至每年 1 萬 4 仟臺。值得注意的是，當需求改變時，並未使得供給也同時改變，由於均衡關係是在供給曲線上由 A 點移動至 B 點，因此，僅會造成供給量的改變而非供給的改變。

同樣的，如果是需求減少，整個分析過程與上面所討論的需求增加之過程正好相反。首先，我們可以假設原來均衡的需求曲線為 D_1，再假設因為所得減少或其他因素的改變，使得對汽車之需求減少至 D_0，在新的均衡 $(B \rightarrow A)$ 關係時，新的均衡價格與均衡數量均較原來的均衡價格與數量為

少。詳細之過程可由讀者自行演練得知。

圖 3.6　需求改變之影響

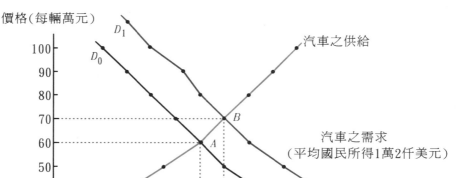

汽車價格	數量供給	數量需求（平均國民所得1萬美元時）	數量需求（平均國民所得1萬2仟美元時）
30萬以下	2	20	
40萬	6	17	22
50萬	9	14	20
60萬	12	12	17
70萬	14	10	14
80萬	16	8	12
90萬	18	6	10
100萬	20	4	8

當平均國民所得為 1 萬美元時，需求曲線為 D_0。此時，均衡價格為汽車每輛 60 萬元，均衡數量為每年 1 萬 2 仟臺。當國民所得由 1 萬美元上升至 1 萬 2 仟美元時，國民之需求能力上升，此時由於對汽車之需求增加，將使得需求曲線向右移動出去。新的均衡價格上升為每輛 70 萬元，而新的均衡數量則上升至每年 1 萬 4 仟臺。

根據以上有關於需求改變之分析，我們可做出二個推測。在其他條件不變之下：

　　1.當需求增加時，價格與數量均會同時增加。

　　2.當需求減少時，價格與數量均會同時減少。

二、供給改變

　　當商品及勞務的價格不變時，技術、生產要素的價格、供給廠商的數目、對將來價格之預期、相關商品之價格，或政府有關於稅、補貼及管制等措施等均有可能形成供給的改變。假設，在汽車製造過程中，發明了一種新的生產技術能夠使得汽車產量較以往有更大的突破，當此一造成供給增加的情形發生時，對汽車市場的價格與數量將會造成什麼樣的影響呢？

　　現在可以利用圖 3.7 來說明。在起始的均衡時，供給曲線為 S_0，需求曲線為 D_0，均衡位置為 A。在 A 點時，均衡價格為 60 萬元/每臺，而均衡數量則是每年 1 萬 2 仟臺的汽車。現在假設由於生產技術的突破使得汽車產量上升，因而使得供給曲線由 S_0 移向右方到 S_1 處，新的均衡關係為 C 點。在 C 點時，均衡產量由每年 1 萬 2 仟臺增加到 1 萬 4 仟臺，而均衡價格卻由原來的每臺 60 萬元下降到每臺 50 萬元。值得注意的是，當供給改變時，僅形成需求量之改變而未形成需求之改變，因而需求曲線仍維持在 D_0 位置。換句話說，供給改變僅會形成需求量的改變，因為需求曲線的位置並沒有改變。

　　以上所討論是有關於供給增加時的情況。供給減少時的分析過程，則類似於供給增加的推導過程。我們可以先假設原來的均衡點為 C（S_1 與 D_0），當供給減少時，供給曲線往左移到 S_0 之位置，在新的均衡關係 A 之下，均衡價格將會上升，均衡數量將會減少。

　　透過供給與需求模型，我們可以再做出二個推測：

　　1.當供給增加時，數量將會增加，但價格卻會下降。

　　2.當供給減少時，數量將會減少，但價格卻會上升。

圖 3.7　供給改變的影響

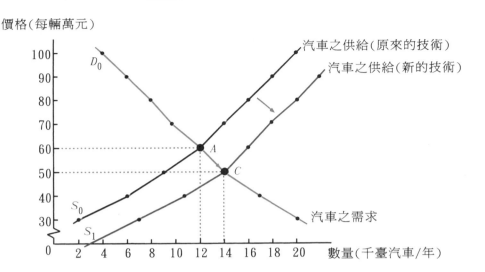

汽車價格	需求數量	供給數量 （原來之技術）	供給數量 （新的技術）
30萬以下	20	2	8
40萬	17	6	11
50萬	14	9	14
60萬	12	12	17
70萬	10	14	19
80萬	8	16	22
90萬	6	18	24
100萬	4	20	

當汽車製造商使用原來的生產技術時，供給曲線為 S_0，此時，均衡點為 A。在 A 點時，均衡價格為汽車每輛 60 萬元，而均衡數量則是每年 1 萬 2 仟臺。當汽車製造商使用新的生產技術以後，汽車產量上升至新的供給曲線 S_1 之位置，新的均衡點為 C。在 C 點時，均衡產量由每年 1 萬 2 仟臺上升到每年 1 萬 4 仟臺，而均衡價格則由每輛 60 萬元下降至每輛 50 萬元。

三、需求與供給同時改變

　　前面我們討論到當祇有需求改變或當祇有供給改變的情形。倘若需求與供給二者同時改變時，對價格與數量將會產生什麼樣的影響呢？當需求

單獨改變或供給單獨改變時，我們可以利用供需模型來推測價格與數量的變動方向，但是，如果供給與需求同時變動的時候，我們就很難推測價格與數量將會產生何種變化。例如，當供給與需求同時增加時，我們可以推測出數量將會上升，但此時均衡價格將會上升或下降呢？這將是很難予以推測的，因為當供給增加時，市場均衡價格將會下跌，但需求增加時，市場的均衡價格卻是上漲，至於價格上升的較多或是下降的較多，又必須要有需求曲線與供給曲線相對大小之訊息，才能判定到底最終的均衡價格是上升或是下跌。

　　另一方面，當需求增加而供給減少時，我們雖然可以推測市場均衡價格將會上升，但卻無法推測均衡數量到底會增加或減少，原因是，當需求增加時，數量會增加，但供給減少時，數量則會減少。最後均衡數量將會增加或將會減少，端視供給曲線或需求曲線之相對大小。至於如何來決定供給曲線或需求曲線的相對大小呢？在經濟學上，我們使用彈性(elasticity)來衡量曲線之相對大小，而有關彈性之定義與計算方法，我們將會在下一章做詳細的討論。

　　雖然在此我們無法知道需求曲線與供給曲線的相對大小，但我們仍然可以來討論供給與需求同時改變之情形。在此仍以汽車市場的例子來做說明。在圖 3.8 當中，我們看到了由原來之需求曲線 (D_0) 與原來供給曲線 (S_0) 所決定之起始均衡點 A。在 A 點時，汽車市場之均衡價格為每輛 60 萬元，均衡數量為每年 1 萬 2 仟臺汽車。當汽車製造廠同時面臨到國內國民年平均所得上升與汽車生產技術進步時，汽車市場之均衡價格與均衡數量將會有何變化呢？由圖 3.8 得知，此時，需求曲線將會由 D_0 移到 D_1 （由於平均國民所得上升），而供給曲線將會由 S_0 移到 S_1（由於生產技術進步）。新的均衡點為 D，因此，D 是由新的供給曲線 S_1 與新的需求曲線 D_1 相交所得到的均衡關係。在這一個例子之下，新的均衡價格為每輛汽車 60 萬元與先前之均衡價格每輛 60 萬元（在 A 點時）正好相同。但新的均衡數量為 1 萬 7 仟臺則是遠大於原來的均衡數量每年 1 萬 2 仟臺；此外，新的均衡數量亦大於僅有需求改變時之均衡數量 1 萬 4 仟臺（ B 點），或大於僅有供給改變時之均衡數量 1 萬 4 仟臺（ C 點）。由於我們曾經提到，如果需求與供給同時改變時，很難同時推測出價格與數量之變動，但在這個例子當中，由於供給與需求同時增加，因此，我們可以很容易去推測出均衡數量會增加；至於均衡價格，則由於供給增加會使得價格下降，但需求增加又會使得價格上升，因此較難預測。在本例當中，我們則是假設了最後的均

圖 3.8　需求與供給同時改變的影響

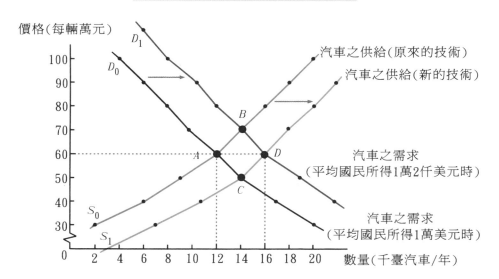

汽車價格	需求數量 (所得1萬美元時)	需求數量 (所得1萬2仟美元時)	供給數量 (原來的技術)	供給數量 (新的技術)
30萬以下	20		2	8
40萬	17	22	6	11
50萬	14	20	9	14
60萬	12	17	12	17
70萬	10	14	14	19
80萬	8	12	16	22
90萬	6	10	18	24
100萬	4	8	20	

當國民所得為1萬美元時，汽車市場之均衡價格為每輛60萬元，而年均衡數量則是1萬2仟臺。若國民所得上升至1萬2仟美元，而且汽車之生產技術又有新的進步時，供給與需求將會同時上升。新的供給曲線(S_1)與新的需求曲線(D_1)相交於 D 點。在 D 點時，雖然新的均衡價格仍維持在每輛汽車60萬元，但新的均衡數量則由原來每年1萬2仟臺上升至1萬7仟臺。在這個例子當中，我們看到當供給與需求同時增加時，均衡數量將會增加但商品均衡價格卻維持不變的情況。

衡價格將維持不變。

四、農產品、紙漿與紙製品及電機及電器品價格

不同商品及勞務常會因為商品之間的不同供需情形，而產生不同的價格變動情形。某些商品的價格如同乘坐雲霄飛車 (Roller Coaster) 一般，上下起伏波動 (Price Roller Coaster)，而有一些商品的價格如同火箭一般，一路狂飆 (Price Rocket)，另外，有一些商品的價格如滑梯一般，一路下降 (Price Slide)。

1.價格上下起伏波動：國內農產品價格

圖 3.9 所表示的為我國農產品市場 1991～1996 年間的供需情形及其市場價格變化情形。由供需關係大致可看出，1991 年到 1996 年之間，需求曲線大致維持穩定，但在農產品的供給方面，經常由於季節變化的關係而導致農產品的供給曲線在 S_0 與 S_1 之間波動。當氣候好的時候，供給可達 S_0，而當天候不佳時，供給可能祇有 S_1。由於供給的波動導致了農產品均衡價格的上下起伏波動。

圖 3.9 農產品價格的上下波動

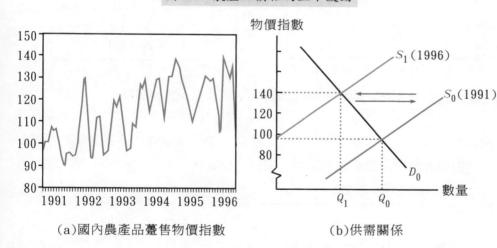

(a)國內農產品躉售物價指數   (b)供需關係

由於對農產品的需求大致固定在如圖(b)中的 D_0 曲線，但是農產品的供給卻是經常波動，如受到季節的影響。假設 1991 年到 1996 年之間，我國農產品之供給介於 S_0 與 S_1 之間波動，則農產品的價格指數在這 5 年之間將介於 90～140 之間來回波動，如同乘坐雲霄飛車一般。

資料來源：(a)圖資料取自 ARE-MOS 中 Price 資料庫。

2.價格狂飆：紙及紙漿製品

圖 3.10 所表示的關係為國內紙類及紙漿市場在 1993 年到 1995 年之間，市場內的供需情況以及均衡價格的變化情形。在 1993 年紙類市場供給曲線

為 S_0 ，雖然生產科技進步導致紙類產品的產量上升，但礙於環保等問題，紙類商品之供給量，上升得並非非常快。假設到 1995 年紙類商品的供給曲線移到 S_1 的位置。在同一時段內，由於國內報禁解除及各種民主競選活動如火如荼展開，因此，導致對於紙類製品的需求大幅上升，如圖(b)中，由 D_0 移到 D_1 ，結果使得紙類市場內的均衡價格與均衡數量均增加。例如，國內紙漿或紙類製品的價格指數由 1993 年的 93 左右，一路飆升到 1995 年 1 月的 125 左右，所表示的就是需求增加大於供給增加的情形。

圖 3.10　紙漿及紙製品的價格狂飆

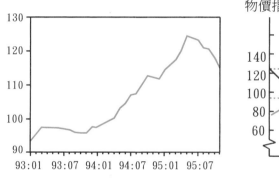

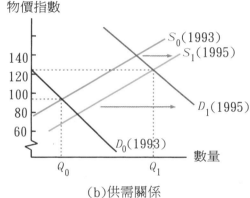

(a)國內紙漿、紙及紙製品薹售物價指數　　　　(b)供需關係

資料來源：(a)圖資料取自 ARE-MOS 中的 Price 資料庫。

由於對紙漿需求的大量上升，由 D_0 到 D_1 ，加上紙漿的供給並未同步大幅上升，因而導致了國內紙漿及紙製品的價格指數在 1993 年到 1995 年之間，由 90 上升到 125 之狂飆現象。

3.價格下滑：電器及電機用品

圖 3.11 所顯示的關係為國內電器及電機用品市場在 1991 年到 1994 年 1 月之間的供需以及均衡價格關係。拜科技的快速進步，電器及電機產品之供給曲線由 1991 年的 S_0 快速向右方移到 S_1 的位置。但由於電器及電機用品多屬於一種耐久性消費財 (durable consumption goods)，意味著，消費者對這類商品的更換頻率較為緩慢，因此需求曲線的移動較為緩慢，如圖 (b)中，由 D_0 移到 D_1 的關係所示。由於電器及電機用品的供給增加幅度遠大於需求增加的速度，因此從 1991 年到 1994 年之間，電器及電機用品的價格指數由 103 下滑到 91 左右。

圖 3.11　電器及電機用品之價格下降

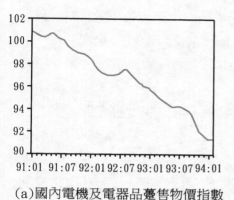

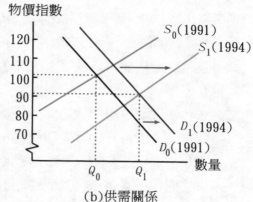

(a)國內電機及電器品躉售物價指數　　　(b)供需關係

由於生產科技的大幅進步，使得電器（含電腦）及電機用品之供給量大幅上升，如由圖中 S_0 移到 S_1 之過程。但由於消費者對這些耐久財之消費需求成長較為緩慢，因此需求曲線向右方移動出去的距離遠小於供給曲線移動出去之距離，如此一來，導致 1991 年到 1994 年之間，電器及電機用品之均衡價格由 100 下降到 90 左右，而均衡量則是由 Q_0 上升到 Q_1 左右。

資料來源：(a)圖資料取自 ARE-MOS 中的 Price 資料庫。

重 點 彙 整

1.供需模型包含了三個基本要素：(1)需求──用來描述市場當中消費者之行為，(2)供給──用來描述市場中廠商之行為，(3)市場均衡──用來連結供給與需求，並用來說明在市場中消費者與廠商之間是如何相互運作？

2.需求代表二個經濟變數之間的一種關係，這二個變數分別為(1)某一特別商品之價格及(2)當其他條件不變時，在某一特定時間之內消費者在某一價格之下，所願意去購買的數量。

3.需求法則告訴我們：在其他條件不變的情況之下，當商品價格愈高時，消費者所願意購買商品的數量就愈少，反之，當商品價格愈低時，消費者所願意購買數量的商品就愈多。

4.在市場當中，當商品價格上升時，對商品的需求量將會減少，而當商品價格下降時，對商品的需求數量將會上升。

5.需求曲線具有負斜率，其由左上方向右下方延伸的原因為：從消費者角度來看，價格與數量之間具有一種負向關係。

6.一般而言，當所得上升需求亦會跟著增加，而當所得下降需求亦會跟著減少。

7.當人們的所得增加但對於某些商品之需求數量反而減少時，這些商品稱之為劣等財。

8.隨著所得增加，而增加對某些商品之需求時，這些商品可稱之為正常財。

9.替代品定義為一種可以用來代替原來商品所能提供之用途或與原來商品得到相同滿足感的商品。

10.互補品定義為一種必需與其他商品一起使用（或消費）之商品。

11.當其他條件不變而祇有價格改變時，稱為需求量之改變。

12.需求改變為當假設商品價格維持不變而其他條件改變時，整條需求曲線移動之情形。

13.供給法則告訴我們：在其他條件不變之下，當商品價格愈高時，廠商所願意供給之商品數量就愈多；反之，當商品價格愈低時，廠商所願意供給之商品數量就愈少。

14.供給曲線亦可解釋成廠商所願意提供最後一個單位產品之最低價格。

15.當其他條件不變而僅有價格改變時，代表供給量的改變。倘若價格

不變而其他條件改變時，則代表供給之改變。

16.當商品之間具有替代關係時，原商品價格上升將導致替代品供給減
   少。而當商品之間具有互補關係時，若原商品價格上升，將會使得互
   補品之供給增加。

17.均衡價格所表示的是一種供給數量等於需求數量時之價格。

18.均衡數量所代表的是在均衡價格時消費者所購買與生產者所賣出之
   商品數量。

練 習 題

1.試述需求法則？

2.試區分需求量的改變與需求改變之不同？

3.什麼是替代品？什麼是互補品？試舉例說明。

4.試述供給法則？

5.那些因素將使得供給改變？試說明之。

6.試舉例說明，當某一商品的供給與需求同時增加時，商品的均衡價格與
   數量將做什麼樣的改變。

7.定義價格下滑、價格上升及價格波動，並試舉一些國內例子來說明。

第 4 章
價格彈性

前 言

在前面一章當中我們曾經提到過,當供給與需求同時改變時,新的均衡價格與數量的變動方向較難予以推測,主要原因是因為當需求與供給同時改變時,可能引起價格或數量的變化方向正好相反,因此,當二種正反方向的力量結合在一起時,當然會是力量較強的一方會支配了最後的結果。所以,當供需雙方均同時改變時,最後的均衡結果將由供給及需求二者當中,具有較強支配力量的一方來決定。然而,到底該如何來決定在供給或需求當中,何者具有較強的支配力量呢?經濟學上用來衡量曲線之相對大小的指標,稱為彈性 (elasticity)。此外,在經營企業時,經常會面臨到需要去調整商品的價格。商品價格是否應該調整的重要考慮因素之一就是,當商品的價格改變以後,公司是否仍舊能夠繼續賺錢?透過計算彈性,經營者可以瞭解公司是應該採降價或以抬高價格的方式來改善公司的營收狀況。什麼是彈性呢?一般而言,彈性依其討論的目的,又可區分為需求價格彈性、供給價格彈性、交叉彈性及所得彈性等四種。在本章當中,我們將逐一介紹這些彈性的定義。

第一節　需求的價格彈性 (The Price Elasticity of Demand)

　　一般而言，**彈性被使用來衡量，當一個經濟變數在面對到來自於另一個經濟變數影響時的敏感度** (sensitivity)。就像有許多經濟變數一樣，彈性亦有許多種。

　　首先讓我們來考慮需求的價格彈性。**需求的價格彈性是用來衡量，當商品價格改變時，商品需求數量對價格改變的敏感度指標。** 需求的價格彈性有時亦可稱為**需求彈性**(demand elasticity)，或當所討論的內容已非常清楚是針對於需求時，可更簡化稱為**彈性**。需求價格彈性通常是指某一特定需求曲線的價格與數量之間的特定關係，例如，由前一章所討論到的汽車需求曲線當中，可計算出汽車的需求彈性，用以明白當汽車價格改變時，消費者對汽車需求量改變的大小。在假設除了價格以外的其他條件維持不變時，需求法則告訴我們，當價格上升時，消費者之需求數量將會減少，而當價格下降時，消費者對商品之需求數量將會上升。需求之價格彈性則是用來衡量當價格變動時，需求數量變動多寡的一種指標。

　　例如，如果經濟學家計算出對隱形眼鏡的需求價格彈性很大時，意味著：當隱形眼鏡價格改變時，消費者對隱形眼鏡數量的需求改變亦將會很大。換言之，如果隱形眼鏡的價格上升時，消費者對隱形眼鏡之需求數量將會減少很多；反之，當隱形眼鏡價格下降時，將會有很多人去配隱形眼鏡。經濟學家若指出麵包之需求彈性很小時，代表消費者對麵包價格之變化較不敏感。當麵包價格上升時，消費者並不會因為麵包價格之上漲，而減少很多的消費量；另一方面，消費者亦不會因為麵包價格下跌，而增加很多的消費量。

　　在 1990 年 8 月，伊拉克入侵科威特，當軍事專家忙於討論如何因應伊拉克的軍事入侵行動之際，經濟學家亦忙於評估伊拉克入侵科威特以後，對原油市場之影響。伊拉克入侵科威特以後，將使得世界原油每日減少約 7% 的供給量，亦即，在石油市場上每天約短缺 6 百萬桶原油。如果再考慮伊拉克可能對沙烏地阿拉伯之威脅以及伊朗亦有可能介入此次的軍事衝突當中時，世界上原油市場可能將再減產 18% 之產量，使得整個原油的供給有可能減產達到 25%。根據第三章之供需模型得知，原油供給的減少將導

致原油價格上升，但是原油價格將會上升多少呢？透過需求的價格彈性，我們將可以很快的回答這個問題。

圖 4.1(a)與 4.1(b)可以用來說明在不同價格彈性下的價格與數量間的關係，以及到底使用那一個圖形來描述真實原油市場的行為較為適當？在 4.1(a)及 4.1(b)圖當中，垂直軸用來表示每桶原油的價格（以美元計價），而水平軸則是用來表示每日對原油需求的石油桶數（以百萬桶為單位）。

在圖 4.1(a)及圖 4.1(b)中的需求曲線均通過 A 點。在 A 點時，原油每桶為 20 美元而需求數量為每日 6 仟萬桶原油。然而仔細觀察 4.1(a)與 4.1(b)圖後，不難發現二個圖形的需求數量對價格的敏感度有顯然的不同。在 4.1(a)圖中，需求曲線非常平坦 (flat)，代表對原油數量的需求與價格之間的敏感度較高。例如，當原油價格上升 10%（由 A 點到 B 點時），即每桶由 20 美元上升至每桶 22 美元時，需求數量卻由每日需求 6 仟萬桶下降到每日需求 4 仟 8 佰萬桶，減少了 20% 之需求數量。

另一方面，在 4.1(b)圖當中所表示的為一種需求數量對價格改變較不敏感的例子。圖 4.1(b)所表示的需求曲線較為陡峭 (steep)，當原油價格由每桶 20 美元上漲至每桶 22 美元時，對原油數量的需求將會由每日的 6 仟萬桶減少至每日 5 仟 7 百萬桶，因此僅減少了 5%。

對具有不同斜率的需求曲線，在面對價格改變以後所引起的需求數量改變的情形有了深入一層的瞭解以後，我們可以開始來討論當伊拉克入侵科威特，在原油的供給量減少以後，世界原油市場的價格將產生什麼樣的影響。在進行討論以前，我們可以在圖 4.1 當中加入原油的供給曲線，使成為圖 4.2 的關係。

在圖 4.2 當中，圖(a)代表需求價格彈性較高的情形，圖(b)則代表需求價格彈性較低的情形。在圖 4.2(a)及圖 4.2(b)中，起始均衡所代表的是原油每桶價格為 20 美金元，而原油市場之均衡供需數量為每日 6 仟萬桶原油。現假設，由於伊拉克入侵科威特以後將導致原油的供給減少，根據前面的討論，世界原油市場將有可能因而減少多至 25% 之原油供給。在此，我們假設每日原油供給減產 1 仟 4 佰萬桶（約 24%）。原油供給的減少將使得圖 4.2(a)或圖 4.2(b)的原油供給曲線向左方移動。新的均衡關係分別是 B 點及 C 點。在 B 點及 C 點時，均衡之原油供需數量均為每日 4 仟 6 佰萬桶原油，較伊拉克入侵以前減少了 1 仟 4 佰萬桶原油（24%）。由於在圖 4.2(a)及圖 4.2(b)中所顯示的分別是二種不同需求價格彈性的情形，因此，新的均衡價格亦將會有所不同。對價格彈性較高之需求曲線而言（圖 4.2(a)），由於

圖 4.1 比較不同的需求價格彈性

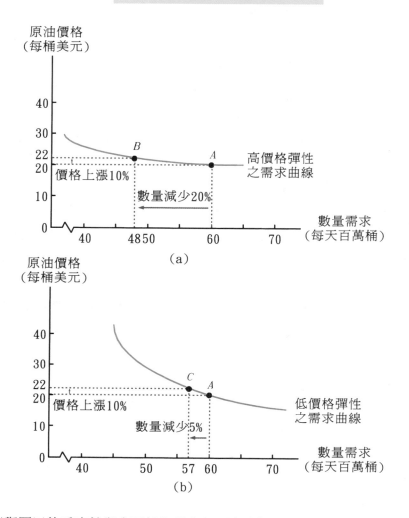

圖(a)與圖(b)的垂直軸與水平軸均具有相同之座標。水平軸表示對原油之每日需求數量，而垂直軸表示每桶原油之價格。(a)與(b)二個圖形最大差異在於，(a)圖之需求曲線較為平坦，而(b)圖之需求曲線較為陡峭。當價格變動時，由於(a)與(b)之需求線之斜率不相等，因此對價格之反應亦將有所不同。在(a)圖中，由於需求曲線較平坦，因此當價格上升10%時，數量下跌了20%之多，但在(b)圖之數量則僅減少5%。因此，我們說在(a)圖當中之需求價格彈性較大，或說需求數量對價格改變之反應較為敏感。而在(b)圖則說其價格彈性較小，或說其需求數量對價格改變之反應較不敏感。

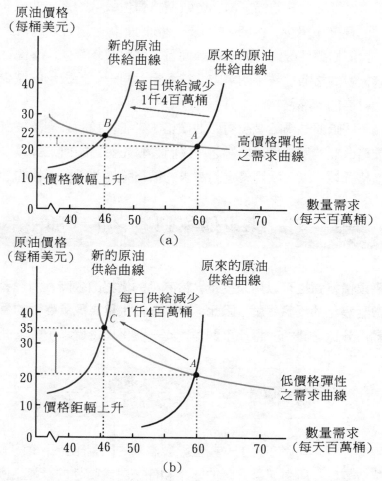

圖 4.2　需求價格彈性之重要性

當石油的供給量等量減少時，價格彈性較高與價格彈性較低之需求曲線在價格的反應上，會有明顯的不同。在圖(a)價格彈性較高之需求曲線中，我們觀察到，當原油供給減少約 24% 時（1仟4佰萬桶），原油每桶的價格僅出現微幅上揚。但在(b)圖當中，雖然每日原油供給數量亦減少了 1仟4佰萬桶，但原油價格卻有鉅幅上揚之現象。而(a)圖與(b)圖之最大差異僅在於需求曲線的價格彈性不同而已。

價格與數量之間具有較高的敏感度，因此，價格之微許上升將會帶來較多的原油需求數量的減少。而對價格彈性較低之需求曲線而言（圖 4.2(b)），由於價格與數量之間的敏感度較低，因此，原油價格雖然大幅度上升，但卻並不會對原油需求的數量帶來太大的減少。在圖(a)與圖(b)中，我們假設

原油數量同時減少 1 仟 4 佰萬桶，因此，對價格彈性較大之需求曲線（圖(a)）而言，價格上升的幅度勢必會較價格彈性較低的需求曲線（圖(b)）價格上升的幅度來得少。由圖 4.2(a)及 4.2(b)的關係，也可以觀察到這樣一個結果：對價格彈性較大的需求曲線而言，供給數量減少，僅會對價格有微幅影響，對價格彈性較小的需求曲線而言，同一供給數量的減少，卻會帶來較大幅度的商品價格之上升。

為了明瞭原油供給減少對原油價格的影響，我們必需清楚需求數量改變對價格改變的敏感度。換言之，我們必需先明白如何來計算原油需求曲線的價格彈性。以下我們將定義需求的價格彈性並說明彈性的計算方式。

第二節　需求價格彈性之定義與計算

需求價格彈性可以用來衡量，當商品的價格改變時，消費者對該商品需求數量變化的反應程度。因此，需求彈性定義為數量變動的百分比與價格變動百分比之間的一種比率關係，此一關係可透過以下的公式來表示：

$$\text{需求價格彈性} = \frac{\text{數量需求變動之百分比}}{\text{價格變動之百分比}}$$

在計算彈性時，我們亦做了一些會影響需求的因素維持不變的假設，而祇以價格改變時，所引起需求量的變化關係來討論彈性的計算。例如，在圖形 4.2(a)中，價格由 A 點移到 B 點時，價格變動了 10%（$\frac{20-22}{20} \times 100\% = 10\%$），而需求的數量則是變動了 24%（$\frac{60-46}{60} \times 100\% = 24\%$），因此，根據上式，彈性可計算為 $\frac{24\%}{10\%} = 2.4$。在圖 4.2(b)當中，當均衡由 A 點移到 C 點時，價格變動了 75%，需求數量則是變動了 24%（同學可自行計算），因而需求彈性為 0.32。透過以上的公式，我們可以計算出一個明確的數字，用來代表需求曲線的彈性，而非僅以文字的說明來表達曲線之彈性大小，因此，在進行不同商品的相對比較時，將會變得較為容易。由圖(a)需求關係所計算之結果，得到彈性為 2.4，而由圖(b)需求關係所計算結果，得到彈性為 0.32。此一結果告訴我們，在圖 4.2(a)中的需求曲線的價格彈性較圖 4.2(b)中的需求彈性來得大。換言之，在圖 4.2(a)需求曲線的彈性較大，而圖 4.2(b)需求曲線的彈性較小。此外，以數字的方式來表達彈性大小，亦將

有助於與其他結果互相比較。

如果，用符號 η_d (eta)來表示需求的價格彈性，那麼以數學符號所表示的彈性的計算公式可表示如下：

$$\eta_d = \frac{\Delta Q_d}{Q_d} \div \frac{\Delta P}{P} = \frac{\Delta Q_d / Q_d}{\Delta P / P}$$

此處，Q_d 表示需求數量，P 是價格，Δ (delta)用來表示變動量的關係（例如在圖 4.1(a)中，ΔP 表示 $P_B - P_A$ 之關係）。需求彈性具有以下一些特性：

一、需求彈性為負號

根據需求法則，我們知道價格與需求數量之間具有負向的關係，因此，需求彈性具有負號。當 ΔP 為正的時候，ΔQ_d 為負，因此 η_d 應該是負的。然而當經濟學家在使用或討論彈性時，經常會去忽略負號，而僅討論其絕對值 (absolute value)。例如在圖 4.2(a)中，η_d 應該為 −2.4，但是經濟學家通常祇說需求價格彈性為 2.4。因為需求曲線的價與量之間，已經具有一種已知的負向關係，因此，需求彈性即使表示成絕對值的關係，我們應該都很清楚需求價格彈性具有負號的關係。

二、彈性本身為一種沒有單位 (Unit-Free) 的衡量工具

使用需求價格彈性的另一個優點是，彈性為一種與需求數量單位（如原油之幾桶、稻米之幾公斤），或價格單位（如每桶幾美元或每輛多少元臺幣）無關的一種衡量工具。需求彈性不具有任何單位的原因，根據前面公式的關係得知，主要是因為在計算彈性的過程時，無論是價格或需求量的變動均是以百分比來表示的關係。因此，價格彈性可以用來比較價格的敏感度，但卻不會與商品衡量單位有關。價格彈性由於不具備單位，因此，有利於我們進行不同商品之間的比較（即使這些商品之衡量單位有顯著不同）。

三、彈性與斜率之關係

需求曲線的斜率與需求曲線的彈性，在意義上是有顯著的不同。**需求曲線的斜率，定義為價格改變 (ΔP) 除以數量改變 (ΔQ)，或 $\frac{\Delta P}{\Delta Q}$ 間的一種比率關係。**因此，斜率並不是一種沒有單位關係的衡量工具。斜率將會因

價格與數量的不同衡量方式而改變的一種計算工具，因此，並不適合用於
不同商品之間相對關係的比較。反之，需求曲線的價格彈性，由於在 $\dfrac{\Delta P}{P}$
或 $\dfrac{\Delta Q}{Q}$ 當中，已經將所衡量價格與數量所使用的單位相互抵消了，因此，
可用於不同商品之間的比較。此外，由計算彈性的公式當中，亦可看出彈
性與斜率之間的不同。**彈性與斜率之間的最大差別在於，在計算彈性的公
式當中，多考慮了特定一點在需求曲線上的相對位置** $\left(\dfrac{P}{Q} \right)$，因為彈性與
斜率之間具有以下的關係：

$$\eta_d = \frac{\Delta Q}{Q} \div \frac{\Delta P}{P} = \frac{\Delta Q}{\Delta P} \times \frac{P}{Q} = \frac{1}{斜率} \times \frac{P}{Q}$$

四、直線需求曲線上之彈性

　　根據前面的討論我們知道斜率不等於彈性，但是二者之間卻有某種程
度的關聯。討論斜率與彈性之間的關聯，可以使用直線的需求曲線做為例
子來說明。對一條直線的需求曲線而言，斜率是固定，但是在直線上不同之
位置卻有不同之彈性。其主要的原因 (根據上式)，就在於因為彈性的本身
除了考慮斜率以外，亦考慮了價格與需求數量所在的相對位置，即 $\dfrac{P}{Q}$ 的部
份。

　　圖 4.3 說明了在直線上不同位置彈性的計算過程。假設，我們由每桶
50 美元之處開始計算，　如果價格由每桶 50 美元下降至每桶 40 美元時，價
格彈性為何呢？由於 $\Delta P = -10$，而平均價格為 45 美元 $\left[\dfrac{(40 + 50)}{2} \right]$，因此

$$\frac{\Delta P}{P} = \frac{-10}{45}$$

當價格為每桶 50 美元時，需求數量為 0，當價格下降到每桶 40 美元時，需
求數量為每日 1 仟萬桶原油，因此 $\Delta Q = 10$。而平均需求數量為 5 佰萬桶原
油（為 0 與 1 仟萬桶之平均），因此，數量變動的百分比為

$$\frac{\Delta Q}{Q} = \frac{10}{5}$$

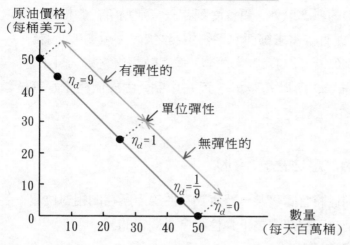

圖 4.3　直線需求曲線上之彈性

直線斜率雖然是固定的，但是由於彈性的計算亦取決於價格與數量之相對位置，$\frac{P}{Q}$ 之關係，因此在直線上面不同的位置，將會具有不同彈性。當 $P = 0$ 時，即直線與水平軸相交處，由於 $\frac{P}{Q} = 0$，因此彈性為0。隨著價格逐漸增加，在直線的中點時，由於價格正好等於數量，因此彈性為1，稱為單位彈性。當直線需求曲線與垂直線相交時，由於 $Q = 0$，因此 $\frac{P}{Q} = \infty$，所以彈性為 ∞。當彈性小於1時，稱為無彈性，彈性大於1時，則稱為有彈性的。

因此，在這一點的價格彈性可計算得到為，

$$\eta_d = \frac{\frac{\Delta Q}{Q}}{\frac{\Delta P}{P}} = \frac{\frac{10}{5}}{\frac{-10}{45}} = -9$$

或是，以包含了斜率的公式來計算，即

$$\eta_d = \frac{1}{斜率} \times \frac{P}{Q}$$

由於斜率 $= \frac{\Delta P}{\Delta Q} = \frac{-10}{10} = -1$，因此，$\eta_d = -1 \times \frac{P}{Q} = -1 \times \frac{45}{5} = -9$，當中 $\frac{45}{5}$ 表示我們所要探討這一點在直線上所在的相對位置。在本例當中，由於直線斜率固定為 -1，因而透過上式我們可以將直線上的任何一點的

91

彈性計算出來，亦即 $\eta_d = -1 \times \dfrac{P}{Q}$。因此，直線上各點彈性的大小，除了取決於直線的斜率以外，更會受到某一特定點所在的相對位置之影響。當 $P = 0$ 時（即直線需求線與水平軸相交之處），$\eta_d = 0$，因為 $\dfrac{P}{Q} = \dfrac{0}{Q} = 0$。而當 $P = 50$ 時（即直線需求線與垂直軸相交之處），由於 $Q = 0$，因此 $\dfrac{P}{Q} = \dfrac{P}{0} = \infty$，所以 $\eta_d = \infty$。而在中點，由於價格正好等於數量，因此 $\dfrac{P}{Q} = 1$，所以 $\eta_d = -1$。

五、彈性固定之需求情形

雖然彈性將會隨著某一特定點在曲線上所在的相對位置 $\left(\dfrac{P}{Q}\right)$ 而有所變動，但是在三種情況之下彈性將會是固定的。

1.完全無彈性

當彈性固定為 0 時，稱之為零彈性或是完全無彈性 (perfectly inelastic)。完全無彈性代表無論是價格如何變動，消費者並不會改變對數量之需求（如圖 4.4(a)所示的垂直線關係）。

圖 4.4　固定彈性之需求曲線

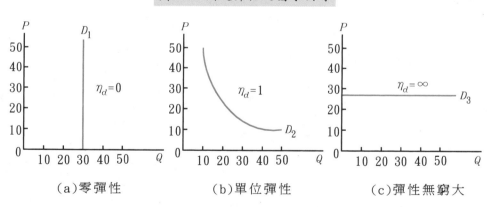

| (a)零彈性 | (b)單位彈性 | (c)彈性無窮大 |

圖(a)、(b)及(c)所表示的均是彈性固定之情形。在(a)圖中，需求的價格彈性為零，在(b)圖中，需求的價格彈性為1，而在(c)圖中，需求的價格彈性為無窮大。

2.彈性固定為1

而圖 4.4(b)所顯示的是彈性固定為 1 的需求曲線關係。**當曲線具有所謂「直角雙曲線」的關係時，**（直角雙曲線定義為曲線上任何一點所對應之價格與數量之乘積為一固定常數關係之曲線），**其曲線上的任何點的彈性**

均會等於 1。而彈性為 1 表示價格變動的百分比恰巧與需求數量變動百分比相等時之情形。彈性等於 1 時，又稱為單位彈性 (unit elastic)。

　3.完全彈性

　而在圖 4.4(c)所表示的是一種完全彈性之例子。**完全彈性** (perfectly elastic) $\eta_d = \infty$，**表示需求數量對價格變動具有完全的敏感度。** 在完全彈性時，當價格輕微的改變時，消費者對需求數量卻會做很大的變動。水平直線所表示的就是一種完全彈性的關係。

六、真實社會之需求價格彈性

　一般而言，由於對一些民生消費品之需求大致是固定的，因此，當這些商品的價格改變時，消費者並不會對這些商品需求數量減少太多，所以一些日常用品之彈性通常較低。反之，由於奢侈品並非每日必需品，因此，當這一類商品的價格改變時，消費者對需求數量改變的反應，可能會較為敏感，所以屬於這一類商品的價格彈性就會較大。表 4.1 所列出來的是由國外一些研究所估計出來的商品的價格彈性。

表 4.1　一些商品的價格彈性

彈性需求	彈性
電器品	1.39
傢俱	1.26
汽車	1.14
交通服務	1.03
無彈性需求	
瓦斯、電力及水	0.92
飲料	0.78
衣服	0.64
香菸	0.61
農、漁產品	0.42
書、雜誌、報紙	0.34
食物	0.12

資料來源: Ahsan Mansur & John Whalley (1984) "Numerical Specification of Applied General Equilibrium Model: /Estimation, Calibration, and Data" in *Applied General Equilibrium Analysis,* eds. Herbert E Scarf & John B Shoven, N.Y. Cambridge Press, (1984).

　表 4.1 的需求價格彈性大致符合了我們在前面所做的推測。一般而言，日常食品之價格彈性較低，而一些非民生必需品的彈性就較大。到底有那些因素將會影響到需求的價格彈性呢？以下我們將繼續說明。

七、影響需求價格彈性之因素

在前面一段當中，我們看到在真實社會當中之商品分別具有不同之價格彈性，然而為何有些商品需求是有彈性的，而有些商品需求則是無彈性的呢？當然，明白了商品價格彈性的計算方式，有助於我們瞭解當價格改變以後，需求數量的變化情形。到底有那些因素會使得對商品之需求價格彈性有所不同呢？一般而言，**彈性將會受到以下一些因素之影響：**

1.商品之替代程度

當商品價格上升時，人們是否就可以很容易的找到其他的替代商品呢？如果答案為「是」時，那麼該商品的彈性必然比較高。因為，一種商品如果比較容易找到其他的替代商品時，當該商品的價格上升，消費者對該商品之需求數量亦將會做比較大的減少，因而彈性較大。反之，一種商品若不容易找到其他的替代商品時，該商品的彈性會較低。例如，原油之替代品不多，因此對原油之需求彈性較低。所以我們在前面的 4.1 圖中，所看到有關於原油供給模型的討論，應以 4.1(b)圖較接近真實的情況；因此，當原油的供給受到某些因素的影響而減少時，通常油價會做較大幅度的上揚。

彈性的大小，有一部份亦將取決於商品的本身是屬於一種民生必需品 (necessity)，或奢侈品 (luxury) 的屬性。民生必需品由於較不容易被替代，因此彈性通常較低。奢侈品由於較容易被替代，因此彈性較高。例如，食物之價格彈性遠較珠寶的價格彈性來得低，主要的原因是因為食物為每日生活之必需品，而珠寶則非每日生活所必需的商品。當食物之價格上升時，由於食物為每日生活的必需品，因此，對食物需求的數量減少較小。然而，當珠寶價格上升時，由於珠寶非為民生必需品，因此對珠寶之需求數量將會減少較多（見表 4.1）。

2.對某一商品支出佔總所得之比重

在其他條件不變之下，如果某一消費商品佔總所得的比重較大時，該商品的彈性將會較高。反之，彈性將會較低。想像，若教科書的支出佔學生的零用金之大部份時，當教科書價格上漲一倍時，同學的反應則可能是以影印或使用舊書方式來替代，使得對教科書之需求數量將會大幅減少，因此，對教科書需求的彈性較大。反之，若同學對雞蛋的支出祇佔零用金的一小部份時，當雞蛋價格上漲一倍，由於雞蛋佔同學零用金中的一小部份，因此，雖然雞蛋的價格上升了，同學仍會消費雞蛋。雖然雞蛋的價格

上升了，但同學對雞蛋之需求數量卻不會因為價格上漲而減少太多。換言之，對雞蛋的需求價格彈性較低。

3.暫時性或永久性的價格改變

如果知道某一商品價格的改變是屬於暫時性的時，對該商品需求的價格彈性將會較高。如果商品價格改變是屬於暫時性時，消費者可以改變他們購買商品的時間，因此商品的需求數量亦將會有較大的變動。另一方面，如果商品的價格改變是屬於永久性的時，該商品的價格彈性將會較小。因為，消費者如果知道某一商品的價格改變將會是永久性的時候，消費者無論是在今天購買該商品，或是遞延到未來購買該商品，並沒有太大差異。雖然商品在今天改變了價格，但消費者並不會因此而增加或減少對於該商品的購買數量。

4.短期或長期需求

通常在商品的價格剛開始改變的時候，需求的價格彈性會較低，然而隨著時間的經過，人們將有充份的時間來尋找到一些替代商品時，該商品的需求價格彈性將會逐漸變高。為了分析這種因為時間之變化而產生的價格彈性改變之現象，經濟學家依時間不同而區分成短期 (short run) 及長期 (long run) 二種時間關係。**短期可定義為人們在做出所有的調整或改變消費習性以前的時間，而長期則可定義為人們做所有的調整或改變消費習性所需要的時間。**

八、其他需求彈性

需求數量除了受到商品價格的影響以外，亦會受到一些其他因素的影響。例如，消費者的所得高低亦將會影響到需求。另外，其他商品的價格亦會影響到對既有商品之需求。為了明白所得及其他商品價格對既有商品需求的影響，經濟學家亦計算需求所得彈性 (income elasticity) 及需求的交叉彈性二種彈性 (cross elasticity)。以下，我們就分別來介紹這二種彈性。

1.需求所得彈性

當所得改變時，消費者對商品的需求數量將會有多少的改變呢？要回答這一個問題，我們就必需計算商品需求的所得彈性。所得彈性可定義為當所得變動某一百分比時，需求數量所變動之百分比，或是

$$\eta_Y = \frac{需求數量變動之百分比}{所得變動之百分比}$$

需求價格彈性永遠是負的，因為從消費者的角度來看，價格與數量之間存在一種負向關係。然而需求的所得彈性則未必一定是正的或是負的。一般而言，需求的所得彈性可能為：

(1)大於 1，

(2)介於零與 1 之間，及

(3)小於 0。

圖 4.5 用來表示所得彈性在不同區間時的情形。一般而言，隨著所得上升人們對奢侈商品的需求量將會逐漸增加，因此，對奢侈品的所得彈性將會大於 1。而由 4.5(a)圖更可以看出，當 $\eta_Y > 1$ 時，所得與需求數量間的曲線關係將會因為所得的上升，而使得斜率變得更為陡峭。

圖 4.5　需求所得彈性

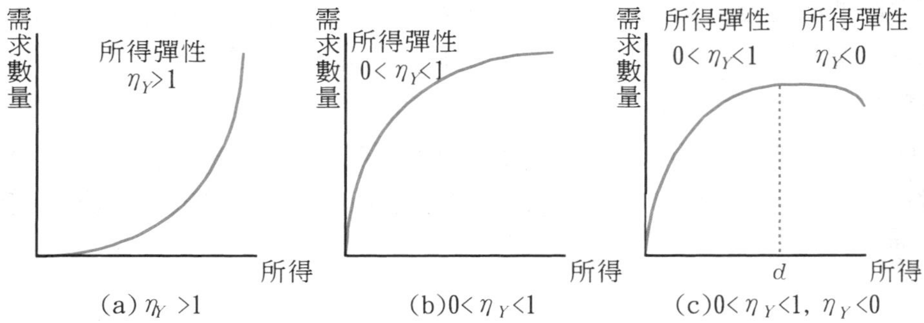

(a) $\eta_Y > 1$　　(b) $0 < \eta_Y < 1$　　(c) $0 < \eta_Y < 1$, $\eta_Y < 0$

圖形(a)、(b)及(c)分別表示所得彈性大於 1，所得彈性大於 0 小於 1，及所得彈性小於 0 時之情形。當 $\eta_Y > 1$ 時，表示當所得改變時，需求數量變動的百分比遠大於所得變動的百分比的情形。而在(b)圖中，$0 < \eta_Y < 1$，則是用來表示雖然所得上升仍使得對商品數量需求上升，但數量需求上升之幅度遠小於所得增加之百分比。而在圖(c)當中，在 d 點以前，所得彈性為 $0 < \eta_Y < 1$，但當所得到達 d 點以後，隨著所得之上升對商品需求之數量反而減少了。

圖 4.5(b)用來表示當 $0 < \eta_Y < 1$ 時，所得與需求數量之間的曲線關係。隨著所得之上升，消費者對某一商品之所得彈性如果大於 0 小於 1 時，代表因為所得上升而對商品需求數量雖然會上升，但增加的幅度並不會太大（不會大於所得上升的比例）。因此，在曲線上我們可以看出隨著所得變大時，曲線將會逐漸變得較為平坦。一般而言，對日常生活用品（如衣服、

鞋子等）的所得彈性多屬於此類。

如果商品具有如圖 4.5(a)或圖 4.5(b)所表示的所得與需求數量之間的關係時，我們稱這些商品為**正常財**。然而，亦有一部份商品具有當所得上升時，反而會減少對該商品需求數量的特性。如果商品具有此一特性時，我們稱這類的財貨為**劣等財**。在圖 4.5(c)中，當所得到達某一水準 d 以後，人們對此一商品之需求數量反而會因為所得上升而減少。屬於此類之商品有米、馬鈴薯、簡單功能之收音機及單速腳踏車等。當消費者所得較低時，他們會去購買這類商品，然而，隨著消費者的所得到達某一水準以後 (d)，他們會要求較高層次 (功能) 之商品，因而使得對這些較低層次商品之需求數量反而減少。

在表 4.2當中，我們計算出臺灣地區自 1971年到 1995年之間，民間對不同類商品的實質消費金額佔該年實質所得到的百分比，及根據這些資料所粗估而得到的所得到彈性值。

由表 4.2的關係可以看出，歷年對食品支出的百分比由 1971年 24.26%下降到 1995年 12.38%，符合我們在前面中所討論到的關係。然而對運輸交通及通訊之需求，則由 1971年佔總所得中 1.68%，上升到 1995年之 7.51%。而由此估計出來的所得彈性為 1.8675，代表隨著所得上升，我國國民對運輸交通及通訊之需求愈來愈多。另外，值得注意的是，近年來由於飲料市場競爭的激烈，我國國民花費在飲料支出上亦有逐年上升的趨勢，因而使得飲料的所得彈性亦大於 1。

2.需求的交叉彈性

在前面的討論當中，我們曾經提到過，對某一商品的數量需求亦將會取決於其他替代商品或互補品之價格的變動。到底當互補品或替代品的價格改變時，對原來商品的需求數量將會有多大的影響呢？透過計算交叉彈性，我們便可以充份瞭解這之間的關係。**交叉彈性可定義為當替代品或互補品的價格改變時，人們對原來商品的需求數量將會有多少改變的一種關係，** 或可以表示成以下的公式：

$$\eta_X = \frac{\text{對原來商品需求數量變動之百分比}}{\text{替代品或互補品的價格變動百分比}}$$

當商品之間存在替代關係時，交叉彈性會是正的。當交叉彈性為負值時，表示商品之間具有互補的關係。 圖 4.6更清楚的表示了當商品之間具有替

表 4.2 臺灣地區一些商品消費佔所得的百分比及所得彈性的關係

	總消費	飲料	衣著鞋襪及服飾	食品	燃料及燈光	家庭器具設備	醫療及保健	娛樂消遣教育及文化	服務	菸絲及捲菸	運輸交通及通訊
1971	55.18	1.11	1.90	24.26	1.66	1.00	2.22	5.85	19.76	1.29	1.68
1972	54.44	1.19	1.89	23.28	1.70	1.03	2.20	6.07	20.30	1.23	1.80
1973	54.07	1.44	1.91	22.60	1.65	1.08	2.31	6.36	20.89	1.29	1.96
1974	55.97	1.39	1.94	22.76	1.75	1.12	2.61	7.35	21.37	1.26	2.15
1975	56.47	1.48	2.03	22.44	1.80	1.21	2.73	7.48	21.50	1.31	2.25
1976	54.08	1.49	1.97	20.93	1.78	1.24	2.69	7.31	20.70	1.28	2.42
1977	52.79	1.51	1.97	19.80	1.75	1.24	2.58	7.37	20.24	1.26	2.66
1978	51.19	1.76	1.92	18.36	1.68	1.33	2.59	7.24	19.66	1.21	3.03
1979	52.34	1.89	1.99	17.58	1.68	1.40	2.73	8.70	20.12	1.19	3.26
1980	51.27	1.84	2.02	17.02	1.62	1.37	2.69	8.41	19.58	1.14	3.24
1981	50.45	1.80	2.05	16.51	1.55	1.33	2.58	8.23	19.39	1.12	3.33
1982	51.41	1.82	2.09	16.39	1.61	1.31	2.72	8.38	19.93	1.14	3.56
1983	50.94	1.80	2.09	15.99	1.64	1.30	2.66	8.23	19.69	1.11	3.81
1984	50.64	1.75	2.07	15.65	1.59	1.32	2.59	8.42	19.61	1.08	4.19
1985	51.31	1.72	2.09	15.60	1.64	1.28	2.61	8.45	19.93	1.09	4.48
1986	49.45	1.63	2.03	14.63	1.57	1.23	2.52	7.93	19.33	0.99	4.76
1987	48.76	1.69	2.05	13.64	1.52	1.23	2.49	7.91	19.10	0.99	5.25
1988	51.29	1.74	2.17	13.45	1.57	1.36	2.71	8.41	20.61	0.93	6.20
1989	53.57	1.84	2.34	13.03	1.56	1.46	2.83	8.70	22.11	0.90	7.22
1990	54.91	1.95	2.51	13.00	1.58	1.53	3.23	9.02	22.91	0.87	7.27
1991	54.78	1.95	2.65	12.79	1.55	1.53	3.64	8.91	22.85	0.87	7.21
1992	55.86	1.91	2.77	12.60	1.53	1.63	3.81	9.16	23.35	0.81	7.52
1993	56.84	1.91	2.89	12.59	1.57	1.69	4.04	9.44	24.07	0.77	7.69
1994	57.92	1.93	2.99	12.48	1.58	1.72	4.16	9.35	25.02	0.74	7.78
1995	57.64	1.91	3.08	12.38	1.60	1.76	4.55	9.50	25.20	0.72	7.51
所得彈性		1.5237	0.9138	0.5138	0.8251	1.1979	0.8469	1.1089	0.9114	0.8442	1.8675

資料來源：ARE-MOS 中 NIAA 資料庫。表中數字均為％，表示某一商品實質消費，佔該年實質所得之百分比。而最後一列的所得彈性，則是由作者依表內資料大致粗估所得到的結果。

代關係時，替代彈性大於 0 之關係。例如煤炭與汽油之間具有替代的關係，因而當煤炭價格上升以後，人們將會改用煤炭之替代商品——汽油，因而，使得消費者對汽油之需求量上升，結果交叉彈性會大於零。另一方面，當二種商品之間存在互補的關係時，其交叉彈性將為負值。例如，汽車與汽油之間具有互補的關係，因此，當汽車價格上升時，對汽車之需求數量就會下降，對汽車的需求數量減少，連帶的使得消費者對汽油之需求數量亦會減少，所以汽車價格與汽油數量之間存在一種負向關係。換言之，當交叉彈性為負值時，商品之間存在一種互補的關係。

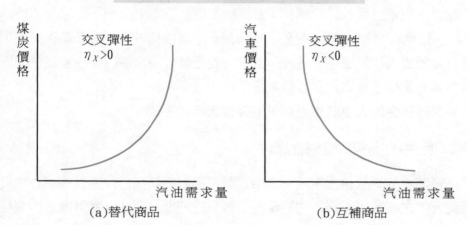

圖 4.6　交叉彈性：替代商品與互補商品

(a)替代商品　　　　　　(b)互補商品

圖(a)表示二種商品之間具有替代關係時之交叉彈性。當煤炭價格上升時，人們會改用其它替代商品──汽油，使得對汽油的需求量亦會上升，因此 $\eta_X > 0$。圖(b)用來表示互補商品之間的交叉彈性關係，當汽車價格上升時，由於汽油與汽車之間具有互補的關係，因此，對汽車需求的下降（汽車價格上升），連帶使得對汽油之需求量亦會下降，因此 $\eta_X < 0$。

第三節　供給彈性 (Elasticity of Supply)

　　需求價格彈性可以協助我們瞭解當商品的價格改變時，消費者對商品需求數量的變化情形。同樣的，**透過供給彈性的計算，將有助於我們瞭解當價格改變時，廠商對商品供給數量的變化情形**。在供需模型上，當供給維持不變時，需求改變所帶來之變動效果亦可以透過計算供給彈性的方式來瞭解。供給彈性的計算方式如下：

$$\eta_S = \frac{供給數量變動之百分比}{價格變動的百分比}$$

從廠商的角度來看，由於價格與供給量之間存在正向關係，因此，供給彈性將會大於零。但仍有二個例外的情況，即(1)當供給彈性等於零（完全無彈性的），或(2)供給彈性為正無窮大（完全有彈性的）。當供給彈性等於零時，表示無論價格做多大或多小的改變，供給數量均不會有所變動。換言

之，無論價格如何改變，供給的數量是固定不變的，此時，在圖形上所表示的是一種垂直供給線的關係。當供給彈性為正無窮大表示在某一價格水準時，廠商願意提供任何數量之商品，但當價格低於此一水準時，廠商則沒有意願提供任何商品。從圖形上來看此種關係時，供給線將會是一條固定在某一價格水準的水平直線關係。

供給彈性的大小將會受到下列幾個因素的影響:

一、與生產有關的技術條件

當某一種商品在生產過程當中，需要運用到較高的生產技術時，由於專業人才之培養與新技術的發現需要較長之時間，因此，當該商品的價格改變時，廠商對供應該商品的數量變動較不敏感，因而使得該商品之供給彈性較低。反之，當商品在生產過程當中，不需要運用到太高的生產技術時，商品之供給彈性將會較高。

二、調整生產所需時間的長短

當商品的市場價格改變時，廠商將會調整其供給的型態，然而，調整供給之速度有快慢之分。由於調整生產時間之不同，因而，對供給彈性亦會有不同程度之影響。為了明白商品價格改變對供給量之影響，我們區分不同時間的供給關係:

1.瞬間供給 (Momentary Supply)

當某一種商品的價格突然上升或下降時，我們以瞬間供給曲線來描述供給數量改變之情形。一些商品特別是水果之種植，具有完全無彈性之供給曲線（垂直線）。水果數量之供給取決於果樹種植之面積及果樹生長年限。對水果之供給數量，事實上，早取決於多年前的種植計劃，因此，瞬間的水果價格上升，將無法改變果農之供給數量。所以，我們以瞬間供給曲線來描述由於價格改變時，廠商瞬時之間並無法調整其生產量之情形，因此瞬間供給曲線為一種垂直線的關係。

2.短期供給 (Short-run Supply)

以短期供給曲線來描述當價格改變時，廠商在短時間做了部份生產技術調整以後所形成的供給數量改變的情形。在短期之間廠商為了因應商品價格的上升而增加產量之最快方式，就是透過增加對勞動力要素之投入。例如，廠商可以採用加班之方式或僱用額外勞動力來增加產量。而當商品價格下降時，廠商則可以採用解僱勞工或減少勞工工作時間的方式來減少

產量。因此，短期供給彈性 $\eta_S > 0$，顯示供給量的變動與價格變動之間存在一種正向關係。

3.長期供給 (Long-run Supply)

當價格改變以後，如果廠商具有充份時間來改變生產的技術或生產規模以達到增加產量之目的時，透過使用長期供給曲線可以來敘述此一行為。此時，由於所有技術及規模均可以調整，因而使得商品的生產量遠大於在短期時，廠商祇能增加勞動力時之生產量。長期供給的彈性雖仍是 $\eta_S > 0$ ，但長期供給彈性較短期彈性來得大。在某些情況之下，長期的供給彈性甚至於接近完全有彈性。

圖 4.7顯示了以上三種不同時間之供給曲線。當廠商有愈多時間來調整其生產過程所必需使用的要素投入時，商品價格改變以後的產量將會增加愈多。因此，三種供給曲線當中以長期供給曲線的彈性最大，其次為短期

圖 4.7　瞬間供給、短期供給與長期供給

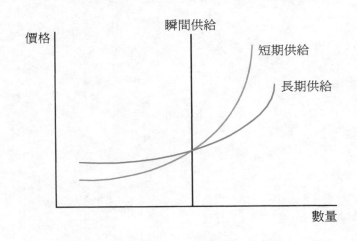

當生產的過程無法因為價格改變而能夠即時改變之情形，可以用瞬間供給曲線來描述。瞬間供給曲線為一垂直線，代表雖然價格改變但廠商供給數量卻不變的情形。而短期供給代表廠商因價格改變之後，而改變勞動力之供給的關係。由於僅有勞動力改變，因此，產出增加或減少有限。而長期供給代表廠商可以改變所有生產因素用來因應價格改變之情形，因此產量可以大幅上升。正因為調整生產過程之時間長短有所差異，使得不同調整時間之供給曲線的彈性亦有所不同。當調整時間愈長時，產量因應價格改變之幅度將會愈大，所以，其供給彈性亦愈大。

供給曲線的彈性，而瞬間供給曲線，由於代表廠商因價格突然間的變化，而未能來得及在生產方面做調整的情況，因此供給彈性為零或接近於零。

重點彙整

1. 彈性被使用來衡量，當一個經濟變數在面對到來自於另一個經濟變數影響時的敏感度。

2. 需求的價格彈性是用來衡量，當商品價格改變時，商品需求數量對價格改變的敏感度指標。

3. 需求價格彈性可以用來衡量當商品的價格改變時，消費者對該商品需求數量變化的反應程度。因此，需求彈性定義為數量變動的百分比與價格變動百分比之間的一種比率關係。

4. 需求曲線的斜率，定義為價格改變(ΔP) 除以數量改變 (ΔQ)，或 $\dfrac{\Delta P}{\Delta Q}$ 間的一種比率關係。

5. 彈性與斜率之間的最大差別在於，在計算彈性的公式當中，多考慮了特定一點在需求曲線上的相對位置 $\left(\dfrac{P}{Q}\right)$。

6. 完全無彈性：當彈性固定為 0 時，稱之為零彈性或是完全無彈性。完全無彈性代表無論是價格如何變動，消費者並不會改變對數量之需求。

7. 當曲線具有所謂「直角雙曲線」的關係時，（直角雙曲線定義為曲線上任何一點所對應之價格與數量之乘積為一固定常數關係之曲線），其曲線上的任何點的彈性均會等於 1。而彈性為 1 表示價格變動的百分比恰巧與需求數量變動百分比相等時之情形。彈性等於 1 時，又稱為單位彈性。

8. 完全彈性 $\eta_d = \infty$，表示需求數量對價格變動具有完全的敏感度。

9. 彈性將會受到以下一些因素之影響：

    (1)商品之替代程度，

    (2)對某一商品支出佔總所得之比重，

    (3)暫時性或永久性的價格改變，

    (4)短期或長期需求。

10. 短期可定義為人們在做出所有的調整或改變消費習性以前的時間，而長期則可定義為人們做所有的調整或改變消費習性所需要的時間。

11. 當所得改變時，消費者對商品的需求數量將會有多少的改變呢？要回答這一個問題，我們就必需計算商品需求的所得彈性。

12. 交叉彈性可定義為當替代品或互補品的價格改變時，人們對原來商

品的需求數量將會有多少改變的一種關係。

13.當商品之間存在替代關係時，交叉彈性會是正的。當交叉彈性為負值時，表示商品之間具有互補的關係。

14.透過供給彈性的計算，將有助於我們瞭解當價格改變時，廠商對商品供給數量的變化情形。

15.供給彈性的大小將會受到下列幾個因素的影響：

(1)與生產有關的技術條件，

(2)調整生產所需時間的長短。

16.當某一種商品的價格突然上升或下降時，我們以瞬間供給曲線來描述供給數量改變之情形。

17.以短期供給曲線來描述當價格改變時，廠商在短時間做了部份生產技術調整以後所形成的供給數量改變的情形。

18.當價格改變以後，如果廠商具有充份時間來改變生產的技術或生產規模以達到增加產量之目的時，透過使用長期供給曲線可以來敘述此一行為。

練 習 題

1.定義需求價格彈性的關係?當彈性等於 1，小於 1 及大於 1，分別代表什麼樣的意義？試舉例說明彈性接近於 0，或接近於 ∞ 的例子。

2.討論影響需求價格彈性的因素？

3.什麼是所得彈性？

4.如果想像所要衡量的商品是屬於一種替代品或互補品的關係時，應該使用那一種彈性？試說明之。

5.什麼是供給彈性？有那些因素會影響供給彈性，試說明之。

6.討論供給曲線與廠商調整生產時間長短的關係？

第 5 章
生產、經濟成長及交換

前　言

　　在經濟體系當中，除了存在需求的一方以外，亦存在供給的一方。在經濟循環周流當中，廠商所扮演的是供給商品及勞務的角色。廠商在投入生產要素 (production factors) 以後，透過生產函數的轉換，就可生產出在經濟體系當中所需要的商品與勞務。因之，在本節當中，我們先介紹一些在經濟學當中，即將用來分析廠商生產行為的一些簡單圖形工具。除此之外，在一個經濟體系之內消費者可選擇自行消費體系內所生產出來的商品與勞務，或可以選擇透過與其他經濟體系所生產出來的商品與勞務，以交換的方式來增加對商品及勞務消費的種類與數量。因之，在本節當中，我們亦將會討論到有關於商品及勞務交換的一些模型。我們首先使用生產可能曲線 (production possibility curve, PPC)，來看看經濟學家如何透過圖形的方式來討論廠商的生產行為。

第一節　生產可能曲線

生產 (production) 代表將土地 (land)、**勞動力** (labor)、**資本** (capital) 及**企業才能** (entrepreneurial ability) 等**要素** (factors) 轉換成為商品及勞務的過程。土地是自然界給予人類的禮物；土地包括空氣、水、有形之土地以及在土地下的一些礦產的通稱。而**勞動力**則是指人類使用體力或腦力的過程；例如，聲樂家的嗓子、運動家的體能、冒險家的勇氣及政治家之政治手腕，均可通稱為勞動力。

資本代表已經被生產出來而可以用來生產其他商品及勞務的商品；有關於資本之例子，如高速公路、機場、發電廠及工廠等。在資本當中有一項較為特殊的資本，稱為**人力資本**(human capital) 。人力資本所代表的是人類透過教育與訓練方式所累積的技能與知識。**企業才能**則是用來組織其他三種要素來從事有效生產交換的特殊才能。

商品及勞務為人們所生產出來具有價值的東西。商品是屬於有形的，例如，電視、汽車或椅子，而勞務則是無形的，例如，理髮、電話服務或法律諮詢服務。商品亦可再區分成為**資本財** (capital goods) 與**消費財** (consumption goods) 二類。**資本財代表在生產過程當中使用且可以重複使用多次之商品，而消費財則泛指僅可使用一次的商品。**例如，房子、汽車、電腦及電話屬於資本財，而牙膏、漢堡及麵包則屬於消費財。**消費** (consumption) 指消耗商品及勞務的過程。

受到資源及技術水準的限制，使得在生產商品及勞務的過程當中亦會受到一些限制。在生產過程所受到的限制，在經濟學上則是使用生產可能曲線來描述。**生產可能曲線用來描述在現有技術水準及資源的限制之下，經濟體系內能夠達成的 (attainable) 與不能夠達成的 (unattainable) 商品及勞務的生產界線 (boundary)。**我們可透過一個簡單的經濟模型來說明生產可能曲線之應用。以下為在一個簡單經濟體系中的一些假設條件：

1.假設在一個遠離塵世的小島上，僅住著一個人名叫「王子」。由於小島與世隔絕，因此王子無法與外界連繫（在後面，我們將會逐漸放寬此一假設）。

2.王子在小島上僅從事二種商品之生產，即生產稻米與布。

3.由於無法與外界連繫，因此王子所生產出來之稻米與布將無法與他

人交換，此外這些生產出來的商品將完全提供王子自己消費。換句話說，本模型暫時不假設王子有儲蓄或交換的行為。

王子使用島上所有的資源來生產稻米與布。假設王子每天最多祇能工作 10 個小時。稻米與布的產量完全取決於王子每天花多少時間於種植及織布上，而王子的一些生產可能組合列於表 5.1 中。如果王子選擇不工作時，將不會有任何稻米或布的生產，如果王子將每日 10 小時全都用於種植稻米上，則王子每個月將可生產 24 斤的稻米，但不會生產任何的布。反之，如果王子將每天的 10 小時全部都用於織布時，他每個月可以生產 14 尺的布但不會生產任何數量的稻米。王子亦可以選擇將每日的 10 小時分別分配到織布及種植稻米上，假設王子選擇每天織布 2 小時及種植稻米 8 小時，一個月下來王子將可以生產 20 斤米及 3 尺布。或可以假設王子選擇使用 6 個小時織布及 4 個小時種稻時，王子每個月將可以生產 8 尺布及 11 斤的米。依此類推，可以發現王子將有多種生產的可能。這些生產可能的關係事實上可以無限多。雖然在表 5.1 中，我們以 2 小時為一單位方式列出了王子的生產可能。但毫無疑問的，如果王子選擇花 2 小時 31 分來織布，與花 7 小時 29 分來種稻，亦將會是一種生產的可能。祇要總工作時數加總起來正好

表 5.1　王子的生產可能

每日工作小時		稻米產量（每斤/每月）		布的產量（尺/每月）
0	二者擇一	0	或	0
2	二者擇一	6	或	3
4	二者擇一	11	或	5
6	二者擇一	16	或	8
8	二者擇一	20	或	11
10	二者擇一	24	或	14

如果王子選擇不工作，那麼將不會生產任何稻米或布。但是如果王子選擇將每日可以工作的 10 小時全部用於生產稻米時，他每個月可以生產 24 斤稻米，但不會生產任何的布。而如果王子將 10 小時全部用於生產衣服時，他每個月可生產 14 尺的布，但不會生產任何的稻米。如果王子選擇將一部份時間用於生產稻米，而一部份時間用於織布時，則視王子將使用多少時間在種稻上及多少時間在織布上，將會有多種的生產可能。

等於或小於10個小時，均是王子所有可能選擇的生產組合。換言之，這些組合方式將有無限多組的。而這些無限多組的關係，透過圖形的方式可以更容易的表示出來。圖5.1所繪製的正是代表這種生產可能關係的曲線。

圖 5.1 王子的生產可能曲線

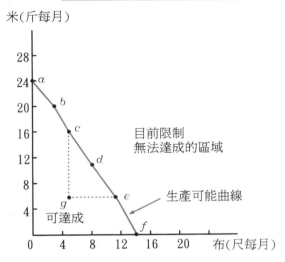

可能組合	米（斤／每月）	布（尺／每月）
a	24	0
b	20	3
c	16	5
d	11	8
e	6	11
f	0	14

表中列出王子的6種生產可能組合。在 d 點時表示，如果王子將每天可以工作的10個小時當中的4個小時用於種稻而6個小時從事於織布時，一個月下來米及布之最大產量分別為11斤米及8尺布，其它點的組合則為類似之關係。在王子每日完全使用10小時來工作時，所有的生產可能組合為位於生產可能曲線上各點所代表之關係。如果王子的工作時間小於10個小時時，則生產米及布的可能組合將會於曲線下方如 g 點的關係所示。任何生產可能的關係若高於生產可能曲線之位置時，代表王子在每日工作10小時的條件下，無法達成的部份。

在王子每日祇能工作10個小時的限制條件之下，王子的所有生產可能組合為位在生產可能曲線（含）下方的可達成區域。當王子選擇每日正好工作10個小時時，所有可能的生產組合正好落在生產可能曲線上。在圖

5.1 中，表內 *a*、*b*、*c*、*d*、*e* 及 *f* 各點所表示之米及布的關係，可以用來繪製如圖 5.1 的曲線關係。例如，在 *b* 點時，王子可生產 20 斤的米及 3 尺布。此時，王子將每日可用於工作的 10 個小時中的 8 個小時用來種植稻米，而其它的 2 個小時則用來織布。任何的生產可能組合若位於生產可能曲線上方，代表王子在每日工作 10 個小時的條件下，無法達成的部份。任何生產可能若低於生產可能曲線時，表示王子每日的工作時間並未達到 10 小時。例如，在 *g* 點時，王子生產 6 斤米及 5 尺布，由於生產 6 斤米祇需花費王子每天工作 2 個小時，而生產 5 尺布需花費 4 個小時，因此，在 *g* 點時，表示王子一天僅工作 6 個小時，與所假設的工作 10 個小時的限制來比較，在 *g* 點表示仍有 4 個小時的差異。因而，在 *g* 點所表示的是王子可以達成的一種生產可能，但並不是最佳的一種可能。如果王子能充份使用每天 10 小時之工作時間時，米及布的產量應該可以較在 *g* 點的位置時更多。此外，由於在討論本模型時，我們假設在這樣一個封閉的經濟體系中，所有生產出來的商品就全部用於消費上，因之，王子若能再消費更多的商品時，將可以使得他的滿足感愈高。為了消費更多的商品，王子就必需更加的努力來生產商品，所以 *g* 點雖是在王子的能力範圍之內可以達到的生產可能，但王子的能力應不祇僅止於此。為了讓王子的消費得到最大的滿足感，王子的最佳選擇策略應該是以選擇在生產可能曲線上的任意一種生產組合來從事生產。當王子將所有可以工作的時間均用來生產米或布時，各種生產可能的組合均將會落在生產可能曲線上面。此時，由於要素資源並未被浪費或錯誤的分配 (misallocate)，因此，我們稱此一生產情況為具有生產效率 (production efficiency)。換言之，**除非減少對某一種商品（米）的生產量，否則無法再增加另一種商品（布）的產量時，稱生產已達成生產效率。**

　　雖然選擇在生產可能曲線上從事生產為王子的偏好 (preference)，然而此時，王子又卻必需要去面對另一個問題：到底應該生產比較多的稻米，或是生產比較多的布呢？如果王子選擇生產比較多的稻米時，他就必需要放棄一部份布的生產，反之亦然。事實上，王子在這一個簡單的模型當中所面對到的選擇問題，亦是我們在日常生活當中經常必需去面對到的問題。從經濟學的角度來看，任何有關選擇的問題最終終將要面臨到所謂**機會成本**(opportunity cost) 的問題。

第二節　機會成本

　　機會成本可定義為放棄最佳的替代方案時，所即將衍生出來的成本。對經常熬夜的同學而言，多睡一個小時覺的機會成本，可能是無法上早上 8 點的課。對王子而言，增加米的生產可能意味著用於生產布的時間必需減少。在前一節所介紹的生產可能曲線除了可以用來描述生產的可能組合以外，用來討論機會成本的關係亦是頗為恰當。

　　圖 5.1 當中所代表的生產可能曲線，亦可表示為在有限資源之下，生產布與米的組合時，可以達成與無法達成的二個區域之間的界線 (boundary)。由於在簡單模型之下，假設祇生產二種商品──米及布，因此，定義什麼是所要放棄的最佳替代方案並沒有太大困難。當王子決定生產較多的米時，就必需要減少布的生產，或當王子決定要生產較多的布時，就必需要減少稻米的生產。因此，多生產一斤米的機會成本就是必需要放棄生產布的尺數，或是要增加生產一尺布的機會成本就是必需要放棄生產米的斤數。

　　我們可以使用王子的生產可能曲線來計算機會成本。透過生產可能曲線可以得知王子若為了要多生產一尺布時，就必需放棄多少斤米的生產。

　　如果王子將全部的工作時間用來生產稻米時，他每個月可以生產 24 斤的米，如果王子決定生產 2 尺的布時，他必需要放棄多少斤米的生產，才能換取 2 尺布的生產呢？圖 5.2 說明了這之間的關係。

　　為了挪出全部用於生產稻米中的一部時間來生產 2 尺的布，王子將要由生產可能曲線上的 a 點移到 b 點，意味著，王子必需要減少 0.4 斤米的產量以用來換取生產 2 尺布所需的時間。因此，對首先的 2 尺布而言，機會成本為 0.4 斤的米。如果王子決定要再多增加 2 尺布的生產時，那麼此刻他必需要再放棄多少斤的米呢？當王子若決定將生產組合由 b 點移到 c 點時，他必需要放棄 0.6 斤米的生產，以換取額外 2 尺布的生產。

　　所有可能的機會成本列於圖 5.2 中的表內。由表中的數字可以看到，隨著布的生產數量增加，王子必需放棄愈來愈多稻米的生產才能增加額外每 2 尺布的產量。當生產沿著生產可能曲線右下方移動 ($c \rightarrow d \rightarrow e \rightarrow f \rightarrow g$) 時，所要放棄米的產量也就會愈來愈多了。換句話說，生產布的機會成本也就會愈來愈大，在圖 5.2(b) 中所表示的就是機會成本遞增的現象。

　　使用生產可能曲線為何可以用來說明機會成本遞增的過程呢？如果仔

細觀察生產可能曲線的形狀，就不難發現二者的關連。當生產可能曲線較靠近 Y 軸時，生產可能曲線的斜率較為平坦，代表米的產量較多，而布的產量較少的情形 $(a \rightarrow b)$ 。而在有較多產量的布及較少產量的米之生產組合時（如同靠近 X 軸之生產可能曲線所表示的關係），曲線具有較陡的斜率。此種關係使得整條生產可能曲線具有向原點凸出 (bows outward) 的形狀，而凸出的生產可能曲線就是代表機會成本遞增的觀念。圖 5.2(a)的關係就是用來表示凸出的生產可能曲線與機會成本遞增之間的關係。在 a 與 b 點之間，增加 2 尺布的生產僅需付出減少 0.4 斤米的代價，但在 g 到 h 點之間，再多增加 2 尺布之產量時，就必需減少到 12.5 斤米的生產，此種關係正是向原點凸出的生產可能曲線所表示的關係。當愈靠近 X 軸時，曲線的斜率就會愈陡，而靠近 Y 軸時，曲線就愈平坦。

圖 5.2　王子的稻米與布的機會成本

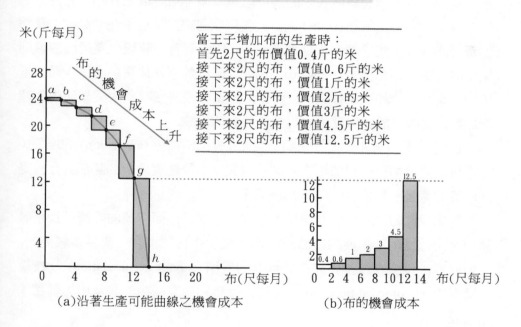

(a)沿著生產可能曲線之機會成本　　(b)布的機會成本

圖內的表所表示的是王子增加布的生產時的機會成本。首先增加 2 尺布的生產，王子必需放棄生產 0.4 斤的米，接下來王子若要再多生產 2 尺布時，王子就必需要放棄 0.6 斤的米。隨著王子增加布的生產，他所要放棄米的產量將會愈來愈多。圖(b)的關係很明顯的表示了機會成本上升之過程。圖(a)表示在生產可能曲線上，如果王子所選擇的生產可能為沿著向外凸出型態之生產可能曲線時，機會成本必定呈現一種遞增的現象。

　　向原點凸出的生產可能曲線或是機會成本遞增法則之所以存在，主要是因為資源匱乏的緣故。由於匱乏的資源對所有的活動並不是具有同等的用途，因而使得機會成本上升。例如，在王子島上的某一部份土地可能是非常肥沃，因而非常適合於種植稻米。然而也有一部份的土地可能是非常貧瘠，因此，非常不適合種植稻米。然而在貧瘠土地上飼養綿羊可能是非常好的用途，因此，如果使用貧瘠土地來放牧時，可能可以增加布的產量。王子若將島上全部的土地用來種植稻米時，由於必需也要使用到較貧瘠的土地來生產，因此，使得最後一部份種植的成本增加，形成機會成本上升的現象。

第三節　經濟成長 (Economic Growth)

　　雖然生產可能曲線所表示的為可以達成與不可達成之界線，然而這一個界線並非是靜止不動 (static) 的。生產可能曲線亦是經常在變動的；有時生產可能曲線會向原點內移動進來 (inward) ，而有些時候生產可能曲線則是會向原點外移動出去 (outward)。例如，當氣候不好使得生產減少時，當年的生產可能曲線就會移進來；而當氣候良好或科技有重大突破使得生產增加時，生產可能曲線就會出現向外移動的現象。

　　長期而言，一個國家之生產可能曲線有持續擴張 (expansion) 的現象。生產可能曲線擴張的現象稱之為經濟成長。由於經濟成長的關係，今日臺灣經濟的產量已是約 30 年前的 2.5 倍了。

　　雖然我們的生產可能曲線持續的往外擴張，然而持續的經濟成長是必需要付出代價的。高度的經濟成長代表減少今日的消費（或儲蓄較高）。一般而言，經濟成長主要來自於資本的累積 (capital accumulation) 及技術的進步 (technological progress)。而資本累積則需靠減少消費及增加儲蓄才能達成。

　　在圖 5.3 當中，我們繪製了自 1951 年至 1996 年之間，臺灣地區經濟成長率（實質 GDP 之成長率）與儲蓄率之間的關係。在 50 年代到 70 年代之間，由於國民儲蓄率普遍較低（15%以下），因此初期經濟成長率並不算太快。在 75 年代由於儲蓄率開始上升之後，我國的經濟成長率就有快速上升之*趨勢*（10%～12%之間）。但到 1988 年及 1989 年之後，由於國民儲蓄率又有逐漸下降之*趨勢*，因此經濟成長率亦呈現逐年下降之*趨勢*。由於儲蓄之

多寡將會影響到資本的累積，而資本累積的多寡則將會影響日後經濟成長率的多寡。

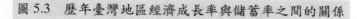
圖 5.3 歷年臺灣地區經濟成長率與儲蓄率之間的關係

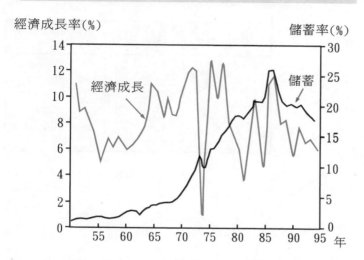

註: 經濟成長率定義為實質 GDP 之成長率，儲蓄率定義為儲蓄佔 GDP 之百分比。

資料來源: ARE-MOS 中 NIAA 資料庫

　　資本的累積代表資本資源的成長，而技術改革則意謂著發展出新而且更好的商品及勞務的生產方式。例如，由於資本的累積與技術的改革，我們今日所面對到的交通及通訊科技，已非二、三十年前所能比較的。然而在享受這些高科技的交通與通訊科技之同時，我們亦已付出了相當的代價。到底經濟成長必需付出什麼樣的成本呢? 我們可以再使用王子的生產可能曲線來說明。

　　截至目前為止我們假設王子在島上僅生產米及布二種商品，假設有一天王子突然發現島上有一些金屬材料很適合用來製造一些適於種植及織布用的工具，且他亦瞭解透過工具的幫助可以來增加米及布的產量時，王子便會開始著手來製造一些工具。由於王子每日的工作時間有限（工作 10 小時），因此，當王子花費一部份時間在工具的製造上時，勢必將使得米及布的產量減少。因此，為了增加日後米及布的產量之機會成本，就是在今日減少米及布的產量。既然是討論到機會成本的關係，我們可以再利用生產可能曲線來討論。此時在生產可能曲線的圖形當中的 X 與 Y 座標所代表的已經不是先前所代表的二種不同商品關係，而是分別代表今日對米及

113

布二種商品所花費的生產時間與對資本財的累積時間，如圖5.4中所表示的關係。

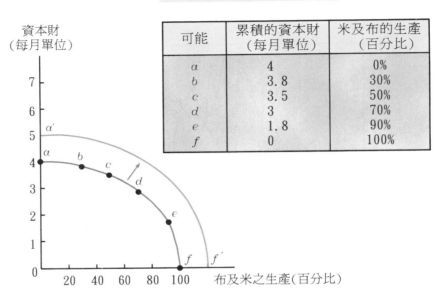

圖5.4　王子島上的經濟成長

可能	累積的資本財（每月單位）	米及布的生產（百分比）
a	4	0%
b	3.8	30%
c	3.5	50%
d	3	70%
e	1.8	90%
f	0	100%

如果王子將所有10個小時全部用來生產米及布時，王子並沒有累積任何資本財（f）。如果王子將所有10小時均用來累積資本財時，每個月王子可以累積4單位的資本財（a），如果王子選擇e點時，表示王子每日工作9個小時，而將其中一個小時用於資本財的累積，因而每個月可以累積1.8單位之資本財。今年王子若選擇在f點時，下一年王子之生產可能曲線仍靜止在a、b、c、d、e、f曲線上。而若王子選在e點或除f點以外的各點時，下一年王子之生產可能曲線將會往外移動出去如圖$a'f'$曲線所示。

圖5.4所表示的為由資本累積所形成經濟成長的一個過程。在圖5.4中的表，顯示了王子的幾種生產可能。可能a表示王子在今天將所有的10小時全部用來生產工具，以便日後可生產很多的米及布，因而他可累積每月4個單位的資本財。而f點則是用來表示另一個極端的情形。在f點時，王子選擇在今日並不累積任何資本而將所有10個小時全部用於生產米及布上，因此，在下一期時，王子的生產可能曲線仍舊維持在原來的a、b、c、d、e、f曲線上。如果王子選擇e點組合時，表示王子將在每日可以用來工作的10個小時當中，撥出其中的一個小時用來製造工具（累積資

本），1個月下來，王子可以累積1.8個單位之資本財。如此一來，在下一期時，王子將可以經驗到經濟的成長。換言之，在同樣可以工作的10個小時的限制之下，未來王子在米及布的產量上將會上升。在圖5.4當中，生產可能曲線的移動所表示的就是王子選擇 e 點時之經濟成長現象。而王子若選擇 d 點時，由於資本財累積的較多，因而在下一期之經濟成長應會高於圖5.3中所表示的關係。換言之，王子未來的生產可能曲線將會較 a′f′ 曲線移動更出去。

第四節　交換 (Exchange)

每個人天生便具有不同的能力，有些人生下來在體育方面便有非常優異的表現，而有些人則是在音樂方面顯現出傲人的才華。**不同的能力，代表在生產商品的過程當中，將會產生不同的機會成本，此也就是比較利益** (comparative advantage) **之定義**。我們若說某甲在生產某一種商品具有比較利益時，即代表甲可以以較別人為低的機會成本來生產該商品。

人們可以選擇自行生產所有必需要消費的商品，或者選擇僅集中生產某一種（或少數幾種）商品，而後再透過與別人交換商品的方式來達成消費的需要。**僅集中生產某一種**（或少數幾種）**商品的生產方式稱之為專業化生產** (specialization)。透過專業化生產具有比較利益的商品，爾後，再經由交換來增加消費的方式，可以使得全體經濟體系的經濟利得 (gain) 上升。以下我們仍將使用簡單的經濟模型來探討此一關係。

假設有一天王子發現在他居住附近的一個小島上，住著一位叫做「公主」的人，假設在公主所居住的小島上仍舊祇能生產米及布。此外，亦假設王子與公主的小島之間，可以透過一艘小船來連絡或運送必要的商品。

雖然在公主的小島上仍舊可以生產米及布，但王子與公主二人的小島最大差異點在於：在王子的小島上土地較為肥沃，而在公主的小島上，土地大多為貧瘠（能力不同）。二個小島由於在資源稟賦上的不同，因此，代表著二個島上的生產可能曲線將會有所不同。由圖5.5當中我們可以分別看到王子之生產可能曲線與公主之生產可能曲線之不同。二條曲線具有不同形狀，代表二個島上由於資源稟賦之不同，因而導致生產某種商品的機會成本亦有所不同。

圖 5.5　交換及專業化生產之下的經濟利得

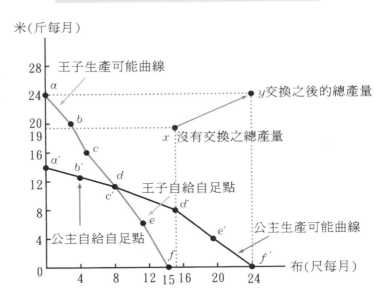

當王子的生產可能曲線為 a、b、c、d、e、f，而公主的生產可能曲線為 a'、b'、c'、d'、e'、f' 時，王子之比較利益在於稻米的生產上，而公主之比較利益則在於布的生產上。二人在沒有交換商品時的自給自足點分別為 e 及 b' 點。在 e 點時，米每月生產 6 斤，而布每月生產 11 尺；而在 b' 點時，米為 13 斤，而布則是 4 尺／每月，全體經濟的產量為米 19 斤及布 15 尺，如 x 點所示。如果此時，王子與公主決定以交換商品的方式來增加雙方的消費時，王子可專業化生產米（a 點），而公主則可專業化生產布（f' 點），此時全體經濟體系之產量可上升到米 24 斤及布 24 尺，如 y 點所示。此時整體經濟之產量可由 x 點上升到 y 點，代表透過交換，經濟體系可達更大的福利。

　　在沒有交換行為以前，王子與公主均同時生產米及布而且自給自足。**自給自足 (self-sufficiency) 意謂著人們所生產出來的商品數量正足以滿足他所要消費的數量**。假設王子自給自足點選在 e 點上；在 e 點時，王子每月生產及消費 6 斤米及 11 尺布。而公主之自給自足點，假設選擇在 b' 點上，在 b' 點時，公主每月生產及消費 13 斤米及 4 尺布。在沒有交換行為時，全體經濟體系共生產及消費 19 斤米及 15 尺布如同圖 5.5 上的 x 點所示。然而透過交換的方式，王子與公主可以過得比自給自足時，更舒適之生活（在此指消費更多的米及布）。以下我們將來看看王子與公主之間的交換行為如何來產生?

　　我們知道，由於比較利益為交換行為產生的原因之一，那麼王子在生產米及布的二種商品之中，應該選擇生產那一種商品才會具有比較利益呢？由於比較利益定義為：當某人在生產某一商品具有較別人為低的機會成本時，稱某人對生產該商品具有比較利益。由於生產可能曲線亦可表示為商品機會成本的關係，因此，透過觀察王子與公主的生產可能曲線，就可以明白王子與公主到底應該生產那一種商品才會具有比較利益。

　　由於王子的生產可能曲線較公主的生產可能曲線的斜率來得陡，因此，在生產每一斤稻米時，王子所必需放棄布的數量將較公主來得小，所以，王子生產稻米的機會成本會小於公主生產稻米的機會成本，因此我們說，王子在生產稻米上具有比較利益。

　　反之，公主的比較利益則是在於布的生產上。如果把布的座標當成是 Y 座標，就可以很快的看出公主在每增加一尺布的生產方面，所要放棄稻米的生產量會小於王子所要放棄的數量，因此我們說，公主的比較利益應該是在於布的生產上。

　　當公主遇上王子之後，生活是否會過得更好呢？在自給自足點時，全體經濟體系（在此為王子的產量加上公主的產量）米及布的產量為在 x 點的關係。但是，如果王子專業化生產稻米時，王子將可以生產 24 斤米，而公主若專業化生產布時，公主將可以生產 24 尺的布，此時，整體經濟體系的總產量將為圖 5.5 中 y 點的關係所示。顯然，此時整體經濟體系的產量是遠大於沒有交換行為時的產量（x 點）。

　　如果王子與公主選擇專業化生產具有比較利益的商品，但是雙方面之間並沒有交換行為時，由貿易產生的經濟利得 (gains from trade) 仍舊無法發生。唯有王子與公主二人之間，透過某種交換的公式，來交換他們所專業化生產出來的商品以後，雙方面才能享受到專業化生產所帶來的消費上升效果。在自給自足時，王子共消費了 6 斤米及 11 尺布，而公主消費了 13 斤米與 4 尺布。假設王子與公主雙方面協議出共同的交換條件（稱貿易條件）為以 1 斤米換 1 尺布時，王子可能可以選擇以 11 斤米來換 11 尺布（與自給自足時布的消費相同）。王子在交換行為產生以後，新的消費點為 13 斤米與 11 尺布，較原先 6 斤米與 11 尺布多消費了 7 斤的米。此時，公主會消費 11 斤米，對布的消費則是由於出口了 11 尺布去交換 11 斤的米，因此，剩下 13 尺布可以消費。然而在交換之後所產生的消費組合若是與公主在沒有交換以前之消費組合 b' 點所表示的 13 斤米與 4 尺布的關係相較時，公主之消費量，亦較在沒有交換行為之前增加了（在自給自足時，公主消

費13斤米但在交換以後卻祇有11斤米，但對布的消費量卻由原來的4尺上升到13尺。因此，若公主仍要求消費在交換以前的13斤米時，公主可使用1:1方式以布去交換米，最後仍可以使得公主在交換以後對布及米的消費數量較在未交換以前上升）。

重 點 彙 整

1. 生產代表將土地、勞動力、資本及企業才能等要素轉換成為商品及勞務的過程。

2. 資本財代表在生產過程當中使用且可以重複使用多次之商品。

3. 消費財則泛指僅可使用一次的商品。

4. 消費指消耗商品及勞務的過程。

5. 生產可能曲線用來描述在現有技術水準及資源的限制之下，經濟體系內能夠達成的與不能夠達成的商品及勞務的生產界線。

6. 除非減少對某一種商品（米）的生產量，否則無法再增加另一種商品（布）的產量時，稱生產已達成生產效率。

7. 機會成本可定義為放棄最佳的替代方案時，所即將衍生出來的成本。

8. 向原點凸出的生產可能曲線或是機會成本遞增法則之所以存在，主要是因為資源匱乏的緣故。

9. 不同的能力，代表在生產商品的過程當中，將會產生不同的機會成本，此也就是比較利益之定義。

10. 僅集中生產某一種（或少數幾種）商品的生產方式稱之為專業化生產。

11. 自給自足意謂著人們所生產出來的商品數量正足以滿足他所要消費的數量。

練 習 題

1. 生產要素有那幾種，試解釋之。

2. 區分資本財與消費財之不同？

3. 定義機會成本，並說明為何機會成本存在遞增的現象？

4. 說明為何生產可能曲線具有向原點凸出的現象？

5. 定義經濟成長。

6. 老李喜歡去唱 KTV，但是當他花愈多時間在 KTV 上時，他花在經濟學原理的研習時間就愈少，圖形顯示了老李 KTV 與經原成績之間的取捨關係：

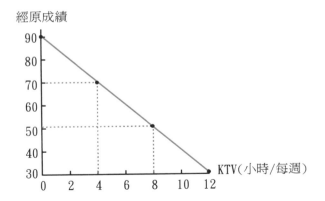

計算每二個小時唱 KTV 之機會成本, 如果老李增加唱 KTV 時間由

(1)每週 4 小時增加到 6 小時。

(2)每週 8 小時增加到 10 小時。

(3)試運用以上圖形說明, 老李唱 KTV 時間與經原成績之關係, 以及唱 KTV 每增加一個小時之機會成本為何?

第 **6** 章
需求曲線與消費理論

前　言

　　許多學生在修完經濟學之後，認為祇要瞭解需求與供給，所有經濟問題均可以迎刃而解，同學的瞭解可說是祇對了一半。毫無疑問的，需求與供給為經濟學之精髓，但是除非真正瞭解需求與供給背後的真正行為，否則你真的能夠確信需求與供給隱含什麼嗎？當公司對生產出來的商品採行降價時，公司是否能確實相信他們可以賣出更多的商品嗎？生產者是否確切把握當所得成長時，需求亦將跟著上升。為了確實掌握經濟體系如何來運作，了解需求與供給的運作過程是有必要的。

　　在本章當中，我們將更進一步來探討需求。我們將會討論消費者如何及為何做選擇 (make choices)？以及有那些因素將會影響到消費者的選擇行為？

第一節　決策 (Decisions)

　　我應該要進研究所繼續唸書？或是找一份工作？我應該要結婚或是仍維持單身？我應該住在學校宿舍，或是到校外租屋？人的一生當中不斷要面對的就是做許多的決策。**除非資源匱乏的問題消失，否則人終其一生都要做選擇。** 雖然資源匱乏與選擇非常普及，但是人們到底如何來做選擇呢？針對這一個問題，長久以來一直未能有適當的科學理由來解釋。一些決策看起來像是祇憑感覺而做成的，但有些決策則是經過冗長的反覆計算與思考的過程才做成。有些決策是很快而且果斷，但有些決策則是經過經年累月的研究而成。你之所以購買本書是因為本書的封面吸引了你？還是有其他原因呢？當你上街購物時，是否會因為電視廣告而影響你的決策呢？

　　要回答以上這些問題，完全取決於你的價值觀、你的個性、你是在那種環境之下成長、其他事件如何影響你的決策以及其他許許多多的因素。雖然重要的影響因素將會因人而異，然而每個人在做決策之過程則大致相同：**人們傾向先比較不同方案的可察覺成本與利益，而由當中選擇能給予人們最大相對利益的方案。** 不管決策的決定是根據情緒或根據會計之損益表，人們基本上將會比較在做決策時，所擁有不同方案之可見成本與利益。為了說明人們如何來進行這些比較，19世紀的經濟學家與哲學家發展出一個有用的觀念稱之為**效用** (utility)。今日使用效用的觀念則可以協助我們瞭解消費者的決策過程。

一、效用

　　效用為經濟學家及哲學家用來掌握「快樂」觀念的名詞。 不管你是因為一餐美食而感到**滿足**、或因為擁有一部車子而**驕傲**。**欣賞**一部美好的電影，或因為有一間好的房子而感到**舒適**。無論滿足、驕傲、欣賞或舒適均是一種感覺，而這些感覺均可以透過使用效用的觀念來描述。效用可說是滿意及快樂的代名詞。消費者將會選擇給予他最大滿足之決策；換言之，消費者的選擇過程就是在最大化 (maximize) 他們的效用。消費者對某一件產品的喜歡程度是否高於另一件產品，完全決定於不同產品所能提供給他們多少的效用。如果你喜歡一部影碟機而不是錄放影機，意味著由於影碟機之效用大於錄放影機，因此你選擇了影碟機。

由一些活動或消費某些商品所得到的效用，完全取決於一個人的品味 (taste) 及偏好 (preferences)。由於品味及偏好的不同，某人可能喜歡古典音樂而不喜歡流行音樂，但在此我們將不討論為何有些人喜歡古典音樂而不喜歡流行音樂？我們將在假設品味及偏好是已知的情況之下，來探討消費者做決策的過程。

二、邊際效用遞減 (diminishing marginal utility)

為了顯示效用最大化的用途，在此我們必需先建立一個假設的世界，在這個世界當中，我們可以用效用來衡量人們消費商品及勞務以後的滿意程度。假設老李是一位十足的電動遊戲迷，老李玩電動遊戲的滿意度（以效用單位 utils 來計算），與每日花多少時間玩電動遊戲之間有很大的關係。假設在表 6.1 當中所表示的為老李每天玩電動遊戲的時間與效用單位之間的關係。

表 6.1　老李每日玩電動遊戲之效用表

每日玩電玩之 時間（小時）	總效用 (utils)	每小時效用 （邊際效用）
1	150	150
2	240	90
3	290	50
4	320	30
5	320	0
6	300	−20
7	260	−40

與消費者選擇相關的一些重要觀念可由表 6.1 中觀察到。首先，老李對每一個額外小時電動遊戲所能帶給他的滿足感，小於先前一個小時的滿足感。根據表 6.1，第 1 個小時帶給老李的滿足感為 150 utils，而第 2 個小時為 90 utils，第 3 個小時為 50 utils，第 4 個小時為 30 utils，而到第 5 個小時則是為 0。雖然老李玩電動遊戲的總效用隨著時間之增加而增加，但隨著玩電玩的時間愈長，玩電動遊戲所能帶給老李額外的滿足感將會愈來愈小，此種現象稱之為邊際效用遞減。**邊際效用定義為由於消費額外一個單位商品所形成總效用改變的比率稱之**。如下式：

123

$$邊際效用(MU) = \frac{總效用之改變}{商品數量之改變}$$

根據**邊際效用遞減法則，當某人在某段時間之內所消費的商品或勞務愈多時，每一個額外單位的商品或勞務所能提供給他的滿足感就會愈少。**想像你自己正坐在一堆蛋糕的前面，第 1 塊蛋糕讓你感覺好吃，吃第 2 塊蛋糕時，雖然蛋糕好吃，但似乎已不像吃第一塊時好吃。當第 3 塊、第 4 塊、第 5 塊持續吃下去，恐怕已經不覺得蛋糕好吃了，甚至，在吃第 6 塊時，你可能已經覺得要反胃了。此時，若吃第 6 塊會讓你產生不滿 (dissatisfaction) 的現象時，稱之為反效用 (disutility)。

要注意的是，我們所討論的是**邊際效用遞減**而非**總效用遞減。總效用是用來衡量在消費一些數量的商品或勞務之後的總滿足感。總效用會隨著消費數量增加而一直上升，直到不滿進入之後，總效用才會開始下降。**例如在老李的例子當中，總效用由 150、240、290、到第 4 小時時，攀升到 320 之後總效用才開始下降。另一方面邊際效用則是從一開始就已經下降了。

為了顯示邊際效用與總效用的關係，圖 6.1 採用表 6.1 的資料繪製而成。圖(a)所代表的是總效用，而圖(b)所代表的是邊際效用。圖(a)當中，在 5 個小時以前當消費的數量增加時，總效用亦增加，而在 5 個小時以後，總效用就開始下降。**總效用開始上升而後下降的原因，是因為額外一單位的消費祇能提供愈來愈少的滿足感。**第 1 個小時的邊際效用為 150 utils，第 2 個小時的邊際效用降為 90 utils，而第 3 個、第 4 個到第 5 個小時之邊際效用分別為 50、30 及 0，因此到了第 5 個小時時的總效用為 150＋90＋50＋30＋0 ＝ 320 utils。

圖(b)則是在總效用圖(a)之下，直接畫出邊際效用的關係。邊際效用隨著每單位使用量之增加而下降，到使用 5 個單位時，邊際效用已達到零，因而在 5 個單位之後邊際效用便開始轉成負值。當邊際效用為正值時，總效用會上升，當邊際效用成為負值之後，總效用便開始下降。當總效用為最大時，邊際效用為零。

圖 6.1　總效用及邊際效用

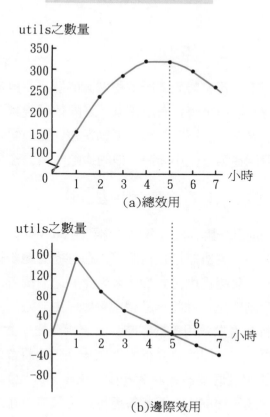

(a)總效用

(b)邊際效用

圖(a)所顯示的為由玩電動遊戲中所獲得之總效用的關係。總效用隨著遊玩的時間增加到達最大值之後，額外的遊玩時間將使得玩電玩變得具有反效用，因此總效用曲線開始下降。而圖(b)則表示邊際效用的關係隨著遊戲時間的上升，每一額外小時玩電動遊戲所能獲得的邊際效用就愈少。在本例中，在5個小時時，玩電玩的邊際效用已等於零，而超過5個小時以上的玩電動遊戲已給老李帶來負面的滿足感。

三、邊際效用遞減及時間

　　邊際效用遞減的觀念唯有定義在某一段期間之內所產生的消費行為才有意義。如果老李在許多天當中玩電動遊戲，除非他每日玩超過5個小時以上，否則將無法觀察到邊際效用遞減之事實。**通常時間區間愈短愈容易觀察到邊際效用遞減**。一但定義了時間區間以後，就可以應用邊際效用遞

減法則。除了所得以外,這一個法則可以應用到每個人、每種商品及勞務上。

四、消費者並不是全然相同的

所有消費者都曾經經驗到邊際效用遞減的關係,但是對不同消費者而言,邊際效用遞減之速率將會有所不同。邊際效用遞減速率將取決於個人的品味及偏好。老李毫無疑問喜歡打電動遊戲,對一個不喜歡打電動遊戲的個人而言,可能在第一個小時時,他的邊際效用已經是零或負值了。

五、由「吃到飽」來看邊際效用法則

邊際效用法則已告訴我們有關於「吃到飽 (all you can eat)」的原則。當邊際效用等於零時,就應該停止再吃了。在許多餐廳紛紛打出「××元吃到飽」之廣告時,餐廳提供付定額(××元)之消費者,隨意吃到飽的服務,而唯一的限制即是不准將食品帶出餐廳。由於邊際效用法則的存在,所有消費者終將在邊際效用等於零時,停止所有的進食。此時,消費者之總效用最大,再多吃一口將會變得索然無味且效用將會下降,而餐廳所必需要做的是要決定到底應該要收費多少(決定××元)。由於知道沒有任何的顧客可以永遠不停的吃,因此餐廳可以將價格設在能由平均消費者的身上獲得利潤的時候。

第二節　效用與選擇

由以上分析我們是否就可以做出人們會一直消費,直到邊際效用等於零的結論呢?答案是否定的。因為在上面討論當中,我們並沒有考慮到資源匱乏及機會成本的問題。沒有人有足夠的所得來購買所有的東西直到它的邊際效用等於零。由於所得是固定的,因此在購買一件商品時,意味著他同時亦必需放棄另一件商品的購買。老李——電玩高手,也許可以由購買其他的一些商品或勞務,而不是由一直玩電動遊戲上來取得更高的滿足感(效用)。

為了說明機會成本對消費的影響,我們可以再度使用老李的例子,但假設老李必需將他每個月1700元的零用金分配到買電玩遊戲卡匣、機車汽油費用及看電影等三件事上。

一、消費者選擇

老李的預算為 1700 元，他必需將每個月 1700 元分配到電玩遊戲卡匣、汽油及電影等三件事上。到底老李會購買多少單位的卡匣、汽油及電影，表 6.2 列出了可能的答案。

假設卡匣的單價 (P) 為 500 元，汽油每次加油需 50 元，而電影每部值 200 元。此外，消費這三種商品在不同單位下所能得到的邊際效用亦列在表 6.2 當中。每一塊錢所能提供的邊際效用之關係 (MU/P) 亦列在表 6.2 中。

第一次購買的選擇行為包括了由三種貨品的第一個單位中做選擇。第一個卡匣之邊際效用為 150 utils 而成本為 500 元；因此每 100 元的支出，卡匣有 30 單位之效用 $(MU/P = 150/5 = 30)$；第一個單位之汽油則在每 100 元支出中，具有 20 個單位之效用，電影第 1 個單位則是在每 100 元中，有 25 個單位之效用。此時，老李首先將會選擇那一個商品來消費呢？

如表 6.2 所示，老李將會首先選擇消費卡匣，因為選用卡匣將使得老李得到的每單位價格的邊際效用最大。由於一個卡匣價值 500 元，因此此時老李祇剩下 1200 元可以花用。

第二次購買的選擇行為包括對第二個卡匣、第一次加油及第一部電影之選擇。三種商品的每 100 元之邊際效用分別為 18、20 及 25；顯然的，如果每單位效用最大為老李做決策之依據時，老李應該會選擇看電影。電影一部價值 200 元，在看完電影之後老李剩下 1000 元可以花費。

在第三次購買的選擇行為時，老李將面對從第二個卡匣，第一次加油及第二部電影等三個商品之中做選擇；三個商品之 MU/P 分別是 18、20 及 23；明顯的在第三次購買過程當中，老李將再度選擇看電影，因為看電影所能帶給他的每單位價值之邊際效用最大。看完了價值 200 元的電影之後，老李手上仍剩下 800 元。

像老李一樣的一位依據效用最大化而做選擇的消費者，會永遠選擇能產生最大 MU/P 商品來消費。如果同時有二種商品能夠產生相同的每單位價值支出之邊際效用時，消費者先選用那一個商品並沒有太大差異 (indifference)。換言之，消費者並不在乎先選擇消費那一種商品，例如，在第 4 次購買行為時，看電影與加油均具有相同的每單位價值支出之邊際效用，此時，無論是選擇加油或看電影均可以，我們則是假設老李會先選擇看電影。如此的選擇過程一直反覆，直到老李用完手上所有的零用錢之

表 6.2　消費者選擇之邏輯過程

單位：佰元

卡匣 ($P=5$)			汽油 ($P=0.5$)			電影 ($P=2$)		
單位	MU	MU/P	單位	MU	MU/P	單位	MU	MU/P
1	150	30	1	10	20	1	50	25
2	90	18	2	9	18	2	46	23
3	50	10	3	4	8	3	40	20
4	30	6	4	0	0	4	18	9
5	0	0	5	−2	−4	5	0	0
6	−20	−4	6	−6	−12	6	−10	−5

步驟：	選　　擇	MU/P	決定	剩餘預算
1	第一個卡匣	30	卡匣	$1700 − $500
	第一次加油	20		= $1200
	第一部電影	25		
2	第二個卡匣	18	電影	$1200 − $200
	第一次加油	20		= $1000
	第一部電影	25		
3	第二個卡匣	18	電影	$1000 − $200
	第一次加油	20		= $800
	第二部電影	23		
4	第二個卡匣	18	電影	$800 − $200
	第一次加油	20		= $600
	第三部電影	20		
5	第二個卡匣	18	加油	$600 − $50
	第一次加油	20		= $550
	第四部電影	9		
6	第二個卡匣	18	卡匣	$550 − $500
	第二次加油	18		= $50
	第四部電影	9		
7	第三個卡匣	10	加油	$50 − $50
	第二次加油	18		= $0
	第四部電影	9		

老李共採購了 2 個卡匣，看 3 部電影加 2 次油，共值 1700 元。

後，採購過程才會停止。在本例當中，老李的採購在進行到第 7 次之後才停止，因為到第 7次時，老李已經將全部的零用金花完了。老李在本月當中共購買了 2 個卡匣，看了 3部電影及加了 2 次油，花費了所有 1700 元之零用金。

在本例當中，我們把老李描述成類似一位機械人，在有限的所得之下，以計算每個商品所具有的每單位價值支出之邊際效用後，從當中挑選邊際效用最大的商品來消費。這一個解釋過程看起來似乎有點不自然，如果這樣的解釋方式無法描述消費者選擇的過程，但至少可以用來解釋消費者選擇之結果吧！**在人們決定消費商品及勞務的過程當中，確實必需將他們的所得列入考慮，而且人們確實選擇那些可以給他們最大效用的商品或勞務來消費。**

二、消費者均衡

在 1700 元的預算限制之下，老李共購買了 2 個卡匣，看了 3 部電影及加了 2 次油。第 2 個卡匣之邊際效用為 18；第 3 部電影之邊際效用則是 20；而第 2 次加油之邊際效用則有 18。三個商品之每 100 元支出之邊際效用均非常接近，這是不是一種巧合呢？為了最大化他們的效用，消費者必需以有限的所得來分別購買各個商品及勞務。消費者所購買商品及勞務的數量，完全取決於對所有商品的最後一個單位的購買時，所能得到的每單位價值（元）支出之邊際效用 (MU/P) 均相等或儘可能相等。當所購買商品及勞務數量的每單位價值支出之邊際效用均相等的情況稱為**等邊際原則** (equimarginal principle)。除非所得、邊際效用或價格等因素改變，否則消費者的選擇將不會再改變，因此，此一關係有時亦稱為**消費者均衡**。

在我們的例子當中，在消費均衡時 MU/P 的比例並不完全相等，本例的 MU/P 分別為 18、20 及 18。由於老李必需購買完整的 1個卡匣、1部電影及 1次加油，因此這個比率已經是儘可能接近了。

當消費者沒有任何的誘因來重新分配他們的所得時，消費即達到均衡。換言之，若以 MU 代表邊際效用，P 代表商品價格，消費者均衡之法則為：

$$\frac{MU_{卡匣}}{P_{卡匣}} = \frac{MU_{汽油}}{P_{汽油}} = \frac{MU_{電影}}{P_{電影}} = \cdots = \frac{MU_x}{P_x}$$

第三節　需求曲線與消費選擇之關係

我們已經看到消費者以最大化效用的方法，將有限的所得分配到日常商品及勞務上的方式來做選擇。下一個步驟則是嘗試連結消費者選擇過程與前面所介紹過的需求曲線。

一、具有負斜率之需求曲線

在第 3 章當中我們曾討論到，當商品價格下降時，對該商品之需求數量會上升。**在需求曲線當中的價格與數量之間，具有反向關係的主要原因是因為邊際效用遞減及消費均衡的關係。**

消費者為了使效用最大而將有限的所得，有效的分配到商品及勞務的購買上。**當總預算全部耗盡以及對最後一個單位之所有商品的每一塊錢支出，所能得到的邊際效用均相等時，消費者達到均衡。**當商品的價格若有所改變時，將會干擾 (disturb) 到原來的均衡，因為此時每一個商品的最後一個單位的 MU/P 將不再相等。此刻消費者將會再重新分配他的所得到各個商品上，以增加他的最大效用。

在表 6.2 中，我們假設卡匣為500 元，汽油每次加 50 元，而電影看一部 200 元。現假設電影價格下降為 150元，但卡匣與汽油的價格則維持不變。根據常識，老李可能會因為電影價格的下降而多去看電影。到底老李會不會這樣做呢？利用表 6.3可以來說明當電影價格下降時，老李的選擇行為是否會改變？而且**等邊際原則**是否仍然成立呢？

在表 6.3 中，僅電影之 MU/P 與表 6.2 內的數據有所不同，其餘卡匣與加油之 MU/P 與表 6.2 內的數據完全相同。在舊的均衡水準之下，老李共購買了 2 個卡匣看了 3 部電影及加了 2 次油，在這樣的購買行為之下，考慮電影價格由 200 元下降到 150 元之情形。此時，每種商品的 MU/P分別為：

卡匣：$90/\$5 = 18$　　加油：$9/\$0.5 = 18$　　電影：$40/\$1.5 = 26.7$

明顯的，當電影價格由200元下降到150元時，等邊際原則已經不再存在了。老李為了達到效用最大的目標，必需要將預算重新分配到三種商品的購買上。由於電影價格的下降，老李新的選擇過程如表 6.3下半部所表示。

表 6.3　價格下降後的消費者選擇行為

單位：佰元

卡匣 $(P=5)$			汽油 $(P=0.5)$			電影 $(P=1.5)$		
單位	MU	MU/P	單位	MU	MU/P	單位	MU	MU/P
1	150	30	1	10	20	1	50	33.3
2	90	18	2	9	18	2	46	30.1
3	50	10	3	4	8	3	40	26.7
4	30	6	4	0	0	4	18	12
5	0	0	5	-2	-4	5	0	0
6	-20	-4	6	-6	-12	6	-10	-6.7

步驟:	選　　擇	MU/P	決定	剩餘預算
1	第一個卡匣 第一次加油 第一部電影	30 20 33.3	卡匣	$1700 − $150 = $1550
2	第一個卡匣 第一次加油 第二部電影	30 20 30.1	電影	$1550 − $150 = $1400
3	第一個卡匣 第一次加油 第三部電影	30 20 26.7	卡匣	$1400 − $500 = $900
4	第二個卡匣 第一次加油 第三部電影	18 20 26.7	電影	$900 − $150 = $750
5	第二個卡匣 第一次加油 第四部電影	18 20 9	加油	$750 − $50 = $700
6	第二個卡匣 第二次加油 第四部電影	18 18 12	卡匣	$700 − $500 = $200
7	第三個卡匣 第二次加油 第四部電影	10 18 12	加油	$200 − $50 = $150
8	第三個卡匣 第三次加油 第四部電影	10 8 12	電影	$150 − $150 = $0

老李共採購了 2 個卡匣，加 2 次油，看 4 次電影，共花費 1700 元。

在經過了 8 次的購買選擇行為之後，老李消耗了所有的所得 1700 元。老李將這 1700 元用於購買 2 個卡匣，加 2 次油及看 4 次電影上。此時，是不是老李的消費均衡呢？由於各種商品最後一個商品的每單位支出之邊際效用均非常接近，分別為卡匣的 18，加油的 18 及電影的12，因此根據等邊際原則，此刻應該是老李的消費者均衡。表 6.4 則用來比較電影價格下降以前與下降以後，老李對三種商品購買數量之變化情形。

表 6.4　電影價格改變前後，老李消費數量變化情形

電影價格	卡匣消費量	加油消費量	電影消費量
$200	2	2	3
$150	2	2	4

根據表 6.4 得知，當電影價格由$200 元下降至 150 元時，老李對電影的消費數量將由 3 部上升至 4 部。明顯的，由消費選擇的分析過程當中，我們亦能得到簡單的需求關係；亦即當商品價格下降時，對商品的需求數量將會增加。根據表 6.4 資料我們亦可繪製老李對電影的需求曲線如圖 6.2 所示。

圖 6.2　老李對電影的需求曲線

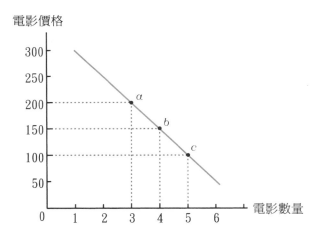

老李對電影的需求曲線用來表示在電影每部 200 元時，老李會選擇看 3 部電影；而當電影價格為 150 元時，老李會看 4 部電影的關係。

在圖 6.2 中，老李對電影的需求曲線為一條直線（有可能為曲線），直線的原因是因為我們祇有二個點的關係；即價格為 200 時，需求數量為 3 及價格為 150 時，需求數量為 4。圖 6.2 中需求曲線求得的方式是，假設所得、品味及偏好、相對商品的價格、消費發生的期間及預期維持不變，透過改變電影價格得到需求數量改變的關係後，將價格與數量之間的關係繪製而得到需求曲線。

二、價格改變所引起之所得效果(income effect) 及替代效果 (substitution effect)

當一個商品的價格下降而其他商品的價格維持不變時，二件事情將會發生：⑴其他價格維持不變的商品，相對上會變得較貴，因此消費者對於價格下降商品的購買數量將會增加，而對於價格維持不變商品的購買數量將會減少。⑵由於商品的價格下降，在同樣所得之下，消費者能夠較在商品價格下降以前購買更多的商品。

當商品變得相對較為便宜時，它的每塊錢所能產生的滿意度 (MU/P) 較未降價以前來得更高，因此消費者會以減少其他商品購買數量的方式，來增加對降價商品之購買數量，此種效果稱之為價格改變的替代效果。

在圖 6.2 中我們看到在電影票價為 200 元時，老李看了 3 部電影，共花費 600 元。當電影價格下降至 150 元時，老李看 3 部電影之總花費下降為 450 元，結果使得老李可將多餘的錢用來購買所有的其他商品，包括價格下降（電影）的商品，這一個效果稱之為所得效果。換言之，所得效果指在其他條件不變之下，因為某一種商品的價格下降而使得人們在同樣的所得之下，能夠購買更多數量商品的一種效果。

三、消費者剩餘 (consumer surplus)

需求曲線代表個人對每個單位商品價值的衡量。例如，老李對看第 1 部電影價值的衡量，就是在看第 1 部電影時，他所願意 (willing) 而且能夠 (able) 付出的價格，而需求曲線正好代表老李對不同數量之商品所願意付出的價格上限。老李對觀賞第 1 部電影所願意付出之價格為每部 300 元，而在價格為 250 元時，老李會觀賞第 2 部電影如圖 6.3 所示。老李願意以 300 元來看第 1 部電影，而以 250 元來看第 2 部電影，但事實上老李可以以 1 部 250 元的價格來看 2 部電影。看 2 部電影時，老李得到一個紅利 (bonus)，因為老李看 2 部電影所願意付出價格 (300 + 250) 高於他真正所必需付出的

價值 (250×2)，而這之間的差異稱之為消費者剩餘，或是我們在前面所說的紅利。

消費者剩餘用來衡量消費者願意，而且能夠付出的價格與市場上的價格之間的差異，當市場價格為 250 元時，老李的消費者剩餘為 $(300 + 250) - (250 \times 2) = \$50$，如圖 6.3 中 a 的部份。當市場價格下降到 200 元時，老李觀賞 3 部電影總市價為 600 元，但對第 1 部電影、第 2 部電影及第 3 部電影，老李所願意付出之價格則分別是 300 元、250 元及 200 元。換言之，老李願意以 750 元的代價來欣賞 3 部電影，此時消費者剩餘為 150 元，如圖 6.3 中 $a + b + c$ 的部份。同理當電影市價降到 150 元時，消費者剩餘為 300 元，即圖上 $a + b + c + d + e + f$ 的部份。

圖 6.3　對電影之需求與消費者剩餘

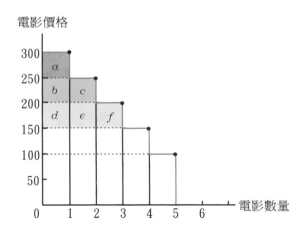

看第 1 部電影時，老李所願意付出之價格為 300 元。老李願意以 250 元來觀看第 2 部電影，但在市場上，當電影市價為 250 元時，老李可以觀賞 2 部電影，因此老李若觀看 2 部電影時，可取得紅利 50 元，此一紅利在經濟學上稱為消費者剩餘，如圖上 a 面積所標示的關係。當老李選擇觀看三部電影時，市價僅每部需 200 元，與老李所願意付出的 750 元（3 部）之間有 150 元之差距，即圖上 $a + b + c$ 面積所表示的部份。

四、劍湖山世界與消費者剩餘

消費者剩餘提供對消費者、生產者及政府部門的一些行為的解釋基

礎, 此外, 消費者剩餘亦可用來協助廠商的訂價政策。

位於雲林縣古坑鄉的劍湖山世界開幕至今, 歷經了多次門票價格策略的變動。在某些時期遊客僅需付小額之門票就可入園參觀, 但在遊玩或參觀不同遊樂設施時, 則需再付出額外的費用。最近, 園方改變門票訂價政策, 改以「一票玩到底」的訂價政策。換言之, 遊客祇需要在大門口處花上 550 元購票之後, 即可入園參觀, 而且不限次數的參觀或使用園內的所有遊樂設施。

假設遊客到劍湖山世界遊玩所得到的滿足感可量化如表 6.5 的資料所表示的關係。由於為一票玩到底, 因此遊客可毫無次數限制的遊玩, 然而根據表 6.5 所顯示, 消費者不可能毫無次數限制的遊玩, 因為在玩了 7 種遊樂設施之後, 消費者的邊際效用等於 0, 因此遊客將不會再選擇玩第 8 種遊樂設施。

表 6.5　劍湖山遊樂世界遊樂設施之效用表

使用遊樂設施次數	邊際效用	總效用
1	200	200
2	160	360
3	110	470
4	70	540
5	50	590
6	30	620
7	0	620
8	−10	610

如果, 訂價策略採用使用個別的遊樂設施均需付費的方式, 而非採一票玩到底的策略時, 一旦使用遊樂設施的價格高於零, 根據等邊際原則, 消費者將會玩到每單位遊戲設施所給予的邊際效用等於消費者可以用於購買其他商品所得到的每單位邊際效用相等時停止 (消費者均衡), 又假設此一均衡數量小於一票玩到底的使用次數。

消費者的需求表及需求曲線列於圖 6.4 中。當乘坐遊樂設施每一次需要 161 元時, 沒有人願意乘坐遊樂設施。當單次價格下降至 138 元時, 消費者祇會購買一次遊樂設施的乘坐權, 而劍湖山世界的總收益則是等於價格乘上數量, 即圖上 $a - b - j - l$ 面積部份再乘上總乘坐人數。當價格為

115元時，消費者會選擇購買二次遊樂設施的乘坐權，而劍湖山世界取得的總收益為 $a-c-i-m$ 之面積乘上總乘坐人數。依此類推，當價格下降到每次乘坐僅需 46 元時，需求的數量達到 5 次，而劍湖山世界之總收益為 $a-d-f-n$ 面積乘上總乘坐人數。到底劍湖山世界應該如何來訂價呢？如果劍湖山世界想要最大化他們的總收益時，就必需要讓消費者在每次乘坐時，付出他們所願意支付的最高價格。換言之，劍湖山世界必需將消費者剩餘由消費者身上取過來，才能使得他們的總收益最大。

圖 6.4　劍湖山世界遊樂設施乘坐次數需求與消費者剩餘

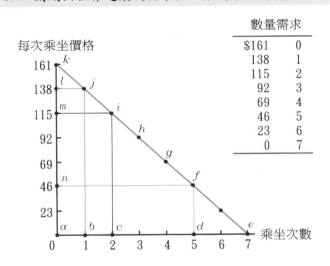

左圖顯示，在劍湖山世界中每次乘坐遊樂設施價格與次數之間的關係，而右表顯示需求表的關係。劍湖山世界希望設定一個價格可使得園方將消費者剩餘全部取出。在每次乘坐價格為零之下，消費者剩餘如同 $a\,e\,k$ 面積所示。因此將入園費訂在與消費者剩餘相同，以及提供每次乘坐費用為免費的服務時，劍湖山世界能將消費者剩餘由消費者身上全部取出。

　　消費者剩餘雖然因人而異，但假設在圖 6.4 中所表示的為一般個人對乘坐遊樂設施的需求曲線。消費者剩餘所表示的是在需求線以下，但是在每次乘坐價格以上之間的面積。例如當價格為 46 元時，消費者剩餘為 $n-k-f$ 之面積。

　　如果劍湖山世界採每次乘坐為免費的訂價策略時，總需求將會達到最大，此時劍湖山世界的總收益為零（$P=0$）。但是，將入園費用設在等於每

個消費者（平均）的消費者剩餘時，劍湖山世界可以將整個消費者剩餘由消費者的身上轉到園方來。在每次乘坐價格為零元時，消費者剩餘大致為550元 $(1/2 \times 7 \times 161)$，因此將入園費訂在550元，且採行一票玩到底的價格策略時，園方將可以最大化他們的收益。

一票玩到底的訂價政策與單次乘坐付費的訂價政策相互比較的結果列於表 6.6 中。單次付費之收益最大的時候是在平均每個消費者遊玩 3 到 4 次時，此時園方總收益為 276 元，如果再加上小額的入園費後的總收入與「一票玩到底」園方的收入相互比較，採單次付費的收入仍是較少（426 元與550 元）。這也就是為什麼經常到遊樂園去遊玩，發覺多數遊樂園均採用一票玩到底的價格政策了。

表 6.6　價格策略

每次乘坐價格	乘坐次數	收入	入園費	總收入	一票玩到底總收入
161	0	0	150	150	550
138	1	138	150	288	550
115	2	230	150	380	550
92	3	276	150	426	550
69	4	276	150	426	550
46	5	230	150	380	550
23	6	138	150	288	550

第四節　無異曲線分析法 (indifference curve analysis)

除了使用效用理論來解釋消費選擇的過程外，採用無異曲線分析法亦可以來分析消費者的選擇過程。無異曲線分析法的優點就在於不需要運用到效用的觀念。由於採用無異曲線分析法所得到的結論與前節使用效用理論分析法的結論相同，因此，在本節當中我們將大略予以說明如下：

一、無異曲線

在圖 6.5 中的圖(a)與表當中所列出的為卡匣與電影數量的 4 種可能組合

關係。在假設消費數量較多所代表的為滿足感愈大的前提之下，消費者將選擇 c 點來消費。 c 點優於 b 點的主要原因是因為 c 點提供較 b 點多 1 部電影之故。c 點亦優於 d 點的原因是消費者選擇 c 點可以較選擇 d 點多消費 1 個卡匣，但電影消費數量仍可以維持不變。而 c 點優於 a 點是因為在 c 點消費者將可多消費 1 部電影及 1 個卡匣。此外， b 點及 d 點優於 a 點是因為選擇 b 點或 d 點消費可較 a 點多出 1 個卡匣或多出 1 部電影。至於 b 點與 d 點之間的關係則並不是那麼明顯，因為在 b 點時，可消費 2 個卡匣及 1 部電影，但在 d 點則是可以消費 1 個卡匣及 2 部電影，如果數量多寡為判定消費者滿意度的準則時，消費者對 b 點與 d 點的滿意度應該相同（或沒有差異）。

讓我們假設消費者對選擇 b 點或 d 點並沒有任何的偏好，因此，我們說消費者對 b 組合或 d 組合並沒有任何差異 (indifferent)。將 b 點與 d 點以曲線連結起來如圖 6.5(b) 中所示的關係就是無異曲線。無異曲線上面各點所代表的為能給予消費者相同總效用的商品組合關係。換言之，無異曲線

圖 6.5　無異曲線

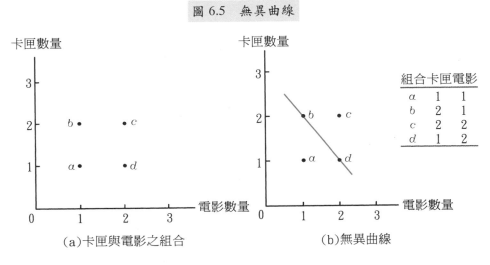

(a)卡匣與電影之組合　　(b)無異曲線

二種商品卡匣及電影的 4 種可能組合列於圖(a)及右表。如果以消費數量的多寡做為判定滿意程度之標準時，消費者將選擇 c 點之組合，因為 c 點優於 b、d 及 a 點，但 b 點是否優於 d 點？從數量觀點來看並不是那麼清楚，因此我們說消費者認為 b 組合與 d 組合並沒有差異。以曲線連結 b 及 d 點即形成無異曲線。圖(b)所顯示即是無異曲線的關係，沿著無異曲線上面各點的商品組合，從消費者滿意度來看並沒有任何差異。

上面各點所代表的各種商品組合關係，從消費者的滿意程度來看，都沒有任何的差異。

　　由於離開圖形原點愈遠代表商品數量愈多，因此在無異曲線上的任一商品組合如 b 或 d 點，較任何低於無異曲線的商品組合（如 a 點）具有更高的偏好。而任意一點的商品組合若高於無異曲線（如 c 點），代表較無異曲線上各點具有更高滿意程度的商品組合。

1.無異曲線的形狀

　　無異曲線最合理的形狀應該是一種由左上方向右下方的曲線，代表當減少對一種商品的消費時，亦會同時增加對另一種商品的消費。無異曲線應該不可能為垂直線、水平線或是由左下方向右上方之曲線，此外無異曲線亦不會與任何軸相交。

　　無異曲線若是垂直線如同圖 6.6(a)中 I_1 所表示的關係時，代表消費者對 a 點組合與 b 點組合是無異的，但是由座標大小來看，由於 b 點的組合能較 a 點組合多消費 1 個單位之卡匣，因此這二種商品組合之間不可能會沒有任何的差異。

　　同樣的，具有水平型態之無異曲線如圖 6.6(b)中 I_2 所表示的關係亦是不可能存在。因為，在水平線上之組合如 a 點及 d 點所代表的是不同數量的商品間的組合，因此從消費者的角度來看 a 點及 d 點的組合應該是有所差異的。

　　最後，正斜率之無異曲線如圖 6.6(c)中所代表的關係，所表示的是消費者對數量較少之組合如 a 點與數量較多之組合如 b 點之間是沒有任何的

图 6.6　一些無異曲線不太可能之形狀

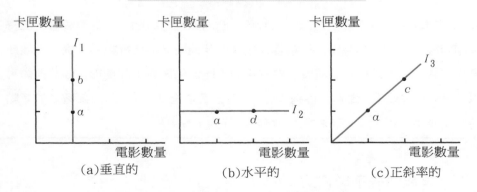

(a)垂直的　　　　(b)水平的　　　　(c)正斜率的

無論是垂直的、水平的或是正斜率之無異曲線，由於均違反了「愈多就是愈好」的假設，因此不可能為無異曲線之形狀。

差異，此亦不太可能，因為理性消費者仍然喜歡消費較多的商品，換言之，消費者消費的原則應該是「愈多愈好」。

2.無異曲線之斜率

無異曲線的斜率取決於消費者的偏好。在維持相同滿意度的假設之下，消費者以放棄消費某一商品的數量，來換取對另一個商品消費的數量的比率，就是代表消費者的偏好，或是無異曲線之斜率。當消費者對某一商品所能擁有的消費數量愈少時，代表消費者對該商品額外1個單位所能提供的滿意度之評價就愈高，因此，消費者偏好所顯示出的是一種無異曲線凸向原點之形狀 (bows in toward the origin) 如圖6.7所表示的關係。一位持有4個卡匣及1部電影（如 d 點）的消費者，也許願意以放棄2個卡匣來交換1部電影，使得消費組合可由 d 點移到 e 點。但是一位僅持有2個卡匣之消費者，也許祇願意以1個卡匣來換取 1部電影如由 e 點移到 f 點的關係所示。

圖 6.7　凸向原點之無異曲線

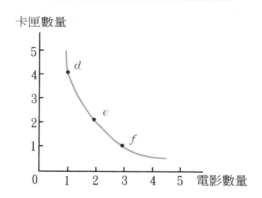

無異曲線具有負斜率且凸向原點的關係。凸向原點之原因為，當消費者手上持有相對較少的某一商品時，他願意以較多的其他商品來換得額外 1 個單位該商品之消費。例如，在 d 點消費者擁有 4 個卡匣而僅擁有 1 部電影，因此他願意以 2個卡匣來換 1部電影而移到 e 點。但若消費者有 2個卡匣及 2部電影如 e 點時，他僅願意以 1個卡匣來換 1部電影而移到 f 點。

3.無異曲線不能相交

無異曲線不會相交。從消費者角度來看，二組不同商品很明顯應具有不同的滿意度，無異曲線相交代表二種不同的商品組合，但卻具有相同滿

意度的關係。根據圖 6.8，消費者對 a 組合與 b 組合之喜好程度應該相同，因為二種組合均在同一條無異曲線 I_2 上。消費者對 c 點組合與 b 點組合之喜好程度亦應該相同，因為 b 組合與 c 組合亦在同一條無異曲線 I_1 上。根據以上的分析，消費者對三種組合之喜好程度似乎是相等的，然而由於 c 組合較 a 組合提供更多的卡匣但相同的電影消費數量，根據愈多愈好之法則，消費者應較喜好 c 組合而非 a 組合。因此，除非無異曲線不能相交，否則將無法避免消費者這種相互矛盾的消費現象。

圖 6.8　無異曲線不能相交

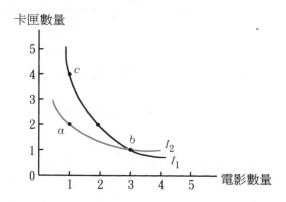

如果二條無異曲線相交，如 b 點，此時消費者對位在二條曲線上的任何商品組合之喜好程度均完全相等。然而在圖中 c 組合明顯優於 a 組合，因為 c 組合較 a 組合提供了更多的卡匣消費。如果消費者消費過程是秉持著「愈多就是愈好」的法則時，消費者應很清楚的知道 c 組合是優於 a 組合。如果無異曲線可以相交時，c 組合與 a 組合之喜好程度是相同，顯然二者之間存在矛盾現象，因此唯有無異曲線不能相交才可避免矛盾的消費現象。

4.無異曲線圖 (an indifference map)

　　無異曲線圖位在第一象限內，用來代表消費者對所有商品及勞務組合的可能偏好。由於離開原點愈遠的無異曲線所代表的商品組合數量，大於愈近於原點之無異曲線上的商品組合，消費者如果是秉持「愈多就是愈好」的原則時，離開原點愈遠之無異曲線上所表示的商品組合關係，對消費者而言將具有愈大的滿意程度。在圖 6.9 中我們看到了 4 條不同位置之無異曲線，就消費者偏好程度來看 I_4 優於 I_3，I_3 優於 I_2，而 I_2 優於 I_1。

圖 6.9　無異曲線圖

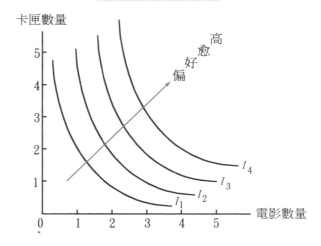

無異曲線位於第一象限之內。離開原點愈遠之無異曲線代表消費者偏好為愈高的商品組合關係。在圖中消費者對 I_4 之偏好優於 I_3，而對 I_3 之偏好優於 I_2，對 I_2 之偏好又優於 I_1。

二、預算限制(budget constraint)

　　無異曲線圖所表示的為消費者對商品及勞務組合之偏好。換言之，**無異曲線代表消費者所願意購買的一些商品及勞務的組合，無異曲線並無法告訴我們消費者是否有能力來購買某些商品與勞務的組合。消費者的所得水準或預算，限制了他們能夠購買商品及勞務的數量。**假設消費者預計花費 1200 元在卡匣及電影的消費上，又假設卡匣與電影的單價均是 200 元，在圖 6.10 上，我們看到了預算線 (budget line) 的關係。在預算線上面各點的商品組合，代表當商品價格為已知時，消費者在有限的預算之下所能夠購買到的商品及勞務的組合關係。

　　在預算線上面的各點代表消費者花費了所有的預算 (本例中為 1200 元) 所能購買到的卡匣與電影之組合關係。當電影與卡匣之價格均為 200 元時，消費者在 1200 元的預算之下，可有多種的消費組合。消費者可將所有預算全部用於購買卡匣，此時他可以購買 6 個卡匣如圖 6.10(a) 中 a 點所表示的關係。消費者亦可將所有預算用於觀賞電影，此時他所有的預算一共可以欣賞 6 部電影如圖 6.10(a) 中 g 點所示。而在 d 點時，消費者選擇消費 3 個卡匣及 3 部電影來消耗他所有的預算。在預算線的下方代表以目前消費者所擁

圖 6.10　預算線

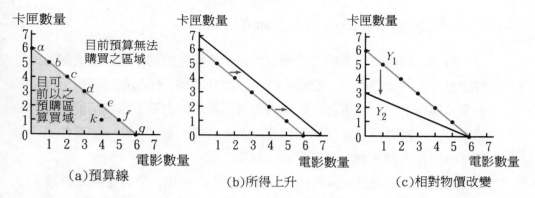

(a)預算線　(b)所得上升　(c)相對物價改變

圖(a)所表示的為當預算為 1200 元，而卡匣及電影的價格均是 200 元時之預算限制的關係。在 1200 元的預算之下，消費者可選擇 6 個卡匣及 0 部電影，或 5 個卡匣及 1 部電影，或 0 個卡匣及 6 部電影等多種組合關係。圖(b)則是用來表示當消費者的所得上升，或預算增加時之情形。當預算增加，而商品價格維持不變時，消費者可購買更多的商品組合。而圖(c)則是用來代表當卡匣價格上漲一倍，而電影價格維持不變時，預算線旋轉之情形。

有的預算可以購買但並不會完全消費掉所有預算的區域。例如，k 點所表示的關係為 1 個卡匣及 4 部電影之組合，此一組合共花掉了消費者 1000 元之支出，因此 k 點是在消費者能力範圍內的支出，但由於此時支出金額小於總預算，因此 k 點在預算線的下方。在預算線上方的商品組合代表以消費者目前所得的能力所無法購買到的商品組合。

　　如果消費者的所得增加或預算增加，代表整條預算線將會向外（右方）移動出去。圖 6.10(b)所代表的是所得由 1200 元上升至 1400 元的變動關係。假設商品的價格維持不變，當所得上升時，消費者能夠購買更多的商品組合，因此，**當消費者預算或所得改變時，將會使得預算線平行移動。**

　　當二種商品當中的一種商品的價格改變時，將會使得預算線旋轉 (rotate)。預算線旋轉所依據的軸心為價格沒有上漲的商品所在的座標。至於預算線是向原點轉進來或是向原點外轉出去，則取決於商品的價格到底是上升或下降。例如，當預算為 1200 元時，假設卡匣與電影的單價均是 200 元，此時預算線如圖 6.10(c)上 Y_1 所示。如果卡匣的價格上升至 400 元時，則預算線以電影所在之軸（X 軸）為軸心向原點轉進來，如圖 6.10(c)中 Y_2 所示。由於卡匣價格上升，因此原來 1200 元預算如果全部用於卡匣

之購買時，僅能夠購買到 3 個卡匣。

三、消費者均衡 (consumer equilibrium)

將預算線擺到無異曲線的圖上，我們就能夠找到一組消費者**願意**而且有**能力**購買的商品組合。如同在前一節所介紹的，任何在預算線上面或是在預算線下方的商品組合，均為消費者預算的能力範圍以內所能購買的商品組合。到底消費者會選擇那種商品的組合呢？此外，此一商品的組合會不會給消費者帶來最大的滿足感（效用）呢？

將圖 6.11 中的預算線與無異曲線放在一起考慮，發現在無異曲線 I_1 上的多數商品組合，及在無異曲線 I_2 上的 d 點組合，是消費者在目前預算之下，可以取得的商品組合關係。從消費者的角度來看，無異曲線 I_3 上的商品組合，雖然優於在無異曲線 I_2 上的商品組合，但以消費者目前的所得，並無法購買在 I_3 線上的任何商品組合來消費。因此，d 點為消費者在目前預算限制之下，所能取得的最佳商品消費組合。d 點正好為無異曲線 I_2 與預算線相切的一點。

圖 6.11　消費均衡

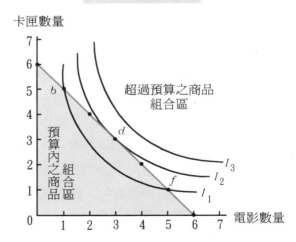

消費者在有限的預算之下，以購買距離原點最遠的無異曲線上之商品組合來取得最大的滿足感。沿著無異曲線 I_1 上的商品組合，雖然是在消費者預算的能力範圍之內，但並不是能使得消費者效用最大之商品組合，而在無異曲線 I_3 上之組合，雖代表效用最大的商品組合，但卻是消費者以目前所得能力並無法購買之組合。正好位於無異曲線 I_2 上且與預算線相切之 d 點，為消費者在目前所得之下，所能取得最大滿足感之商品組合，因此 d 點為消費者均衡點。

　　對某一種商品的需求曲線亦可由無異曲線及預算線的關係當中來求得。在其他條件維持不變的假設之下，我們可以透過改變商品組合當中一個商品的價格來找到不同的消費均衡點，將均衡點的均衡價格與均衡數量繪製到另一個座標上，即可以推導出對某一個商品的需求曲線。在圖6.12(a)中，起初的預算線為 Y_1，此時卡匣與電影之單價均是 200 元，現假設電影價格上漲至 400 元時，新的預算線如同 Y_2 關係所示。在每一條的預算線上，我們均可找到正好有一條無異曲線與預算線相切，而由這二條線

圖 6.12　需求曲線與無異曲線分析法的關係

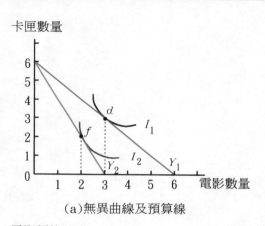

(a)無異曲線及預算線

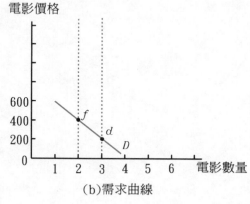

(b)需求曲線

在其他條件不變的假設之下，透過改變商品組合當中一個商品的價格，我們就可以推導得到商品的需求曲線。當電影價格上升使得預算線由 Y_1 移到 Y_2，而消費均衡由 d 移到 f 時，將價格改變及 d 點及 f 點所代表的數量關係，投射到(b)圖上，就可在(b)圖上找到價格與數量關係的二點，將這二點連接起來就可以得到對電影的需求曲線。

相切的一點決定了消費均衡。在圖 6.12(a)當中，我們看到 I_1 與 Y_1 相切於 d 點，而 I_2 與 Y_2 相切於 f 點上。

在 d 點上，消費者正好消費了 3 部的電影。當電影價格上升到 400 元時，均衡點移到 f 點，f 點顯示出消費者祇會消費 2 部電影。將 d 點及 f 點的價格與數量的關係繪製到圖 6.12(b)中，即可以推導出對電影的需求曲線。

重 點 彙 整

1.除非資源匱乏的問題消失，否則人終其一生都要做選擇。

2.人們傾向先比較不同方案的可察覺成本與利益，而由當中選擇能給予人們最大相對利益的方案。

3.效用為經濟學家及哲學家用來掌握「快樂」觀念的名詞。

4.邊際效用定義為由於消費額外一個單位商品所形成總效用改變的比率稱之。

5.邊際效用遞減法則，當某人在某段時間之內所消費的商品或勞務愈多時，每一個額外單位的商品或勞務所能提供給他的滿足感就會愈少。

6.總效用是用來衡量在消費一些數量的商品或勞務之後的總滿足感。總效用會隨著消費數量增加而一直上升，直到不滿進入之後，總效用才會開始下降。

7.總效用開始上升而後下降的原因，是因為額外一單位的消費祇能提供愈來愈少的滿足感。

8.邊際效用遞減的觀念唯有定義在某一段期間之內所產生的消費行為才有意義。

9.通常時間區間愈短愈容易觀察到邊際效用遞減。

10.在人們決定消費商品及勞務的過程當中，確實必需將他們的所得列入考慮，而且人們確實選擇那些可以給他們最大效用的商品或勞務來消費。

11.當消費者沒有任何的誘因來重新分配他們的所得時，消費即達到均衡。換言之，若以 MU 代表邊際效用，P 代表商品價格，消費者均衡之法則為：

$$\frac{MU_{卡匣}}{P_{卡匣}} = \frac{MU_{汽油}}{P_{汽油}} = \frac{MU_{電影}}{P_{電影}} = \cdots = \frac{MU_x}{P_x}$$

12.在需求曲線當中的價格與數量之間具有反向關係的主要原因是因為邊際效用遞減及消費均衡的關係。

13.當總預算全部耗盡以及對最後一個單位之所有商品的每一塊錢支出所能得到的邊際效用均相等時，消費者達到均衡。

14.消費者對於價格下降商品的購買數量將會增加，而對於價格維持不變商品的購買數量將會減少。

15.由於商品的價格下降，在同樣所得之下，消費者能夠較在商品價格下降以前購買更多的商品。

16.消費者會以減少其他商品購買數量的方式來增加對降價商品之購買數量，此種效果稱之為價格改變的替代效果。

17.所得效果指在其他條件不變之下，因為某一種商品的價格下降而使得人們在同樣的所得之下，能夠購買更多數量商品的一種效果。

18.消費者剩餘用來衡量消費者願意，而且能夠付出的價格與市場上的價格之間的差異。

19.無異曲線代表消費者所願意購買的一些商品及勞務的組合，無異曲線並無法告訴我們消費者是否有能力來購買。消費者的所得水準或預算，限制了他們能夠購買商品及勞務的數量。

20.當消費者預算或所得改變時，將會使得預算線平行移動。

練 習 題

1.試解釋是否有可能存在邊際效用為負，而總效用為正的關係？

2.假設某一個市場之內有 100 位相同的消費者（具有相同的所得及相同的偏好）。當 A 商品的價格為 50 元時，消費者準備購買 20 個單位，而當 A 商品的價格為 40 元時，消費者有意採購 25 個單位。根據以上這些資訊來討論對 A 商品的市場需求曲線（假設為直線），並由市場需求曲線來計算當 A 商品由 40 元上升到 50 元時，消費者剩餘的損失。

3.一位消費者將全月所得用來購買甲商品及乙商品，消費者將最後一塊錢花在購買甲商品所獲得的邊際效用為 20；而最後一塊錢花在乙商品所獲得的邊際效用為 40。根據這些資訊，消費者是否有可能達到消費均衡呢？如果可以，其他的條件為何？

4.假設奶油的價格為 40 元，麵包價格為 20 元，而且在消費者均衡時麵包的邊際效用為 50 utils。是否可以決定花費在奶油的費用支出有多大？試決定奶油的邊際效用？

5.假設橘子每斤 25 元，香蕉每斤 50 元，再假設在以下所列的各種情況當

中，消費者將花費所有的所得，試決定在以下的情況當中，是否將會存
在消費者均衡？如果消費者均衡不存在時，將會購買較多數量的橘子或
香蕉？

(1)橘子的邊際效用，MU_0 等於 100，而香蕉的邊際效用 MU_b 等於 150。

(2)$MU_0 = 500$ 且 $MU_b = 1000$。

(3)MU_0 為 MU_b 的二倍。

(4)MU_b 為 MU_0 的二倍。

6.假設消費者的所得為 1000元，奶油的價格為 40元，麵包價格為 20元

(1)繪製消費者的預算線。

(2)如果麵包價格由 20元上升到 25元，但奶油價格仍維持不變時，預算線
如何移動？

(3)如果奶油價格由 40元上升到 50元，但麵包價格維持不變時，預算線又
將如何來移動？

(4)如果消費者的所得由 1000元上升到 1600元時，預算線又將如何來移
動？

7.為什麼無異曲線具有負斜率而且凸向原點？

8.為什麼消費者均衡產生在預算線與無異曲線相切的一點上？

第 7 章

供給與成本架構

前　言

　　在上一章當中，我們從消費者的角度來討論需求的關係，在本章當中我們將從廠商的角度來看供給理論，因此我們將把重點擺在廠商，看看廠商如何來供給商品及勞務？企業經營的終極目標在於取得最大的利潤，利潤是代表銷貨收入 (revenues) 與成本 (costs) 之間的差異。因此要使得利潤最大，經營者就必需想像如何來擴大銷貨收入與成本之間的差異。在本章當中，我們將先討論成本。在下一章當中，我們將同時考慮銷貨需求與成本以及企業的策略關係。

　　觀察企業經營失敗的例子與成功的例子之後，發現最大的不同點在於經營者是否具有成本的觀念？在 1955 年，日本新力公司創始人盛田昭夫 (Akio Morita) 開始在美國販賣起小型的收音機。盛田回憶說「我認為美國是一個未經開墾的市場」。盛田將收音機獻給寶路華 (Bulova) 手錶公司的總裁看，雖然寶路華公司同意訂購大量的收音機，但附帶條件卻是收音機必需掛上寶路華而非新力的品牌。換句話說，寶路華要新力成為它的代工工廠或所謂 OEM (original equipment manufacturer) 供應商。盛田當場拒絕並說幾年之後新力將會如同寶路華一樣有名。

盛田很快便再找到新的買主，一家連鎖店一口氣訂下了 10 萬臺收音機的訂單。盛田知道以新力公司當時的設備無法生產如此多的收音機，當時新力公司的產能一個月僅能生產小於 1 仟臺的收音機。10 萬臺的訂單意味著，新力公司必需僱用及訓練新的員工及擴充新的生產設備，但是盛田卻坐下來仔細思考是否要接受這筆 10 萬臺的訂單？最後，盛田劃出一條類似 U 型之曲線如圖 7.1 所示。當新力的產量在 1 萬臺時成本可以達到最低，而產量超過 3 萬臺時，成本將會開始向上攀升，當產量到達 5 萬臺時，單位成本將高於 5 仟臺時的產量，而 10 萬臺之生產成本甚至於比前 5 仟臺更高。

圖 7.1　盛田的收音機成本曲線

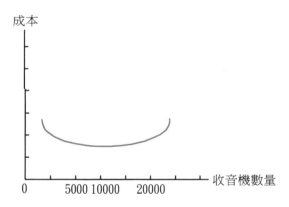

根據新力公司的產能，盛田認為單位生產成本首先下降至 1 萬臺時，成本為最低，之後，隨著產量增加成本又開始繼續上升。

　　盛田跟連鎖店買主說，「如果我們必需加倍我們的人力及財力來生產才能完成你們 10 萬臺的訂單，而我們下一年度如果無法再拿到相同數量的訂單時，那我們將會面臨到大問題」。買主剛開始愣住，但最後仍接受盛田建議祇下 1 萬臺收音機之訂單。對新力公司而言，這是一個非常重要的決策，如果當時 Morita 受到 10 萬臺訂單之誘惑而擴充產能，那麼可能造成新力公司的提早倒閉，而非發展成為今日

世界上最大公司之一，每年銷貨額超過300億美元。❶

　　許多的企業經營者要一直到企業面臨問題時，才開始注意到成本的問題。在許多工業化國家中，1970年代及1980年代的經濟繁榮與成長造成這些國家的自滿 (complacency)。例如，在1992年德國為工業富國，每年出口值達到美金4仟2佰50億元為僅次於美國之經濟強國。但是德國的每小時製造成本卻上升到全世界最高的每小時25美元，與美國的每小時16元或更低的日本來比較，這個成本是有點太高了。由於人工成本不利的因素，使得許多德國公司紛紛到勞動成本較低的一些國家設廠，一些著名德國汽車公司如 BMW (Bauarian Motor Works) 及 Daimler-Benz 公司紛紛到美國設立生產工廠。而一些美國公司亦發現相對於其他一些低生產成本的國家而言，美國本身仍具有成本太高的缺點。多數美國的公司以減低公司內部成本的方式，而非以到海外設廠的方式來面對成本較高的問題。因此，縮小公司規模成為1990年代美國公司的主要經營策略。縮小經營規模意味著裁員，在1989年美國有近10萬人被裁掉，而1991年到1994年之間則每年平均約有60萬人被裁掉。

　　企業對成本較不重視是非常奇怪的一件事，因為利潤既是定義為銷貨收入減去成本，企業在要求利潤最大之同時，也應該要注意到銷貨收入與成本之間的關係，企業才有可能成功。因而在本章當中，我們將同時探討生產成本與商品及勞務的銷售。此外，我們亦將討論短期與長期的產出與成本的關係。

---

❶　根據《財富》 (Fortune) 雜誌，1993年5月31日，第31頁。　　153

第一節　企業與生產

在經濟學中，公司 (company)、企業 (business) 及廠商 (firms) 均具有相同的意義，因而在本書當中，我們會交換使用這幾個名詞。一般而言，企業按特性可分為獨資、合夥及股份有限公司等型態，而公司亦可區分為本國籍或多國籍企業。無論是那一種型態的企業，**在經濟學裡所定義的企業為：使用資源（土地、勞動力、資本及企業才能）來生產產品及勞務的機構稱之。**

一、產出 (output) 與資源 (resources) 的關係

在此我們再利用第 2 章的簡單經濟組織之周流圖（如圖 7.2）來說明要素市場在經濟體系當中所扮演的角色。在圖 7.2 中，我們看到由家計部門流向企業部門之貨幣流動所代表的為企業銷貨之總收益。而由企業部門流

圖 7.2　經濟組織之循環周流圖

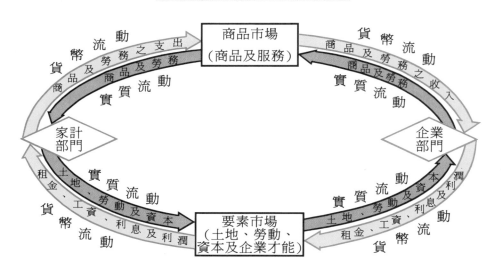

本流程圖表示了家計部門與企業部門之間的貨幣流動過程。企業部門將商品及勞務賣給家計部門而取得之收入，稱之為銷貨收入。而企業部門僱用家計部門之資源所支付的金錢稱為成本，二者之差異則稱之為利潤。

向家計部門之貨幣流動則是用來代表企業部門在使用家計部門所提供的要素之後，所付出的代價。在扣除支付給土地所有者、勞動力所有者及資本所有者的代價之後，企業家所取得剩餘之部份就是利潤，因而利潤為使用企業才能的代價。明顯的，企業家所能取得利潤的多寡完全取決於企業的產量與企業在生產過程當中所使用資源的數量與成本。企業家希望以最低的成本來生產，為了達到生產成本最低的目的，企業家就必需比較不同的要素投入組合，而從這些組合當中挑選生產成本最低的組合來從事生產。

讓我們以三益公司的例子來說明投入 (inputs) 與產出 (outputs) 之間的關係。三益公司為位於臺南縣官田工業區內的一家汽車剎車主缸與分缸的製造商。三益公司使用不同勞動力與資本組合之後，所能生產出來的剎車主缸數如表 7.1 所示。如果祇有 1 條生產線時，一位技術工人能夠生產 20 個主缸。但是如果生產線擴充到 2 條時，一位技術工人可以生產到 120 個主缸；在 3 條生產線時，一位技術工人可以生產 400 個主缸。當生產線祇有 1 條但技術工人如果有 2 位時，產量可達 50 個主缸；若技術工人由 2 人增加到達 3 人時，產量可達 90 個主缸。當工人僱用到 5 人時，而在 1 條生產線之下公司共可生產到 140 個主缸。

表 7.1　三益公司投入產出關係表

技術工人數	資本（生產線）			
	1	2	3	4
0	0	0	0	0
1	20	120	400	400
2	50	270	510	520
3	90	370	600	620
4	120	450	680	700
5	140	510	750	760
6	140	550	790	810
7	130	570	810	840
8	100	540	820	850

三益公司可以採用許多不同的勞動與資本的組合來達到生產約 500 個主缸的目標。例如，公司可以使用 2 條生產線及 5 位工人來生產 510 個主缸；或採用 2 個工人及 3 條生產線，或 2 個工人及 4 條生產線均可分別

達到生產 510 個主缸與 520 個主缸的目標。既然有許多不同組合可以達到相同的產出目標，那麼三益公司將會採取那種生產組合呢？採用何種生產組合必需取決於三益公司所著眼的是長期或短期的選擇？在長期或稱計劃期間，企業可以考慮任何或全部之組合。但在短期或稱生產期間，企業將面對有限的選擇。由於在個體經濟學上我們定義短期為，**至少有一種要素（資源）無法改變（固定）的期間稱之為短期**。假設三益公司目前已有 2 條生產線，除非廠方能再擴廠，否則在短期之內，三益公司將無法再增加生產線。因此，在討論投入與產出的關係時，我們所關注的是在表 7.1 中，資本為 2 那一欄的產出數目。

總產出 (total product, TP) 表與總產出曲線代表變動的要素（技術工人）與產出之間如何相連的關係組合。在圖 7.3(a)中的資料取自於表 7.1 的第 1 及第 3 欄。當 Y 座標所表示的為總產出而 X 座標所表示為技術工人數時，產出與技術工人的關係，如圖 7.3(a)中 TP 曲線所表示。無論是表或圖形均顯示了一個重要的關係：起初當增加技術工人的數量時，可以使得產出增加得非常快，但經過一段時間之後，隨著工人數目之增加，產出所能增加的數量就非常有限，當到達某一階段之後，甚至每再增加 1 單位的技術工人人數所能增加的產出已經出現負成長的情形。此種**隨著要素投入增加而使得每單位投入產出減少的情形稱為邊際報酬遞減現象**。

二、邊際報酬遞減

根據邊際報酬率遞減法則 (law of diminishing marginal returns)，**當一種變動的要素與另一種固定的要素相結合而用於生產時，一開始，隨著變動的資源使用量增加，將使得產量快速增加，漸漸的，隨著變動要素數量使用再增加，產量增加的速度會逐漸減少，最後，再增加變動要素的使用量時，將導致產量的下降**。在表 7.1 中，無論是使用幾條生產線，我們均可以觀察到邊際報酬率遞減法則之存在。當生產線的數量（固定要素）是固定，僅增加技術工人（變動要素）的使用時，將可觀察到邊際報酬遞減法則之存在。起先的幾個工人的使用雖使得產量快速上升，但隨著工人數愈來愈多時，產量上升的速度逐漸減緩。同樣的，如果是工人數目（固定要素）固定時，變動生產線（變動要素）亦可以觀察到邊際報酬率遞減法則之存在。

雖然在圖 7.3(a)中，由總產出曲線可以看出邊際報酬遞減法則，但若透過計算平均產出 (average product, AP) 或邊際產出 (marginal product, MP)，

則可以更清楚的看到邊際報酬率遞減法則。平均產出表與平均產出曲線如圖 7.3(b)所示,**平均產出的計算方式則是以總產出除以技術工人數:**

$$AP = \frac{總產出\,(TP)}{技術工人數}$$

以 AP 與工人數所繪製而成的圖形如圖 7.3(b)所示。AP 曲線在一開始時先上升得非常快,隨後便逐漸下降。而**邊際產出則代表每增加 1 個單位變動要素的投入所能引起總產出變動的比率關係**。邊際產出的計算方式為:

$$MP = \frac{總產出的變動}{每一單位技術工人的變動}$$

圖 7.3(c)用來表示邊際產出之計算過程以及由邊際產出與技術工人數所繪製而成的 MP 曲線圖。在圖 7.3(c)中,除了繪製 MP 曲線之外,亦繪上了平均產出曲線(如圖(b)所示的關係)以便於同時比較 MP 與 AP 的關係。**雖然 MP 亦如同 AP 一樣,在一開始時先快速上升而後再下降。但 MP 上升及下降的速度均較 AP 曲線來得更快,此外 MP 曲線最終會經過 X 軸,代表 MP 有可能為零甚至有可能變成負值的關係。當 MP 成為零或負值時,代表額外單位的變動要素的投入已經在消耗固定要素之生產量,因而造成產出的減少。**

根據邊際報酬率遞減法則,當等量的變動要素與固定數量之其他要素結合時,起初的產量會上升,接下來隨著變動要素的使用量增加,產量增加幅度會逐漸減緩,最終產量甚至會減少。三益公司在製造汽車剎車缸的過程,所出現的邊際報酬率下降的現象並非是唯一的。**在任何情況之下,祇要是一種變動要素與另一種固定要素的組合,均會使得產出在一開始增加得非常快,之後,隨著變動要素使用量增加,產量會開始以較緩慢速度上升,最終甚至於會使得產量減少。**邊際報酬率遞減法則除了可以應用於產業的生產過程之外,亦可應用到日常的讀書上。在某一天的研習過程當中,你會發現第一個小時唸書的學習效果不錯,接下來的第二個小時讀書效果更佳,但隨著讀書時間愈長,最終,你或許已經不是在唸書而是在打瞌睡了。

圖 7.3　總產出、平均產出與邊際產出

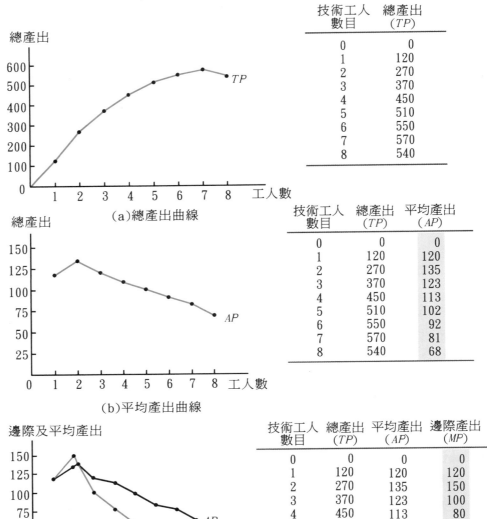

技術工人 數目	總產出 (TP)
0	0
1	120
2	270
3	370
4	450
5	510
6	550
7	570
8	540

(a)總產出曲線

技術工人 數目	總產出 (TP)	平均產出 (AP)
0	0	0
1	120	120
2	270	135
3	370	123
4	450	113
5	510	102
6	550	92
7	570	81
8	540	68

(b)平均產出曲線

技術工人 數目	總產出 (TP)	平均產出 (AP)	邊際產出 (MP)
0	0	0	0
1	120	120	120
2	270	135	150
3	370	123	100
4	450	113	80
5	510	102	60
6	550	92	40
7	570	81	20
8	540	68	-30

(c)邊際產出曲線

　　總產出資料取自於表 7.1 中，當生產線固定在 2 條時，使用不同技術工人所得
到的不同產量關係，稱為總產出。平均產出則是以總產出除以技術工人數目所
得到的關係。邊際產出代表每增加一位工人所能增加的產量。無論是總產出曲
線、平均產出曲線及邊際產出曲線，均顯示了產量在變動要素開始投入之初期
增加的非常快，隨後由於變動要素投入量的增加反而使得產出逐漸減少。

邊際報酬率遞減法則發生的主要原因在於變動要素的效率性完全取決於固定要素的數量；由於固定要素之有限的產能（如僅有2條生產線），因而形成變動要素（技術工人）之效率下降。例如，我們經常亦可以在餐廳中看到邊際報酬率遞減的法則。當我們進入餐廳時，我們看到餐廳中仍有許多的空位，然而服務生卻告訴我們，需要再等10分鐘。問題就是出在服務生的數量（固定要素）不足，以致於無法提供所有餐桌（變動要素）的客人高品質的服務。餐廳要求每位服務生照顧一桌、二桌或三桌等等，直到服務品質下降。除非餐廳老板願意再僱用一些服務生，否則最後祇有任一些餐桌空出來。

平均與邊際的關係

不管所討論的是生產、成本、效用甚至是成績，平均與邊際二個觀念之間均會存在相同的關係。換言之，**當邊際值小於平均值時，平均值是在下降的階段；而當邊際值大於平均值時，平均值是處於一種上升的狀態。**

當邊際值低於平均值時，平均值是處在一種下降的狀態，當邊際值大於平均值時，平均值是處在一種上升的狀態。那麼當平均值既不在上升也

圖 7.4　邊際產出與平均產出的關係

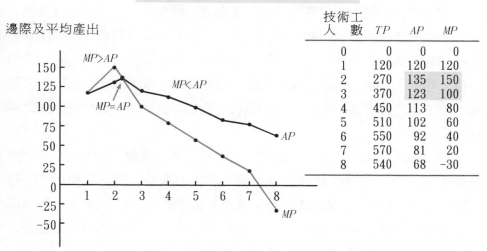

邊際及平均產出

技術工人數	TP	AP	MP
0	0	0	0
1	120	120	120
2	270	135	150
3	370	123	100
4	450	113	80
5	510	102	60
6	550	92	40
7	570	81	20
8	540	68	-30

當邊際產出大於平均產出時，平均產出曲線是處於一種上升的狀態；當邊際產出小於平均產出時，平均產出是在一種下降的狀態。當平均產出等於邊際產出時，平均產出曲線為平均產值最大的時刻，在本例當中，三益公司最大平均產值出現在使用2個到3個技術工人之間。

不在下降的狀態時，平均值將會等於邊際值。換言之，在平均曲線為最大值 (maximum) 或最小值 (minimum) 時，邊際值與平均值正好相等，而此時平均曲線與邊際曲線將會相交。

圖 7.4 為平均產出與邊際產出之間的關係（同圖 7.3(b)）。由圖中可以看出來，當 MP 大於 AP 時， AP 曲線為上升的狀態；而當 MP 小於 AP 時， AP曲線為下降的狀態。 MP 曲線在 AP 曲線最高點時，正好與 AP 曲線相交。三益公司在使用 2 個到 3 個技術工人之間時，邊際產值與平均產值正好相等，表示此時三益公司的平均產值最大。

第二節　由生產到成本

每個企業甚至每個個人或國家均必需面對邊際報酬率遞減的法則。邊際報酬率遞減法則是一種實體的特性而非經濟的特性，它之所以能在經濟學當中扮演一種重要的角色，主要是因為該法則定義了短期的成本與產出之間的一種關係。

一、成本的計算

總產出、平均產出及邊際產出表及曲線，清楚的表示了資源（要素）投入數量與產出數量之間的關係。為了探討經營企業時的成本關係而非實體產出的關係時，我們必需也要能定義每單位要素使用之成本。在我們的三益公司例子當中，假設三益公司僅有變動要素的成本支出，另外再假設每一位工人之薪資為 1 萬元，三益公司的總成本如圖 7.5 的表中第(3)欄的關係所示。

利用總成本表內的關係，我們可以將總成本曲線繪製出來。首先，水平軸定義為產出數量而垂直軸則定義為成本的關係。接下來利用表中第 2 欄及第 3 欄資料所描繪而成的即是總成本曲線關係。圖 7.5(a)表示在短期時，當產出上升，成本亦會上升的關係。剛開始成本上升速度較為緩慢，漸漸的隨著產量的增加成本上升的速度將會愈來愈快。

在圖 7.5(b)中所表示的為如圖 7.3(a)所表示之總產出曲線關係。觀察圖 7.5 中的總產出曲線與總成本曲線的關係，發現二者的形狀非常近似宛如鏡子倒影一般；在總產出曲線的產出急速上升階段（使用較少技術工人時），總成本曲線上升速度較為平緩；而當總產出曲線的產出逐漸趨於減緩時，

卻正是總成本曲線開始上升的階段，無論是總產出曲線或是總成本曲線，二者的形狀均會受到邊際報酬率遞減法則的影響。

圖 7.5　總成本表與總成本曲線

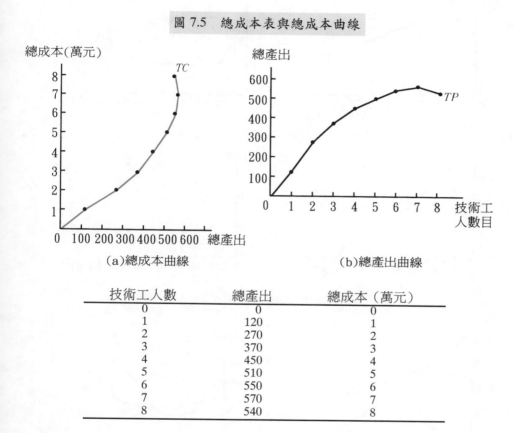

(a)總成本曲線　　　　　　　　　　(b)總產出曲線

技術工人數	總產出	總成本（萬元）
0	0	0
1	120	1
2	270	2
3	370	3
4	450	4
5	510	5
6	550	6
7	570	7
8	540	8

圖(b)為圖 7.3(a)中之總產出曲線，而圖(a)則是總成本曲線。總成本曲線之繪製過程為利用上表第(2)欄與第(3)欄資料的關係所描繪而成。

　　由於總產出與總成本曲線之間具有互為鏡子倒影的關係，因此平均成本與平均產出、邊際成本與邊際產出之間亦應該會存在互為倒影的關係。平均總成本為 (average total cost, ATC) 每單位產出之總成本，定義為：

$$ATC = \frac{\text{總成本}}{\text{總產出}} = \frac{TC}{TP}$$

　　而邊際成本 (marginal cost, MC) 則是定義為，每 1 單位總產出之變動所形成的總成本變動的比率稱之。邊際成本可以以下式來表示：

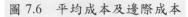

圖 7.6　平均成本及邊際成本

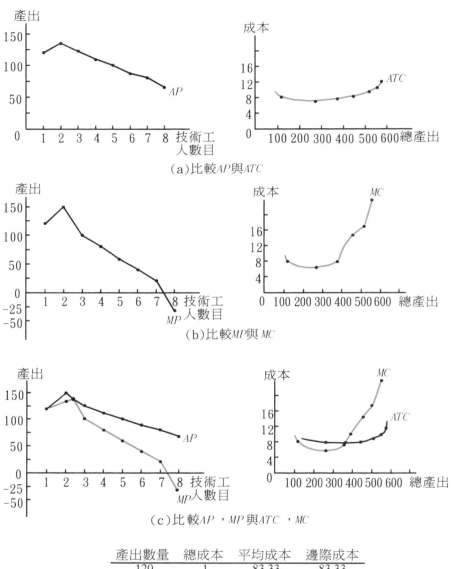

產出數量	總成本	平均成本	邊際成本
120	1	83.33	83.33
270	2	74.09	66.67
370	3	81.00	10.00
450	4	88.89	12.50
510	5	98.04	16.67
550	6	10.91	25.00
570	7	12.28	50.00
540	8	14.82	-33.33

圖(a)比較 ATC 與 AP 間的關係，圖(b)比較了 MC 與 MP 之間的關係，而圖(c)比較了 MP，AP 與 MC，ATC 間的關係。基本上，產出與成本之間存在一種倒影的關係。

$$MC = \frac{\text{總成本之變動}}{\text{總產出數量之變動}} = \frac{\Delta TC}{\Delta TP}$$

Δ 表示變動量。圖 7.6 中的表及圖形分別表示了平均成本與邊際成本之關係。此外，為了方便比較起見，在圖 7.6 中，我們亦列出了平均產出與邊際產出的關係。

二、 U 型的成本曲線

在圖 7.6(a) 中，將平均成本曲線與圖 7.3(b) 中的平均產出曲線放在一起比較。而圖 7.6(b) 則是將邊際成本曲線與圖 7.3(c) 中的邊際產出曲線放在一起比較，是否就可以看到二者之間存在的類似關係呢？ MP 及 AP 曲線或可描述為「峰型」(hump-shaped) 曲線，而 MC 及 ATC 曲線則可視成「U 型」(U-shaped) 曲線。在圖 7.6(c) 中，我們將 MC 線與 ATC 線與圖 7.4 之 MP 線與 AP 線的關係放在一起比較。由圖 7.6(c)，我們亦可觀察到先前所討論有關於邊際值與平均值之間關係的法則，亦可應用在成本曲線上：當邊際成本大於平均成本時，平均成本曲線處在一種上升的狀態；而當邊際成本低於平均成本時，平均成本曲線處在一種下降的狀態；而當 $MC = ATC$ 時，為 ATC 曲線之最小值。

我們比較總成本與總產出之間關係的目的，在於強調邊際報酬遞減法則對短期成本的重要性。在短期之內，無論企業規模的大小，報酬遞減定義了每個企業的成本與產出之間的關係。雖然企業的規模與大小是不盡然相同的，但是具有 U 型型態成本曲線的關係則不會因為公司規模大小之不同而有所不同。因此，由於邊際報酬遞減法則的存在，使得每個企業在短期之內均將會面對一種 U 型的成本曲線。

第三節　成本表與成本曲線

企業必需支付變動要素的成本，例如，在三益公司當中技術工人的薪資。但是，除了變動要素成本之外，企業亦要支付其他的成本，例如，企業使用固定要素的成本。截至目前為止的討論均忽略了其他成本對企業經營的影響。因之，在本節當中，我們將固定成本 (fixed costs) 引進來之後，再來看看成本曲線的變化情形。

成本曲線

假設三益公司每月的成本關係如圖 7.7 中的表所示。第(1)欄顯示出每 1 個月的總產量（單位為仟個），第(2)欄為總固定成本 (total fixed costs, TFC)。

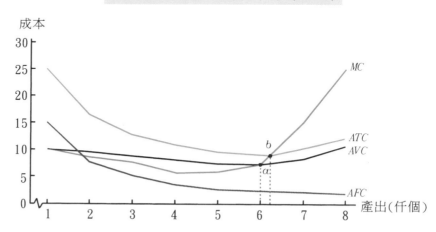

圖 7.7　邊際成本曲線與平均成本曲線

總產出 (1)	總固定 成　本 (2)	總變動 成　本 (3)	總成本 (4)	平　均 固定成本 (5)	平　均 變動成本 (6)	平　均 總成本 (7)	邊際成本 (8)
0	15	0	15	0	0	0	0
1	15	10	25	15.00	10.00	25.00	10
2	15	18	33	7.50	9.00	16.50	8
3	15	25	40	5.00	8.33	13.33	7
4	15	30	45	3.75	7.50	11.25	5
5	15	35	50	3.00	7.00	10.00	5
6	15	42	57	2.50	7.00	9.50	7
7	15	56	71	2.14	8.00	10.14	14
8	15	80	95	1.88	10.00	11.88	24

表內所示的資料為繪製上圖所用的數據。根據資料我們分別繪製了平均固定成本曲線、平均變動成本、平均總成本及邊際成本曲線。平均固定成本隨著產量上升而逐漸下降；平均變動成本隨著產量增加，首先下降，隨後開始上升。而平均總成本曲線由於等於平均固定成本加上平均變動成本，因此亦呈現一種 U 型型態。平均變動成本與平均總成本之間的距離，正好等於平均固定成本。邊際成本線通過平均成本曲線最低點 a，之後，又通過平均總成本之最低點 b。

無論公司是否生產均必需支付的成本（單位為仟元）稱之為總固定成本。
第(3)欄表示總變動成本(total variable costs, TVC)，**總變動成本代表當生產量變動時成本亦跟著變動的部份**。一些經常使用的變動要素如人力、燃料及水電費等，由於隨著產出的增加使用量也會增加，因此屬於變動的成本。**總成本 (total cost, TC) 則是將總固定成本加上總變動成本而得**如表中第(4)欄的關係。

在企業經營的過程中，除了以上所說的二種成本以外，另外有一種成本稱之為間接成本 (overhead costs)。**間接成本不是固定成本，間接成本代表非直接用於生產過程中所衍生出來的成本，如管理成本**。間接成本亦會變動，例如，當生產量愈多時，就有愈多文件工作與管理工作要做，因此，間接成本會跟著上升。

將總成本、總固定成本及總變動成本除以總產量就可以得到平均總成本、平均固定成本及平均變動成本。因為總固定成本是固定的，所以平均固定成本 (AFC) 將會隨著產量上升而下降，平均變動成本 (AVC) 與平均總成本 (ATC)則是隨著產出增加首先下降，之後，根據邊際報酬遞減法則 AVC 及 ATC 將會逐漸開始上升。祇要是存在固定要素或固定成本就代表公司處在一種短期的經營狀態，因為這一個原因使得平均總成本曲線有時亦稱為**短期平均總成本**(short-run average total cost, $SRATC$)。邊際成本 (MC) 代表產出每增加一個單位時，成本將會上升之金額，在圖 7.7 中的表內第(8)欄所表示的為邊際成本的金額關係。邊際成本亦是會隨著產量的增加在一開始先行下降，之後，由於邊際報酬遞減之緣故，將會使得邊際成本再逐漸的上升。

平均成本曲線與邊際成本曲線的關係如圖 7.7 所示。平均變動成本曲線在產量大約 6 仟個時，達到最小值。而平均總成本曲線由於是等於平均變動成本 (AVC)加上平均固定成本 (AFC)，因此平均總成本曲線將會位於平均變動成本曲線之上方。平均總成本在產量大約 6 仟 3 佰個時為最小，因之產量在大約 6 仟 3 佰個以前平均總成本是下降，但當產量大於 6 仟 3 佰個以後，平均總成本將會開始上升。邊際成本曲線 (MC)亦是具有先下降再上升之 U 型型態，MC 曲線首先會與 AVC 相交在 AVC 的最低點處，隨後 MC 曲線將持續上升，而與 ATC 曲線相交在 ATC 曲線最低點，之後便繼續上升。

固定成本、變動成本及邊際成本之間的關係是相對明顯的。在短期時，企業無法改變固定成本，因而變動成本為短期內最重要的成本因素，企業在

短期內可以改變變動成本。邊際成本亦扮演著重要的角色;**邊際成本為增額成本 (incremental costs),由於產出的小額增加或減少所衍生的成本改變稱之為增額成本**。邊際成本可以讓企業經營者清楚明白,當小量產出增加時,成本上升將會是很大的金額、很小的金額或金額完全沒有改變,因而,經營者可以根據邊際成本來決定是否要增加生產最後這一個單位的產出。在下一章當中,我們將對成本如何來影響決策會有更深入一層的瞭解。

第四節　長期關係

在長期時(或計劃性階段),企業可以選擇以重新分配要素、建新的廠房或採購新的工廠等方式來改變產量。長期當經營者在規劃企業計劃時,可以選擇任何大小的工廠或任何要素之組合方式,因為所有要素在長期均屬於變動。本質上,在長期時,經營者是比較了所有短期的情況。

表7.2內的資料基本上是根據表7.1的資料而來,表7.2顯示了三益公司使用不同的技術工人與生產線的組合時,汽車剎車缸產量變化的情形。在短期時,我們假設三益公司之生產線僅有2條,然而在長期之下,三益公司不需面對任何固定的要素,三益公司可以選用任何數量的生產線來從事汽車剎車缸之生產。

表 7.2　長期生產關係

資本(生產線) 技術工人數目	1	2	3	4
0	0	0	0	0
1	20	120	400	400
2	50	270	510	520
3	90	370	600	620
4	120	450	680	700
5	140	510	750	760
6	140	550	790	810
7	130	570	810	840
8	100	540	820	850

當所有生產用的投入要素均是可以變動的時候,邊際報酬率遞減法則將不再成立。如前面所言,邊際報酬率遞減法則唯有在變動要素與固定要

素同時組合在一起時才會成立。例如，考慮在表 7.2 當中，套色數據所代表的要素組合關係：一個技術工人與一條生產線的組合能生產 20 個剎車缸，如果加倍這二種要素的投入（2 個技術工及 2 條生產線），可生產 270 個剎車缸。再加倍這二種要素的投入（4 個技術工與 4 條生產線），意味著 700 個剎車缸的產量。顯然的在本例當中，我們看到產出增加的幅度遠大於要素投入增加的幅度。然而是否所有生產過程均是如此呢？倒也未必，有時候產出上升之幅度較要素投入上升幅度來得少，但在有些時候，產出上升幅度與要素投入上升的幅度相同，而在有些時候則是出現產出上升幅度大於要素上升幅度的情形。由於在長期時，所有的要素均可視為變動，因此，與短期邊際報酬遞減的關係來比較，長期要素投入數量與產出增加之間並沒有存在一定的關係。

一、經濟規模(Economies of Scale) 及長期成本曲線

當所有要素均可以改變時，我們說企業的規模改變，規模 (scale) 代表大小 (size)。長期時，企業可選擇多種的大小來經營（如表 7.2所示）。但在短期時，則必需假設規模是固定的，在每種規模之下均存在一組短期平均及邊際成本曲線之關係。例如，在圖 7.8(a)中，顯示了廠商所能選擇生產的許多短期成本曲線的關係。每一條短期成本曲線均表示不同的資本使用量。例如，在表 7.2中，有許多不同的生產線數目，短期一旦選擇了固定的生產線數量之後，廠商將變動要素與固定資本要素相互配合用來生產。如果選擇使用較少的固定資本要素時，企業可能沿著 $SRATC_2$ 曲線上任一點來從事生產，如果選擇規模較大的固定資本要素時，企業可能沿 $SRATC_3$ 或 $SRATC_4$ 或 $SRATC_5$……等曲線來從事生產。

長期時，企業能選擇任何的 $SRATC$ 曲線。企業所要做的即是選擇想要生產的產量大小，之後，從當中選擇出能生產該數量的最低成本要素組合。最低要素成本組合如同圖 7.8(b)所示的關係，在圖 7.8(b)中我們看到 1 條包絡曲線 (enveloped curve)，正好與所有規模之短期成本曲線當中成本最低的曲線相切，而這條包絡曲線稱之為**長期平均總成本** (long-run average-total-cost, $LRATC$) 曲線。如果企業選擇使用固定要素如圖 7.8(b)中 $SRATC_2$ 曲線所示時，企業僅能選擇在 a 點生產 Q_4 產量之產出。但是長期時，廠商可以透過選擇增加固定要素的使用量來使得企業能夠選擇具有更低成本之 b 點來從事生產，b 點是位在使用較多固定要素投入之短期成本曲線 $SRATC_3$ 上。

圖 7.8　短期及長期的平均成本曲線

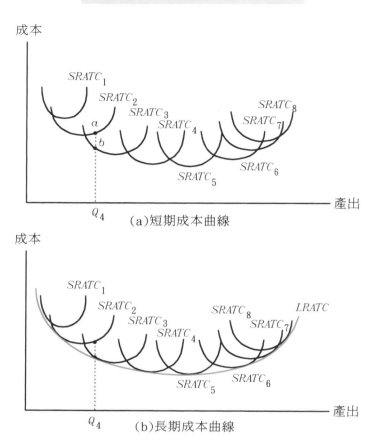

(a)短期成本曲線

(b)長期成本曲線

長期平均成本曲線表示當所有生產要素均可變動時，生產任何水準產量的最低生產成本的關係。短期成本曲線表示在短期至少某一種要素是固定不變時，生產任何水準產量之最低成本的關係。圖(a)表示廠商所可能面對到的一些短期成本關係。而圖(b)則是表示長期成本的關係，長期成本曲線由各種短期產出水準的最低成本點連接而成的曲線。如果短期曲線正好由 $SRATC_2$ 曲線來描述時，此刻生產數量 Q_4 之商品，廠商將選擇 a 點來從事生產。但是如果在一些要素亦允許變動的情形之下，經營者可將生產成本曲線移到 $SRATC_3$，而選擇較低生產成本的 b 點來生產 Q_4 產量之商品。

由圖 7.8(b)的關係可以得知，長期平均總成本曲線並不是與每種不同要素投入組合之短期平均成本曲線的最低點相切，主要的原因是因為在某一已知的產量之下，短期成本曲線的最低點並不一定就代表生產該產量的最低成本的方法。例如，在 $SRATC_2$ 上的 a 點的生產成本較在 $SRATC_3$ 的

b 點來得高，但生產 Q_4 產量之產品可以選擇 a 點或 b 點的方式來生產，雖然在 $SRATC_2$ 上的 a 點較接近於該曲線之最低值，但由於在 $SRATC_3$ 上 b 點的生產成本可以更低，因此企業在長期時，將會選擇以 b 點而非以 a 點來從事生產。換言之，由於所有生產要素均能夠改變，因此經營者能較僅有1種或少數幾種要素可以變動時，有更多的選擇。

　　長期平均總成本曲線之形狀與規模經濟 (economies of scale) 或規模不經濟 (diseconomies of scale) 有關。隨著生產量的增加，生產每單位產出的成本可以變得愈低時，稱之為規模經濟。換言之，規模經濟代表當所有要素投入均可以變動時，隨著產量之增加，生產成本也隨之降低的情況。而當產量上升導致生產成本上升時，稱之為規模不經濟。換言之，規模不經濟代表當所有要素投入均可以變動時，隨著產量的增加，而使得生產成本上升之現象。經濟規模為長期平均總成本曲線具有下降部份的主要原因，而經濟不規模則為長期平均總成本曲線具有上升部份的主因。

　　如果產量上升導致了每單位生產成本固定不變時，稱為規模報酬不變 (constant returns to scale)。圖 7.9(a)，(b)及(c)分別表示了三種不同經濟規模的情況。圖(a)為傳統之 U 型成本曲線，表示在長期的生產過程當中先經過經濟規模，而後為規模報酬不變之階段，最後則面臨經濟不規模的階段。圖(b)僅表示規模經濟之階段，圖(c)則表示規模報酬不變之情形。在每種型態的長期平均總成本曲線上，在不同產量之下均可連結不同的短期成本曲線，如圖(d)，(e)及(f)所示。

二、經濟規模與經濟不規模之理由

　　當企業規模變大了以後，可以專精在更多的領域上，因而更可能實現經濟規模。例如，公司規模擴大以後，可分配一些員工專注於從事研究發展的工作，一些員工則專心從事於銷售上，另一部份員工則從事定價及行銷上，如此各個員工專精在自己專長領域上，可使得公司之生產成本下降。

　　經濟規模的實現亦有可能是因為使用了較有效率的大型機械設備。例如，在煉鋼廠中所使用的大型熔爐能夠較使用小型熔爐多煉出2倍以上的鋼材，但建造及操作的價格卻不會較小型的熔爐貴2倍以上。

　　然而，公司規模變大了以後，未必就會自動的改善整體的效率性。由於專精之後，公司規模變得更大，因而通常需要額外的一些學有專長的經理人員來管理公司。當員工人數上升百分之十之後，或許需要超過百分之

169

圖 7.9　長期經濟規模與短期成本曲線之關係

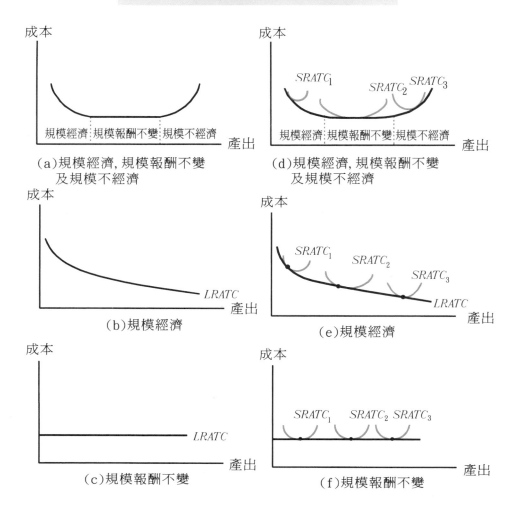

(a)規模經濟, 規模報酬不變及規模不經濟

(b)規模經濟

(c)規模報酬不變

(d)規模經濟, 規模報酬不變及規模不經濟

(e)規模經濟

(f)規模報酬不變

圖(a)為 U 型長期平均總成本曲線。在曲線下降的部份代表經濟規模，而曲線呈現水平之部份表示規模報酬不變，最後在曲線上升的部份代表了規模不經濟。而圖(b)僅表示了規模經濟的部份，圖(c)則是表示規模報酬不變的部份。$LRATC$ 與不同規模之 $SRATC$ 之最低成本點相切，因而在圖(d), (e), (f)中，我們亦分別表示在三種不同規模下之 $SRATC$ 曲線。

十以上的經理人員。由於管理階層增多也使得一些文書工作增多，而會議次數也就愈多，因而，耗費在一些非生產相關的時間及勞力亦增多了，換言之，間接成本 (overhead costs) 增加了。如果公司進入這一種情形，規模增大可能對公司經營效率產生負面的影響，因而形成了規模不經濟的現象。

三、最低效率規模 (minimum efficient scale, *MES*)

邊際報酬遞減法則可應用到任何要素、任何企業、及任何產業上。是否存在規模經濟、規模不經濟、規模報酬不變，或是這三種的任意組合，完全取決於所考慮的產業對象。沒有任何法則可以告訴我們，產業會先經歷經濟規模，再歷經規模報酬不變，最後經歷經濟不規模之過程。理論上，一些產業亦有可能祇會經歷經濟規模或經濟不規模或是規模報酬不變的階段。

當**長期平均總成本為最低時的產出水準稱之為最低效率規模**。不同產業具有不同的最低效率規模；例如，製鞋業的最低效率規模遠小於香煙產業。鞋子的製造過程是將皮革沿著一個模型拉開之後，再將皮革縫上，最後，加上鞋跟及鞋底便完成。在整個製鞋的過程當中，僅需要一位工人同時操作 2～3 臺機器，因此，若要增加每小時鞋子的產量就必需增加更多的空間、更多的工人、更多的皮革及更多的機械設備。鞋子的單位成本在前面幾雙的製造時，下降得很快，但之後單位成本就會開始上升。另一方面，香煙的製造上則非如此，由於香煙製造用的機械設備非常龐大，每小時可能就可以生產上千支的香煙，因此，每小時生產 100 支香煙的成本可能遠大於每小時生產 5 萬支香煙之成本。顯然的，香煙產業的最低效率規模是遠大於製鞋產業之規模。

四、計劃期限(planning horizon)

因為廠商並未承諾使用某一種固定的要素，所以長期代表計劃的期限。在決定生產規模的大小時，經營者必需觀察預期的需求及生產的預期成本，因而選擇了可以獲得最大收益的生產規模。一旦生產規模決定了以後，廠商就在一種短期規模之下來運作，因為此時至少有一種要素是固定的（規模）。如同在本章一開始所討論的，新力公司在 1950 年代是在一種以較小規模來生產收音機的情形，這意味著新力公司沿著某一特定規模之短期成本曲線來運作。如果為了生產 10 萬臺的收音機，新力公司勢必移到U 型線之右上方來生產，換言之，新力公司必需以非常高的單位生產成本來生產 10 萬臺之收音機。如果盛田預期在未來仍有許多大型訂單會進來時，他可能可以接下這一筆 10 萬臺的訂單，而將生產規模擴大。擴充規模代表新力公司沿著長期平均總成本曲線來移動。例如，在圖 7.10 中，盛田

原來的生產規模為 $SRATC_1$，現假設盛田擴充規模到 $SRATC_5$ 時，代表在短期時，新力公司必需在 $SRATC_5$ 曲線上運作。換言之，無論是增加或減少產量，新力公司的生產在短期內均需沿 $SRATC_5$ 曲線來移動。此刻，你應該可以瞭解盛田先生所擔心的事了；如果生產數量因為訂單不足，而掉回到祇有 1 萬臺收音機時，由於此時生產規模已經移到 $SRATC_5$ 上，因此每單位生產成本將會變得非常的大，遠較於原來在 $SRATC_1$ 之生產成本更高（ a 點與 b 點的差異）。

圖 7.10　盛田先生的問題

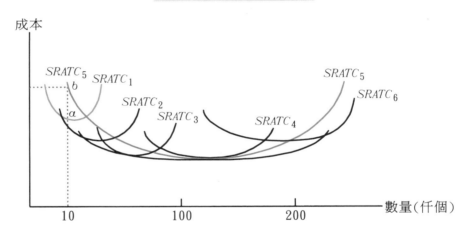

如果新力公司選擇擴充生產規模到 $SRATC_5$ 曲線上時，在短期新力公司僅能在 $SRATC_5$ 曲線上運作。如果產量下降到 1 萬臺收音機時，代表每單位生產成本將會上升（由 a 上升到 b）。

重點彙整

1. 在經濟學裡所定義的企業為：使用資源（土地、勞動力、資本及企業才能）來生產產品及勞務的機構稱之。

2. 至少有一種要素（資源）無法改變（固定）的期間稱之為短期。

3. 總產出表與總產出曲線代表變動的要素（技術工人）與產出之間如何相連的關係組合。

4. 隨著要素投入增加而使得每單位投入產出減少的情形稱為邊際報酬遞減現象。

5. 根據邊際報酬率遞減法則，當一種變動的要素與另一種固定的要素相結合而用於生產時，一開始，隨著變動的資源使用量增加，將使得產量快速增加，漸漸的，隨著變動要素數量使用再增加，產量增加的速度會逐漸減少，最後，再增加變動要素的使用量時，將導致產量的下降。

6. 平均產出的計算方式則是以總產出除以技術工人數。

7. 邊際產出則代表每增加1個單位變動要素的投入所能引起總產出變動的比率關係。

8. 雖然 MP 亦如同 AP 一樣，在一開始時先快速上升而後再下降。但 MP 上升及下降的速度均較 AP 曲線來得更快，此外 MP 曲線最終會經過 X 軸，代表 MP 有可能為零甚至有可能變成負值的關係。當 MP 成為零或負值時，代表額外單位的變動要素的投入已經在消耗固定要素之生產量，因而造成產出的減少。

9. 在任何情況之下，祇要是一種變動要素與另一種固定要素的組合，均會使得產出在一開始增加得非常快，之後，隨著變動要素使用量增加，產量會開始以較緩慢速度上升，最終甚至於會使得產量減少。

10. 邊際報酬率遞減法則發生的主要原因在於變動要素的效率性完全取決於固定要素的數量；由於固定要素之有限的產能（如僅有2條生產線），因而形成變動要素（技術工人）之效率下降。

11. 當邊際值小於平均值時，平均值是在下降的階段；而當邊際值大於平均值時，平均值是處於一種上升的狀態。

12. 無論公司是否生產均必需支付的成本稱之為總固定成本。

13. 總變動成本代表當生產量變動時成本亦跟著變動的部份。

14. 總成本則是將總固定成本加上總變動成本而得。

15.間接成本不是固定成本，間接成本代表非直接用於生產過程中所衍生出來的成本，如管理成本。

16.邊際成本為增額成本，由於產出的小額增加或減少所衍生的成本改變稱之為增額成本。

17.所有要素均可以改變時，我們說企業的規模改變，規模代表大小。

18.隨著生產量的增加，生產每單位產出的成本可以變得愈低時，稱之為規模經濟。

19.規模經濟代表當所有要素投入均可以變動時，隨著產量之增加，生產成本也隨之降低的情況。而當產量上升導致生產成本上升時，稱之為規模不經濟。

20.規模不經濟代表當所有要素投入均可以變動時，隨著產量的增加，而使得生產成本上升之現象。

21.經濟規模為長期平均總成本曲線具有下降部份的主要原因，而經濟不規模則為長期平均總成本曲線具有上升部份的主因。

22.如果產量上升導致了每單位生產成本固定不變時，稱為規模報酬不變。

23.長期平均總成本為最低時的產出水準稱之為最低效率規模。

練 習 題

1.假設固定成本 $FC = \$250$，變動成本 $VC = Q$ 而邊際成本 $MC = 2Q$，繪出 AFC, AVC, MC 及 ATC曲線，並計算出使 ATC 最低時的產量。

2.試解釋邊際報酬率遞減法則對成本曲線形狀的影響。

3.如果邊際成本上升時，ATC 或 AVC 將會上升或下降呢？

4.解釋何以當邊際產出 (MP) 大於平均產出 (AP) 時，平均產出上升，而當邊際產出小於平均產出時，平均產出下降？

5.解釋生產曲線的形狀與成本曲線形狀之間的關係？

6.使用下表的資料來計算總固定成本(TFC)，總變動成本 (TVC)，平均固定成本 (AFC)，平均變動成本 (AVC)，平均總成本 (ATC) 及邊際成本 (MC)。

產出數量	成本	*TFC*	*TVC*	*AFC*	*AVC*	*ATC*	*MC*
0	$1000						
1	1500						
2	2250						
3	2300						
4	3000						
5	4000						

第 8 章

利潤最大化與市場類型

前　言

　　在臺灣有數以千計的企業，每一家企業面臨著不同的需求與不同的成本，因此，這些企業的一些行為也不盡然相同。如果要詳細列出各企業之間不相同之處，可能需要花上許多頁的紙才能寫得完。由於企業的多樣化，使得嘗試將企業行為一般化的努力變得較為困難。要瞭解企業行為是非常困難的，我們知道企業必需要非常重視顧客的反應，換言之，企業必需要注重需求。然而企業對消費者的需求將會有什麼樣的反應，完全取決於企業所在的生產與銷貨環境；亦即到底在市場當中有多少競爭的對手？或是在市場當中，生產替代商品廠商的家數到底有多少？新的廠商有多容易進入到這一個市場來？或一般言之，到底有那些因素將會影響到需求與供給的彈性。如果無法透過採用一些簡化的方法，每次我們在討論企業行為時，勢必要同時考慮到許多的情況。經濟學家所能想像到的簡化方式則是根據企業之生產與銷售的環境來予以分類。**經濟學家將企業所面對的環境分成四種可能之市場結構：** 完全競爭 (perfect competition)，獨占 (monopoly)，獨占競爭 (monopolistic competition) 及寡占 (oligopoly) 等四種市場。以下幾章我們將會更詳細來探討

這四種市場結構，但在本章當中，我們首先介紹廠商的一些
行為。

第一節　利潤最大化(profit maximization)

在前面幾章中，當我們在探討消費者的行為時，我們曾經強調消費者以效用最大化的方式來決定消費的行為。同樣的道理，我們亦可以假設企業將以利潤最大化的方式來決定生產的行為。利潤最大化為一種簡化的假設，它雖然無法提供個別廠商的行為模式，但卻提供了一套可用來考慮現實世界中廠商行為的理論。

理論上，利潤最大化的假設未必適合用來描述現實世界當中的某一些企業的行為。某些企業成立的目的並非為了營利，例如，一些教育或醫療機構，而一些公共企業 (public enterprises) 如政府部門、公立學校基本上也是非以營利為目的，因此，有一些非營利的目標將會支配著這些非營利企業的行為。然而，**在多數情形下，對多數企業而言，利潤最大化應該是描述企業行為的一個貼切的假設。**

一、一些衡量利潤的方法

先前我們曾定義**利潤為銷貨收入減去成本後所剩下的部份。成本為使用要素服務之後所必需付出的代價。**為了僱用要素，企業就必需付出使用該要素的機會成本，否則該要素亦可用於其他用途上。**對多數的要素而言，大致可以用使用要素服務所必需支付的代價**（如工資或租金）**來衡量要素的機會成本。** 然而有些要素並不是在開放市場下所生產出來的，因此，並不能很容易去衡量它的成本。例如，企業家如果花費許多時間努力，甚至拿出自己的錢來經營事業時，應該如何來決定他所花費的時間與努力，甚至於他自己錢財的價值呢？

由於衡量企業家的這種無形的機會成本是非常困難的，因此會計學家通常會刻意去忽視這類的成本。在會計上，所衡量的成本僅是一些可予以衡量的直接成本 (direct cost)。這種衡量方式是否恰當？完全看使用的目的何在。由於會計人員所注重的在於如何才能一致性的報導出經營企業所衍生的收入與直接成本之間的關係，因此，採用這種衡量的方式可為會計人員所接受。然而由於機會成本為企業在做決策過程中的重要因素，因此，經濟學家所著重的是在於了解人的（企業的）行為。例如，為何有新的企業產生？為何一些既有的廠商會擴充到另一個產業去？為了瞭解這些決策

行為，祇根據直接成本並無法予以充份瞭解的。

假設一位牙醫師的年收入為 2000 萬元，假設每年他僱用職員、房租及設備的成本為 1500 萬元。根據會計師的做法，這位牙醫年利潤為 500 萬元，然而，經濟學家的觀點則略有所不同。如果牙醫師使用自己的 1500 萬元來購買設備、租房子及付員工薪資，而使得診所得以營業時，假設當年的利率水準為 8% 時，牙醫師所投資的這 1500 萬元的資金將會產生 120 萬元的機會成本。因為，如果牙醫師將這 1500 萬元存到銀行而不是拿到診所的建立上時，他可獲得 120 萬元的利息收入。此外，假設牙醫師若不自行開業的話，他可以選擇到醫院去當醫師。倘若他選擇到醫院就業時，假設他的年薪為 200 萬元，因而這 200萬元亦將會成為牙醫師自行創業的機會成本之一。將這二種可能的機會成本加到會計科目的成本上，就會得到經濟學家所認定的總成本。因此經濟學家所認定的總成本在此處為 1500 萬元加上 120 萬元再加上 200 萬元，共計有 1820萬元。因此，根據經濟學家的看法，牙醫的利潤僅有 180 萬元。

經濟成本包含了會計人員所衡量的直接成本以及生產者本身已經擁有的要素所衍生出來之機會成本，例如，企業家的時間、努力及個人資金。在有些時候會計學家所衡量的成本稱為直接成本，其他的成本則稱為隱含成本 (implicit costs)，經濟成本則是直接成本加上隱含成本。

在前面一章當中所使用的成本表或成本曲線上面所列的數據均是經濟成本。換言之，它們為衡量所有的機會成本，包括直接成本與使用企業家時間、努力及個人資金的機會成本。

由於會計人員與經濟學家使用不同的成本衡量方式，因此二者所得到的利潤亦會有所不同。**經濟利潤 (economic profit) 為使用經濟成本計算而得的利潤，而會計利潤則是僅考慮直接成本後計算而得之利潤。**一般我們在報紙上或一些文件上所看到的公司財務狀況均是會計利潤，公司絕不會公佈經濟利潤。但對於用來瞭解或解釋企業及個人的行為時，以使用經濟利潤較為有用。為什麼使用經濟利潤較容易了解企業及個人的行為呢？考慮若經濟利潤為正或負時的意義，如果企業賺取正的經濟利潤時，代表公司目前的收益足夠支付所有直接成本以及企業家的機會成本。換言之，企業家或企業的所有人若以他們的時間與努力去經營其他的事業，並不會較經營目前事業所能得到的收益來得更好。如果企業的經濟利潤是負的時候，代表企業的收入並不足以支付所有的直接成本與企業家的機會成本。換言之，企業家若此時將他的時間及努力用於經營其他的事業時會過得較好，

因為，以企業家目前的努力並無法賺取足夠的收入以用來支付他所支付出的機會成本。

會計利潤是否也能告訴我們同樣的訊息呢？事實上，不然。正的會計利潤代表公司收入大於直接成本，然而，此時亦有可能代表公司的收入小於機會成本。例如，以前面所討論之牙醫師的例子來看，假如牙醫師到醫院就業的年薪為 400 萬元時，雖然會計利潤有 500 萬元，但此時經濟利潤已成為負 20 萬元。如果牙醫師一些機會成本的衡量是正確的話，此時，牙醫師最好的抉擇應該是放棄自行開業而選擇到醫院就業。因為會計利潤的 500 萬元並無法完全支付牙醫師 520 萬元之機會成本；由於牙醫師選擇自行創業時，需額外付出 520 萬元，因此，牙醫師倒不如選擇到醫院當醫師賺取 400 萬元的年收入，再加上將資金存在銀行所賺取的利息收入 120 萬元，共有 520 萬元的年收入。所以從會計利潤我們並無法得知這個訊息，但由經濟利潤我們卻可以得知這一個訊息。

當經濟利潤為零時，稱之為正常利潤 (normal profit)。零經濟利潤代表企業的收入正足以支付所有的直接成本加上企業家的機會成本。換言之，企業家將時間及努力用到其他事業的經營上並無法經營的更好。**正的經濟利潤又稱為超過正常的利潤 (above-normal profit) 或超額利潤。正的經濟利潤代表企業家在本產業中的收入，將會較從事於其他事業的經營時來得更高。**除此之外，超額利潤亦將會成為吸引新企業進入本產業的誘因。

二、企業行為以及需求的價格彈性

利潤為收入減去成本，為了討論利潤，我們首先將成本與收入分開討論，之後再將二者合在一起。在短期所有廠商均必需面對一種 U 型的平均成本以及一種隨著產量而增加的邊際成本曲線，然而收入的大小則是取決於需求曲線的形狀。不同的廠商可能面對不同的需求曲線，廠商所面對的市場需求曲線之形狀與廠商所在的銷售環境有關。

總收入 (total revenue)

總收入等於商品價格乘以數量，需求曲線告訴了我們廠商所將要面對到的所有商品的價格與數量之間的可能組合關係。在圖 8.1 中，顯示了三種不同形狀之需求曲線。(a)圖為一種完全彈性 (perfectly elastic) 的需求曲線；具有負斜率之直線需求曲線則如圖(b)；而圖(c)所表示的為完全無彈性 (perfectly inelastic) 的需求曲線。在每一種形狀的需求曲線之下，則是其所

對應的總收入曲線。

　　在完全彈性的需求曲線之下（圖(a)），當數量上升總收益亦跟著上升。由於價格固定在 P_1，因此當數量 Q 逐漸增加時，總收益亦會逐漸增加，所以總收益線為由原點向右上方且具有正斜率關係之直線。

圖 8.1　需求曲線與總收入之關係

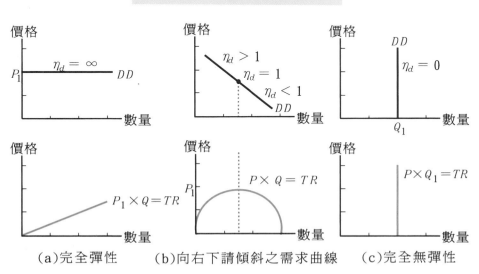

(a)完全彈性　　　(b)向右下請傾斜之需求曲線　　　(c)完全無彈性

圖(a)表示價格為 P_1 之完全彈性的需求曲線，而下方的圖則是表示其對應的總收入曲線。由於價格固定，因此數量上升將會使得總收益曲線呈線性方式上升。圖(b)表示一般具正常負斜率的需求曲線及其所對應的總收入曲線，在需求曲線彈性大於 1 時，總收入會隨數量增加而上升；當需求價格彈性等於 1 時，總收入最大；隨後，當價格彈性小於 1 時，總收入開始下降。圖(c)則是用來表示完全無彈性之需求曲線，由於數量是固定的，因此隨著價格上升總收入亦會上升。

　　當需求曲線為一種沿著右下方傾斜如圖 8.1(b)所示的直線需求曲線的關係時，由於此時價格與數量均同時在改變，因此，總收入的變化較為複雜。總收入曲線首先上升（在需求曲線彈性大於 1 的區域時），在彈性等於 1 時，總收入最大，之後在彈性小於 1 的區域總收入開始下降，如圖 8.1(b) 下半部圖形所示。完全無彈性的需求曲線與收益曲線的關係則如圖 8.1(c) 所示。此時，由於數量 Q_1 是固定的，因此，總收益完全取決於價格之變動。當價格上升時，總收入亦會跟著上升如圖 8.1(c)下半部圖形所表示的關係。

在前一章當中，我們曾經討論到總成本曲線。總成本曲線在產量較少時，上升的速度較為緩慢，但隨著產量的上升，成本上升的幅度會愈來愈快，如圖 8.2 的關係所示。

圖 8.2　總成本曲線

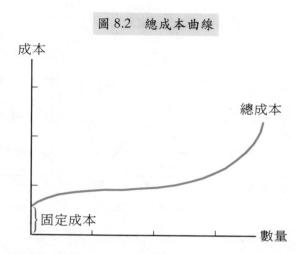

當商品生產的數量較少的時候，總成本上升的速度較為平緩，當邊際報酬率遞減法則開始作用以後，隨著生產數量愈來愈多時，總成本上升的速度也就愈來愈快了。

在圖 8.3 當中，我們將圖 8.1 中三種不同型態的總收入曲線與圖 8.2 的總成本曲線結合在一起，得到三種不同的利潤關係。由於廠商預期在利潤最大化之下來從事生產，換言之，企業將會選擇在總收入超過總成本最多時的數量來生產。在圖 8.3(a)當中，最大利潤出現在數量 Q^* 時，而在圖 8.3(b)中，最大利潤出現在產量為 Q^{**} 時，而在圖 8.3(c)中，利潤隨著價格上升而上升（一直到需求曲線不存在為止）。值得注意的是，這些利潤所指的均是經濟利潤。

圖 8.3(a)，(b)及(c)告訴了我們企業將會面臨到的幾種情況。企業若是面對完全彈性的需求曲線時，代表企業沒有任意改變價格的能力。換言之，企業生產出來的商品及勞務所能販賣的價格勢必與其他競爭者完全相同，因此，廠商在價格固定的條件之下，選擇能使得他們利潤最大的產量來從事生產。如果廠商所面對的是一種具有負斜率的需求曲線時，廠商可以同時選擇價格與生產數量來使得利潤最大。若廠商所面對的是一種完全無彈性的需求曲線關係時，由於產量是固定的，因此廠商選擇以改變價格的方

式來最大化利潤，但在這一種情況之下，廠商並無法毫無限制的以透過價格上升的方式來擴大收入，當消費者若認為廠商的價格太高時，消費者將會停止購買該商品。

圖8.3　總利潤

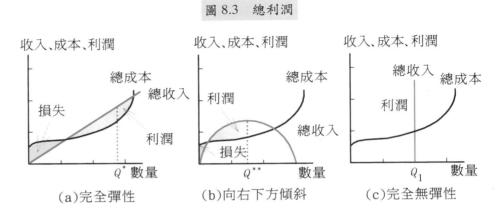

（a）完全彈性　　　　（b）向右下方傾斜　　　　（c）完全無彈性

圖(a)將總成本曲線與完全彈性需求關係下之總收入曲線放在一起，利潤最大化出現在產量為 Q^* 時。而圖(b)則是將一般具負斜率需求關係的收入曲線與總成本曲線放在一起，利潤最大化的產出在 Q^{**} 。圖(c)則為完全無彈性需求關係下之總收入與總成本之關係，由於數量均是固定在 Q_1，因此 Q_1 為利潤最大之產量。

　　由以上的三種情況來看，廠商可能較喜歡面對一種彈性較小的需求曲線，因此，我們可以預期廠商將會嘗試改變需求的價格彈性。廠商將如何來降低他所生產商品之彈性呢？在第 4 章當中，我們曾經提到，價格的彈性將會受到是否容易找到替代品以及該商品在消費者的總預算當中所佔的百分比之多寡而影響。因此，廠商可以以透過降低該商品的替代性來降低需求的價格彈性。如何降低本身所生產出來的商品之替代性呢？做法之一便是可以將他們的商品與其他競爭者的商品之間做一種區隔 (differentiate)。例如，白蘭可以以更改其濃縮洗衣粉當中的一些成份以與一匙靈有所區隔。**祇要企業能夠有效的區隔其所生產出來的商品，企業便能有效降低對該商品的需求價格彈性，因為區隔減少產品可以被替代的數量。**

　　但在有些時候，企業並非那麼容易的可以將其產品與其他產品做一明顯的區隔，例如，電腦所使用的簡單軟碟機或隨機存取記憶體 (RAM)，無論是那一家廠商所生產的軟碟機或 RAM，基本上並沒有太大的不同。

因此，在這一種情況之下，廠商若想要降低商品的需求價格彈性將會較為困難。

三、廠商行為與供給的價格彈性

廠商生產與銷售的環境會受到生產與銷售成本之影響。在前一章當中所推導得到的 U 型曲線雖然可以代表所有廠商的成本曲線，但不同廠商之間仍有可能會有不同的固定成本。

當某種產業具有非常龐大的固定成本時，例如，汽車製造業或石化工業，企業家可能不會輕易到這種產業內去開創新的事業，結果，原先已經在這產業中的一些廠商，就不太需要去應付因價格改變或產品差異所吸引而來的新競爭者。當既有的廠商能夠賺取超額的利潤時，由於新廠商進入到本產業的困難度較高（由於固定成本較高的關係），因此既有的廠商可以保有較長期的超額利潤水準。反之，若某些產業如出版業，僅需要較小的固定成本支出時，一些微小的利潤上升均有可能吸引許多新的企業家的投入，因而在這類的產業當中，超額的經濟利潤並不會持續太久。因此，我們可預見廠商將會嘗試以增加成立新企業所需要之固定成本，或嘗試使新企業進入產業之困難度提高等方式，來阻撓新企業的進入，如此在產業中既有的企業才能長時間保持超額利潤。

第二節　邊際收益 (marginal revenue, MR) 與邊際成本 (marginal cost, MC)

廠商所提供的商品與勞務的決策完全取決於預期利潤的大小。企業家或經理人員觀察消費者對公司產品的需求，以及充份瞭解經營所需的成本之後，便可以決定公司是否存在利潤。為了分析廠商的利潤決策，我們可以將廠商的成本以及消費者對廠商所生產出來商品的需求關係放在一起討論。我們在圖 8.3 當中，曾經使用總成本曲線與總收益曲線的關係來討論廠商最大化利潤的決策，但對我們而言，更為有用的方法應該是將平均成本及邊際成本的關係與需求曲線結合在一起。因此在本節當中，我們將使用 U 型的成本曲線與需求曲線的關係來進行分析。

一、需求曲線與成本曲線

在圖 8.4 當中，我們使用了在前面一章當中所推導得到的平均總成本曲線與邊際成本曲線，再配合上具有負斜率的需求曲線。雖然需求曲線有時可能為水平直線或垂直直線的關係，但在此我們先假設具有負斜率的需求曲線。

在負斜率的需求曲線之下，廠商明白總收益會先上升，之後因為價格將沿著需求曲線下降而使得總收入逐漸減少。在需求的價格彈性為 1 時，總收入最大，雖然此時總收入為最大，但總利潤未必會是最大。要如何才能找到利潤最大化的一點呢？

考慮在圖 8.4 當中企業的利潤，在價格為 P_1 時，銷貨量為 Q_1，總收入為 $P_1 \times Q_1$ 或圖形中 $abcd$ 的面積所代表的部份。在數量為 Q_1 時，總成本為 $abef$ 之面積——生產 Q_1 數量之單位成本為 af，因此總成本為 af 乘以 Q_1，即面積 $abef$ 之部份。在 Q_1 時之利潤等於在 Q_1 時之總收入減去在 Q_1 時之總成本，或面積 $abcd$ 減去面積 $abef$ 之部份，亦即圖形中 $fecd$ 的部份。

圖 8.4 收入、成本及利潤

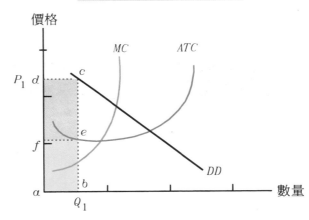

在圖中我們同時繪製了需求曲線、邊際成本曲線與平均總成本曲線。在任意一個產量 Q_1 之下，根據需求曲線可以得到總收入為 $P_1 \times Q_1$ 或圖上所標示 $abcd$ 的面積。而總成本則為生產 Q_1 數量產品時之成本。在本例當中，生產 Q_1 數量之單位成本為 af 之距離，因此總成本是 $abef$ 之面積。總利潤等於總收入減去總成本，因此為圖上 $fecd$ 面積之部份。

$fecd$ 部份的利潤為廠商在生產及銷售 Q_1 數量商品所能獲得的利潤。$fecd$ 並不是該廠商所能賺取的最大利潤，廠商可能在生產較 Q_1 多或較 Q_1 少的數量時，可以獲得最大的利潤。為了要找到利潤最大時之生產數量，我們可以透過比較不同產量之下的總收益與總成本之關係而得。然而在經濟學上，我們可以僅透過比較邊際成本與邊際收入的方式來找到利潤最大時的生產數量。

二、當邊際收入等於邊際成本時，利潤為最大

邊際成本 (MC) 定義為增加生產一個單位的商品時，所需增加之額外的成本。而邊際收入 (MR) 則定義為多銷售一個單位的產品所能賺到的額外收入。如果多生產一個單位產品所增加的成本小於所能增加的收益時（$MC < MR$ 時），那麼多生產這一個單位的產品將可以獲利。反之，如果增加生產一個單位產量之商品的成本大於收入時（$MC > MR$ 時），那麼多生產這一單位的商品將導致利潤下降。換言之，**當邊際收入大於邊際成本時，增加產量將可增加利潤。反之，當邊際收入小於邊際成本時，增加產量將導致利潤下降。因此，唯有在邊際收入等於邊際成本時，廠商所能賺取的利潤最大。**

利潤最大化的法則為邊際收入等於邊際成本 $(MR = MC)$。表 8.1 以一些實際的數據來表示利潤最大化的關係。表 8.1 為民雄腳踏車行的生產數量、總收入、總成本、邊際收入及邊際成本等相關的資料。

表 8.1　利潤最大化

總產出 (Q) (1)	總收入 (TR) (2)	總成本 (TC) (3)	邊際收入 (MR) (4)	邊際成本 (MC) (5)	利潤 $(TR - TC)$ (6)
0	0	2000	0	0	−2000
1	3000	3500	3000	1500	−500
2	5800	4500	2800	1000	1300
3	8250	5300	2450	800	2950
4	10200	6000	1950	700	4200
5	11500	6600	1300	600	4900
6	12000	7100	500	500	4900
7	12600	8000	600	900	4600
8	12800	9400	200	1400	3400

利潤最大化 →（指向 Q = 6 該列）

表 8.1的第 1欄所表示為腳踏車的產量 (Q) ，第(2)欄所表示的為總收入 (TR)，為銷售不同數量腳踏車時之收入，第(3)欄為總成本。當民雄車行沒有生產任何數量之腳踏車時， 2000元的總成本主要為固定成本。之後，由於變動成本的關係，成本將會隨產量增加而上升。邊際收入代表每多銷售一輛腳踏車時，所能增加之收入，第(4)欄數字所代表就是邊際收入的關係。第(5)欄表示多生產一部腳踏車時，所增加的生產成本即邊際成本。最後在第(6)欄當中所表示的為總利潤，為第(2)欄減去第(3)欄所得到的結果。

第 1 臺腳踏車的生產成本為 3500元，而第 1臺腳踏車的邊際成本為 1500元。如果能夠銷售出去的話，第 1臺腳踏車將帶來 3000元之收入，因而邊際收入亦為 3000元。由於邊際收入大於邊際成本，因此民雄車行將會選擇生產第 1部腳踏車，因為此時民雄車行的收入，將會較不生產任何腳踏車時來得更好。

生產第 2 部腳踏車時，將會花費民雄車行額外 1000元的成本，但卻可為民雄車行帶來額外的 2800元之收入。同樣的，由於生產 2部腳踏車之邊際收入大於邊際成本，因此，對民雄車行最有利的作法就是選擇生產第 2部腳踏車。

當產量一直上升時，利潤也跟著一直上升，直到生產第 6部腳踏車時，此時由於邊際收入與邊際成本相等等於 500元，因此為利潤最大（ 4900元）時的產量。如果民雄車行選擇生產第 7 部腳踏車時，由於此時邊際成本將會大於邊際收入，因此，利潤將會下降。如果民雄車行選擇生產第 5部腳踏車時，由於此時邊際收入大於邊際成本，因此利潤將會上升。因此，唯有在生產第 6 部腳踏車時，由於邊際收入等於邊際成本，因此民雄車行可以獲得最大的利潤。

邊際收入曲線

表 8.1的例子告訴我們，如果在圖 8.4中，亦存在邊際收入曲線的關係時，我們便能很快的找出利潤最大化時的產量。**要繪製邊際收入曲線是非常簡單的。繪製邊際收入的第一個步驟為，首先要明白需求曲線所代表的為一種平均收入 (average revenue) 的關係；需求曲線所代表的為每單位平均收入的關係，因此，邊際收入曲線與需求曲線之關係正如同前面所討論的平均值與邊際值的關係。換言之，當平均值在下降時，邊際值亦在下降且邊際值是在平均值的下方。因此，當需求曲線是向右下方傾斜時，邊際收入曲線亦是向右下方傾斜，但位於需求曲線之下方。**

　　需求曲線愈陡 (steeper)，邊際收入曲線亦將會愈陡。換言之，**當需求曲線為完全無彈性時，邊際收入曲線與需求曲線會是完全相同的垂直線。當需求曲線愈平坦時** (flatter)，**邊際收入曲線亦愈平坦。在完全彈性的需求曲線之下，邊際收入曲線與需求曲線為完全相同之水平直線。而介於二個極端例子之間的邊際收入曲線為位在需求曲線下方且向右下方傾斜的曲線。**

　　對具有負斜率之需求曲線而言，我們可以更明確的畫出邊際收入曲線。當總收入上升時，邊際收入為正值，而當總收入下降時，邊際收入為負值。由於總收入在需求曲線的價格彈性大於 1 時會上升，而在價格彈性小於 1 時，總收入是下降的，因此在需求曲線的價格彈性為單位彈性時，總收入為最大或邊際收入等於零。根據以上這些資訊，我們知道邊際收入曲線為向右下方傾斜且在需求曲線彈性為 1 時的數量，正好與水平軸相交，如圖 8.5 的關係所示。

圖 8.5　當 $MR = MC$ 時，利潤最大

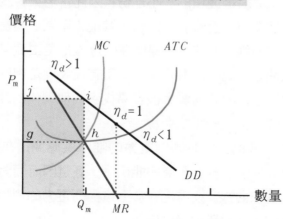

將圖 8.4 之需求曲線 DD，ATC 曲線與 MC 曲線重新在本圖中繪製。除此之外，我們亦加入了 MR 曲線。需求曲線可視為一種平均收入，由於平均收入隨產量增加而下降，因此邊際收入亦會下降且位在平均收入之下。除此之外，MR 曲線與水平軸會交會在需求曲線的彈性為 1 的時候，因為此時總收入最大，所以邊際收入等於零。利潤最大的關係，因而存在於 $MR = MC$ 相交的一點上，此時廠商將生產價格為 P_m 而數量為 Q_m 之商品，廠商所能取得的利潤為 $ghij$ 面積。

在圖 8.5 當中，我們除了使用圖 8.4 之圖形外，亦加入了邊際收入曲線 (MR)。由圖形當中我們可以很快找到利潤最大化的一點，由 MR 曲線與 MC 曲線相交的一點，決定了企業利潤最大時的生產數量與商品價格。此一關係如同圖 8.5 中，P_m 及 Q_m 二點的關係所示，此時總利潤為 $ghij$ 面積。

經濟學家經常使用類似圖 8.5 的工具來分析廠商的行為，不同型態的廠商或許將面對不同型態之需求曲線，或是廠商的成本曲線所在的位置與圖 8.5 略有所不同。一般而言，圖 8.5 提供了一種一般性而且有用的分析廠商行為模式之工具。

第三節　銷貨環境與市場結構

老王為民雄鄉下一位種蔬菜的農夫；老王的工作就是翻土、播種、施肥、澆水及等蔬菜長大收成之後，再運送到市場銷售。由於老王所耕種的面積僅占全國蔬菜耕種面積的一小部份，因此當老王嘗試提高蔬菜價格而其他農家並未漲價時，消費者可能轉向其他人購買。換言之，老王將面對一條水平的需求曲線，而需求曲線所在的位置則是由蔬菜市場的供給曲線與需求曲線來決定。此外，由於基本上所有蔬菜均是相同，而且也由於生產蔬菜的農家很多，因此消費者很容易找到其他替代的蔬菜，而此將使得老王面對一條彈性很大的需求曲線。

多年以來，臺電公司為國內電力的唯一供應商，在我國現行法令之下，有關電力的供應亦祇有臺電才能供應，臺電因而面對一條幾乎完全無彈性的對電力需求曲線。換言之，當臺電提高電力的價格時，消費者幾乎不可能不繼續使用臺電所供應的電。

很明顯的是，老王與臺電面對截然不同的需求曲線，因此二者的行為將會有很大的差別：老王對於蔬菜的價格幾乎是完全無能為力，但臺電卻隨時可以變動電的價格（在法令許可之下）。

另一方面，白蘭公司所面對的需求曲線既不是完全彈性也不是完全無彈性。雖然白蘭公司的生產決策也決定於邊際成本等於邊際收入時，但由於在洗衣粉市場當中有眾多品牌，因此白蘭公司必需嘗試說服消費者，它的濃縮洗衣粉是與其它品牌不同而且洗衣的效果是最好的。

遠東航空公司雖然可以從服務及機型上來與其他國內航空公司之服務

做個區別，但與白蘭公司較不同的是，遠東航空公司若要調整北高航線的票價時，亦必需要考慮到立榮航空、瑞聯航空、復興航空等公司的反應。如果遠航降價而其他航空公司亦跟進時，遠航的利潤將會下降；但是如果遠航漲價而其他航空公司並未跟進時，遠航的市場占有率將反而會減少，因此遠航對市場當中其他航空公司的一些行為將會特別敏感。

我們剛看到四種截然不同型態公司的行為。雖然這四種廠商均嘗試以 $MR = MC$ 的準則來運作以取得最大的利潤，但四家廠商在資源配置、廣告行銷策略、以及對產品價格的控制上卻是非常的不同，四種廠商具有不同的行為是因為它們處在四種不同的市場結構當中。

在以上這些例子當中，我們雖然看到了不同廠商的行為，縱使廠商的行為有所不同，但廠商以利潤最大化為經營的目標則是相同的。亦即這四種廠商均選擇在 $MR = MC$ 時來從事生產。但在資源的分配、廣告及對產品價格的控制上，四種廠商的行為將會有所不同，其主要原因也是因為這四種廠商所處在的生產與銷售環境有所不同的緣故。

一、市場結構的特性

經濟學家分析廠商的行為，並且假設在真實社會當中的廠商行為均可以使用前述的四種市場結構 (market-structure) 的模型當中的一種模型來說明。而一旦廠商被定位成某類型的市場結構之後，經濟學家便可以使用此種模型來探討廠商的行為。經濟學家的市場結構模型為一種對真實世界之簡化模型。

廠商生產與銷售其產品所在的地點即是市場結構。**市場結構通常具有以下的三種特性:**

1.構成市場的廠商數目，

2.新的廠商進入市場從事生產商品及勞務的難易度，

3.廠商所生產商品是否相同。

在某些產業中，如農業，有成千上萬個廠商（農戶）。而在某些產業，如汽車業，則僅有數家供應商。進入航空業市場相對上是非常困難，但進入室內裝潢業則是較為容易。在某些產業裏，甚至有法律嚴格限制其他廠商之進入，例如，國內之電信事業、郵局或電力公司。

在某些產業當中，每一家廠商所提供的商品是完全相同；然而在一些產業中，不同廠商所提供的商品則略有所不同。**產品差異性** (differentiated products) 為消費者察覺到某一產品所具有的特性，為其他廠商的商品所沒有的。消費者並無法察覺到商品之間存在有任何不同的產品，稱為標準化 (standardized) 或無差異商品 (nondifferentiated products)。

二、市場結構模型

在表 8.2 當中，我們歸納了將在本節當中討論的 4 種市場結構模型的一些基本特性。雖然在表 8.2 當中並未明顯列出，但通常我們會假設消費者對廠商價格以及一些有關於其他廠商的決策具有充分的資訊。換言之，模型假設消費者及廠商清楚價格、地點 (locations) 及市場中所有廠商商品的特性。除了這一個共同的假設以外，不同市場的一些特性均列在表 8.2 中。

表 8.2 四種不同市場結構之特性及其行為

市場結構	特性			行為	
	廠商家數	進入難易度	產品種類	價格策略	促銷策略
完全競爭	非常多家	容易	標準化	無法自訂價格	無
獨占	一家	無法進入	單一產品	自訂價格	很少
獨占競爭	非常多家	容易	具有差異性	自訂價格	很多
寡占	少數幾家	困難	標準化或具有差異性	相互依存	很少或很多

1.完全競爭 (perfect competition)

在完全競爭的市場結構之下，廠商的數目非常多，任何一家廠商的產量在整個市場當中是微不足道，因此沒有任何一家廠商可以來改變市場的價格。此外，在此種市場結構之下，所有廠商均生產相同或標準化的商品，而且進入 (entry) 或離開 (exit) 這個市場，在本質上都是非常容易的。由於廠商數目非常多，因此消費者可以任意選擇到任何地方來購買產品。換言之，對消費者而言，到不同商店購買商品並不會衍生任何其他的成本。由於產品是標準化的，因此消費者不會因廠牌或商店之不同而有不同的選擇。例如，蔬菜由西螺農民所生產的，或與由桃園的農民所生產出來的，在消費者心中並沒有任何不同。個人電腦用的同一規格的軟碟機無論是由 NEC 所生產出來的，或由 TEAC 所生產出來的並沒有任何的不同。

容易進入市場意味著一家廠商不可能永遠可以賺超過正常的經濟利

潤。在一個產業之內，如果一家廠商賺到超過正常的利潤時，將會吸引一些想要賺超過機會成本之企業家投入該產業來競爭。由於更多的廠商加入生產而使得產量變得更多的情形之下，商品的價格自然會下降，經濟利潤自然會減少。進入的行為會一直持續直到當在市場當中不再存在超過正常利潤時才會停止。在均衡時，由於經濟利潤等於零，因而使得在市場當中，既不會存在進入也不會存在退出的行為。

在完全競爭市場中的廠商將會根據市場上所公訂的價格來販售商品。廠商們無法將商品的價格訂得比市場價格來得高，而仍能夠將所生產出來的商品銷售出去。在完全競爭市場當中，由於個別廠商的產量為市場總產量當中的微小部份，因此，當個別廠商減產時，也不會使得商品的市場價格上升；當個別廠商增加生產時，也不會因此使得商品的市場價格下降。因為這個理由，**在完全競爭市場當中的廠商為價格的接受者**(price taker)；他們接受由市場供需所決定的價格為他們生產出來產品的價格。在經濟學中所討論的四種市場結構當中，亦祇有在完全競爭市場當中的廠商為價格的接受者，在其餘三種市場結構當中，廠商均為價格的決定者。

在完全競爭市場結構當中的廠商，所面對到的將會是一條完全彈性的需求曲線。圖 8.6(a)中所顯示的是蔬菜市場的供需情況，市場的需求與供給所決定的蔬菜價格為 P_0，在完全競爭市場當中的個別生產者知道在價格 P_0 時，他們將可以銷售出他們所有生產出來的商品。

由於在完全競爭市場當中，所有廠商所生產出來的商品均是完全相同，因此個別廠商不會而且沒有必要以廣告的方式來使得消費者增加對其所生產商品的需求。

2.獨占 (monopoly)

獨占為在整個產業當中僅有一家廠商之市場結構，此外，由於一些障礙的存在，使得新的廠商根本無法進入該產業來從事生產。由於在整個市場當中僅有一家廠商，因此消費者僅能向該家廠商購買商品及勞務。換言之，在市場當中找不到其他任何的相關替代商品。此外，由於新的廠商要進入本市場幾乎是不可能的，因此縱使廠商賺超過正常的利潤，亦不會有新的廠商進入市場來競爭，結果，在獨占市場當中的廠商將可長期擁有超額的經濟利潤。

獨占廠商能夠存在的原因之一，可能是因為經濟規模的關係。當經濟規模愈大時，廠商所生產的單位成本將會愈低。在經濟規模不同的情況之下，由於大型廠商能以較小型廠商為低的成本來供應商品，因而使得大

型廠商可以以低價的方式來迫使小型廠商無法生存。因此在市場當中，最後僅會剩下一家大型的廠商。**由經濟規模所形成的獨占稱之為自然獨占 (natural monopoly)**。電力事業通常可認定為自然獨占的一種，由於在生產電力的過程當中，所需要龐大的設備規模並非是一般廠商所能負擔的，因此，在電力生產上通常僅會存在一家廠商。

第二種型態的獨占則是起源於法律上的限制進入。例如，中央銀行為我國通貨的唯一供應商，因為根據法律，除央行以外，沒有任何其他銀行

圖 8.6　個別廠商所面對的需求曲線

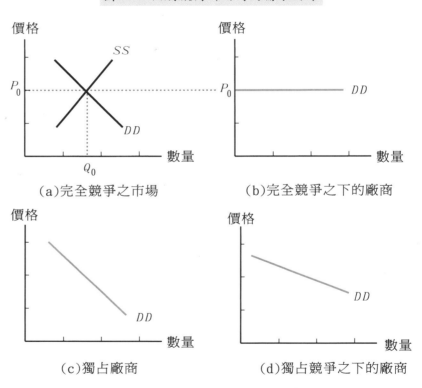

（a）完全競爭之市場　　　　　　（b）完全競爭之下的廠商

（c）獨占廠商　　　　　　（d）獨占競爭之下的廠商

圖(a)所表示為蔬菜市場之供需情況，市場供需所決定之均衡價格 P_0 決定了在完全競爭市場當中，個別廠商所面對的需求曲線。圖(b)代表價格為 P_0 時，在完全競爭市場當中廠商所面對的一條水平需求曲線。圖(c)所表示的為獨占廠商所面對的需求曲線，由於獨占廠商為市場唯一的供應商，因此獨占廠商將面對整個市場之需求。圖(d)則為具有負斜率之需求曲線，為獨占競爭市場內的廠商所需面對的需求曲線形態。由於在獨占競爭產業當中的廠商所生產出來的產品具有差異性，因此市場需求曲線具有負斜率的關係。

可以發行通貨。

在某些情況之下，雖然廠商提供了全國或全球的商品服務，但由於地域性的關係，這些廠商仍被人們認定具有獨占的行為：例如，一些地區性的旅館、第四臺、餐廳甚或一些地區性的雜貨店。如果根據嚴格的定義，這些企業並不屬於獨占事業，但由於他們是一種「地方性 (local)」的廠商，因此在某些情形之下，亦可被認定為獨占廠商。民雄地區或許祇有一家第四臺公司，而其他第四臺公司要進入這一個地區的市場幾乎是不可能的，因而使得在民雄地區的消費者祇能收視這家公司的節目。或者在大學當中僅有一家餐廳，學校法律不允許第二家或第三家餐廳的存在，結果使得學生與教職員每日祇能到品質與價格均不合理的餐廳中用餐。像以上這些例子均可視為因地域性而形成獨占的例子。

由於在獨占的市場當中祇有一家的供應商，因此在獨占市場當中的廠商所面對的需求曲線亦是整個市場的需求曲線。在圖 8.6(c) 當中所表示的是獨占廠商所將面對的需求曲線之形狀。由於獨占廠商為市場當中的唯一供應商，因此，在獨占市場內的廠商必需要很小心的來決定商品的價格。在獨占市場當中，由於並沒有其他的替代商品，因此當商品的價格上升時，並不會因為商品價格的上升而使得所有顧客轉向其他廠商來購買商品，但是如果廠商將商品的價格設得太高時，將會由於消費者減少對該商品的需求數量，而使得獨占廠商的收入下降。因此在獨占市場當中，廠商將同時決定能使得他的利潤最大的商品價格與數量的關係。

獨占市場內的廠商亦有可能做廣告，但廣告的目的在於增加對商品的市場需求 (使市場需求曲線向右方移動)。廣告或促銷的行為在這一類型的型態市場之下，均屬於較次要的行為。

3.獨占競爭

在獨占競爭的市場結構之下，廠商數目很多，新的廠商將很容易進入本市場，此外市場當中由各個廠商所生產出來的產品之間具有差異性。雖然許多農產品為產品標準化的良好例子，但是啤酒、洗衣粉及飲料等則為差異性產品之良好例子。青島啤酒、臺灣啤酒、海尼根啤酒或麒麟啤酒是不同的啤酒。開喜烏龍茶、道地烏龍茶或黑松烏龍茶，表面上雖然都是烏龍茶，但是消費者卻認定是三種不同的烏龍茶（品牌上）。一匙靈與白蘭濃縮洗衣粉則是不同的濃縮洗衣粉（雖然成份也許完全一樣，但消費者對品牌的認知卻是不同的）。

完全競爭市場與獨占競爭市場結構最大不同之處在於，在獨占競爭

市場當中，產品具有差異性，在完全競爭市場當中，廠商們生產標準化商品。當一家新的廠商進入完全競爭市場時，它將與已在市場當中的其他廠商一樣生產相同的商品。但一家新的廠商進入獨占競爭市場時，它將與市場內其他廠商生產略有所不同的商品。

　　雖然在獨占競爭的市場結構當中，會存在有許多的廠商，但由於市場當中的每一家廠商生產略有差異的商品，因此廠商所將面對的需求曲線是具有負向斜率的曲線如圖 8.6(d)所表示的關係。由於在獨占競爭市場當中每一家廠商所生產出來的商品與市場內其他廠商所生產出來的商品之間略有所不同，因此市場內的每一家廠商有點類似小型獨占（為具有某些特性商品的唯一生產者）。具有負斜率的需求曲線正好反應出產品具有差異性的特質。換言之，在本市場結構中所生產出來的產品並非如同在完全競爭市場當中所生產出來的標準化產品一般的很容易找到可以完全替代的商品，因此，在獨占競爭市場內的廠商是價格的決定者而非接受者。當麥當勞的套餐價格上升，消費者可能轉向漢堡王或溫娣購買。結果對麥當勞套餐的需求量將會下降，但下降的數量將不會如同在完全競爭市場模型所預測的結果，畢竟麥當勞的漢堡與溫娣或漢堡王的漢堡是略有所不同的。

　　當產品之間的差異性愈大時，需求的價格彈性就會愈低。因此在獨占競爭市場之內的廠商，便要想盡辦法來區隔它所生產出來的產品是與競爭對手有所不同。所以在這一類型的市場當中，行銷策略與廣告策略就顯得非常重要（如白蘭與一匙靈之例子）。

4.寡占 (oligopoly)

　　在寡占市場結構當中，廠商的數目很少通常大於一家。由於廠商的數目很少，因此個別廠商的生產決策將能夠影響市場行為。例如，汽車產業、塑膠產業或鋼鐵產業即是明顯的寡占的例子。進入寡占市場較進入完全競爭市場或獨占競爭市場困難，但較進入獨占市場容易，亦即進入寡占市場的情形是有可能發生。在寡占市場當中，廠商所提供的商品可以是具有差異性的商品或是完全相同的商品。如裕隆的 March 與福特的 Festiva 是不同的商品，但臺塑所生產出來的 60 寸塑膠管與國泰塑膠所生產出來之 60 寸塑膠管之間也許並沒有什麼不同。

　　由於在寡占市場當中，廠商的家數很少，因此，市場內的每一家廠商在做任何的行動時亦必需將其他廠商的行為列入考慮。**在寡占市場當中，廠商是相互依存的，而這種相互依存的關係，正足以區隔寡占廠商與其他型態廠商之不同。**在寡占市場當中的廠商若決定採取降價的行動時，亦必

需要考慮到市場當中其他競爭廠商是否亦會跟進。如果一家廠商降價，而其他廠商亦跟進的話，那麼在寡占市場當中將沒有任何一家廠商的銷貨額會上升；然而，如果其他的廠商並未跟進時，降價的廠商的銷貨額就有可能大幅上升。例如，航空公司在考慮漲價或降價時，亦必需考慮其他航空公司的票價是否也要調降或調升？

　　寡占廠商亦將會面對到一種具有負斜率的需求曲線關係，但是需求曲線的形狀則完全取決於競爭者的行為。由於廠商所能表現行為的種類非常多，因而使得寡占市場內廠商行為為所有市場結構模型當中最難予以分析的一種市場結構。

三、比較不同的市場結構

　　在表 8.2 當中，我們列出並比較了在以上簡略討論的四種不同市場結構的一些特性，以及對在每個市場結構之下廠商的行為做了預測。可能的訂價策略有價格接受者或價格決定者或是如寡占的相互依存。而促銷的策略則以是否會採用廣告或行銷的方式來區別。例如，在完全競爭市場當中，廠商完全不需要任何的行銷與廣告策略。四種不同市場結構的廠商所面對需求曲線則如同圖 8.6 的關係所示。在刪除了完全競爭市場當中的廠商即將面對的水平的需求曲線關係以外，在其他市場結構當中的廠商將會面對到一種具有負斜率的需求曲線。因此，除了在完全競爭市場當中，邊際收入曲線與需求曲線相同（均是水平線）以外，在其餘的市場結構當中，邊際收入曲線均將是一條位於需求曲線下方而且具有負斜率關係之曲線。

重點彙整

1. 經濟學家將企業所面對的環境分成四種可能之市場結構：完全競爭，獨占，獨占競爭及寡占等四種市場。

2. 在多數情形下，對多數企業而言，利潤最大化應該是描述企業行為的一個貼切的假設。

3. 利潤為銷貨收入減去成本後所剩下的部份。成本為使用要素服務之後所必需付出的代價。

4. 對多數的要素而言，大致可以用使用要素服務所必需支付的代價（如工資或租金）來衡量要素的機會成本。

5. 經濟成本包含了會計人員所衡量的直接成本以及生產者本身已經擁有的要素所衍生出來之機會成本，例如，企業家的時間、努力及個人資金。在有些時候會計學家所衡量的成本稱為直接成本，其他的成本則稱為隱含成本，經濟成本則是直接成本加上隱含成本。

6. 經濟利潤為使用經濟成本計算而得的利潤，而會計利潤則是僅考慮直接成本後計算而得之利潤。

7. 當經濟利潤為零時，稱之為正常利潤。零經濟利潤代表企業的收入正足以支付所有的直接成本加上企業家的機會成本。

8. 正的經濟利潤又稱為超過正常的利潤或超額利潤。正的經濟利潤代表企業家在本產業中的收入，將會較從事於其他事業的經營時來得更高。

9. 祇要企業能夠有效的區隔其所生產出來的商品，企業便能有效降低對該商品的需求價格彈性，因為區隔減少產品可以被替代的數量。

10. 當邊際收入大於邊際成本時，增加產量將可增加利潤。反之，當邊際收入小於邊際成本時，增加產量將導致利潤下降。因此，唯有在邊際收入等於邊際成本時，廠商所能賺取的利潤最大。

11. 利潤最大化的法則為邊際收入等於邊際成本$(MR = MC)$。

12. 要繪製邊際收入曲線是非常簡單的。繪製邊際收入的第一個步驟為，首先要明白需求曲線所代表的為一種平均收入的關係；需求曲線所代表的為每單位平均收入的關係，因此，邊際收入曲線與需求曲線之關係正如同前面所討論的平均值與邊際值的關係。換言之，當平均值在下降時，邊際值亦在下降且邊際值是在平均值的下方。因此，當需求曲線是向右下方傾斜時，邊際收入曲線亦是向右下方傾斜，但位於

需求曲線之下方。

13.當需求曲線為完全無彈性時，邊際收入曲線與需求曲線會是完全相同的垂直線。當需求曲線愈平坦時，邊際收入曲線亦愈平坦。在完全彈性的需求曲線之下，邊際收入曲線與需求曲線為完全相同之水平直線。而介於二個極端例子之間的邊際收入曲線為位在需求曲線下方且向右下方傾斜的曲線。

14.市場結構通常具有以下的三種特性：

　⑴構成市場的廠商數目，

　⑵新的廠商進入市場從事生產商品及勞務的難易度，

　⑶廠商所生產商品是否相同。

15.產品差異性為消費者察覺到某一產品所具有的特性為其他廠商的商品所沒有的。消費者並無法察覺到商品之間存在有任何的不同的產品稱為標準化或無差異商品。

16.在完全競爭的市場結構之下，廠商的數目非常多，任何一家廠商的產量在整個市場當中是微不足道，因此沒有任何一家廠商可以來改變市場的價格。此外，在此種市場結構之下，所有廠商均生產相同或標準化的商品，而且進入或離開這個市場，在本質上都是非常容易的。

17.在完全競爭市場當中的廠商為價格的接受者。

18.由經濟規模所形成的獨占稱之為自然獨占。

19.完全競爭市場與獨占競爭市場結構最大不同之處在於，在獨占競爭市場當中，產品具有差異性，在完全競爭市場當中，廠商們生產標準化商品。

20.在寡占市場當中，廠商是相互依存的，而這種相互依存的關係，正足以區隔寡占廠商與其他型態廠商之不同。

練 習 題

1.是否有可能經濟利潤為負，但會計利潤為正？或經濟利潤為正，但會計利潤為負？試解釋之。

2.利用以下的數據來計算會計利潤與經濟利潤。

銷貨額	$10,000
員工薪資	4,000
存貨費用	2,000
企業主若從事工作時可取得之薪資	4,000

3.何以在完全競爭市場結構當中，廠商數量很多是一個非常重要的假設？

4.四種市場結構當中，那一種結構最能解釋多數國內的企業型態？

5.由於在獨占市場當中，並沒有其他廠商生產替代的商品，此是否意味著獨占廠商可一味的將商品價格設定得很高呢？試討論之。

6.如果農業屬於一種完全競爭的市場型態，那麼何以超市當中可以看到許多不同品牌的包裝米？

第 *9* 章

完全競爭市場

前　言

　　農業經常被用來當成是完全競爭市場的例子。事實上，
農戶為價格的接受者，因為單一農戶並無法改變市場的價
格。農業為全世界性的產業，它是數以百萬個個別的生產單
位（農戶）所組合而成。在一些低所得國家當中，進入農業
生產僅需要有一小塊的地，種子及簡單工具及水源即可。然
而在工業化國家當中，平均農地面積超過400公頃，因此，
在這些國家中的農業非常依賴一些昂貴的農業用機具，以
及一些灌溉及施肥的設備來協助生產。除了生產方式與規
模不同之外，農產品幾乎是完全相同，個別廠商的生產量
僅占全體市場當中的一小部份。甲農場所生產出來的小麥
與乙農場所生產出來的小麥並沒有任何的不同，而且並沒
有任何一個農場可以任意的提高小麥的價格後，而能繼續
賣出小麥的。同樣的，許多消費性電子器材基本上也是沒
什麼區別的。例如，個人電腦用的軟碟機、硬碟機及隨機存
取記憶體 (RAM)，這些產品無論是由那一家廠商所生產，
基本上並沒有太大的差異。

　　雖然在真實的社會當中，並未存在太多屬於完全競爭市
場結構的產業，但完全競爭市場模型並不是祇是純粹理論上
的演習而完全沒有實際的用途。了解在完全競爭市場內廠商

的行為之後，可以提供我們對實際生活當中的許多現象有更進一步的瞭解。在本章當中，我們將使用實際的產業來說明應該如何使用完全競爭市場模型的觀念及其所隱含的結果。必需要小心的是，由於我們所使用的是模型，因此並沒有任何一種的模型可以完整的來描述真實產業的行為。

第一節　完全競爭廠商的短期行為

我們首先以目前正在從事農業的一家農戶為例子，來探討在完全競爭市場當中，農戶將如何來決定產量以及產品價格？此外，我們亦將探討新的農戶在什麼樣的情況之下會進入農業，而舊的農戶在什麼樣的情況之下會離開農業等相關的過程。

一、完全競爭市場之定義

完全競爭市場具有以下幾項特徵:

1.**市場當中有許多的供應商**，因而並沒有任何一家供應商有能力來改變市場的價格。換言之，無論該供應商的產量有多大，如果與市場的總產量相比較起來仍是微不足道。

2.**市場當中的廠商銷售完全相同的商品**，因此，一家廠商所販售的商品可以很容易的找到另一家廠商所販售的商品來完全替代 (perfectly substitute)。 在本產業內廠商所生產出來的商品，從包裝、廣告或品質等條件來看，並沒有任何的不同。

3.**進入本市場是非常容易的**。在本市場內經營的廠商不需要有非常龐大的經濟規模，也沒有任何法律來規範進入本市場之廠商必需要持有執照或付出某種權利金。此外，在本市場內的廠商亦不能以採取某種行動的方式來阻撓新的廠商之進入。換言之，廠商要進入本市場內經營是很容易的。反之，在本市場內的廠商要結束營業時，亦可以很自由的清算 (liquidate) 或賣掉公司。

4.**買方與賣方均有充份的資訊**。買方知道各個廠商商品的價格與生產量，而每家廠商亦知道市場內其他廠商的價格及其行為。

二、個別廠商所面對的需求曲線

在完全競爭市場當中的廠商為**價格接受者**。由於產品的價格是透過市場的供給與需求所決定，因此，市場當中所有的廠商均必需接受由市場供給與需求所決定的價格。在 1995 年時，玉米的世界價格大約為 1 蒲式耳（ bushel，相當於 35.24 公升）值美金 1 元，當年全世界生產近 200 億蒲式耳之玉米；當中大約 45% 產自於美國。在美國國內亦有數以千計的農戶在

生產玉米，因此，在美國國內的每一農戶在玉米的平均產量上，僅占全世界玉米總產量的一小部份。

　　如果在美國從事玉米生產的農戶決定將玉米的單價設定到美金 1.20 元而非美金 1 元時，將會發生什麼樣的情形呢？根據完全競爭市場結構模型所做的預測得知，此時，將沒有任何人會購買單價較高的玉米，因為消費者可以毫無困難的由其他地方購買到單價 1 美元且完全相同的玉米。在完全競爭市場當中，個別廠商若將產品價格訂得高過於市場價格時，個別廠商將會無法售出它所生產出來的產品。

　　反之，個別廠商是否可以將價格設得低於市場的價格呢？例如，設定每蒲式耳為 0.8 美元呢？答案是否定的，因為在完全競爭市場當中，此種情況並不會發生。由於廠商可以以 1 美元來售出玉米，因此沒有理由相信廠商會以 0.8 美元來賣出玉米。由於個別廠商不能以較市場價格為高的價格來賣出商品，也不會以較市價為低的價格來販賣商品，因此在完全競爭市場當中的廠商是價格的接受者而不是決定者。

　　在圖 9.1(a) 當中，我們繪製了市場供給與需求曲線的關係。個別廠商在完全競爭市場當中所面對的需求曲線如圖 9.1(b) 的關係所示。在市價水準的水平需求曲線為在完全競爭市場結構當中，廠商所必需面對的需求曲線。水平需求曲線代表個別廠商為價格接受者，因此需求曲線為完全彈性。在

圖 9.1　玉米市場的供給與需求關係

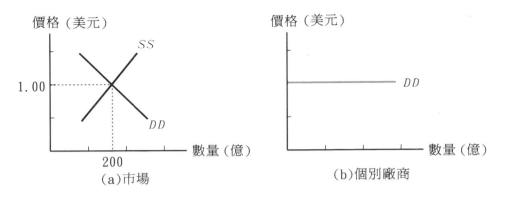

(a) 市場　　　　　　　　　　(b) 個別廠商

圖(a)所表示的為玉米市場之供給與需求的關係。當玉米的平均價格為 1 蒲式耳值 1 美元時，全世界有 200 億蒲式耳的產量及消費量。而均衡價格定義了在玉米產業當中，個別廠商所必需面對到的一種完全彈性之水平需求曲線關係如圖(b)所示。

完全競爭市場當中，廠商的生產決策為產量應該有多少？而非商品應該訂定什麼樣的價格？

三、利潤最大化

　　到底廠商應該生產多少產量的商品呢？廠商應該生產到能夠使得它的利潤為最大時的數量。我們使用個人電腦軟碟機廠商來討論在完全競爭市場之下，廠商如何來決定最適生產量因而使得它的利潤最大。假設，天碁公司為生產個人電腦用軟碟機的廠商，天碁公司的總收入與總成本的關係列在圖 9.2 中的表內。在圖 9.2 中的第 1 欄為總產量 (Q)，而市場價格為每臺 1500 元則是列在第 2 欄。總收入為產量乘以單價，因此在第 3 欄所表示的為總收入 (TR)。第 4 欄代表總生產成本 (TC)，當產量為 0 臺時，總成本為 1800 元，此為固定成本。第 8 欄所表示的為總利潤，為總收入減去總成本之後所得到的結果。

　　在前面一章當中曾經提到，利潤最大化的決策決定在邊際收入等於邊際成本的時候，而在圖 9.2 的表當中，我們看到邊際收入列在第 5 欄，而邊際成本列在第 6 欄。邊際收入代表每單位產出增加所能增加的總收入的關係：

$$MR = \frac{\Delta TR}{\Delta Q}$$

Δ 表示變動量。由於在完全競爭市場當中，個別廠商所面對的是一條完全彈性的需求曲線 (價格固定)，因此邊際收入是固定而且與價格相同。

　　邊際成本代表每增加一個單位的產出時，總成本將會增加的金額：

$$MC = \frac{\Delta TC}{\Delta Q}$$

　　邊際成本與邊際收入的關係如圖 9.2 中的表所示。**當邊際收入大於邊際成本時，利潤會上升；反之，當邊際成本大於邊際收入時，利潤會下降。唯有在邊際收入等於邊際成本時，利潤為最大。**

圖 9.2　天碁電腦公司利潤最大化行為

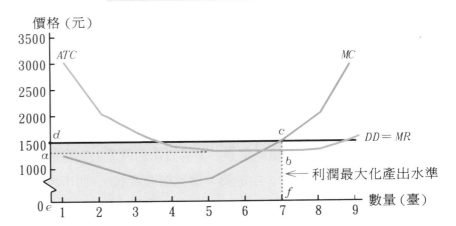

Q	P	TR	TC	MR	MC	ATC	TR − TC
0	0	0	1800	0	0	0	−1800
1	1500	1500	3000	1500	1200	3000.0	−1500
2	1500	3000	4000	1500	1000	2000.0	−1000
3	1500	4500	4800	1500	800	1600.0	−300
4	1500	6000	5500	1500	700	1375.0	500
5	1500	7500	6300	1500	800	1260.0	1200
6	1500	9000	7500	1500	1200	1250.0	1500
7	1500	10500	9000	1500	1500	1285.7	1500
8	1500	12000	11000	1500	2000	1375.0	1000
9	1500	13500	14000	1500	3000	1555.6	−500

單一公司利潤最大化的決策為邊際收入等於邊際成本時。由於完全彈性需求曲線的邊際收入曲線與水平需求曲線相等，因此利潤最大決定於需求曲線與邊際成本線相交的一點，如 c 點，因此，利潤最大化時的產量為 7 臺。在產量大於 7 臺時，邊際成本大於邊際收入，因之減產可以增加收入，但在產量小於 7 臺時，因為邊際收入大於邊際成本，因此增加產量可增加收入。在產量為 7 臺時，總收入為 efcd 面積（10500元），而總成本為 efba 面積（9000元），因此利潤為面積 abcd 之部份（1500元）。

四、短期利潤與損失

在軟碟機價格為 1500 元時，天碁公司若生產 7 臺軟碟機時，利潤可以最大或損失最小。透過計算天碁公司在這一個產量水準之下的總收入與總成本，可以決定該公司是否賺錢?

在圖9.2當中，我們看到天碁公司在生產7臺軟碟機時，每臺軟碟機的市場價格（1500元）超過它的單位成本（$ATC = 1285.7$元），有 bc 的距離（214.3元）。而 bc 則表示了天碁公司生產軟碟機每臺的生產利潤，由於該公司的最適生產量為 7 臺，因而天碁公司的總利潤為 $abcd$ 面積（214.3元 × 7 臺）所表示的關係。

圖9.3則是用來表示在完全競爭市場當中，當市場價格改變時，個別廠商將會有什麼樣的行為決策。當市場價格改變時，在圖9.3 當中，假設

圖9.3　損失最小化

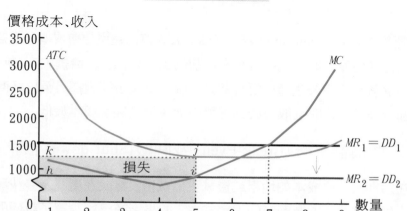

Q	P	TR	TC	MR	MC	ATC	$TR - TC$
0	0	0	1800	0	0	0	-1800
1	800	800	3000	800	1200	3000.0	-2200
2	800	1600	4000	800	1000	2000.0	-2400
3	800	2400	4800	800	800	1600.0	-2400
4	800	3200	5500	800	700	1375.0	-2300
5	800	4000	6300	800	800	1260.0	-2300
6	800	4800	7500	800	1200	1250.0	-2700
7	800	5600	9000	800	1500	1285.7	-3400
8	800	6400	11000	800	2000	1375.0	-4600
9	800	7200	14000	800	3000	1555.6	-6800

當軟碟機價格由 1500 元下降到祇有 800元時，利潤最大化或損失最小化的決策行為仍受 $MR = MC$ 準則所規範。在 $MR = MC$ 準則之下，產出水準為5臺。由於每單位市價小於每單位生產成本，因此天碁公司生產每臺軟碟機將有 ij 之損失，而總損失為 $hijk$ 面積所表示的關係。雖然天碁公司遭受損失，但在 $MR = MC$ 準則之下所決定的產量為損失最小時的產量。

僅有完全彈性的需求曲線（或邊際收入）移動。如果我們假設軟碟機的市場價格由 1500 元下降到 800 元時，亦即需求曲線由 DD_1 向下移到 DD_2 時，天碁公司到底是賺錢或是賠錢呢？到底廠商是賺錢或是會賠錢完全決定在新的 MR 線與 MC 線相交時，所決定的最適產量是否造成總收入大於總成本或是總收入小於總成本？在圖 9.3 當中，新的 MR 曲線 MR_2 與 MC 曲線相交在 i 點，而由 i 點所決定的最適產量為 5 臺軟碟機。在產量為 5 臺時，單位生產成本 (ATC) 為 1260 元（j 點），但單位收入祇有 800 元（i 點），因此二者之間有 460 元之價差。460 元代表天碁電腦公司生產軟碟機每單位的損失，而總損失（$-460 \times 5 = -2300$ 元）則如圖形內 $hijk$ 的面積所表示的關係。

經濟損失 (economic loss) 表示廠商的收入無法超過機會成本。換言之，企業主在其他產業的表現將會較在目前的工作更佳。經濟損失亦意味著廠商將面臨著是否繼續生產？暫時關廠？或永遠關廠等選擇。至於廠商應該選擇那一種決策，完全取決於到底那一種決策的機會成本最低。

五、短期損益平衡 (Break-Even) 及關廠 (Shut down) 價格

在短期，某些成本如地租或機械設備費用，無論在產量為多少時，均需要支付，這些成本為廠商的固定成本。如果廠商已經購買了設備與建築物但並未開始從事生產時，廠商仍需要支付這些設備及建築物的費用。因此，有關於是否生產或暫時停止生產，就完全要看到底那一種決策可以使得生產成本最低了。為了在短期之內繼續生產，廠商必需要有足夠的收入來支付變動成本。**當收入小於變動成本時，廠商應該選擇暫時性的關閉工廠，因為廠方若繼續生產時，除了必需支付固定成本之外，亦必需支付以目前的收入尚不足以支付的變動成本的部份。**

暫時性的關廠是否意味著離開該產業（永久性關廠）呢？有可能，但未必是如此。是否永久性關廠的決策應該看該產業在未來長期的展望。如果長期展望顯示收入將會大於成本時，廠商可以選擇暫時的關廠；如果長期展望價格將會持續下降時，廠方最好選擇關廠，而離開該產業。圖 9.4 用來表示雖然廠商處在一種經濟損失的狀況，但廠商仍應選擇繼續生產會較選擇不繼續生產更好之情況。

為了要明白廠商在面臨損失時，應該要繼續從事生產或是要停止生產的決策如何來決定，我們可以使用圖 9.4 的資料來討論。在軟碟機市場價格為 900 元時，由 $MR = MC$ 關係所決定的最適產量為 5 臺軟碟機。在

圖 9.4　關廠價格

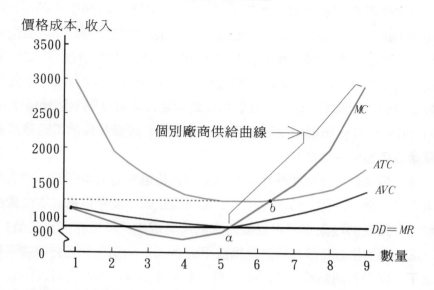

Q	P	TR	TC	MR	MC	ATC	$TR - TC$	AVC
0	0	0	1800	0	0	0	-1800	
1	900	900	3000	900	1200	3000.0	-2100	1200.0
2	900	1800	4000	900	1000	2000.0	-2200	1100.0
3	900	2700	4800	900	800	1600.0	-2100	1000.0
4	900	3600	5500	900	700	1375.0	-1900	925.0
5	900	4500	6300	900	800	1260.0	-1800	900.0
6	900	5400	7500	900	1200	1250.0	-2100	950.0
7	900	6300	9000	900	1500	1285.7	-2700	1028.6
8	900	7200	11000	900	2000	1375.0	-3800	1150.0
9	900	8100	14000	900	3000	1555.6	-5900	1355.6

當廠商處在一種虧損的狀況時，它必需要決定是否關廠？或繼續生產？而決策
則完全取決於那一種的決策將會衍生較高的生產成本。當市價等於或大於平均
變動成本時（900元），廠商的收入仍足夠支付變動成本。但當市價低於900元
時，廠方的收入不足以支付所有變動成本，因此在這種情況之下，廠方最好關
廠。所以在平均變動成本之最低點 (a) 處稱之為關廠價格。損益平衡之價格則
為平均總成本最低點 (b) 處，因為此時廠商的收入正足以支付變動成本與固定
成本。

軟碟機 5 臺時，總收入為 4500 元而總成本為 6300 元，天碁公司將面臨到
1800 元的損失。接下來的問題便是是否要繼續生產？由於在產量 5 臺時

的每單位市場價格為 900 元，正好與平均變動成本相同，因此，廠商在此時，無論生產或不生產均不會有任何的差異。因為，無論生產與否，天碁公司的 1800 元固定成本均必需予以支付。如果市場價格高於平均變動成本 (AVC)，例如 1000 元時，雖然此時收入小於平均總成本 ATC 之 1260 元，但高於 AVC 之 900 元，因此，天碁公司仍可以將 1000 − 900 = 100 元用來支付部份的固定成本。因此，**我們稱平均變動成本最低點為關廠價格 (shut down price)。任何市場價格若低於此一價格時，廠商最佳的策略應該是選擇關廠以免面臨更大的損失。**

當市價高於平均變動成本的最低點時，超過變動成本部份的收入可以用來支付一部份的固定成本支出。而**當市價正好等於平均總成本曲線的最低點時，廠商的收入正好可以支付它的所有成本**（包括固定及變動），**因此，這一個價格有時候亦稱之為損益平衡 (break-even) 價格。在損益平衡價格之下，經濟利潤為零。**亦即所有的成本包含機會成本，均可以由收入來支付。**零經濟利潤代表正常利潤或是足以使得企業家繼續留在產業中從事生產之最低利潤。**

六、廠商的短期供給曲線

當廠商的收入超過或等於變動成本時，廠商便會選擇由邊際收入等於邊際成本所決定的產量來從事生產。換句話說，**個別廠商的供給曲線為在成本曲線圖當中，高於平均變動成本之邊際成本曲線的部份**，如圖 9.4 中 $a − b − MC$ 所表示的部份。個別廠商的供給曲線代表在不同價格水準之下，廠商所願意生產的數量。當市價小於平均變動成本曲線之最低點 (a) 時，廠商由於將會面臨到經濟損失而有可能退出該產業，因而此時廠商有可能不生產任何的商品；當市價高於平均變動成本曲線的最低點時，廠商便會依邊際成本與不同市價相交所決定的產量來提供產品。因此，**在 AVC 曲線上方的 MC 曲線的部份，為完全競爭市場當中，個別廠商的短期供給曲線。**

第二節　完全競爭廠商的長期行為

在短期時，至少有一種要素資源是無法變更的，此一定義代表在短期時，將不會有新的廠商成立而投入生產，因此，短期可以假設在產業內

的廠商數目是固定不變的。然而，長期時，由於所有的要素資源均可以變動，因此在長期之下是允許廠商進入或離開該產業。在本節當中我們將探討完全競爭廠商的長期行為，換言之，我們將探討企業的進入與離開的行為。

一、市場供給曲線與廠商的進入與離開行為

在完全競爭市場當中的短期市場供給曲線，為水平加總 (horizontal sum)產業內所有廠商的短期供給曲線。在長期時，由於所有要素投入均可以變動，因此，既有的廠商可選擇以擴充或建築新廠房的方式，或以採購新的設備及僱用新的勞力的方式來增加生產量；既有的廠商也可以選擇以清算企業或賣出建築物或解僱員工等方式來結束營業。另一方面，在長期時亦有可能產生一些新的企業。無論是那一種方式，在長期時供給曲線是會移動的。

當我們在第3章當中討論到有關於市場的供需關係時，我們曾經談到當供應商的數目增加時，供給曲線將會向右方移動出去，因此在軟碟機製造產業當中，若有新的製造商進入市場時，在任何價格之下廠商的供給數量將會上升。換言之，新的廠商進入市場將會使得供給曲線向右方移動。

反之，離開意味著市場內生產的家數將會減少，廠商數目減少將使得在各種價格之下，產品的產量將會減少或供給曲線將往左方移動。假設，某些已存在的廠商的總收入無法超過它們的總成本，而且廠商也相信在未來亦無法賺到足夠的收入來支付它的成本時，廠商將會選擇賣掉它們的設備與土地而結束營業。由於這些廠商的退出將使得市場供給曲線向左移動，代表市場總供給將會減少。

二、完全競爭廠商長期下的正常利潤

在完全競爭市場結構當中的一個主要特性為，進入或離開本市場均非常容易。當超額利潤存在時，就會吸引新的廠商進入本市場；反之，當經濟利潤為負的時候，有些廠商就會離開本市場。當在完全競爭市場內所有的廠商均祇能賺到正常利潤時，有一部份廠商將會繼續留在本市場當中，而有一部份廠商則會選擇離開本市場，此時為完全競爭市場當中廠商的長期均衡狀態。

在完全競爭市場當中廠商的長期均衡調整過程如同圖9.5關係所示。

圖 9.5(a)所表示的為對軟碟機的市場供給與需求曲線的關係，市場上某一家軟碟機廠商之成本與收入曲線則如圖 9.5(b)所表示的關係。假設軟碟機之市價為 1260 元，在價格為 1260 元時，個別廠商所面對的市場需求曲線等於 ATC 曲線之最低點（損益平衡價格），此時生產數量為 5 臺軟碟機，個別廠商與產業均處在一種長期均衡的狀態。在此時沒有理由相信市場上會存在進入或退出的行為，亦沒有理由相信個別廠商會去改變它的生產規模。

為了說明在完全競爭市場結構當中，廠商達到長期均衡的過程，我們再利用圖 9.5 來說明。首先假設起初市場之供給與需求分別為 SS_1 與 DD_1，而均衡在 $SS_1 = DD_1$ 之處。假設，因為個人電腦的價格突然下降，使得對軟碟機之需求亦同時增加了，結果，總需求曲線由 DD_1 移到 DD_2 的位置，如圖 9.5(a)所示。在短期之內，在廠商數目及規模無法改變的限制之下，軟

圖 9.5　長期經濟利潤

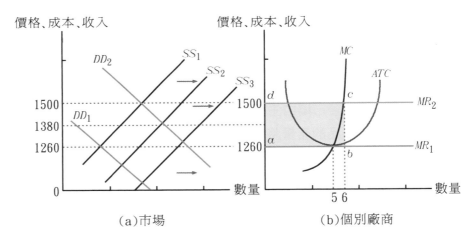

(a)市場　　　　　　　　　　(b)個別廠商

軟碟機市場的供給與需求關係以及個別廠商所面對的需求曲線、成本曲線與收入曲線之關係分別列於圖(a)與圖(b)中。當軟碟機的市價為 1260 元時，個別廠商祇有賺取正常利潤，當因對個人電腦需求增加而導致對軟碟機需求（$DD_1 \rightarrow DD_2$）上升時，軟碟機的價格將由 1260 元上升到 1500 元。此時，單一廠商所獲得利潤為面積 abcd 部份所示。當市場上存在超過正常利潤時，將會吸引新的廠商進入市場或是既有廠商增加產量，無論何種方式均將使得供給曲線向右方移動（由 $SS_1 \rightarrow SS_2 \rightarrow SS_3$）一直到供給增加到使得軟碟機市價等於 1260 元時，由於此時超額利潤已經不再存在，因此新的廠商將會停止進入本市場，均衡因而存在。

碟機之市價將由 1260 元上升至 1500 元（DD_2 與 SS_1 交會處）。此時，廠商將產量由 5 臺增加到生產 6 臺，為 MC 與 MR_2 交點處所決定的關係，而此刻廠商的經濟利潤為面積 $abcd$ 所表示的關係。

由於軟碟機市場內的廠商具有超額的利潤，因而將會吸引其他廠商投入軟碟機製造業當中，結果使得軟碟機的供給量增加，因而供給曲線將向右方移動出去（如 $SS_1 \rightarrow SS_2$）。到底供給曲線會向右方移動出去多少呢？供給曲線將會一直向右方移動到與需求曲線 (DD_2) 相交會時所決定的產量與價格，正好使得廠商的超額利潤不再存在時為止。換言之，由於超額利潤的存在，使得市場供給曲線由 SS_1 一直移到 SS_3。SS_3 與 DD_2 所決定的價格與數量，將使得廠商之總收入正好足以支付它的總成本。此時由於市場內的廠商不再賺有超額利潤，因此任何進入或退出市場的行為將會中止。

在經過長期均衡的調整過程之後，新的均衡市價是否會高於、等於或低於原來的均衡價格呢？均衡市價會高於、等於或低於原來的市價必需取決於該產業是否為一種成本遞增，成本固定或成本遞減之產業？但無論新的均衡價格是高於、等於或低於原來的價格，在新的均衡價格之下，市場內的廠商僅賺有正常的利潤。

三、成本固定、成本遞增及成本遞減產業

無論是新的企業進入市場或既有企業增加產量時，都將會使得廠商對要素的使用數量增加。在某一種產業當中，**如果增加要素的使用（資源）量，並不會使得要素的成本改變時，我們稱此種產業為成本固定產業** (constant-cost industry)。**而如果因增加使用要素而使得要素的成本會上升時，我們稱此種產業為成本遞增之產業** (increasing-cost industry)。**而如果因擴充而導致要素成本下降時，此種產業稱之為成本遞減產業** (decreasing-cost industry)。

活魚的養殖業可能可以視為一種成本固定之產業。許多活魚現在均是透過人工飼養，而非是到大自然當中去捕捉，例如，鱒魚及鱸魚等。當對活魚的需求增加時，新的養殖場將會進入本產業中，而既有的養殖場將會因為增加魚塭數量因而對魚卵、飼料及水的需求亦會增加。然而此時，卵及飼料的價格卻不會因為需求的上升而改變，因為個別養殖場對這些項目的需求佔整體市場總需求量當中僅是非常小的一部份，所以需求的改變對價格的影響有限。

假設某種活魚市場的均衡價格為每兩 15 元，再假設由於醫學上證明多

吃魚有益健康，因而導致對活魚的需求增加（由 DD_1 到 DD_2），如圖 9.6(a) 的關係所示。由於需求增加使得既有的養殖場賺到超額的利潤，超額利潤將導致新的廠商進入，因而使得供給曲線向右方移出去如 SS_2。在成本固定產業當中，供給曲線將會移到使得市場價格與原來的每兩 15 元相同時停止，但市場均衡數量則會由 a 點移到 b 點。將短期各個均衡點相互連接而得到長期供給曲線（如連接 ab 二點所得之 LRS_a 曲線）。

當新的廠商進入某一產業而使得該產業使用要素的價格上升時，我們稱該產業為成本遞增產業。廢五金蒐集業可視為一種完全競爭市場結構但卻又具有成本遞增型態的一種產業。每年國內從廢汽車及廢冰箱等均有無數噸廢五金可以回收，對於金屬的需求上升將會使得對廢五金的需求亦同時上升。然而由於對廢五金之需求上升，將會使得廢五金業必需花更多時間到更遠的地方及花更多尋找的時間來蒐集廢五金，因而使得收集成本上升。要素成本之遞增，意味著每一家廠商將要面對更高的成本。由於每一家廠商現在必需面對較高的收集成本，因而使得每一家廠商願意而且能夠提供較成本未上升以前較少數量的產出。換言之，雖然本產業因為有新的廠商進入而使得市場供給曲線向右方移動出去，但供給曲線移動出去的距離將由於產業內各別廠商產量的下降而導致產業內總產量少於成本固定的產業，而且長期均衡價格將由 a 點上升到 b 點，長期供給曲線將會呈現一種正斜率的關係。

當某一種產業擴張時要素的價格會下降，稱該產業為成本遞減產業。消費性電子產業雖然不是完全競爭市場之最佳例子，但卻可成為成本遞減產業的良好例子。第 1 臺錄放影機 (video cassette recorder, VCR) 出現於 1950 年左右，當時的價格約為 1200 美元左右。由於 VCR 產業之快速膨脹，使得 VCR 產業不斷創新與提高生產效率，加上供給 VCR 用塑膠及金屬原料的廠商數目亦不斷上升，結果使得生產 VCR 用的原料價格一直下降，而 VCR 的售價也一路下滑至大約 300 美元左右。

由於既有廠商的擴廠以及新的廠商進入 VCR 產業，使得生產 VCR 的成本下降。縱使沒有新的廠商進入本產業，但較低的生產成本仍能夠形成市場供給曲線向右方移動出去的動力，若再配合新的廠商進入時，供給曲線將向右方移動出去的更多。因此，在成本遞減產業當中，因為需求改變而形成之生產量增加，將會較固定成本產業或成本遞增產業所增加的產量更多。在圖 9.6(c) 當中，我們看到在成本遞減產業當中，長期供給曲線為具有負斜率關係之供給曲線，代表隨著產量增加，成本將逐漸下降。

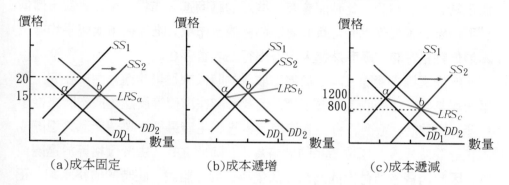

圖9.6 成本固定、成本遞增及成本遞減產業

(a)成本固定　　　　(b)成本遞增　　　　(c)成本遞減

圖(a)為成本固定的產業，當在產業中的廠商（養殖業）賺取超額利潤時，新的廠商將會進入產業，使得產業之供給增加，供給曲線因而向外移動出去。由於養殖業使用的要素占總要素當中的一小部份，因此要素成本將不會改變，將所有均衡點予以連結得到一條水平線，代表本產業之長期供給曲線如 LRS_a 所示。圖(b)所表示的為成本遞增之產業如廢五金收集業。當產業擴充時，每一個廠商取得廢五金之成本將會上升，新的均衡價格將會較原來均衡價格更高，將各個均衡點連結得到向上傾斜（正斜率）之長期供給曲線如 LRS_b 所示。圖(c)則顯示成本遞減產業如消費性電子業。當新的廠商進入本產業之後將使得要素成本下降，因而長期供給曲線為向下傾斜如 LRS_c 所示之供給曲線。

四、完全競爭市場模型之預測

根據完全競爭市場模型，每一次當既有的廠商賺取超額利潤時，就會吸引新的廠商進入該產業，直到在產業當中的廠商不再賺取超額利潤時，進入行為才會停止。反之，當經濟損失存在時，一些廠商將會開始退出市場，使得市場供給逐漸減少，直到留在產業內的廠商又能夠賺取正常利潤時，退出行為才會停止。

必需要隨時注意的是，我們必需要能夠區分經濟與會計利潤之不同。廠商的正常利潤為使得企業家繼續留在某一種產業內從事生產之基本誘因。因為，此時企業家的收入正足以支付所有的機會成本。而損失則代表企業家總收入無法支付其機會成本。廠商有可能賺取正的會計利潤但卻仍舊面對一種經濟損失的情況，換言之，此時廠商的經濟利潤將小於零。

在完全競爭市場結構之下的廠商選擇在長期平均總成本最低時來從事

215

生產。如果市場價格高於平均總成本之最低點時，代表廠商將可以賺取超過正常之經濟利潤，此時將會有一些新的廠商進入市場。反之，當市價低於平均總成本最低點時，有些廠商將會退出市場。唯有在市價與平均總成本最低點相等時，廠商之進入與退出行為才會停止。

廠商選擇當邊際成本等於邊際收入的時候來從事生產，由於在完全競爭市場當中，邊際收入等於市價，因此廠商在市價等於邊際成本時來從事生產。換言之，廠商將會一直使用要素直到生產最後一單位產品之邊際成本正好等於最後一單位產品的價格為止。除此之外，**由於價格等於邊際成本，因此消費者所付出的為最低的價格**；換句話說，此時的價格水準，正好足以彌補生產商品或勞務之邊際成本，因而此時為經濟學家所認定之**經濟效率** (economic efficiency) 的狀態。

生產者剩餘 (producer surplus)

在經濟學家的名辭當中，效率意味著廠商能以最低成本（平均總成本最低處）**來從事生產，而消費者能以最低價格**（等於生產該產品之邊際成本）**購買到該產品**。在完全競爭市場當中，市場是具有效率性的，因為所有市場參與者（廠商及消費者）均可以透過市場交換行為來獲得最大的收益。

然而，如何來衡量市場的收益呢？在討論消費者選擇時，我們曾經提到消費者剩餘的觀念。消費者剩餘代表消費者所願意支出的價格與消費者實際支出價格之間差異的部份。消費者剩餘亦可用來代表消費者在市場交換過程當中，所獲得到的利益。同樣的，在廠商行為當中，亦存在一個非常類似的觀念，稱之為生產者剩餘 (producer surplus)。**生產者剩餘為廠商生產商品所願意接受的價格與廠商真實所收到的價格之間的差異。**

因為廠商願意以邊際成本來販賣它所生產出來的商品，祇要邊際成本大於平均變動成本而且市價高於邊際成本，廠商就可由市場交換過程當中，取得生產者剩餘。換言之

消費者剩餘＝高於市場均衡價格，但低於需求曲線之面積
生產者剩餘＝低於市場均衡價格，但高於供給曲線之面積

圖 9.7 所表示的是在完全競爭市場當中，消費者與生產者剩餘的關係。消費者剩餘與生產者剩餘加總的部份，代表經由市場交換過程當中廠商與消費者所獲得之利益。

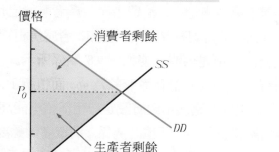

圖 9.7　生產者與消費者剩餘

消費者剩餘為消費者消費不同數量商品時，所願意付出之價格（需求曲線上各點）與實際購買（均衡價格 P_0）廠商販售商品價格之間的差異。而生產者剩餘代表在不同供給數量之下廠商所願意供給之價格（供給曲線上各點），與廠商實際收到之均衡價格之間的差異。而消費者剩餘與生產者剩餘之總合，所代表的是市場參與者在市場交換過程當中所獲得的利益。

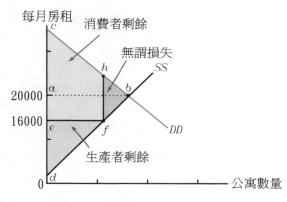

圖 9.8　房租管制與市場效率

當市場未受到管制時，均衡的市場價格為每月 20000 元之租金。此時，消費者剩餘為面積 abc 之部份，而生產者剩餘為 abd 部份。現假設嘉義市政府進行房租管制，規定房租上限為每月 16000 元。此刻，消費者剩餘成為 $efhc$ 面積，而生產者剩餘為 efd。顯然房租管制之後，市場剩餘較未管制之前減少了有 fbh 面積之多。

在完全競爭市場結構當中的一個主要的結論是，事情無法再更好；換言之，在這一種市場結構當中，消費者與生產者剩餘已是最大了。任何干擾市場交換的行為將使得總剩餘減少。例如，考慮房租管制 (rent control)，若嘉義市出租公寓之市場供需狀態如圖 9.8 關係所示。在沒有管制時，市場均衡價格為每月 2 萬元；消費者剩餘為 abc 面積所示，而生產者剩餘則如 abd 面積所示。現假設嘉義市政府設定房租價格不能高於每月 16000 元。此刻，生產者剩餘將成為 fed 面積的關係，消費者剩餘成為 $efhc$ 面積，因而總剩餘減少了。減少的部份為三角形 fbh 面積所表示的關係，此一部份的損失有時稱之**無謂損失** (deadweight loss)。**無謂損失為在人為管制之下，不當的剩餘損失**。有關於無謂損失之意義，我們將會在下一章介紹獨占市場行為時，有更進一步的討論。

重 點 彙 整

1. 完全競爭市場具有以下幾項特徵：
   (1)市場當中有許多的供應商，因而並沒有任何一家供應商有能力來改變市場的價格。
   (2)市場當中的廠商銷售完全相同的商品，因此，一家廠商所販售的商品可以很容易的找到另一家廠商所販售的商品來完全替代。
   (3)進入本市場是非常容易的。
   (4)買方與賣方均有充份的資訊。

2. 當邊際收入大於邊際成本時，利潤會上升；反之，當邊際成本大於邊際收入時，利潤會下降。唯有在邊際收入等於邊際成本時，利潤為最大。

3. 當收入小於變動成本時，廠商應該選擇暫時性的關閉工廠，因為廠方若繼續生產時，除了必需支付固定成本之外，亦必需支付以目前的收入尚不足以支付的變動成本的部份。

4. 我們稱平均變動成本最低點為關廠價格。任何市場價格若低於此一價格時，廠商最佳的策略應該是選擇關廠以免面臨更大的損失。

5. 當市價正好等於平均總成本曲線的最低點時，廠商的收入正好可以支付它的所有成本（包括固定及變動），因此，這一個價格有時候亦稱之為損益平衡價格。在損益平衡價格之下，經濟利潤為零。

6. 零經濟利潤代表正常利潤或是足以使得企業家繼續留在產業中從事生產之最低利潤。

7. 個別廠商的供給曲線為在成本曲線圖當中，高於平均變動成本之邊際成本曲線的部份。

8. 在 AVC 曲線上方的 MC 曲線的部份，為完全競爭市場當中，個別廠商的短期供給曲線。

9. 在完全競爭市場當中的短期市場供給曲線為水平加總產業內所有廠商的短期供給曲線。

10. 離開意味著市場內生產的家數將會減少，廠商數目減少將使得在各種價格之下，產品的產量將會減少或供給曲線將往左方移動。

11. 如果增加要素的使用（資源）量，並不會使得要素的成本改變時，我們稱此種產業為成本固定產業。而如果因增加使用要素而使得要素的成本會上升時，我們稱此種產業為成本遞增之產業。而如果因擴

充而導致要素成本下降時，此種產業稱之為成本遞減產業。

12.在完全競爭市場結構之下的廠商選擇在長期平均總成本最低時來從事生產。如果市場價格高於平均總成本之最低點時，代表廠商將可以賺取超過正常之經濟利潤，而此時將會有一些新的廠商進入市場。反之，當市價低於平均總成本最低點時，有些廠商將會退出市場。唯有在市價與平均總成本最低點相等時，廠商之進入與退出行為才會停止。

13.由於價格等於邊際成本，因此消費者所付出的為最低的價格；換句話說，此時的價格水準，正好足以彌補生產商品或勞務之邊際成本，因而此時為經濟學家所認定之經濟效率的狀態。

14.在經濟學家的名辭當中，效率意味著廠商能以最低成本（平均總成本最低處）來從事生產，而消費者能以最低價格（等於生產該產品之邊際成本）購買到該產品。

15.生產者剩餘為廠商生產商品所願意接受的價格與廠商真實所收到的價格之間的差異。

16.消費者剩餘＝高於市場均衡價格，但低於需求曲線之面積。

17.生產者剩餘＝低於市場均衡價格，但高於供給曲線之面積。

18.無謂損失為在人為管制之下，不當的剩餘損失。

練 習 題

1.如果乾洗店是屬於一種成本固定的產業，假設當某一個鄉鎮的人口增加了以後，請問在鄉鎮內乾洗店的長期及短期均衡價格將如何來改變？

2.小黃瓜的長期供給彈性為2.20，試問小黃瓜產業是否屬於一種成本固定的產業？

3.說明成本固定產業與成本遞增產業之間最大差異點？

4.下列的敘述是否透露出進入或退出該產業難易之訊息？試說明之。

　⑴在本產業當中，近二十年來廠商得以經常維持很高的利潤。

　⑵在本產業當中，近二十年來已未曾有新的廠商進入。

　⑶在本產業當中，既存的廠商同時使用一些老舊與新的生產設備。

　⑷在本產業當中雖然利潤很低，甚至是負的，但在產業內的廠商仍使用

逐漸老舊的設備繼續從事生產。

5.試解釋下列那一些敘述與完全競爭市場的行為不符：

　(1)不同廠商使用不同的生產方法。

　(2)個別廠商花費許多費用在廣告支出上。

　(3)產業內共有 26 家廠商。

　(4)產業內最大廠商的市場占有率為 40%，次大的廠商市場占有率為 20%，而其它 40%則由其餘 61 家廠商去瓜分，此外所有廠商均生產相同的商品。

　(5)在 1997年當中，本產業當中的廠商均賺有超額利潤。

6.下表內為某家公司的一些數據，先將空白之處填上，之後回答以下一些問題：

產量	固定成本 (FC)	變動成本 (VC)	平均變動成本	總成本	平均總成本	邊際成本
1	$500	$ 300				
2	500	500				
3	500	800				
4	500	1200				
5	500	1700				

　(1)計算使得公司損益平衡的最低價格？

　(2)關廠價格是多少？

　(3)當商品市價為 400元時，廠商應該生產多少的數量？此時利潤會多大？

7.說明何以在短期時當商品的市價低於平均總成本時，廠商仍舊會選擇繼續生產？

8.說明何以在完全競爭市場當中，個別廠商所面對的是水平的需求曲線？

9.討論以下一些在國內的產業是否符合完全競爭產業：

　(1)消費性電子產品產業。

　(2)個人電腦產業。

　(3)汽車產業。

　(4)職棒聯盟。

　(5)電視公司（第四臺）。

　(6)飲料產業。

10.試解釋以下的敘述：

　　「市場機能較政客更能客觀的決定污染量的大小，與其對污染廠商課徵
稅賦，倒不如要求廠商購買污染的權利。」

第 *10* 章
獨占市場

前 言

在 1986 年 Burroughs-Wellcome (BW) 藥廠宣佈在愛滋病治療上的一個重大突破：生命延長用藥物 AZT 之合法上市。在 1989 年，這家公司卻被控告「透過將 AZT 價格訂在不合理的高價位（當今最貴的藥物之一），來從愛滋病患或美國聯邦藥物補助上賺取不當之利潤」（華爾街日報，1989 年 9 月 15 日）。許多人對 Burroughs-Wellcome 公司的獨占行為感到非常的憤慨。

到底什麼是獨占呢？如果 BW 公司賺取超額利潤時，為什麼沒有其他的製藥公司也進入市場當中來提供 AZT，而使得市場利潤下降到正常水準呢？本章的目的就在於討論這些問題。

在前一章當中，我們探討了完全競爭市場的模型，也學習到在完全競爭的市場當中，消費者能夠以最低的價格來取得他們所想要消費的商品，而廠商也能在成本最低的情況之下來從事商品的生產。然而獨占模型則是提供非常不同於完全競爭市場模型的廠商行為。基本上，在獨占市場結構下的廠商行為是屬於一種沒有效率性的行為。為什麼如此呢？在本節當中，我們將會有詳細的討論。

一般人會對獨占廠商持有一些看法：如獨占廠商透過訂定非常高的價格來賺取暴利、獨占廠商通常不理會消費者的反應以及獨占廠商不可能面臨損失。在本節當中，我們將仔細探討這些看法是否正確？首先來看看獨占之定義。

一、獨占市場的定義

獨占為市場當中僅存在一家產品的供應商。**獨占廠商 (monopolist) 的規模可能很大亦可能很小，但無論規模的大小，廠商必需是該商品的唯一供應商，才能符合獨占的定義。除此之外，獨占廠商所販賣之商品也必需是要沒有類似的替代商品才符合獨占的定義。** 當廠商所生產出來的商品有愈多的替代品時，該廠商就愈不可能是獨占廠商。在 1996 年 9 月時，國內一個非常熱門的話題是，「在許多機場內，一碗市價 60 元的牛肉麵可以賣到 200 元」。為什麼在機場內牛肉麵的價格需要這麼昂貴呢？有些人認為這是因為一旦在機場內，顧客就是有點類似在與一家獨占廠商打交道。由於在機場內，顧客找不到其他相同的替代商品，因此在機場內的商家可歸類為類似一種獨占的廠商。

除了機場的例子之外，在日常生活當中，我們是否也會經常面對到一些類似獨占企業的例子呢？想像我們所使用的鈔票或鑄幣（通常稱為通貨），由於中央銀行於法有發行與控制通貨數量的權力，因此任何除中央銀行以外的機構，若想要發行通貨在法律上是不被允許的。當你打開燈、打開電腦甚或打開空調，你正在使用由獨占廠商所生產出來的電力，通常你的選擇祇有二種，使用電或是不使用電。由於這些廠商均是某種商品的唯一供應商，而這些商品又不容易找到類似的替代品，因此以上這些均為由獨占廠商所生產出來商品的例子。

二、獨占行為之建立

BW 公司在 AZT 上市後的三年之內，利潤加倍。BW 公司由於是 AZT 藥的唯一供應商，因此它每年賺取高於正常利潤的收入。但是如果商品具有價值而且企業家由於販賣該商品而變得更為富有時，難道不會有其他廠

商發展出類似的替代藥品，同時也來瓜分這一個市場的利潤嗎？答案應該是肯定的。但是倘若在市場當中存在一些障礙來阻止一些新的廠商進入市場來瓜分利潤時，獨占廠商仍舊可以繼續維持這一種超額的利潤。**阻止新廠商進入市場的障礙通常稱為進入障礙** (barrier to entry)，**一般而言進入障礙有三種：**

　　1.**自然障礙，如經濟規模** (economies of scale)，
　　2.**廠商創造進入障礙之行動，及**
　　3.**政府所創造出來的障礙。**

1.經濟規模

　　經濟規模可能成為進入的障礙之一。在電力的生產上是需要非常龐大的設備投資；當產生電力設備的投資愈大時，每一度的生產成本就會愈低。因此，由一家大型的電力公司所生產出來的每單位電力成本將會較由許多小型電力公司所生產出來的成本還來得低。規模大小便形成進入電力產業的障礙，因為新成立的廠商的規模要能夠較既有的廠商來得更大，才能以較低的單位電力成本來與既有的廠商競爭。

2.廠商的行動

　　當某一廠商擁有某種基本的資源時，也會形成進入障礙，發明與發現就是屬於一種基本的資源。至少等到別人發現或發明類似的替代品以前，發明與發現亦可形成一種進入的障礙。而提高固定成本的支出亦可形成進入的障礙，既有廠商可以以提高固定成本與沉入成本 (sunk cost) 之投資來減緩新的廠商進入本產業。

3.政府

　　政府通常是創造進入障礙的主要來源之一。政府發出專利權，提供創造發現新產品的廠商具有一段時期之獨占權。例如，在 AZT 藥的例子中，BW 公司就是因為發現了 AZT 藥，因此取得專利權，依法成為該藥的唯一供應商，而享有獨占權。此外，諸如市政府限制計程車公司的家數，政府限制無線電視臺的家數或是廣播電臺的數目等等均是因為政府的法令而形成的獨占的例子。

三、獨占廠商的型態

　　獨占一辭代表自然的獨占 (natural monopoly)，地方性的獨占 (local monopoly)，管制的 (regulated) 獨占及獨占力量。廠商如果是因為規模經濟及需

求條件而形成的獨占稱之為自然的獨占，「自然的」意味著獨占係由於成本與需求變化而非由於政府的行動所形成的獨占行為。如果因為產量增加而使得成本下降時，僅有一些非常大型的廠商才能繼續生存下去。大型廠商的低成本將會對生產成本較高的小型廠商形成威脅，因而使得小型廠商逐漸退出此一產業。大型廠商可以以較小型廠商更低的價格來銷售他們的產品，在圖 10.1 中，我們看到大型廠商沿著 ATC_2 曲線從事生產，因此可將商品價格訂在 P_1 到 P_2 之間，而小型廠商則是沿著 ATC_1 曲線來從事生產。因此，縱使小型廠商依最低成本所訂定的價格 P_2 來生產，但仍舊無法與大型廠商在價格上來從事競爭。**如果市場僅能容許存在一家廠商，或是如果長期平均總成本曲線隨著產量增加而持續下降的話，由於這二個原因所形成的獨占稱之為自然的獨占。**電力事業通常被視為是自然獨占的例子，因為在電力的生產上，需要有較大的經濟規模。一家大型的電力公司的單位生產成本將較小型電力公司的生產成本更低。然而，在電力的輸送過程上則有明顯之不同，當電力必需輸送到比較偏遠的地方時，每單位電力成本將會愈高。換言之，在電力的輸送上則是屬於一種規模不經濟之情況。將生產電力與輸送電力二件事合在一起討論時，隱含著電力事業的最低效率規模（MES，見第 7 章）在地方性的獨占上必需要充份大，但在全國或國際性的獨占上，則 MES 不需要太大。

圖 10.1　經濟規模

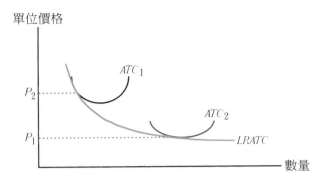

大型廠商沿著 ATC_2 來從事生產，因此能夠較祇能沿著 ATC_1 生產的小型廠商，以較低的每單位成本來生產商品。大型廠商可以將產品價格訂在較小型廠商之平均總成本為低之水準上而仍舊能夠獲取利潤。任何價格介於 P_1 及 P_2 之間，均能使得大型廠商獲利，但小型廠商則是面對一種虧損的狀態。

管制的獨占為政府管制某些獨占廠商商品的價格與數量。例如，電力公司，水公司，電信公司，石油公司均屬於管制的獨占企業。**獨占力量為市場力量或訂定價格的力量。**當生產者面對一種向右下方傾斜的需求曲線時，獨占力量就會存在，因而獨占廠商就可以運作獨占力量。在所有市場結構當中，除了在完全競爭市場當中，廠商無法運作獨占力量以外，在其他市場當中的廠商均可以運作獨占力量。廠商如果具有獨占力量時，廠商為價格訂定者而非價格的接受者。

地方性的獨占為廠商在某一地理區域內具有獨占的力量。例如，在大學裏面的餐廳，超級市場，或理髮店。而在某一機場的排班計程車擁有載客從機場到某一地區之權力。

第二節　獨占廠商所面對的需求曲線

由於需求法則的關係，在任何市場組織當中，產業的需求曲線是一種向右下方傾斜的曲線。雖然產業的需求曲線是向右下方傾斜，但是在完全競爭市場當中，個別廠商所面對的卻是一條在市價水準之水平需求曲線。由於獨占廠商為市場上的唯一供應商，因此它所面對的需求曲線就是產業的需求曲線。換言之，獨占廠商所面對的是一條向右下方傾斜的需求曲線。

邊際收入

傑利公司為嘉義中正大學內唯一販賣腳踏車的商店，由於學校在偏遠的民雄鄉下，學生不容易找到其他的替代商品，因此傑利公司為典型的地方性獨占廠商的例子。現在讓我們使用一些假設的資料來看看傑利公司的訂價與產出決策（如圖 10.2 關係所示）。

假設當腳踏車價格為 1300 元時，傑利公司每日可賣出 5 部腳踏車，如圖 10.2 中的表及圖的關係所示。如果傑利公司想要賣出更多的商品時，它必需沿著需求曲線向右下方移動，為什麼？因為需求法則的關係。如果腳踏車價格太高，學生可以選擇不購買腳踏車而改搭乘校園公車。所以當腳踏車價格下降時，銷貨數量就會上升。由圖 10.2 中的表可以看出，當傑利公司將腳踏車的價格由每臺 1250 元下降到每臺 1200 元時，可賣出 7 臺而非原先祇可以賣出的 6 臺腳踏車。

圖 10.2　獨占廠商之需求曲線

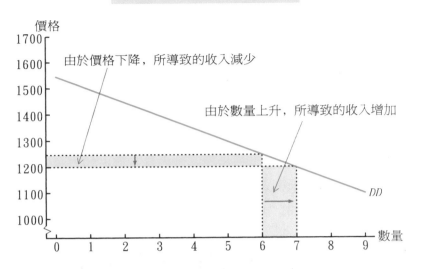

由於價格下降，所導致的收入減少

由於數量上升，所導致的收入增加

Q	P	TR	MR
1	1500	1500	1500
2	1450	2900	1400
3	1400	4200	1300
4	1350	5400	1200
5	1300	6500	1100
6	1250	7500	1000
7	1200	8400	900
8	1150	9200	800
9	1100	9900	700

當腳踏車的價格下降時，對腳踏車的需求量會增加。但是由於銷售所有數量腳踏車之價格均會下降，而非祇有最後一單位腳踏車銷售時價格才下降，因之，邊際收入的下降較價格下降得更快。

　　此時，傑利公司的邊際收入為何呢? 為了計算邊際收入，每臺 1250 元時的總收入就必需與每臺 1200 元時的總收入相互比較。當腳踏車每臺為 1250 元時，傑利公司每日可賣出 6 臺，而總收入為每日 $1250 \times 6 = 7500$ 元。當每臺腳踏車為 1200 元時，傑利公司每日可以賣出 7 臺，因此總收入為 $1200 \times 7 = 8400$ 元，二者之間的差異，代表 7 臺與 6 臺之間的邊際收入，換言之，

$$MR = \frac{\Delta TR}{\Delta Q} = \frac{900}{1} = \$900$$

總收入的改變包括了由於數量上升所引起收入增加的部份（如圖 10.2 中垂直面積部份），以及由於價格下降所導致的收入減少（圖 10.2 中，水平面積之部份）等二部份。

當傑利公司銷售腳踏車的數量由 6 臺上升到 7 臺時，腳踏車的市價為每臺 1200 元，但邊際收入卻是每臺 900 元。**對獨占廠商而言，邊際收入與市價是不相等，而此點正是獨占廠商與完全競爭廠商最基本的不同。**

一般而言，獨占廠商的邊際收入會小於市場價格，而且邊際收入將會隨著產出的上升而下降。由於此一原因使得獨占廠商必需採用降價的方式來增加產品的銷售量。在傑利公司的例子中，當市價為每臺 1250 元時，傑利公司可以賣出 6 臺腳踏車，而當市場價格下降到每臺為 1200 元時，傑利公司可以賣出 7 臺腳踏車。此時，對傑利公司而言，並非所有的 6 臺腳踏車均以 1250 元賣出，而祇有第 7 臺的腳踏車才是以 1200 元賣出。如果廠商遵循這種方式來做生意時，將有可能會面臨到損失，因為以 1200 元購得腳踏車的顧客，可以以 1215 元的價格（或任何價格高於 1200 元但低於 1250 元）賣給有意以 1250 元購買腳踏車的顧客，因而使得傑利公司損失 1250 元之銷貨。而原本願意以 1250 元購買腳踏車的顧客則可以等到價格下降到每臺 1200 元時，才去購買腳踏車。祇要市場中的顧客清楚其他顧客的購買價格或公司無法清楚的區隔顧客時，獨占廠商就無法針對每增加一單位的商品訂定不同之價格，因此，獨占廠商必需將所有單位的商品以同樣的價格售出。獨占廠商必需將所有單位的商品的價格同時予以下降，才能額外的多賣出一些商品，因而使得其邊際收入與商品的市場價格有所不同。

邊際與平均收入

在第 7 章中，當我們討論邊際值與平均值的關係時，我們曾經說到：當邊際值小於平均值時，平均值會下降。平均收入的計算方式是以總收入除以產出數量而得

$$AR = \frac{P \times Q}{Q} = P$$

腳踏車在價格為 1300 元時，平均收入是 $\frac{\$6500}{5} = \$1300$。而在腳踏車價格為 1250 元時，平均收入為 $\frac{\$7500}{6} = \$1250$。平均收入與價格是相等的，事實上**平均收入曲線所代表的就是需求曲線**。因為需求法則的關係（即價格

下降使得數量的需求上升），所以隨著數量的增加平均收入曲線將向右下方傾斜。由於平均收入永遠隨著商品數量的增加而下降，且當邊際值小於平均值時，平均值會下降，因此邊際收入會永遠小於平均收入。對獨占廠商而言，邊際收入曲線永遠在需求曲線（平均收入曲線）的下方，且永遠隨著數量增加而下降（向右下傾斜）。

此外，由第 8 章的討論過程亦可以知道，當需求的價格彈性大於 1 時，邊際收入為正的；當價格彈性等於 1 時，邊際收入為零；當價格彈性小於 1 時，邊際收入是負的。因此邊際收入在平均收入曲線（或需求曲線）的彈性等於 1 時，由於等於零因此將會與 X 軸相交，如圖 10.3 的關係所示（同圖 8.5）。

圖 10.3　需求曲線、邊際收入曲線與總收入曲線之關係

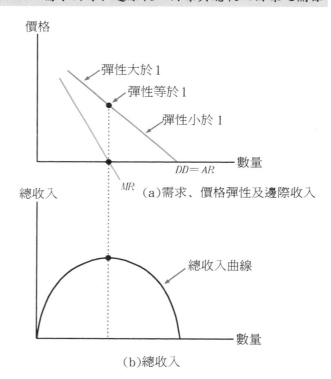

(a)需求、價格彈性及邊際收入

(b)總收入

直線的需求曲線表示在價格愈低時，需求的價格彈性愈小。在需求曲線彈性大於 1 的區域，總收入處於一種上升的階段（如(b)圖）；在彈性小於 1 時，總收入處在一種下降的階段。當需求曲線之彈性等於 1 時，總收入為最大。由於平均收入曲線為向右下方傾斜，而根據平均值與邊際值之關係，此時邊際收入曲線應位於平均收入曲線下方，在平均曲線的彈性等於 1 時，總收入會最大，或邊際收入等於 0，因此在平均收入的價格彈性為 1 時，邊際收入曲線會與 X 軸相交。

第三節　利潤最大化

獨占企業經營的最終目標，亦在於追求最大的利潤。獨占廠商的產量與價格要如何來決定才能使得它的利潤最大呢？根據第 8 章的討論，所有尋求利潤最大化的廠商均可以將生產設定在由邊際成本等於邊際收入所決定的產量來取得最大的利潤。

一、獨占廠商產品的價格如何來訂定？

傑利公司的收入與成本的關係列於圖 10.4 當中，總收入列在第 3 欄；總成本在第 4 欄；利潤為總收入減去總成本（第 8 欄）；邊際收入、邊際成本與平均總成本則分列在第 5 欄到第 7 欄當中。

獨占廠商的最適產量仍決定在由邊際收入等於邊際成本時所決定的產量，在傑利公司的例子當中，最適產量為 6 臺腳踏車。此時，市場上願意以多少價格來購買傑利公司的腳踏車呢？由 $MR = MC$ 一點所劃出的垂直線與需求曲線相交之處所決定的價格，即為獨占廠商利潤最大時之價格，在本例當中，最適產量的市價為每臺$1250元（見圖 10.4 之(a)或表）。

二、獨占利潤或損失

傑利公司因為銷售 6 臺每臺價值 1250 元的腳踏車所獲得到的利潤如同圖 10.4(a)中面積 $abcd$ 部份所示。面積 $abcd$ 的部份由 ATC 曲線與需求曲線之距離（市價減去成本；bc）乘以總銷貨量而得。

如同其他市場結構內的廠商一樣，獨占企業亦有可能面臨損失。除非商品的市場價格超過它的平均成本，否則廠商將面臨損失。獨占企業具有經營損失的情況如圖 10.4(b)所示。由於市價小於 ATC 曲線，因此獨占廠商具有 $efgh$ 面積之損失。

如同在完全競爭市場當中廠商的行為一般，在獨占廠商由 $MR = MC$ 所決定的最適產量之下，商品的市價若無法超過平均變動成本時，獨占企業在短期之內將會面臨暫停生產。此外，長期時如果廠商的收入仍無法支付所有的成本時，獨占企業將會永久的關廠。反之，如果獨占企業賺取超額利潤時，由於進入障礙的關係，將使得其他廠商不容易進入本市場當中，結果獨占廠商在長期之下仍可以保持獲取超額利潤之狀態。

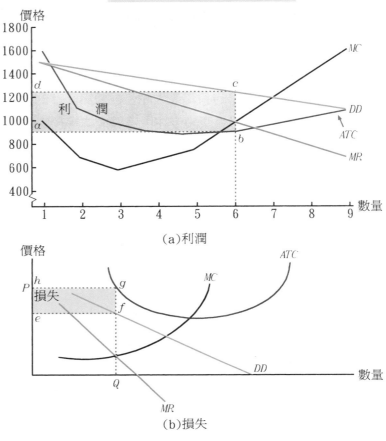

圖 10.4　傑利公司利潤最大化

(a)利潤

(b)損失

Q	P	TR	TC	MR	MC	ATC	TR − TC
0	1550	0	600	0	0	0	−600
1	1500	1500	1600	1500	1000	1600.0	−100
2	1450	2900	2300	1400	700	1150.0	600
3	1400	4200	2900	1300	600	966.7	1300
4	1350	5400	3600	1200	700	900.0	1800
5	1300	6500	4400	1100	800	880.0	2100
6	1250	7500	5400	1000	1000	900.0	2100
7	1200	8400	6600	900	1200	942.9	1800
8	1150	9200	8000	800	1400	1000.0	1200
9	1100	9900	9600	700	1600	1066.7	300

由表中的資料所繪製而成的圖形如(a)圖。傑利公司選擇由 $MR = MC$ 時所決定的產量與價格來從事生產與銷售。在傑利公司例子中，最適產量為每日 6 臺腳踏車，而每臺價格為 1250 元。總收入如(a)圖中面積 $abcd$ 所示（$2100元）。在圖(b)中所顯示的為廠商具有經濟損失的情況。同樣，廠商仍是由 $MR = MC$ 的關係來決定 Q 與 P，但由於平均總成本大於市價，因而使得廠商具有 $efgh$ 面積之損失，但由於此時之 P 與 Q 係由 $MR = MC$ 所決定，因此，雖有損失，但是此點為廠商損失最小的情況。

三、獨占傳說

關於獨占有一些傳說 (myth) 在此值得予以討論。首先有關於獨占企業的一個傳說是：獨占企業可以隨心所欲訂定一個價格，而且可以不斷的以抬高價格方式來獲取不當利益。由前面的討論當中，我們知道獨占廠商將會依照邊際收入等於邊際成本的關係來決定最適產量與價格，我們亦清楚獨占廠商祇能根據需求曲線來決定價格與數量。如果需求曲線的彈性非常小時（如一些救命的藥品），獨占廠商就可以訂定非常高的價格。反之，當需求曲線之彈性非常大時，如果獨占廠商將價格訂得過高時，獨占廠商將會面臨損失。第二個傳說是認為獨占廠商較不注重消費者之意見與反應。獨占廠商如果要永續經營下去，在產業當中至少要能夠維持正常的利潤。如果忽略了顧客的需求，廠商所生產出來的商品將不會有任何人會去購買，訂定過高的價格或服務態度很差時，獨占廠商將無法在市場上永久的經營下去，由於獨占廠商面對的是一條對它所生產出來商品的需求曲線，因此應該由需求曲線上去尋找到最適的價量組合。第三種傳說認為獨占企業不可能虧損。獨占企業如同其他市場結構當中的企業一般，在生產過程當中均會衍生一些成本，因此獨占企業亦必需要賺足收入才能夠來支付這些成本。如果獨占企業將商品價格訂得過高或是提供的商品僅符合少數人的需要時，由於總收入可能會小於總成本，因而使得獨占企業亦將會面臨虧損。

第四節　差別取價 (price discrimination)

直到目前為止，我們均假設獨占廠商對所有客戶所購買的商品均收取同一價格。然而**除非廠商是處在完全競爭市場當中，否則在某些情況之下，廠商可以透過對不同客戶訂定不同價格的方式來增加利潤，此種訂價的方式稱為差別取價。差別取價的目的在於針對不同顧客所願意付出的價格來訂價，因而取出** (extract) **了所有的消費者剩餘。**

一、差別取價的必要條件

在第三節當中，我們曾經討論到獨占廠商必需以同樣的價格來銷售它所有的商品，否則顧客之間可以透過互相轉賣方式，來造成獨占廠商利潤

之下降。但是，如果顧客彼此之間並不互相接觸或獨占企業可以以某些方式來區隔顧客時，獨占廠商便可以針對不同顧客訂定他們所願意支付的價格。透過這種訂價的方式，獨占廠商便可以較祇由單一價格的訂價方式來獲取更多的利潤。雖然廠商未必要是獨占廠商才能進行差別取價，但由於獨占廠商最容易進行差別取價之行為，因此，我們在討論獨占行為時，亦一併探討差別取價。

針對消費同樣商品的不同顧客群訂定不同的價格，或是因顧客購買商品的數量之不同而有不同的價格策略時，均可稱之為差別取價。差別取價的產生並不是由於廠商的生產成本改變因而改變商品的價格，而是廠商嘗試將消費者剩餘由消費者身上移轉到廠商手上的一種行為。

差別取價要能夠存在，以下一些必要條件需符合：

1.廠商不能是一個價格接受者，

2.廠商必需能根據需求的價格彈性來區隔顧客，及

3.廠商必需能防止商品的轉售。

二、差別取價的例子

差別取價的例子，在真實社會當中隨手可見。例如，老年人在許多場合當中均可享受不同的票價，如搭乘火車或公車。由於老年人很容易識別，因此比較不會有轉售的情況。

電力公司針對不同時段（離峰或尖峰）收取不同之電費，或是針對不同電力度數收取不同的單位價格，均是差別取價之明顯例子。此外，電力公司亦會針對不同用戶如（工業用戶、一般用戶）收取不同的價格。

一些商家所發行之印花折價券 (coupon) 亦屬於差別取價的一種。一些顧客願意花時間將印花剪下來，便可以較一些不願意花時間蒐集印花之顧客以較低的價格來購買同一商品。因此顧客群可按願意花時間收集印花與不願意花時間收集印花的方式來予以區隔。

電影院按身分來區分不同的價格亦是非常典型之差別取價方式。由於學生身分、軍人身分及兒童身分均可很明顯由人群中區分，而且具有這些身分顧客的票亦不容易轉賣給不同身分之顧客，因此廠商很容易進行差別取價。

三、差別取價之理論

差別取價如何來運作呢？假設電影院將顧客分成二群：學生與一般顧客，且假設這二群顧客對電影的需求彈性有所不同。圖10.5分別表示這二

圖 10.5　差別取價

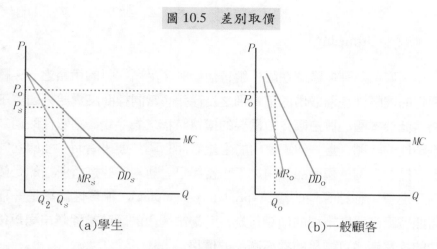

(a)學生　　　　　　　　　(b)一般顧客

同一產品有二種不同之消費群。圖(a)表示學生群的需求曲線，而圖(b)則顯示一般顧客群之需求曲線。學生群之需求曲線較一般顧客群之需求曲線的彈性為大。結果在相同的邊際成本曲線之下，廠商對學生群採較一般顧客群為低的票價。此時，學生群消費數量為 Q_s，而票價為 P_s；而一般顧客群之票價為 P_o 而數量則是 Q_o。二種消費群的價格與數量均是由利潤最大化之條件 $MR = MC$ 所決定的。

種不同顧客群之需求關係。當 $MR = MC$ 時，利潤為最大。由於同一廠商針對二種不同市場（顧客）提供相同的商品，因此對學生及一般顧客群而言，均面對到同一條邊際成本曲線，但由於二組顧客群的需求彈性有所不同，因此需求曲線將會有所不同。由於需求曲線之不同，因此二群顧客的邊際收入曲線亦將有所不同。MR_s 表示學生之邊際收入曲線（圖 10.5(a)），而 MR_o 則是其他顧客之邊際收入曲線（圖 10.5(b)）。由利潤最大化之條件，$MR = MC$，所決定的價格分別是 P_s 及 P_o。

　　電影公司針對其他顧客訂定高於學生顧客更高票價之理由為「學生的需求彈性較一般大眾的需求彈性大」。由於學生對電影票價較一般大眾更為敏感，因而使得學生群之需求曲線較為平坦，為了吸引更多的學生來看電影，電影票價因此訂得較一般大眾來得低。

　　透過差別取價的方式，電影公司可較祗採用單一票價時賺取更多的利潤。如果二種顧客群均以 P_o 來訂價時，電影公司將由於票價太高而將損失學生群之顧客，使得需求數量由 Q_s 減到 Q_2。如果電影公司以 P_s 來訂價時，由於一般顧客群需求增加的數量有限，因而仍將使得總收入下降。

四、傾銷 (dumping)

差別取價為許多廠商在國外銷售他們的產品所採行的策略之一，**廠商所採行的國際性差別取價的策略稱之為傾銷。當同樣商品賣給外國買主的價格遠低於本國的買主購買所需要的價格時稱之為傾銷。**國際性傾銷為一個爭議性的話題，當一個國家內的生產者面對國外競爭者時，多傾向向本國政府控訴受到外國商品傾銷之不正當競爭。通常這些控訴所指的是傾銷廠商正進行一種掠奪性的傾銷 (predatory dumping)。**掠奪性傾銷是一種意圖將競爭廠商逐離市場的傾銷行為，而當市場內的廠商被逐離市場以後，成功的掠奪者將可輕易的提高產品的價格。**

一個關於傾銷的著名例子就是有關於新力公司。新力公司在美國販賣在日本製造的電視，市場價格為美金 180 元。同樣的商品，新力公司在日本本國卻賣到 333 美元。於是美國的電視生產公司便向美國政府提出控訴，聲稱新力公司傾銷電視因而嚴重影響美國本土之電視機製造業的生存。美國政府因而威脅，除非新力公司提高輸入美國市場的日本電視機價格，否則將對日本製造的電視機課以高額關稅。結果，美國政府這一威脅奏效，日本出口到美國電視機的價格因而上揚。

當生產者對具有不同需求彈性的市場具有訂定不同價格的能力時，傾銷的行為是可以預期的。觀念上，傾銷如同汽車經銷商對不同顧客但同一款車收取不同價格之做法。如果不同的顧客具有相同的需求彈性或顧客之間知道汽車商價格的範圍時，汽車商便無法進行差別取價。

日本電視機製造公司知道，日本的電視機市場與美國電視機市場之間是可以區隔的。如果二國電視機市場之需求彈性是不同的，那麼日本的電視機製造商便可以採用不同的價格策略來使得利潤最大。

第五節　完全競爭市場與獨占市場之異同

在完全競爭市場的結構下，由於商品的市場價格等於邊際成本，而且廠商選擇在平均總成本最低時來從事生產，因此具有經濟效率性。然而，在獨占市場結構下的廠商，由於商品的價格不等於邊際成本，因此不具有效率性。

一、獨占的成本：不具效率性

　　長期下，在完全競爭市場中的廠商選擇在長期平均總成本最低時來運作，而且廠商所生產出來商品的市場價格等於邊際成本，因而利潤為正常水準，換言之，沒有超額利潤。但在獨占市場中的廠商，並非選擇在平均總成本最低，也非選擇在市價等於邊際成本時來運作。此外，由於其他廠商不容易進入本市場當中，因而使得獨占廠商在長期時，仍可能持續擁有超額的利潤。

　　圖 10.6(a)所表示的為完全競爭市場當中的供需關係，市場價格由供需曲線 SS 與 DD 相交的一點所決定為 P_{pc}。在價格 P_{pc} 之下，市場產量為 Q_{pc}，消費者享有的消費者剩餘為三角形 $P_{pc}ba$ 部份所示，而生產者所收到的生產者剩餘為三角形 $P_{pc}bO$ 所示。

圖 10.6　比較完全競爭與獨占市場

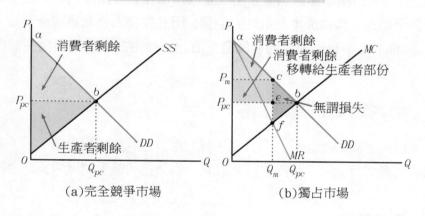

(a)完全競爭市場　　　　　　　(b)獨占市場

圖(a)為完全競爭市場模型。在完全競爭市場之下，生產決定於供需相等時。此時市場價格為 P_{pc} 而產量則有 Q_{pc}，消費者剩餘為 $P_{pc}ba$ 之三角形，而生產者剩餘為 $P_{pc}bO$ 之三角形。圖(b)顯示獨占市場之均衡情況，單一廠商面對市場需求曲線 DD 及邊際收入曲線 MR。邊際收入曲線與邊際成本之相交點決定了獨占廠商之生產數量 Q_m 及價格 P_m。因此，獨占廠商生產較完全競爭廠商為少之商品，但卻訂定較完全競爭廠商為高之商品價格。在獨占市場當中，消費者剩餘變得較小為 P_mca 之三角形，而生產者之剩餘變得較大為 $OfecP_m$。在市場變成獨占之後，消費者剩餘中與生產者之剩餘中有一部份將會消失，如三角形面積 cbf 部份所表示，而此一消失部份稱無謂損失。

圖 10.6(b)所表示的為獨占廠商的關係。獨占廠商在 $MR = MC$ 時，限制產量在 Q_m 的地方，而價格則是訂在 P_m 如圖 10.6(b)的關係所示。獨占廠商的產量因而較完全競爭市場當中的廠商的產量為少（ Q_m 與 Q_{pc} ），但獨占廠商之商品價格 P_m 卻高於完全競爭廠商之商品價格 P_{pc}。除此之外，在獨占市場當中，消費者剩餘為 $P_m ca$ 之三角形面積，較在完全競爭市場當中的面積 $P_{pc} ba$ 來得小。在圖(b)中正方形面積 $P_{pc} ec P_m$，為在完全競爭市場當中，原屬於消費者的剩餘，但在獨占市場當中，此塊面積之消費者剩餘已由生產者（獨占廠商）取得，使得獨占廠商的總生產者剩餘變成為 $OfcP_m$。

在獨占市場當中的廠商將會變得更好（擁有更多的生產者剩餘），但代價是消費者變得更差了（消費剩餘減少）。消費者減少了 $P_{pc} bcP_m$ 之面積，而廠商則增加了 $P_{pc} ecP_m$ 減去 efb 之面積。三角形 cfb 面積之剩餘既沒有到消費者手上也沒有到生產者手上。由於這一部份的損失既沒有到消費者手上也沒有移轉到獨占者的手上，因此稱之為**無謂損失** (deadweight loss)。**由於獨占廠商由最適產量所決定的市價遠高於邊際成本，而且最適產量又不是為平均總成本最低時的產量，因此在獨占企業最適產量時，產能 (capacity) 當中有一部份將會閒置，而此一理由為形成無謂損失的原因之一。**

二、無謂損失也許是高估了

前面所討論的無謂損失在真實世界當中，也許是被過份誇大了。獨占廠商的利潤如果太高，可能必需面對到一些潛在的競爭或面對來自於政府的干涉。

1.潛在競爭

英代爾 (Intel) 公司必需注意到一些潛在競爭者可能會搶走它的個人電腦 CPU 之市場。因此，英代爾對於即將上市的 P–6 晶片（奔騰晶片），就並不敢將價格訂得太高，和不必考慮競爭者的情況相比，此時 P–6 應該可以賣得更多。當商品價格愈低時，無謂的損失將會愈小；因為害怕利潤太高將會吸引潛在的競爭者，所以獨占廠商可能會採取較理論所預測為低的價格或生產更多的數量的策略。**害怕可能的新廠商之進入稱之為潛在競爭** (potential competition)。

2.政府干涉

獨占廠商另一項必需經常注意的事是對於來自於政府的干涉。在多數

的已發展國家當中，法律均有明文來限制獨占企業之形成（如我國之公平交易法）。許多企業之併購案，到最後均遭到擱置，害怕的就是形成獨占力量。許多大型企業的活動亦遭到嚴格之監控，而這些對大型企業監控所形成的壓力亦有可能使得無謂損失減少。

3.經濟規模

在前面比較完全競爭市場與獨占市場之不同時，一個潛在的假設就是成本不變。但是，許多企業在併購以後，不會改變產業的成本結構之假設似乎是並不合理的。如果經濟規模存在，大型企業應可以以較低的單位成本來生產，結果由於獨占行為所形成的社會上的無謂損失或許將會因此而消失。

三、無謂損失也許是低估了

前面一段所討論的是獨占廠商所形成之無謂損失或許是高估了的一些可能原因。但亦有可能在真實社會當中，無謂損失是較圖 10.6 上所列出來的範圍更大。獨占事業有可能處在一種非常不具有效率的情形之下來運作，此外，獨占廠商為了繼續維持獨占的力量，結果有許多資源從生產上被轉移到維持獨占力量的一些活動上。

1.更高成本及 X 型無效率 (X-inefficiency)

由於獨占廠商並未選擇在平均總成本最低時來從事生產，但在完全競爭市場當中的廠商則是選擇在平均成本最低時來從事生產，因此，獨占廠商除了衍生無謂損失之外，單位生產成本亦會較完全競爭廠商來得更高。如果獨占廠商缺乏競爭或潛在競爭之威脅時，它的生產成本有可能又會更高。

許多獨占企業是由政府所創造出來的，結果這些企業並不需要去擔心可能的潛在競爭者或是來自於政府的干涉，這類型的獨占企業因而覺得沒有必要來改善它們的經營效率。許多經濟學家認為因為獨占企業無需擔心競爭，因此它們的營運會較必需要擔心競爭者時來得更沒有效率。**因為缺乏對新廠商進入或競爭者擔心所形成的營運上的無效率稱之為 X 型無效率，X 型無效率將會使得廠商的平均總成本曲線向上移動。**

當 X 型無效率愈大時，代表社會由完全競爭轉成獨占的成本愈大。由於 X 型無效率使得平均成本上升時，此時，雖然消費者剩餘下降了，但卻不會使得生產者的利潤上升。由於 X 型無效率所形成的消費者剩餘之損失，便形成了一種無謂損失，因此無謂損失將會較圖 10.6 中所示的面積更大。

2.競租 (rent-seeking) 行為

　　獨占廠商花費許多資源來維持他們的獨占地位。電臺、電視權提供了持有這些事業經營權者的超額利潤，因而為了保護獨占廠商本身的超額利潤與確保在政治上能繼續支持他們的獨占地位，獨占事業的擁有者將會從事一些諸如提供大筆資金來進行廣告、公關或遊說民意代表等一些行為來繼續維持他們獨占地位。**僅為了將利益由一個團體移轉到另一個團體所進行的活動稱之為競租**，競租的支出通常並未加入到生產活動的成本之內。例如，當一位律師若試著由消費者身上拿走 1000 元而轉給獨占企業時，律師就必需放棄一些其他的正常生產活動，因此律師時間的機會成本對社會而言就是一種無謂的損失。

　　競租的可能性就如同圖 10.7 的超額利潤面積 $ebcf$ 所示，對獨占廠商的所有人而言，將資源花費在維持獨占地位，直到等於所有超額利潤時均是值得的。在扣除競租的支出之後，任何的利潤仍屬於超額利潤。在圖 10.7 當中，當 $ebcf$ 面積被用來支出一些公關或遊說活動之後，它們就會變成是無謂的損失了。

圖 10.7　競租

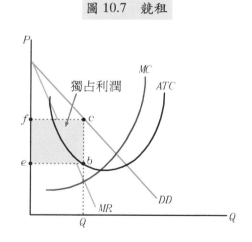

獨占廠商賺取超額利潤，而企業主則願意支出這些超額利潤來繼續維持其獨占力量，用來維持獨占力量所使用之利潤稱之為競租。

3.創新

　　如果獨占廠商較完全競爭廠商有更多（少）的創新時，獨占廠商所引起的社會成本將較完全競爭廠商少（多）。如果成功創新所獲得的利潤無

法維持較長的時間時，創新者將缺乏充份的誘因去創新，而此正是專利法形成的主要論點。**在專利法的保護之下，個人或企業可在一段期間之內擁有對創新產品的獨占力量。**反對專利權法的人士則認為，企業家經常會去尋找賺取額外利潤及防止額外損失的方式，如果企業家不願意花費研究與發展的支出，競爭者很快便可透過發明新商品或以較低生產成本將該公司逐離市場。

四、獨占廠商的供給曲線

在完全競爭市場當中，廠商的供給曲線為位在平均成本曲線以上的邊際成本曲線的部份，而市場的供給曲線則是水平加總個別廠商的供給曲線。然而在其他市場結構當中的廠商的市場供給曲線則是不容易求得，主要的理由在於，因為在非完全競爭市場結構當中的廠商為價格決定者而非價格接受者之故。換言之，嘗試改變價格來看看生產者如何來反應的假設並沒有任何意義。

在獨占廠商的例子當中，廠商依邊際成本等於邊際收入的條件來決定生產量，但它同時按此產量來決定市場的價格。改變價格並無法改變廠商產量的決策，因為廠商根據利潤最大化的條件先決定了產量，而後再依需求曲線來決定市場價格，因此，在獨占市場當中，廠商僅決定一個供給點而非整條供給曲線。

價格決定者雖然較具有複雜性但並不會因此改變供給的規則：廠商會在邊際收入等於邊際成本時來決定生產及販售商品的數量，此一規則適用於任何市場結構當中的任何廠商。

五、管制 (regulations)

獨占是沒有效率而完全競爭是具有效率的。這些有關於獨占市場與完全競爭市場之比較提供了嘗試將獨占廠商行為變得像完全競爭廠商行為之基礎。多數自然獨占均受到政府某種程度的管制，例如，水費、電費、電話費、火車票價格及油價均必需在政府的一些委員會通過之後才能改變它們的價格。

圖10.8為自然獨占之需求、邊際收入、邊際成本及長期平均總成本曲線的關係。龐大的經濟規模意味著小型廠商在供給及生產上的不具有效率性。然而在 $MR = MC$ 時從事生產而將價格設定在 P_m 時，將使得獨占廠商生產太少數量但賺取太多的利潤。除此之外，由於價格高於邊際成本，

因此資源並未被有效的分配。事實上,太少的資源被用在這個商品的生產上(因為如果生產的數量較多時,價格應該要等於邊際成本)。是否透過政府的管制就可以來解決這一個問題呢?

圖 10.8　自然獨占與管制

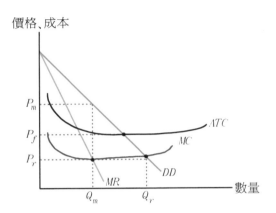

自然獨占廠商之需求、邊際收入、邊際成本及平均總成本曲線的關係如圖所示。龐大的經濟規模,意味著由許多小型廠商來供給與生產將會不具有效率。然而由 $MR = MC$ 所決定之產量 Q_m 與價格 P_m 與完全競爭市場廠商所生產之數量與價格來比較時,則是總生產數量太少,但單位價格太高。為了達到分配的有效性,政府可將價格訂在等於 MC 之位置,如 P_r,此時獨占企業將生產 Q_r 之數量。然而在 P_r 價格之下,獨占廠商之總收入將無法支付總成本。合理報酬率之價格則是訂在價格等於 ATC 之水準如 P_f 所示,在 P_f 水準之下,獨占廠商具有正常利潤。雖然在合理報酬率的價格水準之下,獨占廠商不再有損失,但在資源分配上,此點仍屬沒有效率的情況,因為價格 P_f 並不等於其邊際成本。

　　如果政府管制的目標在於達到分配的效率性時,就必需要讓獨占廠商將價格訂在等於邊際成本之水準。這一個價格即圖 10.8 上之 P_r,而獨占企業之產出即將上升到 Q_r。但將價格設在 P_r 時的問題在於,此一被管制的企業有可能將會面臨經營損失。由圖 10.8 當中可以看出,價格若是訂在 P_r 時,廠商並無法支付其平均成本。在這種情況之下,政府可能可以將價格訂在某一水準,使得企業具有**合理的報酬率** (fair rate of return)。**合理報酬率是將獨占廠商之價格設在允許獨占廠商具有正常利潤水準時之價格**。在

合理報酬率下的價格水準，是在需求曲線與平均總成本相交會時之水準如圖中 P_f。

　　如果價格訂在達到分配效率性之水準時 $(P = MC)$，受管制的廠商將會面臨到虧損，廠商若要繼續生存則需依靠政府之補貼 (subsidies)。另一方面，合理報酬率的價格 $(P = ATC)$ 雖然可以使獨占廠商避免虧損，但是卻仍無法解決資源分配不正確之問題，因為此時市場價格仍然會高於邊際成本。

重點彙整

1. 基本上，在獨占市場結構下的廠商行為是屬於一種沒有效率性的行為。

2. 獨占廠商的規模可能很大亦可能很小，但無論規模的大小，廠商必需是該商品的唯一供應商，才能符合獨占的定義。除此之外，獨占廠商所販賣之商品也必需是要沒有類似的替代商品才符合獨占的定義。

3. 阻止新廠商進入市場的障礙通常稱為進入障礙，一般而言進入障礙有三種：
   (1) 自然障礙，如經濟規模，
   (2) 廠商創造進入障礙之行動，及
   (3) 政府所創造出來的障礙。

4. 獨占一辭代表自然的獨占，地方性的獨占，管制的獨占及獨占力量。廠商如果是因為規模經濟及需求條件而形成的獨占稱之為自然的獨占。

5. 如果市場僅能容許存在一家廠商，或是如果長期平均總成本曲線隨著產量增加而持續下降的話，由於這二個原因所形成的獨占稱之為自然的獨占。

6. 地方性的獨占為廠商在某一地理區域內具有獨占的力量。

7. 管制的獨占為政府管制某些獨占廠商商品的價格與數量。

8. 獨占力量為市場力量或訂定價格的力量。

9. 對獨占廠商而言，邊際收入與市價是不相等，而此點正是獨占廠商與完全競爭廠商最基本的不同。

10. 一般而言，獨占廠商的邊際收入會小於市場價格，而且邊際收入將會隨著產出的上升而下降。由於此一原因使得獨占廠商必需採用降價的方式來增加產品的銷售量。

11. 除非廠商是處在完全競爭市場當中，否則在某些情況之下，廠商可以透過對不同客戶訂定不同價格的方式來增加利潤，而此種訂價的方式稱為差別取價。差別取價的目的在於針對不同顧客所願意付出的價格來訂價，因而取出了所有的消費者剩餘。

12. 針對消費同樣商品的不同顧客群訂定不同的價格，或是因顧客購買商品的數量之不同而有不同的價格策略時，均可稱之為差別取價。差別取價的產生並不是由於廠商的生產成本改變因而改變商品的價

格，而是廠商嘗試將消費者剩餘由消費者身上移轉到廠商手上的一種行為。

13.差別取價要能夠存在，以下一些必要條件需符合：

⑴廠商不能是一個價格接受者，

⑵廠商必需能根據需求的價格彈性來區隔顧客，及

⑶廠商必需能防止商品的轉售。

14.廠商所採行的國際性差別取價的策略稱之為傾銷。當同樣商品賣給外國買主的價格遠低於本國的買主購買所需要的價格時稱之為傾銷。

15.掠奪性傾銷是一種意圖將競爭廠商逐離市場的傾銷行為，而當市場內的廠商被逐離市場以後，成功的掠奪者將可輕易的提高產品的價格。

16.在完全競爭市場的結構下，由於商品的市場價格等於邊際成本，而且廠商選擇在平均總成本最低時來從事生產，因此具有經濟效率性。然而，在獨占市場結構下的廠商，由於商品的價格不等於邊際成本，因此不具有效率性。

17.由於獨占廠商由最適產量所決定的市價遠高於邊際成本，而且最適產量又不是為平均總成本最低時的產量，因此在獨占企業最適產量時，產能當中有一部份將會閒置，而此一理由為形成無謂損失的原因之一。

18.害怕可能的新廠商之進入稱之為潛在競爭。

19.因為缺乏對新廠商進入或競爭者擔心所形成的營運上的無效率稱之為 X 型無效率， X 型無效率將會使得廠商的平均總成本曲線向上移動。

20.僅為了將利益由一個團體移轉到另一個團體所進行的活動稱之為競租。

21.在專利法的保護之下，個人或企業可在一段期間之內擁有對創新產品的獨占力量。

22.合理報酬率是將獨占廠商之價格設在允許獨占廠商具有正常利潤水準時之價格。在合理報酬率下的價格水準，是在需求曲線與平均總成本相交會時之水準。

練 習 題

1. 假設獨占廠商依 $P = 10 - Q$ 的方式來銷售它的產品， Q 表售出的數量。此外獨占廠商的 $MC = ATC = \$4$，

   (1)畫出需求曲線。

   (2)畫出產出由 0 到 10 個單位時的總收入曲線。

   (3)畫出各個產出水準之邊際收入曲線。

   (4)計算出最大利潤時之產出水準。

   (5)計算出最大利潤時的利潤水準。

2. 假設獨占廠商每年賺取 1 百萬元的超額利潤。試解釋如果下列情形發生時，獨占廠商將如何來改變商品的價格與產量：

   (1)政府每年對獨占廠商課固定 90 萬元的稅。

   (2)政府每年對獨占廠商課以 110 萬元的稅。

3. 說明何以在 $P = MC$ 時代表經濟效率性。

4. 當某一商品的每一單位價格是 $6 時，數量需求為 12 個單位。計算當每單位邊際收入為 $6 時，需求的數量。

5. 假設某一廠商對某一種商品具有獨占力量，且其需求關係如下：

價格	數量
$10	0
9	1
8	2
7	3
6	4
5	5
4	6
3	7
2	8
1	9
0	10

   (1)如果廠商的邊際成本固定在 $4 時，廠商最適產量及價格將是多少？

   (2)計算由於獨占所形成的無謂損失。

⑶如果政府管制的目的在於取得最大效率性時，政府應要求廠商將商品的價格訂在多少？

⑷如果政府允許廠商賺取正常利潤時，廠商應該將商品的價格訂在何種水準？

6.說明什麼是 X 型無效率。

7.討論差別取價要成功的一些必要條件。

第 *11* 章
獨占競爭及寡占

前 言

　　我們經常可以看到或聽到某些公司提供新的產品或不同的產品：例如，富豪汽車提供防側撞之安全氣囊、臺塑公司發明了塑膠的紙替代品、白蘭公司提供新一代的清潔劑……等，以上這些均是一些非價格競爭 (nonprice competition) 之例子。與其運用降價方式來吸引顧客，廠商可以透過廣告、包裝、顏色、位置、安全性、品質或大小等方式來提供略有不同之商品。在真實社會裏，非價格競爭為許多廠商之共同特徵，但在完全競爭市場的理論當中，我們卻沒有討論到廠商可以採用類似的方式來競爭。在獨占市場理論當中的非價格策略意味著區分不同的顧客群，但是由於獨占廠商是市場上的唯一供應商，因此獨占廠商可以不必採行任何非價格的方式來從事競爭。但有一些行業如麵包、啤酒或飲料業，並不是屬於獨占的市場行為，而且這些行業的規模亦是很小，小到不足以影響到市場的價格。為了瞭解這一類型廠商的特性，我們就必需略為修改獨占市場或完全競爭市場結構模型的一些特性，更改之後的模型就是寡占 (oligopoly) 或獨占競爭 (monopolistic competition) 模型。

　　在本章當中我們將首先來探討獨占競爭市場，獨占競

爭市場模型大體上是經濟學的 4 種市場模型當中，最能夠用來描述真實世界一些競爭特性（如品牌競爭、產品差異、廣告、行銷及包裝）之模型。在獨占競爭市場裏，廠商生產略有所不同的產品。

　　另一方面，在某些產業當中，一家大型廠商支配了大部份的市場，其餘的市場則是由許多小廠商來瓜分，但是這一家大型廠商並不是獨占廠商，例如，在電腦軟體市場當中，微軟為居於領導地位之廠商，而在鋼鐵工業中，毫無疑問中鋼公司具有市場主導地位，然而無論是軟體業或鋼鐵業，微軟或中鋼並不是唯一的生產廠商。但在另一些產業當中，少數幾家廠商支配了全部的市場，例如，在汽車業當中，裕隆、福特、豐田等車廠幾乎支配了整個汽車市場。食品業則是由統一及味全等廠商幾乎主導了整個食品業。塑膠業則以臺塑及南亞為產業內最具支配力之廠商。在寡占市場當中的廠商亦如同一些在獨占競爭市場當中的廠商一般，可允許使用一些非價格性之競爭行為，但在寡占市場當中卻需要假設祇有少數一些廠商具有顯著的市場支配力量。

第一節　獨占競爭市場模型

　　獨占競爭市場模型具有以下一些特性：(1)市場內有許多廠商，(2)市場內的廠商生產具有差異性的產品，及(3)進入或退出本市場是非常容易。 獨占競爭市場結構與完全競爭市場結構非常類似：在這二種市場結構之下，廠商的數目均是非常多，而唯一不同點在於，**在獨占競爭市場內每一家廠商生產略有所差異的產品，在完全競爭市場內的每一家廠商卻是生產完全相同的標準化商品。**獨占競爭市場結構因為使用了獨占的字眼，因此其行為與獨占廠商行為有一部份類似，換句話說，獨占競爭廠商也是具有某種的獨占力量。**由於在獨占競爭市場當中的每一家廠商生產唯一的一種商品，因此個別廠商為該產品的小型獨占廠商。**在獨占競爭市場當中的廠商就如同獨占的廠商一樣，面對一條向右下方傾斜的需求曲線。對獨占競爭廠商而言，邊際收入曲線在需求線下方而且產品的市價是高於邊際成本。獨占競爭與獨占模型最大不同之處在於對廠商進入市場難易度的假設有所不同。在任何時間內，當獨占競爭市場當中的廠商賺取超額利潤時，就會吸引新的廠商加入，而這種加入的行為要一直到在市場當中的廠商僅賺到正常利潤時，才會停止。而在獨占市場結構當中，由於進入障礙的關係，因此廠商可以長期間賺取超額利潤。 表11.1歸納了完全競爭、獨占及獨占競爭等三種市場結構之異同。

表 11.1　完全競爭、獨占與獨占競爭之異同

	完全競爭	獨占	獨占競爭
廠商數目	很多	一家	很多
產品種類	沒有差異	一種	差異
進入情形	很容易	非常困難或不可能	很容易
需求曲線	完全彈性之水平線	向右下傾斜	向右下傾斜
價格與邊際成本	$P = MC$	$P > MC$	$P > MC$
長期利潤	0	有	0

一、利潤及進入

　　在獨占競爭市場當中的廠商多傾向利用產品的差異性，而非採用價格

改變的方式來競爭。他們嘗試針對每一個市場的利基 (market niche)，提供一種不同的產品。雖然總市場並未擴充，但廠商們卻可透過引進不同的商品，將市場區分成許多小小的部份 (segment)。在每一個小部份的市場當中，均存在一條屬於這一個市場的需求曲線。此外，這些需求曲線的彈性非常大，因為市場當中也存在許多該產品之類似替代品。

當一個新的產品進入市場以後，類似的替代產品的需求曲線將會向原點方向移動進來，由於總市場規模不變，因而使得每一種商品能瓜分到的市場變得更小。廠商應該如何來克服這個問題呢？廠商必需要面對需求減少之事實，因此廠商應該嘗試以增加新產品或增加舊產品的新功能等方式來加大產品線 (product line)，而使得需求增加。祇要市場內存在超額利潤，新的商品就會不斷進入市場。

1.短期行為

由於獨占競爭廠商所面對的是一條向右下方傾斜之需求曲線，因此如果獨占競爭廠商要能夠多銷售出他所生產出來的產品時，他必需要以降低產品價格的方式才能增加產品的銷售量。圖 11.1(a)的關係顯示，在獨占競爭市場當中單一廠商的成本與收入曲線的短期關係。與其他利潤最大化廠商的行為一樣，獨占競爭廠商的最適生產量亦是決定在 $MR = MC$ 的關係。廠商將商品的價格訂在由 $MR = MC$ 所決定的最適生產量與需求曲線的關係所決定的價格 P_1。由於市價 P_1 高於平均總成本（ab 距離），因此廠商賺取超額利潤，超額利潤的大小如圖中面積 $cbaP_1$ 之長方形的關係所示。

如果在獨占競爭市場當中的廠商賺取正常利潤時，由 $MR = MC$ 所決定的最適生產量為 Q_1，而最適價格為 P_1 如圖 11.1(b)的關係所示。此時，由於市價與平均總成本相同，因此廠商僅賺取正常利潤。而如果廠商面臨到一種經濟損失的情況時，則在最適產量 Q_1 時，廠商之平均總成本將會高於市價 P_1 如圖 11.1(c)中面積 P_1bac 的關係所示。此時，廠商必需決定是否暫時性停止生產或是由於對未來仍有不錯的展望因而繼續留在產業中生產。廠商最終的決策完全取決於廠商的收入是否會超過變動成本。

2.長期行為

在一個沒有任何進入障礙的市場結構當中，既有的廠商如果能夠賺取超額的利潤時，將會吸引新的廠商加入該市場。在某些情況之下，一些既有的廠商甚至會採用擴廠方式來增加產量，直到產業內所有廠商的超額利潤完全消失時，擴廠行為才會停止。在完全競爭的市場當中，新的廠商提

供與既有廠商完全相同的產品，然而在獨占競爭的市場當中，新的廠商生產一種可以替代但不盡然是相同或標準化的產品。

圖 11.1　獨占競爭廠商

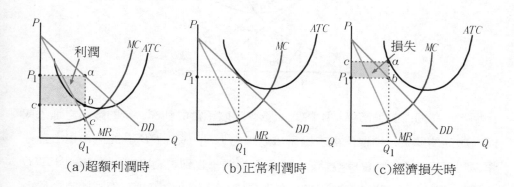

(a)超額利潤時　　　　　　(b)正常利潤時　　　　　　(c)經濟損失時

在獨占競爭的市場當中，廠商面對的是一條向右下方傾斜之需求曲線。在圖(a)中，廠商在 $MR = MC$ 時決定最適產量 Q_1 及將價格訂在 P_1 而使得利潤最大，此時廠商的利潤為面積 $cbaP_1$ 所表示的關係。在圖(b)中之廠商則賺取正常利潤，因為由最適產量 Q_1 所訂定之價格正好與平均總成本相等。而圖(c)中之廠商則具有面積 P_1bac 大小之經濟損失，因為由 $MR = MC$ 所決定最適產量 Q_1 所訂定價格 P_1 小於該廠商之平均總成本。

當新的廠商進入市場或既存的廠商引進新的產品以後，既存廠商所面對的需求曲線將會一直向原點移進來，直到市場上僅存在正常利潤時為止。對每個廠商的每種商品而言，需求曲線將會一直向左方移進來如圖 11.2 關係所示。需求曲線將會一直移動，直到需求曲線與平均總成本曲線正好相切時為止，此時，產量為 Q_2 而價格為 P_2。在 Q_2 產量之下，P_2 正好等於平均總成本。**當市場利潤在正常水準時，擴廠或新廠的進入行為將會停止。**

當既有的廠商面臨到經濟損失且長期展望仍將會繼續虧損時，一部份廠商將會停止生產該產品而退出市場。退出意味著生產較少產品，因而使得市場內對既存廠商產品的需求將會增加，而此將使得需求曲線逐漸向右方移到正好與 ATC 曲線相切時或整個產業內的廠商均賺取正常利潤時，退出行為才會停止。

圖 11.2　進入與正常利潤

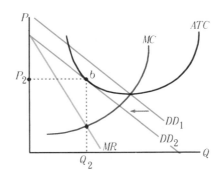

　　長期下，在獨占競爭市場當中的廠商祇有賺取正常的利潤。新的廠商之進入或既有廠商的擴廠，均會使得市場需求曲線由 DD_1 移到 DD_2。如果市場上存在超額利潤時，進入將會持續進行，進入行為要一直到市場需求曲線正好與 ATC 曲線相切時，如 b 點，新的廠商的進入或擴廠行為才會停止，因為此時市場內的廠商僅賺取正常利潤。

二、獨占競爭與完全競爭市場結構之比較

　　在圖 11.3 內所表示的為獨占競爭市場及完全競爭市場內廠商的長期均衡關係。在完全競爭市場當中，廠商將面對水平的需求曲線與邊際收入曲線，由於 $MR_{pc} = DD_{pc}$，因而廠商會選擇在長期平均總成本最低點時來從事生產，此時產量為 Q_{pc}，而市價、邊際成本、邊際收入及平均總成本均為 P_{pc}。另一方面，獨占競爭廠商則是具有不同的需求線 DD_{mc} 及邊際收入曲線 MR_{mc}。獨占競爭廠商根據 $MR = MC$ 之條件選擇生產 Q_{mc} 之產量，而根據 Q_{mc} 所繪製之垂直線與需求曲線相交在 P_{mc} 的關係來決定產品的市價。此時，市價正好為平均總成本與需求曲線相切之處。換言之，在產量 Q_{mc} 之下，獨占競爭廠商正好賺取正常的利潤。

　　完全競爭市場與獨占競爭市場之差異可由圖 11.3 的關係很清楚的看出。因為向右下方傾斜之需求曲線的關係，獨占競爭廠商並不是選擇在長期平均總成本最低的一點 Q_{pc} 來從事生產，而是選擇在產量較少的 Q_{mc} 來從事生產。此外**在獨占競爭市場當中，消費者將面對較完全競爭市場消費者所能購買到的商品價格為高的價格水準**，P_{mc} 與 P_{pc} 之差異代表消費者享用產品差異性所必需付出的代價。 如果消費者不認為產品的差異有任何價值時，他們將不會對產品之差異性付出任何額外的代價。換言之，

獨占競爭市場也就沒有必要存在了。

圖 11.3　完全競爭與獨占競爭廠商之比較

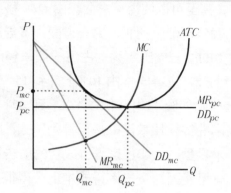

完全競爭市場廠商選擇在價格線，水平之 MR 曲線與 MC 曲線相交之點來從事生產。此點為長期平均總成本曲線之最低點，產量為 Q_{pc} 價格為 P_{pc}。獨占競爭廠商雖仍舊選擇在 $MR = MC$ 一點來生產，但向右下傾斜之需求曲線，意味著獨占競爭廠商所生產的數量 Q_{mc} 是小於完全競爭廠商之 Q_{pc}。獨占競爭廠商所訂定之價格 P_{mc} 亦高於完全競爭市場之價格 P_{pc}。在這二種市場結構當中，廠商均祇有賺取正常的利潤。

　　縱使商品的市場價格不等於邊際成本，而且獨占競爭廠商也不是選擇在平均總成本最低點來運作，但獨占競爭廠商在長期仍舊是可以賺取正常的利潤。此外，雖然獨占競爭廠商並非完全符合經濟效率性（因為價格不等於邊際成本）之條件，但**獨占競爭廠商之無效率性並非由於廠商限制產量而提高價格的關係，而是由於消費者對產品多樣化之喜好的關係**。因此，將很難去判定獨占競爭是否會使得社會變得更差，因為獨占競爭與完全競爭二者之間的主要差異在於消費者的偏好。然而，多樣化是要付出代價的，一些批評市場經濟的人認為這些代價是不值得的。但如果世界上祇有一種簡單的產品可以選擇時，是否會更好呢？例如，每個人均開同一款的汽車，生活似乎將會變得非常單調。

三、非價格競爭

　　在獨占競爭市場內的廠商嘗試以具有差異性的產品來與市場內其他廠商相互競爭。廠商如果能夠成功的將它的產品與其他廠商的產品明顯的

區隔出來時，將可以降低廠商所生產出來商品的需求價格彈性。如同在圖 11.4(a)當中，將需求曲線由 DD_1 移到 DD_2 而變得更陡。例如，麥當勞成功的使用廣告策略來區隔它們的產品，圖 11.4(a)顯示成功的區隔商品可以使得需求曲線變得更陡，甚至可以使得需求曲線由 DD_1 移到 DD_2，此外成功的區隔策略亦有可能替公司帶來利潤，另一方面，廣告卻會使得公司的成本上升。假設，麥當勞的廣告支出平均約占每一個銷售出去漢堡的 10%左右，又假設廣告支出上升，使得成本由 10%上升到 15%時，麥當勞的平均總成本曲線將會向上移動如圖 11.4(b)中由 ATC_1 到 ATC_2 的關係所示。因為成本上升而使得需求曲線變比較陡，甚至移動出去，因此利潤的多寡將完全受成本變動及需求變動的大小所影響。成功的廣告策略為形成利潤上升的原因之一，但亦有可能因為廣告使得成本上升得很多，結果利潤並沒有增加。因此每家廠商必需要仔細去評估在運用廣告策略之後所帶來的成本及收入，或換言之利潤的大小。

圖 11.4　廣告、價格及利潤

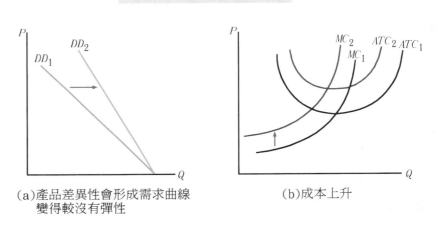

(a)產品差異性會形成需求曲線
　　變得較沒有彈性

(b)成本上升

成功的產品區隔策略可使得需求曲線的價格彈性下降，如圖(a)中的 DD_1 移到 DD_2 之關係。成功的區隔策略允許廠商訂定較高的產品價格。廣告費用支出將使得成本曲線向上移動如圖(b)中由 ATC_1 到 ATC_2 之關係。成本上升加上需求彈性減小，可能意味著更高、相同或較低的利潤。

　　區隔產品的方式有許多種，如從品質、顏色、安全特性、包裝、購買條件、保證期及售後服務等方面著手。廠商亦可以以改變營業時間的方式來吸引人們的注意，如 24 小時便利商店。廠商亦可以採用營業場所來區隔

產品，如廠商可能選擇在交通繁忙的地點來營業，如此一來消費者到該場所之成本將會最低。

根據獨占競爭理論所做的推測為：當採用一種方式成功的區隔產品時，首先將為廠商帶來超額的利潤，但最終因為新的廠商的進入而使得利潤回到正常水準。在獨占競爭的市場結構當中，一家廠商因為創新而導致賺取超額利潤之後，首先將會是吸引新的廠商進入，但最後因為進入市場廠商的增加，而終將使得利潤回復到正常水準。這樣的循環在獨占競爭市場內會一直反覆下去，直到差異化的產品不再帶來任何超額利潤時才會停止。

第二節　寡占市場

寡占市場的結構具有以下一些特性：(1)市場內僅有少數廠商，(2)產品可能是標準化或具差異性之商品，(3)進入困難。寡占有許多型態：一家具有支配性廠商 (dominant firm) 與其他許多小型廠商共存；或是一組（二家或二家以上）大型廠商與其他一些小型廠商共存。無論市場內的廠商數目有多少，**在寡占市場內的一個重要特徵就是市場內的廠商是相互依賴** (interdependence)。**相互依賴意味著，除非在寡占市場當中的廠商已經先考慮到市場內其他廠商所可能採取的行動，否則廠商不會貿然採取任何行動。**當寡占市場當中的大型廠商將改變它的行為時，其他廠商的行為亦將會受到很大的影響。

在獨占競爭或完全競爭的市場結構當中，由於廠商對市場內其他廠商的影響是非常微小的，因此在模型當中可以不必考慮其他廠商的行為。但是在寡占市場當中，廠商之間必需互相注意對方的行為，因為任何一家廠商行為的改變將會對其他廠商的行為造成重大的影響。而這種廠商之間相互依賴的特性，使得在寡占市場內出現一些不同於其他市場結構的行為。例如，從事於廣告上的競爭，形成卡特爾 (cartels) 以及廠商之間相互勾結 (collusion)，採成本加成訂價(cost-plus pricing)，或採最佳顧客訂價法 (most favored-customer pricing) 及其他的一些行為。

一、寡占及策略性行為

在寡占市場結構當中，廠商之間是相互依賴的，因為在寡占市場內的

廠商在採取任何策略時，亦必需要將其他廠商的行為列入考慮。當其他廠商採取任何行動時，該廠商亦會適時做出反應。因此，在寡占市場當中，任何事情均有可能發生，在某些情形之下，競爭是非常白熱化，因為在寡占市場當中，廠商的行為是多樣化的，所以經濟學家一直無法同意採用同一種模型來描述寡占廠商的行為，而唯一能用來描述廠商行為之間的相同點就是**策略** (strategic)。

當對甲廠商而言最佳的方法是取決於乙廠商的行為，或對乙廠商而言最佳的方法是取決於甲廠商的行為時，稱之為策略行為 (strategic behavior)。由於在寡占市場內廠商的行為與競賽 (game) 非常類似，因此經濟學家已經開始應用賽局理論 (game theory) 來探討寡占廠商之行為。賽局理論為數學家 John Von Neumaun 及經濟學家 Oskar Morgenstern 在 1940 年代所發展出來之理論。透過賽局理論的使用可以了解何以在寡占市場當中廠商的行為為一連串的行動與反制行動的策略。以下我們將討論一些有關於寡占市場內廠商行為之理論。

1. 拗折的需求曲線 (The kinked demand curve)

在寡占市場當中，所有廠商均很清楚需求的法則，因此，廠商們很清楚當產品的價格開始下降時，銷貨將會上升。然而在寡占市場結構當中的廠商們，對它們產品的需求曲線的形狀可能不是很清楚。由於產品需求曲線的形狀取決於競爭者之間如何相互反應，因此廠商必需也要能夠預測當產品價格改變時，競爭者如何來反應？才能確實掌握需求曲線的形狀。

讓我們考慮化學材料工業內廠商的行為。假設，由於生產成本曲線下降（邊際成本向下移），因此臺塑公司考慮是否應該降低塑膠管之價格？如果臺塑不考慮其他廠商的反應時，臺塑大可直接將價格下降到使得新的 MC 曲線與 MR 曲線相交在如圖 11.5(a)所示的關係。但是臺塑公司懷疑在圖 11.5(a)內的需求曲線與邊際收入曲線並不能代表真實市場的情況，臺塑公司相信如果它將塑膠管的價格由目前 P_1 水準向下調降時，其他的廠商亦將會跟進。如果這些其他廠商亦同時採取降價行動時，那麼臺塑公司降價所形成之替代效果將不會存在。臺塑公司降價的行動可能會因為所得效果而使得銷貨量略微上升，換言之，臺塑並未掌握如同圖 11.5(b)中 DD_1 之需求曲線，而是發現需求是沿著 P_1 以下之 DD_2 曲線。臺塑公司亦認為如果當它提高塑膠管之價格時，並沒有其他廠商會跟著提高價格。因此，在這一種情況之下，價格上升意味著銷貨額急劇的減少（由於替代效果與所得效果），數量需求減少如 DD_1 曲線（ P_1 以上）所示。結果臺塑公司之需

求曲線為 DD_1 與 DD_2 之組合，換言之，此時需求曲線形成一種在 P_1 價格以上為 DD_1 曲線而在 P_1 價格以下為 DD_2 曲線之拗折形狀的需求曲線。

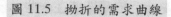

圖 11.5　拗折的需求曲線

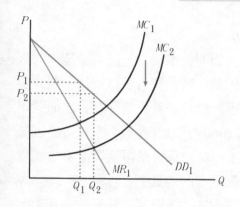

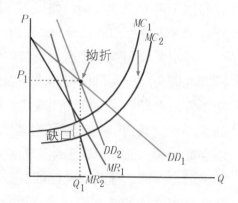

（a）競爭者跟著價格改變　　　　　　　（b）競爭者並未跟著價格改變

如果在寡占市場內的競爭者跟隨著其他廠商採行價格改變的策略時，其需求曲線為圖(a)及(b)中 DD_1 關係所示。而如果競爭者並未跟隨著採行價格改變的策略時，需求曲線如圖(b)中 DD_2 關係所示。如果競爭者採行降價跟進，但漲價不跟進的策略時，則需求曲線為 DD_1 與 DD_2 之組合如圖(b)，此時拗折點正是在價格為 P_1 時。由於需求曲線為 DD_1 及 DD_2 之組合，因此邊際收入曲線為 MR_1 與 MR_2 之組合。在拗折點左邊之邊際收入曲線為 MR_1，而右邊則是 MR_2，在二條邊際收入曲線之間則是缺口。廠商選擇在 $MR = MC$ 時生產，如果 MC 線與 MR 線正好在缺口處相交時，則數量為 Q_1 而價格為 P_1。當生產成本若由 MC_1 下降到 MC_2 時，廠商的產量與價格將不會改變。

此時臺塑公司應該如何來決定產品的價格呢? 臺塑應該依據 $MR = MC$ 的關係來決定其產品的價格，然而由於需求曲線為 DD_1 與 DD_2 之組合，因此邊際收入曲線分別為 MR_1 與 MR_2 之組合。MR_1 以較平坦斜率下降至當數量為拗折點所在位置時的關係所示，當我們沿著拗折點繼續往下之後，MR_2 變成是相關的邊際收入曲線。在拗折需求曲線模型之下，邊際收入曲線為一種具有三段關係的 MR 線: 當數量小於 Q_1 時為 MR_1; 數量等於 Q_1 時為垂直線（缺口）部份，而當數量大於 Q_1 時為 MR_2 之部份。臺塑公司之邊際成本曲線 MC_1 與 MC_2 與具有三段關係的 MR 曲線相交於

259

同樣價格 P_1 及數量 Q_1 處。換言之，臺塑公司的最佳策略就是不做任何的改變；即使成本改變也不要輕易的改變商品的價格。

在寡占市場內的廠商應該避免在價格上從事競爭，而應該將資源集中在一些非價格競爭的策略上。但是即使在一些非價格的競爭上，策略行為亦扮演了非常重要的角色如以下所討論的。

2.支配性策略 (Dominant Strategy)

考慮當公司決定是否提高廣告費用支出時的策略。在任何產業內的廠商增加廣告支出可以使得需求增加的原因為：透過廣告可以使得一些先前並不知道有該產品存在的消費者，能夠因為瞭解該產品的存在，因而選用該產品；而其他一些已經選用其他品牌 (brand) 的消費者，亦有可能因為廣告的關係，而改用廣告品牌的產品。第一種效果將使得全體產業之銷貨額上升，而第二種效果純粹祇是重新分配既有的銷貨額。

考慮國內的洗衣粉市場。圖11.6為國內二大（白蘭與花王的一匙靈）濃縮洗衣粉製造商所可能採取的行動與對應的結果的矩陣關係。左上方的方塊代表如果雙方面均採取廣告時之償付 (payoffs) 或結果。而左下方則表示當白蘭公司採用廣告，而花王公司未採用廣告時之結果，右上方表示白蘭公司沒有採用廣告而花王公司採用廣告時之結果，而右下方表示二家公司均未採用廣告時之償付關係。無論花王公司是否採用廣告策略，如果白蘭公司可以透過廣告來增加其銷貨收入時，白蘭公司鐵定會採用廣告策略，因而此一策略稱為**支配性策略。支配性策略為無論競爭對手遵循什麼樣的策略，廠商所採用的可以產生最佳結果的策略稱之。**白蘭公司可以比較矩陣的左邊與右邊的關係後發現，無論花王公司採用何種的策略時，白蘭公司均可以透過廣告的方式來增加其銷貨收入。如果花王公司採用廣告而白蘭公司亦採用廣告時，白蘭公司的收入有 700 萬元，但是如果白蘭公司沒有採用廣告時，白蘭公司的收入僅有 400 萬元。當花王公司沒有採用廣告時，白蘭公司可以透過廣告的方式，使公司擁有 1000 萬元之收入。當白蘭公司不採用廣告時，則其收入僅有 800萬元。因此對白蘭公司而言，支配性策略就是採行廣告。根據圖 11.6 的關係，花王公司之支配性策略亦是採行廣告，如果白蘭公司採用廣告而花王公司亦採用廣告時，花王公司之收入為 800 萬元，但是花王公司若不採用廣告時，則其收入祇有 500 萬元。如果白蘭公司不採用廣告而花王公司採用廣告時，花王公司可有 1000 萬元的收入，但花王公司若不廣告時，花王公司僅有 900 萬元之收入。值得注意的是，如果二家公司均不採用廣告時，由於沒有廣告費用的支出，因

此總收入將會較雙方都採用廣告時更好。然而這二家公司卻無法不採用廣告，因為如果其中一家公司不採用廣告時，將會失去更多的市場，此種情形正是如同著名的「囚犯兩難」之情形。由於兩難 (dilemma) 的關係，在賽局模型下的均衡稱之為納許 (Nash) 均衡。Nash教授為1994年諾貝爾經濟學家的得主，得獎原因主要亦是因為發現了納許均衡的緣故。

圖 11.6　支配策略之賽局

花王公司 ＼ 白蘭公司	廣告	不廣告
廣告	800萬 ／ 700萬	1000萬 ／ 400萬
不廣告	500萬 ／ 1000萬	900萬 ／ 800萬

對白蘭公司而言，支配性策略就是採取廣告。無論花王公司採用何種策略，白蘭公司最佳的策略就是廣告。同樣的，對花王公司而言，無論白蘭公司採用什麼樣的策略，廣告仍是花王公司最佳的策略，因此花王與白蘭公司之支配策略均是廣告。

洗衣粉製造商並不想花太多的廣告費用，但是策略行為卻建議它們必需要如此做。由於花王公司使用了廣告策略，因此白蘭公司亦必需使用廣告策略，雙方面因而均增加了廣告費用的支出。政府如何來控制這種昂貴的廣告費用支出呢？由於各個廠商之間均沒有獨自節制的意願，因為減少廣告的支出意味著減少商品的市場占有率，但是如果雙方面能以共同廣告方式或是政府通過法律禁止洗衣粉的廣告時，洗衣粉製造商將會更好（收入更多）。

3.非支配性策略 (Nondominant Strategy)

在許多情況之下，並不是每一家廠商均會存在支配性的策略。假設在前面的例子當中，無論花王公司採用何種策略，白蘭公司的最佳策略就是採用廣告策略。但是現在若假設唯有當白蘭公司採用廣告，花王公司才會

較好時，花王公司的策略很明顯是取決於白蘭公司的策略。因此與「囚犯兩難」之問題略有不同的是，在這種情況之下對花王公司而言，最佳的策略完全取決於白蘭公司所選擇的某一種特別的策略，因而此時花王公司並沒有一個很明顯的支配性策略。

　　假設花王與白蘭二家公司的選擇如同圖 11.7 的關係而非先前圖 11.6 的關係所示，當白蘭公司採用廣告策略時，花王公司就必需採用廣告（800萬元對 600 萬元的策略）。如果白蘭公司沒有採用廣告策略時，花王公司就會選擇不用廣告（600 萬元對 500 萬元）的策略。縱使花王公司沒有任何的支配性策略，但我們仍能指出廠商所將要採行的策略。花王公司知道白蘭公司將要採行廣告，因為採用廣告為白蘭公司的支配性策略，由於花王公司知道這一個事實，因此對花王公司而言其最佳的策略仍是採用廣告。

圖 11.7　非支配性策略賽局

白蘭公司

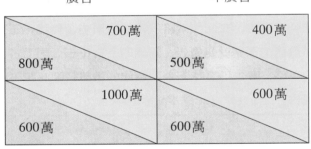

在本圖內的償付矩陣略與圖 11.6 內之償付矩陣有所不同。在本圖內，花王公司並不存在支配性策略。如果白蘭公司沒有採用廣告策略時，花王公司若採用廣告時，可賺 500 萬元，但花王公司若沒有採用廣告時，可賺 600 萬元。如果白蘭公司採用廣告策略時，而花王公司沒有採用廣告時可賺 600 萬元，但花王公司若採用廣告時則可收入 800 萬元。因此花王公司應該要如何來做？就完全取決於白蘭公司將要如何來做？

4.連續性的賽局 (sequential games)

　　截至目前為止我們所考慮的廠商策略均祇局限於雙方面同時選擇他們策略的情形：每一家廠商必需在瞭解對方所可能面對的償付關係之後，才

能選擇自己的策略。但是在許多情況之下，必需要其中的一家廠商先採取行動之後，另一家廠商才能根據該廠商的行動來選擇他的最佳策略，此種策略行為稱之為連續性的賽局。

多年以來，瑞典的富豪 (Volvo) 汽車公司一直以路上最安全的汽車而傲視全球，注意安全的特性使得富豪汽車的價位可以高於同等級之汽車。現假設日本本田 (Honda) 汽車公司，亦在考慮是否要生產更安全的車種，本田汽車公司知道製造安全性高的汽車可以賺取高額的利潤，但本田汽車公司亦害怕富豪公司會因而以製造更安全的汽車來競爭。

圖 11.8　連續性的賽局

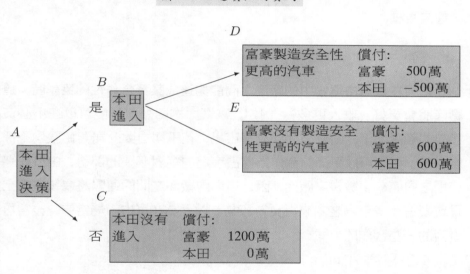

賽局由 A 點開始。在 A 點時，本田需決定是否要製造安全性更高的汽車。如果本田決定不進入高安全性的汽車市場如 C 點所示，此時富豪汽車的收入為 1200 萬元，本田汽車的收入為 0 元。如果本田決定進入高安全性汽車的市場時，策略關係將移到 B 點。此刻富豪必需決定是否製造安全性更高之汽車，如果富豪決定製造安全性更高之汽車，此時富豪汽車之償付為 500 萬元，而本田汽車將面對 500 萬元之損失。而當富豪汽車若決定不製造安全性更高之汽車時，富豪汽車之償付為 600 萬元，而本田汽車亦有 600 萬元之收入。本田汽車知道富豪汽車所面對之策略，因而對富豪公司而言，最佳策略就是不要去製造安全性更高之車種。

假設富豪與本田汽車公司所將面對的情況如圖 11.8 之關係所示。二家

公司可能的競爭可由 A 點開始討論。在 A 點時，本田公司必需決定是否要製造一臺較現有富豪汽車更安全的車種。如果答案為否定時，富豪公司的償付為 1200 萬元，而本田公司的償付則是 0 元，如 C 點之償付關係所示。如果本田公司決定進入高安全性的汽車市場時，此時關係將移到 B 點。在 B 點時，富豪公司必需決定是否製造更為安全之汽車。富豪公司若製造安全性更高汽車之償付為 500 萬元，但富豪公司若沒有製造安全性更高的汽車時之償付則為 600 萬元。富豪公司不希望本田公司進入安全性高的汽車市場，但本田公司知道富豪公司所面對的償付關係，而且亦知道對富豪公司而言，最佳的選擇策略就是不製造安全性更高的車種。因此，最後的結果將會是本田公司製造安全性更高的車種，但富豪公司不會去製造更高安全性之車種。

二、合作 (cooperation)

如果在寡占市場當中的廠商之間能夠達成某種合作性的協議時，這些廠商將會更好（收入更多）。例如，富豪與本田公司可能可以在不必支出額外的費用之下，同意來共同分享市場；花王與白蘭公司若協議均不採用廣告時，利潤可以更高。合作為寡占市場內絕對必要的部份，由於在寡占市場之內僅有少數幾家廠商，因此市場內廠商之間的連繫將會較在完全競爭或獨占競爭市場之內來得更為容易。以下為在寡占市場當中，經常可以看到的一些合作的方式：

1.價格領袖 (price-leadership) 之寡占

在寡占市場當中，廠商之間的連繫方式之一就是允許市場內的一家廠商成為價格或廣告的領袖。一旦領袖的作風改變時，其他的廠商亦將會完全去模仿領袖的作為。此種領袖之行動可以使得市場內的所有廠商非常清楚其他競爭者將會採取的行動？價格領袖的存在可以消除需求曲線上的拗折點，因為無論商品的價格是上升或下降，市場內其它廠商均會遵循價格領袖的決定。此外，價格領袖的存在亦可減少廠商在廣告或其他促銷活動上之超額支出，因而採用此種方式之寡占，稱為價格領袖寡占。

2.勾結、卡特爾及其他合作之機構

透過積極的合作關係可以使得廠商較祇採行單打獨鬥的方式來經營時獲利更多。為了避免破壞到策略行為，寡占市場當中的少數廠商可以以勾結 (collude) 或達成一些有關於價格及產量的協議方式來合作。一般而言，這些協議將可以提高寡占會員們的利潤，但這些協議卻將使得消費者必需

支付更高的商品價格。

卡特爾 (cartel) 為一些獨立廠商之組織，目的在於控制與限制產量因而使得產品的價格及利潤得以維持或上升。卡特爾可由會員之間採行正式或非正式的協議方式而組成。最有名的卡特爾為石油輸出國組織 (Organization of Petroleum Exporting Countries, OPEC)。OPEC由一些獨立國家所組成，在 1970 年代，OPEC 成功的整合使得市場上原油價格由每桶 1.10 元美金上升至每桶 32 美元。在近 8 年的期間之內，OPEC 會員國同意將各國原油產量依 OPEC 生產委員會所做的決議來生產。然而到了 1980 年代初期時，由於會員國之間的相互欺騙行為，使得 OPEC 開始瓦解。各會員國嘗試以較協議為多的數量來從事原油的生產以獲取利潤，結果使得原油的價格在 1988 年時下降至 12 美元。原油價格在 1990 年雖然因為伊拉克入侵科威特造成了許多油田受損時，再度上升，但隨著科威特油井整建完畢之後，原油產量上升而使得油價再度回穩。

生產限量 (quotas) 在不同廠商或不同國家之間並不容易維持。大部份的卡特爾組織並無法維持長久，因為多數會員國將不會去遵守協議。如果組織內的每一個會員國均認為本身可以以增加產量的方式來增加利潤而且認為此一行為並不會對其他會員國之收入有所影響時，最終組織內所有國家的產量均將會較協議所約定的產量更多，結果造成產品價格下降而且卡特爾瓦解。

經濟學家認為卡特爾若要持久，下列幾個條件必需成立：
(1)組織內廠商的數目不能太多，
(2)有明顯的進入障礙，
(3)生產相同的產品，
(4)保密的機會很少，及
(5)沒有任何法律上的障礙來限制協議的分享。

分享協議在卡特爾內是一種可能的事實，但此並非意味著成功的協議分享就可以發生，因為彼此之間相互欺騙的誘因仍然存在。如果卡特爾內的會員國可以團結在一起時，組織之內就可以對具有欺騙行為的會員採取懲罰的行動。一般而言，卡特爾的權力中心或具有支配力量之會員，要能夠充份執行卡特爾之規則時，卡特爾才能長久存在。而在 OPEC 當中組織的執行機構為沙烏地阿拉伯 (Saudi Arabia)，因為它為石油最大輸出國。

3.助長的手段 (facilitating practices)
縱使在廠商之間並沒有正式合作的協議，但是廠商的一些行動却仍

能夠促成合作或勾結的行為，廠商的這些行動稱之為助長的手段。訂價的策略可以使得人們存在一種對廠商之間有聯合固定價格或合作之印象。例如，**成本加成訂價法**使得各個廠商之間有著類似的（如果不是完全相同）訂價方式。如果廠商以平均成本加上 50%的方式來訂定價格時，這就是一種成本加成訂價法。如果市場內的廠商均面對到同樣的成本曲線時，市場當中所有的廠商均會生產訂有同樣價格的產品。如果生產成本下降時，所有廠商產品的價格幾乎會在同一時間之內下降。一般在零售業當中，經常可以觀察到此種價格的行為。

其他一些形成隱含性合作的手段如**最佳顧客**(most-favored-customer, MFC) 政策。通常在採購到送達商品之間的時間如果是相當長時，為了避免甲顧客以一種價格購得商品，但知道乙顧客以更低價格購買到同一商品，或是在乙顧客所購買到的商品上具有一些特性為甲顧客購買商品上所沒有的時候，生產者會保證甲顧客可以在一段期間內以最低價格及包含商品的所有特性等方式來購買到該商品，此時，甲顧客即是所謂的最佳顧客 (MFC)。

最佳顧客的策略事實上是給予廠商即使在面對到需求減少時，亦不必降價之誘因。廠商若降低產品的價格時，必需要給予所有最佳顧客部份款項之退回 (rebates)，此舉使得其他實施最佳顧客之廠商亦必需採行同樣的步驟。除此之外，最佳顧客政策允許廠商能夠蒐集對手到底在做些什麼之資訊。當其他廠商提供更低之價格時，消費者（最佳顧客）會將該商品退回以贖回部份的款項。

最佳顧客策略可以阻止廠商降價的念頭，因為降價的廠商需要以退回部份款項的方式，來追溯一些已經賣出去的商品。如果市場內的廠商均提供顧客一種最佳顧客條款時，整個產業可以將商品維持在一種較高的價格水準。

重 點 彙 整

1. 獨占競爭市場模型具有以下一些特性:(1)市場內有許多廠商,(2)市場內的廠商生產具有差異性的產品,及(3)進入或退出本市場是非常容易。

2. 在獨占競爭市場內每一家廠商生產略有所差異的產品,在完全競爭市場內的每一家廠商卻是生產完全相同的標準化商品。

3. 由於在獨占競爭市場當中的每一家廠商生產唯一的一種商品,因此個別廠商為該產品的小型獨占廠商。

4. 獨占競爭與獨占模型最大不同之處在於對廠商進入市場難易度的假設有所不同。在任何時間內,當獨占競爭市場當中的廠商賺取超額利潤時,就會吸引新的廠商加入,而這種加入的行為要一直到在市場當中的廠商僅賺到正常利潤時,才會停止。而在獨占市場結構當中,由於進入障礙的關係,因此廠商可以長期間賺取超額利潤。

5. 在獨占競爭市場當中的廠商多傾向利用產品的差異性,而非採用價格改變的方式來競爭。他們嘗試針對每一個市場的利基,提供一種不同的產品。雖然總市場並未擴充,但廠商們卻可透過引進不同的商品,將市場區分成許多小小的部份。在每一個小部份的市場當中,均存在一條屬於這一個市場的需求曲線。此外,這些需求曲線的彈性非常大,因為市場當中也存在許多該產品之類似替代品。

6. 當市場利潤在正常水準時,擴廠或新廠的進入行為將會停止。

7. 在獨占競爭市場當中,消費者將面對較完全競爭市場消費者所能購買到的商品價格為高的價格水準,P_{mc} 與 P_{pc} 之差異代表消費者享用產品差異性所必需付出的代價。

8. 獨占競爭廠商之無效率性並非由於廠商限制產量而提高價格的關係,而是由於消費者對產品多樣化的喜好的關係。

9. 根據獨占競爭理論所做的推測為:當採用一種方式成功的區隔產品時,首先將為廠商帶來超額的利潤,但最終因為新的廠商的進入而使得利潤回到正常水準。

10. 寡占市場的結構具有以下一些特性: (1)市場內僅有少數廠商, (2)產品可能是標準化或具差異性之商品, (3)進入困難。

11. 在寡占市場內的一個重要特徵就是市場內的廠商是相互依賴。相互依賴意味著,除非在寡占市場當中的廠商已經先考慮到市場內其他廠商所可能採取的行動,否則廠商不會貿然採取任何行動。

12.當對甲廠商而言最佳的方法是取決於乙廠商的行為，或對乙廠商而言最佳的方法是取決於甲廠商的行為時，稱之為策略行為。

13.支配性策略為無論競爭對手遵循什麼樣的策略，廠商所採用的可以產生最佳結果策略稱之。

14.在許多情況之下，必需要其中的一家廠商先採取行動之後，另一家廠商才能根據該廠商的行動來選擇他的最佳策略，此種策略行為稱之為連續性的賽局。

15.如果在寡占市場當中的廠商之間能夠達成某種合作性的協議時，這些廠商將會更好（收入更多）。

16.在寡占市場當中，廠商之間的連繫方式之一就是允許市場內的一家廠商成為價格或廣告的領袖。

17.價格領袖的存在可以消除需求曲線上的拗折點，因為無論商品的價格是上升或下降，市場內其它廠商均會遵循價格領袖的決定。此外，價格領袖的存在亦可減少廠商在廣告或其他促銷活動上之超額支出，因而採用此種方式之寡占，稱為價格領袖寡占。

18.卡特爾為一些獨立廠商之組織，目的在於控制與限制產量因而使得產品的價格及利潤得以維持或上升。卡特爾可由會員之間採行正式或非正式的協議方式而組成。

19.經濟學家認為卡特爾若要持久，下列幾個條件必需成立：

　⑴組織內廠商的數目不能太多，

　⑵有明顯的進入障礙，

　⑶生產相同的產品，

　⑷保密的機會很少，及

　⑸沒有任何法律上的障礙來限制協議的分享。

20.縱使在廠商之間並沒有正式合作的協議，但是廠商的一些行動卻仍能夠促成合作或勾結的行為，廠商的這些行動稱之為助長的手段。

21.通常在採購到送達商品之間的時間如果是相當長時，為了避免甲顧客以一種價格購得商品，但知道乙顧客以更低價格購買到同一商品，或是在乙顧客所購買到的商品上具有一些特性為甲顧客購買商品上所沒有的時候，生產者會保證甲顧客可以在一段期間內以最低價格及包含商品的所有特性等方式來購買到該商品，此時，甲顧客即是所謂的最佳顧客。

練習題

1.討論何以在寡占市場當中經常可以看到一些非價格性的競爭策略？

2.什麼是納許均衡？

3.下列那些為納許均衡的例子：

　(1)囚犯兩難的賽局。

　(2)卡特爾定價。

4.考慮在某一產業之內存在三家同樣大小的廠商。這三家廠商在每一種產量之下的邊際成本均為$2.99。產業需求表的關係如下表：

價格（每單位元）	數量
15	3
12	6
9	9
6	12
3	15

　又假設這三家廠商均分市場

　(1)試導出每一家廠商所面對的需求關係？

　(2)卡特爾的價格與數量分別是多少？

　(3)每一家廠商欺騙的誘因為何？

5.您認為下列的產業是否符合一種獨占競爭的產業呢？（必需說明為何是？為何不是？）

　(1)書店。

　(2)餐廳。

　(3)汽車銷售商。

　(4)超級市場。

6.什麼為獨占競爭與寡占市場的最大差異？想像您處在一種獨占競爭市場結構當中，而預計將公司轉成寡占的市場結構，您將如何來做呢？

7.解釋策略行為的意義？如何應用拗折需求曲線來解釋策略行為？

8.為什麼說獨占競爭市場是沒有效率的？假設您認為消費者付更高價格給獨占競爭廠商所生產出來的商品為一種消費者剩餘時，此一論點是否會改變您對獨占競爭廠商效率性的看法呢？

9.使用下列償付矩陣關係來回答以下一些問題。

(1)甲廠商與乙廠商均為寡占市場的一員。

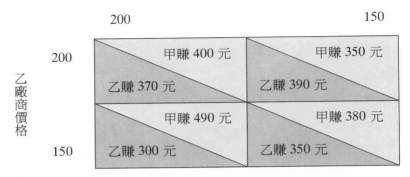

甲廠商價格

	200	150
乙廠商價格 200	甲賺 400 元 / 乙賺 370 元	甲賺 350 元 / 乙賺 390 元
乙廠商價格 150	甲賺 490 元 / 乙賺 300 元	甲賺 380 元 / 乙賺 350 元

利用償付矩陣的關係來解釋甲、乙兩家廠商的相互依存關係。

(2)如果甲乙二家廠商合作時，市場均衡關係為何？

(3)根據(2)的結果來解釋合作如何使得雙方獲利最大。

(4)根據(3)的結果來解釋為何其中一家廠商有欺騙合作協議的誘因。

第 *12* 章
要素市場簡介

前　言

　　廠商經營企業最大的目的在於賺取利潤，經由前面一些章節的討論我們業已了解廠商們如何使用區隔產品，限制進入及一些其他的行為來增加利潤。此外，我們亦學習到廠商將會視它們所在的不同市場結構，而採用不同的策略行為。然而利潤並不祇是從銷售商品中所取得之收入，收入必需要在扣除經營成本之後，才是利潤，因此，廠商亦必需嘗試使用最佳的要素組合來使得它們能以最低的成本來從事生產。

　　什麼樣的要素組合才可算是成本最低的要素組合呢？成本最低的要素組合不祇是取決於廠商所想要的組合，它亦取決於要素市場 (resource markets) 的供需關係。在要素市場當中，透過要素的供給與需求關係決定了某一種要素的價格與數量。在要素市場當中，廠商為要素之需求者，而家計部門則為要素的供給者。為了瞭解為何廠商會解僱一些中級幹部、改用更多的機器人、提供員工教育訓練、購買較少的燃料、到國外設立分支機構、或擴充廠房等行為，我們就有必要去充份瞭解在要素市場當中是如何來運作。此外，我們亦有必要瞭解在要素市場當中的，供給曲線與需求曲線之形狀，與供給及需求之間是如何來運作。因而在本章當中，我們將首先針對要素市場做一個簡單性的介紹。

由於要素大致上可以分成四大類——土地、勞動力、資本及企業才能，因此在經濟體系當中，亦可區分成四種要素市場。在本章當中，首先將對於這四種要素市場內的一些共同特性以及市場如何來運作等事項將先予以討論。其次，在本章當中我們亦可以看到在要素市場當中價格與數量是如何來決定。最後，我們亦將看到廠商如何將費用分配到不同的要素市場上而使得利潤最大。

第一節　要素市場的買方 (buyers) 及賣方 (sellers)

因為有4種要素，所以就存在4個要素市場。這4種不同要素的價格與數量就是由個別要素市場當中的供需關係來決定。租金 (rent) 以及土地的使用數量就是由土地市場內的供需關係所決定的。勞動力市場 (labor market) 則決定了工資率以及僱用的勞動人口數。在資本市場當中決定了資本的使用量以及利率水準。利潤為一種附加的酬金或是殘留物 (resdiual)，利潤為收入扣除所有成本（含機會成本）之後所剩餘的部份。企業家對該殘留物（附加酬金）具有要求權，正因為如此企業主有時亦被稱為附加酬金之要求者 (residual claimants)。

要素市場

為了瞭解4種要素市場之運作過程，我們必需要先瞭解廠商與家計部門在要素市場當中所扮演的角色，二者在要素市場當中所扮演的角色正好與在商品市場當中所扮演的角色相反。在圖12.1的簡單周流圖當中（由圖2.1修改而來），可以看到廠商與家計部門分別在商品市場與要素市場當中的角色。在圖形上方的商品市場當中，家計單位為商品之買方而廠商則是商品之賣方。在圖形下方的要素市場當中，我們可以很明顯的看出，此時家計單位成為要素之供給者而廠商則是要素的需求者。

對要素的需求並不是為了要素本身而是因為要使用要素來生產商品。廠商使用要素的目的在於生產商品及勞務，因此，廠商對要素之需求完全取決於消費者對該公司產品及勞務的需求，由於這一個理由，對要素之需求有時又稱之為衍生性需求 (derived demand)。

家計部門以提供要素的方式來換取所得：透過工作，家計部門提供他們的勞動力；透過購買股票、債券及其他財務上的資本，家計單位提供廠商購買資本之能力；透過提供土地、礦產、樹木及其他的自然資源，家計部門提供土地；而透過承擔經營企業及商品與勞務的風險 (risk)，家計單位提供了他們的企業才能。

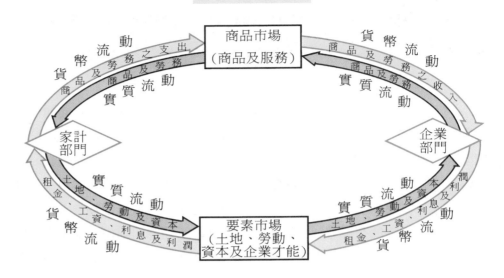

圖 12.1 要素市場

要素的買方為企業部門，企業部門購買要素的目的在於生產消費所需要之商品及勞務。而要素的賣方則是家計部門，家計部門提供要素來換取所得，以便到商品市場購買所需的商品及勞務。

第二節　要素市場之需求與供給

廠商為要素的需求者而家計部門則是供給要素的主要來源。除了此種供需角色互易之差別以外，要素市場之供需關係與商品及勞務市場之供需關係是非常類似的。在要素市場當中，需求曲線也是向右下方傾斜，而供給曲線也是向右上方傾斜。此外，如同在商品市場內之關係一樣，在要素市場內，均衡決定了要素之價格與數量，而需求或供給的改變將會形成均衡價格與數量之改變。

一、要素需求

對要素的需求曲線為一種具有負斜率之關係如圖 12.2 所示。**在其他條件不變時，當要素的價格下降廠商將會有更大意願及能力去使用（買或租）該要素。**如果因為某一種要素的價格下降，而使得該種要素在價格上變得相對較廠商所使用的其他種要素來得便宜時，廠商將會以此一種要

素來替代其他相對昂貴要素的使用量。因此，替代除了發生在消費行為以外，亦會出現在生產的行為上。例如，當鋼管的價格變得相對昂貴時，建築商將以塑膠管來替代鋼管。當臺北的土地變得愈來愈昂貴時，廠商便會逐漸將辦公中心由臺北移到林口。當碩士級銀行辦事員之薪資愈來愈高時，銀行可能逐漸僱用學士級之辦事員。

　　要素價格的降低亦增加了廠商僱用該要素之能力。當其他條件不變時，在同樣總成本的條件之下，較低的要素價格使得廠商得以使用更多的要素。例如，如果工具機的價格下降了 50%，在同樣的成本之下，廠商可以較在原來的價格之下多購買一部的工具機。**因為所得效果與替代效果的關係，所以對要素的需求曲線具有負斜率。**

圖 12.2　要素市場之供給與需求

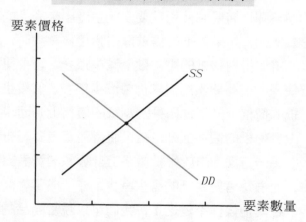

要素需求曲線反應出價格與數量之間的相反關係，而要素供給曲線則反應出價格與數量之間的正向關係。要素市場之均衡出現在供給與需求相等的時候。如果在要素市場之內的要素價格高於均衡價格時，要素市場將會出現一種剩餘的現象，而使得要素價格逐漸下降至均衡處。如果在市場內的要素價格低於均衡價格時，要素市場的短缺現象將使得要素價格逐漸上升至均衡水準。

1.要素需求的彈性

　　使用要素需求的價格彈性可以來衡量當要素價格改變時，對要素需求數量的變化情形。要素需求的價格彈性 (η_r^d) 與商品需求的價格彈性具有完全相同之定義如下式所示：

$$\eta_r^d = \frac{對\,j\,要素需求數量變動的百分比}{要素\,j\,的價格變動百分比}$$

如果銅的價格上升 10%，使得對銅數量的需求下降了 5%，代表對銅的需求價格彈性為 0.5。如果辦公室的租金下降 8%，對辦公室的數量需求上升 32%，代表對辦公室的需求彈性為 4。**對要素需求的價格彈性將會受到下列一些因素之影響：**

　　(1)使用該要素所生產出來產品之需求價格彈性，

　　(2)該要素在總成本中所佔有的比例，

　　(3)該要素的其他替代品數量，及

　　(4)所考慮期間的長短。

(1)產品的價格彈性

　　要素的價格彈性將受到使用該要素所生產出來商品的需求價格彈性的影響。例如，如果報紙的需求價格彈性非常大時，由於報紙的價格上升，將使得對報紙的需求數量減少很多，結果使得對生產報紙所需要使用的一些要素的需求也會減少很多。假設生產報紙的要素之一，紙的價格上升了，如果因為紙的價格上升而導致報紙的價格上升，由於報紙的價格上升，結果使得消費者對報紙的需求數量減少很多。另一方面，由於報紙價格上升導致消費者對報紙的需求數量減少，而消費者對報紙的需求減少，亦造成了報商對紙的採購數量減少。**在其他條件不變之下，我們可以說當商品的需求價格彈性愈大時，用來生產該商品的要素之需求價格彈性也愈大，反之，亦成立。**

(2)佔總成本的比例

　　一種要素佔總成本的比例愈大時，該要素的需求價格彈性將會愈大。如果飛機佔航空事業總成本之 60% 時，對飛機的需求價格彈性將會很高。當飛機的價格小幅成長時，對航空事業之成本將會有很大的影響，因此飛機的票價將會上升。而較高的票價將會使得消費者減少對航空數量的需求，由於消費者減少航空數量之需求，因此連帶亦使得航空事業對飛機需求的數量亦減少。

(3)替代品的數目

　　要素替代品的數目亦會影響到要素需求的價格彈性。例如，塑膠管、銅管、鋼管或鋁合金管若在建築上具有同樣功能的用途時，任

何材質的管子之需求價格彈性將會很高。縱使鋼管的價格小幅上升，亦會馬上形成廠商以其他材質之管子來替代價格上升的管子。

(4)時間

在決定需求的價格彈性上，時間亦是一種很重要的決定因素。當考慮的時間愈長時，要素的需求價格彈性就愈大。當時間愈長時，廠商愈容易找到其他的替代品，因而使得要素需求的價格彈性也就愈大。要素的需求價格彈性將會根據上述的4種原因而變動。此外，要素需求的價格彈性亦會因為位於直線需求曲線上的位置之不同，而有所不同。從最左上方的完全彈性一直往右下方移動到完全無彈性的一點，代表在直線的需求曲線的價格彈性之不同。

2. 要素需求曲線之移動

當一些非價格的決定因素當中的某一種因素變動時，要素的需求曲線就會移動。**決定要素需求曲線的一些非價格因素有：**

(1)使用要素所生產出來的產品之價格，

(2)要素的生產力，

(3)要素需求者的數目，

(4)相關要素的價格，及

(5)其他要素的數量。

(1)產品的價格

當銅管的價格上升時，對銅礦的需求將會上升，而對銅礦的需求上升將使得對銅礦的需求曲線向右方移動。而銅礦公司將會僱用更多的工人來增加生產，以獲取更多之收入。

(2)生產力

當某一種要素變得更具有生產力時（即每一單位要素能產出更多時），廠商會使用更多的要素。例如，當使用數值工具機能夠較使用傳統工具機多出二倍的產量時，對數值工具機之需求量將會上升，因而導致對數值工具機之需求曲線向右方移動出去。

(3)買主的數目

當新的廠商進入市場以後，由於這些廠商需要新的要素投入，因此，對要素的需求曲線將會向右方移動出去。例如，當臺塑到雲林麥寮建六輕廠時，它必需招募員工、取得土地、資本及其他要素，因此，由於臺塑建六輕廠的關係，使得對勞力、資本、土地及企業才能之需求曲線均會向右方移動出去。

⑷替代品

當替代要素的價格改變時，亦將會影響到對要素的需求。例如，在生產鞋子的過程當中，勞動力與機器可互為替代的要素。當勞動力的價格上升時，對機器的需求就會上升。在建築時，銅管及塑膠管若可以相互替代使用時，當塑膠管的價格下降時，對銅管之需求將會減少。

⑸其他要素之數量

餐廳若僅使用 60 桌當中的 10 桌時，僅需要一名服務生，但是如果餐廳亦使用其他的 50 桌時，對服務生的需求將會增加。在一條生產線上，一位員工若可以管理三臺機器，當機器數量上升時，就需要使用更多的員工來管理機器。當廠商使用更多的資本時，亦將使得廠商對勞動力的需求上升。換言之，對要素之需求亦取決於其它可用的要素數量。

二、要素供給

家計單位以最大化效用函數的方式來消費商品及勞務，然而為了消費商品及勞務，家計單位就必需要有所得，因而，家計單位必需販售他們所持有的要素，來換取消費所需要的所得。消費者必需放棄他們的一些休閒時間去工作或是提供其他的一些要素以換取所得。要素數量的供給完全決定於提供相關要素之工資率、租金、利率及利潤之大小。在其他條件不變之下，當工資率愈高時，人們愈願意提供愈多的工作時間；如果土地租金愈高時，人們將會願意提供愈多的土地出來出租等等。換言之，當要素的價格上升時，要素的供給量亦跟著上升。

1.要素的供給彈性

當要素價格改變時，要素擁有者改變其所提供要素數量之間的關係，稱之為要素供給的價格彈性，以 η_r^s 來表示。要素供給的價格彈性為：

$$\eta_r^s = \frac{要素供給數量變動的百分比}{要素價格變動的百分比}$$

要素供給的價格彈性取決於所使用要素的替代品數目以及所考慮的時間長短。某一些要素並沒有替代品，例如，火箭科學家之替代品幾乎是沒有，因此火箭科學家之供給彈性非常低。一般而言，當所考慮的時間愈長

時，新的要素替代品亦有可能會被發現。例如，花個幾年的時間，即使是一位經濟學家，亦有可能被訓練成為一位火箭科學家。在一個月或二個月之內，從地底下所抽出的石油數量是相對固定的，但若是考慮在幾年之內的時間時，由於新的油井被發現與被開挖，因此石油的供給量可以增加。隨著時間之增加，要素供給之價格彈性亦會上升。**當一種要素具有完全無彈性之供給曲線（垂直線）時，要素收入稱之為經濟租 (economic rent)。如果要素的供給曲線為完全彈性時**（水平線），**則要素收入稱之為移轉收入 (transfer earning)。對具有正斜率而且向右上方傾斜之傳統供給曲線而言，要素收入包含了經濟租與移轉收入二部份。移轉收入為要素使用在最佳的其他用途 (best alternative) 時，所可以取得之收入（機會成本）。換言之，移轉收入為使要素「移轉」用途時，所必需支付的代價。而經濟租則是超過移轉收入部份的收入稱之。換言之，經濟租為不需要維持要素在目前用途的收入之部份。**例如，電影明星每部電影之片酬超過數千萬，但是如果他（她）從事其他職業時，恐怕無法賺得如此龐大之收入，因此，在電影明星的收入當中，絕大部份是經濟租（而移轉收入則代表他（她）若不是從事電影明星工作而是從事某一行業時之收入）。

　　在經濟學當中，對於租金 (rent) 之定義有二種。最普遍之用途為定義使用某些事情之代價，而非支付某些事情因而取得之所有權。例如，租公寓與購買房子或租車與買車之不同。**第二種用途則是用來說明使用供給固定（完全無彈性之供給）的某些事情之代價。**例如，土地數量是固定的，因此，使用土地的支付即是一種租金。

　　2.要素供給曲線之移動

　　要素供給曲線將會移動如果：

　　(1)嗜好改變 (taste change)，

　　(2)供應商數量改變，或

　　(3)其他一些使用要素的價格改變。

　　如果突然之間經濟學家變得非常具有聲望時，進入經濟系就讀的人口就會上升，結果使得經濟學家之供給曲線將會向右方移動。此種供給改變的主要原因是由於嗜好（聲望）的改變，而並非是由於經濟學家的薪水改變的緣故。

　　要素供應商數目的上升，意味著要素的供給會增加，因而使得供給曲線向右方移動。例如，在非石油產出國家中，發現了新的石油礦時，意味著石油的供給曲線將會向右方移動。移民的人口上升或外籍勞工之僱用增

加時，代表勞動力供給曲線將會向右方移動。

當其他相關要素價格改變時，要素供給曲線亦會跟著移動。當市場上具有財金背景人士的薪資水準上升時，一些具有經濟或財金相關背景的人士，也願意提供他們的要素服務，因而使得財金業人士的供給曲線將會向右方移動。

三、市場均衡

由要素市場的需求與供給曲線相交的一點，決定了要素的均衡價格與數量。在其他條件不變時，如果要素需求曲線向右方移動出去時，要素的價格將會上升；而如果要素的供給曲線向右方移動出去時，在其他條件不變之下，要素的價格將會下降。如果要素價格上升而且高過於均衡價格水準時，要素市場將會存在供給剩餘的現象，因而要素的價格將會逐漸下降而回到均衡水準；如果要素的價格低於均衡水準時，市場將出現要素短缺的現象，於是，要素的價格將上升而使得要素市場逐漸回到均衡狀態。

價格上限 (ceiling) 與價格下限 (floors)

如果在市場調整過程當中，並沒有出現任何干預 (interferes) 的現象時，要素市場最終均會回到均衡價格與數量。然而在許多情況之下，人為的干涉將會改變要素的價格。考慮勞動市場內最低工資及房屋市場內最高房價限制對要素市場供需的影響。

在圖 12.3(a) 當中所表示的為勞動市場的供需關係。水平軸所表示的是每個月勞動力的僱用量，而垂直軸所表示的為每個月的工資率，市場均衡工資為 W_e。如果勞委會建議每個月最低工資為 14880 元（我國 1995 年的最低工資水準）如 W_m 所示時，在 W_m 之下，家計部門願意提供之勞動力為 Q_s 數量，但廠商所願意僱用之數量祇有 Q_d 之多，而 Q_s 與 Q_d 之間的差異表示一些願意工作但無法找到工作的勞動力數量。

而價格上限與價格下限的作用正好相反。價格上限將使得市場內出現短缺的現象，但價格下限則是使得市場內出現剩餘的現象。例如，在房屋市場當中，政府若宣示房價每坪為 7 萬元，如圖 12.3(b) 中 P_m 所示，由於每坪 7 萬元的房價遠低於市場均衡價格 (P_e)，因此市場上對房子之需求將由 Q_e 上升至 Q_d，但願意在 P_m 供給房子之建商僅有 Q_s 數量。 Q_d 與 Q_s 之間的差異代表在房屋市場當中的短缺現象。

圖 12.3　價格上限與價格下限

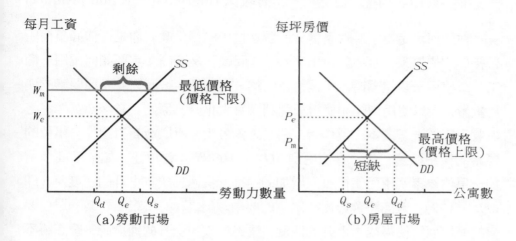

(a)勞動市場　　　　　　(b)房屋市場

圖(a)所表示的為勞動市場的供需關係。在均衡情況之下，市場均衡工資率水準
為 W_e，而均衡數量為 Q_e。當政府設定最低工資水準在 W_m 水準時，人們所願
意供給勞動力有 Q_s 之多，但廠商在 W_m 水準之下，祇願意需求 Q_d 數量之勞動
力，因此在勞動市場當中，出現供過於求的現象，有 $Q_s - Q_d$ 部份的人將會找
不到工作。圖(b)所表示的是房屋市場之供需情形，在均衡價格 P_e 之下，均衡
數量為 Q_e。當政府設定最高房價為 P_m 時，市場上對房屋之需求有 Q_d 之多，
但市場上所願意供給之數量卻祇有 Q_s，因而房屋市場上形成一種超額需求之
短缺現象。

第三節　廠商如何決定要素僱用數量

　　要素市場內的市場需求曲線為由市場內個別廠商對要素的需求曲線所
組成。臺電公司對工程師有所需求，而臺塑公司亦同樣的會僱用一些工程
師，因此，對工程師的市場需求包括了臺塑及臺電的需求。不同公司會因
為不同的原因而僱用工程師，臺電僱用工程師之目的可能在於操作發電廠
的設備，而臺塑僱用工程師的目的可能在於六輕建廠上的需要。雖然，二
家公司僱用要素的目的不同，但二家公司僱用或取得要素的決策過程基本
上是相同的，以下我們將討論廠商如何來僱用要素？

一、個別廠商的需求：邊際產出收入 (marginal revenue product)

你如何決定為了某件事情你所願意付出的價值呢？你是否依據事情所帶給你的價值來決定你的付出呢？這些問題正是廠商決定要如何僱用一個工人或使用一臺機器時，所經常會問的一些問題。廠商對於各種要素的使用數量，均以使用到能夠使得公司利潤最大化時為原則。當廠商選擇在邊際收入等於邊際成本來運作時，利潤將會最大，所以廠商對額外一單位的要素的使用數量，會一直使用到 $MR = MC$ 時才會停止。如果廠商多增加一單位要素使用而使得收入增加的速度，快過於成本上升的速度時（即 $MR > MC$），廠商將會僱用該單位的要素。反之，如果廠商對某一單位要素的使用而將使得成本上升的速度，快過於收入上升的速度時，廠商將不會僱用該單位的要素。

如果僱用額外一單位的要素將使得廠商的收入大於成本時，廠商就會僱用此一額外單位的要素。在前面討論有關於成本時，我們曾經論及邊際產出 (MP) 的觀念，換言之，邊際產出所代表的為使用額外一單位的要素時，所能帶來的額外產出數量之間的關係。在企管顧問公司內，企管顧問師的邊際產出所代表的為額外一位企管顧問師所能完成的個案數目。圖 12.4 中的表所表示的即是南天企管顧問公司的企管師數目（第 1 欄），企管師所能夠完成的個案數（第 2 欄）以及邊際產出數（第 3 欄），圖形所繪製的為邊際產出之關係。邊際產出曲線的形狀，為一種先上升之後由於邊際報酬率遞減的關係而會開始下降的曲線關係。

對廠商而言，額外產出所帶來的價值為該額外產出所能產生的收入（邊際收入），以邊際收入 (MR) 乘上邊際產出 (MP) 就能得到邊際產出收入 (MRP)。MRP 代表廠商使用額外一單位的要素時，所能帶來之價值。

$$MRP = MR \times MP$$

要素（如勞動力）的邊際產出收入是用來衡量最後一單位要素（工人）的投入所能產生的額外產出及其所對應的價值。在圖 12.5 當中我們繪製了南天企管顧問公司的邊際產出收入曲線，由圖形中我們可以看到 MRP 曲線亦是一種先上升而後開始下降的關係。

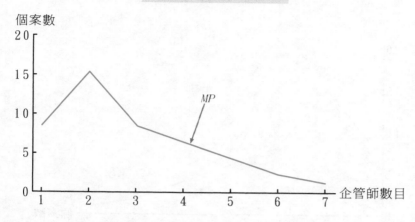

圖 12.4　邊際產出曲線

企管師	個案數	邊際產出
1	8	8
2	23	15
3	31	8
4	37	6
5	41	4
6	43	2
7	44	1

要素對廠商的價值，完全取決於要素所能產生的額外產出價值，此一額外產出即是要素的邊際產出 (MP)。企管師處理個案的邊際產出如表所示，而圖形則是表示邊際產出曲線之關係。

二、邊際要素成本 (marginal factor costs, MFC)

MRP 為衡量額外一單位的要素投入所能帶給廠商的價值，為了決定廠商將要僱用的要素數量，廠商亦必需要清楚額外一個單位的要素投入，能給廠商帶來的成本有多大。額外一單位的要素所能帶給廠商的成本大小，則是受到廠商所處在的購買要素的市場內，是存在有許多的供應商或僅是存在一家或少數幾家的供應商。

1.完全競爭要素市場下的僱用要素

如果廠商是處在一種具有許多供應商，而且每一家供應商均提供相同要素的市場（完全競爭要素市場）當中，來僱用要素時，對廠商而言，每額外一單位的要素價格是固定的，為什麼？因為沒有任何一個賣方的規模大到足以改變要素的價格。此時，生產商品的廠商可以隨心所欲的僱用

圖 12.5　邊際產出收入曲線

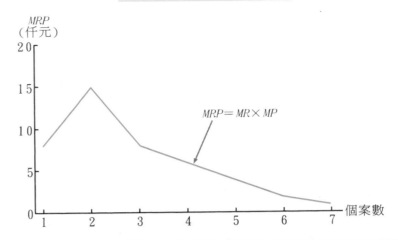

企管師	個案	邊際產出	個案價格	總收入	邊際收入	邊際產出收入
1	8	8	1000	1000	1000	8000
2	23	15	1000	2000	1000	15000
3	31	8	1000	3000	1000	8000
4	37	6	1000	4000	1000	6000
5	41	4	1000	5000	1000	4000
6	43	2	1000	6000	1000	2000
7	44	1	1000	7000	1000	1000

邊際產出乘上邊際收入即是邊際產出收入。將圖 12.4 中的邊際產出曲線乘上邊際收入之後，繪製成圖 12.5 之邊際產出收入曲線。

所需要的要素數量，而不必擔心將會對該要素的價格或數量有所影響。圖 12.6(a)及(b)顯示了企管顧問師的市場，市場的薪資水準是由市場需求曲線與市場供給曲線所決定如圖 12.6(a)。工資水準所代表的是個別廠商之水平供給曲線如圖 12.6(b)。

假設企管顧問師的市場薪資水準為每日 1500 元，公司可以以每日 1500元來僱用任何數量之企管顧問師而不致於影響到企管師市場的價格。此時，到底公司將會僱用多少位企管顧問師呢？公司將會僱用企管顧問師，直到僱用額外一單位的企管師所能帶來的收入與所帶來的成本相等時為止。

讓我們使用圖 12.7 來說明廠商在面對完全競爭的要素市場時，將如何來決定要素的僱用數量。廠商僱用第一位企管師之邊際產出收入為每天 8000 元，而成本則是每日 1500 元（見圖 12.5 ），因此當廠商僱用第 1 位企

圖 12.6　完全競爭要素市場及個別廠商

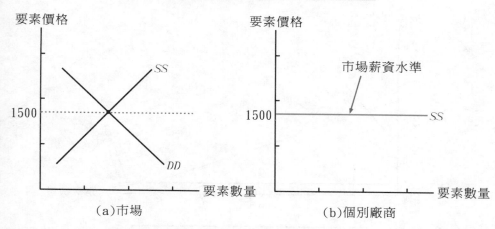

(a)市場　　　　　　　　　　(b)個別廠商

要素的需求與供給曲線決定了要素的價格如圖 12.6(a)。市場價格為個別廠商取得任何單位要素所必需支付的價格如圖(b)。在完全競爭的要素市場內，個別廠商為價格接受者。

管師時，公司存在利潤。而僱用第 2 位企管師能帶給公司每日有 15000 元的額外收入，但公司的成本仍是每日 1500 元，因而此時公司仍是有利潤可圖。當公司一直僱用到第 6 位企管師時，MRP 仍舊大於 MFC，因而此時公司仍是有利可圖。但當公司僱用到第 7 位企管師時，由於 MRP 已經小於 MFC，因此公司將面臨到成本大於收入的情況，而使得公司將不會去僱用第 7 位企管師。因此，在本例當中公司最適的僱用數量為 6 位企管師。由圖 12.7 的關係亦可以看出，邊際產出收入曲線在數量 6 以前，一直在工資水準 (MFC) 以上，表示公司在僱用 6 位企管師以前的邊際收入均大於邊際成本。

　　廠商將會一直僱用企管師直到僱用額外一單位之企管師所能產生的邊際產出收入與僱用額外一單位企管師所能產生的邊際成本相等時為止。由於 MRP 代表額外的要素收入，而 MFC 代表額外的要素成本，因此廠商僱用要素之均衡水準決定於 MRP = MFC 時的關係。邊際產出收入等於邊際要素成本為一種通則，無論廠商所處在的商品市場為完全競爭、獨占競爭、寡占或獨占，此一通則均可以成立。此外，對所有型態的要素市場而言，此一通則亦成立。

　2.單買者 (monopoly buyer) 之要素僱用

　　如果僅有一家廠商購買要素或商品時，該廠商稱之獨買者(monopsonist)。

圖 12.7　要素之僱用

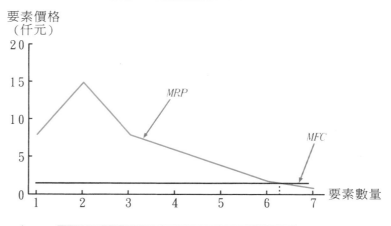

Q	MRP	MFC
1	8000	1500
2	15000	1500
3	8000	1500
4	6000	1500
5	4000	1500
6	2000	1500
7	1000	1500

由邊際產出收入與邊際要素成本（工資率）之間的關係，可以來決定廠商僱用企管師之數量。個別廠商之 MRP 及 MFC 資料如表內關係所示，而圖則表示 MRP 曲線與 MFC 曲線的關係。在企管師數量 6 位以前，$MRP > MFC$；而大於 6 位以後，則 $MRP < MFC$。因此，公司最適僱用量應是 6 位企管師。

獨買廠商通常會以較邊際產出收入為低的價格來購買要素。例如，假設六輕為麥寮當地唯一的一家僱用要素的廠商，如果六輕進行招募企管師的過程如同圖 12.8資料所顯示，當每日工資為 800元時，僅有一位企管師有意願而且能夠工作。如果公司每日願意付 850元之薪資時，則有 2位企管師願意來工作。然而此時公司並無法給第 1位企管師 800元的薪資，而給第 2位企管師 850元的薪資，公司必需同時給 2位企管師 850元之薪資水準，否則第 1位企管師將會辭職。公司必需以 850元來僱用 2位企管師，結果使得僱用 2位企管師之總要素成本 (total factor cost, TFC)成為 1700元，而非 1650元。因此，增聘額外一位企管師之邊際要素成本為 900元而非 850元。如果公司願意提供每日 1050元之薪資水準時，將可以僱用到 4位企管師；此時總要素成本為 4200元，而邊際要素成本成為 1350元（見圖 12.8）。

圖 12.8　獨買者

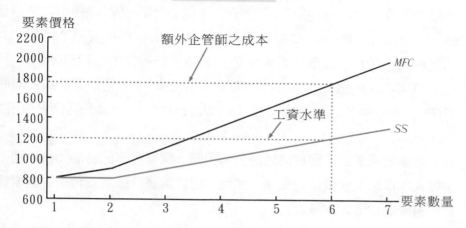

企管師	個案數	邊際產出	個案價格	總收入	邊際收入	邊際產出收入 (MRP)	每日工資	總要素成本	邊際要素成本 (MFC)
1	8	8	1000	1000	1000	8000	800	800	800
2	23	15	1000	2000	1000	15000	850	1700	900
3	31	8	1000	3000	1000	8000	950	2850	1150
4	37	6	1000	4000	1000	6000	1050	4200	1350
5	41	4	1000	5000	1000	4000	1150	5750	1550
6	43	2	1000	6000	1000	2000	1250	7500	1750
7	44	1	1000	7000	1000	1000	1350	9450	1950

當廠商為一種要素的獨買者時，它所面對的 MFC 曲線為在供給曲線上方的一種關係。每一次廠商購買一個單位的要素時，所有單位的要素價格均會同時上升，結果使得僱用額外一單位的要素成本，超過必需支付給額外一單位要素之價格，此種關係可由表第 8 欄到第 10 欄中看出。廠商將會一直僱用要素直到要素之 $MFC = MRP$ 時為止。廠商付給要素的價格為以 $MFC = MRP$ 所決定的數量與供給曲線相交時，所決定的要素價格水準。因此，要素的所得收入將少於它的邊際產出收入。

在圖 12.8當中，圖形所表示的為六輕僱用企管師的邊際要素成本曲線與供給曲線的關係。表中第 8 欄的資料為供給曲線(SS) 所使用的數據，而第 10 欄的資料則是繪製邊際要素成本 (MFC) 所根據的資料。對獨買者而言，MFC 曲線在供給曲線的上方的理由為：對廠商而言，每增加僱用一位企管師的額外成本為這一位新僱用企管師的薪水加上付給其他已經在工作的企管師之額外薪水總和。

而邊際要素成本上升的原因為：因為支付給企管師的薪資小於他們的邊際產出收入的關係。由於公司將僱用 6 位企管師，因為僱用第 7 位企管師時，將帶給公司額外的 1950 元之成本 (MFC)，但僅能帶給公司額外 1000 元之收入 (MRP)。但僱用第 6 位企管師時將能夠帶給公司額外 2000 元之收入 (MRP)，雖然公司所支付的薪資水準僅有 1250 元，但是額外的成本 (MFC) 為 1750 元，因為公司的 MRP 大於 MFC，所以公司仍會僱用第 6 位企管師。

祇要要素是由非獨買的廠商所僱用時，購買要素的廠商均會以邊際產出收入水準來支付要素的價格。然而，獨買廠商所願意支付的要素價格卻低於邊際產出收入水準。

三、超過一種以上要素的僱用

截至目前為止，我們所討論的均是假設在其他要素數量固定不變之下，廠商僱用一種要素之決策。一般而言，廠商會同時使用多種要素，因而僱用要素的決策將取決於同時考慮其他要素使用時的最適數量。廠商如何來決定應該使用什麼樣的要素組合呢？如同消費者在決定應該如何同時消費多種商品組合的過程，當廠商花費在每一種要素上所能獲得的每一額外單位的收益是相同時，為廠商使用多種要素的最適使用量。

在消費者效用最大化的探討過程當中，我們談到，當消費者對所有商品消費之一塊錢支出所能得到的邊際效用均相同時，消費者的效用最大：

$$\frac{MU_a}{P_a} = \frac{MU_b}{P_b} = \cdots = \frac{MU_z}{P_z}$$

類似的法則，亦存在於廠商在同時僱用多種要素的決策過程當中。**當廠商同時僱用多種要素時，每一塊錢用於每一種要素的支出所能得到的邊際產出收入均相等時，廠商的利潤將會最大或成本將會最小：**

$$\frac{MRP_{\text{Land}}}{MFC_{\text{Land}}} = \frac{MRP_{\text{Labor}}}{MFC_{\text{Labor}}} = \cdots$$

祇要要素之 MFC 小於 MRP 時，廠商就可以透過多僱用要素數量來增加利潤。如果額外一塊錢花在勞動力上的支出上所能產生之 MRP，小於花費在資本上所能得到之 MRP 時，廠商可以透過增加資本的僱用量來

增加收入。

　　倘若一種要素價格相對於其他要素價格為昂貴時，使用昂貴的要素所產生的邊際產出收入，應該要顯著大於使用其他要素之邊際收入，才能符合要素僱用的均衡條件。例如，總公司在臺北的廠商的邊際產出收入應該要較總公司在嘉義的廠商之邊際產出收入來得大，因為臺北的房租水準遠高於嘉義的房租水準。

四、產品市場結構及要素需求

　　廠商購買能夠使得它們利潤最大的要素種類及數量，每一家廠商將會選擇當每一塊錢的要素支出，所能得到之 MRP 相等時的要素數量來使用。而 MRP 的大小完全取決於廠商所存在的市場結構，當其他條件不變時，一個在完全競爭市場內的廠商能夠較在其他種市場結構內的廠商以更低的要素價格及更多的要素數量來從事生產。由於在完全競爭當中的廠商生產較在其它種市場結構當中的廠商更多的商品，因此它必需使用更多的要素數量。當其他條件不變時，完全競爭的廠商對要素的需求曲線，應位於獨占廠商、寡占廠商或獨占競爭廠商的要素需求線的上方。

　　對完全競爭廠商而言，由於價格與邊際收入相等，$P = MR$，因此，邊際產出收入 $MRP = MR \times MP$ 亦可寫成是 $P \times MP$。有時候 $P \times MP$ 亦稱之為邊際產出價值，VMP (value of the marginal product)，用來與邊際收入產出做一區別：

$$MRP = MR \times MP$$
$$VMP = P \times MP$$

　　無論是獨占廠商或完全競爭廠商，廠商對要素之需求為該要素之 MRP。然而，除了完全競爭市場廠商的 $P = MR$ 以外，其他市場內的廠商的價格均會大於邊際收入，因此在其他市場結構之下 VMP 均會大於 MRP。由於 MRP 代表廠商對要素之需求關係，因此在完全競爭市場當中的需求曲線 $(VMP = MRP)$，將會位於其他種市場結構當中廠商需求曲線 (MRP) 的上方。

重 點 彙 整

1.利潤為一種附加的酬金或是殘留物，利潤為收入扣除所有成本（含機會成本）之後所剩餘的部份。企業家對該殘留物（附加酬金）具有要求權，正因為如此企業主有時亦被稱為附加酬金之要求者。

2.廠商使用要素的目的在於生產商品及勞務，因此，廠商對要素之需求完全取決於消費者對該公司產品及勞務的需求，由於這一個理由，對要素之需求有時又稱之為衍生性需求。

3.在其他條件不變時，當要素的價格下降廠商將會有更大意願及能力去使用（買或租）該要素。

4.要素價格的降低亦增加了廠商僱用該要素之能力。當其他條件不變時，在同樣總成本的條件之下，較低的要素價格使得廠商得以使用更多的要素。

5.因為所得效果與替代效果的關係，所以對要素的需求曲線具有負斜率。

6.對要素需求的價格彈性將會受到下列一些因素之影響：
   (1)使用該要素所生產出來產品之需求價格彈性，
   (2)該要素在總成本中所佔有的比例，
   (3)該要素的其他替代品數量，及
   (4)所考慮期間的長短。

7.在其他條件不變之下，我們可以說當商品的需求價格彈性愈大時，用來生產該商品的要素之需求價格彈性也愈大，反之，亦成立。

8.決定要素需求曲線的一些非價格因素有：
   (1)使用要素所生產出來的產品之價格，
   (2)要素的生產力，
   (3)要素需求者的數目，
   (4)相關要素的價格，及
   (5)其他要素的數量。

9.要素供給的價格彈性取決於所使用要素的替代品數目以及所考慮的時間長短。

10.當一種要素具有完全無彈性之供給曲線（垂直線）時，要素收入稱之為經濟租。

11.如果要素的供給曲線為完全彈性時（水平線），則要素收入稱之為移

轉收入。對具有正斜率而且向右上方傾斜之傳統供給曲線而言，要素收入包含了經濟租與移轉收入二部份。

12.移轉收入為要素使用在最佳的其他用途時，所可以取得之收入（機會成本）。換言之，移轉收入為使要素「移轉」用途時，所必需支付的代價。而經濟租則是超過移轉收入部份的收入稱之。換言之，經濟租為不需要維持要素在目前用途的收入之部份。

13.在經濟學當中，對於租金之定義有二種。最普遍之用途為定義使用某些事情之代價，而非支付某些事情因而取得之所有權。第二種用途則是用來說明使用供給固定（完全無彈性之供給）的某些事情之代價。

14.要素供給曲線將會移動如果：

　(1)嗜好改變，

　(2)供應商數量改變，或

　(3)其他一些使用要素的價格改變。

15.如果僅有一家廠商購買要素或商品時，該廠商稱之獨買者。

16.祇要要素是由非獨買的廠商所僱用時，購買要素的廠商均會以邊際產出收入水準來支付要素的價格。然而，獨買廠商所願意支付的要素價格卻低於邊際產出收入水準。

17.當廠商同時僱用多種要素時，每一塊錢用於每一種要素的支出所能得到的邊際產出收入均相等時，廠商的利潤將會最大或成本將會最小。

18.祇要要素之 MFC 小於 MRP 時，廠商就可以透過多僱用要素數量來增加利潤。

練　習　題

1.為什麼對要素的需求又稱為衍生性需求？對商品及勞務的需求是否可以稱之為衍生性需求呢？

2.使用下表的資料來計算邊際收入產出 (MRP)。

要素數目	總產出	產出價值	要素價格
1	10	5	10
2	25	5	10
3	35	5	10
4	40	5	10
5	40	5	10

3.使用問題 2 的資料來計算 MFC。

4.假設要素價格與要素數目的關係為

要素數目	要素價格
1	10
2	12
3	14
4	16
5	18

　　但其他關係則如問題 2 的表內所示時，重新計算此時 MFC 及 MRP。

5.利用問題 4 的資料來計算當使用 4 個單位要素時第 3 個單位要素的經濟租與移轉收入。而如果祇使用 3 個單位要素時，經濟租與移轉收入又是為何？

6.假設第 100 位工作的邊際產出為 3 個單位，而對應產出水準的公司邊際收入為 \$2，產品價格為 \$3 而工資水準為 \$99。

(1)此時公司是否最大化利潤？

(2)使得 100 位工人最大化利潤工資水準為何？

第13章

勞動市場

前　言

　　年紀較大工人的薪資所得較年輕工人為高；男性的工資較女性為高；在美國白種人的薪資所得較黑人或拉丁美洲裔的人種之所得為高；工會會員 (unionized workers)所得較非工會會員多。然而，在前一章當中，我們學習到勞動力的價值可以用邊際產出收入 (MRP)來衡量。果真如此，是否就意味著年長工人的生產力大於年輕的工人，白種工人的生產力高於有色人種之工人，男性生產力高於女性的生產力等等？如果不是，那是否在勞動市場的理論當中，我們忽略了什麼重要的因素？在本章及下一章當中，我們將深入探討勞動市場的一些行為。

第一節 勞動供給

勞動的供給來自於家計單位，**家計單位內的每一個成員必需決定每天是否願意放棄一部份的休閒時間而用於工作上，這種決策為個人的勞動供給決策，亦稱之為勞動—休閒之取捨** (labor-leisure trade off)。

一、個人勞動供給：勞動及休閒之取捨

由於每日僅有 24 小時可以使用，因此人們必需決定如何來分配稀少的時間。事實上，人們祇有二種選擇：他們可將時間花在(1)為賺取所得而工作或(2)不工作，不工作的時間稱之為休閒時間 (leisure time)。人們想要有休閒的時間，雖然多數人喜歡他們工作的內容，但多數人仍寧可工作少一點，而花多一點時間來從事休閒活動。人們必需放棄領有薪資所得的工作時間，才能增加休閒的時間。**當薪資水準上升時，休閒時間的機會成本就上升，如此將使得人們選擇較少的休閒。換言之，較少的休閒時間意味著將有較多的工作時間。**

當工資水準上升時，人們願意而且能夠工作的時間增加了。當休閒的代價上升時，人們將會選擇工作更長的時間。然而當工資水準上升時，却仍有一部份的人選擇更多的休閒，這一部份人可能由於本身的所得已經很高了，因此，他們可以購買所想要的商品及勞務，包括休閒。所以，工資上升時將會產生二種不同的效果：一種為增加工作時數的效果，另一種則是減少工作時數的效果。換言之，當工資上升時，勞動供給量有可能因而上升亦有可能因而下降。

圖 13.1 所表示的為代表一般人的勞動供給曲線關係，勞動供給首先隨著工資的上升而呈現增加的現象，當工資水準大到某一程度之後（如圖中 W^* 所示），人們開始選擇較多的休閒；此時供給曲線開始轉向後方 (backward)。具有向後彎曲的供給曲線的關係稱之為向後彎曲 (backward-bending) 的勞動供給曲線。

二、從個人勞動供給到市場的勞動供給

當個人進入勞動市場以後，個人將會選擇在不同的工資水準之下來提供不同時間的勞務供給。是否提供就業的勞動力決策，是屬於一種勞動力

圖 13.1　個人勞動供給曲線

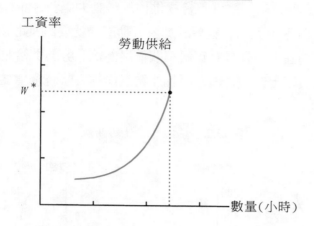

當工資率上升至少到某一工資率 (W^*) 水準時，人們願意而且能夠供給更多的
勞動力。較高的工資率代表休閒時間的機會成本上升，因此人們將會購買較少
的休閒（或工作較多）。然而當工資持續上升到達某一水準之後，由於人們有
足夠的所得來購買所有的商品及勞務（含休閒），因此人們將會開始減少勞動
力的供給。如果人們減少勞動力供給的意願很強時，勞動供給曲線將呈現一種
負斜率之關係。最普遍之個人勞動供給曲線為先是正斜率，當工資達到某種水
準 (W^*) 之後，由於人們選擇較多的休閒，因此，使得勞動供給曲線呈現一種
向後彎曲的現象。

參與 (labor force participation) 之決策。在我國凡是年齡大於 15 歲以上，而
且積極尋找工作的人稱之為勞動力 (labor force)。勞動力為在某一薪資水準
時，願意提供勞力服務的一群人。當工資率上升以後，參與勞動力的人數
將會上升。

　　圖 13.2(a)表示了勞動市場的供給曲線關係，市場的供給曲線為水平加
總勞動市場內個人的勞動曲線，例如，將圖 13.2(b)及(c)的個人供給曲線水
平加總即得到圖(a)之市場供給曲線。如果個人的勞動供給曲線具有正斜
率時，由於市場供給曲線為市場內個人供給曲線之水平加總，因此市場供
給曲線亦具有正斜率。雖然有些個人的勞動供給曲線在某一工資水準以上
會向後彎曲，但市場之內所有個人的供給曲線在同一薪資水準會同時向後
彎曲之機率卻很低。並不是每一個人對工作與休閒之間的取捨關係是相同
的。換言之，並不是每一個人在同一工資水準之下，會提供同等的勞動力
服務。一些原先在工資水準較低時不願意工作的人，現在可能因為工資率

上升而願意提供他們的勞動力。如在圖 13.2(b)中我們看到，當工資水準小於每小時 150 元時，李先生就不會提供他的勞動力服務，而林先生則是在工資率大於每小時 50 元時，就願意進入勞動市場就業，因此勞動市場的供給曲線為一種向右上方且具有正斜率關係之曲線。勞動供給曲線具有正斜率是因為當工資率上升時，願意而且能夠工作的人數將會增加。

圖 13.2　勞動市場供給曲線

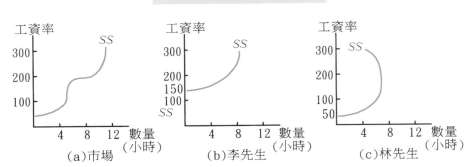

圖(a)所表示的為勞動市場的供給曲線。市場的供給曲線由市場內每一個個人的供給曲線如圖(b)及(c)水平加總而得。圖(a)所表示的為當工資率上升時，勞動市場內每個個人所能而且願意工作的時數之間的關係。

三、均衡

　　由於在勞動市場當中是由勞動供給曲線與勞動需求曲線所組成的，我們在前一節當中已經討論了勞動的供給關係，至於勞動的需求關係則完全取決於廠商的邊際產出收入曲線。勞動需求曲線與勞動供給曲線相交會的地方，決定了均衡的工資水準 W_e，以及在均衡工資水準時的均衡工作時數 Q_e，如圖 13.3 的關係所示。

　　由圖 13.3 中所表示的勞動市場的關係得知，當工人的水準以及工作的內容均是相同時，市場之內祇會存在一個均衡的工資水準。然而事實上，不但是工人的水準是不相同的，工作的內容也是不相同的，因此，工資就會有所不同的。大學畢業的人較祇有高中畢業的人薪資更高。年長的工人較年輕的工人賺得更多，男性較女性薪資更高，而工會的工人較不屬於工會的工人所得更高。

　　根據勞動市場模型，廠商將依據工人的邊際產出收入來支付薪資。當一位工人的生產力愈高時，他所得到的薪資水準也就愈高。然而此種關係

在真實世界當中未必是完全存在。在真實世界當中，我們經常可以看到，即使是二位工人的生產力類似，但是薪資卻有明顯的差異，而不同工人的生產力即使有很大差異，但薪資所得卻非常類似的情形。以下我們將更進一步來探討形成薪資差別的原因。

圖 13.3　勞動市場均衡

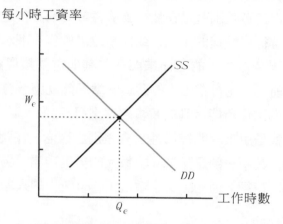

對公司而言，如果工人水準都是相同時，或對工人而言，所有工作內容均是相同時，一條勞動需求曲線及一條勞動供給曲線就可以用來定義勞動市場的均衡。而由需求曲線與供給曲線相交的一點決定了均衡的工資率水準以及均衡的勞動力僱用量。

第二節　工資差別 (wage differentials)

對一家公司而言，如果工人均是相同（即公司不在乎僱用是老王、老李或老林）時，或對工人而言，工作內容亦均是相同的（即工人不在乎為臺塑工作或為統一工作或為巨蛋 24 小時超市工作）時，一條勞動需求曲線與一條勞動供給曲線的關係，就可以用來定義一個均衡的工資水準。然而如果公司區分不同生產力水準的工人，而工人區分不同公司或工作性質時，在勞動市場當中就會存在超過一個以上的市場以及超過一個以上的均衡工資。因此，對不同的工作或不同的工人而言，工資水準當然就會有所不同。工資差別的原因為補償性工資差別及個人生產力差異的關係。

一、補償性工資差別 (compensating wage differentials)

　　某些工作是令人分外討厭的，因為工作的地點不佳或因為工作性質較為危險或不健康。在多數的市場經濟體系當中，仍將有一部份的人會自願去選擇一些令人不悅的工作，因而使得這些工作也會有人去做。由於，有補償性的工資差別，因此，就有一些人願意去選擇一些令人不悅的工作來就業。補償性工資差別就是在彌補風險性較高或工作地點不佳之工作。例如，在十層樓從事焊接的工人，或從事垃圾收集、下水道清理，或是礦坑的工人，如果拿這些人的工作來與一些其他需要類似資格的工作相比較時，從事於前述這些行業工人的薪資水準顯然就應該會較一些其他需要類似資格工人的工作所能得到的薪資水準來得高。

　　圖 13.4 就是用來說明補償性工資差別之觀念。在圖 13.4 當中，存在二個勞動市場，其中一個是職業風險較大的勞動市場，另一個則是風險較小的勞動市場。在每一種的工資水準之下，有較少的人願意且能夠從事風險

圖 13.4　補償性工資差別

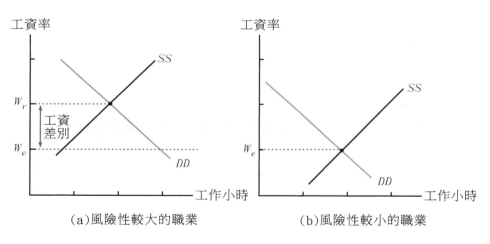

(a)風險性較大的職業　　　　　(b)風險性較小的職業

圖(a)表示風險性較大的勞動市場之均衡關係，而圖(b)則是用來表示風險性較小的勞動市場之均衡關係。在任何工資水準之下，願意到風險性較大市場工作的人數較願意到風險較小的勞動市場人數少。因此，風險較大的勞動市場的供給曲線在風險較小勞動市場之左邊。結果，在風險較大之勞動市場之均衡工資 W_r，較風險較小勞動市場之均衡工資 W_e 來得高，而 $W_r - W_e$ 代表均衡差別。均衡差別代表從事風險較大之工作的補償所得。

性較大的工作，因此，即使勞動市場需求曲線是相同的，風險性較大職業的供給曲線是位於風險性較小工作的供給曲線的左方。結果使得在風險性較大的職業當中的均衡工資水準 (W_r)，較風險性較小職業的均衡工資水準 (W_e) 來得高。**風險較高職業之均衡工資水準與風險較低職業之均衡工資水準之差異** $(W_r - W_e)$ **代表均衡差別 (equilibrium differential)。均衡差別表示從事風險性較大工作的工人之補償收入。**

　　區分不同工作的任何特性均有可能造成補償性工資差別之存在。例如，當一種工作需花費許多的時間且亦必需經常遠離家園而旅行時，該工作的薪水通常會較同性質但不需要經常旅行之工作的薪資來得高。因為多數的人認為，遠離家園旅行不但耗時且亦耗費成本，但是如果人們對於經常旅行與不旅行二件事之間認為是沒有任何差異 (indifference) 時，補償性的工資差別就沒有必要存在。

二、人力資本(human capital)

　　由於訓練時間與本身能力的不同，使得人與人之間的能力有所不同。此種能力與訓練的差異使得人們之間的工資水準亦有所不同。**由於訓練之不同而產生薪資水準不同的原因有二：(1)有特殊技能 (skilled) 的工人，其邊際生產力高於沒有特殊技能 (unskilled) 之工人。(2)由於必需耗費時間與金錢才能訓練出具有特殊技能之工人，因此具有特殊技能的工人之供給將少於沒有特殊技能工人之供給。**由於具有特殊技能的工人具有較高的生產力與較少的供給量，因此，使得具有特殊技能的工人之薪資水準較高。例如，在圖 13.5 當中，具有特殊技術工人之薪資水準為 W_s，而不具有特殊技能之工人的薪資水準為 W_u。差異之所以存在的主要原因乃由於對具有特殊技能工人之需求相對於供給的比率，遠大於對不具有特殊技能的工人之需求相對於供給之比率。

　　由於對較高所得之預期，引起了人們取得人力資本（由教育或工作經驗所取得之技巧與訓練）之需求。人們之所以進入大學、職業學校或推廣教育班接受訓練，是因為他們預期透過訓練將可以增加他們未來的所得。當人們購買了人力資本以後，就可以說這些人從事於人力資本的投資。如同**投資在真實資本（機器設備）上一樣，教育與訓練的目的亦在於產生未來之產出與所得。**

1.人力資本之投資

　　個人從事求學或接受訓練的目的，在於預期在受訓或受教育完成之後

299

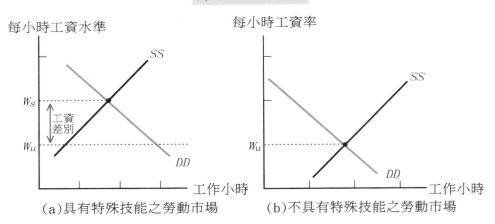

圖 13.5　人力資本

（a）具有特殊技能之勞動市場　　（b）不具有特殊技能之勞動市場

圖(a)表示具有特殊技能工人之勞動市場的關係，圖(b)表示對不具有特殊技能工人之勞動市場供需關係。具有特殊技能之工人需耗時及耗錢予以訓練，因此供給較少，由於具有特殊技能之工人的供給較少，因而使得均衡工資水準較高如 W_s，而 $W_s - W_u$ 的部份為均衡差別。二個市場之間的工資差別代表人力資本之報酬。

的未來所得，將會大於受訓期間所付出之成本。取得人力資本之個人將會隨著時間的過去，而逐漸回收當初在人力資本上的投資。圖 13.6 所顯示的為我國在 1994 年時，不同教育程度工人之平均所得水準。可以預期的是，從各種不同教育程度工人之平均所得來看，在年輕時各種教育水準的工人之平均所得上升得非常快，但到大約 50 歲之後，所得成長開始逐漸減緩。另外，大約 25 歲左右具有高中程度工人的所得大於同年齡但接受過大學教育者之所得，差異的部份正代表接受大學教育者，因為接受 4 年大學教育及正要開始獲得工作經驗之成本。對初入社會的大學畢業的工作者而言，可能需要在數年的工作以後，他們的平均所得才能超越高中畢業之同齡工人。但是平均而言，大學畢業的工人之所得高於高中（職）畢業者之所得。在圖 13.6(b)中，我們看到自民國 65 年至民國 83 年之間，臺灣地區受過大學教育以上之工人的年平均收入（仟元）與接受過高中（職）教育的工人之年平均收入之間的差異。在早期，二者的差異並不是很大，因為在早期受大學教育之工人較少，但近幾年來二者之間的差異有愈來愈大的現象，原因之一在於在近幾年來所謂大學畢業以上者亦含有許多具有博、碩士學位者，因而使得這一群人的年平均收入大幅上升。

圖 13.6　教育水準與所得之關係

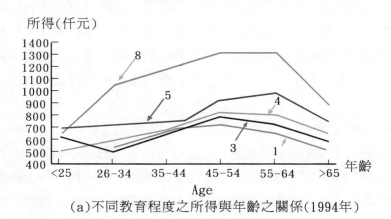

所得(仟元)

(a)不同教育程度之所得與年齡之關係(1994年)

資料來源：黃柏農 (1995)《臺灣地區所得分配變動之研究》，國科會專題研究成果報告，表 4.21–19。

*1: 代表不識字者
3: 代表受過國小以上教育者
4: 代表受過國（初）中以上教育者
5: 代表受高中以上教育者
8: 代表受過大學以上教育者

所得(仟元)

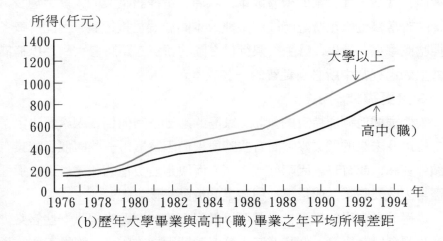

(b)歷年大學畢業與高中(職)畢業之年平均所得差距

資料來源：黃柏農 (1995)《臺灣地區所得分配變動之研究》，國科會專題研究成果報告，表4.21–1。

對任何教育水準之工人而言，所得均會先上升至大約 50 歲左右，接下來則是會以較緩和的速度逐漸減少直至退休為止。圖(a)比較了不同教育水準的工人之所得差異。圖(a)中，在 25 歲以前高中教育之收入大於大學畢業者，主要原因是因受大學教育者接受教育所衍生的一些成本與正在增加工作經驗的成本之故。但到 25 歲以後，受大學教育者與受高中教育者之年收入之差距，隨年齡增加而逐漸加大。歷年受大學教育者與高中教育者之年收入差距如圖(b)所示。在民國 65 年左右二者差距不大，但隨著就讀研究所的人愈來愈多，二者差距有逐漸加大的趨勢。

到底是否要進入大學就讀之決策，就完全取決於就讀大學之後的總收益是否超過就讀 4 年大學所衍生的一些成本。（第 15 章中，我們將會以現值的觀念，來討論這個問題）。換言之，在人的一生當中，因受大學教育所增加的所得與利益是否會大於在受教育期間所損失之所得與因受教育所多支付之成本？如果答案為「是」，那麼合理的決策就是應該選擇就讀大學。

2.主修之選擇

如果你選擇進入大學就讀，你就必需決定主修那一種領域，你的決策完全取決於你所面對的機會成本。如果你花費在某一個工作上時間的機會成本很高時，你可能會選擇機會成本較低之主修。例如，醫學院學生面對較長時間之訓練（7年），且畢業以後的工作時間亦較長，此外，醫生每年亦需花費許多時間來熟悉新的醫學知識與科技，如果你認為當醫生之收入並無法彌補當醫生的過程所必需支付之成本時，你就不會去選擇主修醫學系。你所選擇的主修與職業，正反應了你所面對的機會成本。在其他條件不變時，當某一種職業的機會成本愈大時，選擇該職業的人就會愈少。例如，由於當醫生所花費之時間與金錢成本高於一位銀行員，因此有較多人選擇唸商學系，結果，醫生與銀行員之間的薪資差距將會大到足以補償在當醫生的過程當中所必需耗費的一些成本。

3.變更職業

人們根據他們所持有的資訊、家庭的影響及其他相關因素而決定了他的主修以及未來的職業。然而有些時侯人們因為獲得一些與他們職業有關的額外資訊，或有時候因嗜好改變了，而決定變更他的職業。到底那種人較經常去改變職業，或是那一種職業的流動率較大呢？

透過勞動市場的模型，我們可以針對上述的問題來提供一些答案。有時候我們會以為對第一個職業花上許多時間與成本的人，轉換工作的意願會最低，但是與轉換工作有關的因素應該是邊際成本而非總成本。無論個人是否仍留在第一個職業當中，或是已經離開了該工作，為第一個工作所花費之努力、時間與金錢均已經不存在了，換言之，這些成本是一種沈入成本 (sunk cost)。因此，我們預期一些認為他們的職業已經沒有前途，或是認為該職業之未來所得收入已經沒有其他行業來得高的人，轉換工作的傾向將會較高。我們可以預期當留在原來職業之邊際成本很高時，人們就不會繼續留在該職業或選擇進入該職業。

三、其他因素

　　因為員工所受到一般或特殊訓練時間的不同，使得工資亦有所差別。除此之外，一些工作特性，或員工年齡、經驗亦會使得工資水準有所不同。因為這些因素所形成的薪資差別，可視為是由一個透過自由市場機能來運作，而且是以邊際產出收入來代表工資水準的勞動市場。我們將會在下一章當中，詳細討論這些因素與工資差別之關係。

重 點 彙 整

1. 家計單位內的每一個成員必需決定每天是否願意放棄一部份的休閒時間而用於工作上，這種決策為個人的勞動供給決策，亦稱之為勞動—休閒之取捨。

2. 當薪資水準上升時，休閒時間的機會成本就上升，如此將使得人們選擇較少的休閒。換言之，較少的休閒時間意味著將有較多的工作時間。

3. 風險較高職業之均衡工資水準與風險較低職業之均衡工資水準之差異代表均衡差別。

4. 均衡差別表示從事風險性較大工作的工人之補償收入。

5. 由於訓練之不同而產生薪資水準不同的原因有二：(1)有特殊技能的工人，其邊際生產力高於沒有特殊技能之工人。(2)由於必需耗費時間與金錢才能訓練出具有特殊技能之工人，因此具有特殊技能的工人之供給將少於沒有特殊技能工人之供給。

6. 如同投資在真實資本（機器設備）上一樣，教育與訓練的目的亦在於產生未來之產出與所得。

練 習 題

1. 什麼原因形成向後彎曲的勞動供給曲線？

2. 什麼是人力資本？說明人力資本對工資差異的影響。

3. 討論人們如何選擇主修？如果某人知道主修中文系的畢業生起薪遠低於主修企管系的畢業生，而仍選擇主修中文系時，此人是否不理性，試申述之。

4. 當一個工人替一個公司工作的時間愈長，被解僱或離職的機率就愈低。您如何來解釋這一段敘述？

第14章 工資差別

前　言

　　在 1981年時，我國製造業工作的女性工人的月平均薪資為男性工人平均薪資之 70%左右。此一數據在 10年以後，大約又下降了 6到 7個百分點。在 1990年時，製造業女性工人的月平均薪資所得為男性工人的 64%左右。由前面二章的討論當中我們發現到，對工人工資差別的補償應以他們的邊際產出收入來計算。此外，勞動市場模型亦建議因為性別、年齡或種族 (race) 之不同而給予不同薪資水準之歧視 (discrimination) 現象應該不存在。然而為何女性同胞之薪水會少於男性呢？在美國，甚至有色人種之薪資所得水準也是明顯少於白色人種之薪資所得。除此之外，工會在美國的勞動市場當中亦扮演著非常重要的角色，在我國工會的角色雖然才剛開始起步，但工會如何使得會員所得高於非工會會員的所得亦值得研究。到底是什麼原因形成因性別、種族及年齡之不同而導致工資之不同呢？以上這些問題值得更進一步來探討。

第一節　歧視

在世界各地，因性別及種族等因素所導致的薪資差異時有所聞。研究發現，有色人種的平均薪資僅占白種人之 60%左右。在法國、奧地利及紐西蘭等國當中，女性每小時的工資與男性每小時的工資比率約為 80%～90%左右，但在一些西歐國家當中這一比例卻祇有 65%～75%左右。

一、歧視的定義

當偏見 (prejudice) 存在或因偏見而造成傷害性的結果時，是否就代表歧視的存在呢？考慮一家具有二個分支機構的公司，一家分公司僅僱用白種人，而另一家分公司僅僱用有色人種，又假設二家分公司員工之薪資，與升遷的機會亦是完全相同時，歧視是否仍舊存在呢？

在一家提供員工密集訓練機會的公司當中，若該公司祇偏好僱用較年輕的工人，因為公司認為僱用較年輕的工人時，由於這些工人可以替公司工作較長的時間，因此縱使公司在這些人的身上投入了許多的訓練成本，祇要這些人能夠在公司服務較長時間，公司就可回收這些投入的訓練成本。然而這家公司僱用年輕工人的行為是否亦構成了一種年齡上的歧視呢？在某一大學經濟系的老師當中，女性老師僅占該系 10%員額左右時，您是否就會認為該系存在著性別上的歧視呢？如果該系在報章雜誌上登廣告徵求教師時，亦提供女性教師與男性教師同樣待遇與同等錄用機會時，你對該系關於性別歧視的想法是否亦會改變呢？明顯的，歧視是很難去定義與衡量的。

從經濟學家的角度來看，在勞動市場當中工人的價值完全取決於一些決定邊際產出收入的因素。**當一種因素與邊際產出收入無關時，無論其對勞動市場具有正面或負面的影響，歧視就會發生。**在圖 14.1 當中，如果需求曲線 DD_M 代表對男性員工之需求曲線，而以 DD_F 代表對女性員工之需求曲線，又假設男性員工與女性員工具有相同的邊際產出收入時，此時二群人的工資差別的主要原因可能是肇因於歧視。種族、性別、年齡、體能殘障、宗教性偏好及道德規範均可能是一些與邊際產出收入無關之因素，但却會對勞動市場形成正面或負面的影響（歧視）。

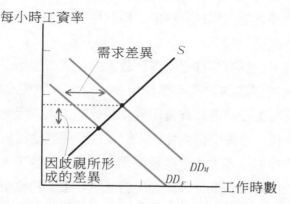

圖 14.1　歧視

DD_M 為對男性員工之需求曲線，而 DD_F 則是對女性員工之需求曲線。二群工人除了在性別上的差異以外，其他條件均相同。對男性員工之需求大於對女性員工之需求與男性員工的薪資大於女性員工薪資之原因完全在於歧視，因為二群的工人具有完全相同之生產力。

二、歧視理論

由於種族或性別所形成的工資差別，提供了經濟學家一個理論上的問題。因為傳統勞動市場模型將工資差異完全歸咎於生產力及勞動—休閒取捨對勞動市場供需影響的差異，在缺乏對性別與種族的邊際生產力差異訊息等的瞭解，經濟學家如何來解釋男性與女性在所得上之不同，或有色人種與白種人在薪資上之不同？**即使歧視是很難理解的觀念，但在沒有更好的因素可以用來解釋薪資為何有所差別的情況之下，經濟學家於是使用歧視來解釋形成薪資差別的原因。**

在自由運作的勞動市場當中，歧視若不存在時，企業有利可圖，因此，歧視不應該存在。由於歧視不應該存在，因此，經濟學家便嘗試去尋找一些可能的解釋原因。**經濟學家辨認出二種可能是形成歧視的來源：第一個來源為個人偏見**(personal prejudice)：如僱主、同事或顧客對於某一種性別或種族的員工存在不喜歡的態度。**第二種來源則是統計上的歧視**：如僱主將某些群體之特性投射到個人身上去（如一些先入為主的觀念），因而產生的一種偏見。經濟學家認為，個人的偏見與市場經濟並不一致，但卻承認統計上的歧視可與市場經濟共存。

1.個人偏見

社會上的某些族群，可能因為僱主、同事或顧客的一些偏見，而已經被排除在一些高薪的工作或一些能累積有用人力資本的工作之外。

⑴僱主的偏見

如果有二位具有同樣邊際產出收入的工人去應徵工作，但其中的一位工人所要求的薪資水準較另外一位工人所要求的薪資水準為低時，理論上公司當然會僱用成本較低的工人，因為此時公司的成本將會較低。假設白種男性工人與女性或與其他種族的工人相較之下具有同樣的生產力，但經理偏好僱用白種男性工人。但由於白種男性工人的薪資較高，因此僱用白種男性工人將會使得公司的利潤下降。

在什麼樣的情況之下，由於個人偏見所造成的利潤下降，變得可以接受呢？對獨占廠商而言，放棄一些獨占利潤以換取經理人員個人偏見的滿足是有可能的。或者是有一些廠商因縱容一些個人的偏見而允許利潤不一定要最大。無論如何，對一些在完全競爭、獨占競爭或寡占等市場結構當中從事生產及銷售的廠商而言，除非其他廠商也同時採行歧視，否則，歧視將意味著經濟損失之存在。廠商是否可以組成歧視的卡特爾呢？在前面我們曾討論到卡特爾組織並無法持久（傾向互相欺騙）──除非在卡特爾組織之內成立一些類似政府組織的機構用來確實執行卡特爾的一些協議，否則卡特爾組織並無法持久。

⑵同事的偏見

有一些工人可能不太願意與某一種種族或某一種性別的工人共事：白種男性員工可能不願意接受來自女性員工之命令，或與一些有色人種的工人共同分擔責任。而具有這種歧視偏好的白種工人，將會自動由僱有女性員工或少數民族工人的公司當中離職。

有關歧視的同事偏見的解釋，可由假設一些白種男性工人為了避免與一些非白種男性工人一起工作，有可能接受較低工資的工作，因而對這些具有歧視的白種男性工人而言，歧視是要付出頗高的代價。

⑶消費者偏見

在某些情況之下，消費者偏向僱用某一類型的人來進行服務。如果消費者偏向僱用一些由白種男性所從事的高所得的工作，如律師或

醫生，但另一方面，對一些低所得之工作如僕人、空服員或護士則又偏向由女性或有色人種來服務時，女性及少數民族將被迫進入一些所得較低之職業中就業。

以消費者偏見來解釋歧視時，假設了消費者願意對一些由白種男性所從事的工作付出較高的價格，在某些情況與在某些時間之內，這可能是一種事實，但在不同國家或較長的時間之下，消費者偏見未必是解釋歧視的主要原因之一。

2.統計上的歧視 (statistical discrimination)

與個人偏見無關的歧視之所以產生的原因，有可能是因為缺乏足夠資訊的關係。雇主必需推測應徵者潛在的生產力，但在多數的情況之下，雇主無從瞭解應徵者真實的生產力。在多數情況之下，當雇主要僱用某人時，所持有的可能祇是一種具一般性的不完全資訊，而這些資訊甚至無法適用到某一特定的人選上。祇信賴一些有關生產力之指標，如教育、經驗、年齡、及在學成績等條件可能使得一些非常優秀的人才找不到工作，但卻有可能讓公司僱用到一些不具有生產力之員工。如此一來，祇根據一些不完全的資訊所做的選擇，就有可能產生了統計上的歧視。

假設雇主發現來自於某一專校（甲校）的應徵者在學校已經先經過某些特殊的訓練，因此，在就業考試時的成績均表現的非常優異，但僱主又由其他的資訊得知，甲校畢業之校友在其他工作崗位的表現卻祇是平平。如果此時雇主決定拒絕所有甲校畢業之應徵者時，雇主是否已經對甲校學生有所歧視了呢？答案為「是」，因為雇主所使用的是一種統計上的歧視。

以上例子也可以延伸到種族或性別的歧視上。假設，根據調查大學畢業女性的生產力較大學畢業男性的生產力為低。如果雇主在僱用員工使用到這一個資訊時，雇主可能就會偏向僱用男性大學畢業之應徵者，如此就形成了一種統計上的歧視。縱使在不同族群當中的個人具有相同的特性時，統計歧視仍有可能會形成一種系統性的偏向某一族群的傾向。

三、職業隔離(Occupational Segregation)

統計上的歧視與資訊的不完全有可能形成排擠 (crowding)的效果。**排擠意味著將婦女或少數民族擠入一些無法累積人力資本而且無法與薪資較高的工作來競爭的一些職業當中。**今日，即使在一些工業化的國家當中，某些職業仍被認定是「女性的工作」，而某些工作則是屬於「男性的

工作」，由性別而來區分工作的不同稱之為職業隔離。

　　形成職業隔離的原因之一為男性與女性在人力資本取得過程上的不同。男性與女性在人力資本取得上的差異主要來自於生育小孩 (child bearing)的關係。許多資料顯示，婚姻及小孩為形成女性所得無法與男性所得相同的最大障礙。許多婦女在懷孕、小孩出生或小孩仍小時，離開了勞動市場。這些與小孩相關的事情為形成婦女就業中斷的主要原因，正因為這一個原因而連帶影響了婦女日後的所得。由於 75%以上的婦女將會在 30 歲以前生育，使得原本在這段時間之內的婦女亦應該如同男性一般，由於累積工作經驗及接受訓練以便日後賺取更多收入的時間受到中斷，結果影響了婦女日後的所得收入。**其次，縱使婦女選擇繼續留在勞動市場當中，但由於撫育小孩的責任心使得婦女在選擇工作時受到限制**：例如，她們選擇薪水較低的工作，目的在於擁有較短及較有彈性的工作時間或減少出差次數或接受接近住家附近但薪水較低的工作以便能夠照顧小孩。**第三個原因則是婦女對照顧小孩有一種不對稱的責任，因此通常女性會較男性付出更多的時間來照顧小孩**。例如，當小孩出生以後，即使夫妻雙方均擁有相同的教育水準與工資時，在大多數的情況之下均是女性會放棄工作來照顧小孩。

　　然而最重要的一點其實是由於多數的女孩子已經預期自己未來將會成為一位母親，因此，她們對自己人力資本的取得就不像男孩般的那麼認真。在過去這種認知上的差異出現在男學生與女學生對課程選擇或主修選擇上；例如，早期僅有少數的女性會繼續追求研究所的訓練或選擇一些需要較長學習時間及嚴格訓練之學門如醫學或法律。早期多數女孩所選擇的主修，以文學、教育、簿記、打字等學科為主，但男孩則以選擇機械、電機、化工或物理等學科為主。雖然這種情況已逐漸改變，但過去的風氣仍影響著市場。

　　如果進入勞動市場的新女性所擁有的人力資本與進入市場的新男性相同時，在市場內雖然已經存在男性人力資本大於女性的人力資本的情形，但由於這些新女性的加入，將會使得市場內女性的平均人力資本與工資逐漸上升。縱使男性與女性的工資缺口已經在逐漸縮小當中，但是市場內兩性工資差異的缺口仍將會繼續的存在。由於在勞動市場之內男性的平均人力資本仍大於女性的平均人力資本，因此男性的平均工資仍會繼續大於女性的平均工資。

　　統計上的歧視亦會成為男性與女性工資不同的主要原因之一。沒有

小孩的婦女仍舊賺得較男性為少，祇是因為她們被認定是會生育小孩的婦女。這些女性所取得的人力資本（教育訓練），若與男性相比是較為不同的而且是較沒有市場性的。此一現象的發生主要是由於許多沒有小孩的婦女，在先前並無法預先知道她們將無法生育，因此，在學校時間所學到的主題及畢業以後所找到的工作，並無法與男性一般的較具有市場性。雖然雇主多數並無法知道那些年輕的婦女將會有小孩或那些女性將會沒有小孩、誰會離開工作或誰會繼續工作，然而就是以上這些因素導致雇主對提供婦女再訓練機會，或提供一些與工作相關的人力資本投資上的機會時比較有所保留，因為在雇主的主觀上，已經認為婦女將會離開工作一段時間去生育小孩的機率很高。祇因為她是一位女性，就使得雇主對提供婦女再訓練的意願低於對提供男性再訓練之意願。就因為雇主有這樣的看法，使得婦女的工資低於男性，或是使得男性在工作上接受再訓練的機會高於女性員工。

對女性或是她們的雇主而言，生小孩的不確定性並不是很快就會結束的。縱使婦女在30歲左右仍沒有小孩，但婦女到35歲時至少將會有一位小孩的機率仍有25%。如果女性來到這個世界上時，能夠明確被指出在她的一生當中將會養育多少位小孩時，她們的所得與小孩數之間的關係將較目前更為明朗。

四、同等的價值 (comparable worth)

男性與女性之間長久存在的薪資差異使得一些改革者有意去尋找一些新的方法來消除這之間的差異。在美國，法律規定**對於具有同等價值的工作應該提供同樣的所得。同等價值為一句標語 (catchword)，但卻具有工資需由工作性質來決定，而非由供給與需求關係來決定的觀念。因此，具有同等要求的工作應支付同等的薪資。**

為了去認定一些具有同等價值的工作，雇主就必需要對公司內不同的工作進行評估，例如，回答一些問題如：工作所需要的教育水準為何？工作需要多少的訓練？是否需要經驗？需要的技巧為何？工作是否危險？需要多少的監督？工作環境是否令人不舒服等問題，並針對所有答案以不同點數來替代。雇主就可根據這些工作特性所得到的點數來對不同工作進行分類。如果不同的工作具有同等的分數時，按同等價值的看法，雇主對於這些工作應該支付同樣的工資水準。例如，一家公司同時僱用秘書與銲工，經由評估這二種工作的一些工作特性就可以來決定這二種工作的薪資

水準。如果經由評估的結果發現，秘書與鉗工的工作是同等的時候，公司應該支付同等薪水給鉗工與秘書。

反對同等價值的人認為，干涉勞動市場的運作將導致某些職業產生短缺的現象，而某些職業則會出現過剩的現象。例如，在圖 14.2 當中所表示的為醫生的勞動市場：外科醫生及皮膚科醫生之市場。每一個市場的供需情況決定了該市場的均衡供給量與均衡工資水準。由圖中可以看出皮膚科醫生的薪資水準 (W_b)，小於外科醫生之薪資水準 (W_a)。即使不同類科的醫生均要接受相同時間的醫學訓練，以及當二類醫生幾乎要負擔相同的責任時，工資上的差異卻仍然存在。

圖 14.2　同等價值

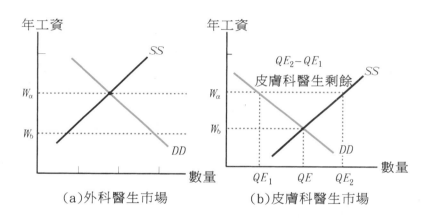

(a)外科醫生市場　　(b)皮膚科醫生市場

圖示外科醫生與皮膚科醫生的勞動市場關係。由外科醫生的供需關係所決定的工資水準高於由皮膚科醫生的供需關係所決定出來的薪資水準。支持同等價值的人認為，二種醫生的薪資應該相等，或是皮膚科醫生的工資水準應該等於外科醫生的均衡工資水準，因為，二類醫生均受同樣期間的訓練且二類醫生所負的責任亦大致相同。但是，當皮膚科醫生市場如果採用較高的工資水準時，將導致皮膚科醫生市場存在供給剩餘現象如 $QE_2 - QE_1$ 所示。此外，較高的工資給予目前醫科學生一個訊息，就是主修皮膚科的學生與主修外科的學生將來的預期所得將會相同，因而使得一些原本主修外科的學生轉向主修皮膚科，如此一來將造成日後皮膚科醫生的供給過剩，而外科醫生呈現供給不足的現象。

擁護同等價值的人則是認為外科醫生與皮膚科醫生的所得應該要相等，等於 W_a（外科醫生之水準）。然而在 W_a 的薪資水準時，皮膚科醫生

的市場將會出現供給剩餘（$QE_2 - QE_1$的部份）的現象。由於皮膚科醫生的薪資水準上升，將導致醫院刪減皮膚科醫生的僱用人數，而給予已雇用的皮膚科醫生較高的薪資。這樣的政策對未來亦會產生某種程度的損害效果。皮膚科醫生具有較高的工資水準可能會給予目前醫科學生一種錯誤的訊息，此一訊息似乎意味著醫科學生應繼續主修已經供過於求的皮膚科而非是供給不足的外科。

第二節　工會與工資差異

在美國，工會會員的平均薪資高過於非工會會員之薪資。而在我國，早期工會力量不強，但近幾年來隨著民主腳步的開放及勞基法的實施，工會的力量有逐漸上升的趨勢。因此，透過了解國外工會組織如何來影響工資的過程，對日後我國工會可能對產業及工人的影響先有所瞭解。

一、獨買者 (monopsonist)

在要素市場當中僅存在單一買主時，稱之為獨買者。獨買廠商會在勞動力的價值超過成本時，僱用額外的勞動力，然而獨買廠商付給勞動力的價值卻低於他應有的價值。換言之，在獨買市場之下，勞動力真實的收入將低於邊際產出收入。在真實社會當中我們很少會看到在市場當中祇有一家廠商在購買要素的情形。多數獨買的現象發生在當市場中多數廠商透過組成一種買方卡特爾的方式來形成獨買者的情形。例如，職籃或職棒的用人過程基本上類似一種獨買的行為（透過職籃公司或職棒聯盟的選秀過程來達成獨買要素的行為）。

二、雙邊獨占 (bilateral monopoly)

當工人的薪資小於他們的邊際產出收入時，工人就有尋找一些能消除獨買力量方法之誘因，方法之一就是由工人組成一種所謂賣方卡特爾（工會）的組織。工會的形成使得工人們能夠共同以一種聲音來與獨買者討價還價，如此因而形成了所謂**雙邊獨占**情形。**雙邊獨占表示獨買廠商面對賣方獨占力量的情形**。圖 14.3的關係表示了雙邊獨占勞動市場的情形，獨買廠商在 $MRP = MFC$ 時，想要僱用 L_1 數量之勞動力，但卻祇願意付出 W_1 水準之工資率。在W_1 水準時，賣方雖然可以而且亦願意提供 L_1 之勞

動量，但此時工資水準並不是賣方的最佳工資水準。工會形成之後，工會將會要求廠方支付 W_2 的工資水準，因為在 W_2 的工資水準時，邊際要素成本正好與勞動力的邊際產出收入相等。最後勞資雙方均可以同意的工資率將會介於 W_1 與 W_2 之間，到底較接近於 W_1 或 W_2，就完全視工會或廠商那一方的力量較強，或那一方的協商技巧較好，或有時也需要靠一些運氣。

圖 14.3　雙邊獨占的勞動市場

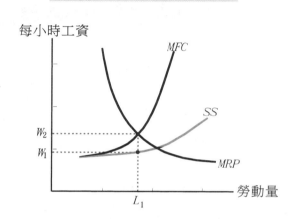

在雙邊獨占的勞動市場當中，廠商依 $MRP = MFC$ 之關係來決定均衡的僱用量，但廠商卻祇願意支付小於邊際產出收入水準之工資 W_1。工會的形成將會要求廠商支付等於 MRP 之工資水準 W_2。因之，勞資雙方必需透過談判的方式來解決對薪資水準之認知差異。最後均衡工資水準將介於 W_1 與 W_2 之間，至於較接近 W_1 或 W_2 則視雙方談判技巧及談判籌碼而定。

工會的效率基礎

　　抵銷獨買力量並非是成立工會的唯一理由，事實上工會存在於許多非獨買的產業當中，工會可以同時為廠方與勞方服務。例如，在大公司裏面可能有許多性質不同的工作，因此，公司可能必需耗費許多時間才能找到適合的人才，除此之外，公司可能不願意與員工就公司的營運及公司的用人政策等問題來溝通。在這些情況之下，公司發現若與工會事先溝通或許成本可以較小。公司可先與工會領袖溝通而後允許工會與工人再溝通，此外，公司可與工會領袖協議工資水準及工作條件，而協議的內容則可直接應用到所有工人身上，如此一來，公司可避免因為與各別員工談判所衍生的龐大成本與時間。由於工會可降低製造業廠商的成本多於服務業廠商的

成本，因此，在製造業當中工會的數目較服務業當中的工會數目為多。因此，當一國的製造業佔整體經濟的比重逐漸下降，而服務業的比重在開始上升時，工會會員數目就會逐漸下降。

工會與公司協議有關於薪資與工作條件的過程稱之為勞資雙方的集體協議 (collective bargaining)。在集體協議之下，工會與公司管理階層坐下來談判完成一份雙方面均同意的有關於工資、工作條件、退休金及一些其他與工作條件有關之合約。通常這一種合約的有效期間均是在數年以上（例如，在美國為 2～3 年），大部份的數年合約亦包含了居住成本(cost-of-living) 之條款。居住成本條款允許在合約期間內，公司可以根據以通貨膨脹率來衡量之購買力的改變，而來定期調整薪資水準。在某些情況之下，如果公司營運沒有盈餘時，工會同意在短期間內做工資讓步或減薪等配合措施。在美國近幾年來工會的討論多集中在工作條件及福利措施等權益的爭取上。例如，健康保險、幼兒照顧及退休金等均是非常重要的論點。

三、工會的經濟效果

工會對工資的影響可透過改變勞動力的需求或勞動力的供給來達成。由於對任何要素的需求為邊際產出收入 (MRP) 或 $MP \times MR$，因此，MP 或 MR 的增加，均會形成需求曲線的移動。如果工會能夠增加勞動的生產力或換言之，增加 MP 時，對勞動力的需求將會上升。因此，對公司而言，工會化之後的最大優點就是生產力的上升。工會亦可成為員工對公司管理不滿的疏通管道，因此工會的存在也可以降低員工的離職率。一般而言，在離職率較低的企業當中，雇主將較有意願提供員工教育及訓練的機會。

工會亦能夠以降低對勞動需求工資彈性之方式，來降低雇主對勞動的需求。較低的工資需求彈性代表任何工資改變對勞動力僱用數量改變的效果較小，因此，當工資需求彈性愈低時，工會要求大幅加薪的傾向就會愈大。除此之外，工會亦能夠以要求公司增加對工會工人的需求或利用政治力量來影響立法等方式，來改變公司對工會會員之需求。在雙邊獨占的市場當中，工會可以透過影響對勞動力的供給來消除要素買主的獨買力量，而在競爭的勞動市場當中，工會亦可以以控制技巧熟練工人之供給的方式來達到提高工資的目的。

假設在圖 14.4(a)當中所代表的為沒有工會組織的勞動市場，由勞動市場需求與供給曲線所決定的均衡工資水準為 W_a，而均衡僱用水準為 L_e。市場當中的每一家個別廠商面對一條水平供給曲線如圖 14.4(b)所示。現假設

工會在產業內能協議出一種新的工資水準 W_b，對單一競爭性廠商而言，更高的工資水準代表著邊際要素成本曲線之上升，如在圖 14.4(b)中由 MFC_1 上升至 MFC_2，更高的工資水準代表更少的勞動力僱用（由 L_1 下降至 L_2 水準）。由於在市場內的所有個別廠商均有同樣的反應，因此更高的工資水準將導致勞動市場當中產生剩餘 $(L_4 - L_3)$ 的現象。

圖 14.4　勞動市場之工會效果

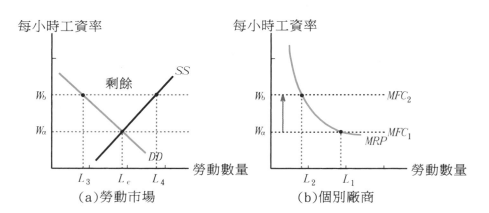

(a)勞動市場　　　　　　　　(b)個別廠商

如果勞動市場是競爭的，如圖(a)所示。市場的供給與需求關係決定了均衡的工資水準 W_a。當工資由 W_a 上升到 W_b 時，人們願意供給的勞動數量將會上升，然而廠商對工作的需求卻下降了，結果在勞動市場當中將出現剩餘的現象。圖(b)則是用來表示個別廠商對工資率上漲以後的反應。更高的 MFC_2 曲線與 MRP 相交在數量較小 (L_2) 之位置，因此，個別廠商對勞動力之需求將會降低。

　　在以上簡單的分析過程當中仍存在二個問題。首先，工會如何在競爭市場當中增加工資水準？其次，對無法在工會部門就業的工人而言，這些工人將會發生什麼樣的事情？

1.工會如何抬高工資率？

　　工會可以透過限制工會勞動力的供給以及增加對工會勞動力需求的方式來達成抬高工資之目的。

　　只僱用工會會員之工廠 (closed shop) 與工人限期加入工會之工廠(union shop)之不同：如果一家廠商僅能僱用工會會員稱為只僱用工會會員之工廠。此時，工會即可透過限制工會會員的數目來達成限制勞動力的供給。

另一方面，對規定工人在取得工作之後的某一段期間之內，必需加入工會的限期加入工會工廠而言，工會並無法有效控制勞動力的供給。美國自1947年通過 Taft-Hartley 法案認定只僱用工會會員之工廠為非法後，工會已無法透過工會會員數量來達成限制勞動力的供給了。

(1)進入某些職業的障礙

為了達成對某些特殊行業勞動力供給的限制，工會可要求較長的訓練期間或採行學徒制 (apprenticeships) 的方式來達成限制的目的。而政府可以以強制實行證照制來限制勞動力的供給。例如，電工、美髮師、會計師及一些其他專業行業必需要取得執照之後才能開業。而取得執照的難易程度則是反應了進入障礙的高低。較高的障礙除了可以增加工資率以外，亦可以減少從其他職業轉入受限制職業的工人數目。

(2)增加需求

工會亦可能以增加對工會工人需求的方式來抬高工資。如果工會能夠說服消費者祇去購買由工會工人所製造出來的商品及勞務時，對工會勞工之需求將會上升，而對工會勞動力需求的工資彈性亦將會下降。

如果工會亦能夠限制一些非工會廠商的進入或限制一些非工會廠商之產出時，對工會勞動力的需求亦將會增加而需求的工資彈性亦將會下降。例如，美國汽車工人協會 (United Auto Workers) 支持立法限制汽車之進口，而紡織工業的工人工會支持對進口紡織品課以關稅 (tariff)，均是在設法減少對非工會廠商所生產出來的商品及勞務的需求。

工會亦可以透過反對新技術的使用與要求溢雇 (feather bedding) 的方式來保障工會會員之工作。**溢雇為要求廠商雇用超出實際需要的工人**，例如，飛機駕駛員：縱使新型的飛機上已經不再需要第三位駕駛員，但工會仍會要求每架飛機上面要有三位駕駛員的方式來要求航空業增加對工會飛行員之雇用。

2.無法在工會部門就業

工會如何來限制工會會員之間可得到的工作數目呢？方法之一就是採用年資 (seniority) 制而另外的方法則是稱為工作分散 (work-spreading)制。**在工作分散法之下，每個工人的工作時間將會縮短，但却可以允許更多會員得到工作**。例如，原先是 40 人每週工作 60 小時，但改成 60 人每週工作

40 小時時，就可以允許更多的人就業。

　　一些無法在工會系統下就業的工人，必需要到非工會部門尋找工作，由於非工會工人之勞動供給增加了，因而使得非工會工人之薪資水準下降。圖 14.5所表示的即是工會勞動市場與非工會勞動市場的關係。在開始時，二個市場的薪資水準是相同的，如果工會能夠限制工會會員勞動力供給的數目，那麼工會會員供給曲線將會由 SS_1 左移到 SS_2，如此使得工會會員的工資水準由 W_1 上升至 W_2。而無法在工會部門就業之工人 $(L_2 - L_1)$，則會移到一些非工會部門就業如圖 14.5(b)所示。此一移轉行為將造成非工會部門之勞動供給增加，由 SS_1 右移到 SS_3，而工資率則由 W_1 下降到W_3。

圖 14.5　工會的經濟效果

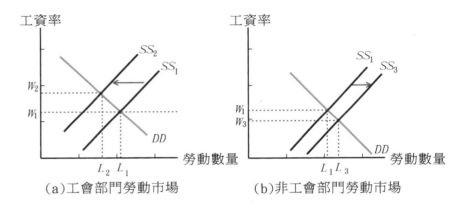

（a)工會部門勞動市場　　（b)非工會部門勞動市場

圖(a)代表工會部門的勞動市場而圖(b)則為非工會部門的勞動市場。在一開始時，二個市場的均衡薪資水準均相同為W_1。工會成功的限制工會部門的勞動供給使得供給曲線由 SS_1 移到 SS_2，結果工資率由 W_1 上升到 W_2。但工資上升代表減少工人之僱用，結果有 $L_1 - L_2$ 的工人沒有工作而必需移轉到非工會部門就業如圖(b)所示。由於非工會部門之勞動力供給由 SS_1 增加到 SS_3，結果使得工資率由W_1 下降到 W_3。

第三節　勞動市場法律：最低工資水準 (min-imum wages)

　　經濟上已發展國家的政府通常會對勞動市場進行某種程度之干預，在多數歐洲國家，政府對勞動市場之管制活動較美國及日本來得更為嚴格。例如，在德國，政府規定所有工人一年當中要有 30 天的帶薪休假期。在美國，自 1930 年代末期開始實行最低工資制，而至 1970 年代才開始注意到職業安全等問題，在本節當中我們將針對基本工資略做說明。

基本工資

　　最低工資為政府要求廠商支付至少某一工資水準——最低工資（或基本工資）**之政策。**我國是在民國 18 年開始訂定最低工資法，並於民國 25 年 12 月 23 日完成立法程序頒佈實施，但後因為一些因素，並未實施「最低工資法」，而於民國 45 年以行政命令另訂「基本工資」做為變通。在民國 57 年行政院正式頒佈「基本工資暫行辦法」，使得實行基本工資有所依據。之後，在勞動基準法（簡稱勞基法）中規定「工資由勞雇雙方議定之，但不得低於基本工資。前項基本工資由中央主管機關擬定後，報請行政院核定之」，基本工資於是為取得合法的地位。民國 74 年行政院核定了「基本工資審議辦法」取代了「基本工資暫行辦法」。「基本工資審議辦法」規定，「基本工資之擬定與調整，應以國家經濟發展狀況、躉售物價指數、都市消費者物價指數、國民所得與平均每人所得、各業勞工工資及家庭收支調查統計等做為依據，並由內政部設立基本工資審議委員會負責審議，報請行政院核定公佈。」民國 75 年，立法院正式通過廢止頒佈達半世紀之「最低工資法」。而歷年我國基本工資之水準與當時製造業平均工資之關係則如表 14.1 所示。

　　在我國基本工資大約是製造業平均工資之 45%左右，由歷年資料看來，多數時段基本工資之成長率，均小於製造業平均工資的成長率，但二者的成長率均遠大於消費者物價 (CPI) 的年成長率。可見在我國基本工資調整過程中，物價並非為唯一的考量指標。

　　在一個完全競爭的勞動市場當中，工人的薪資與他（她）們的邊際產出收入相等。最低工資若設定在高於均衡工資水準時，將形成勞動市場之供給過剩（失業）現象。另一方面，如果雇主為獨買者時，工人的薪資水

表 14.1　歷年基本工資之水準及占製造業平均工資之比例

年	基 本工 資	基本工資年變動率	製造業平均工資	製造業平均工資年變動率	基本工資佔製造業平均工資比例	CPI消費者物價	CPI變動率
1956	300		447		67.11%		
1964	450	33.33%	844	47.04%	53.32%	21.44	
1968	600	25.00%	1232	31.49%	48.70%	24.37	12.02%
1978	2400	75.00%	5416	77.25%	44.31%	54.7	55.45%
1980	3300	27.27%	8040	32.64%	41.04%	71.45	23.44%
1983	5700	42.11%	11135	27.80%	51.19%	86.75	17.64%
1984	6150	7.32%	12186	8.62%	50.47%	86.72	−0.03%
1986	6900	10.87%	13987	12.88%	49.33%	87.19	0.54%
1988	8130	15.13%	17050	17.96%	47.68%	88.77	1.78%
1989	8820	7.82%	19537	12.73%	45.15%	92.68	4.22%
1990	9750	9.54%	22048	11.39%	44.22%	96.51	3.97%
1991	11040	11.68%	24469	9.89%	45.12%	100	3.49%
1992	12365	10.72%	26972	9.28%	45.84%	104.47	4.28%
1993	13350	7.38%	28829	6.44%	46.31%	107.54	2.85%
1994	14010	4.71%	30727	6.18%	45.60%	111.94	3.93%
1995	14880	5.85%	32441	5.28%	45.87%	116.06	3.55%

圖 14.6　最低工資效果

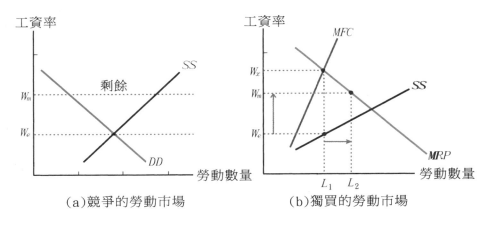

（a）競爭的勞動市場　　　　（b）獨買的勞動市場

在競爭的勞動市場當中，將最低工資水準設高於市場的均衡工資水準時，將會在勞動市場產生剩餘的現象，造成失業率上升，如圖(a)所示。但在獨買的勞動市場當中，最低工資之設定可使就業水準與工資水準同時上升，工資水準由 W_e 上升至 W_m，就業水準則由 L_1 上升至 L_2。

準將會小於他（她）們的邊際產出收入。在圖 14.6(a)當中，若最低工資設在 W_m 而高於市場均衡工資 W_e 時，將會在競爭性的勞動市場中產生剩餘的現象。圖 14.6(b)所表示的為如果雇主為一種獨買者時的情形。工資水準若設在 W_e 時，小於工人之邊際產出收入，但若最低工資設定在 W_m 水準時，W_m 雖然仍小於工人之 MRP，但卻高於獨買廠商所想要支付之工資水準 W_e，因此在獨買市場中，就業量將會由 L_1 上升至 L_2。

由此可知，在獨買市場當中設定最低工資將可以使得所有工人獲利。然在非獨買的市場當中，最低工資之設定將會使得某些人受益而某些人受到傷害。研究發現，最低工資之設定對於年輕的工人（十多歲的工人）及一些非技術性工人具有負面的影響。工會大致上為最低工資最強的支持者，為什麼呢？由於非技術工人及年輕的工人多半不是工會的會員，因此，最低工資所形成之失業效果並不會影響到工會的會員。除此之外，如果公司必需選擇是要支付非技術工人最低工資率或支付技術工人或工會工人略高的工資率時，公司可能認為僱用技術工人較為值得。工會因而預期最低工資之設定，可以增加對工會會員僱用之需求以及提高工會會員之薪資水準。

重點彙整

1. 當一種因素與邊際產出收入無關時，無論其對勞動市場具有正面或負面的影響，歧視就會發生。

2. 即使歧視是很難理解的觀念，但在沒有更好的因素可以用來解釋薪資為何有所差別的情況之下，經濟學家於是使用歧視來解釋形成薪資差別的原因。

3. 經濟學家辨認出二種可能是形成歧視的來源：第一個來源為個人偏見。第二種來源則是統計上的歧視。

4. 排擠意味著將婦女或少數民族擠入一些無法累積人力資本而且無法與薪資較高的工作來競爭的一些職業當中。

5. 由性別而來區分工作的不同稱之為職業隔離。

6. 形成職業隔離的原因之一為男性與女性在人力資本取得過程上的不同；其次，縱使婦女選擇繼續留在勞動市場當中，但由於撫育小孩的責任心使得婦女在選擇工作時受到限制；第三個原因則是婦女對照顧小孩有一種不對稱的責任，因此通常女性會較男性付出更多的時間來照顧小孩。

7. 對於具有同等價值的工作應該提供同樣的所得。同等價值為一句標語，但卻具有工資需由工作性質來決定工資水準而非由供給與需求關係來決定的觀念。因此，具有同等要求的工作應支付同等的薪資。

8. 在要素市場當中僅存在單一買主時，稱之為獨買者。獨買廠商會在勞動力的價值超過成本時，僱用額外的勞動力，然而獨買廠商付給勞動力的價值卻低於他應有的價值。

9. 雙邊獨占表示獨買廠商面對賣方獨占力量的情形。

10. 工會與公司協議有關於薪資與工作條件的過程稱之為勞資雙方的集體協議。

11. 在集體協議之下，工會與公司管理階層坐下來談判完成一份雙方面均同意的有關於工資、工作條件、退休金及一些其他與工作條件有關之合約。

12. 工會可以透過限制工會勞動力的供給以及增加對工會勞動力需求的方式來達成抬高工資之目的。

13. 只僱用工會會員之工廠與工人限期加入工會之工廠之不同：如果一家廠商僅能僱用工會會員稱為只僱用工會會員之工廠。此時，工會即

可透過限制工會會員的數目來達成限制勞動力的供給。另一方面，對規定工人在取得工作之後的某一段期間之內，必需加入工會的限期加入工會工廠而言，工會並無法有效控制勞動力的供給。

14.溢雇為要求廠商雇用超出實際需要的工人。

15.在工作分散法之下，每個工人的工作時間將會縮短，但却可以允許更多會員得到工作。

16.最低工資為政府要求廠商支付至少某一工資水準——最低工資（或基本工資）之政策。

練 習 題

1.討論引進外籍勞工對國內勞動市場的影響？另外使用生產可能曲線來探討引進外籍勞工對全體經濟的影響？

2.討論什麼是歧視，以及解釋統計歧視與個人偏見之不同？

3.解釋何以由於性別差異所產生的職業隔離會發生？

4.解釋為何女性員工的薪資水準祇有男性員工的60%～80%左右，並解釋何以此一現象已維持好幾十年？

5.利用二個勞動市場的模型來比較同等價值的觀念。

6.利用完全競爭的要素市場模型來解釋工會對勞動市場的影響？

7.利用獨買的要素市場模型來解釋引進外勞對勞動市場的影響？

8.利用完全競爭及獨買的要素市場模型來解釋最低工資對勞動市場的影響？

第 *15* 章
資本、土地及企業才能

前 言

　　一家公司在今天花了 1000 萬元購買一臺機器，而預期在今後的十年當中以這一臺機器來從事商品生產的決策是否正確呢？我們應該在今天抽取所有在地下的石油，或是留下一部份石油給下一代去使用？是否應該要建核四廠？是否允許七輕、八輕的建立？諸如這些的問題基本上所牽涉到的均是：在要素市場之內到底發生了什麼事情？換言之，必需要去比較在不同時間之下要素的價值。

第一節　資本

　　資本通常指製造過程的機械化或是指工廠的容量,資本為用來生產其他商品及勞務所使用的建築或機械設備,而人力資本則是指人們為了增加生產力所取得的教育與訓練的投資。

一、儲蓄 (saving)

　　在一些發展中的國家當中,農業的生產過程仍是以使用雙手為主;然而在多數工業化國家當中,農業的生產已經是相當的機械化了。毫無疑問的,若在發展中國家當中有足夠的資本時,這些國家的農業生產量將會更多。但不幸的是,用來購買設備的資本必需要以放棄目前的消費才能取得(見第5章)。**放棄目前的消費以取得未來的資本累積,而預期在未來將可生產更多及消費更多的生產過程稱之為迂迴生產** (roundabout production)。迂迴生產祇是一種儲蓄的過程,因為有了儲蓄所以在今天所生產出來的商品及勞務並沒有完全被消費掉。因為有了儲蓄,有一部份的產出將會被儲存起來用以在未來能創造出更多的產出。如果我們在今日消耗掉所有既存的要素數量,雖然可以使得今日的生活品質變得很高,但在未來的生活將可能會是淒涼的。在今日放棄一部份的消費,使得家計單位、企業部門及社會可累積一些足以增加未來生產與消費的資本要素,稱為儲蓄。**任何經濟體系若要持續成長,儲蓄及累積充份的資本是不可或缺的。**

二、資本市場

　　資本市場為消費者與生產者的未來計劃與今日的行為,相互配合的管道。資本的需求與資本的供給決定了市場的均衡資本數量與成本。

1.資本需求

　　當額外一單位資本的邊際產出收入超過於它的邊際成本時,廠商就會去取得額外一單位的資本。當廠商租用資本時,它的決策過程正如同公司在計算是否要額外僱用一位員工時的算法一般。例如,貨運公司是否會租用額外一輛貨車,端視額外租用一輛貨車的邊際產出收入是否會大於租用這部車的租金支出。

　　並不是所有的資本均是可以租用的,公司有時候也必需要去購買一

些新的資本。例如，購買可以使用很多年的廠房及設備。為了決定公司必需要購買多少的資本，公司必需比較在今日所付出的廠房與設備的價值，與往後該設備與廠房在使用年限內所能產生之邊際產出收入。為了便於比較這二種價值的差異，在此，我們就要引進現值 (present value) 與未來值 (future value) 的觀念。

未來必需要支付或收到的金額，在今天的價值稱為現值。而在今日必需要支付或收到，在未來某一天到期的價值稱為未來值。如何來計算現值與未來值呢？假設，在今天你擁有一筆 100 萬元的現金，你可將此 100 萬元存入銀行當中，一年之後取出本金加上利息。如果銀行的年利率為 8%，一年之後的利息收入為 8 萬元：

$$100萬元 \times 8\% = 8萬元$$

因此，當利率為 8% 的水準時，108 萬元為 100 萬元在一年以後的**未來值**。或 100 萬元表示為在利率 8% 水準時，未來一年的 108 萬元在今日的**現值**。以 FV 表示未來值，而以 PV 表示現值則：

$$FV = PV（1+利率）$$

或

$$PV = \frac{FV}{（1+利率）}$$

例如，在一年以後 108 萬元的現值為（當利率為 8% 時）：

$$PV = \frac{108萬元}{(1 + 0.08)} = 100萬元$$

當我們所注意的期間為一年時，現值與未來值的計算方式就變得很簡單。但如果所觀察的時期超過一年以上時，計算過程就會變得較為複雜。此時，計算現值與未來值之公式成為：

$$FV = PV(1 + 利率)^n$$

或

$$PV = \frac{FV}{(1 + 利率)^n}$$

n 表示討論的期間。當我們觀察一年期時 $n = 1$，如前面式子所示之關係。

假設長榮航空預計購買一臺波音 747 廣體飛機，並預期在 20 年內使用該飛機載客時，每年可有 1000 萬元收入。在利率為 8% 時，此架飛機的邊際產出收入之現值為

$$PV = \sum_{i=1}^{20} \frac{1000萬}{(1 + 8\%)^i} = \frac{1000萬}{(1 + 8\%)} + \frac{1000萬}{(1 + 8\%)^2} + \cdots + \frac{1000萬}{(1 + 8\%)^{20}}$$
$$= 98181000 \, 元$$

如果飛機的價值為 9000 萬元時，長榮公司可以購買該飛機，因為此時收入大於成本。而當市場的利率上升時，飛機的邊際產出收入的現值將會下降。例如，若利率上升至 10% 時，飛機邊際產出收入之現值成為

$$PV = \sum_{i=1}^{20} \frac{1000萬}{(1 + 10\%)^i} = 85136000 \, 元$$

在利率上升至 10% 的情況之下，如果飛機的成本仍是 9000 萬元時，長榮公司將不會購買這架飛機，因為此時飛機的邊際產出收入小於購機的成本。換言之，當利率上升時，廠商對資本的採購數量就會下降。

同樣的情況亦可應用在家計部門的決策上。個人是否進入大學就讀的決定，亦應該以比較大學畢業後的收入現值與進入大學時所支出的成本之間的大小來做決定。如果所投資的人力資本的成本小於日後收入的現值時，個人應選擇進入大學就讀。當利率上升時，收入的現值有可能將會小於成本，結果使得個人所進行的人力資本投資的成本大於收入，因而在此時並不值得進行人力資本的購買。

資本市場的需求曲線如圖 15.1(a)關係所示。資本需求曲線為具有負斜率關係的曲線，在圖形當中 X 座標表示資本量，而 Y 座標表示資本的價格。當資本價格由 P_1 上升至 P_2 時，對資本的需求數量將由 Q_1 下降到 Q_2。

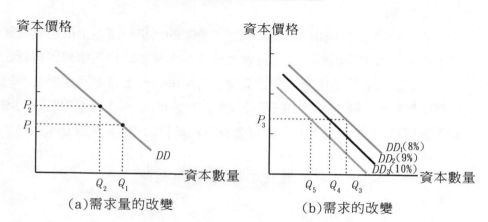

圖 15.1　資本的市場需求曲線

(a)需求量的改變　　　(b)需求的改變

圖(a)代表具有負斜率的資本市場的需求曲線。當資本價格由 P_1 上升到 P_2 時，對資本的需求數量由 Q_1 下降到 Q_2。而在圖(b)當中，則是表示利率與對資本需求之間的關係。在價格不變的條件之下，當利率上升時，對資本的需求，仍會減少。例如，當利率由8%上升到10%時，需求曲線由 DD_1 向內移到 DD_3，代表需求數量將由 Q_3 減少到 Q_5。

正如同在其他市場內的需求曲線的關係一樣，當一些非價格的因素使得需求改變時，資本的需求曲線將會移動。**對資本的需求而言，利率為所有非價格影響因素當中最重要的因素**。在前面我們已經看到利率上升如何來改變現值，進而影響到對資本需求的過程。因此，當利率上升時，將使得對資本的需求減少，因而導致需求曲線向內移動，如在圖 15.1(b)所表示的關係。當利率由8%上升到9%以及再上升到10%時，需求曲線將由 DD_1 左移到 DD_2，再左移到 DD_3。

除了受到利率的影響以外，需求曲線亦會受到其他一些因素的影響，例如，由於科技的進步使得資本的邊際產能上升了，在其他條件不變之下，對資本的需求將上升。例如，小型電腦之發明使得對電腦的需求增加了。此外，預期及所得的改變亦會改變對資本的需求，例如，企業預期未來銷貨將上升時，對資本的需求就會增加。

2.資本供給

某些公司專營資本財之供給，例如 IBM 生產電腦，Intel 生產電腦晶片。資本財之供給數量會受到資本財的價格影響；當資本財的價格上升時，廠商（個人）所願意供給資本的數量就會上升，如在圖 15.2 中具有正

斜率的資本供給曲線 SS 所示的關係。

3.均衡

資本的供給曲線與需求曲線決定了資本的價格與市場上供給與購買的資本數量，需求與供給的改變將會改變市場上資本的均衡價格與數量。例如，利率的改變將使得需求曲線改變，而利率的改變將因而改變資本的均衡價格與數量。圖 15.2當中的關係顯示，當利率由 8%上升至 10%時，均衡資本價格將由 P_3 下降至 P_1，而均衡資本數量將由 Q_3 下降到 Q_1。

圖 15.2　資本的市場均衡

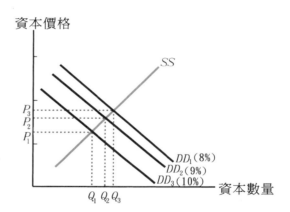

資本的市場供給曲線 SS 為具有正斜率關係的曲線。資本的需求曲線與供給曲線決定了資本的市場價格及均衡的供給量。資本的報酬率為使用額外一單位資本時，所能產生的額外收入除以購買額外一單位資本的成本。當利率上升時，對資本的需求將會減少，資本的價格將會下降，由於資本價格下降的關係，將使得資本的報酬率上升。

　　利率為支付給資本擁有者因為使用資本所付出的代價。在圖 15.2中亦表示了資本價格、利率及資本報酬率 (rate of return) 之間的關係。**資本報酬率為以每年資本所增加之額外收入（現值）除以資本價格所得到的關係。**例如，價值 100萬元的機器如果每年產生 10萬之收入（現值）時，表示資本報酬率為 10%。當資本價格下降但邊際產出收入維持不變時，報酬率將會上升。例如，當機器價格下降至 90萬 909 元時，報酬率就成為 11%。當利率上升使得需求曲線向左移往原點時，資本價格就會下降，而由於資本價格的下降，因而使得資本的報酬率上升。同理，當利率下降時，資本的報酬率就必定下降。

　　利率代表使用資本的機會成本，當公司購買一臺機器而預期將會有
100萬元的支出，然而如果公司不購買此臺機器時，公司亦可以將此100萬
元用於其他的一些用途上。用途之一即是將100萬元存到銀行以賺取利息
收入。因此，在購買資本時，公司預期它所能帶來的最低報酬至少要等於
銀行之利息收入。當市場中的利率上升而且高過於預期的資本報酬率時，
對資本的需求將會下降，而資本需求的下降將會導致資本的價格下降，因
而使得資本的報酬率上升。例如，如果使用價值100萬元的機器來從事生
產而預期報酬率為10%時，而如果將100萬元存在銀行可以賺到11%的利息
收入時，公司最好的決策就是將100萬元存到銀行當中，而非去購買該機
器。如果許多公司均做同樣的反應時，市場上對資本的需求就會減少，由
於對資本的需求減少，將會導致資本的價格下降。市場上資本的價格將會
一直下降到資本的報酬率等於利率時才會停止。當機器的市價下降到90萬
909元時，由於此刻機器的報酬率為11%正好與當時的市場利率相等，因
此機器的市價才不會再繼續下降。

第二節　　土地與自然資源

一、地表面 (Land Surface) 及經濟租

　　由於地表面的總數量是固定的，因此對土地的需求亦將取決於對利用
土地所生產出來商品及勞務的需求。土地的邊際產出收入及對土地的需求
與供給曲線的關係如圖15.3所示。在圖15.3當中需求曲線為具有負斜率的
曲線而供給曲線則是一種完全無彈性之垂直線 SS 關係。由於土地總數量
是固定，因此供給曲線為一種垂直線的關係。

　　土地的均衡租金則是由垂直供給曲線與需求曲線 (MRP_1) 相交的一點
所決定，如圖15.3中 P_1 所表示的關係。如果對土地的需求增加使得需求曲
線由 MRP_1 上升至 MRP_2 的位置如圖15.3(b)中的關係時，將會形成土地
的租金上升 ($P_1 \rightarrow P_2$)。 雖然租金上升了，但由於土地的供給量仍維持不
變，因此更高的租金並無法誘使土地擁有者供給更多數量的土地。純粹的
經濟租並無法使得要素擁有者增加或減少要素的供給。

圖 15.3 經濟租

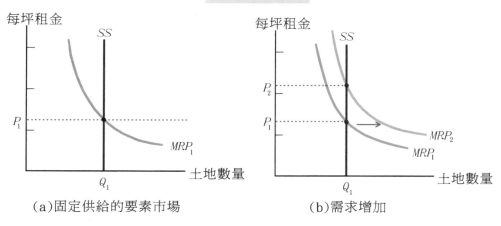

(a)固定供給的要素市場 　　　　　　　(b)需求增加

圖(a)表示的為供給固定的要素市場——地表面，供給固定以垂直的供給曲線（在 Q_1）來表示，而對土地的需求曲線為土地的邊際產出收入曲線 (MRP_1)，供給曲線與需求曲線交叉所決定的為均衡租金 P_1。由於供給固定不變，因此當需求增加時，將造成租金由 P_1 上升至 P_2。

1.不同地段土地的不同租金

在臺北市東區，一坪土地可能價值 40 萬元以上，而一坪土地在嘉義市東區可能祇值 11 萬元左右。不同地段的土地具有不同租金的主要原因在於需求的不同。由於對臺北市東區土地的需求大於對嘉義市東區土地的需求，因此，在臺北東區的房租及總租金的收入將遠大於在嘉義市東區的房租及總租金之收入。

為何對臺北市東區土地的需求會大於對嘉義市東區的土地需求呢？因為臺北市東區土地的邊際產出收入比較高的緣故。**地點為決定某一地段土地邊際產出收入的主要因素**。此外，土地本身的一些條件，如肥沃度及是否擁有礦產等特性亦會增加土地的邊際產出收入。

2.租金及土地的分配

要素價格為決定要素分配的主要因素，要素的價格可確保要素流向價值最高的用途上。你也許會認為土地的租金可能無法被當成是用來分配要素的主要機構，因為地租的上升並不會使得土地的供給量增加。除此之外，純經濟租似乎與成本之間並沒有任何的關係，因為土地本身就是存在於大自然當中（為大自然的禮物）。

儘管在經濟租改變時，土地的供給數量並未改變，但經濟租卻具有將

某一段土地分配至最有生產力之用途上的作用。想像一個典型都市的情景，高聳的建築物群聚在市中心，而當與市中心的距離增加時，建築物的密度與高度均將會減少。又假設在二個城市當中的土地僅有二種用途，商業用途或住家用途。當建築物距離市中心的距離增加時，由於交通及通訊成本變得較高，因而使得土地做為商業用途的成本也上升了。雖然總土地面積是固定的，但是商業用途的土地數量卻不是固定的，因為，住宅區的土地有可能被當成是商業用途，而商業用途的土地亦有可能被當成是住宅用途來使用。

　　商業用途土地的市場如圖 15.4 所示，商業區土地的供給曲線具有正斜率的原因是因為隨著租金的上升，在其他條件不變之下，地主願意提供更多的土地來當成是商業用途。根據圖 15.4(a)的關係，當每坪價格為 P_1 時，有 Q_1 數量的土地將會被當成是商業用途來使用，其餘剩下的 $(Q - Q_1)$ 面積的土地就會被當做是住宅用途來使用。

圖 15.4　土地在不同用途上的分配

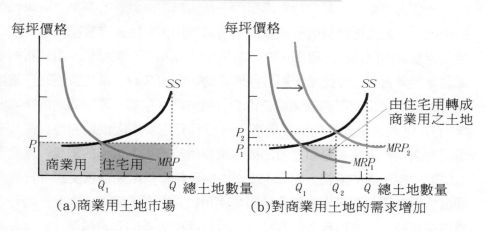

(a)商業用土地市場　　(b)對商業用土地的需求增加

圖(a)所表示的為商業用土地的市場。當租金上升時，商業用土地的供給數量也上升了。當租金上升時，許多目前被當做住宅用的土地，也會被供給出來當成是商業用途。供給曲線與 MRP（需求曲線）決定了市場的均衡租金水準。當對商業用土地的需求增加時（由 $MRP_1 \rightarrow MRP_2$）如圖(b)所示，由於租金水準的上升，因而將有更多的土地被當成商業的用途來使用。

　　假設有許多企業將辦公室移往郊區，因而使得對郊區地段商業用途之土地的需求上升，對土地需求的上升將導致現有商業用途的空間之租金上

升，此一過程如圖 15.4(b)中由 MRP_1 移到 MRP_2 的關係所示，此時房租將由 P_1 上升到 P_2。然而由於租金之上揚，使得原先有一部份的住宅用地因而被轉成商業用途 $(Q_2 - Q_1)$ 來使用。此時租金的作用正如同其他要素價格的作用一般，被當成是分配要素的角色。當租金的價格改變時，土地的用途也改變了。

二、自然資源

土地要素除了指地表面的土地以外，亦泛指與土地有關的相關資源（自然資源）。**自然資源為社會與生俱來的一些無法再更新 (nonnewable) 資源。無法再更新（消耗性）自然資源僅能使用一次，而無法再予以更新，如煤、石油、天然氣等。可再更新的自然資源則是一些可以反覆使用而不會耗盡且未來可再使用的一些資源，如土地、海、河流及湖泊。**植物及動物亦被歸類為可再更新之資源，因為它們可以再生。而自然資源的價格與數量則是取決於自然資源市場的供需情況。

1.無法再更新的自然資源市場

無法再更新的自然資源市場是由一些對無法再更新的要素之需求與供給所組成。無法再更新的自然資源市場的供給，取決於定量已存在資源的目前存量，因此，在此種市場之內的供給曲線為完全無彈性。由於石油或煤礦為定量資源，因此當使用這些礦產的時間愈久時，這些資源的存量以及可以供應未來使用的數量就會愈少。換言之，在某一段時間之內（如一年內），這些定量要素的供給仍屬於一種具有正斜率之供給曲線。在某一段期間之內要素擁有者願意取出要素來提供給市場上使用的數量，就完全取決於當時市場的價格。在圖 15.5(a)中的正斜率供給曲線正反應今日要素的價格與今日願意取出來供應給市場使用數量之間的關係。當今日的要素價格愈高時，要素擁有者就愈願意在今日提供更多的要素數量。

由於今年又將消耗一部份的要素數量，使得明年可以使用的要素數量將會減少，因此未來的供給曲線將漸漸向左方移動如圖 15.5(b)中由 SS_1 移往 SS_2 的關係所示。由於取出逐漸減少要素的成本逐漸上升了，因此，供給曲線將逐漸向左方移動。例如，在 20世紀初期石油為非常重要的能源，早期石油是以小型泵浦由地下抽出來使用，一旦石油的使用數量開始上升，新開鑿的油井不但愈來愈多，而且新的油井亦必需要挖得更深才能挖到石油。一但地下石油存量愈來愈少時，石油的產量就會逐漸減少，石油產量減少將導致供給曲線一直向左方移動進來如圖 15.5(c)。

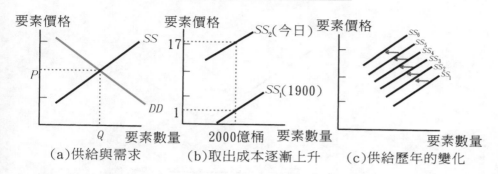

圖 15.5　無法再更新要素的市場

(a)供給與需求　　(b)取出成本逐漸上升　　(c)供給歷年的變化

圖(a)表示在要素市場之內，正斜率之供給曲線與具負斜率需求曲線相交會的地方，決定了今日所要使用要素的數量以及要素的銷售價格。由於今日使用數量 Q，使得未來將會減少 Q 數量要素之使用。由於要素數量愈來愈少，因此要素的供給將減少。另外，由於採礦成本的上升，將使得供給曲線逐漸向左方移動如圖(b)所示。 SS_1 代表在 1900 年左右，每一桶石油為 1 美元時的供給曲線，而 SS_2 則代表在今日每桶 17 美元之石油價格時的供給關係，圖(c)代表歷年要素供給之變化。隨著剩下可用的要素資源愈來愈少，供給曲線將會一直向左方移動，代表要素的價格在未來將會愈來愈高。

　　如果全世界在今年內共挖出 2000 億桶的原油，那麼在未來要再挖掘出另外的 2000 億桶原油將會變得愈來愈困難。此一困難如同在圖 15.5(c)中供給曲線的向左方移動進來的關係所表示。圖 15.5(c)所表示的為無法再更新的要素隨著每年要素的使用而逐漸減少，因而導致要素的供給曲線逐漸向左方移動之過程。

　　對無法再更新的自然資源需求的決定方式，一如同對其他要素一般，完全受到邊際產出收入之影響，因此任何會影響到無法再更新自然資源要素之因素均將會影響到對該要素之需求。

　　當需求曲線與供給曲線相交時，代表無法再更新資源市場之均衡狀態，如圖 15.6 的關係所示。均衡價格 P_1 與均衡數量 Q_1，代表要素在今日的價格與數量。在今日取出而且銷售 Q_1 之要素數量，將使得明日可使用的數量減少了 Q_1。換言之，明日的取出成本可能會高於今日，因此，未來的供給曲線 SS_2 將會位在今日供給曲線 SS_1 之左上方。假設需求維持不變時，供給的減少代表在未來要素價格將上升至 P_2 而非維持在 P_1。因此，如果人們在今日取出較多的要素來使用時，未來要素的價格將會較今日更高。

335

圖 15.6　今日與未來的價格

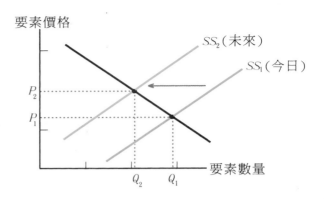

對無法再更新的要素市場而言，均衡將出現在供給等於需求時。均衡價格 P_1 與均衡數量 Q_1，代表今日所使用的要素價格與數量。在今日銷售 Q_1 數量之要素，代表在未來將減少使用 Q_1 數量之要素。由於未來要素數量將更少，因此，取出要素的成本將會上升。由於未來可使用要素數量愈來愈少，因而使得對該要素之供給曲線 SS_2 將位於今日供給曲線 SS_1 之上方。如果今日消耗了要素，表示在未來要素價格將會上升至 P_2。

　　要素的擁有者必需決定到底是在今日取出要素或是決定繼續留在地下待來日再取出來使用。假設要素擁有者決定在今日取出地底下的石油，在扣除掉一些成本之後，假設每桶仍可獲利 10 美元，要素擁有者可利用這 10 美元來購買股票或債券，或是將這些錢存在銀行當中，或利用這些錢再接受教育，又假設當時的利率為 10%，一年以後要素擁有者可使原來 10 元之利潤變成為 11 元。那麼要素擁有者是否應該在今日取出石油呢？答案就完全取決於要素擁有者對原油的一年以後的預期收入，以及在未來一年之內的石油價格與取出石油之成本間的變化情形。換句話說，答案完全取決於取出原油並銷售的現值，是否會高於將原油繼續留在地底下之現值。

　　如果要素擁有者預期一年以後原油的利潤為每桶 13 元，則每桶原油的現值成為 11.82 元 (13/1.10)。明顯的，原油留在地底下的現值高於今日取出的價值，因此原油應該留在地底下等到明年再開挖。如果一年以後，每桶原油的利潤祇有 10.50 元，轉成現值後為 9.55 元，因此，要素擁有者應該決定在今天取出原油。而如果一年以後每桶原油的利潤為 11 元時，由於現值為 10 元，因此在今日取出原油來使用，或等到明年再取出來使用均不會有任何的不同。

因為供應商及一些潛在的供應商將會繼續計算是否應該在今日或未來取出要素或應該取出多少數量的要素來使用，均衡於是將會出現在未來利潤之現值等於今日的價值時。此一關係若要繼續存在則每一年要素價格的增加率必需要等於基金或投資於其他用途時之利息收入。當市場的年利率為 10% 時，在其他條件不變下，要素價格的年上漲率將維持在 10% 左右。

如果在今日取出並售出要素的價格，與將要素留在地下直到某一日再開採的現值相等時，利率愈高代表可耗盡要素的現值與未來值之間的差距 (spread) 將會愈來愈大。假若利率上升且高於無法再更新要素之目前的報酬率時，更高的利率代表石油供應商在今日將會取出更多的石油來販賣，以便將利潤用於購買金融性資產。而今日更多的要素供給意味著今日的供給曲線將向右方移動，結果使得石油價格下降。而同時，未來之供給線將向左方移動更進去，結果將導致未來的石油價格上升。此一過程將會繼續直到將石油留在地下的報酬率等於利率時終止。因此，利率愈高代表今日使用更多的要素，而利率愈低代表今日使用較少的要素。

2.可更新的自然資源市場

可更新的自然資源市場能自行再補充 (replenish) 要素。森林與野生動物可以透過再生的過程來更新它們的供應。可更新要素市場的角色在於可以用來決定正好能夠滿足社會慾望的最適要素價格以及要素的使用量。

森林的擁有者可以選擇在一年之內將所有樹木砍伐完畢而獲取最大利潤。如果森林擁有者真的如此做了，他必需要再等待多年以後才能因為新的樹木成長之後才可以再予以砍伐。到底砍伐樹木的速度要有多快就完全取決於利率的大小。今日砍伐較多的樹木代表未來將能砍伐較少的樹木，或是將會有一段較長更新時期的等待。換言之，樹木在今日的價格將會較低，但未來的價格將會較高。當其他條件不變時，如果利率上升，森林擁有者就會希望在今天砍伐更多的樹木，以便將獲得的利潤用於購買金融性資產。此意味著在今日森林擁有者將會願意提供較多的樹木，但由於在今日砍伐了較多的樹林導致未來樹木的供給將會減少，因此未來樹木的價格將會上升。而如果今日的利率下降時，代表在今日砍伐樹木的數量將會下降，但未來砍伐的數量將會較多，因此，今日的樹木價格將會上升，而未來樹木的價格將會下降。如同無法再更新的要素市場一般，市場將會透過自動調整的機能來使得要素在今日及未來的使用價值最高，而正確使用要素的時機就完全決定於利率的大小。

總而言之，在無法再更新的要素市場或可更新的要素市場當中，自動

調整的機能，將可確保現在與未來的慾望能夠以最低成本的方式來達到滿足，而且此一機能亦可以確保要素在今日及未來的使用價值最高。**當無法再更新的要素快速地被使用時，它的未來價值將會上升，而且，未來使用要素的現值亦將會上升，因而導致今日對要素的使用量將會減少。當可再更新要素之使用速度快於要素自我補充的速度時，要素的未來價格亦會上升而且未來使用的現值亦將會上升，結果導致今日對該要素的使用量將會減少。**

3.自然資源保護 (conservation)

保護一辭通常被用來表示今日減少使用一些天然資源而留到未來使用的觀念。通常我們鼓勵以使用紙袋來代替塑膠袋、少駕駛、減少用電、減少用水，及避免使用會破壞臭氧層的產品，目的就在於對環境盡一份保護的責任。這些做法是否有正當理由呢？在自然資源的市場內，「保護」到底代表什麼樣的意義呢？

保護代表最佳 (optimal) 的使用率，而非不使用 (no use) 資源。要素的最佳使用量則是透過要素市場來決定，而由市場的均衡關係所決定的結果可能表示在今日要使用較多的要素數量而非使用較少的要素數量。表面上看來這似乎與保護的意義相互矛盾，但想像今日不使用要素而保留到未來使用的政策含意：由於在日後的生產成本將會上升，因此在今日要素使用量的減少代表著在今日的所得將會較少，而較少的所得收入則是代表在今日僅有較少的資源可以用在資本財的累積上。如此一來，似乎已經隱含著未來的經濟成長將會趨緩。由於過度保護要素，因而導致下一代的財富可能會較以最適方式來使用資源時，來得更少。如果我們忽略了要素市場的自由運作功能，而強制限制今日不准使用要素，我們可能已經對下一代造成相當大的損害。下一代或許將因此要去面對一個以沒有效率的要素組合來生產商品及勞務的過程，此外下一代的財富可能將因而更少了。

第三節　企業才能

王永慶被稱為是經營之神，蔡萬春為全世界最有錢的人之一，張榮發的長榮集團……等，這些人之所以被稱為是企業家 (entrepreneurs)，是因為他們具有能夠抓住賺取經濟利潤的機會、取得並且有系統的組織生產用的要素、以及承擔必要風險來從事獲利的事業的才能，換言之，企業家通

常具有企業才能。

一、企業家與利潤

對勞動力、土地及資本的所有人而言，其對應的收入分別為工資、租金與利息；而企業家的收入則是以經濟利潤來代表。企業家到底提供什麼樣的勞務而能使得他們擁有利潤呢？解釋之一為企業家取得利潤的原因之一為被當做是一位商人 (trader)；另外一個原因則為，利潤為企業家因面對風險所得到的報酬；而最後一個原因則是，因為企業家是一位創新者 (innovator)。

1.商人

「低買高賣」為成功商人的信條 (credo)。許多人相信企業家能夠賺取利潤是因為被當做是一位商人──以低價購買要素但以高價賣出產品。企業家僱用適當的要素組合、組織要素且確保生產過程進行順利。企業家經由販賣所生產出來的商品及勞務來取得收入，在扣除支付土地、勞動力及資本代價之後的取得了經濟利潤。企業家因此對如何使用成本最低的生產過程及對消費者所願意付出的最高價格有極大的興趣，因為企業家對這方面做得愈好，利潤就會愈高。

2.風險持有人 (risk bearer)

在企業家的經濟利潤當中，至少有一部份代表的是企業家在一個不確定的世界中，由於提供他們的時間、能力及資本後所願意承擔的風險代價。所有要素持有者均需背負著一些風險（他們有可能拿不到要素的報酬）。當取得報酬的不確定性愈大時，要素擁有者便需求愈多的服務。例如，勞動供給者可能經常要求資方支付工資（週薪或雙週薪）；資金貸放者可能要求借款人提供抵押品或預付頭款，這些額外的限制可視為是承擔風險的代價。

此外，要素擁有者亦必需承擔要素價格下降的風險。換言之，要素擁有者必需要擔心要素有可能會變得沒有價值。例如，屋主可能會擔心房價下跌，人力資本的擁有者也必需承擔人力資本價格下降的風險。當一個人在進入學校而選擇某一科系進行人力的資本累積之後，畢業之後出來發現主修科系相關的職業已經不再熱門了，而該職業目前所支付的薪水遠較這一個人當初的預期還來得低，這一個人因此經驗到人力資本價值下降的損失。當其他條件不變時，一件事情的風險愈高時，說服某人去從事該活動的代價就要愈高。具有企業才能的人面對的是可能失敗的新事業，而且其

企業才能的價值亦有可能蒙受損失，因此利潤亦可解釋為企業家面對風險的報酬。

3.創新者

一位企業家若能夠以較其他廠商所生產出來產品的成本為低的方式來從事生產時，他至少可取得正常利潤。如果一位企業家發明了新的產品，他可以一直取得超額利潤，直到新的廠商進入或模仿的產品出現時為止。

二、利潤及企業家的供給

是什麼原因導致人們將會放棄目前的工作，而選擇自行創業的風險呢？除了自行創業所給予的個人自由度以外，著眼於潛在的所得亦是主要的考量原因之一。如果某一個人自行創業而且該行業每年可產生 100 萬元之收入時，那麼企業主可以將該企業以這一收入的流程所計算出來的現值來賣出該企業。企業家可以退出企業的經營而帶走定額 (lump-sum) 的金錢，這筆定額的金錢稱之為企業**資本化的價值** (capitalized value)。

假設某一企業的淨年所得為 1000 萬元而且預期此一淨所得可維持 5 到 10 年之間時，其資本化價值約在 2000 萬到 5000 萬元之間。因此，企業主可以選擇在一開始即賣掉該企業，並帶走一筆可觀之定額金錢，而非選擇繼續留在企業內奮鬥 5 到 10 年。然而當潛在報酬愈大時，在其他條件不變之下，就會有愈多人會去選擇自行經營企業。

利潤將會影響到具有不同用途的要素間的分配。由於對未來利潤的預期因而導引了企業家在創新與在新的技術的研究與發展上的支出。也是由於對利潤的預期，因而引導了企業家離開原來產業而進入其他產業。例如，當高畫質電視出現以後，傳統電視的產量就減少，就是因為**尋找利潤 (profit-seeking) 的行為，使得改變經常會發生**。

重 點 彙 整

1. 放棄目前的消費以取得未來的資本累積，而預期在未來將可生產更多及消費更多的生產過程稱之為迂迴生產。

2. 任何經濟體系若要持續成長，儲蓄及累積充份的資本是不可或缺的。

3. 未來必需要支付或收到的金額，在今天的價值稱為現值。

4. 在今日必需要支付或收到，在未來某一天到期的價值稱為未來值。

5. 對資本的需求而言，利率為所有非價格影響因素當中最重要的因素。

6. 利率為支付給資本擁有者因為使用資本所付出的代價。

7. 資本報酬率為以每年資本所增加之額外收入（現值）除以資本價格所得到的關係。

8. 雖然租金上升了，但由於土地的供給量仍維持不變，因此更高的租金並無法誘使土地擁有者供給更多數量的土地。純粹的經濟租並無法使得要素擁有者增加或減少要素的供給。

9. 地點為決定某一地段土地邊際產出收入的主要因素。

10. 自然資源為社會與生俱來的一些無法再更新資源。

11. 無法再更新（消耗性）自然資源僅能使用一次，而無法再予以更新，如煤、石油、天然氣等。

12. 可再更新的自然資源則是一些可以反覆使用而不會耗盡且未來可再使用的一些資源，如土地、海、河流及湖泊。

13. 當無法再更新的要素快速地被使用時，它的未來價值將會上升，而且，未來使用要素的現值亦將會上升，因而導致今日對要素的使用量將會減少。

14. 當可再更新的要素之使用速度快於要素自我補充的速度時，要素的未來價格亦會上升而且未來使用的現值亦將會上升，結果導致今日對該要素的使用量將會減少。

15. 保護代表最佳的使用率，而非不使用資源。

16. 尋找利潤的行為，使得改變經常會發生。

練 習 題

1. 儲蓄是什麼？上大學的費用支出是否可以被當成是家計部門的儲蓄呢？

2.當其他條件不變而利率上升時，財務性資產（如股票、債券）的現值將如何來變化呢？

3.計算以下一些情況的現值：

　⑴一年以後1萬元在今日的價值，當利率為5%、10%及20%時。

　⑵當利率為5%、10%及20%時，每年存1萬元，五年之後的總價值（未來值）。

4.如果真實儲蓄率顯示中國大陸儲蓄率為臺灣的2倍時，您預期兩國儲蓄率的差異將如何來影響兩國的經濟？

5.如果資本的報酬率高於其他資產時，將會發生什麼樣的變化？而其他要素市場亦將要有何反應呢？

6.討論利率的基本經濟作用？試區別資產價格與利率之不同？

7.討論政府降低利率的政策如何來影響自然資源市場？

8.解釋企業家取得利潤之意義？並討論在完全競爭市場之下，當經濟利潤等於零時，企業才能如何來運作？

第 16 章

市場失靈與環境政策

前 言

　　臺灣的人民願意花費多少的費用來整治二仁溪？臺北市的市民願意花多少的費用來整治淡水河？高雄市的市民願意花多少的費用來整治愛河？核四廠是否有必要興建？貢寮居民的安全是否高於一些住在輻射屋的居民呢？新車的排放標準提高之後，車子的價格普遍上漲了3～4萬？臭氧層的破洞是否有逐漸擴大的傾向呢？雖然加強環境保護的措施可能減緩生產力與所得的上升，但是由於空氣品質下降、酸雨、臭氧層破壞及輻射線對人體的危害，使得公眾要求政府介入環保問題的呼聲卻逐漸升高當中。

　　政府在環保問題上扮演一個非常重要的角色。政府介入的理由在於保護公眾利益 (public interest)，或改變一些不受歡迎的市場結果。在環保的問題上，政府介入所持的理由若是為了公眾利益時，代表由於市場經濟體系的失靈 (market failure)，因而導致了市場無法提供消費者想要的環境品質。在本章當中，我們將探討市場失靈的問題及其對策。

第一節　市場與效率性

我們已經很清楚市場經濟如何來運作：在潛在利潤很高的誘因之下，尋找利潤的企業家於是進行一些能夠改變企業經營之活動，來確保要素將會流向能夠產生最大用途之處。除此之外，我們亦看到廠商或企業家以最有效率的方式，來提供消費者所需要的商品及勞務，而消費者亦能夠以最低的價格來取得所需要的商品及勞務。**透過市場內的供給與需求機能的運作，均衡價格能夠使得商品及要素做最有經濟效率之分配**，因此經濟學家定義經濟效率為：除非能夠透過使得別人變得更壞，來使得自己變得更好，否則以目前的狀況，將無法使得自己變得更好之狀態。

一、完全競爭市場

在前面的章節當中我們曾經提到，如果企業家可以自由進出市場來追求利潤或沒有任何的廠商可以來影響到市場的價格時，消費者可以以市場價格等於邊際成本的方式來取得商品，而生產者可以以邊際產出收入來支付要素的價格。因此，在完全競爭的市場當中，經濟將可以達到一種經濟效率的狀態。

圖16.1所表示的為一種在完全競爭市場之下的供需關係。均衡價格與數量為在經濟效率狀態之下的價格與數量。**不同的價格代表著消費者並不是以最低的價格來取得商品，或要素的使用並非是最有效率的。**但在完全競爭市場當中，沒有理由去相信價格與數量不會等於均衡的水準。因為當價格高於均衡水準時，市場將出現剩餘現象，市場力量將會使得價格下降回復到均衡的水準；而當價格低於均衡水準時，市場將會出現短缺的現象，於是市場的力量將會使得商品的價格上升，回到均衡水準。換言之，在完全競爭當中市場機能是可以充份運作的。

二、不完全競爭市場

當完全競爭市場的條件符合時，完全競爭的市場機能就可以運作。如果廠商不屬於完全競爭市場時，廠商可以將商品價格設在不等於邊際成本之水準。而且如果消費者及生產者對市場不瞭解時（資訊不完全時），商品的價格或數量可能會太高或太低。獨占競爭廠商生產具有差異性的產品，

圖 16.1 市場經濟的效率性

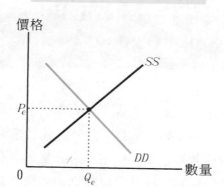

在完全競爭市場當中，均衡價格與數量為具經濟效率的價格與數量。不同的價格代表消費者並不是以最低的價格來取得商品，或要素的使用並非是最有效率的。並沒有足夠的理由去相信，在完全競爭市場當中價格與數量不會等於均衡的水準。當市場價格高於均衡價格時，超額供給將導致商品價格下降；當市場價格低於均衡價格時，超額的需求將導致商品價格上升；二種情形均將使得市場價格回到均衡水準。換言之，在完全競爭當中，市場機能的運作是正常的。

因為那是消費者所想要的，而獨占或寡占廠商則是賺取超額利潤。當進入市場受到限制時，獨買者可以以低於邊際產出收入的價格來購買生產所需要投入的要素。如果進入市場沒有障礙的話，或是祇要市場內存在超額利潤時，就會吸引尋求利潤的廠商進入市場。即使是在不完全競爭市場內的廠商，其追求利潤的行為仍舊非常接近於完全競爭市場內廠商的行為。換言之，縱使在不完全競爭市場當中，市場的機能仍舊會運作。

三、市場失靈(market failure)

然而，縱使是完全競爭市場的條件存在，在某些情況之下，市場仍有可能無法有效的分配商品與勞務。如果消費者不必完全支付生產所需的成本，或是生產者不用完全支付生產所需的成本時，此時市場上可能形成生產過多或過少的商品。當這一種情形產生時，經濟學家稱之為**市場失靈**。**當市場的運作沒有受到抑制 (unrestrained)，使得生產出來的產出水準與經濟效率的水準有所差異時，稱為市場失靈。**

第二節　外部性 (externalities) 及公共財 (public goods)：市場失靈

在第15章當中，我們在探討有關於「資本、土地及企業家才能」時，曾經探討到自然資源市場如何來運作。此外，我們亦看到市場如何來運作以確保要素能在最大的效率之下來使用。如果要素市場能以最有效率的方式來進行分配時，為什麼我們經常可以聽到如破壞臭氧層、砍伐雨林、濫伐、濫墾或破壞水土保持等事件之發生呢？解答這些問題的理由之一為市場失靈。

一、外部性的定義

企業知道僱用員工的成本而且也知道購買原料或建築廠房的成本，當一個人購買汽車或採購漢堡時，他非常清楚它們的成本，而這些成本均是**一種私人成本 (private costs)。私人成本為個人所擁有的且為在交易過程所產生的成本。**然而許多環境問題的產生是由於一些非由個人直接所擁有的行動所形成的成本。一家公司在生產商品及勞務過程當中，產生污染的空氣或水，或者是遊客將垃圾留在公園內的行為。由於這些行為所產生的成本並不容易決定，此外這些成本並非是造成污染的個人或公司所擁有的，結果造成由傳統經濟模型所決定的商品的均衡生產與消費的價格與數量並無法充份反應出生產與消費該商品的所有成本，因此我們說市場存在一種市場失靈的狀態。

當油輪觸礁以後將原油污染了原本清澈之大海，或原本清潔的海灘因為受到大眾所丟棄的垃圾而污染了，甚至在上課的教室當中，充滿了同學所留下來的廢紙、飲料空罐子。這些行動基本上已經包含了一些成本：由於原油的污染可能造成一些野生動物的被殺害以及破壞了水產事業；骯髒的海岸可能因而減少了遊客的到訪，髒亂的教室可能使得同學上課的氣氛或老師上課的情緒受到影響。在這些例子當中，這些額外成本並非是由造成這些行為的個人所單獨擁有的，一些非直接參與這些行為的個人也必需要擁有這些成本。漁夫、魚或其他野生動物並未污染大海，但他們卻必需面對一些由於原油污染所衍生的成本。許多同學、老師並未亂丟垃圾，但卻必需去面對垃圾所帶來的不安氣氛。對以上這些行動而言，**由於成本**

是一種外來的，因此稱為外部性 (externality)，或更明確一點說明，由於這些成本均會形成社會其他人的負擔，因此是屬於一種負的外部性 (negative externality)。當外部成本加到私人成本上時，就得到所謂的社會成本 (social costs)：

社會成本 = 私人成本 + 外部成本

當私人成本與社會成本之間有所不同時，代表決策者忽略了外部成本。例如，使用稀少要素的所有的機會成本，並不是由生產者或消費者所單獨擁有，而是由全體社會所擁有。而所有的機會成本（社會成本）與私人成本之間的差異就在於外部成本。

正的外部成本代表消費者或企業並未直接參與一些活動，但這些活動卻會使得消費者或企業獲得利益。 例如，隔壁洗車場的水飄到家裡來，使得家裡植物之生長欣欣向榮，即是一種正外部成本的例子。

當社會成本與私人成本之間有所不同時，就會形成經濟體系當中有過多或過少的生產與消費。無論是過多或過少的生產或消費，均代表要素的使用並非是最有效率的，這種情形所表示的為一種市場失靈的情況。 例如，污染者並未負擔污染的所有成本，因此他們的污染量就會較如果必需去負擔所有污染的成本時來得更多。

例如，加油站使用加油槍來替顧客加油時，如果這些加油槍不具有排氣回收設備時，在每加一次油的過程中，就會有一部份的污染原進入空氣當中，假設消費者對在不同價格時汽油之需求如同圖 16.2 中的需求曲線所表示的關係時，加油站將價格訂在能使利潤最大的一點——邊際收入等於邊際成本時，如圖 16.2 中的關係所示。但對整體社會而言，真實的汽油成本應該為邊際社會成本 (marginal social cost, MSC)——為私人邊際成本加上外部成本。社會上希望汽油價格訂在 P_{MSC} 而非在 P_{MC}，社會上的均衡石油產量應該在 Q_{MSC} 而非 Q_{MC} 上。因此在未考慮到外部成本時，人們是採購了過多的汽油。

當私人成本超過社會成本時，代表一種正外部成本的關係。在這一種情況之下，社會邊際成本 (MSC) 曲線將會位於邊際成本曲線的下方，代表社會上生產或採購過少的商品。

圖 16.2　外部性

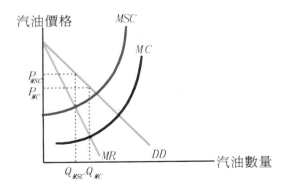

企業經由 $MR = MC$ 的關係，生產且消費了產生社會成本之產品，但此時企業卻忽略了社會成本之影響。整體社會較傾向接受考慮了社會成本所決定之關係，亦即由 $MR = MSC$ 所決定之均衡價格與數量。考慮了社會成本的均衡價格 P_{MSC} 較 P_{MC} 高，均衡消費數量 Q_{MSC} 較原來數量 Q_{MC} 少。

二、私人財產權與外部性

　　市場失靈亦有可能肇因於缺乏定義清楚的私人財產權。私人財產權為對某些項目的請求權。定義清楚代表非常清楚的指出所有人是誰，而且社會上認定該權力的執法過程亦必需要非常清楚。例如，在大學聯考時，老李坐在你的隔壁，由於緊張的關係老李變得非常神經質，一下子鉛筆掉下去，一下子橡皮擦掉下去，一會兒又是咳嗽，一會兒又是將整個桌子的東西弄到地上，神經質的老李事實上已經對你造成一種外部性了。但問題是，無論是你或是老李均不具擁有該空間或製造噪音的權力。如果你擁有這些權力時，你大可限制老李停止製造一些擾人的行為，或大可要老李為這些行為付出代價，若是老李擁有這些權力時，你亦可選擇支付老李金錢要他停止這些行為。無論是以上的那一種情形，上述的外部性已經不是一種外部成本，而是變成私人成本的一部份了。

　　在圖 16.3 當中所表示的關係為老李對這些擾人行為的需求，我們稱之為邊際收益 (marginal-benefits, MB) 曲線。**邊際收益曲線用來衡量消費者消費額外一個單位商品時，所能帶來的額外收益。**首先幾次的咳嗽或首先幾次的鉛筆掉下去的行為，給老李帶來極大的收益，但是當這些行為持續發生之後，額外咳嗽所能帶給老李的利益已經愈來愈少了。另一方面，老

李的邊際成本卻會隨著這些行為的持續，而逐漸上升，因為老李花許多時間不斷地咳嗽或掉落鉛筆，而這些行為勢必將會影響老李花在解答試題的時間上。但是老李所面對的邊際成本並沒有包含所有的成本，除了考慮老李本身的邊際成本以外，老李加諸在您身上的成本亦應一併列入計算，因此包含了老李加諸於其他人身上的外部成本之後所變成的全部成本 (full cost)，稱之為邊際社會成本(marginal social cost, MSC)。邊際社會成本為具有正斜率而且位於邊際成本上方的曲線，如圖 16.3 中所示的關係。

圖 16.3　外部性

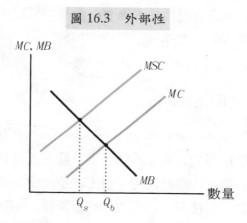

老李所擁有的邊際成本曲線如圖中 MC 線所表示的關係。由於老李不斷的在考場當中製造一些擾人的行為，因此，老李加諸在別人身上的外部成本，加上本身的私人成本即成了邊際社會成本 MSC。邊際社會成本曲線為具正斜率的關係且位於邊際成本上方之曲線。老李製造了擾人行為所取得之收益則如邊際收益曲線的關係所示。老李決定要製造的擾人數量與成本及收益的關係分別為 MC 與 MB 相交點所示，即 Q_b 之數量。但對整體社會而言，由於認為老李製造了太多的擾人行為，因此對社會而言，由 MSC 及 MB 所決定的 Q_s 量，才是整體社會所能接受的均衡數量。換言之，當外部性存在時，私人成本必需等於社會成本。

　　老李透過 MC 等於 MB 的關係決定了擾人的次數 Q_b。但這一個數量大於社會（你及其他同教室的同學）所能允許的數量。社會所允許的數量為 MSC 曲線與 MB 曲線相等的數量 Q_s。因為 MC 曲線並未顧及所有的成本，因此使得老李製造了過多的擾人行為。由於老李無法製造出正確的擾人數目，因此市場失靈了。此一問題之所以產生是由於沒有任何人對擾

人的行為擁有財產權之故。

缺乏對某些事物具有合法的財產權，亦經常發生在一些自然資源的使用上。例如，沒有任何人擁有海中魚類之所有權，或沒有任何人擁有犀牛或其他一些野生動物之所有權，因而形成世界上各國對魚資源與野生動物之濫捕及濫殺的行為。

如果某人（某國）擁有海中魚類資源的所有權時，透過先前在第 15 章中討論的關係就可以解決到底應該今日要捕魚，或留到未來要捕魚的問題了。透過市場價格機能的調整，使得捕魚或不捕魚的現值相等時，均衡自然而然就會產生。在沒有任何私人擁有財產權的假設之下，將沒有任何人有將要素以利潤最大化的比率來販賣或使用的誘因：捕魚船並沒有捕正確漁獲數量的誘因，因為它若不捕完魚魚就會被別人捕去。

三、公共財 (public goods)

根據互斥原則 (principle of mutual exclusive)，擁有私人財產的人，具有私下消費私人財產的權力。互斥原則代表一種定義良好的私人財產權，它告訴我們，如果你擁有一種商品時，別人就不能使用它；而如果別人擁有一種商品時，你就不能使用它。 例如，當我購買一個便當時，它便是屬於我的，而且隨我愛怎麼食用，除非我同意提供別人食用的權力，否則別人就是絕對沒有食用這個飯盒的權力。然而在某些情況之下，商品或勞務亦有可能成為公共財。在公共財的假設之下，互斥原則便無法運作。如果你使用了公共財，我也可以使用，除此之外，當一位消費者使用了公共財以後，並不會減少其他消費者可以使用該財貨的數量。

無線電波為公共財的最佳例子之一。無線電視臺以某個頻率來播出電視節目，任何人均可以透過電視來收視該電臺的節目。無論是一個人收視或是成千上萬人收視，節目訊號仍會維持不變，縱使你的鄰居正在觀看該電視臺的節目，你所收到的訊號也不會因此而減少。

當商品成為一種公共財以後，人們即有變成一個搭便車的人 (free riders) 的誘因。搭便車的人為享受商品與勞務，但卻不必為此而付出代價的消費者。 例如，乾淨的空氣即是一種公共財：每個人均有使用乾淨空氣而不必付費的誘因，而且許多人可以同時來使用這種公共財，結果由於過度的使用空氣，但卻沒有任何人願意付費去維持空氣之乾淨，因而造成了環境的污染。同樣的，開放式的高速公路路段（二個收費站之間的路段），由於不需付費，因而形成過度使用而造成擁塞的現象（如三重到圓山之間）。

對公共財的需求

由於私有財可以以分成單位的方式來使用，而且個人亦必需付費購買之後才能使用。一旦經過購買以後，個人即擁有該財貨而且可自行決定如何來消費該財貨的權力，因而對私有財的市場需求曲線為水平加總個人的消費曲線。然而對於公共財的消費則不是如此，由於公共財並無法以分割成小單位的方式來使用，因而個人並無法購買並擁有該財貨。此外，消費者可以不必付費即可享用該財貨，因而使得許多人並不願意以付費方式來使用公共財。因此，對公共財的需求曲線或許並不存在。

假設在真實社會當中存在二位消費者——老陳與老黃。老陳與老黃對公共財之需求如同表 16.1 所表示的關係。對公共財的需求表所表示的為，在消費者願意而且能夠付出的價格水準之下，消費者消費不同數量公共財的關係。然而一旦公共財生產出來以後，無論老陳或老黃均沒有意願付費去消費該商品。雖然老陳願意付費 100 元消費 1 單位的商品，而老黃則是願意付出 120 元消費一單位商品，但最後二人卻不會付出任何費用來消費公共財。表中最後一欄所表示的為整體社會（老陳加上老黃）對不同數量水準公共財的需求，所願意而且能夠付出的價格。**當商品屬於一種私人財時，市場的需求曲線為個人需求曲線之水平加總（固定價格加總市場需求量），但當商品為一種公共財時，市場的需求曲線為垂直加總個人需求曲線（固定數量，但加總個人所願意付出的價格）。**對公共財的市場需求曲線，代表整體社會對於不同數量之公共財的需求所願意而且能夠付出的代價。雖然對公共財而言，似乎是存在一條市場需求曲線，但消費者最終卻不願意付出任何代價來消費該財貨。因此，一旦公共財生產出來以後，消費者並沒有任何誘因願意付費去使用它，因此市場就是失靈了。

表 16.1　對公共財的需求

數量	願意付出		社會所願意付出
	老陳	老黃	
1	$100	$120	$220
2	80	100	180
3	60	80	140
4	20	70	90

第三節　公共政策 (public policies)

如何解決市場失靈的問題呢？如果我們要求政府來解決這個問題時，我們是希望政府以透過立法方式來管制，或是透過以稅或補貼的方式來解決呢？在本節當中我們將來看看政府針對市場失靈時，可以採用那些方法。

一、外部性

外部性問題的產生主要是由於邊際社會成本 (MSC) 並不等於私人邊際成本 (MC)，因此，必需要能使得 MC 等於 MSC，才能解決外部性的問題。該如何要求外部性的創造者 (creator) 將外部性的問題列入考慮或將外部性內部化 (internalize) 呢？外部性可以透過訂定規則、或稅收、或補貼或指定私人財產權等方式來予以內部化。

1.規則 (regulation)

在前面所討論到的老李考試的例子當中，假設監考老師擁有教室內噪音的財產權時，監考老師可以管制噪音的水準，明定老李僅能每小時咳嗽幾次。但是為了使全班同學不受到干擾，監考老師應該允許老李每小時咳嗽多少次呢？對全班最有利的咳嗽次數應訂在由 $MSC = MB$ 所決定的數量。

對於環境的管制亦有些類似於管制老李噪音製造的次數。對環境的管制方式之一，即是建立排放的標準 (emission standard)。排放標準規範了某一特定污染源能夠排放污染的最大水準，例如，每家汽車製造廠所生產出來的汽車，必需要能符合國家的排放標準。除了汽車之外，排放標準亦適用於工廠在廢水或空氣的排放上。通常政府會訂定一個排放的標準，而要求廠商排放出來的空氣或廢水要能符合這些標準。經濟學家認為這些標準應根據需求與供給而來訂定，換言之，根據邊際收益等於邊際社會成本來訂定而非任意訂定。圖16.4所表示的為空氣污染的市場關係，Y 軸所表示的為邊際成本與邊際收益，而 X 軸所表示的為空氣污染的數量，0代表完全乾淨的空氣，而100則代表完全受污染的空氣，離開原點愈遠代表空氣受污染的程度愈高。當空氣是完全乾淨的時候，污染源將污染的空氣排放到空氣中的邊際收益最大，但隨著空氣愈來愈髒，污染源因排放而得到的

邊際收益將會愈來愈小，因此邊際收益曲線與污染數量之間呈負相關，如圖內 MB 線的關係所示。

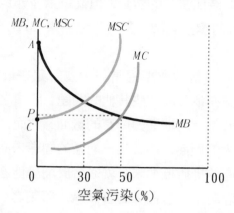

圖 16.4　空氣污染的最適量

水平軸衡量污染的數量，由 0 代表完全乾淨的空氣，而 100 代表完全污染的空氣。因此當離開水平線之原點愈遠時，代表空氣愈污濁。當空氣很乾淨時，污染源將污染粒子排放到空氣中的邊際收益最大，但隨著空氣愈來愈髒，污染源之邊際收益會變得愈來愈小。最適污染數量則是由 MSC 曲線與 MB 曲線相交的一點所決定，即允許 30% 的髒空氣。而若由私人成本（政府沒有管制時）所決定的市場污染數量則為 MC 與 MB 交點所決定之 50% 的髒空氣。如果政府所訂定的標準為大於 70% 之清潔空氣（小於 30% 之污染空氣），則需求大於邊際社會成本。如果政府所訂定的是 100% 的乾淨空氣標準時，邊際收益大於邊際社會成本將有 AC 距離之多。

　　由於邊際報酬遞減的關係，髒空氣的邊際成本 (MC) 一開始上升得很快，在前 10% 污染時，由於控制污染的設備費用較低（由於不是很高的排放標準，因此不需太昂貴的設備），因此 MC 線上升得不是太快，但隨著空氣愈來愈髒，污染源為符合較高的排放標準時，就必需要裝置更昂貴的處理設備。而邊際成本與邊際社會成本之差異，在於邊際成本為個人所衍生出來的成本，而邊際社會成本代表由於外部性所形成之社會成本。例如，開車為了減少排放含鉛空氣時，就必需採購加裝觸煤轉換器之車種以及使用無鉛汽油，這一部份由汽車使用者自行付費之成本為邊際成本，但是在開車過程車子排放出來的廢氣仍舊會污染到整體社會，造成其他人亦必需

吸入一些由於你開車所造成之污染空氣，將這一部份的成本與你原來的成本相加之後就形成了社會成本。

社會中最適污染的數量為邊際社會成本曲線與邊際收益曲線相交所決定的數量，在本例當中30%的污染為最適污染數量。最適量代表由邊際收益等於邊際社會成本時所決定的數量，但最適量並非是代表完全沒有污染時的數量。在 100%清潔空氣時，對污染之需求 (MB) 與邊際成本之間有 AC 距離之差距。

在真實社會當中，排放標準通常很少會訂定在最適的水準，除此之外，政府的管制措施亦會形成一些其他的問題。問題之一即是標準的一致性：同一標準適用於所有的地區與所有的廠商，然而，適合於小廠商的標準並不一定就適合大的廠商；適合某一地區的標準未必就適合其他地區，例如，適合臺北地區的排放標準未必就適合於埔里地區。

此外，管制亦忽略了一些個人對嘗試減少管制之反應。例如，管制的一般做法為對新產品加諸的標準通常會高於既有的產品，如此一來，雖然舊的產品對環境有很大的破壞，但是廠商仍舊繼續生產舊型的產品，而不願意改去生產新的產品，結果使得管制可能反而造成較沒有採行管制時更多的污染。

單一的管制標準亦有可能成為大型企業或既存企業為了防範小型廠商或新廠商進入市場競爭時的障礙。如果法規規定新廠商的排放標準必需要達到某一標準時，無疑的是增加了新廠商的固定成本，結果造成新的廠商進入市場的意願降低了。

2.稅或補貼

透過稅或補貼的方式來解決市場失靈的問題，可解決採用管制時使用同一標準所產生的問題。對於一些形成負面的外部性行為，可以採用扣稅的方式，對於一些形成正面外部性的行為，則可以採用補貼的方式來解決。透過扣除（或補貼）社會成本與私人成本之間的差異，使得二者變成相同。例如，對污染源扣稅或針對任何會破壞臭氧層的行為予以扣稅的措施。由於稅會使得總成本上升（內部成本加外部成本），因此消費者或生產者在做任何決定時，必會將全部成本納入考量。

例如，除了強制各汽車製造商加裝昂貴的污染控制設備以外，政府可以針對排放標準超過規定的汽車駕駛人課以重稅，如此一來，個人就會決定是否仍然要駕駛陳舊不堪使用的「烏賊車」，或是採購符合排放標準的新車。如果政府祇以法令強制新車加裝昂貴的污染控制器，但對於舊車污

染源未能有效以稅率的方式來防阻時，舊車車主並沒有任何誘因改用符合
標準的新車。

　　針對外部性問題所最通常使用的扣稅方式為徵收廢物處理費（垃圾處
理費）。**廢物處理費 (effluent charge) 為針對個人所產生之污染或排氣所課徵
的一種費用。**當排放需要課稅時，污染源可選擇使用能減少污染的設備或
減少造成污染的生產過程，或選擇以付稅但繼續污染等方式來從事生產。

　　圖 16.5 所表示的為對污染的需求與供給的關係。在沒有扣稅以前，空
氣污染量為 Q_1，為由 SS_1 與 DD_1 曲線相交所決定的均衡數量。針對污染
行為而採取扣稅的方式，將會使得污染變成是一種昂貴的行為。換言之，
生產者可決定污染同樣的數量但是繳交較高的稅，或是選擇較少的污染量
而付較少的稅，因而供給曲線將由 SS_1 移到 SS_2，此時，新的均衡污染量
成為 Q_2。

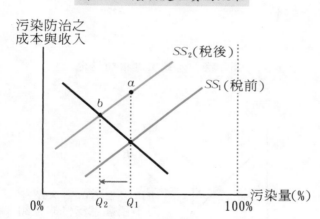

圖 16.5　廢物處理費的效果

圖內所表示的為對污染的供給與需求的關係。社會對污染未課徵任何稅時之均
衡污染量為 Q_1，為 SS_1 與 DD_1 之交點。當社會對污染源課徵廢物處理費時，
將使得污染的代價更高（等於稅的部份）。換言之，生產者可決定污染同等數
量，但付出較高的稅，如 a 點，或製造較少的污染，但付出較低的稅如 b 點，
市場新的均衡將由 SS_2 與 DD_1 相交之點所決定，此時均衡污染量為 Q_2。

　　雖然廢物處理費可使得個人依自我利益來決定是否要減少污染，但課
徵廢物處理費的缺點則是在執行不易。當中最大的問題就在於到底應該收
費多少才足以彌補外部性所形成的損失。

3.寇斯定理 (Coase theorem)

當市場失靈係由於缺乏私人財產權時，政府可以以透過指定私人財產權的方式來解決這一個問題。再回到老李在考試中製造噪音的過程，監考老師可以透過指定老李或其他同學同時具有製造噪音或不接受噪音的權力之方式，來解決這一個外部性的問題，此時，其他同學與老李必需同時來解決噪音的問題。如果監考老師告訴其他同學，老李擁有製造噪音的所有權時，其他同學就必需決定到底能承受老李多大的擾人行為，其他同學可能願意以支付老李足夠的費用，來使得同學的邊際成本正好與由減少擾人行為所得到的邊際收益相等，而老李則會在由於不製造噪音之邊際成本與其他同學所支付的費用相等之處，同意不再製造一些擾人的行為。如果在圖 16.6 中的 MSC 曲線所代表的是其他同學的邊際成本曲線，而 MC 所代表的是老李的邊際成本曲線時，那麼其他同學將願意支付老李一筆 MSC 與 MC 差異之金額。因為同學們希望老李能降低噪音的水準，直到同學認為最能接受的水準，而老李也願意接受 MSC 與 MC 差異，做為減少噪音量至 Q_s 水準之報酬。

圖 16.6　財產所有權的指定

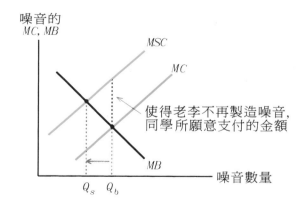

如果圖中的 MSC 曲線所代表的是其他同學的邊際成本，而 MC 代表老李的邊際成本時，同學們願意支付老李任何代價到達 MSC 與 MC 之差異為止，來使得老李減少製造一些擾人的行為。老李則願意接受 MSC 減去 MC 之代價，來減少製造一些擾人的行為至 Q_s 水準。

相反的，當監考老師指定其他同學擁有不接受噪音的所有權時，老李

就必需向其他同學購買製造噪音的權力。老李願意付出 MSC 與 MC 差異的代價，而同學們則是接受任何代價等於或大於 MSC 與 MC 的差異。

值得注意的是，無論是誰被指定擁有財產權，最後所製造出來的均衡噪音水準均會是相同的。同學們與老李最後決議是在於，同學們的邊際成本與老李的邊際收益相等之處或相反。唯一不同的是，二者當中必需要有一方付款給另一方。**當協議的過程是不需要成本而且財產權的指定亦不會有所困難時，無論是誰具有財產權，造成外部性活動的數量均會是相同的，此為寇斯定理**。寇斯教授為芝加哥大學教授，因為這一個定理使得寇斯教授成為 1991 年諾貝爾經濟學獎的得主。

由於在某一些情況之下，私人財產權並不會存在，因此政府無法指定財產權，因而在這些情況之下寇斯定理並無法存在。例如，政府並無法任意指定房屋所有人持有對空氣的財產權，而期望汽機車駕駛人跟這些人購買使用財產的權力。要每個汽機車的所有人與每個房屋所有人之間建立協議是幾乎不可能的。在這一個例子當中，由於交易成本太高因而使得寇斯定理無法成立。

4.全球性問題

由外部性與公共財所產生的問題亦出現在全球性的環境問題上。另外由於不同的個人居住在不同的國家，因而使得全球性問題更為複雜。由於大陸工廠所排放的二氧化硫及二氧化氮與水氣結合所形成之酸雨，可能飄向臺灣、日本或韓國。由於一個國家並無法將其所希望的做法加諸到其他國家的身上，因而使得解決市場失靈的國際性政策之發展與執行變得非常困難。

二、政府對公共財的管制

由於公共財的使用者並沒有任何誘因支付使用公共財的費用，因此，在真實社會當中，對公共財的需求曲線將會位在付費的需求曲線的下方，結果使得公共財生產的數量會「太少」。由於公共財生產的數量較少，因此，資源用於生產公共財之數量亦會較少。應該如何來解決公共財的問題呢？

許多私人企業嘗試以將公共財變成是一種私人財來解決公共財的問題。例如，在 1996 年搖滾巨星麥克傑克遜歷史之旅，臺北站的表演地點為中山足球場，而非前一次的所在地臺北體專體育場。使用中山足球場的目的，在於透過較高較深的場地來防範球場周邊一些高樓住戶可以觀賞到免

費的表演。換句話說，主辦單位希望每一個人均必需要購買門票才能觀賞到表演。此外，在美國亞利桑納州的一個小鎮叫 Scottsdale 的地方，有一家叫 Rural Metro 的公司，該公司提供私人消防服務。祇要是訂戶失火時可以免費救火，但對於非訂戶，若經由該公司救火之後，就必需予以收費。一般而言，針對一些搭便車的人的最佳解決問題的方式，就是由政府來生產公共財。而一旦政府不生產公共財時，恐怕一些國家公園或是國防就不會存在了。

但是政府應該生產多少的公共財呢？最適的公共財數量應該由市場的需求曲線與生產該財貨的邊際成本曲線（供給曲線）相交時候的關係來決定。如果我們可以衡量出社會對公共財願意而且能夠付出的數量時，我們就可以準確的計算出最適的產量。然而通常的問題是，經常我們並無法準確的計算出市場的需求關係。

重 點 彙 整

1. 政府介入的理由在於保護公眾利益，或改變一些不受歡迎的市場結果。在環保的問題上，政府介入所持的理由若是為了公眾利益時，代表由於市場經濟體系的失靈，因而導致了市場無法提供消費者想要的環境品質水準的關係。

2. 透過市場內的供給與需求機能的運作，均衡價格能夠使得商品及要素做最有經濟效率之分配。

3. 不同的價格代表著消費者並不是以最低的價格來取得商品或要素的使用並非是最有效率的。

4. 當市場的運作沒有受到抑制，使得生產出來的產出水準與經濟效率的水準有所差異時，稱為市場失靈。

5. 私人成本為個人所擁有的且為在交易過程所產生的成本。

6. 由於成本是一種外來的，因此稱為外部性，或更明確一點說明，由於這些成本均會形成社會其他人的負擔，因此是屬於一種負的外部性。

7. 當外部成本加到私人成本上時，就得到所謂的社會成本：社會成本 = 私人成本 + 外部成本。

8. 正的外部成本代表消費者或企業並未直接參與一些活動，但這些活動卻會使得消費者或企業獲得利益。

9. 當社會成本與私人成本之間有所不同時，就會形成經濟體系當中有過多或過少的生產與消費。無論是過多或過少的生產或消費，均代表要素的使用並非是最有效率的，這種情形所表示的為一種市場失靈的情況。

10. 市場失靈亦有可能肇因於缺乏定義清楚的私人財產權。

11. 邊際收益曲線用來衡量消費者消費額外一個單位商品時，所能帶來的額外收益。

12. 根據互斥原則，擁有私人財產的人，具有私下消費私人財產的權力。互斥原則代表一種定義良好的私人財產權，它告訴我們，如果你擁有一種商品時，別人就不能使用它；而如果別人擁有一種商品時，你就不能使用它。

13. 當商品成為一種公共財以後，人們即有變成一個搭便車的人的誘因。搭便車的人為享受商品與勞務，但卻不必為此而付出代價的消費者。

14. 當商品屬於一種私人財時，市場的需求曲線為個人需求曲線之水平

加總（固定價格加總市場需求量），但當商品為一種公共財時，市場的需求曲線為垂直加總個人需求曲線（固定數量，但加總個人所願意付出的價格）。

15.廢物處理費為針對個人所產生之污染或排氣所課徵的一種費用。

16.雖然廢物處理費可使得個人依自我利益來決定是否要減少污染，但課徵廢物處理費的缺點則是在執行不易。當中最大的問題就在於到底應該收費多少才足以彌補外部性所形成的損失。

17.當市場失靈係由於缺乏私人財產權時，政府可以以透過指定私人財產權的方式來解決這一個問題。

18.當協議的過程是不需要成本而且財產權的指定亦不會有所困難時，無論是誰具有財產權造成外部性活動的數量均會是相同的，此為寇斯定理。

練習題

1.假設下列三個人對某種財貨的需求組成了市場總需求關係：

甲 君		乙 君		丙 君	
P	Q_d	P	Q_d	P	Q_d
$6	0	6	0	6	1
5	1	5	0	5	2
4	2	4	1	4	3
3	3	3	2	3	4
2	4	2	3	2	5
1	5	1	4	1	6

(1)假設商品為私人財時，試決定市場的需求關係？
(2)如果商品為公共財時，試問市場需求關係為何？

2.將問題1中的財貨視為公共財加上以下的供給關係來決定最適的商品使用數量？並說明您如何決定此一最適數量的過程。

供給表

P	Q_s
10	15
9	11
7	9
6	8
4	7
2	4
1	3

3.使用下表的資訊來回答以下一些問題:

數量	邊際成本 (MC)	邊際社會成本 (MSC)	邊際收益 (MB)
1	2	4	12
2	4	6	10
3	6	8	8
4	8	10	6
5	10	12	4

　⑴每單位產出的外部成本為何?

　⑵將會生產多少數量的產出呢?

　⑶為了達成經濟效率時,應該要生產多少單位數量?

　⑷社會用來修正外部性的價值為多少?

4.將問題3 當中的外部性問題予以內部化所要採用的稅率水準為多少?

5.如果在問題3 當中, MC 與 MSC 的資料互換時,代表什麼樣的意義?
　此時,應該如何來解決此種的市場失靈的問題?

6.過度捕魚代表什麼樣的意義?過度捕魚的基本問題在那裏?是否有可能
　在什麼樣的情形之下,會形成捕魚不足 (underfish)?

7.討論「由於教育可以創造正的外部性,因此政府應該補貼教育」的敘述
　是否恰當。

8.吸煙者對不吸煙者形成一種負的外部性,假設餐廳空氣的財產權為餐廳
　老板所擁有時:

　⑴餐廳老板對吸煙者所造成的負外部性所可能的反應?

　⑵假設吸煙者擁有空氣的財產權時,事情將有何變化呢?

　⑶如果不吸煙者擁有空氣的財產權時,事情又將如何來變化呢?

第*17*章

貿易理論與政策

前 言

　　早期美國以出口個人電腦而在高科技的市場上具有支配的力量，然而在今日，臺灣、韓國與日本等國，在個人電腦的出口數量上卻遠超過美國之出口量。是什麼原因造成此一改變呢？是否是因為臺灣、日本及韓國等國，專精於出口高科技的設備呢？如果一個國家傾向於專精出口某項商品時，那又為什麼我國在出口 Acer 電腦的同時，又進口 Compaq 電腦呢？在本章當中我們將探討貿易量及國與國之間貿易連結的關係。由於在第 5 章當中，我們曾經談到貿易（或交換）之所以產生的主要原因，在於一些國家專精於生產某些產品，而專精生產某些財貨的理由主要係根據比較利益之定義而來；換言之，一個國家將會從事於在這個國家當中生產該商品的機會成本，較在其他國家中生產該商品所需要的機會成本來得低的商品。專精於生產某種產品之國家，可將消費該商品之後所剩餘商品的部份，透過交換的方式來與其他國家交換對其他商品的消費。因而在本章的前半部當中，我們將首先來看看形成比較利益的原因。

　　此外，在本章當中我們亦將討論各國如何利用一些政策的工具來干涉自由貿易的行為，以達到完成各國一些自我目

標的目的。一般而言，國際貿易之所以形成很少僅是由於比較利益的不同，或是由簡單的不同社會的供給與需求所來決定的。政府部門通常會發現，一些在政治壓力下所偏好的政策，通常會與比較利益的理論不符。**政府以一些政策來影響國際貿易的措施，稱之為**商業政策 (commercial policy)。在本章的後半部當中，我們亦將會討論到一些支持應該實施商業政策的理由，以及探討一些政府可以採用的商業政策工具。

第一節　國際貿易

由於貿易的產生可以使得人們生活得更好，此外，國際貿易的產生亦可以使得人們的生活較原本祇能消費由本國廠商所生產出來的商品時來得更好。然而誰與誰之間會進行交換，或什麼樣的產品可以用來交換呢？

1.貿易的方向

表 17.1 列出了二大集團之間（發展中國家與工業化國家）的貿易往來關係。工業化國家包含了西歐、日本、澳洲、紐西蘭、加拿大與美國，而發展中國家則指除了上述工業化國家以外的國家。表 17.1 所表示除了金錢價值以外，亦以佔總貿易額之百分比的方式來說明。

表 17.1　貿易方向（十億美元，1993年資料）

目的　　　起源	工業化國家	發展中國家
工業化國家	$1,777 (48%)	$728 (20%)
發展中國家	$664 (18%)	$461 (13%)

資料來源: *Direction of Trade Statistics Yearbook*, 1994, 國際貨幣基金 (IMF)。

註：括弧內數字為該金額占總貿易額之百分比。

由表 17.1 的資料看來，工業化國家之間的貿易往來占全世界貿易總額之 50%左右，而由工業化國家出口到發展中國家之金額大約占有總貿易額之 20%左右。由發展中國家出口到工業化國家之金額則占了大約有 18%左右，而發展中國家之間貿易往來的總金額則占有 13%左右。

表 17.2 列出了一些在 1990 與 1994 年與我國進出口貿易往來關係較為密切的一些國家的關係。我國商品歷年主要的出口地區是美國，在 1990 年與 1994 年時，我國出口至美國之商品價值分別占總出口貨幣價值的 32.35%與 26.14%。在 1994 年時，雖然我國商品出口最多的地區仍是美國，但由於二岸之間的貿易往來的頻繁，因此出口至香港的比例已由 1990 年的 12.76%上升至 1994 年之 22.84%。而歷年進口最多的地區則是以由日本進口的商品最多，在 1990 及 1994 年之進口總值當中，由日本進口商品分別占該年進

口總值的 29.23%及 29.06%。而進口至我國次多的地點則為來自於美國的商品，在 1990 及 1994年時，由美國進口商品的價值分別占我國總進口值的 23.05%及 21.04%。

表 17.2　我國主要貿易伙伴（占總出口或總進口之比例）

國別	進　　口		出　　口	
	1990	1994	1990	1994
香港	2.65%	1.81%	12.76%	22.84%
日本	29.23	29.06	12.38	10.99
韓國	2.04	1.72	1.83	1.87
德國	4.89	5.62	4.72	3.50
美國	23.05	21.04	32.35	26.14

資料來源：《自由中國之工業》，行政院經濟建設委員會。

2.交換那些商品？

由於不同國家具有不同的比較利益，因此，國與國之間傾向會出口不同的產品。此外，由於不同的國家之間亦有不同的消費傾向與不同的技術需求，因此，對進口商品之需求亦有所不同。雖然如此，某些商品卻經常被用來交換，例如，根據聯合國的統計資料顯示，原油為世界上交易最頻繁之商品。在 1992年時，原油之交易占全世界總交易量之 5.62%左右，其次為汽車 (4.9%)，接下來為石油製品 (2.54%)，汽車零件(2.45%) 以及自動資料的處理設備 (2.02%)。

第二節　國際貿易均衡

國際經濟環境是非常複雜的，每一個國家均具有某種特殊形式的貿易型態 (pattern of trade)——指貿易伙伴與交易的商品。有些國家非常倚賴貿易但亦有一些國家對於貿易的依賴度並不大。我們已經很清楚國家之間將會根據比較利益法則專精並交換其具有比較利益的商品。然而那些為決定國際貿易而且也能用來解釋比較利益型態的基本因素呢？

瞭解此一問題將有助於我們對於國際貿易如何作用的一些基本問題提供較好的解答。例如，到底要交換那些商品？要交換多少的商品？以及交換的價格條件為何？

一、比較利益

我們可以經由比較不同國家在生產某些財貨的相對成本來發現不同國家的比較利益。換言之，我們可以利用機會成本的觀念來比較二個國家生產某一種特別商品的成本。

在表 17.3 中我們透過使用一個簡單的兩國模型——中國大陸與臺灣，來說明比較利益如何應用在這二個國家當中。假設中國大陸與臺灣同時生產二種財貨——鞋子及電腦元件。在表 17.3 當中，我們分別列出二國在生產 1 個單位的鞋子及電腦元件二種財貨時，所需要的不同人工小時。因此在本例當中，我們假設由於勞工生產力的不同，因而導致比較利益的不同。在臺灣，1 個單位電腦元件的生產需要 3 小時，而生產 1 單位的鞋子則需要 6 小時。在中國大陸生產 1 單位的電腦元件需要 6 小時，而生產 1 單位鞋子則需要 8 小時。

表 17.3　比較利益

生產 1 單位商品所需人工小時	臺灣	大陸
1 單位電腦元件	3	6
1 單位鞋子	6	8

臺灣無論是在生產鞋子或電腦元件上均具有**絕對利益** (absolute advantage)，因為由生產 1 單位所需的人工小時來看，臺灣在生產電腦元件及在生產鞋子上所需的人工小時，均小於在中國大陸生產所需要時間。經由比較不同國家在生產各種財貨的絕對成本可以來決定比較利益。由於在臺灣生產二種財貨的時間均少於在中國大陸生產所需要的時間，因此在人工小時的使用上，臺灣的生產廠商應該是比較具有效率性。

由於臺灣在生產這二種財貨上均比較具有效率，因此似乎意味著臺灣可以不必與中國大陸之間存在任何商品的貿易往來了。在經濟學原理上，絕對利益並非為貿易形成的主因，形成貿易的主要原因正如同在第 5 章當中所提到的，應該是由於不同國家對不同商品具有的比較利益而非絕對利益。為了找到國家的比較利益，我們就必需比較每個國家在生產每種財貨時的機會成本。

生產電腦元件的機會成本為放棄生產鞋子所需使用的資源（勞動力）

的大小。由表 17.3 當中可以看出，二個國家在生產電腦元件與鞋子上所需的人工小時，如果將生產電腦元件的 3 個小時用於生產鞋子時，臺灣僅能生產 $\frac{1}{2}$ 單位的鞋子，因為在臺灣生產 1 單位鞋子需要 6 小時，所以在臺灣生產 1 個單位的電腦元件之機會成本，為 $\frac{3}{6}$ 或 $\frac{1}{2}$。

對中國大陸而言，如果將生產電腦元件的 6 個小時用於生產鞋子時，可生產出 $\frac{3}{4}$ 單位的鞋子，因此，在中國大陸生產 1 個單位的電腦元件之機會成本為 $\frac{3}{4}$ 單位的鞋子。比較不同國家對生產不同產品之機會成本之後，就可以發現那一個國家對那一種商品持有比較利益。由於臺灣在生產 1 單位電腦元件的機會成本為 $\frac{1}{2}$ 單位鞋子，而中國大陸生產 1 單位的電腦元件之機會成本為 $\frac{3}{4}$ 單位的鞋子，因此，臺灣在生產電腦元件上具有比較利益。由於臺灣在生產電腦元件上之機會成本較低，因此，臺灣應該生產電腦而且出口電腦元件。

而鞋子的比較利益的計算方式則與我們在計算電腦元件的比較利益所採用的方式相同。1 單位鞋子在臺灣製造需 6 小時，然而在臺灣生產電腦元件 1 單位時，僅需 3 小時，因此在臺灣生產 1 單位鞋子之機會成本為 2 單位電腦元件。另一方面，在中國大陸生產 1 單位鞋子需要 8 個小時，但生產 1 單位電腦元件則需要 6 個小時，因此在中國大陸生產 1 單位鞋子之機會成本為 $1\frac{1}{3}$ 單位的電腦元件。顯然的，中國大陸生產鞋子的機會成本小於臺灣生產鞋子的機會成本，因此，中國大陸應該生產鞋子並且出口鞋子。

在國際貿易理論的領域當中，亦如同在其他經濟學的領域當中一樣，機會成本為重要的決定因素，而反應機會成本的重要觀念就是比較利益。另一方面，絕對利益是不相關的，因為即使知道生產每一商品所需的絕對人工小時，亦無法告訴我們不同國家之間是否可以經由貿易來獲利。如果我們能夠透過貿易的方式來取得一些在本國國內生產時，所必需要放棄很多其他商品的生產才能生產出來的商品時，透過貿易的方式自然而然就能使得我們獲利。由於僅有透過比較機會成本的方式才能讓我們以上述的分析過程來推定那一個國家將會出口那些商品，因此國際貿易過程的發生，基本上可以說是根據比較利益法則。

二、貿易條件(terms of trade)

根據比較利益法則，中國大陸將會專精在鞋子的生產上，而臺灣則應該專精在電腦元件的生產上。二個國家將可以透過交換的方式來滿足他們

國內對二種商品的需求。國際貿易能夠使得本國消費者，較僅有在國內當中自行生產二種商品時，消費更多數量的商品。由於一個國家若能經由國外的生產者當中，取得更便宜的財貨時，貿易的行為將會發生，因此透過國際貿易的產生，將可使得所有正在進行交易的國家消費更多的財貨，而透過討論**貿易條件**更可以看出這一論點。

為了進口一單位的財貨所需要放棄的出口財貨的數量稱之為貿易條件。經由比較利益法則，我們發現臺灣將專精在電腦元件的生產上，臺灣將生產出來的電腦元件出口到大陸市場以換取鞋子來滿足國內對鞋子之需求。但是臺灣換取 1 單位的鞋子所需的電腦元件數量，則又取決於二種商品在本國國內之間的取捨關係。如果在臺灣 1 個單位的鞋子可以用來交換 2 個單位的電腦元件，當 1 單位的鞋子若能以少於 2 單位的電腦元件來交換時，臺灣將會與中國大陸進行鞋子商品的貿易。

反過來亦根據比較利益法則，中國大陸願意以鞋子來跟臺灣交換電腦元件。由於中國大陸生產 1 單位鞋子的機會成本為 $1\frac{1}{3}$ 單位的電腦元件，因而此時中國大陸若能將鞋子以超過 $1\frac{1}{3}$ 單位的電腦元件來交換時，中國大陸則可以透過貿易的方式來獲利。由此可知，**貿易條件的上下限將由二個國家的機會成本來決定的**。

在本例當中，以 1 單位的鞋子交換超過 $1\frac{1}{3}$ 單位，但小於 2 單位的電腦元件時，為雙方面均可以接受的條件，在這一個範圍之內的交換條件即可決定了雙邊的貿易條件。在真實社會當中貿易條件的大小，有時又必需視雙方面的議價能力，對臺灣而言，貿易條件愈接近 $1\frac{1}{3}$ 單位時將會愈為有利，而貿易條件愈接近 2 單位時將會對中國大陸愈有利。

雖然，雙方面均儘可能將貿易條件推向對自己有利的極限，但最後由雙方所決定的任何貿易條件祇要是介在這二個界限之間，均是對雙方有利的，因為在這些貿易條件的範圍之內，雙方均可以以較在本國國內生產為低的機會成本來消費該財貨。為了清楚的表示貿易利得 (gain from trade) 的關係，我們在此假設最終雙方面所同意的貿易條件為以 1 單位的鞋子來交換 $1\frac{1}{2}$ 單位的電腦元件。

假設在臺灣 120 小時的勞動力當中有 60 小時用於生產電腦元件，而有 60 小時用於生產鞋子。由於生產 1 單位電腦元件需時 3 小時，因此使用 60 小時可生產 20 單位電腦元件。由於生產 1 單位鞋子需 6 小時，因此使用 60 小時祇能生產 10 單位的鞋子。在沒有任何國際貿易行為以前，臺灣老

百姓祇可以享受到 20 單位的電腦元件及 10 個單位的鞋子。由於臺灣在電腦元件的生產上具有比較利益，因此若臺灣能將 120 小時的勞動力專精用於電腦元件的生產上時，共可以生產 40 單位的電腦元件。而根據前面的假設得知如果雙方面所同意的貿易條件為以 1 單位鞋子來交換為 $1\frac{1}{2}$ 單位電腦元件時，臺灣可保留20 單位電腦元件（與未產生貿易時相同），而以其他 20 單位的電腦元件來交換 $13\frac{1}{3}$ 單位之鞋子。明顯的，當臺灣可以以電腦元件來交換鞋子時，臺灣的人民可以較在沒有任何貿易行為以前消費更多的鞋子（ $13\frac{1}{3}$ 單位鞋子與10單位鞋子之差異），貿易前鞋子的數量與貿易後鞋子的數量差異為$3\frac{1}{3}$ 雙，代表臺灣人民的貿易利得。因此**貿易利得所代表的為經由貿易交換行為所導致人民消費增加的關係**。

三、出口供給(export supply) 及進口需求 (import demand)

在前面所舉的例子當中，我們曾提到當各個國家專精於生產具有比較利益的產品而且產生貿易行為時，所有國家均可經由貿易的方式來獲利。然而在實際上一個國家並未完全專精於生產某一種產品，一般而言，本國產業的產量可以滿足部份國內的需求，而另外有一部份的本國需求則需要透過進口的方式來滿足。為了明白貿易交換數量如何來決定，我們必需建構各國的供給與需求曲線，而使用這些曲線來創造進口需求與出口供給曲線。

在本國的總需求當中，到底有多少百分比是由本國廠商所生產出來的商品來供應，而又有多少的比例是由國外進口進來的商品來供應的關係，可由國內供給與需求曲線以及商品的國際均衡價格來決定。一旦我們知道了個別國家之出口供給與進口需求曲線的關係以後，我們就可以決定國際均衡價格與數量。出口供給與進口需求曲線可由各國國內的供給與需求曲線求得，圖 17.1 正表示了出口供給與進口需求曲線之推導過程。

圖 17.1(a)中所表示的是臺灣國內電腦元件之供給與需求曲線的關係，國內的均衡價格為 P_1，國內的均衡數量是 Q_1。當任何電腦元件的市價若高於均衡價格 P_1 時，均會使得電腦元件市場產生過剩的現象。例如，當電腦元件價格上升至 P_2 時，臺灣的剩餘為 A。當任何市場價格低於 P_1 時，均會使得臺灣本島內對電腦元件的需求產生短缺的現象。例如，當市價為 P_2 時，短缺將有 B 之多。關鍵在於，世界電腦元件的價格可能與國內在沒有貿易時的均衡價格有明顯的不同。而一旦貿易的行為產生了以後，世

界的均衡價格便替代了本國國內市場的均衡價格。

圖 17.1 進口需求與出口供給曲線

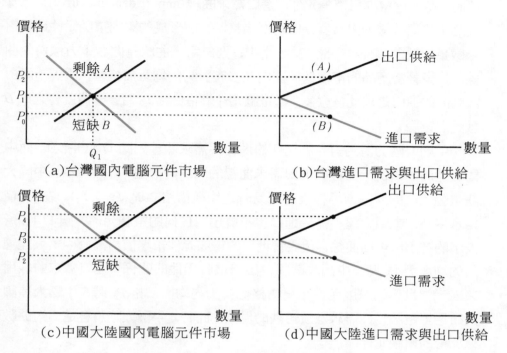

(a)台灣國內電腦元件市場　　(b)台灣進口需求與出口供給

(c)中國大陸國內電腦元件市場　　(d)中國大陸進口需求與出口供給

圖(a)及圖(c)分別表示，臺灣及中國大陸國內對電腦元件之供給與需求關係。在臺灣國內沒有貿易時之均衡價為 P_1，而在中國大陸則是 $P_3(P_3 > P_1)$。任何價格高於國內均衡價格時，將導致國內市場出現剩餘之現象。而利用剩餘部份的數量與價格之間的關係，就可以繪製出出口供給之關係，如圖(b)及圖(d)所表示的關係。任何價格若低於國內均衡價格時，在市場之內將會產生短缺現象，由短缺數量與價格關係就可繪製出進口需求曲線。

　　如果世界市場的電腦元件價格與國內在沒有貿易時的均衡價格有所不同時，這個國家有可能成為電腦元件的出口國或進口國。例如，當世界電腦元件的市場價格高於國內在沒有貿易時的均衡價格時，國內的剩餘將可以透過出口方式出口到其他國家去。在圖 17.1(b)中所表示的是臺灣的**出口供給曲線**(export supply curve)，出口供給曲線所表示的為臺灣本島內當電腦元件的市價高於在沒有貿易的均衡價格時，電腦元件生產數量的剩餘關係。當市價在 P_2 時，臺灣可供給世界 A 數量之電腦元件，所以出口供給

等於國內的剩餘。當世界上電腦元件的市場價格遠高於國內在沒有貿易的均衡價格時，臺灣將會出口愈多數量的電腦元件。

　　而如果世界電腦元件的市場價格低於本國國內在沒有貿易時的均衡價格時，臺灣就會進口電腦元件。**進口需求曲線**(import demand curve)，為當商品價格低於國內沒有貿易的均衡價格時，所形成的國內電腦元件市場需求數量短缺的關係。在圖 17.1(b)當中，進口需求曲線為向右下方傾斜的曲線，代表著當商品的市價低於國內在沒有貿易的均衡價格時，國內市場對該商品的進口需求就會愈多，當電腦元件價格低到 P_0 時，臺灣就會進口 B 數量之電腦元件。

　　中國大陸的國內對電腦元件的供給與需求曲線如圖 17.1(c)所示，而中國大陸的出口供給曲線與進口需求曲線的關係則如圖 17.1(d)所示。中國大陸電腦元件的國內市場在沒有貿易時之均衡價格為 $P_3(P_3 > P_1)$，在 P_3 價格水準時，中國大陸不需要進口也不會出口任何的電腦元件。圖 17.1(d)所表示的為出口供給曲線，代表當世界的電腦元件市場價格高於中國大陸國內的均衡價 P_3 時，中國大陸將會出口電腦元件的關係。進口需求曲線用來表示當世界的電腦元件市場價格低於國內均衡價格 P_3 時，中國大陸國內市場對電腦元件需求數量短缺的現象，此時，中國大陸將會進口短缺數量部份的電腦元件。

四、世界市場的均衡價格與均衡貿易量

　　電腦元件的國際貿易均衡價格與均衡貿易量的決定方式，就是透過將臺灣與中國大陸的進口需求與出口供給曲線互相結合在一起，如圖 17.2 所表示的關係。**國際貿易的均衡將會出現在一個國家的進口需求數量與另一個國家的供給數量相等時**。由圖 17.2 當中得知，均衡將會產生在 e 點。在 e 點時，由中國大陸的進口需求曲線得知，中國大陸將在電腦元件價格為 P_2 時，進口 Q_e 數量之電腦元件，而由臺灣的出口供給曲線的關係得知，臺灣將在 P_2 價格時，出口 Q_e 數量之電腦元件。唯有在 P_2 價格時，對電腦元件有所需求國家的進口需求數量，正好等於有意出口電腦元件國家之供給數量，因此電腦元件的均衡世界市場價格為 P_2，而均衡數量為 Q_e。

圖 17.2　國際貿易的均衡價格與均衡貿易量

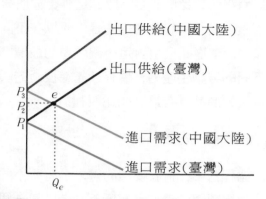

國際貿易均衡價格的決定為臺灣的出口曲線與中國大陸的進口需求曲線相交會所決定的一點，　e 點。在 e 點時，世界電腦元件市場的均衡價格為 P_2，而均衡的數量為 Q_e。換言之，臺灣將出口 Q_e 數量的電腦元件到中國大陸去。

第三節　比較利益的來源

　　由前面的討論當中我們學習到國與國之間之所以產生貿易行為的主要原因是因為不同國家對不同商品具有不同的比較利益的關係，但是何以一個國家對於某一些商品具有比較利益呢？經濟學家曾經建議了許多關於比較利益來源的理論，現分別討論如下：

一、生產力的差異

　　由前面所討論的例子當中我們可以很清楚的看到，當生產同一種商品但卻需要不同的人工小時來完成，正表達了臺灣與中國大陸之間對生產某一商品具有不同的比較利益。在這個例子當中，由於勞動生產之差異而造就了產品不同的比較利益。

　　這 200 年來經濟學家所一直討論的就是**由於生產力之不同而形成了比較利益的不同**。事實上，比較利益模型通常又稱為李嘉圖模型 (Ricardian Model)，李嘉圖為 19 世紀英國的經濟學家，他對經濟學理論最主要的貢獻在於解釋並分析了以生產力為基礎之比較利益法則的觀念。由於勞動生產力之不同因而解釋了世界上許多不同的貿易型態。

雖然我們知道不同的國家具有不同的生產力，但除了生產力之外，亦有其他的因素可以用來決定比較利益。除此之外，縱使勞動生產力為決定比較利益的唯一因素，我們所想要知道的是，何以在不同的國家當中，會有不同的勞動生產力。李嘉圖模型對這一個問題的最標準解釋為，由於技術不同因而形成不同的勞動生產力；具有最先進技術的國家，對需要使用最先進技術才能生產的商品具有最大的比較利益。

二、要素充裕(factor abundance)

在生產商品的過程當中，對於要素的需求是有所不同的，而不同的國家所擁有的要素資源種類與數量亦是有所不同的。**當一個國家擁有較豐富的某一種要素資源時，該國家對於使用該要素來從事生產與該要素相關的商品時，將會具有較大的比較利益。**例如，可耕植土地較多的國家在農產品的生產上具有比較利益，而人口較多的國家在勞力密集的商品製造上將具有較大的比較利益。

根據要素的相對充裕性來決定比較利益的學說，主要係源於 Heckscher-Ohlin (H-O)模型， Eli Heckscher 及 Bertil Ohlin 二人為瑞典籍的經濟學家。**在 H-O 模型當中，假設模型當中的二個國家僅持有二種生產要素：勞動力與資本。擁有勞動力資源較充足的國家，根據模型的推導將會出口以勞力為主的產品，反之，當一個國家擁有較多的資本時，就會出口較多的資本密集產品**。因此，實證研究就曾經探討是否勞力相對較充裕的國家就會出口較多的勞力密集商品，而資本相對充裕的國家是否就會出口較多資本密集的商品。在多數情況之下， H-O模型的結論可用來解釋貿易的型態，但是，在一些情況之下， H-O模型卻得到相反的結果。因此，經濟學家便再嘗試使用其他理論來解釋比較利益法則。

三、其他有關比較利益的理論

有關於比較利益的一些較新的理論通常嘗試解釋一些較為狹隘的商品貿易行為，這些定理並未嘗試用來解釋一般化的情況。這些理論包括有使用人力技術 (human skills)，產品週期 (product cycles) 及偏好等因素來解釋國際貿易的行為。

1.人力技術

本理論強調由於國家之間的技術工人與非技術工人之存量 (stock) 有所

不同，因而形成比較利益之不同。**一個國家若具有較充裕的技術工人存量時，該國在生產需要使用較多技術的商品上，就會具有比較利益。**本理論與要素充裕理論類似，但在本理論分析當中將勞動市場區隔成技術工與非技術工二個市場。

2.產品的生命週期

本理論解釋了何以某些商品的比較利益會由一個國家移轉到另一個國家之歷程，此一現象之所以會發生，主要就是因為產品的生命週期。在產品的第一個階段如研究發展的過程，需要的是有創意的廠商。然而經過一段上市時間之後，成功的產品逐漸變成標準化商品，因此有較多廠商可以去生產該商品。當產品到達成熟階段以後，一些沒有在做研究發展的廠商也可以來生產此種商品。

產品的生命週期理論與國際性比較利益的關係在於，一些具有研究發展能力的國家，首先會生產及出口新的商品。當商品出口一段時間以後，由於外國廠商熟悉了該商品之後，外國廠商將會開始仿冒該商品而製造出類似的競爭性商品。當商品變得更為成熟之後，比較利益就會移轉到一些具有比較低製造成本的國家當中，因此最後將由製造成本較低的國家來生產這些商品。

彩色電視機的發展史正說明了產品生命週期的比較利益理論。美國發明了彩色電視，而且美國的公司首先出口及生產彩色電視。然而在歷經一段時間之後，當生產彩色電視的技術變得眾人皆知時，一些在日本、臺灣及韓國的廠商，由於在電視機製造的成本上，遠低於由美國所製造出來的電視機，因此這些國家的廠商成為彩色電視機的主要供應商。一旦技術廣為人知之後，一些具有比較低製造成本（通常是工資成本）的國家所製造出來的商品，可與原先發展出來該商品但通常工資率較高的國家來相互競爭了。

3.偏好

截至目前為止有關於比較利益的理論均著重在供給面因素之討論上，或許市場的需求面因素也可以用來解釋一些國際貿易上的行為。很少有由不同生產者所生產出來的商品是完全相同的，消費者或許比較偏好某一種商品。雖然國內生產者通常生產商品以滿足國內的消費者，但是，因為不同消費者具有不同的偏好，因此有一部份的消費者可能對從國外進口的商品較有所偏好，而國際貿易的產生可以使得消費者擴展他們的消費機會。

居住在具有大致相同發展水準國家的消費者，可預期他們之間的消費

型態將會是大致相同的。但如果國與國之間發展水平相差很多時，這些國家內的消費者之消費型態應該會有很大的差異。此一論點似乎建議，工業化國家所生產出來的商品，將可以比較容易在其他工業化國家中發現到對該商品需求的市場。

　　如同在本章一開始所看到的表 17.1 的資料，工業化國家與其他工業化國家之間的貿易往來較為頻繁。而經由此一理論所推測的貿易型態似乎與經由要素充裕的比較利益理論所推測的結果正好相反，要素充裕模型建議，要素充裕不相似的國家可以透過貿易交換使得雙方面均能獲利。然而具有許多資本及技術工人的富有國家與具有相同水準之國家的貿易往來，大於與一些貧窮國家之貿易往來。在工業化國家當中的廠商，傾向生產一些相對上為較有錢的消費者所能購買的商品。由於我們並非是居住在一個僅依賴簡單比較利益的世界當中（此代表無論是由那一家廠商所生產出來的商品均完全相同），而是居住在一個具有產品多樣化的世界當中，因此消費者可以自由選擇表面上看起來類似但在品牌及型式上卻略有所不同的產品。

　　根據消費者偏好理論所解釋的國際貿易行為是同一產業內貿易 (intraindustry trade) 行為。**產業內貿易行為代表在一個國家內的同一產業當中同時出現進口與出口之行為**。如果將消費者偏好考慮進來，我國出口臺灣啤酒與進口麒麟啤酒之行為，就不足為奇了。供給面的比較利益學說很少討論到同一產業內的貿易行為，因為這些學說預期每個國家將會出口由具有比較利益產業所生產出來的商品，但是在真實社會當中卻經常可以看到同一產業內貿易行為之產生。

第四節　　支持貿易保護政策的理由

　　政府限制國外產品輸入本國數量的目的在於保護本國的生產廠商，以減少國內廠商面對來自於國外廠商的競爭。在某些情況之下，政府採取保護措施是正確的，然而在多數情況之下，保護祇會傷害到消費者。在所有支持保護的論調當中，祇有少部份的論調是正確的。

　　由前面的討論當中我們知道，根據比較利益法則而來的國際貿易理論的目的在於最大化整體世界的產出，以及使得消費者得以享用較高品質且價格較低的商品。如果貿易限制的行為存在時，消費者將勢必將要去面

對較低品質且較高價格的商品，除此之外，世界商品的整體產出亦將會減少。針對外國廠商所採行的貿易限制措施，除了增加外國廠商的生產成本之外，亦會對本國經濟產生一些成本。當生產過程不再依照比較利益法則來運作時，要素資源將無法做最有效的使用。當政府透過貿易限制來改變貿易的型態時，我們可預見的是此時在經濟體當中將會有人受益而有些人受害。一般而言，貿易保護措施將有益於國內的生產者，但所要付出的代價就是國內消費者的利益受到剝奪了。一些支持貿易保護的論點，現分別說明如下：

一、創造本地工作機會(creation of domestic jobs)

經常有一些人會認為如果可以禁止外國產品的輸入就可以多創造本國國民的工作機會。當本國廠商和外國廠商所生產出來的產品是完全相同時，這個論點才能成立。由於此一產品現改由本國廠商來生產，因此，可以僱用本國國民來生產此一產品。然而，此一論點的缺點在於，從就業的角度來看，僅有受到保護的產業獲利。由於本國消費者現在必需要以較高的價格來購買該產品（受保護產業所生產的商品），在消費者所得不變的假設之下，消費者購買其他商品的能力下降了，如此一來，反而可能使得生產其他商品的國內產業之就業機會下降。如果此時，貿易對手國亦採取類似的保護措施時，本國的出口產品的產業亦會受到波及。一般而言，**以貿易限制來「保護本國的工作」祗會重新分配工作而已**。換言之，以此理由所採行保護的結果，祗會增加受保護產業內的工作機會，但所要付出的代價卻是相對減少了其他產業內的工作機會。

二、創造「公平的競技場」 (creation of a "Level Playing Field")

特殊利益團體有時聲稱，一些出口商品到本國市場內的其他國家的廠商具有一些超過本地廠商的不公平優勢。一些請求創造一個「公平競技場」的人認為，本國政府應該採取一些步驟來抵銷外國廠商的這些優勢。這些人認為國外廠商具有優勢是因為國外的工人願意以很低的工資來工作，因此，這些人便大聲疾呼要「公平貿易而非自由貿易」(fair trade, not free trade)。但是擁護公平貿易的人，事實上已經在宣稱依比較利益法則來決定的生產過程是不公平的。一個國家若具有較低的工資，事實上正代表該國具有充裕的勞動力要素，因此，這些國家在生產勞力密集的產品上

具有比較利益。而為了創造一個公平的競技場所採用的任何限制來嘗試消除國外廠商的比較利益時，將祇會使得本國消費者的情況變得更差 (worse-off)，而且也侵蝕了專精生產與經濟效率之基石。

　　而有一些請求「公平貿易」者則是基於互惠的觀念而來。如果一個國家針對另一個國家進口商品強加一些進口限制措施如關稅 (tariff) 或限額 (quotas)時，產品受限的國家亦會對強加貿易限制的國家之商品課以互惠關稅或互惠限額，來強迫貿易對手國取消貿易限制。

三、創造政府的收入 (Government revenue creation)

　　對進口商品課以關稅可以增加政府的收入。在工業國家當中，所得稅由於比較容易課徵，因此成為工業化國家政府之主要收入來源，所以關稅便很少成為工業化國家政府的主要稅收來源。但在許多發展中國家當中，發現所得稅很難課徵與收繳但發現關稅較容易徵收；海關人員祇要在進入本國的所有關卡駐守，並檢查所有進入國內的商品或離開本國的商品。由於觀察貿易流動的容易性，使得關稅成為一些發展中國家當中最受歡迎的稅收來源之一。在一些資料當中亦顯示，在一些發展中國家關稅占政府總收入的比率的確大於工業化國家的比重。例如，根據 1994 年世界銀行的《世界發展報告》顯示，在英國政府總收入當中關稅稅收祇有 0.1%，而在日本及美國則分別為 1.3% 與 1.5%，但在哥斯大黎加或孟加拉此一數據則分別達 19.7% 及 28.6%。

四、國防考量 (National defense)

　　長久以來一直有人認為一些與國防相關的產業應該受到政府的保護，例如，稻米業。縱使臺灣在稻米的生產上，已經不再具有比較利益，但有些人認為國內的稻米生產業仍需存在，因為一旦戰爭發生時，無法很容易由國外購買到足夠的稻米。當受到保護的產業真正對國防有重大的影響時，此一論點是正確的，但是某些與國防相關的產業，例如糖或銅業，可利用在和平時期多由國外進口一些，一旦遇到打仗時就有足夠的存量可以使用。因此，在決定是否因國防需要而保護某一產業時，應先明瞭該產業對國防而言是否是非常的重要。

五、幼稚產業 (infant industries)

一個國家通常會傾向去保護一些新興的產業，保護的目的在使得這些產業有足夠的時間來發展並生存下來。新興產業需要一些時間來成長與茁壯，並且變得更有效率，而且生產的成本也不能較國外競爭廠商來得高。政府除了可以採用關稅或限額的方式來保護國內幼稚工業以外，也可透過**補貼** (subsidize) **方式來扶植幼稚工業。**透過補貼使得這些產業得以以較低的商品價格來與國外一些較具效率的廠商競爭。

保護國內幼稚工業而避免受到國外廠商的競爭是合理的論點，但此一保護措施應該要等到這些工業發展成熟時立即停止。一旦這些產業規模到達某一種水準時，保護應該立即停止，而且這些產業應自行與國外廠商來競爭。然而不幸的是，在多數情況之下這些保護措施是不會停止的。當產業變得愈來愈大而且愈成功時，它掌握了愈多的政治力量。事實上，如果幼稚工業真的有很好的成功機會，而且一旦茁壯之後可以變得非常具有競爭力及獲利能力時，政府就不應該提供任何保護措施來彌補它的短期損失。任何新的廠商在進入產業生產之初期均會面對損失，但這些損失均祇是暫時性的損失而已。

六、策略性貿易政策 (Strategic trade policy)

在國際貿易的舞臺當中包含了有許多不同的廠商在追求經濟規模，因此**策略性貿易政策為利用貿易限制或補貼的方式來使得本國具有成本遞減特性的廠商，得以在世界市場上取得更大的佔有率。**策略性貿易政策的支持者認為政府可以透過使用關稅或補貼的方式來使得本國具有報酬遞增之廠商能較國外廠商更具有競爭之優勢。

當產業當中僅有一家廠商生產沒有替代商品的商品時稱之為獨占。如果增加產量可使得平均生產成本下降時，隨著廠商規模愈大，廠商的平均每單位的生產成本就會愈低。一家大型生產廠商將可較許多小型生產廠商以更具有效率性的方式來生產商品。使用自然獨占的簡單例子可以用來說明策略性貿易政策如何可以使得一個國家的情況變得更好。假設生產大客車的產業為一種規模報酬遞增的產業，而且全世界祇有二家公司能生產大客車，分別是美國通用汽車公司與德國賓士汽車公司。如果二家公司同時生產大客車時，由於生產成本太高因而使得二家公司均將面臨損失。但

是如果二家公司當中,祇有一家生產時,這一家公司所生產出來的大客車除了可以賣到國內市場以外,亦可賣到國外市場。此時由於生產較多的數量,因此成本遞減的關係將使得這家公司面臨一種具有利潤的情況。

假設單一廠商生產時之利潤為 1 億美元,但如果二家公司同時生產時之損失則各自為 500 萬美元。顯然,如果其中一家公司沒有生產大客車時,這家公司就賺不到任何錢但也不會損失任何錢。到底那一家公司應該來生產大客車呢?由於本產業具有一種成本遞減的特性,因此先生產大客車的廠商將可以先面對較低的生產成本,而能夠排除其他廠商的進入。但是策略性政策可以用來改變市場使得本國廠商具有優勢。

現假設賓士公司為世界上唯一的大客車生產廠商,而通用汽車公司並未生產任何的大客車。但是如果美國政府採用支付通用公司 800 萬美元補貼之策略,而要求通用公司進入市場生產大客車時,政府補貼的 800 萬元可以用來補償通用進入大客車市場之 500 萬元的損失。最終,賓士公司將會因為損失而停止生產大客車,但通用公司除了取得整體市場之 1 億元收益以外,亦收到來自於政府的 800 萬元補貼。

策略性貿易政策的目標在於抵消外國廠商所具有的規模報酬遞增的優勢,此外,此一政策亦可用來刺激國內產業的生產,以實現成本遞減的特性。然而政府所面臨的第一個實際問題就在於政府必需清楚不同產業之技術差異,而且政府亦必需能夠正確預測需要誘導本國產業生產該產品所需之補貼金額的大小。政府第二個必需要面臨的問題則是,此一政策所可能導致於來自外國政府的報復行為的機率有多高。如果美國政府補貼了通用公司,德國政府亦有可能補貼賓士公司以取回整個大客車市場。結果二個國家的老百姓均必需以付稅的方式來補貼這二家公司。因為此時,二家公司將由於所生產客車數量不夠多,而無法實現成本遞減以至於無法獲利。

第五節　貿易政策的工具

在貿易政策上經常使用的一些工具如關稅、限額、補貼及一些非關稅性貿易障礙 (nontariff barriers, NTB),例如,因健康或安全理由而限制一些國外產品的進入即屬於非關稅性貿易障礙的例子。自 1945 年以後,世界上各國的貿易障礙已逐年減少,主要的原因是因為 GATT 組織存在的關係。GATT(General Agreement of Tariffs and Trade) 為關稅與貿易同盟,創立於

1947年。

一、關稅

關稅為加諸在進口或出口商品上的一種稅。每一個國家或多或少會對某些進口商品課徵關稅，但亦有某些國家對一些出口商品課徵關稅而成為政府增加收入的來源，例如，巴西政府對咖啡之出口亦課徵關稅。

關稅的課徵通常是用來保護本國的生產者，面對來自於國外廠商的競爭，關稅的經濟效果如同圖 17.3 的關係所示。在沒有任何國際貿易行為以前國內的均衡價格為 P_d，而國內均衡數量為 Q_d，為國內市場的供給曲線與需求曲線相交會所決定的關係。如果世界市場價格為 P_w 時（低於國內價格），本國將會進口該商品而進口的數量為 Q_2 減去 Q_1 之數量。

圖 17.3　關稅的效果

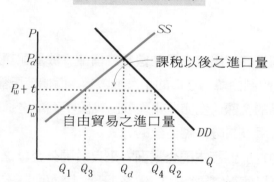

沒有貿易時之國內均衡價格與數量分別是 P_d 及 Q_d。在自由貿易時，世界市場價格為 P_w，進口量為 $Q_2 - Q_1$。關稅使得世界市場價格由 P_w 上升至 $P_w + t$，而進口則減少至 $Q_4 - Q_3$。

當貿易財 (traded goods) 之世界價格低於本國國內的均衡價格且在沒有國際貿易行為時，自由貿易將使得本國生產量減少但使得本國消費量上升。本國在世界市場價格之下的短缺現象，可以透過進口的方式來補足，因此，對本國的消費者而言，此時由於消費數量上升了且消費者可以以更低價格來消費更多的商品，因而使得消費者福利變得更好。但本國的生產者將會變得更差，因為此時生產者除了所生產的商品收到更低的價格以外，商品也賣得更少，換言之，生產者的收入將會減少。

假設政府對該商品課以關稅 t 時，因而使得消費者此時必需支付 $P_w + t$

之價格而非先前之 P_w 價格，才能購買到該商品。在此一更高的價格之下，本國廠商將會願意生產到 Q_3 數量，而本國消費者將採購 Q_4 之數量。關稅有形成本國生產上升，減少本國消費之效果，換言之總進口數量將會減少。

課稅以後，因為關稅導致商品的價格上升了，因而使得廠商的銷售量增加，收入（價格上升）也增加了，因此本國廠商將可以變得較好。然而本國消費者將會較在自由貿易時，以更高價格來消費較少數量的商品。雖然消費者較在自由貿易時變得更差，但此時消費者仍較沒有貿易行為時更好。如果關稅課到如圖內均衡價格 P_d 時，雙邊之間將不會存在任何的貿易行為。

政府關稅的收入則是由關稅稅率 t 乘上進口數量 $(Q_4 - Q_2)$ 之部份計算而得。當政府改變稅率時，進口數量亦將改變而政府的關稅收入亦將改變。

二、配額 (quotas)

配額為限制進口或出口商品的數量或價值。數量配額為限制商品的進口數量，例如，限制由韓國進口的小汽車數量。而**價值配額 (value quota)則是限制交易商品的金額**。例如，我國限制韓國小汽車之進口除了規定數量以外，亦可以採用限制輸入總金額的方式。

限額的目的在於保護本國企業面對來自於國外企業之競爭。透過限制進口的數量，可以使得本國商品的價格上升，因而允許本國企業較在自由貿易時，銷售出更多的商品，圖 17.4 用來表示限額之效果。國內的供給與需求曲線決定了在沒有貿易行為時的均衡價格與均衡數量 P_d 及 Q_d，世界價格為 P_w。由於 P_w 位於 P_d 之下，因此本國將會進口 $Q_4 - Q_3$ 數量之商品。需要進口的數量為商品在市價 P_w 時，本國國內市場短缺的部份。在 P_w 價格之下，本國廠商僅能售出 Q_3 數量之商品。

假設本國廠商說服政府限制對該商品的進口數量，因而導致政府將商品的進口數量限制到祇進口 $Q_2 - Q_1$ 之數量時，此一政策將使得本國商品的價格上升到 P_q。在 P_q 時，本國國內短缺的數量正好等於政府限額進口之數量。

限額對本國生產者的好處如同關稅政策一般: 本國廠商可以較在自由貿易時賣到較高的價格（P_q 高於 P_w），而且亦可以賣出較多的數量（Q_1 而非 Q_3）。限額對消費者的效果亦類似於關稅的作用，即消費者將較在自

由貿易時付出更高的價格且消費較少數量的商品。雖然關稅與限額作用類似，但關稅能帶給政府稅收，限額則沒有（除非政府拍賣進口限額的權力）。此外，關稅僅會造成本國市場的商品價格上升，國外廠商僅能以世界價格 P_w 來賣出該商品，但在限額之下，本國廠商與國外廠商均面對較高價格 P_q，雖然國外廠商將會因為可以允許進口的數量減少而受到傷害，但國外廠商仍可以以較高價格來售出商品。

圖 17.4　配額之效果

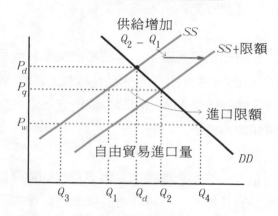

在沒有國際貿易時之均衡價格為 P_d 而均衡數量為 Q_d。而在自由貿易時，世界價格為 P_w，因而本國必需進口 $Q_4 - Q_3$ 之商品，此時本國之企業僅生產 Q_3 數量之商品。當政府採取 $Q_2 - Q_1$ 數量之配額時，將使得商品價格上升至 P_q。在 P_q 時，國內市場之短缺數量正好等於政府的配額數量。

在某些情況之下，國家之間會協議一種自願性出口設限 (voluntary export restraints) 而非強制性限額。自願性出口設限限制了從出口國家到進口國家商品的數量，因此，此一政策效果與配額的效果相同。

三、其他的貿易障礙

關稅與配額並非是影響自由貿易的唯一障礙，其他有三種常用的貿易障礙分別為補貼，政府採購 (government procurement) 及健康與安全標準 (health & safety standards)。雖然這三種政策的使用並非為了避免來自國外的不正常競爭，但仔細分析也可以明白的看出它們對進口商品之減少效果。

1.補貼

補貼為政府付給出口商的一種支付。補貼可用來刺激出口，因為在補貼之後出口商可以以較低的價格來賣出商品，補貼的金額則是由未產生貿易時，商品的國內價格與國際價格來決定。國內消費者因為所支付的稅被政府用去補貼一些出口商而受到傷害。此外，補貼也將使得要素資源會由國內市場轉移到一些用於出口商品的生產上。由於出口供給的增加意味著國內商品的供給可能減少，因而補貼亦有可能導致國內物價的上升。

補貼除了可以採用現金支付的方式以外，亦可使用扣抵稅、低利貸款、低成本保險費及政府贊助研究基金等方式來替代。

2.政府採購

有時候根據法令，政府部門祇能限定跟本國廠商來購買商品，此種政策允許本國廠商可以將它們所生產出來的商品，以較高的價格賣給政府部門。例如，早期政府機關的公務人員出國時，按規定一定要搭乘華航客機，即是一種類似政府採購的例子。

3.健康與安全標準

政府亦可以透過訂定產品的安全標準來保護老百姓的健康與安全。然而政府所訂定的一些產品安全標準，有時亦可能變成是保護本國生產廠商不必與國外廠商競爭的政策工具。雖然產品安全標準不可能完全去除國外廠商的競爭，但是國內標準與國外標準若有所不同時，已經是明顯對國內廠商提供了某一程度的保護。

第六節　優惠的貿易協議 (preferential trade agreements)

為了刺激國際貿易，一些國家通常會透過一些協議的方式來放棄彼此之間的貿易障礙而達成自由貿易的目的。國與國之間這種安排的方式，稱之為優惠的貿易協議。歐洲同盟 (European Union, EU)以及北美自由貿易協議 (North American Free Trade Agreement, NAFTA) 均為優惠貿易協議的最佳例子。

一、自由貿易區與關稅同盟 (customs unions)

二種經常被使用之優惠貿易協議為自由貿易區 (free trade areas, FTAs)，

及關稅同盟 (CUs)。這二種協議的差異在於對於同盟以外國家之處理辦法的協議不同。在 FTAs 中，同盟國之間的所有貿易障礙均需排除，但同盟中的每一個國家針對同盟外的國家可採行自己的貿易政策。而 CUs 之會員國雖同意會員國之間的貿易障礙需排除，但針對非會員國則會員國之間均採用同樣的貿易政策。

最有名的 CUs 為歐洲同盟 (European Union, EU)，即先前的歐洲經濟組織 (European Economic Community, EEC)。EEC 創於 1957年，由法國、前西德、義大利、比利時、荷蘭及盧森堡等六國所創立。英國、愛爾蘭及丹麥於 1973 年加入 EEC，而希臘於 1981 年加入，西班牙與葡萄牙則是在 1986 年加入，而在 1992 年 EEC 改成 EU。EU 成立的目的是希望在西歐組成商品與勞務的單一市場，除了在商品上進行自由貿易以外，EU 的最終目的亦希望歐洲的金融市場與機構也能在同一聯盟之內來運作。

在 1989 年美國與加拿大協議自由貿易區，而在 1992 年，美國、加拿大與墨西哥則協議成為一個自由貿易區稱 NAFTA。此一協議已自 1994 年 1 月 1 日開始生效，在 NAFTA 之下，大約有近 8000 項商品的關稅會下降，而且每一個國家的金融市場亦必需開放與其他二個國家的金融市場一起來競爭。雖然 NAFTA 並未完全排除三個國家之間的所有貿易障礙，但 NAFTA 的成立已代表向自由貿易的理想又跨了一大步。

二、貿易創造(trade creation) 及貿易移轉 (trade diversion)

自由貿易協議提供同盟內會員國之間（但並非全世界之間）的自由貿易行為，結果在關稅同盟或自由貿易區內，有可能使得一個國家變得較在協議以前更好或變得更差。

圖 17.5 表示了自由貿易區的效果。在沒有國際貿易時，國內供給曲線 SS 與國內需求曲線 DD，決定了商品的國內均衡價格 P_e 與均衡數量 Q_e。假設世界上仍有其他二個國家生產相同商品，A 國與 B 國，由於 A 國與 B 國生產商品之成本較本國為低，因此 A 國與 B 國之商品願以 P_1 價格賣給本國（如 S_a 線），而 B 國則願以 P_2 價格賣給本國（如 S_b）。在自由貿易之下，本國將會由 A 國進口商品，在 P_1 的價格時進口 $Q_8 - Q_1$ 數量的商品。當價格為 P_1 時，本國之生產量為 Q_1，而需求量有 Q_8，短缺之 $Q_8 - Q_1$ 則是由 A 國進口。

現假設本國針對進口商品課徵了 100%的關稅，換言之，此時本國消費者必需以高於自由貿易前 2倍的價格來購買進口商品。針對由 A 國進口之

商品本國消費者必需支付 P_3 的價格（為 $S_a + t$），而針對由 B 國進口的商品本國消費者必需支付 P_4 的價格（為 $S_b + t$）。在課徵了 100%關稅以後，商品仍將由 A 國進口，然而在新的價格 P_3 時，本國祗進口了 $Q_6 - Q_3$ 數量之商品。

圖 17.5　自由貿易區的貿易創造與貿易移轉之效果

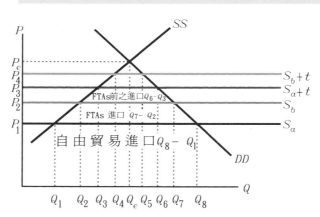

沒有貿易的國內均衡價格為 P_e，而均衡數量為 Q_e。在自由貿易時，市場價格為 P_1，進口數量為 $Q_8 - Q_1$。在 100%關稅時，商品仍將由 A 國進口，但此時市價為 $S_a + t$，即 P_3，進口數量為 $Q_6 - Q_3$。與 B 國達成自由貿易協議之後，將可使 B 國進口商品免於課徵關稅，使得本國將在 P_2 價格之下，進口 $Q_7 - Q_2$ 之商品。貿易創造的產生，係由於在 FTAs 時之進口量（$Q_7 - Q_2$）大於 FTAs 前之進口量（$Q_6 - Q_3$）。而貿易移轉效果代表形成貿易協議的國家 B 國，並非是生產本產品最具比較利益（成本最低）的國家。

現再假設本國與 B 國之間達成某種自由貿易的協議，排除任何由 B 國進口商品之關稅。由於 A 國並非自由貿易協議的會員國，因此，任何由 A 國進口之商品仍需課 100%之關稅。此時本國將改由 B 國進口商品，因為由 B 國進口之商品價格 P_2 低於由 A 國進口加上關稅之 P_3 價格，而進口數量為 $Q_7 - Q_2$。

在這一個例子當中，我們可以看出自由貿易協議的效果有二種。第一，貿易由最低成本生產國，A 國轉向 FTAs 伙伴，B 國。而 FTAs 的此一**貿易移轉**效果，降低了全世界的經濟效率。因為進口商品的生產將會由最具比較利益的國家移轉到其他國家中。而 FTAs 的第二個效果則是，進口

商品的數量較未成立 FTAs但課徵關稅時來得更多。進口量由 $(Q_6 - Q_3)$ 上升到 $(Q_7 - Q_2)$，因此，FTAs 的成立亦有**貿易創造**的效果存在，貿易創造效果則是因為關稅下降以後商品價格較低之故。

　　國家之間形成優惠的貿易協議是因為他們相信FTAs可以使得會員國家之間變得更好。會員國家之間認為協議可以產生貿易創造效果的原因為，由於自由貿易使得各會員國得以出口較多商品到其他會員國當中，再加上會員國國內的消費者，可以以較低價格購買較多樣化商品的關係。然而若從全世界的觀點來看，優惠的貿易協議應該要強調的是更多的貿易創造效果以及減少貿易的移轉效果，此外國與國在生產商品上亦能由比較利益法則來決定。此一論點指出一些能夠成功的FTAs 或 CUs為一些能夠增加貿易量，但並未去改變專精生產或出口商品的貿易型態之同盟。根據圖 17.5來看，成功的貿易同盟亦應該也能同時減少由 A 國進口商品的關稅，使得商品能由最低生產成本之國家——A國進口進來。

重 點 彙 整

1. 政府以一些政策來影響國際貿易的措施，稱之為商業政策。

2. 在國際貿易理論的領域當中，亦如同在其他經濟學的領域當中一樣，機會成本為重要的決定因素，而反應機會成本的重要觀念就是比較利益。另一方面，絕對利益是不相關的，因為即使知道生產每一商品所需的絕對人工小時，亦無法告訴我們不同國家之間是否可以經由貿易來獲利。

3. 為了進口一單位的財貨所需要放棄的出口財貨的數量稱之為貿易條件。

4. 貿易條件的上下限將由二個國家的機會成本來決定的。

5. 貿易利得所代表的為經由貿易交換行為所導致人民消費增加的關係。

6. 國際貿易的均衡將會出現在一個國家的進口需求數量與另一個國家的供給數量相等時。

7. 由於生產力之不同而形成了比較利益的不同。

8. 當一個國家擁有較豐富的某一種要素資源時，該國家對於使用該要素來從事生產與該要素相關的商品時，將會具有較大的比較利益。

9. 在 H-O 模型當中，假設模型當中的二個國家僅持有二種生產要素：勞動力與資本。擁有勞動力資源較充足的國家，根據模型的推導將會出口以勞力為主的產品，反之，當一個國家擁有較多的資本時，就會出口較多的資本密集產品。

10. 一個國家若具有較充裕的技術工人存量時，該國在生產需要使用較多技術的商品上，就會具有比較利益。

11. 產品的生命週期理論與國際性比較利益的關係在於，一些具有研究發展能力的國家，首先會生產及出口新的商品。當商品出口一段時間以後，由於外國廠商熟悉了該商品之後，外國廠商將會開始仿冒該商品而製造出類似的競爭性商品。當商品變得更為成熟之後，比較利益就會移轉到一些具有比較低製造成本的國家當中，因此最後將由製造成本較低的國家來生產這些商品。

12. 產業內貿易行為代表在一個國家內的同一產業當中同時出現進口與出口之行為。

13. 針對外國廠商所採行的貿易限制措施，除了增加外國廠商的生產成本之外，亦會對本國經濟產生一些成本。當生產過程不再依照比較

利益法則來運作時，要素資源將無法做最有效的使用。當政府透過貿易限制來改變貿易的型態時，我們可預見的是此時在經濟體當中將會有人受益而有些人受害。

14.以貿易限制來「保護本國的工作」祇會重新分配工作而已。

15.一個國家通常會傾向去保護一些新興的產業，保護的目的在使得這些產業有足夠的時間來發展並生存下來。新興產業需要一些時間來成長與茁壯，並且變得更有效率，而且生產的成本也不能較國外競爭廠商來得高。政府除了可以採用關稅或限額的方式來保護國內幼稚工業以外，也可透過補貼方式來扶植幼稚工業。

16.策略性貿易政策為利用貿易限制或補貼的方式來使得本國具有成本遞減特性的廠商得以在世界市場上取得更大的佔有率。

17.策略性貿易政策的目標在於抵消外國廠商所具有的規模報酬遞增的優勢，此外，此一政策亦可用來刺激國內產業的生產，以實現成本遞減的特性。然而政府所面臨的第一個實際問題就在於政府必需清楚不同產業之技術差異，而且政府亦必需能夠正確預測需要誘導本國產業生產該產品所需之補貼金額的大小。政府第二個必需要面臨的問題則是，此一政策所可能導致於來自外國政府的報復行為的機率有多高。

18.關稅為加諸在進口或出口商品上的一種稅。每一個國家或多或少會對某些進口商品課徵關稅，但亦有某些國家對一些出口商品課徵關稅而成為政府增加收入的來源。

19.配額為限制進口或出口商品的數量或價值。數量配額為限制商品的進口數量。

20.價值配額則是限制交易商品的金額。

21.限額的目的在於保護本國企業面對來自於國外企業之競爭。

22.限額對本國生產者的好處如同關稅政策一般：本國廠商可以較在自由貿易時賣到較高的價格，而且亦可以賣出較多的數量。限額對消費者的效果亦類似於關稅的作用，即消費者將較在自由貿易時付出更高的價格且消費較少數量的商品。雖然關稅與限額作用類似，但關稅能帶給政府稅收，限額則沒有（除非政府拍賣進口限額的權力）。

23.關稅僅會造成本國市場的商品價格上升，國外廠商僅能以世界價格 P_w 來賣出該商品，但在限額之下，本國廠商與國外廠商均面對較高價格 P_q，雖然國外廠商將會因為可以允許進口的數量減少而受到傷

害,但國外廠商仍可以以較高價格來售出商品。

24.自願性出口設限限制了從出口國家到進口國家商品的數量,因此,此一政策效果與配額的效果相同。

25.關稅與配額並非是影響自由貿易的唯一障礙,其他有三種常用的貿易障礙分別為補貼,政府採購及健康與安全標準。

26.為了刺激國際貿易,一些國家通常會透過一些協議的方式來放棄彼此之間的貿易障礙而達成自由貿易的目的。國與國之間這種安排的方式,稱之為優惠的貿易協議。

27.二種經常被使用之優惠貿易協議為自由貿易區,及關稅同盟。這二種協議的差異在於對於同盟以外國家之處理辦法的協議不同。在FTAs中,同盟國之間的所有貿易障礙均需排除,但同盟中的每一個國家針對同盟外的國家可採行自己的貿易政策。而CUs之會員國雖同意會員國之間的貿易障礙需排除,但針對非會員國則會員國之間均採用同樣的貿易政策。

28.國家之間形成優惠的貿易協議是因為他們相信FTAs可以使得會員國家之間變得更好。

練 習 題

使用下表的資料來回答問題1~5:

生產1單位商品所需要的人工小時

	臺灣	日本
豬肉	2	4
汽車	6	5

1.那一個國家在豬肉的生產上具有絕對利益?

2.那一個國家在汽車的生產上具有絕對利益?

3.那一個國家在豬肉的生產上具有比較利益?

4.那一個國家在汽車的生產上具有比較利益?

5.討論二個國家產生貿易時貿易條件的上下限?

6.利用以下一些比較利益的原理來說明臺灣何以會出口個人電腦？

　(1)生產力的差異。

　(2)要素充裕。

　(3)人力技術。

　(4)產品生命週期。

　(5)偏好。

7.那一個比較利益的理論可以用來說明我們出口電腦，但又由美國進口電腦的現象？試解釋之。

8.如果二個國家在本國市場之內的均衡價格均完全相同時，二個國家的出口供給與進口需求以及世界貿易均衡的關係將是如何？

9.針對採行貿易政策來達成以下一些目標的優缺點略做說明：

　(1)創造本地工作機會。

　(2)創造公平的競技場。

　(3)創造政府的收入。

　(4)國防上的考量。

　(5)保護幼稚工業。

　(6)刺激成本遞減產業之出口。

10.關稅及限額同時提高進口之價格。試比較關稅與限額在下列一些情形時之不同：

　(1)對進口國政府。

　(2)國外生產者。

　(3)國內生產者。

11.如果全世界形成單一自由貿易區之後，貿易創造效果為何？又貿易移轉效果為何？試解釋之。

12.比較關稅同盟與自由貿易區之不同。

13.假設奇異果的世界價格為每箱200元臺幣，而國內的均衡價格則是每箱350元。如果我國政府先前禁止奇異果之輸入，之後對每一箱奇異果課徵50元的關稅之後，又允許奇異果之進口，試討論我國政府的此一貿易政策對國內奇異果的價格與數量將產生何種的影響？

第 18 章 經濟資訊

前　言

　　今日我們所處的時代稱之為資訊時代(information age)。
科技的進步使得資訊的取得、移轉甚至使用均較以前變得更
為容易了。廠商花費數以千計的費用祇為取得與處理一些資
訊，消費者則需日以繼夜的承受來自於媒體、政府或產品標
籤的疲勞轟炸。然而，有用的資訊不但通常需花費才能取
得，也不易瞭解，及不容易記住。資訊亦不一定是完全正確
的，而資訊是否正確，有時不容易而且需花上一筆龐大費用
才能確認。資訊的有限以及不完全，與某些人或許較其他的
人擁有更多的資訊，而這些人嘗試利用這種優勢的特性，使
得資訊具有一些經濟的結果。

第一節　預期值 (expected values)

對未知的數目人們通常會去猜測，例如，明天股票價格，明天兄弟象對三商虎的比賽結果等等。在某些情況之下，合理的猜測為**預期值**。**預期值為將每一種可能出現的數目經過機率 (probabilities) 加權以後，加總而得的數值稱之**。預期值之計算過程有三個步驟：

1.列出出現每一種狀況的數字（例如，比賽分數）。

2.將每一個狀況的數字，乘以可能出現的機率。

3.將第二個步驟的結果加總。

例如：考慮兄弟象在最後一局得分的預期值。根據以往的紀錄發現，兄弟象在最後一局得 0 分之機率為 $\frac{1}{3}$，得 1 分之機率為 $\frac{1}{3}$，而得 2 分之機率為 $\frac{1}{3}$，兄弟象在最後一局的預期得分數將是：

$$\frac{1}{3} \times 0 + \frac{1}{3} \times 1 + \frac{1}{3} \times 2 = 1 分$$

第二節　對於價格的有限資訊

在完全競爭的市場結構當中，廠商為價格的接受者。如果廠商將價格調高於均衡價格時，將會失去所有的顧客。然而在許多市場當中，買方卻祇有不完全的資訊。當商家提高商品價格時，多數消費者並不知道那裏還可以買到較便宜的商品，因此，商家或許祇會損失少許的顧客。當一家商店減價時，並未吸引許多新的顧客上門，因為，許多人並不知道減價的消息，因而這些消費者仍然繼續向一些未減價的競爭者購買商品。當買方的資訊不完全時，廠商所面對的也將是一種向右下方的需求曲線。

一、搜尋成本 (search costs)

當買方具有有限的資訊時，可能必需要去搜尋最佳的價格。然而搜尋最低價格或最佳產品的行為是要付出代價的。因此，**取得關於商品價格與品質所花費的時間及貨幣成本稱為搜尋成本**。當搜尋所產生的預期邊際收入 (expected marginal benefit) 等於因搜尋所產生的預期邊際成本時，為搜尋

的最適數量。例如，假設在老王居住的附近有 5 家便利商店銷售老王所需要的東西，又假設商品的平均價格為 50 元，然而有些店的價格則略高，而有些店的價格則略低，這 5 家商店的價格分別如表 18.1 中所示的關係。

表 18.1　搜尋的例子

店數	價格
1	45
3	50
1	55

假設老王最多願意支付 50 元來購買該商品，而且老王祇知道有 3 家便利商店的價格為 50 元，1 家為 45 元而 1 家為 55 元，但老王並不知道那一家商店的商品賣多少錢。老王隨機選擇一家商店而買到最便宜的 45 元商品之機率有 $\frac{1}{5}$，但老王亦有 $\frac{1}{5}$ 的機會選到最高價格（55 元）商品的店，老王買到 50 元商品之機率則有 $\frac{3}{5}$。如果老王進入的第一家店的商品價格為 50 或 55 元時，他必需決定是否到其他店去看看，是否會有更低的商品價格。

假設第一家商店收費 50 元，而老王決定祇再到另一家商店去詢價時，老王將有 $\frac{1}{4}$ 機會買到 45 元之商品，有 $\frac{1}{2}$ 機會買到 50 元之商品，而有 $\frac{1}{4}$ 機會買到 55 元的商品。如果老王詢價結果為 55 元時，他將會回到第一家店購買 50 元之商品。換言之，如果第一家店賣 50 元，而老王再嘗試尋找另一家店時，將有 $\frac{1}{4}$ 的機會節省 5 元，但有 $\frac{3}{4}$ 的機會無法節省錢，因此，去第二家店時，老王搜尋的預期邊際收益為：

$$\frac{1}{4} \times 5 + \frac{3}{4} \times 0 = 1.25 元$$

如果這一個預期邊際利益超過老王到第二家店的邊際成本時，老王將可由搜尋的過程當中獲利，如果不是，則老王合理的行為應該是停止搜尋。

在多數情況之下，人們並不知道不同商店收取什麼樣的不同價格，人們必需透過經驗的學習或由其他資訊來源如廣告或與朋友交談中獲得相關資訊。

二、不同商店之間的價格差異

　　某些消費者對價格的資訊瞭解超過其他一些消費者，例如，觀光客對某一個地方的價格資訊就遠低於當地的居民，因此，通常觀光客會購買到較高價格的商品。

　　當某些顧客較其他顧客有更好的資訊且在均衡時，將會存在價格的分配 (distribution of price)。**價格的分配表示某些賣方以高於其他一些賣方的價格賣出商品。**

　　資訊完全的消費者到低價的商店購買商品，而一些資訊不完全的消費者亦有可能碰巧到低價的商店購物，然而多數不清楚有那些商店的價格較低的消費者，通常會到價格較高的商店去購物。

　　當多數消費者的資訊是完全時，所有商店的商品價格均會是最低的。任何商店嘗試以較高價格來販賣商品時，均將因為顧客的流失而無法獲利。因為這一個理由，**當多數消費者的資訊是完全時，就可應用完全競爭市場模型。當多數消費者的資訊不完全而且搜尋成本很高時，消費者在均衡時，將面對價格的分配。**換言之，一些商店具有價格較高的誘因，而一些商店的價格則較低。高價商品的商店雖然賣出商品數較少，但每單位的利潤較高；而低價商店雖可賣出較多商品，但每單位的利潤却較少。

　　某些商店以不同品牌或不同價格的方式來販賣商品，而某些則是以不同店名的方式，但對同一種商品在不同店收取不同價格的方式來經營。資訊完全的顧客會購買最低價的品牌或到價格最低的商店購買，而許多資訊不完全的消費者則是購買了最貴的品牌商品或是到最貴的一家店購買，因此，廠商透過這種銷貨的方式來賺取高額利潤。而這些亦是差別取價的方式之一：對資訊完全與不完全之顧客收取不同的商品價格。

　　當消費者取得愈多有關於價格的資訊時，他們可以付出較低的平均價格。在資訊愈多的情況之下，更多的消費者將會赴具最低價的商店購物，而使得到高價商店購物的顧客愈來愈少，導致高價商店產生了降價的誘因。

三、搜尋好的相配

　　商品與價格一樣，在許多店當中並不是完全相同的。買方所搜尋的有時候不僅僅是最好的價格，而是搜尋一些想要的商品型式。有些人搜尋爵

士樂 CD，但有些人則是搜尋古典 CD，這一類型的搜尋有時候甚至較最低價格的搜尋更費時及費錢。例如，在勞動市場當中搜尋是一件非常重要的工作，人們雖希望有高薪的工作，但更希望工作或工作環境能符合他的理想。同樣的，在婚姻的過程上人們亦希望能找到好的相配 (good match) 對象。

四、廠商對需求具有有限的資訊

廠商對消費者所願意付出的價格亦具有不完全的資訊，因此，廠商亦必需透過某種方式來學習它們所即將面對的需求曲線。廠商或許可由嘗試錯誤法來學習，或是採用在不同時間收取不同價格方式來學習。然而將商品推出銷售將有助於廠商學習需求曲線，因為它可以觀察當價格降低時，消費者會購買多少的商品。具有有限資訊的廠商針對需求通常是採高價先獲利之後才慢慢降價，而如果銷售狀況不佳時，通常廠商才會減價求售。廠商透過此種訂價策略可以獲益，因為針對願意多付出錢的消費者，廠商可以以較高的價格來賣給他們商品。然而採用這種策略存在二種成本：第一，某些消費者在必要時，願意支付較高的價格，但通常這些消費者，會預期商品價格下降，因此，會延遲消費直到價格下降時才去購買該商品。第二，廠商若一開始就以較低的價格來銷售時，很快就可以賣完商品，但若採用上述的策略時，商品銷售速度會較慢因而增加存貨的成本。

第三節　風險 (risk)

在某些情況之下，例如進行投資或經營企業等活動，將較進行其他一些活動具有更大的風險。經濟學家已經發展出一套非常複雜的風險模型以及在風險之下的經濟均衡模型，然而基本的觀念則不需要使用太複雜的數學模型。多數人對於在那些情形之下風險較大均有一般的觀念。

例如，考慮以下的二種狀況，那一種狀況風險會較大呢？甲或乙？

甲	乙
1.確定不會有損失或收益	$\frac{1}{2}$機會賺 100元，$\frac{1}{2}$機會輸 100元
2.$\frac{1}{2}$機會賺 100元，$\frac{1}{2}$機會輸 50元	$\frac{1}{2}$機會賺取 100萬元，$\frac{1}{2}$機會損失 50萬元
3.購買地震險	不購買地震險
4.99.9%的機會損失 100元，0.1%的機會不會損失任何錢	99.9%的機會不會虧損任何錢，但 0.1%的機會將虧損 9990元

多數人或許會認為，在多數情況之下，乙案均較甲案風險來得更高。在情況 1 時，甲及乙二案的預期獲利均為零，但甲案沒有任何風險，乙案卻包含有 $\frac{1}{2}$ 機率輸的風險。在情況 2 之下，甲案預期收入為 25 元，而乙案預期收入為 25 萬元，由於乙案之輸贏金額較大，因此乙案之風險較大。情況 3 與情況 4 則是非常類似，如果你擁有一個房子，價值 999 萬元，而有 $\frac{1}{1000}$ 的機會會因為地震而倒塌，而地震險費用為 10000 元，你預期損失為 9990元，在這情況之下你是否會購買地震險呢?

分散(diversification)

「不要將所有雞蛋放在同一個籃子裏」，為投資理財的最佳忠告，透過分散投資的方式人們可以降低他們投資的風險。分散意味著將風險分散到許多不同而且不相關的投資上。

對多數人而言，分散可為一種有價值的建議，因為多數人並不喜歡風險，換言之，這些人為風險趨避者 (risk averse)。如果一個人偏好較少風險之所得，以及持有固定的預期值時，稱此人為風險趨避者。

除非風險可以給他們帶來極大的預期利得，風險趨避者通常會偏向避免風險，縱使投資有較小的預期收入，風險趨避者通常會選擇風險較小的投資組合。風險趨避者亦願意犧牲一部份預期利潤以換取風險之減少。然而，當預期利潤高到足以讓承擔風險變得值得時，風險趨避者將會願意去承擔風險。

而具有風險中立 (risk neutral) 的人，則並不在乎風險。風險中立者並不在乎投資於風險較高或風險較低的財務資產。然而由一些財務市場的資

料顯示，風險性較高的投資必需支付較高的預期報酬，才能誘使人們去購買，此外，財務市場資料亦顯示多數人為風險趨避者。

第四節　道德障礙 (moral hazard)

人們對於其他人的行動通常缺乏足夠的資訊，廠商或許不知道員工的工作有多努力；一個想賣掉房子的人並不知道所委託的房屋仲介商有多努力在嘗試賣掉房子，以上這些均是一些隱藏的行動或稱**道德障礙**。在討論道德障礙之前，我們先釐清一些名辭，**僱主 (principal) 與代理人**(agent)：**僱用某人做事的人稱僱主，而被僱用的人稱為代理人。**

房屋賣主為僱主，而房屋仲介商則為代理人；公司的所有者為僱主、而員工則是代理人。僱主設定某一目標而要求代理人完成目標以達成僱主的利益，代理人是否會完成目標則完全取決於代理人努力程度與運氣。當僱主能夠觀察到結果，但卻無法觀察代理人有關於結果的行動或運氣時，有趣的經濟問題於焉產生。雖然僱主能夠觀察結果但對於代理人將承擔多少責難或代理人的貢獻多少僱主仍無法確定。如果最終的結果因為運氣而變得很好時，代理人將會嘗試邀功，另一方面如果是因為代理人的躲避，而使得結果不好時，代理人亦可能以運氣不好為理由而推託。**當代理人缺乏幫僱主取得最佳利益的誘因，而僱主又無法觀察代理人的行動時，道德障礙問題於是產生。**

一、最適合約(optimal contract)

在任何可能產生道德障礙的情形之下，僱主希望能認定出使代理人不違背僱主利益之誘因。僱主可透過給予代理人某種誘因，例如，當結果好的時候，支付較結果不好時更高的薪水。如果僱主針對好的結果而支付給代理人足夠的紅利時，代理人將會依僱主之利益來行動。僱主與代理人之間的合約，便是用來描述代理人的薪資決定於結果的一種協議。而**最適合約為僱主與代理人之間的一種協議，在此一協議之下，僱主同意提供代理人適當的誘因來完成能使得僱主利潤最大化的協議。**

在道德障礙的問題當中，最適合約為保證代理人能取得某種均一薪資 (flat salary) 的利益，以及由於較高薪資而使得代理人會依符合僱主利益來工作的一種妥協。最適合約決定了代理人薪資的高低與結果之間的敏感程

度。

二、監視 (monitoring)

在許多道德障礙的情形之下，透過監視代理人，僱主可取得一些關於代理人行為的資訊，因此**監視代理人意味著取得有關於代理人之訊息**。完全性的監視對僱主而言代價太高，而不完全性的監視成本則可以較低。

由於僱主必需親自花時間監看代理人，或以僱用某些人的方式來監視代理人，因此監視將必需花費成本。公司老板僱用會計人員及審計人員來監視公司的經理人員，因為僱主想要確定經理人員是否有為最大化公司利潤而盡最大的努力。

僱主可選擇監視代理人的程度：僱主監視代理人直到監視的預期邊際成本等於預期的邊際收益為止。有時候公司會要求員工之間互相監視，在一個小團體內工作的員工們，很容易清楚其他員工的工作表現。僱主可依小組工作表現而支付給每一個工人薪資，因此，當小組當中有人表現不佳時，將會面對來自同一工作小組內其他成員之壓力。

三、道德障礙之應用

1.保險

保險為道德障礙最典型的例子。由於保險的保護，使得個人的損失得以受到保護，保險公司（僱主）並不知道持有保險的人（代理人）是否已經盡力去做一些防範損失的事宜。最適保險合約設定了誘因及風險之間的一種妥協，因此保險公司所銷售的祇是一種不完全的保險。例如，保險條款祇願支付持有者70%的損失，或損失金額若到達某一上限金額時，稱為可扣除額 (deductible)。不完全的保險合約提供了保險合約持有者，一種可防止損失但仍需負擔風險之誘因。

2.產品保證

產品保證有點類似於保險，產品保證具有減少產品持有者對產品採適當照顧之誘因。如果汽車製造廠保證新車5萬公里內故障免費修理時，由代理人（汽車車主）小心照顧汽車的誘因就會很低，然而如果僱主（汽車公司）能夠清楚告訴代理人（車子擁有者），故障如果是因為產品的瑕疵才保證，若是因為駕駛不當就不保證時，此時產品保證將不會製造出道德障礙的問題。**當僱主無法清楚告訴代理人問題從那兒來時，道德障礙的問**

題才會出現。

因而最適產品保證的合約就是包括了完全保證與完全沒有任何保證之間的妥協。在最後的妥協條件之下，產品保證將祇會減少消費者一部份的風險，但仍然要消費者亦能自行善盡好好使用產品的一部份責任。例如，在保證年限之內商品損壞時，公司將可以免費更換零件，但更換零件的人工費用則需由消費者來自行負擔。

第五節　逆向選擇 (adverse selection)

當僱主對於代理人的行為有不完全的資訊時，產生了道德障礙。然而在有些時候人們亦缺乏對某些與他們交互作用的人一些行為的資訊，例如買二手車的人，知道你要賣車，但對於你是否是因為車況不好或祇是想換新的車型的資訊卻不是很清楚，此即是一種**逆向選擇**的例子。

當有兩個人相互進行交易的時候，其中一個人對產品的品質具有一些相關資訊，但另外一人卻缺乏對這方面的資訊時，於是產生了逆向選擇問題。二手車市場為典型的逆向選擇的例子，賣車的人瞭解汽車在一些品質上的問題，但買車的人卻不清楚到底這部車過去的表現如何？有沒有與別人的車子碰撞過，是否為贓車等。因此二手車的車況有可能是性能良好，亦有可能是毛病一堆，因為多數買主並不知道二手車的車況。因此，在二手車市場內，性能良好的車子與毛病一堆的車子，幾乎可以賣到同樣的價格（同年同車型）。換言之，買主對具有毛病的車子付了過高的價格，或者是對於性能較好的二手車付了過低的價格。如果買方有足夠的資訊時，則買方對於毛病車不願付出較高價格，但對於車況較好的車子就願意付出較高的價格，因為車況好的車子之價格是被低估了。因此，對擁有車況好的車主而言，就不太願意出售他的車子。由於毛病多的車子之價格是高估了，因此，擁有毛病多的車主就急於脫手。因為這一個理由，在二手車市場內毛病多的舊車子會多於性能好的舊車子，而逆向選擇正足以用來說明此一情況。在二手車的市場之內，車主所提供的大多數為品質較低的車子，由於充斥著品質較低的車子，一些品質較高的車子就被排擠出二手車市場。

逆向選擇與道德障礙是有所不同的，當一個人並不知道另一個人要做什麼時為道德障礙（僱主不瞭解代理人的行為是否符合僱主最佳利益）。

401

而當人們知道代理人要做什麼(what)，但不知為什麼(why)時，則為逆向選擇。

一、逆向選擇的例子

1.醫療保險 (medical insurance)

逆向選擇可以應用到許多種的保險上。具有較高醫療風險的人，通常較會去購買醫療保險，而且這些人通常會較風險較低的人購買保障更多的保險。

人們可由家人的歷史、健康的習慣以及個人的健康來瞭解自己的醫療風險。保險公司雖嘗試去取得這些資訊，但通常保險公司無法充份確定被保人之醫療資訊，結果，通常會跟保險公司買最多保險的均是一些風險較高的個人。由於保費通常是由高風險的人與低風險的人去平均，因此，對一些風險較低的個人而言，他們所付出的保費是多付了，而對一些風險較高的病人而言，他們所支付的保費是低付了。如果保險公司有更充份的資訊時，具有低風險性的個人的保費可以付得更低。

2.勞動市場

在勞動市場當中，逆向選擇亦是非常重要。應徵者對自己的勞動品質的瞭解通常優於僱主，無論公司提供什麼樣的工資水準，總是會吸引一些品質高於工資水準，或品質低於工資水準的應徵者來應徵，雖然公司嘗試去取得有關於應徵者勞動品質的資訊，但資訊永遠是不完全的。為了反應此種事實，公司通常會先僱用較低階的工人，一旦對工人的素質有更進一步的瞭解之後，公司晉升素質高的工人而非素質低的工人，公司有時亦會以較高的薪資來吸引素質較高的工人。

二、減少逆向選擇問題的方式

1.保證

一些銷售高品質的廠商可以以對買主提供品質保證的方式，來防止逆向選擇的問題。例如，公司可提供退錢的保證或免費修理的保證，一旦產品出現瑕疵時，產品保證可提供買方有關於產品品質之資訊，因為販售高品質商品的廠商將毫不猶豫的會提供保證，而一些販賣低品質之廠商若採用產品保證時，由於必需支付較高的成本，因此，這些廠商將會較少提供產品保證。因此，買方可由良好的產品保證來當做是高品質產品的一種訊

息。由於產品保證使得高品質商品的價格高於低品質的商品，因此可避免逆向選擇的問題。

然而產品保證並無法完全消除逆向選擇的問題，因為，唯有產品保證執行了才能提供買方資訊。低品質商品的廠商也許在提供產品保證之後，關廠了。而道德障礙的問題亦限制了保證的用途，當產品有保證時，買方對產品的使用，可能變得不恰當，但是賣方若無法清楚的判定問題是由於不當使用或由於瑕疵時，將導致賣方必需負擔修理或置換的額外費用。由於此一道德障礙的問題，使得賣方傾向保證一些買方無法毀壞的商品，或是對一些賣方能夠監視買方是否有好好照顧產品的行為，例如對於汽車品質的保證有時需要要求車主定期回廠接受保養時，保證才有效。

如果買賣雙方能經常交易，則賣方能夠建立起高品質產品的聲譽使得賣方能夠以較高價格來賣出商品，好的聲譽是有價值的而且提供公司不會降低品質的誘因。

2.產品報告 (product reviews)

消費者有時可以從一些商品報告，如電影、書籍、汽車雜誌、音響雜誌或消費者報導類的雜誌，取得有關於一些產品的資訊。由這些地方所取得的資訊可以減少逆向選擇的問題。但是消費者透過這些方式所能取得的資訊數量仍是有限的，因為販售資訊的人並不完全確信消費者會願意付款來購買這些資訊。如果某人費時費錢去評估某種商品的品質而將此一資訊賣給一群人時，他很難去掌握這群人不會將這一資訊以免費方式轉送給他人，由於此一可能性的存在，限制了資訊的取得，而且也降低了在均衡時，可以取得產品的資訊數量。

3.不同的均衡 (seperating equilibrium)

在有些時候創新性的價格或產品結構可以減少逆向選擇的問題。假設保險公司明瞭有二類的人：風險高及風險低的個人。對保險公司而言，風險高的人成本較高，因為這類人發生事故的機率極高。如果保險公司，祇提供一種保險商品時，由於顧客包含了低風險及高風險二類，若保險公司無法清楚的確認出風險高的顧客群時，保險公司就必需對每一個顧客收取同樣的保費，此時，風險高的人低付了保費而風險低的人則付高了保費。

然而，如果保險公司能夠提供顧客二種保險商品的選擇時，其中一種商品僅提供有限的保險、有限的理賠及有限的支付。而另一種商品則是提供了較完整的保險，而且一旦事故發生時就支付較多的理賠金額。如果保險公司祇允許人們購買其中的一種商品，低風險的人可能認為有限理賠的

403

保險已經夠用，而高風險的人則認為較完整的保險才是他們所想要的，保險公司因此就可以根據人們所選擇的商品來區別具有不同風險的人。而保險公司亦可根據低風險的人將會購買有限理賠之保險，而高風險的人將會購買較完整之保險的方式，來分別對不同的保險商品訂價。

重 點 彙 整

1. 預期值為將每一種可能出現的數目經過機率加權以後，加總而得的數值稱之。

2. 預期值之計算過程有三個步驟：
   (1)列出出現每一種狀況的數字（例如，比賽分數）。
   (2)將每一個狀況的數字，乘以可能出現的機率。
   (3)將第二個步驟的結果加總。

3. 取得關於商品價格與品質所花費的時間及貨幣成本稱為搜尋成本。

4. 價格的分配表示某些賣方以高於其他一些賣方的價格賣出商品。

5. 當多數消費者的資訊是完全時，就可應用完全競爭市場模型。當多數消費者的資訊不完全而且搜尋成本很高時，消費者在均衡時，將面對價格的分配。

6. 「不要將所有雞蛋放在同一個籃子裏」，為投資理財的最佳忠告，透過分散投資的方式人們可以降低他們投資的風險。分散意味著將風險分散到許多不同而且不相關的投資上。

7. 如果一個人偏好較少風險之所得以及持有固定的預期值時，則稱此人為風險趨避者。

8. 具有風險中立的人，則並不在乎風險。風險中立者並不在乎投資於風險較高或風險較低的財務資產。

9. 僱主與代理人：僱用某人做事的人稱僱主，而被僱用的人稱為代理人。

10. 當代理人缺乏幫僱主取得最佳利益的誘因而僱主又無法觀察代理人的行動時，道德障礙問題於是產生。

11. 最適合約為僱主與代理人之間的一種協議，在此一協議之下僱主同意提供代理人適當的誘因來完成能使得僱主利潤最大化的協議。

12. 監視代理人意味著取得有關於代理人之訊息。

13. 僱主可選擇監視代理人的程度：僱主監視代理人直到監視的預期邊際成本等於預期的邊際收益為止。

14. 當僱主無法清楚告訴代理人問題從那兒來時，道德障礙的問題才會出現。

15. 當僱主對於代理人的行為有不完全的資訊時，產生了道德障礙。

16. 當有兩個人相互進行交易的時候，其中一個人對產品的品質具有一

些相關資訊，但另外一人卻缺乏對這方面的資訊時，於是產生了逆向選擇問題。

17.逆向選擇與道德障礙是有所不同的，當一個人並不知道另一個人要做什麼時為道德障礙（僱主不瞭解代理人的行為是否符合僱主最佳利益）。而當人們知道代理人要做什麼，但不知為什麼時，則為逆向選擇。

18.一些銷售高品質的廠商可以以對買主提供品質保證的方式，來防止逆向選擇的問題。

練 習 題

1.為什麼同樣商品觀光客會支付較當地居民為高的價格呢？

2.舉例說明什麼是道德障礙，並指出主從關係？

3.在道德障礙中的最適合約情況之下，代理人是否有努力來完成僱主要求的誘因呢？試解釋。

4.舉例說明什麼是逆向選擇，並比較逆向選擇與道德障礙之不同？

5.為什麼產品保證無法完全解決逆向選擇的問題？並解釋道德障礙如何來限制產品保證的使用？

6.解釋為何當監視成本很低時，道德障礙不易產生？

7.解釋逆向選擇如何應用到：

(1)健保或人壽保險上。

(2)公司僱用員工上。

(3)信用卡使用上。

中 文 索 引

H－O模型　Hecksher-Ohlin model　374

U型　U-shaped　163, 181, 185

X型無效率　X-inefficiency　239

二劃

人力技術　human skills　374

人力資本　human capital　106, 299, 328, 339

三劃

下限　floors　280

上限　ceiling　280

土地　land　7, 33, 35, 106, 272, 331–338

大小　size　167

大蕭條　great depression　7

工作分散　work-spreading　317

工會　union　313–318

工會會員　unionized makers　293

工資　wage　35

干擾　disturb　130

四劃

不完全資訊　incompletely information　393, 400

不足　shortage　68

不能夠達成　unattainable　106, 112

不滿　dissatisfaction　124

中央銀行　central bank　7

互斥原則　principle of mutual exclusive　350

互補品　complements　59, 66, 98

五分位　quintiles　45

公平性　equity　8

公共企業　public enterprises　179

公共政策　public policies　352–357

公共財　public goods　346, 350–351, 357–358

公眾利益　public interest　343

分配　distribution　3, 4, 32, 129

分散　diversification　398

反效用　disutility　124

天生稟賦　endowment　6

支配性策略　dominant strategy　260

支配性廠商　dominant firm　257

比較利益　comparative advantage　115–117, 363, 367–368, 373

水平加總　horizontal sum　211

五劃

代工工廠　original equipment manufactures　151

代理人　agent　399

出口供給　export supply　370–371

凸向原點　bows in toward the origin　140

包絡曲線　enveloped curve　167

北美自由貿易協議　North American Free Trade Agreement, NAFTA　384, 385

卡特爾　cartels　257, 264–265, 308, 313

只僱用工會會員之工廠　closed shop　316

外部性　externalities　346–350, 352–357

失業　unemployment　7

市場　markets　3, 33, 35

市場失靈　market failure　343, 345–358

市場利基　market niche　252

市場結構　market structure　177, 191–192, 195

市場經濟　market economy　33, 37–40

市場機能　market mechanism　6

平均收入　average revenue, *AR*　188, 230

平均收入曲線　average revenue curve　230

平均產出　average product, *AP*　156, 157, 163

平均總成本　average total cost, *ATC*　161, 163–165, 181, 186

幼稚產業　infant industry　379

必需品　necessity　94

未來值　future value　327, 336–340

正向關係　positive relationship　23, 63

正常利潤　normal profit　181, 210, 211, 224, 233, 242, 251, 255–256, 340

正常財　normal goods　59, 97

生產　production　3, 4, 31, 32, 105–112, 154, 159

生產力　productivity　277, 296, 299, 309, 315, 326, 333, 343, 367, 373

生產可能函數　production possibility curve, *PPC*　105–110

生產函數　production function　105

生產者　producers　134

生產者剩餘　producer surplus　216, 218, 237

生產要素　production factors　105

生產效率　production efficiency　109

石油輸出國組織　OPEC　264–265

六劃

交換　exchange　105, 107, 115–117, 363–372

休閒　leisure　294

企業才能　entrepreneurial ability　33, 35, 106, 272, 338–340

企業家　entrepreneurs　338–339

劣等財　inferior goods　59, 97

印花折價券　coupon　234

吉尼係數　Gini Coefficients　45–47

同一產業內貿易　intraindustry trade　376

同等的價值　comparable worth　311–313

向後彎曲的勞動供給曲線　backward-bending labor supply curve　294

向原點凸出　bows outward　111

合成謬誤　fallacy of composition　10

合作　cooperation　264

合理的報酬率　fair rate of return　242

吃到飽　all you can eat　126

因果謬誤　post hoc fallacy　11

地方性獨占　local monopoly　225, 227

多餘　surplus　68

存貨　inventories　37

存量　stock　374

年資　seniority　317

成本　cost　151, 155, 159, 160, 177, 179, 256, 271, 273, 346

成本加成訂價　cost-plus pricing　257, 266

成本固定　constant cost　213–214

成本遞減　decreasing cost　213–214, 379–380

成本遞增　increasing cost　213–214

成長　growth　8, 326

曲線　curve　28

曲線關係　curve relationship　23

有限資源　scare resources　3, 32–33, 39

有效性　efficiency　3

有效率性的生產　effective production　4

有特殊技能　skilled　299

有彈性的　elastic　91

自由放任的經濟體　laissez-faire economy　39

自由貿易區　free trade areas　384–386

自我利益　self interest　38, 39, 40

自然獨占　natural monopoly　193, 225–226,

242

自給自足　self-sufficiency　116

自願性出口設限　voluntary export restraints　383

交叉彈性　cross elasticity　83, 95, 98–99

七劃

利率　interest rate　7, 35, 327–338

利潤　profit　35, 151, 155, 179, 256, 271, 273

利潤最大化　profit maximization　179, 187, 189, 195, 205, 231, 282, 288

助長的手段　facilitating practices　265

含意　implications　5

均衡　equilibrium　6, 55, 68–70, 274, 280–281, 296, 330–331, 372

均衡差別　equilibrium differential　299

均衡價格　equilibrium price　69–71, 83, 344

完全　pure　39

完全替代　perfectly substitute　203

完全無彈性的　perfectly inelastic　92, 99, 181, 188

完全彈性　perfectly elastic　93, 99, 181, 188

完全競爭　perfect competition　177, 192

技術　technology　6, 32, 65

技術進步　technological progress　112

投入　inputs　155

投資　investment　7

投資財　investment goods　31

李嘉圖模型　Ricardian model　373

沈入成本　sunk cost　225, 302

決策　decision　122

決策單位　decision markers　33

沒有特殊技能　unskilled　299

沒有單位　unit-free　89

私人成本　private costs　346–350, 354

私人財產　private property　38

社會主義　socialism　41

社會成本　social costs　347–350, 354

迂迴生產　roundabout production　326

八劃

亞當‧史密斯　Adam Smith　7

供給　supply　36, 55, 62–67, 177, 34, 352, 355, 364

歧視　discrimination　305–309

供給曲線　supply curve　63, 210

供給法則　law of supply　63

供給的改變　shift in supply　64–66, 67, 73–75

供給表　supply schedule　63

供給量的改變　movement along the supply curve　65, 67

供給價格彈性　price elasticity of supply　83, 100–102

兩難　dilemma　261

其他條件不變　*centers paribus*　9, 56, 64–65, 67, 72, 94, 145

協調機能　coordinate mechanism　36–37

取出　extract　233

取捨　trade-off　2

固定成本　fixed cost, FC　163, 164, 208

定額　lump-sum　340

居住成本　cost-of-living　315

弧　arc　28

房租管制　rent control　218

所得　income　33, 58, 94, 129

所得分配　income distribution　45–51

所得效果　income effect　133, 258, 275

所得彈性　income elasticity　83, 95–97

拗折的需求曲線　kinked demand curve　258–259

直接成本 direct cost 179

直線 linear 27

長期 long-run 95, 101, 153, 156, 166, 185

長期平均總成本 long-run average total cost, *LRATC* 167

長期供給 long-run supply 101

附加酬金之要求者 residual claimants 273

非支配性策略 nondominant strategy 261–262

非價格競爭 nonprice competition 249, 255–257, 260

非關稅性貿易障礙 nontariff barriers 380, 383–384

九劃

保險 insurance 400, 402

保護 conservation 338

品味 taste 61, 123, 126

品牌 brand 260

政府 government 5, 33, 134

流動 flow 35

界限 boundary 106, 110, 112

相互勾結 collusion 257, 264

相互依存 interdependence 196, 257

紅利 bonus 133

約翰・凱因斯 John Keynes 7

耐久性消費財 durable consumption goods 78

衍生性需求 derived demand 273

要素 factors 33–35, 55, 106, 154–155

要素充裕 factor abundant 374

要素市場 resource markets 271

要素供給 supply of resource 274, 278–280

要素供給的價格彈性 price elasticity of supply for a resource 278

要素需求 demand of resource 274, 278, 281

要素需求的價格彈性 prices elasticity of demand for a resource 275–277

要素價格 price of factors 65

訂價政策 pricing policy 134, 135

負向關係 negative relationship 23, 56–57, 58, 89

限期加入工會之工廠 union shop 316

限量 quotas 265, 378–379, 382–383

風險 risk 273, 339, 397–404

風險中立 risk neutral 398

風險趨避者 risk averse 398

十劃

個人偏見 personal prejudice 307–309

個體 micro- 7

家計單位 households 5, 33, 55, 154

峰型 hump-shaped 163

差別取價 price discrimination 234–236, 396

差異 indifference 127, 138, 299

效用 utility 122–145, 159, 288

效率性 efficiency 8

時間序列 time series 16

消費 consumption 7, 106

消費者 consumers 55, 134, 142–143, 151, 177, 204

消費者均衡 consumer equilibrium 129, 130, 132, 144–146

消費者剩餘 consumer surplus 133–134, 216, 218, 234, 237, 239

消費財 consumption goods 31, 43, 106

消費資訊 consumption information 60

租金 rent 35, 273, 279

納許均衡 Nash equilibrium 261

能夠達成 attainable 106, 112

財富 wealth 34

配置 allocation 7

逆向選擇 adverse selection 401–403

十一劃

假設 assumptions 5

偏好 preference 6, 61, 109, 123, 126, 138, 140, 375

偏見 prejudice 306

副產品 by–product 66

區隔 differentiate 184, 196, 256, 271

商品 goods 34–35

商業政策 commercial policy 364

國民生產 national product 32

國民所得 national income 7

國富論 *The Wealth of Nation* 7

國際貿易 international trade 364–366, 368, 375

奢侈品 luxury 94

寇斯定理 Coase theorem 355–357

專業化生產 specialization 115, 117

專精 specialize 8, 363–372, 378

掠奪性傾銷 predatory dumping 236

排放標準 emission standard 352

排擠 crowding 309

斜率 slope 27, 89

斜率固定 constant slope 23

清算 liquidate 203

混合式經濟體 mixed economy 44–45

理性消費者 rational consumer 139

理性選擇 rational choice 6

現值 present value 327, 336–338

產出 outputs 155

產品差異性 differentiated products 191, 195, 196, 251, 255

產品週期 product cycles 374, 375

產品線 product line 252

產能 capacity 238

移出去 outward 112

移進來 inward 112

移轉收入 transfer earning 279

統計上的歧視 statistical discrimination 307, 309

規模不經濟 diseconomies of scale 169

規模報酬不變 constant returns to scale 169

規範敘述 normative statement 4

貨幣 money 7, 35

通貨膨脹 inflation 7

連續性賽局 sequential games 262–264

十二劃

最大化 maximize 122

最大值 maximum 23, 25, 160

最大效用 maximize utility 129

最小值 minimum 23, 25, 160, 165

最低工資水準 minimum wages 318

最低效率規模 minimum efficient scale, *MES* 171, 226

最佳化選擇 optimal choice 33

最佳顧客訂價法 most favored-customer pricing 257, 266

最適合約 optimal contract 399

創新者 innovator 340

勞力密集 labor-intensive 374

勞動—休閒之取捨 labor-leisure trade off 294, 307

勞動力 labor 7, 33, 35, 106, 272, 293–323

勞動力市場 labor market 273

勞動力供給 labor supply 315

勞動力需求 labor demand 315

單位彈性　unit elastic　93, 189

單買者　monopoly buyer　286

報酬率　rate of return　330

報酬遞增　increasing return　379–380

尋找利潤　profit-seeking　340

景氣循環　business cycle　7

替代品　substitutes　59, 65, 98, 276–278

替代效果　substitution effect　133, 258, 275

殘留物　residual　273

無法再更新資源　nonnewable resource　334

無異曲線　indifference curve　137–145

無異曲線圖　indifference map　141

無彈性的　inelastic　91

無謂損失　deadweight loss　218, 238

短期　short-run　95, 101, 153, 156, 160, 165

短期平均總成本　short-run average total cost,
　　$SRATC$　165

短期供給　short-run supply　100

稅　tax　354

等邊際原則　equimarginal principle　129, 130,
　　132, 135, 288

策略　strategic　258

策略行為　strategic behavior　258, 260

策略性貿易政策　strategic trade policy　379

絕對利益　absolute advantage　367

買方　buyer　273

貿易利得　gain from trade　117, 369–370

貿易型態　pattern of trade　366

貿易財　traded goods　381

貿易條件　terms of trade　117, 368

貿易移轉　trade diversion　385–386

貿易創造　trade creation　385–386

補貼　subsidize　66, 354, 379, 380, 383–384

補償性工資差別　compensating wage differen-
　　tials　297–299

超額利潤　above-normal profit　181, 185–193,
　　211, 215, 223, 233, 237, 240, 251, 254, 257,
　　340, 345

進入　enter　192, 211, 251–253

進入障礙　barrier to entry　225, 252, 265, 317

進口需求　import demand　370, 372

間接成本　overhead cost　165, 170

集體協議　collective bargaining　315

搜尋成本　search cost　394

十三劃

傳說　myth　233

傾銷　dumping　236

嗜好　taste　279, 302

搭便車的人　free riders　350

損益平衡　break-even　208, 210

會計利潤　accounting profit　180, 215

溢雇　feather bedding　317

經濟成本　economic cost　180

經濟成長　economic growth　105, 112–115

經濟自由　economic freedom　39

經濟行為　economic behavior　4

經濟利得　gain　115

經濟利潤　economic profit　180, 192–193,
　　210–211, 215, 339

經濟政策　economic policy　8

經濟效率　economic efficiency　8, 39, 216, 237,
　　255, 344–345

經濟租　economic rent　279, 331–333

經濟財　economic goods　3

經濟規模　economies of scale　167, 169, 193,
　　203, 225, 226, 239, 379

經濟損失　economic loss　208, 252, 308

經濟學　economics　2, 3

經濟學理論　economic theory　5

經濟學模型　economic model　5

經濟選擇　economic choice　5

經濟體系　economy　31–33

資本　capital　7, 33, 35, 106, 272, 326–331

資本化價值　capitalized value　340

資本主義　capitalism　38

資本市場　capital market　326

資本供給　capital supply　329–330

資本財　capital goods　43, 106

資本密集　capital-intensive　374

資本累積　capital accumulation　112–113

資本需求　capital demand　326–329

資訊　information　393–398, 401

資源匱乏　scarcity　2, 112

道德障礙　moral hazard　399–401

預期值　expected value　394

預期邊際收入　expected marginal benefit　394

預測　predict　5

預算　budget　129

預算限制　budget constraint　142

預算線　budget line　142

十四劃

僱主　principal　399

寡占　oligopoly　177, 196–197, 249, 257–266, 285, 308, 345

實質　real-　36

實證敘述　positive statement　4

監視　monitoring　400

管制　regulation　7, 66

管制經濟　command economy　33, 41–43

管制機能　command mechanism　6

管制獨占　regulated monopoly　225, 226

製造財　manufacturing goods　35

誘因　incentive　129, 181

障礙　barriers　193, 317, 354

需求　demand　36, 55–62, 177, 344, 351, 355, 364

需求曲線　demand curve　56, 57, 58, 130, 133, 145, 181, 185–190, 195, 227

需求法則　law of demand　57, 227

需求的改變　a change in demand　58, 71–75

需求表　demand schedule　56–57, 135

需求量的改變　movement along the demand curve　61

需求價格彈性　price elasticity of demand　83, 84, 88–90

需求彈性　demand elasticity　84, 88–90

十五劃

價格　price　3, 35, 38–39, 56, 58, 62

價格下滑　price slide　78–79

價格狂飆　price rocket　77–78

價格波動　price roller coaster　77

價格的分配　distribution of price　396

價格訂定者　price setter　192, 193, 195–196, 197, 227

價格接受者　price taker　193, 197, 201, 203, 234, 394

價格預期　price expectation　59, 65

價格領袖　price leadership　264

價格僵固性　price fixed　37

價格調整機能　price adjustment mechanism　37, 68

增額成本　increment costs　166

廢物處理費　effluent charge　355

廣告　advertising　191, 193, 195, 196–197, 203, 240, 249, 256, 260–261, 264

廠商　firms　5, 33, 55

彈性　elasticities　75, 83–102, 177, 181–184,

413

189, 196, 235, 256, 276

慾望　wants　2, 5

數量　quantity　56, 62

標準化產品　standardized products　191, 195, 196

模型　model　202, 215

歐洲同盟　European Union, EU　384, 385

歐洲經濟組織　European Economic Community, EEC　385

潛在競爭　potential competition　238–239

獎勵　incentives　38

線性關係　linear relationship　23

賣方　seller　273, 283

銷貨收入　revenues　151, 179

十六劃

機率　probabilities　394

機會成本　opportunity cost　109–111, 113, 115, 126, 179–180, 294, 302, 331, 347, 363, 367, 368

機會成本遞增　increasing in opportunity cost　111

獨占　monopoly　177, 193–195, 223–243, 285, 308, 345

獨占廠商　monopolist　224

獨占競爭　monopolistic competition　177, 195–196, 249, 251–257, 285, 308, 344

獨立關係　independent relationship　26

獨買者　monopsonist buyer　286, 313, 319, 345

選擇　choice　2, 5, 31, 55, 109, 122, 127

錯誤分配　misallocate　109

靜止不動　static　112

十七劃

優惠的貿易協議　preferential trade agreement

384, 386

償付　payoffs　260

儲蓄　saving　107, 326

環境保護　environmental protection　40

瞬間供給　momentary supply　100

總成本曲線　total cost curve　160

總收入　total revenue, TR　154, 181, 186, 205

總要素成本　total factor cost, TFC　286

總效用　total utility　123–124

總產出　total product, TP　156

總產出曲線　total product curve　156

總體　macro-　7

薪資差別　wage differentials　297, 307, 313

賽局　game　260

賽局理論　game theory　258

趨勢　trend　15, 16

隱含成本　implicit costs　180

點　point　28

十八劃

擴張　expansion　112

職業隔離　occupational segregation　309–311

離開　exit　192, 211, 251–253

雙邊獨占　bilateral monopoly　313

十九劃

穩定性　stability　9

羅倫茲曲線　Lorenz curve　45–46

邊際成本　marginal cost, MC　161, 163, 165, 181, 185, 187, 205, 237, 344, 349, 352–354

邊際收入　marginal revenue, MR　185, 187, 205, 230, 282, 348–350, 352–354

邊際社會成本　marginal social cost, MSC　347–350, 352–354

邊際要素成本　marginal factor costs, MFC　283–289, 313

邊際效用遞減 diminishing marginal utility
123

邊際產出 marginal product, MP 156–157,
163, 282

邊際產出收入 marginal revenue product,
MRP 282–289, 305–306, 308, 313–314,
326–328, 331, 335, 345

邊際產出價值 value of the marginal product,
VMP 289

邊際報酬遞減 diminishing marginal returns
156–157, 159–160, 163, 165, 166, 183

關稅 tariff 317, 378–379, 381–383

關稅同盟 custom unions, CUs 384–386

關稅與貿易同盟 General Agreement of Tariff
and Trade, GATT 380

關廠 shut down 208

關廠價格 shut down price 210

二十劃

競爭 competition 39

競租 rent–seeking 240

二十三劃

變動成本 variable cost 163, 165

變數 variables 15

英 文 索 引

A

a change in demand　需求的改變　58, 71–75

above-normal profit　超額利潤　181, 185–193, 211, 215, 223, 233, 237, 240, 251, 254, 257, 340, 345

absolute advantage　絕對利益　367

accounting profit　會計利潤　180, 215

Adam Smith　亞當‧史密斯　7

adverse selection　逆向選擇　401–403

advertising　廣告　191, 193, 195, 196–197, 203, 240, 249, 256, 260–261, 264

agent　代理人　399

all you can eat　吃到飽　126

allocation　配置　7

arc　弧　28

assumptions　假設　5

attainable　能夠達成　106, 112

average product, AP　平均產出　156, 157, 163

average revenue curve　平均收入曲線　230

average revenue, AR　平均收入　188, 230

average total cost, ATC　平均總成本　161, 163–165, 181, 186

B

backward-bending labor supply curve　向後彎曲的勞動供給曲線　294

barrier to entry　進入障礙　225, 252, 265, 317

barriers　障礙　193, 317, 354

bilateral monopoly　雙邊獨占　313

bonus　紅利　133

boundary　界限　106, 110, 112

bows in toward the origin　凸向原點　140

bows outward　向原點凸出　111

brand　品牌　260

break-even　損益平衡　208, 210

budget　預算　129

budget constraint　預算限制　142

budget line　預算線　142

business cycle　景氣循環　7

buyer　買方　273

by-product　副產品　66

C

capacity　產能　238

capital　資本　7, 33, 35, 106, 272, 326–331

capital accumulation　資本累積　112–113

capital demand　資本需求　326–329

capital goods　資本財　43, 106

capital market　資本市場　326

capital supply　資本供給　329–330

capital-intensive　資本密集　374

capitalism　資本主義　38

capitalized value　資本化價值　340

cartels　卡特爾　257, 264–265, 308, 313

ceiling　上限　280

centers paribus　其他條件不變　9, 56, 64–65, 67, 72, 94, 145

central bank　中央銀行　7

choice　選擇　2, 5, 31, 55, 109, 122, 127

closed shop 只僱用工會會員之工廠 316

Coase theorem 寇斯定理 355–357

collective bargaining 集體協議 315

collusion 相互勾結 257, 264

command economy 管制經濟 33, 41–43

command mechanism 管制機能 6

commercial policy 商業政策 364

comparable worth 同等的價值 311–313

comparative advantage 比較利益 115–117, 363, 367–368, 373

compensating wage differentials 補償性工資差別 297–299

competition 競爭 39

complements 互補品 59, 66, 98

conservation 保護 338

constant cost 成本固定 213–214

constant returns to scale 規模報酬不變 169

constant slope 斜率固定 23

consumer equilibrium 消費者均衡 129, 130, 132, 144–146

consumer surplus 消費者剩餘 133–134, 216, 218, 234, 237, 239

consumers 消費者 55, 134, 142–143, 151, 177, 204

consumption 消費 7, 106

consumption goods 消費財 31, 43, 106

consumption information 消費資訊 60

cooperation 合作 264

coordinate mechanism 協調機能 36–37

cost 成本 151, 155, 159, 160, 177, 179, 256, 271, 273, 346

cost-of-living 居住成本 315

cost-plus pricing 成本加成訂價 257, 266

coupon 印花折價券 234

cross elasticity 交叉彈性 83, 95, 98–99

crowding 排擠 309

curve 曲線 28

curve relationship 曲線關係 23

custom unions, CUs 關稅同盟 384–386

D

deadweight loss 無謂損失 218, 238

decision 決策 122

decision markers 決策單位 33

decreasing cost 成本遞減 213–214, 379–380

demand 需求 36, 55–62, 177, 344, 351, 355, 364

demand curve 需求曲線 56, 57, 58, 130, 133, 145, 181, 185–190, 195, 227

demand elasticity 需求彈性 84, 88–90

demand of resource 要素需求 274, 278, 281

demand schedule 需求表 56–57, 135

derived demand 衍生性需求 273

differentiate 區隔 184, 196, 256, 271

differentiated products 產品差異性 191, 195, 196, 251, 255

dilemma 兩難 261

diminishing marginal returns 邊際報酬遞減 156–157, 159–160, 163, 165, 166, 183

diminishing marginal utility 邊際效用遞減 123

direct cost 直接成本 179

discrimination 歧視 305–309

diseconomies of scale 規模不經濟 169

dissatisfaction 不滿 124

distribution 分配 3, 4, 32, 129

distribution of price 價格的分配 396

disturb 干擾 130

disutility 反效用 124

diversification 分散 398

dominant firm　支配性廠商　257

dominant strategy　支配性策略　260

dumping　傾銷　236

durable consumption goods　耐久性消費財　78

E

economic behavior　經濟行為　4

economic choice　經濟選擇　5

economic cost　經濟成本　180

economic efficiency　經濟效率　8, 39, 216, 237, 255, 344–345

economic freedom　經濟自由　39

economic goods　經濟財　3

economic growth　經濟成長　105, 112–115

economic loss　經濟損失　208, 252, 308

economic model　經濟學模型　5

economicpolicy　經濟政策　8

economic profit　經濟利潤　180, 192–193, 210–211, 215, 339

economic rent　經濟租　279, 331–333

economic theory　經濟學理論　5

economics　經濟學　2, 3

economies of scale　經濟規模　167, 169, 193, 203, 225, 226, 239, 379

economy　經濟體系　31–33

effective production　有效率性的生產　4

efficiency　有效性　3

efficiency　效率性　8

effluent charge　廢物處理費　355

elastic　有彈性的　91

elasticities　彈性　75, 83–102, 177, 181–184, 189, 196, 235, 256, 276

emission standard　排放標準　352

endowment　天生稟賦　6

enter　進入　192, 211, 251–253

entrepreneurial ability　企業才能　33, 35, 106, 272, 338–340

entrepreneurs　企業家　338–339

enveloped curve　包絡曲線　167

environmental protection　環境保護　40

equilibrium　均衡　6, 55, 68–70, 274, 280–281, 296, 330–331, 372

equilibrium differential　均衡差別　299

equilibrium price　均衡價格　69–71, 83, 344

equimarginal principle　等邊際原則　129, 130, 132, 135, 288

equity　公平性　8

European Economic Community, EEC　歐洲經濟組織　385

European Union, EU　歐洲同盟　384, 385

exchange　交換　105, 107, 115–117, 363–372

exit　離開　192, 211, 251–253

expansion　擴張　112

expected marginal benefit　預期邊際收入　393, 399

expected value　預期值　394

export supply　出口供給　370–371

externalities　外部性　346–350, 352–357

extract　取出　233

F

facilitating practices　助長的手段　265

factor abundant　要素充裕　374

factors　要素　33–35, 55, 106, 154–155

fair rate of return　合理的報酬率　242

fallacy of composition　合成謬誤　10

feather bedding　溢雇　317

firms　廠商　5, 33, 55

fixed cost, FC　固定成本　163, 164, 208

floors　下限　280

flow　流動　35

free riders　搭便車的人　350

free trade areas　自由貿易區　384–386

future value　未來值　327, 336–340

G

gain　經濟利得　115

gain from trade　貿易利得　117, 369–370

game　賽局　260

game theory　賽局理論　258

General Agreement of Tariff and Trade, GATT　關稅與貿易同盟　380

Gini Coefficients　吉尼係數　45–47

goods　商品　34–35

government　政府　5, 33, 134

great depression　大蕭條　7

growth　成長　8, 326

H

Hecksher-Ohlin model　H–O模型　374

horizontal sum　水平加總　211

households　家計單位　5, 33, 55, 154

human capital　人力資本　106, 299, 328, 339

human skills　人力技術　374

hump-shaped　峰型　163

I

implications　含意　5

implicit costs　隱含成本　180

import demand　進口需求　370, 372

incentive　誘因　129, 181

incentives　獎勵　38

income　所得　33, 58, 94, 129

income distribution　所得分配　45–51

income effect　所得效果　133, 258, 275

income elasticity　所得彈性　83, 95–97

incompletely information　不完全資訊　393, 400

increasing cost　成本遞增　213–214

increasing in opportunity cost　機會成本遞增　111

increasing return　報酬遞增　379–380

increment costs　增額成本　166

independent relationship　獨立關係　26

indifference　差異　127, 138, 299

indifference curve　無異曲線　137–145

indifference map　無異曲線圖　141

inelastic　無彈性的　91

infant industry　幼稚產業　379

inferior goods　劣等財　59, 97

inflation　通貨膨脹　7

information　資訊　393–398, 401

innovator　創新者　340

inputs　投入　155

insurance　保險　400, 402

interdependence　相互依存　196, 257

interest rate　利率　7, 35, 327–338

international trade　國際貿易　364–366, 368, 375

intraindustry trade　同一產業內貿易　376

inventories　存貨　37

investment　投資　7

investment goods　投資財　31

inward　移進來　112

J

John Keynes　約翰・凱因斯　7

K

kinked demand curve　拗折的需求曲線　258–259

L

labor 勞動力 7, 33, 35, 106, 272, 293–323

labor demand 勞動力需求 315

labor market 勞動力市場 273

labor supply 勞動力供給 315

labor-intensive 勞力密集 374

labor-leisure trade off 勞動─休閒之取捨 294, 307

laissez-faire economy 自由放任的經濟體 39

land 土地 7, 33, 35, 106, 272, 331–338

law of demand 需求法則 57, 227

law of supply 供給法則 63

leisure 休閒 294

linear 直線 27

linear relationship 線性關係 23

liquidate 清算 203

local monopoly 地方性獨占 225, 227

long-run 長期 95, 101, 153, 156, 166, 185

long-run average total cost, $LRATC$ 長期平均總成本 167

long-run supply 長期供給 101

Lorenz curve 羅倫茲曲線 45–46

lump-sum 定額 340

luxury 奢侈品 94

M

macro- 總體 7

manufacturing goods 製造財 35

marginal cost, MC 邊際成本 161, 163, 165, 181, 185, 187, 205, 237, 344, 349, 352–354

marginal factor costs, MFC 邊際要素成本 283–289, 313

marginal product, MP 邊際產出 156–157, 163, 282

marginal revenue product, MRP 邊際產出收入 282–289, 305–306, 308, 313–314, 326–328, 331, 335, 345

marginal revenue, MR 邊際收入 185, 187, 205, 230, 282, 348–350, 352–354

marginal social cost, MSC 邊際社會成本 347–350, 352–354

market economy 市場經濟 33, 37–40

market failure 市場失靈 343, 345–358

market mechanism 市場機能 6

market niche 市場利基 252

market structure 市場結構 177, 191–192, 195

markets 市場 3, 33, 35

maximize 最大化 122

maximize utility 最大效用 129

maximum 最大值 23, 25, 160

micro- 個體 7

minimum 最小值 23, 25, 160, 165

minimum efficient scale, MES 最低效率規模 171, 226

minimum wages 最低工資水準 318

misallocate 錯誤分配 109

mixed economy 混合式經濟體 44–45

model 模型 202, 215

momentary supply 瞬間供給 100

money 貨幣 7, 35

monitoring 監視 400

monopolist 獨占廠商 224

monopolistic competition 獨占競爭 177, 195–196, 249, 251–257, 285, 308, 344

monopoly 獨占 177, 193–195, 223–243, 285, 308, 345

monopoly buyer 單買者 286

monopsonist buyer 獨買者 286, 313, 319, 345

moral hazard 道德障礙 399–401

most favored-customer pricing　最佳顧客訂價
　　法　257, 266

movement along the demand curve　需求量的
　　改變　61

movement along the supply curve　供給量的改
　　變　65, 67

myth　傳說　233

N

Nash equilibrium　納許均衡　261

national income　國民所得　7

national product　國民生產　32

natural monopoly　自然獨占　193, 225–226,
　　242

necessity　必需品　94

negative relationship　負向關係　23, 56–57,
　　58, 89

nondominant strategy　非支配性策略　261–
　　262

nonnewable resource　無法再更新資源　334

nonprice competition　非價格競爭　249, 255–
　　257, 260

nontariff barriers　非關稅性貿易障礙　380,
　　383–384

normal goods　正常財　59, 97

normal profit　正常利潤　181, 210, 211, 224,
　　233, 242, 251, 255–256, 340

normative statement　規範敘述　4

North American Free Trade Agreement, NAFTA
　　北美自由貿易協議　384, 385

O

occupational segregation　職業隔離　309–311

oligopoly　寡占　177, 196–197, 249, 257–266,
　　285, 308, 345

OPEC　石油輸出國組織　264–265

opportunity cost　機會成本　109–111, 113,
　　115, 126, 179–180, 294, 302, 331, 347, 363,
　　367, 368

optimal choice　最佳化選擇　33

optimal contract　最適合約　399

original equipment manufactures　代工工廠
　　151

outputs　產出　155

outward　移出去　112

overhead cost　間接成本　165, 170

P

pattern of trade　貿易型態　366

payoffs　償付　260

perfectly elastic　完全彈性　93, 99, 181, 188

perfect competition　完全競爭　177, 192

perfectly inelastic　完全無彈性的　92, 99, 181,
　　188

perfectly substitute　完全替代　203

personal prejudice　個人偏見　307–309

point　點　28

positive relationship　正向關係　23, 63

positive statement　實證敘述　4

post hoc fallacy　因果謬誤　11

potential competition　潛在競爭　238–239

predatory dumping　掠奪性傾銷　236

predict　預測　5

preference　偏好　6, 61, 109, 123, 126, 138,
　　140, 375

preferential trade agreement　優惠的貿易協議
　　384, 386

prejudice　偏見　306

present value　現值　327, 336–338

price　價格　3, 35, 38–39, 56, 58, 62

price adjustment mechanism　價格調整機能　37, 68

price discrimination　差別取價　234–236, 396

price elasticity of demand　需求價格彈性　83, 84, 88–90

price elasticity of supply　供給價格彈性　83, 100–102

price elasticity of supply for a resource　要素供給的價格彈性　278

price expectation　價格預期　59, 65

price fixed　價格僵固性　37

price leadership　價格領袖　264

price of factors　要素價格　65

price rocket　價格狂飆　77–78

price roller coaster　價格波動　77

price setter　價格訂定者　192, 193, 195–196, 197, 227

price slide　價格下滑　78–79

price taker　價格接受者　193, 197, 201, 203, 234, 394

prices elasticity of demand for a resource　要素需求的價格彈性　275–277

pricing policy　訂價政策　134, 135

principal　僱主　399

principle of mutual exclusive　互斥原則　350

private costs　私人成本　346–350, 354

private property　私人財產　38

probabilities　機率　394

producer surplus　生產者剩餘　216, 218, 237

producers　生產者　134

product cycles　產品週期　374, 375

product line　產品線　252

production　生產　3, 4, 31, 32, 105–112, 154, 159

production efficiency　生產效率　109

production factors　生產要素　105

production function　生產函數　105

production possibility curve, *PPC*　生產可能函數　105–110

productivity　生產力　277, 296, 299, 309, 315, 326, 333, 343, 367, 373

profit　利潤　35, 151, 155, 179, 256, 271, 273

profit maximization　利潤最大化　179, 187, 189, 195, 205, 231, 282, 288

profit-seeking　尋找利潤　340

public enterprises　公共企業　179

public goods　公共財　346, 350–351, 357–358

public interest　公眾利益　343

public policies　公共政策　352–357

pure　完全　39

Q

quantity　數量　56, 62

quintiles　五分位　45

quotas　限量　265, 378–379, 382–383

R

rate of return　報酬率　330

rational choice　理性選擇　6

rational consumer　理性消費者　139

real-　實質　36

regulated monopoly　管制獨占　225, 226

regulation　管制　7, 66

rent　租金　35, 273, 279

rent control　房租管制　218

rent–seeking　競租　240

residual　殘留物　273

residual claimants　附加酬金之要求者　273

resource markets　要素市場　271

revenues　銷貨收入　151, 179

Ricardian model　李嘉圖模型　373

risk　風險　273, 339, 397–404

risk averse　風險趨避者　398

risk neutral　風險中立　398

roundabout production　迂迴生產　326

S

saving　儲蓄　107, 326

scarcity　資源匱乏　2, 112

scare resources　有限資源　3, 32–33, 39

search cost　搜尋成本　394

self interest　自我利益　38, 39, 40

self-sufficiency　自給自足　116

seller　賣方　273, 283

seniority　年資　317

sequential games　連續性賽局　262–264

shift in supply　供給的改變　64–66, 67, 73–75

short-run　短期　95, 101, 153, 156, 160, 165

short-run average total cost, $SRATC$　短期平均總成本　165

short-run supply　短期供給　101

shortage　不足　68

shut down　關廠　208

shut down price　關廠價格　210

size　大小　167

skilled　有特殊技能　299

slope　斜率　27, 89

social costs　社會成本　347–350, 354

socialism　社會主義　41

specialization　專業化生產　115, 117

specialize　專精　8, 363–372, 378

stability　穩定性　9

standardized products　標準化產品　195, 196

static　靜止不動　112

statistical discrimination　統計上的歧視　307, 309

stock　存量　374

strategic　策略　258

strategic behavior　策略行為　258, 260

strategic trade policy　策略性貿易政策　379

subsidize　補貼　66, 354, 379, 380, 383–384

substitutes　替代品　59, 65, 98, 276–278

substitution effect　替代效果　133, 258, 275

sunk cost　沈入成本　225, 302

supply　供給　36, 55, 62–67, 177, 34, 352, 355, 364

supply curve　供給曲線　63, 210

supply of resource　要素供給　274, 278–280

supply schedule　供給表　63

surplus　多餘　68

T

tariff　關稅　317, 378–379, 381–383

taste　品味　61, 123, 126

taste　嗜好　279, 302

tax　稅　354

technological progress　技術進步　112

technology　技術　6, 32, 65

terms of trade　貿易條件　117, 368

The Wealth of Nation　國富論　7

time series　時間序列　16

total cost curve　總成本曲線　160

total factor cost, TFC　總要素成本　286

total product curve　總產出曲線　156

total product, TP　總產出　156

total revenue, TR　總收入　154, 181, 186, 205

total utility　總效用　123–124

trade creation　貿易創造　385–386

trade diversion　貿易移轉　385–386

trade-off　取捨　2

traded goods　貿易財　381

transfer earning　移轉收入　279

trend　趨勢　15, 16

U

U-shaped　U型　163, 181, 185

unattainable　不能夠達成　106, 112

unemployment　失業　7

union　工會　313–318

union shop　限期加入工會之工廠　316

unionized makers　工會會員　293

unit elastic　單位彈性　93, 189

unit-free　沒有單位　89

unskilled　沒有特殊技能　299

utility　效用　122–145, 159, 288

V

value of the marginal product, VMP　邊際產

出價值　289

variable cost　變動成本　163, 165

variables　變數　15

voluntary export restraints　自願性出口設限
383

W

wage　工資　35

wage differentials　薪資差別　297, 307, 313

wants　慾望　2, 5

wealth　財富　34

work-spreading　工作分散　317

X

X-inefficiency　X型無效率　239

三民大專用書書目——經濟・財政

書名	著者		機構
經濟學新辭典	高叔康	編著	國際票券公司
經濟學通典	林華德	著	
經濟思想史	史考特	著	臺灣大學
西洋經濟思想史	林鐘雄	著	臺灣大學
歐洲經濟發展史	林鐘雄	著	臺灣大學
近代經濟學說	安格爾	著	
比較經濟制度	孫殿柏	著	前政治大學
通俗經濟講話	邢慕寰	著	香港大學
經濟學原理	歐陽勛	著	前政治大學
經濟學導論（增訂新版）	徐育珠	著	南康乃狄克州立大學
經濟學概要	趙鳳培	著	前政治大學
經濟學	歐陽勛、黃仁德	著	政治大學
經濟學（上）、（下）	陸民仁	編著	前政治大學
經濟學（上）、（下）	陸民仁	著	前政治大學
經濟學	黃柏農	著	中正大學
經濟學概論	陸民仁	著	前政治大學
國際經濟學	白俊男	著	東吳大學
國際經濟學	黃智輝	著	東吳大學
個體經濟學	劉盛男	著	臺北商專
個體經濟分析	趙鳳培	著	前政治大學
總體經濟分析	趙鳳培	著	前政治大學
總體經濟學	鍾甦生	著	西雅圖銀行
總體經濟學	張慶輝	著	政治大學
總體經濟理論	孫震	著	工研院
數理經濟分析	林大侯	著	臺灣綜合研究院
計量經濟學導論	林華德	著	國際票券公司
計量經濟學	陳正澄	著	臺灣大學
經濟政策	湯俊湘	著	前中興大學
平均地權	王全祿	著	考試委員
運銷合作	湯俊湘	著	前中興大學
合作經濟概論	尹樹生	著	中興大學
農業經濟學	尹樹生	著	中興大學
凱因斯經濟學	趙鳳	譯	前政治大學

書名	作者		服務機構
工程經濟	陳寬仁	著	中正理工學院
銀行法	金桐林	編著	中興銀行
銀行法釋義	楊承厚	編著	銘傳管理學院
銀行學概要	林葭蕃	著	
商業銀行之經營及實務	文大熙	著	
商業銀行實務	解宏賓	編著	中興大學
貨幣銀行學	何偉成	著	中正理工學院
貨幣銀行學	白俊男	著	東吳大學
貨幣銀行學	楊樹森	著	文化大學
貨幣銀行學	李穎吾	著	前臺灣大學
貨幣銀行學	趙鳳培	著	前政治大學
貨幣銀行學	謝德宗	著	臺灣大學
貨幣銀行學——理論與實際	謝德宗	著	臺灣大學
現代貨幣銀行學（上）、（下）、（合）	柳復起	著	澳洲新南威爾斯大學
貨幣學概要	楊承厚	著	銘傳管理學院
貨幣銀行學概要	劉盛男	著	臺北商專
金融市場概要	何顯重	著	
金融市場	謝劍平	著	政治大學
現代國際金融	柳復起	著	澳洲新南威爾斯大學
國際金融——匯率理論與實務	黃仁德、蔡文雄	著	政治大學
國際金融理論與實際	康信鴻	著	成功大學
國際金融理論與制度（革新版）	歐陽勛、黃仁德	編著	政治大學
金融交換實務	李麗	著	中央銀行
衍生性金融商品	李麗	著	中央銀行
財政學	徐育珠	著	南康乃狄克州立大學
財政學	李厚高	著	蒙藏委員會
財政學	顧書桂	著	
財政學	林華德	著	國際票券公司
財政學	吳家聲	著	財政部
財政學原理	魏萼	著	中山大學
財政學概要	張則堯	著	前政治大學
財政學表解	顧書桂	著	
財務行政（含財務會審法規）	莊義雄	著	成功大學
商用英文	張錦源	著	政治大學
商用英文	程振粵	著	前臺灣大學

商用英文	黃　正　興　著	實踐管理學院
實用商業美語 I —— 實況模擬	杉田　　敏著 張　錦　源校譯	政　治　大　學
實用商業美語 II —— 實況模擬	杉田　　敏著 張　錦　源校譯	政　治　大　學
實用商業美語 III —— 實況模擬	杉田　　敏著 張　錦　源校譯	政　治　大　學
國際商務契約 —— 實用中英對照範例集	陳　春　山　著	中　興　大　學
貿易契約理論與實務	張　錦　源　著	政　治　大　學
貿易英文實務	張　錦　源　著	政　治　大　學
貿易英文實務習題	張　錦　源　著	政　治　大　學
貿易英文實務題解	張　錦　源　著	政　治　大　學
信用狀理論與實務	蕭　啟　賢　著	輔　仁　大　學
信用狀理論與實務 —— 國際商業信用證實務	張　錦　源　著	政　治　大　學
國際貿易	李　穎　吾　著	前臺灣大學
國際貿易	陳　正　順　著	臺　灣　大　學
國際貿易概要	何　顯　重　著	
國際貿易實務詳論（精）	張　錦　源　著	政　治　大　學
國際貿易實務	羅　慶　龍　著	逢　甲　大　學
國際貿易實務新論	張錦源、康蕙芬　著	政　治　大　學
國際貿易實務新論題解	張錦源、康蕙芬　著	政　治　大　學
國際貿易理論與政策	歐陽勛、黃仁德編著	政　治　大　學
國際貿易原理與政策	黃　仁　德　著	政　治　大　學
國際貿易原理與政策	康　信　鴻　著	成　功　大　學
國際貿易政策概論	余　德　培　著	東　吳　大　學
國際貿易論	李　厚　高　著	蒙藏委員會
國際商品買賣契約法	鄧　越　今　編著	外　貿　協　會
國際貿易法概要	于　政　長　著	東　吳　大　學
國際貿易法	張　錦　源　著	政　治　大　學
現代國際政治經濟學 —— 富強新論	戴　鴻　超　著	底特律大學
外匯、貿易辭典	于　政　長　編著 張　錦　源　校訂	東　吳　大　學 政　治　大　學
貿易實務辭典	張　錦　源　編著	政　治　大　學
貿易貨物保險	周　詠　棠　著	前中央信託局
貿易慣例 —— FCA、FOB、CIF、 CIP等條件解說	張　錦　源　著	政　治　大　學
貿易法規	張　錦　源 白　允　宜　編著	政　治　大　學 中華徵信所

書名	作者		學校
保險學	陳彩稚	著	政治大學
保險學	湯俊湘	著	前中興大學
保險學概要	袁宗蔚	著	前政治大學
人壽保險學	宋明哲	編著	銘傳管理學院
人壽保險的理論與實務（增訂版）	陳雲中	著	臺灣大學
火災保險及海上保險	吳榮清	主編	文化大學
保險實務	胡宜仁	主編	景文
關稅實務	張俊雄	著	淡江大學
保險數學	蘇秀麗	著	成功大學
意外保險	陳家斌	著	成功大學
商業心理學	張鴻聲	著	臺灣
商業概論	汪承章	著	會計師
營業預算概念與實務	吳代清	著	文化大學
財產保險概要	劉長洋	著	臺灣工業技術學院
稅務法規概要	林光		臺北商專
證券交易法論	吳光明		臺中興大學

三民大專用書書目──會計・審計・統計

會計制度設計之方法	趙 仁 達 熙	著	
銀行會計	文 大	著	
銀行會計（上）、（下）（革新版）	金 桐 林	著	中 興 銀 行
銀行會計實務	趙 仁 達	著	
初級會計學（上）、（下）	洪 國 賜	著	前淡水工商管理學院
中級會計學（上）、（下）	洪 國 賜	著	前淡水工商管理學院
中級會計學題解	洪 國 賜		前淡水工商管理學院
中等會計（上）、（下）	薛光圻、張鴻春	著	西 東 大 學
會計學（上）、（下）	幸 世 間	著	前臺灣大學
會計學題解	幸 世 間	著	前臺灣大學
會計學概要	李 兆 萱	著	前臺灣大學
會計學概要習題	李 兆 萱	著	前臺灣大學
成本會計	張 昌 齡	著	成 功 大 學
成本會計（上）、（下）（增訂新版）	洪 國 賜	著	前淡水工商管理學院
成本會計題解（上）、（下）（增訂新版）	洪 國 賜	著	前淡水工商管理學院
成本會計	盛 禮 約	著	淡水工商管理學院
成本會計習題	盛 禮 約	著	淡水工商管理學院
成本會計概要	童 綷	著	
成本會計（上）、（下）	費鴻泰、王怡心	著	中 興 大 學
成本會計習題與解答（上）、（下）	費鴻泰、王怡心	著	中 興 大 學
管理會計	王 怡 心	著	中 興 大 學
管理會計習題與解答	王 怡 心	著	中 興 大 學
政府會計	李 增 榮	著	政 治 大 學
政府會計	張 鴻 春	著	臺 灣 大 學
政府會計題解	張 鴻 春	著	臺 灣 大 學
財務報表分析	洪 國 賜 盧 聯 生	著	前淡水工商管理學院 輔 仁 大 學
財務報表分析題解	洪 國 賜	著	前淡水工商管理學院
財務報表分析（增訂新版）	李 祖 培	著	中 興 大 學
財務報表分析題解	李 祖 培	著	中 興 大 學
稅務會計（最新版）	卓 敏 枝 盧 聯 生 莊 傳 成	著	臺 灣 大 學 輔 仁 大 學 文 化 大 學

書名	著（校訂）者	學校
珠算學（上）、（下）	邱英桃 著	臺中商專
珠算學（上）、（下）	楊渠弘 著	臺中商專
商業簿記（上）、（下）	盛禮約 著	淡水工商管理學院
審計學	殷文俊、金世朋 著	政治大學
商用統計學	顏月珠 著	臺灣大學
商用統計學題解	顏月珠 著	臺灣大學
商用統計學	劉一忠 著	舊金山州立大學
統計學	成一瀬然 著	臺中商專
統計學	柴松林 著	交通大學
統計學	劉南溟 著	臺灣大學
統計學	張浩鈞 著	臺灣大學
統計學（上）、（下）	楊維哲 著	臺灣大學
統計學	張素梅 著	政治大學
統計學題解	蔡淑女 校訂／張健邦 著	政治大學
現代統計學	顏月珠 著	臺灣大學
現代統計學題解	顏月珠 著	臺灣大學
統計學	顏月珠 著	臺灣大學
統計學題解	顏月珠 著	臺灣大學
推理統計學	張碧波 著	銘傳管理學院
應用數理統計學	顏月珠 著	臺灣大學
統計製圖學	宋汝濬 著	臺中商專
統計概念與方法	戴久永 著	交通大學
統計概念與方法題解	戴久永 著	交通大學
迴歸分析	吳宗正 著	成功大學
變異數分析	呂金河 著	成功大學
多變量分析	張健邦 著	政治大學
抽樣方法	儲全滋 著	成功大學
抽樣方法——理論與實務	鄭光甫、韋端 著	中央主計處
商情預測	鄭碧娥 著	成功大學